STRAND
JUXON STREET
GREEK STREET
THREADNEEDLE STREET
KENNINGTON OVAL
CARTER LANE
CHEAPSIDE
CRUTCHED FRIARS
LITTLE BRITAIN
MINORIES
LOVE LANE
POULTRY
COMMERCIAL STREET
SHOE LANE
CITY ROAD
BOND STREET
SNOW HILL
GARLICK HILL
LONG LANE
BREAD STREET
WALBROOK
LIME STREET
MINORIES
MANSELL STREET
FENCHURCH STREET
CREECHURCH LANE
VINE STREET
SHAD THAMES
JAMAICA ROAD
SNOWFIELDS
ENGLISH GROUND

奇物之城
追寻伦敦

[英]

亨利·艾略特 Henry Eliot

马特·劳埃德 - 罗斯 Matt Lloyd-Rose

著

程闰闰　译

重庆大学出版社

目录

导读

识图

本书共 26 个章节，为读者提供了多个视角去了解伦敦这座城市。每一章节中间皆附有该章节所讲述内容的地图，由 14 位插画师绘制（参见第 442 页）。尽管这些地图大多不太全面，却还是可以清晰地反映出该城市的地理结构：其中一些是伦敦的图像，其他是插图演绎的伦敦，需要更多的解读。每一章的识图部分对地图做出诠释，并对了解这座城市提供指导。地图外的彩页上的内容通常会有标注（例如：⑧），它讲述了每张图所包含的故事。

如何阅读本书

你可以按照字母 A 到 Z 的顺序阅读本书，也可以采用别的方式来阅读。

1. 随意阅读

以自己的意愿和心情来翻阅此书。

2. 跟随脚注

翁贝托·埃科（Umberto Eco）区别了字典和百科全书：字典就像一列清单，然而百科全书是一个网状的联结。本书的脚注中有很多链接，可以帮助你直接跳到你想读的章节。

3. 从结尾开始

读者可根据结尾的时间线、人物线、知名地标线、博物馆艺术长廊线、饮食地点线以及大型活动表来精雕细琢。

4. 读懂字里行间的故事

可以使用此书来"预测"未来：写下你生日的六位数字，将出生年月的四个数字相加得出一个数字和，然后翻到对应的章节[1]；继而将两位数的日期数字相加得出一个数字和，再找到对应的页码[2]。闭上眼睛，用手指向该页的某一处，所指到的内容或许就预示你的未来（玩笑）。

5. 逃离城市

安德鲁·诺顿（Andrew Norton）[3]寄来了大量的明信片，在本书中有体现。可以跟随他的脚步去了解伦敦这座城市。

所有的实用信息在本书付印时都是准确的，但是随着本书从功能指南变为历史记录，信息自然就过时了。当伦敦最终退化为有毒的沼泽时，本书有望为未来的居民提供曾经的信息。此外，到时候它还可以用来打变异的老鼠。[4]

---

1. 比如说，如果你出生于 1985 年 4 月 13 日（13/04/85），你可以把 0、4、8、5 几个数字相加来得到 17，那就翻到第 17 章节，也就是 Q："Quarters"。
2. 举例，1+3=4。那么就翻到"Quarters"章节的第 4 页。
3. 诺顿最初是伊恩·辛克莱（Iain Sinclair）1997 年所著小说《慢巧克力尸检》（*Slow Chocolate Autopsy*）中的主人公。
4. 详见第 329 页。

前言

"去找找苏荷区（Soho）的七个鼻子。"传言，找到苏荷区的七个鼻子的人就能得到数额巨大的财富。站在米尔德街（Meard Street）和迪恩街（Dean Street）的街角，一抬头你会发现在棕色砖墙上有一个灰白色的鼻子。这个鼻子很大，鼻孔翕张——是普通人的鼻子的四倍[1]。沿着迪恩街往左边走，你会看到在基诺男士美容（Gino Gents Hairdressing）招牌上有个形状相似的黑鼻子。在日落大道夜总会（Sunset Strip）墙外还有一枚靛蓝色鼻子。第四个小一点的鼻子在君在何处（Quo Vadis）餐厅外（第7页）；牛奶吧（Milkbar）外是第五个，恰巧在贝特曼街（Bateman Street）街角。第一次听说这些鼻子时你可能会深感疑惑，也很容易错过。然而，一旦知道它们的存在之后，你就不会再忽视它们，因为它们会勾起我们对那些散落在这个城市鲜为人知的秘密的好奇心。

2008年初到伦敦，我们就被伦敦这样一座平行排布的城市所震撼。白天，你可以在汉普斯特德区（Hampstead）的泳池里和野鸭子一起游泳（第235页），然后在森林山（Forest Hill）看风化了的美男鱼（第163页），在布里克斯顿市场（Brixton Market）里搬运甘薯（第267页），还可以在最高法院里目睹立法过程（第280页）。到了晚上，你可以在沃克斯豪（Vauxhall）一家以前是蹲式厨房的餐厅用餐（第136页），上米尔希尔（Mill Hill）天文台看彗星（第208页），之后和街道志愿者们一起帮助那些街头流浪者直到深夜（第216页）。伦敦是一座令人着迷且活力四射的城市。

如何了解这座多层次结构的复合型城市呢？走在格林尼治（Greenwich）西南部的奥克斯莱斯森林（Oxleas Woods）的路上，我们突然生出一个想法：去创办一本杂志，与其他人分享伦敦城里那些鲜为人知的故事和地方，让我们能更好地去了解伦敦这座城市。杂志的中间部分夹着地图，你可以从各种意想不到的角度去审视这座城市。在着手这一版冗长的城市探索之前，我们已经做了八版的《奇物之城》（Curiocity）。

本书以A到Z的顺序展开。这灵感来源于塞缪尔·约翰逊（Samuel Johnson）"按字母表顺序"编纂出的那本著名的《高夫广场》（Gough Square）（第120页），以及菲利斯·皮尔索尔（Phyllis Pearsall）的那本《伦敦从A到Z》（London A–Z）。这本书以字母索引的顺序描绘了伦敦城内街道的详细地图（第13页）。不管是对于读者还是作者，全书以字母顺序展开描述，呈现出的虽然是一个齐整而紧凑的有限结构，字里行间却折射出无限的内容。尽管本书只有26个章节，但我们会尽力去描述伦敦这座城市的每个层面，从最实用的指南到禁忌，也为那些不易接触到的争议性问题及次文化的交流提供一些方式。在书中，我们收集了不少细节性选题，这些细节使得伦敦变得鲜活，改变了大家以往了解城市的方式，带来意想不到的全新视觉。比如，议会大厦里的扫帚柜，是艾米莉·怀尔丁·戴维森（Emily Wilding Davison）曾经躲着过夜的地方（第116页）；女王林（Queen's Wood）里的树圈，是春秋两季用来举行非主流宗教节日庆典的（第354页）；位于克罗伊登区（Croydon）的那些台阶式房屋一直试图要退出英国（第 135 页）。我们发现，即使是一排栏杆这样平淡无奇的东西，一旦你知道它曾经在闪电战中用来做过伤员的担架，它也会变得有意义（第 274 页）。

有了如此之多的潜在素材，在编撰这本从 A 到 Z 的书的过程中，一个主要挑战就在于如何避免笨拙且烦琐地描绘城市。豪尔赫·路易斯·博尔赫斯（Jorge Luis Borges）在他的《论科学的精确性》（*On Exactitude in Science*）一书中，虚构了一座由制图大师们组成的国家，他们以 1∶1 的精密度绘制了一幅完美的、精确的地图。他们的巨幅地图和它所描绘的疆域一样大，因此，毫无意义，也毫无用处。18 世纪末期，理查德·霍伍德（Richard Horwood）开始绘制伦敦有史以来最详细的地图，"展示了每座房子"。他花费了 9 年时间在一个本应只需要两年时间的项目上，最终在贫困中去世。霍伍德的悲剧提醒我们，描绘和记录伦敦的关键在于省略，要通过排除突出细节之外的东西，创造一种有意义且有功能性的相似物。

更大的困难在于，书写一本关于伦敦的书，就像是要为还处于全盛时期中的对象写一本传记一般：生命超越了你，而你的书在墨汁干涸之前就已经过时了。就像白金汉宫的钟表保护团队一样，他们会对数百个时钟检查、上弦，保持时间的准确性，但最后钥匙一转，又要重新开始。当完成此书时，我们觉得应该立即去更新它。伦敦最伟大的编年史家是 16 世纪的历史学家约翰·斯托（John Stow），他一生中的大部分时间都在撰写简明扼要的《伦敦传记》（*Survey of London*）。每三年，在他去世的周年纪念日（4 月 5 日）前后，市长都会前去位于安德鲁地下教堂的斯托雕像处，在斯托的手中放置一支新的羽毛笔，这样他就可以继续他那没完没了的传记工作。

虽然一些人试图保持伦敦现状并且将之绘图记录下来，但是作为这座城市的一员，人人都在改变着这座城市，改变着城市的结构，新的故事不断地在发生。有些人将这种渴望发挥到了极致：1997 年，艺术家里克·巴克利（Rick Buckley）为他的鼻子做了模型，并把复制品贴满了市中心。直到 2011 年，他才承认了自己的行为。在此期间，越来越多的鼻子出现，城里开始流传各样的传说，包括在苏荷区发现七个鼻子会给人带来财富的谣言[2]。当你在伦敦的公路和小径上踱步寻找鼻子时，为什么不自己给这座变化的城市添些气息呢？在追寻伦敦的过程中，留下自己为未来记录的超现实印迹[3]。

亨利·艾略特 & 马特·劳埃德–罗斯

2016 年

---

1. 米尔德街的鼻子是大卫的仿制品。在第 69 页获取更多他的信息。
2. 到温德尔街（Endell Street）去找第六个鼻子，到大磨坊街（Great Windmill Street）去找第七个鼻子。到第 32 页找第八个。
3. 我们就是这样做的：受巴克利鼻子的启发，我们在城里贴了六块神秘的瓷砖，你可以去找看看哦。见 449 页。

ATLAS 阿特拉斯

在泰坦之战中，原始的泰坦巨人们与年轻的新贵诸神展开了战斗并最终落败。他们被关入塔尔塔罗斯深渊，除了他们中最强悍的阿特拉斯。阿特拉斯被放逐到世界最西端，并被处以撑起天空之惩罚，他的父亲与母亲（天空与大地）就此天涯相隔。在他到达彼处之日起，就弯起腰背、用双肩承载起天堂之重。

行至古典世界之最西端，到达阿特拉斯[1]海中一个岛屿的首府，在一个叫国王街（King Street）的地方，你会看到阿特拉斯屈膝跪在一个二级历史保护建筑写字楼外面的地上，后背托着地球。他垂下双目，冷冷地盯着你。如你微侧脑袋以迎合他的凝视，你会感觉到自己的脊柱仿佛也被压弯。你身体上那段小小的支撑着你整个脑袋重量的第一颈椎，在解剖学上也被称为"阿特拉斯"。

自16世纪以来，原来由阿特拉斯所撑开的天空与大地混沌体，渐渐被挤压并细分为一块一块的碎片，导致现在"阿特拉斯"一词更多地被理解为"地图集"。通常的地图集是一系列不同的、连续区域的地理图册，而你手中这本书中的所有地图讲的是同一个地域。在这一章中，我们到达了目的地，确定了方向，并标出领地。正如凯瑞慕（Karim）在汉尼夫·库雷西（Hanif Kureishi）的剧集《郊区佛爷》（*The Buddha of Suburbia*）中所言，每一个初抵伦敦的人都应该"敞开心灵之窗"。

地图

大英图书馆收集了超过450万份手绘和印刷地图，涵盖全宇宙，其中最早的地图可以追溯到公元15世纪，涵盖鸟瞰的视角和图示，有各种各样的形式，包括地球仪到硬币和明信片等。

——彼得·巴伯（Peter Barber）

---

1. 即大西洋（Atlantic Ocean）。

抵达

通往伦敦

这座城市位于连通英伦群岛、呈辐射状的道路中心。罗马人修建了六条这样的道路，并在之后赋予它们撒克逊式的名字：

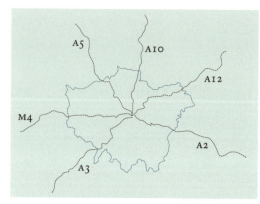

A10：银鼠街（Ermine Street），从约克（York）到主教门（Bishopsgate）；

A12：大道（The Great Road），从科尔切斯特（Colchester）到阿尔德盖特（Aldgate）；

A2：沃特林街（Watling Street），从多佛（Dover）到伦敦桥（London Bridge）；

A3：斯坦大道（Stane Street），从奇切斯特（Chichester）到伦敦桥；

M4：魔鬼公路（The Devil's Highway），从锡尔切斯特（Silchester）到纽盖特（Newgate）；

A5：沃特林街[1]，街的另一半，从什罗普（Wroxeter）到纽盖特

当你来到这个城市，试想你在伯勒（Borough）高街上的乔治酒店休息一下，这是伦敦最后的一个带长廊的驿站，把气喘吁吁的驿马交给马夫，再到小酒馆里要一大杯艾尔啤酒[2]。当今社会类似驿站的地方就是服务区，人们在那里吃饭，有时候可以住宿。旅途的最后一站是位于埃奇韦尔附近的"通往伦敦"的服务站。抛掉龟速缓行，在游戏乐园中纵情驰骋。

伦敦终点站

当欧洲之星从法国开始首次运营时，它的伦敦终点站是滑铁卢（Waterloo）车站——以那场让法国军队蒙羞的战役命名[3]。如今欧洲之星可以开到圣潘克拉斯（St Pancras）车站，车站名字用来纪念那个被谋杀的意大利少年。圣潘克拉斯车站[4]被议会中心环绕，那里矗立着保罗·戴（Paul Day）的雕塑——一对紧紧相拥的情侣[5]。若你有意稍做放纵，可以在去国王十字街（King's Cross）之前在瑟尔西酒吧街将一杯香槟一饮而尽。

城市机场

这座城市共有六个国际机场，伦敦城市机场（London City）是最中心的机场。机场需要一个倾斜度达5.5°的下滑跑道，这样就可以欣赏首都令人窒息的美景。

伦敦港口

自从1981年皇家码头关闭以来，伦敦市中心已不再有客运码头，所有的大型船只都要在蒂尔伯里港[6]停泊。一个新的位于格林尼治的伦敦市游船码头计划于2017年开放。

产科病房

到达伦敦的一个好方法是在这里出生，全城都有良好的医疗资源。如果你喜欢听些入场音乐，可以考虑到国王学院医院的南丁格尔病房。在那儿你可以播放自己的音乐；如果想要生产过程更为舒适的话，那就可以到帕丁顿区（Paddington）圣玛丽医院的私人林都院区，剑桥公爵夫人在那儿生产过两次。

---

1. 在和贝尔塞兹路（Belsize Road）的交叉路口，有块铺路石标明了基尔伯恩（Kilburn High Road）公路是沃特林街的其中一段。
2. 乔治艾尔啤酒（4%）是格林王酿造的。
3. 来自巴黎的市议员弗洛伦特·隆盖（Florent Longuepée）给托

尼·布莱尔写信，指出这种对文化不敏感。
4. 在第407页见圣潘克拉斯车站的救世主。
5. 看看2008年添加在底座上的神秘装饰吧，它的特点是三维反射，形成混乱的天空和通勤者盯着你看的锐利眼神。
6. 在蒂尔伯里港停泊你的巡洋舰。

伦敦腔

独特的语言特质可以作为一种听觉上的邮政编码。在《卖花女》（*Pygmalion*）的一个公开场景中，艾丽萨，那个考文特花园（Covent Garden）的卖花姑娘说："Ow,eez ye-ooa san,is e? Wal,fewddan y'de-ooty bawmz a matter should, eed now bettern to spawl a pore gel's flahrzn than ran awy atbaht pyin."希金斯教授无意中听到她的声音，立即就知道了她的出生地在马里波恩（Marylebone）的里森丛林（Lisson Grove）。

押韵的考克尼腔是最为人所知的伦敦俚语，它的许多词汇已经进入英语语系之中，诸如 "berk"（傻瓜）[1]、"cobblers"（废话）[2]、"raspberry"（嘘声）、"Bristols"（乳房）[3]、"takingthe Mickey"（拿他们开玩笑）[4]。翻译伦敦押韵俚语的时候需要将其俚语的内容延长，例如覆盆子（raspberry），它的延伸形式为覆盆子蛋挞。这样你将发现押韵在第二个部分。

1. 如 Berkeley Hunt，地名。
2. 如 Cobblers' awls（睾丸）。
3. 如 Bristol Cities（布里斯托尔），城市名。
4. 如 Mickey Bliss，人名。

河之北岸

传统意义上讲的北部伦敦起始于坐落在法灵顿（Farringdon）圣约翰街的希克斯音乐厅。如今樱草山（Primrose Hill）已是北部伦敦那些放荡不羁的文化名人们的活动中心。披上你最时髦的拉里（lally）[1]，带着小屁孩（ankle-biter）[2]，冲进你所能见的最为聒噪的家庭轰趴（hootenanny）[3]。伦敦的犹太社区中心也坐落在北部伦敦。你还可以前往戈尔德斯格林，在萨米大那点一份犹太中东沙瓦玛，但记住别有压力（fressing）[4]，以免打嗝[5]或兴奋过度[6]。

1. 一种衬衫。
2. 孩子。
3. 派对。
4. 吃太快。
5. 原文为"grepse"。
6. 原文为"plotz"。

东部伦敦

传统意义上的东部伦敦坐落在芬丘奇街（Fenchurch Street）与利德贺街（Leaderhall Street）的交汇处：阿尔德盖特泵站——一个已废弃的自动引水系统，喷口上雕刻着一个狼头作为标记[1]。在那附近是小硅谷，你可能会度过煎熬的一天[2]，如果你使用的是一个很烂的网页[3]，而你的老板是一个如海鸥般脾气火暴的人[4]。在达尔斯顿（Dalston）那群追寻时髦的人中，若你给一个怪咖[5]兄弟般的拥抱[6]，事情有可能会搞得有几分诡异[7]。

1. 这个泵的位置是伦敦最后一头狼被杀害的地方。
2. 原文为"a salmon day"（像鲑鱼一样度过一天），意指鲑鱼产卵时一直往上游游。
3. 原文为"coding an angry garden salad"。
4. 这样的人随意飞来，搅乱一切，然后离开。
5. 举止怪异的陌生人。
6. 一个很有男人气概的拥抱。
7. 原文为"get cray cray"。

西部伦敦

在中世纪，为了与圣保罗大教堂分开来，圣彼得大教堂被冠以"西方大教堂"的称号。在戏院区，记得用你的移动北极管[1]提醒你身边的欧米[2]将头发[3]梳理得一丝不乱[4]，否则他的脸庞[5]在那些精致[6]的玻璃[7]面前将不会显得英俊[8]。再往西走，你有可能[9]会看到那个与名人[10]一起[11]胡扯的电视节目"切尔西制造"[12]。在肯辛顿（Kensington）那些更为贵族的社交圈里，只有拿到正式的邀请函[13]，你才能参加那些鸡尾酒会[14]，并且纵情畅饮[15]。

1. 原文为"mobile palare pipe"，即电话。
2. 原文为"omi"，即男性朋友。
3. 原文为"riah"。
4. 原文为"zhoosh"。
5. 原文为"eek"。
6. 原文为"fantabulosa"。
7. 原文为"oglefakes"。
8. 原文为"bona"。
9. 原文为"maybs"。
10. 原文为"fittie"。
11. 原文为"totes"。
12. 原文为"MIC"（made in Chelsea）。
13. 原文为"stiffie"。
14. 原文为"cockers-p"。
15. 原文为"chateaued"。

河之南岸

2013年，上诺伍德区（Upper Norwood）的哈里斯学院宣布废除俚语。该学校列举了一系列将被取缔的俚语词汇，包括"coz"（因为）、"woz"、"bare"（少见）、"innit"（不是吗）、"like"（正如）。"Jafaican"绝对是最具代表性的南部伦敦土话：一个混合了加勒比、南亚、非裔美国人、伦敦俚语等多种元素而形成的伦敦土语[1]。我的天呀！我[2]穿着[3]软底运动鞋[4]走出家门[5]，我看起来有点热[6]，兄弟[7]。在E4频道的手机卖场系列节目中的那些演员们都说Jafaican，沿着萨顿（Sutton）高街走下，到那些曾经拍过电影的场景中，去交个朋友[8]吧。

1. 很多语言学家不喜欢"Jafaican"这个词，觉得是"Multiculture London English"（多元文化形成的伦敦英语）。
2. 原文为"Man"。
3. 原文为"bussed"。
4. 原文为"creps"。
5. 原文为"yard"。
6. 原文为"peng"。
7. 原文为"bruv"。
8. 原文为"blud"。

鸟瞰

如果要找出一个俯瞰伦敦全景的绝佳地点，那么圣保罗大教堂很可能是不二之选。正如拜伦勋爵（Lord Byron）在《唐璜》（*Don Juan*）中所描述的"在那儿架起巨大而敦实的炮台，伦敦城就可尽收眼底"。

这不是巧合。参观商业街的建筑中心的时候，可以去看一下他们 12 米长的 1：2000 的伦敦市中心[1]模型。你可以点亮其上的 13 个"受保护景点"——城市规划师们规划的项目[2]必须和它们之间隔着看不见的"走廊"。大部分的景点都集中在圣保罗大教堂附近，确保从各个方位都能清楚地看到大教堂。

亨利山（Henry's Mound）

站在里士满公园（Richmond Park）的亨利王山丘[3]之上，用望远镜纵览十公里之外的圣保罗大教堂沿线风景。这是伦敦最为古老的受保护的风景区，始建于 1710 年，圣保罗大教堂建成的前一年。在利物浦街（Liverpool Street）车站周围禁止修建高空建筑，只因那将损坏这些秀丽的城市背景。

海格特（Highgate）

从汉普斯特德西斯（Hampstead Heath）的议会山上，所能欣赏到最有标志性的伦敦风景之一。清晨一群带着莱卡包的慢跑者们在风景前驻足，傍晚成对的情侣们在柔软的草地上呢喃。近处，从肯伍德别墅（Kenwood House）的观景露台上眺望圣保罗大教堂的风景也已被依法保护起来[4]。

亚历山大宫

在亚历山大宫的南露台小酌一杯，这里的保护区与海格特处

的风景紧密相交，展示着萨瑟克（Southwark）几乎所有的高楼大厦。碎片大厦如同楔子般令人难以置信地嵌入这些线的狭小缝隙中，也因此使得它的那些锥形如此引人注目。

沃尔夫将军

站在格林尼治公园[5]沃尔夫将军塑像旁可以看到伦敦南部一个不同寻常的全景，能够极好地欣赏到金丝雀码头（Canary Whalf）。

威斯敏斯特码头

由于从威斯敏斯特码头望向圣保罗大教堂方向的风景是受保护的，伦敦眼的运行轨迹必须被仔细计算以免遮挡到教堂的穹顶。

由内而外

若要观赏到一个完全没被遮挡的圣保罗大教堂全貌，可以去圣保罗大教堂的陈列室看那个大模型[6]。这个按照教堂真实尺寸 1：25 制作的迷你教堂由雷恩（Wren）捐赠，也是建造者们施工之前的借鉴。

回到前文

然后，爬到圆顶处的金色长廊，眺望所有这些被保护的风景。在这个天主教堂的顶端，亨利·梅休（Henry Mayhew）觉得那些远处的山丘就像"遥远的海岸"。

---

1. 他们的模型每一季度都会按照新地标建筑物更新。
2. 伦敦新摩天大楼扎堆儿聚集这一独特现象便是源于这个令人尴尬的矩阵排列，详情参见第 27 页。
3. 青铜时代的墓地，据说亨利八世 1536 年就是站立在此观望伦敦塔传来的炮光，那意味着在对他的王后安妮·博林行刑。
4. 海格特的沃特洛公园（Waterlow Park）同样具有极好的风景，

那里有一个日晷，"它与圣保罗大教堂的穹顶在同一水平线上"。
5. 前往第 342 页去了解一下那名"差点取代沃尔夫将军位置"的女士。
6. 通过电子邮件提前预订免费参观。

特写

已经从高处看过这座城市之后，我们来花些时间感受一下伦敦经典的地面体验。

早晨九点，在沃思丽（Wolseley）餐厅吃早饭。在富丽堂皇的沃思丽餐厅吃早饭已经成为伦敦人的一个惯例，尽管这家餐厅从 2003 年才开始营业[1]。在这个维也纳风格的大咖啡厅里享受那完美无瑕的火腿蛋松饼。

上午十点，去买一个圆顶高帽。肖特斯花园（Shorts Garden）的克里斯蒂斯每年会制作 6000 多个仿皮质的圆顶高帽[2]。如果你想更闪耀一点，去试一下他们家那些更轻的猩红色的"时尚高帽"。

上午十一点，守卫换岗。10:45 观看皇家护卫队穿过广场，然后赶往观看老卫队和乐队 11:15 离开圣詹姆斯宫，之后冲刺向白金汉宫观看护卫 11:30 换岗。

中午十二点，吃派和泥（pie and mash）。对一个伦敦人来说，"派和泥"指的是一种有着牛板油和切碎的牛肉做成的油酥派和一堆涂抹着大量酱汁的土豆泥[3]。在塔桥路上那家自 1902 年就已开店营业的 M. 曼兹店来一份属于你的派和泥。

下午一点，听一场音乐会。田野圣马丁（St Martin-in-the-Fields）教堂几乎每周一、周三、周五都举行免费的午餐时间音乐会。端详下教堂东侧那扇由伊朗艺术家史拉泽·豪斯拉里（Shirazeh Houshiary）建造的扭曲的窗户。

下午两点，爬大本钟。提前联系你的本地议员以便安排一次登上 334 级石质螺旋梯到达伊丽莎白塔的免费行程。站在这个 23 英尺高的钟表盘后面，聆听洪钟响彻威斯敏斯特区[4]。

下午三点，对皇冠上的珠宝眉目传情。如今游客在宝石塔上欣赏"山之光"宝石。1671 年，布拉德上校（Colonel Blood）成功盗走了王室珠宝，但他搞砸了逃跑行动，他把权杖扔在了圣凯瑟琳大教堂的门口，把爱德华国王的皇冠丢在了华夫塔上。

下午四点，在丽兹酒店喝下午茶。在丽兹棕榈大堂享用黄瓜三明治和新鲜的英式松饼。菜单上有 16 种茶，但无须多看，选择丽兹皇家英式茶，一种混合了肯尼亚、阿萨姆、锡兰茶叶的令人沉醉的茶。

下午五点，在卡姆登（Camden）市场购物。卡姆登水门周边的各式各样的市场每逢周末愈加人声鼎沸，在那里你能够买到任何东西，无论是哥特式齿轮、20 面的骰子，还是液氮冰激凌。

下午六点，坐一趟"马路主人"。新造型的"马路主人"公交车已经在伦敦街道上运行，这种公交车一侧有着打扫干净的斜窗。你还可以从传统的后门上车，依偎在恋人专用座上。

晚上七点，看一场伦敦西区的演出。西区剧院以富丽堂皇的爱德华风格和局促的腿部空间而闻名。在莱斯特广场（Leicester Square）的售票点可以买到同期的打折票，皮卡迪利广场的博姿店（Boots）可以买到止痛药[5]。

晚上八点，参加一场晚间集会。维多利亚与艾尔伯特博物馆（V＆A）取消了下班后的晚间活动，但他们还是保留了每月最后一个周五免费的晚间活动，包括流行酒吧、走秀、电影、雕塑、辩论和 DJ。

---

1. 沃思丽餐厅位于皮卡迪利大街上，以前那里是沃思丽汽车展厅。
2. 教父系列电影中唐·考利昂所戴的汉堡帽也是由他们所制。
3. 那是一种绿色的欧芹酱，传统上是要与鳗鱼汤汁一起炖。
4. 对这熟悉的钟声描述出自《圣经》的第 37 赞美诗："在这一时刻／主引领我前行／有你的神力同在／绝不会滑倒在地。"
5. 此外，东玛仓库剧院、皇家歌剧院和莎士比亚环球剧院的票都提供站票。前往第 90 页了解更多戏剧表演。

伦敦乌托邦

在到达伦敦之前，迪克·惠廷顿（Dick Whittington）想象的伦敦街道都是用黄金铺就的，然而事实上街道是粗糙的。哑剧中的小理查德最开始就是一个杂役，靠着他那只有着非凡能力的猫才活了下去。

都铎王朝的政治家托马斯·莫尔（Thomas More）于 1478 年出生在牛奶街——毗邻蜂蜜巷，但他很快就深刻体会到伦敦并非牛奶和蜂蜜之地[1]。① 1516 年，他写了一篇讽刺性的文章，文中描述了一个名为"乌托邦"的想象中的岛屿，这个名字是结合了希腊语"eu-topia"（快乐之地）和"ou-topia"（不存在之地）的双关词。乌托邦是一个永不存在的完美之地。

把伦敦想象成一个丰饶之地依然是具有诱惑力的。有些人甚至认为"伦敦佬"（Cockney）这一词起源于中世纪的安乐乡（Land of Cockaigne），一个神话中的地方，那里的房屋都是香肠做的墙，三文鱼做的门，烤鳗鱼做的房梁[2]，糕点如雨般从天而降，河流里流淌着麝香葡萄酒、红葡萄酒和雪莉酒。我们可以从一本记述上看到"谁睡得最久，谁得到的就最多"[3]。

伦敦并非安乐之乡，不仅如此，许多新来者还会非常失望。迪克·惠廷顿的幻想完全破灭，所以他又背起行囊，沿着伟大的北上之路往回走。② 然而，有些时候金子就藏在煤堆下面。登上海格特山，找到那个据说惠廷顿曾经驻足过的里程碑[4]，听一听圣玛丽-勒-波教堂传来的悦耳的钟声。最终他再次回到了首都，功成名就，三次当选伦敦市长。

贯穿本页的是那些驱使人们来到伦敦的希望和梦想的图卷，以及当他们到达时迎接他们的真实境地。"黄金铺成的道路，不——"安德莉亚·利维（Andrea Levy）在小说《小岛》（*Small Island*）中借角色吉尔伯特说，"但是，大雨滂沱时地面上确实会有钻石显现。"

名声&财富

刚从帝国疾风号船上下来，④卡利普索（Calypso）明星劳德·凯时纳（Lord Kitchener）就对新闻媒体即兴唱起《伦敦是我所居之地》（*London is the Place for Me*）这首歌，在他后来录制的版本中他唱到"我拥有所有的乐趣和活动，我住在汉普顿宫（Hampton Court）"。⑤从莎士比亚到弗莱迪·莫克瑞（Freddie Mercury），许多人前往伦敦，为了追求富丽堂皇、荣耀和充满魅力的生活。⑥

流行文化⑦

初露头角的艺人们应该密切关注行业报纸上的广告。1994 年，《舞台》（*The Stage*）刊登了一则广告"街头达人、外向、有野心"，寻求 18 岁到 23 岁的女孩子组建一个女团。400 个女孩子在梅菲尔（Mayfair）的"舞蹈工厂"参加了试镜，最终组建的女团就是辣妹（Spice Girls）。粉丝们会擦亮汉普斯特德霍格劳赖斯（Frognal Rise）——梅尔·C.（Mel C.）家附近——的砖墙，以表敬意。你可以去舞蹈工厂交一份你的简历。

---

1. 关于 1535 年被亨利八世送上断头台的详情见第 110 页。
2. 爱德华·埃尔加（Edward Elgar）在 1901 年所创作的名为《Stout and Steaky》之序曲《Cockaigne》，灵感便来自伦敦这安乐乡。
3. 乌托邦与安乐乡之间的差异证实了这一观点：汝之蜜糖，彼之砒霜。在莫尔的乌托邦中，公民每天要做六个小时的体力劳动；违反规则者将受到奴役惩罚；夜壶是用金子做的，为的是培养一种对物质财富漠视的健康心态。
4. 如今，这座里程碑的顶部是迪克的天才鼠王的雕像，你可以摸摸它的鼻子以求好运。

巴洛克⑧

住在一个历史性的音乐巨人附近有助于你成为一个超级巨星。在乔治·弗雷德里克·亨德尔（George Frederick Handel）这位作曲家去世 200 年以后，吉米·亨德里克（Jimi Hendrix）于 1968 年到布鲁克街并住在亨德尔生前住所的隔壁。亨德里克在抵达首都之前是个无名之辈，但他买了一些亨德尔的作品后获得了灵感，在离开这个居所的时候他已经成了一个明星。他那个 25 号房间最近被改造为亨德尔旧居博物馆¹。吉米后来将这个楼房描述为"他所拥有过的唯一的家"²。搬到这附近，或者如果你觉得亨德里克已经用尽了亨德尔的魔法，你可以租住艾博瑞街（Ebury Street）180 号的房子，就在那个地方莫扎特在 8 岁的时候谱写出了第一份乐章。⑨

公园生活③

在汽油除草机问世以前，对于勤劳的牧羊人们来说工作机会很多。在 20 世纪 20 到 30 年代间，海德公园（Hyde Park）、克拉彭公园（Clapham Common）、汉普斯特德西斯公园都是由牧羊人人工修剪的。牧羊人乔治·唐纳德（George Donald）从阿伯丁郡（Aberdeenshire）一路赶来就是为了在首都中心打造一个田野乐园。给你的本地议员写信，咨询一下能否恢复这一传统。

航班

卡尔·林奈（Carl Linnaeus）曾设想过发明一个巨大的、用在一天内不同时间开放的花朵做成的时钟³。托马斯·卡莱尔（Thomas Carlyle）将这一思路应用于伦敦，但用难民取代花朵。"在这个革命性的大钟里，"他写道，"人们可以通过形形色色走在伦敦街道上的流亡者们来记录年份和时代"⁴。

马克思

来到迪恩街的"君在何处"酒吧，伴着俄式风味的伏特加马提尼阅读《共产党宣言》。在你上面的房间里，卡尔·马克思（Karl Marx）曾以流亡者的身份居住于此。旅居伦敦期间，马克思在大英博物馆的阅览室写下了《资本论》（Das Kapital）。⑩尽管他独居的小屋按照他自己的说法是"一个脏乱得连坐下去都是一件痛苦而危险的事情的破旧小屋"，但这并没有妨碍他撰写一部超越其他任何作品激励更多人们追求美好生活的巨著。酒吧的顾客可以申请去参观他的房间。

列宁

仅仅 50 年后，列宁（Lenin）在马克思写作的地方阅读马克思的作品。有人相信，尽管没有强有力的证据，列宁在克莱肯维尔-格林（Clerkenwell Green）的皇冠客栈首次遇见了斯大林（Stalin）。⑪

识图

《伦敦乌托邦》（Utopian London）是由中世纪流传下来的带有神话和历史以及地理信息的中世纪世界地图启发而来的，另外一个参考是托马斯·莫尔的《乌托邦》（Utopia）（1516）的卷首，上面展示了各种飞船降落在一个奇怪的岛上。在图片的中心矗立着用他自己发明的乌托邦语言写的"乌托邦"。在布鲁格（Bruegel）的绘画《安乐乡》中描绘了可以吃的房子和长有腿的蛋。

慈爱⑬

20 世纪 30 年代末期，一万名来自柏林和布拉格的犹太儿童来到伦敦利物浦大街。在车站外部延伸线处可以看到五个犹太儿童的站立雕像。

帕丁顿⑭

伦敦最可爱的难民——帕丁顿熊下定决心要到英国首都，所以它只带了用以养活自己的一些令人憎恶的果酱，就从最黑暗的秘鲁开始跨越大洲的冒险之旅。当你乘坐从巴黎到伦敦的欧洲之星时想一想这只漂洋过海的泰迪熊。当法国和英国连通了海床下的海底隧道时，英国的施工者们通过隧道向大陆挖掘工们传递的第一件物品就是软乎乎的玩具帕丁顿熊。

---

1. 若想了解亨德尔，前往第 118 页。
2. 要和吉米交流，可以去纽汉的伍德格兰奇路（Woodgrange Road）听《紫霾》（Purple Haze），旁边挂着铭牌，纪念这首在 Upper Cut 俱乐部的更衣室里创作出来的歌曲。你也可以前往第 129 页在树上找他的身影。
3. 前往第 311 页种植属于你自己的花钟。
4. 第 385 页记载了这个城市更多的难民。

威约蒙

萨瑟克大教堂外的一块波纹花岗岩是为了纪念18世纪的印第安酋长穆罕默德·威约蒙（Mahomet Weyonomon）而立的，他于1735年来到英国，向国王请愿，要求归还他的部落。但该提案还未来得及提审，他就被天花夺去了生命。一百年前，波卡洪塔斯（Poca-hontas）和她的丈夫约翰·罗尔夫（John Rolfe）以及萨满法师托莫科莫（Tomocomo）来到了伦敦。她也死于

天花。现在在格雷夫森德（Gravesend）的圣乔治教堂有她的雕像。⑯

佐格一世（Zog）⑫

佐格一世，自封的阿尔巴尼亚国王，1939年墨索里尼入侵时逃亡到伦敦。他挪用了阿尔巴尼亚的黄金，预订了丽兹酒店的三楼，据说他用的是金条。快点儿去丽兹酒店的酒吧，点一杯咖啡，用金叶子付账。

实现

虽然传统上朝圣者会走出伦敦前往坎特伯雷（Canterbury）或其他地方，但人们依然会把这座城市视为精神归宿。[1]

冒险 ⑮

古老的童谣唱道："One foot up and one foot down, / That is the way to London Town."（"一脚前，一脚后，这条路就可以去伦敦。"）19岁的洛瑞·李（Laurie Lee）就是一位远程徒步者。1934年，他带着小提琴从科茨沃尔德（Cotswolds）走到伦敦，然后又徒步穿过西班牙。他写道："在伦敦的路上，除了向前走，我什么都忘了。当我热血沸腾时，我正处于既无压力，又无摩擦的年纪。"沿着位于斯拉德山谷（Slad Valley）六英里的洛瑞·李野生之路行走，再跟着他的脚步走到伦敦。[2]

行进 ⑰

2011年，伊恩·辛克莱和安德鲁·克廷（Andrew Kötting）花了四周时间，乘坐一条天鹅状的名为"伊迪丝"的脚踏船从黑斯廷斯（Hastings）到哈克尼（Hackney）。他们奇怪的塑料朝圣之旅与他们在2012年奥运会火炬传递中感受到的必胜信念形成了鲜明对比。在长达160英里的艰苦跋涉中，他们仔细寻找"英国文化的氛围回响"，最后来到奥林匹克遗址附近的利河（River Lea）和哈克尼"消失的风景"。可先去观看他们的电影《斯旺多恩》（Swandown），然后去亚历山德拉公园湖上租一艘天鹅船划行。

斋戒 ⑱

1888年，甘地来到伦敦内殿法律学院学习法律时，他阅读了亨利·索尔特（Henry Salt）的《呼吁素食主义》（Plea for Vegetarianism）

并加入伦敦素食主义协会（London Vegetarian Society）。[3] 在来英国之前，甘地应母亲的要求成为素食主义者，但在读了索尔特的书后，他"原则上接受了素食主义"。在菲茨罗伊广场（Fitzroy Square）的印度基督教青年会餐厅（Indian YMCA restaurant）里喝一碗"达尔"（dahl），这家餐厅对非宾客也会开放。然后去塔维斯托克（Tavistock）广场朝圣，在甘地雕像下面的空心基座下放一束鲜花。[4]

治疗 ⑲

塞缪尔·约翰逊两岁时第一次到伦敦。他患有淋巴结核，又被称为"King's Evil"，据说接受皇室人员的触碰是可以治愈的。于是，他的母亲把他送到圣詹姆斯宫的安妮女王那里，女王按传统说法用一枚金奖章碰了碰他。在大英博物馆硬币和奖章馆（Coins & Medals department），你可以请求去触摸约翰逊博士的那件皇家物品（M.8007）。

爱情 ⑳

1955年夏日的一个星期六，菲利普·拉金（Philip Larkin）坐上了一列安静的火车，从赫尔（Hull）开往国王十字车站。当车向南行驶到中途停靠点时，几对新婚夫妇在那里上了火车，而他看到了他们婚姻的始端。[5] 在国王十字车站的一块石板上读《降灵节婚礼》的最后几行字句，然后去赫尔的帕拉贡（Paragon）火车站，在一尊奔向火车的诗人雕像旁边找到开头几行。

---

1. 前往第110与城市圣人见面。
2. 李在《当我在仲夏的早晨行走》中描述了他的旅程。
3. 参见第44页。
4. 2015年，一尊全新的、9英尺高的雕像在议会广场揭幕，赋予

甘地在"英国的永恒之家"。
5. 多年后的一次采访中，他回忆起当时的感觉。被如此多的"新鲜、开放的生活"包围着，所有这些都像子弹一样瞄准了事物的核心。

魅力

你是否热爱伦敦，热爱到"在鱼龙混杂的河岸街（Strand）喜极而泣"？作家查尔斯·兰姆（Charles Lamb）就热爱这座城市至泪盈满眶。他在一封写给威廉·华兹华斯（William Wordsworth）的信中，驳斥他的朋友偏爱那些"没有生气的自然"。尽管这座城市并不完美，但它看起来如此辉煌，以至于人们无法轻易拒绝。

吸引力 ㉑

小说家伊丽莎白·鲍恩（Elizabeth Bowen）写道："在我 20 岁之前，阅读小说是我了解伦敦的唯一途径。"当她从爱尔兰来到伦敦的时候，鲍恩已通过故事[1]生动地了解了这座"充满吸引力和危险"的城市，以至于"（她）对白日做梦有了一种痴迷"。在摄政公园泛舟湖畔的长椅上读《心之死》（The Death of the Heart）的第一章。鲍恩住在克拉伦斯台（Clarence Terrace）2号，在这里能够看到公园的景色。她认为这是"地球上最文明的场景之一"，并将她的两部小说的开头都设在这里。

雾 ㉒

1897 年来到这里的日本艺术家垣松郁生（Yoshio Markino）认为这座城市是"世界的天堂"，尽管他最初为了避免吸入烟雾而戴着口罩。最终，他最喜欢的还是这座城市的雾[2]。他写道，我认为没有雾的伦敦就像没有嫁妆的新娘。"伦敦的雾吸引了我，所以我觉得除了伦敦我不可能住在别处。在伦敦博物馆寻找他那灰蒙蒙的油画《在国王路的一个晚上》（In the Rotten Row One Evening），透过他的眼睛，你可以看到这个阴暗的大都市。

前景 ㉓

尽管伍德豪斯先生（Mr Woodhouse）在《爱玛》（Emma）中宣称，"伦敦总是处于苍白的季节"，但简·奥斯汀（Jane Austen）却自得于伦敦坚韧不拔的魅力。1813 年夏天，她来到亨利埃塔街（Henrietta Street）10 号与她的哥哥住在一起，并描述他的住处为"脏乱，却富有前景"。在考文特花园露营店找到该寓所，然后参观奥斯汀在大英图书馆的写字台和眼镜。

华丽 ㉔

小说家亨利·詹姆斯（Henry James）写道，伦敦"不是一个令人欣喜的地方；它既不让人愉快，也不会使人高兴，既不舒适，也无可指责。它只是华丽"。1869 年，他来到这个"灰色的大巴比伦"。在国家肖像画廊的 4 号房间里寻找一幅他的朋友约翰·辛格·萨金特（John Singer Sargent）为他而作的肖像。[3]

迷人 ㉕

弗吉尼亚·伍尔夫（Virginia Woolf）虽然在海德公园门（Hyde Park Gate）一栋漂亮的房子里长大，但她把从肯辛顿向布卢姆斯伯里（Bloomsbury）的搬迁描述为跨越了一条鸿沟，从"可敬的木乃伊式的谎言生活"变成了"或许粗鲁无礼，但却有活力的生活"。从格洛斯特路（Gloucester Road）乘坐皮卡迪利线到罗素广场，仔细想想其中的差别。"伦敦很迷人，"她后来在日记中写道。"我走到一块茶色的魔毯上，连伸指称赞都还来不及，就被那里的美丽迷住了。"

---

1. 在第 413—413 页找出更多的城市小说。
2. 参见第 58 页。
3. 1914 年，这幅画像被女权主义者攻击而严重损毁。据《泰晤士报》报道，这幅画被玛丽·伍德夫人"用绞肉机"击打了三次，她是一位"外表十分平静的老妇人"。了解更多女权主义，参见第 79 页。

艺术

正如大卫·霍克尼（David Hockney）所说："绘画能使你更清晰地看事物，越看越清晰，直到你看得眼痛。"要让伦敦成为焦点，请用艺术家的眼光来欣赏它。在作画之前，你可以先去位于大罗素街上的 L.科内利森父子画廊（L. Cornelissen & Son）看看那些精美的艺术作品。很多艺术家，例如透纳（Turner）、翠西·艾敏（Tracey Emin）等都曾去过，其历史已经有 150 多年。

加纳莱托（Canaletto）的《格林尼治》（*Greenwich*）

你可以在狗岛一端的岛屿花园里架起画架，画一幅《格林尼治风景画》。在建筑物几近对称的皇家海军学院的中央是乔治二世的雕像，让他成为这幅画的焦点。雕像的后面是女王的房子，以及远处葱郁的树林。流云从天空掠过，记得要捕捉河面上过往船只的画面。完成画作之后，你可以前去泰特英国美术馆参观，将自己的画作与加纳莱托的做个比较。

透纳的《罗瑟希德》（*Rotherhithe*）

日落时分，在泰晤士河畔的太平洋码头旁架起画板，希望此时能有一艘拖曳着装有98门船炮战舰的拖船从此处经过。在你等待的空档，可以先来描绘天空及大海。尽量少用些蓝色：天空广阔而又多变，同时可以着以棕灰、红色及淡黄；海面要极其平静。如果拖船没有出现，那就运用你的想象力来作画吧。透纳也是如此做的[1]。如果你不在乎这幅画的历史错误，那就去国家美术馆的 34 号房间欣赏被拖去解体的战舰"无畏号"。

康斯特布尔（Constable）的《汉普斯特德》（*Hampstead*）

要是你态度和善，汉普斯特德洛厄露台（Lower Terrace）2 号的本地居民会允许你在他们的花园里架起画架。你可以去画一幅洛厄露台的图景，尤其要留意对面街道以及爬出邻家外墙的树叶。约翰·康斯特布尔就于1981年和1982年的夏天待在2号作出《汉普斯特德》这幅画。可以去拜读下他在维多利亚与艾尔伯特博物馆的版画与素描馆（Prints & Drawings）里第 49 号（L架）上的作品。

毕沙罗（Pissarro）的阁下巷（*Lordship Lane*）

把画架架在西德纳姆（Sydenham）森林蔓草丛生的人行桥上，描一幅东北部废弃的铁轨图。然后再去考陶尔德画廊找到卡米力·毕沙罗（Camille Pissarro）在同一地点的作品，你会看到从阁下巷车站驶来的蒸汽火车。

贝文（Bevan）的《韦斯特维》（*Westway*）

停在斯特布尔路（Stable Way）上，上面是 A40 轰啸声[2]。用黑色、锈迹斑斑的色调去捕捉混凝土立交桥的底部以及由它而延展出来的优雅支线。然后去伦敦当代艺术博物馆欣赏奥利弗·贝文（Oliver Bevan）相同场景的三联画。

---

1. 事实上，在下午早些时候被两艘蒸汽拖船拖到罗瑟希德的牛头码头之前，特梅尔号（Temeraire）的桅杆和索具都已被卸下来了；在特纳的画中，太阳从东方落下。

2. 详见第 97 页。

图例

在作品《项狄传》（*Tristram Shandy*）中，作者劳伦斯·斯特恩（Laurence Sterne）描绘了一个"文中文"，在这一章里崔斯特瑞姆（Tristram）提到了不必要提起的若干作家［包括冗长的法语引用 entre parenthèses（之间的括号）］。他坚称这章是他整部作品中最得意的章节。他的成功也给了我们灵感，使我们在此呈现出一幅伦敦地图的"图中图"，它也被认为是本书中最好的篇章。

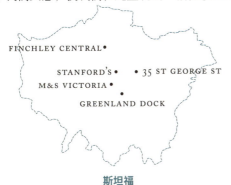

斯坦福

爱德华·斯坦福（Edward Stanford）在 1862 年开创性地绘出《伦敦图书馆之图》（*Library Map of London*）（此后 150 年该书仍在出版）。自此之后，世界最大的旅行主题书店——斯坦福书店就一直运营至今。如今，斯坦福旅行书店拥有着世界上最多的地图及旅行书籍，这两类紧紧相依[1]。书店地板上铺的都是地图：在一楼你可以走遍全世界；在第二楼你可以徒步喜马拉雅山脉；而在负一楼你能在伦敦城中漫步[2]。

贝克

从维多利亚站的玛莎百货出来，你能够看到注有旧标识的地图，呈现出伦敦、布莱顿（Brighton）及蜿蜒向南的铁路线。这容易令人感到困惑的"郊区线路"地图突出了人口稀疏地区、图例式地图的优势，今天我们用它来导航伦敦的交通。如今被众人熟知的伦敦地铁交通图于 1931 年由哈利·贝克（Harry Beck）设计。你可以在本地车站的芬奇利中心站（Finchley Central）看到一份褪色的贝克原始地图复本。

皮尔索尔

《伦敦从 A 到 Z》的创始者菲利斯·皮尔索尔的雕像矗立在绿洲河湾（Greenland Dock）街头的一张长椅之后，紧挨着迈克尔·凯恩（Michael Caine）的雕塑。据传，皮尔索尔为了创作 A—Z，徒步走遍了伦敦的 23000 条大街，走了大概 3000 英里的路。然而，英国

文化遗产组织调查此举之后，却拒绝授予她蓝色勋章。因为，皮尔索尔实地徒步所绘制的地图集是以其身为制图师的父亲所绘制的地图为基础的。不过，有人觉得这不公正。在她的自传《从窝居到闻名的岁月》（*From Bedsitter to Household Name*）中，皮尔索尔坦诚自己的著作是基于父亲绘制的地图。其实，她真正的非凡成就在于将其父亲细致的研究与自己徒步的实际经历相结合，并在此过程中创设了伦敦的地标。她现在已经被授予蓝色勋章，由萨瑟克委员会[3]在法院巷花园颁发。

罗克

简·罗克（Jean Rocque）——一位来自瑞士的移民，绘制出了 18 世纪伦敦最大、最精美的地图。看一看罗克绘制的 1746 年的伦敦市郊地图：18 世纪十字路口的小定居点如今已经成为大伦敦最有活力的社区[4]。

——彼得·巴伯

血色伦敦

在乔夫·尼科尔森（Geoff Nicholson）1997 年出版的小说《血色伦敦》（*Bleeding London*）里，斯图亚特·伦敦（Stuart London）走遍了伦敦 A—Z 的每一条街道。受其启发，皇家摄影学会的《血色伦敦》摄制组将这座城市街道拍摄的工作外包给了大众。去看看他们收集起来的 58 000 多张图片，这些可以作为谷歌地图街景的另外一种选择。

> **其他几位大伦敦的地图制作者**
> 查尔斯·布斯（Charles Booth）见第 261 页
> 温塞斯拉斯·霍拉尔（Wenceslaus Hollar）见第 337 页
> 约翰·斯诺（John Snow）见第 54 页

---

1. 拜访过该书店的顾客有不少冒险家，如利文斯通博士、斯科特船长以及夏洛克·福尔摩斯。
2. 与此情形类似的是位于下马什的四角咖啡馆，室内墙壁上全然以地图覆盖，本宁顿咖啡馆的天花板也如出一辙。

3. 关于颁发蓝色勋章，详见第 109 页。
4. 在圣乔治大街上的阿尔特亚画廊（Altea Gallery）可以看到罗克绘制的地图。

冲破界线

"这条脏兮兮的链子状的……就是城市边界线吗？"在1999年环M25伦敦外环高速公路之行前，伊恩·辛克莱问道。那么这条"概念上的界线是否就界定了我们所谓的伦敦的边界"[1]呢？

冲破界线这项活动在每年的耶稣升天节[2]这天都会举行。这是一个中世纪的古老的"帮会日"，在这一天，神职人员、学生、司法人员有序地列队前去教区或是医院的边界处，手持绿色柳树嫩枝[3]去鞭打界碑。每停一下，祭司就念一段简短的祈祷语，孩子们用柳条重击地板，并且还要大声呼喊："打！打！打！"

你要弄清楚你的教区是否有此活动。若没有，可以去伦敦城最古老的教堂参与，即伦敦塔旁边的万圣殿（All Hallows）。位于卡特福德区（Catford）的圣登仕庭学院（St Dunstan's College）的学生们会加入神职人员的队伍中去击打办公大楼、银行以及甜品快餐店外的地面。该教区的南部边界位于泰晤士河中部，所以人们聚集在船上抽打水花。

可是，伦敦的边界在哪里呢？下图为城市边界提供了一些参考。

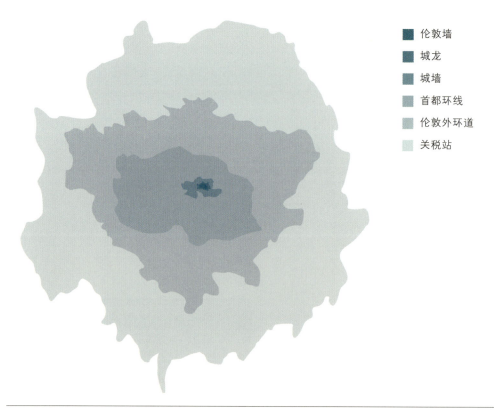

■ 伦敦墙
■ 城龙
■ 城墙
■ 首都环线
■ 伦敦外环道
■ 关税站

---

1. 辛克莱在书和电影《伦敦轨迹》（London Orbital）中叙述了他的这次环伦敦之行。
2. 复活节之后的第39天。
3. 若那些树木本身就是界线，它们就被称作"福音橡树"。伴于卡

姆登的福音橡树是源于一棵生长于汉普斯特德和圣潘克拉斯区之间的树。它以前生长于曼斯菲尔德大道（Mansfield Road）和南安普敦大道（Southampton Road）的交会处。

Bar）[3]（旧时伦敦城的入口）旧址上。

伦敦墙

伦敦这座城市在其存在的大部分时间里，都被一堵20英尺高的巨大围墙包围着，围墙上有七扇门：路德（Lud）、纽（New）、奥德斯（Alders）、跛子、沼泽、主教和阿尔德。伦敦城墙是罗马人在公元200年建成的，作为边界线已经保存了1500年。

手持柳条，从伦敦塔开始，间歇性地敲打路面[1]。伦敦最高的、令人印象最为深刻的城墙遗迹矗立在伦敦塔山地铁站外，一座18世纪的图拉真皇帝雕像居高俯瞰着它。车站站台上也有一段保留下来的城墙。

沿着库珀街（Cooper's Row）走，穿过农庄城市酒店，去看看酒店庭院的另一部分。

一段低矮的城墙沿低洼的园子而建。这里曾经是伦敦城墙上圣阿勒日教堂的墓地。

继续进入巴比肯中心（Barbican Centre，伦敦的一座十层建筑物）：这段城墙曾经是罗马要塞或"巴比肯"的西北端。你可以看到远处一座大塔的遗迹，它有中世纪隐士居所的两倍大[2]。

贵族街（Noble Street）的这段城墙在1940年间的战火轰炸中暴露出来，你可以从一个凸起的平台上看到它。这部分城墙的时间跨度最大，从公元2世纪的建城墙时所在的罗马地基跨越到19世纪修补中世纪的部分墙砖。

穿过老贝利街，沿着朝圣者街和帕吉安特斯科特街（Pageantmaster Court）走到泰晤士小径步道，然后再沿着河返回伦敦塔。

城龙

在走出了方圆一英里的界线之后，不妨把你的网再撒大点儿，去挑战下拥围着城市的那13条守护龙。这些兽类于20世纪60年代被安置于此，界定了金融城的管辖区域。守护龙吐出赤色舌头，持金融城徽章单腿站立。两尊7英尺高的原作被安放在维多利亚堤岸的圣殿花园旁边。其他皆为半大的复制品。在黑衣修士桥和伦敦桥的南端、阿尔德盖特高街、主教门、沼泽门（Moorgate）、戈斯韦尔路（Goswell Road）、法灵顿大街和高霍尔本街（High Holborn）都可以看到它们。还有一条黑龙，最为凶猛，立于坦普尔栅门（Temple

城墙

1725年，丹尼尔·笛福漫步于伦敦的"环城线"，这条线是"普通意义上被称为伦敦的建筑群"的边界。他所走的路线是工业革命爆发前的高潮线：从米尔班克（Millbank）到威斯敏斯特、梅菲尔、苏荷、布卢姆斯伯里、伊斯灵顿（Islington）、哈克尼、白教堂（Whitechapel）、斯特普尼（Stepney）、英里角（Mile End）、莱姆豪斯（Limehouse）、德普福德（Deptford）、罗瑟希德、伯蒙德西（Bermondsey）、萨瑟克和朗伯斯（Lambeth）。他在《穿越大不列颠全岛的旅行》（*Tour Thro' the Whole Island of Great Britain*）一书中的第二卷里详细地描述了这条路线。今天，沿着这条线路前行，便可以看到18世纪初的伦敦景象。

首都环线

2005年，长达78英里的"首都环线"正式启用：这是一条环绕伦敦市中心的步道，连接起伦敦多处精美的绿地。沿途的标志物包括泰晤士水门、埃尔瑟姆宫（Eltham Palace）、里士满公园、惠恩克利夫高架桥（Wharncliffe Viaduct）和沃尔瑟姆斯托沼泽（Walthamstow Marshes）。

伦敦外环道

150英里长的伦敦外环道（LOOP, London Outer Orbital Path），也就是"步行者的M25"，沿着伦敦的城市外边缘施工，2001年完工。它从伊利斯（Erith）绕到普弗利特（Purfleet），然后在金士顿穿越河流。拿出枝条来，在霍尔广场（Hall Place）、法辛丘（Farthing Down）、恩菲尔德水闸（Enfield Lock）和雷纳姆沼泽（Rainham Marshes）几个地方击打几下。

关税站

最后，可以尝试着去连接现存的218个煤炭关税站点，它们在伦敦周围形成了一个大圈。在这个圈内，标示出哪些地区曾一度将煤炭税交付于金融城。有些地区用的是方尖碑，但更多的地区是白色铸铁柱，大约一米高，饰有城市的徽章。它们是功能性机构，也是边界。比如说，位于埃普索姆丘陵（Epsom Downs）的跑马场旁边的塔特纳姆角（Tattenham Corner）、在沃姆利树林（Wormley Wood）深处的站点，还有切斯菲尔德（Chelsfield）玫瑰花冠柱附近的那一处站点，都在边界上。马丁·奈尔（Martin Nail）绘制了它们的坐标图。

1.1983年，这里曾经组织过一场"沿城墙走"的活动，但之后城墙上很多遗迹都随之消失了。
2. 最早有记录在册的跛子门（Cripplegate）的隐士被称为隐士韦林（Warin），最后一位是约翰·德·弗利特维克（John de Fly-

tewyk），他于1341年离职。
3. 这条龙被称作"狮鹫"，是希腊神话中半狮半鹫的怪兽。详情见第400页。

BLOCKS 建筑大楼

　　自从在伦敦市中心建立起地标"小黄瓜"和市政厅后，建筑师诺曼·福斯特（Norman Foster）被委任在阿拉伯联合酋长国从头开始设计出一座城市。马斯达尔城（Masdar City）完全成形于沙漠之中，只有一种统一的风格，没有过去的历史可与之抗衡，这与基于河岸平原之上，有着 2000 年发展史的伦敦城形成了鲜明对比。在伦敦这样一个历史深厚的城市中，建造任何新的建筑都将是一项艰巨的任务：脚下有遗迹和废墟，地面上有需要保护的景观，连建筑物投射出的阴影都需要考虑。

　　建筑可能是最具挑战性的艺术形式，因为我们被迫与之互动。不管你喜不喜欢碎片大厦，你都不能忽视它的存在：那些高楼大厦总是会影响着城市的外观和给我们带来的感觉。建筑师的图纸上总是美好之景象，然而许多新建的大厦却没能像围绕在建筑工地四周的广告板上所展示的那样，充满阳光的幻想。最典型的例子是位于大象堡区（Elephant and Castle）那座高达 43 层的斯特拉塔大厦（Strata），其顶部安装有三座经常发生故障的风力涡轮发电机。2010 年，它获得了"英国最丑新建筑"奖（Carbuncle Cup）——英国颁发给"最丑建筑"的年度奖项。

　　远在几英里外的地方都能看到斯特拉塔大厦，但它却是伦敦城里为数不多的没能获得绰号的摩天大楼之一。[1] 无论是好是坏，那些能吸引公众想象力的、闪闪发光的新式建筑，往往会被公众以可持于手中的日常物品来命名，好像这样的命名就能将这些未来的金字塔形建筑缩减到人类可控的比例。最近才取的建筑物绰号包括这些追随着老一套的、彰显笑点的"奶酪刨"（Cheese Grater），"火腿罐头"（Can of Ham）和"对讲机"（Walkie Talkie）。

　　建筑物不仅为我们提供了城市的时代背景，而且还充当了社区得以凝聚成形的骨架。当它们与期望不符时，人们便开始嘲笑、抛弃，甚至诋毁。这一章节将围绕伦敦一些最为醒目的、最令人称奇的建筑一一展开，从伦敦的建筑街区游览至最新的高楼。

人体建筑

在鞋巷（Shoe Lane）的角落里寻找一个锈迹斑斑的身影。当你走近时，它会在你眼前变得模糊。"从远处看，它像一个人，"它的创造者安东尼·戈姆利（Antony Gormley）说，"从近处看，它像一座城市。"这个雕塑是由几十个大小不一的金属块组成的人体。

---

1. 尽管这幢建筑外观看起来像极了电动剃须刀。

城市建筑

自然篇

踏马石

蓓尔美尔（Pall Mall）的雅典娜博物馆俱乐部外有一块石头，是伦敦旅行中最主要的危险之一。安放于此的这块石头原本是为威灵顿（Wellington）公爵上马时踩踏之用。

玄武岩

交易广场上有四块嶙峋状的玄武岩石雕，它们实际上是一个家庭的四个成员：父亲、母亲、孩子[1]和一条狗。这四座雕塑线条粗暴原始，可以和奥拉哈卡纳尼亚（Hoa Hakananai'a，意为失踪的朋友）——收藏于大英博物馆生死馆的那尊精美的、玄武岩制的复活节岛人物雕塑平滑的线条相比较。

埃及鹅卵石

在皮特里（Petrie）埃及考古博物馆里，一块块贴着"古老鹅卵石"标签的鹅卵石被单独悬挂起来，这批收藏可能是伦敦最令人失望的博物馆展品。UC.36033（"棕色卵石"）是一个曲线优美的亮点，但 UC.9252（"粗糙卵石"）似乎有点黯淡无光。

罗马砖

对伦敦最好的墙砖来说，其最强劲对手如今被收藏在伦敦博物馆的罗马艺术馆内。制作墙砖的土坯还处于松软状态时，一名建筑工人在砖上留下字迹抱怨另一名工人的懒散行为。估计他没有想到自己的刻画能这么长地存在于世。

建筑师的茶

RIBA（Royal Institute of British Architects，英国皇家建筑师协会）

在伦敦波特兰广场（Portland Place）66 号英国皇家建筑师学会总部点一杯建筑师们喝的茶。你会期望着这里的咖啡厅设计精美，这点绝不会让你失望：那是一处装饰精美的、高大的艺术空间，四处皆是玻璃壁面和黑色大理石。

AA（Architectural Association，建筑协会）

从外面看，还不清楚能否进入位于贝德福德广场（Bedford Square）的建筑协会。不过，你可以去 36号地下餐厅吃饭，去观看最新的建筑展品，然后在酒吧里喝上一杯酒。酒吧在工作日营业至晚上九点，同时能够欣赏布卢姆斯伯里（英国中伦敦附近）最漂亮的广场景色。

木制街道

如果你曾经有过拖着行李箱走在鹅卵石路上的经历，那么你就能想象到车水马龙的伦敦街道上有多么的喧嚣。为了减少噪音，伦敦的街区会选择木块来代替鹅卵石，尽管木头不如石头的质地坚固。你可以到伊斯林顿棋盘街（Cheqaer Street）上的木质街道上去走走，感受一下。

哭泣的大理石

圣巴塞洛缪大教堂里的那座爱德华·库克（Edward Cooke）半身雕像的"哭泣"曾经令众人震惊。在集中供暖前潮湿的天气里，小水珠凝结在大理石上顺着库克的脸颊流下。去那里参观，铭文上的字句会令你不由得向爱德华倾吐烦忧，"潜然泪下"。要是你没有流下眼泪，那么如铭文所述，爱德华的雕像会为你哭泣。

鲕粒岩

到大英博物馆去，看看你是否能分辨出最近重建的南门廊与其他地方的旧砖在颜色上的区别。有传闻说，在门廊的翻新过程中，错用了一种石器时代的鲕粒岩[2]。

1. 去看看那个孩童般大小的圆石底部，你会看到一双漂亮的带扣鞋突出来，给人一种有人被卡在里面的可怕感觉。
2. 按规定来说，建筑者应使用来自法国的安特鲁罗氏克莱尔石灰石去代替传统的波特兰石灰石。

人造篇

测试

如果你想在使用一种材料之前测试它的质量，那就去萨瑟克街上的卡尔开德质检博物馆（Kirkaldy Testing Museum）。它有一个通用的试验机，用来评估拉伸强度、延展度和耐久度。博物馆的门上刻着"事实"而不是"意见"。博物馆在每个月的第一个星期日开放；进入检测间前必须戴上护目镜。

帕克辛

哈克尼-维克（Hackney Wick）沃利斯路的一块牌匾上写着，"世界上的第一块塑料"产自于这附近的一家工厂。帕克辛以其发明者亚历山大·帕克森（Alexander Parkes）的名字命名，是一种廉价的象牙替代品，常被用来制作珠宝和配饰。它唯一的缺点是加热时容易爆炸。科学博物馆（Science Museum）收藏了许多小摆设，为避免光照对其的蚀褪，所以这些小摆设只在特殊的展览会上展出。

超级混凝土

在周四或周六的下午，你可以免费参观萨默塞特宫（Somerset House），沿着新的螺旋楼梯拾级而上。这种极薄的白色台阶由超高性能混凝土制成，强度是普通混凝土的1 000倍。

有机玻璃

伦敦拥有世界上最大的有机玻璃。在圣凯瑟琳码头的伦敦塔酒店的侧壁上你就能找到它。这个重达2吨的半透明长方体是斯坦利·库布里克（Stanley Kubrick）为电影《2001：太空漫游》（2001: A Space Odyssey）设计的。在电影中以它作为一块外星巨石的背景，一群猿猴开启了人类进化的过程，但这块有机玻璃未能通过屏幕测试，取而代之的是一块黑色玄武岩。

普勒汉姆石

等到下次你去圣詹姆斯公园观察塘中鹈鹕时，不妨看看湖中露出的岩石。它们看起来像真的一样，实际上却是由詹姆斯·普勒汉姆（James Pulham）生产出来的一种以其名字命名的人造石所制成的。这种人造石被用在伦敦的公园和花园中，创造出高度逼真的石窟、瀑布、悬崖和岩石。在构造景观时，融合了当地的岩石的风格，所以根本无法分辨出人造和天然之别。如今，已经没有办法再制作出普勒汉姆石这种人造石，因为詹姆斯·普勒汉姆把其制作秘方带进了坟墓。

科德人造石

南岸是人造石爱好者的乐园。如今它已然成为一封写给钢筋混凝土的野兽派情书，而在两个世纪之前，它却是科德人造石工厂的所在地。18世纪有很多人仿制石头，却没有一个像埃莉莉诺·科德（Eleanor Coade）那样成功。她制作出来的石头比纯天然的石头更能抵御伦敦城里的腐蚀性空气。位于威斯特敏斯特桥南端的那尊科德人造石狮，离她以前的老工厂不远，如今看起来仍然和新的一样[1]。有一段时间，一些人认为科德人造石制作的配方已经失传——或是被藏匿于那座石狮子内，但事实上配方仍然存在。你可以将70%的黏土与10%的陶渣、5%的燧石、5%的石英和10%的苏打石灰玻璃混合在一起。用火将以上混合物以1110 ℃，或是用微波以高温煅烧4分钟即可制成。

自制

在莫特莱克（Mortlake）的船舶吧，从玩巨型叠加游戏开始学习。只要你练习到技术娴熟，即可报名参加伦敦学校[2]烘干石墙的技术学习。此项课程在霍洛威（Holloway）的希尔德罗普社区中心举行。

1. 科德人造石另一个值得一提的地方是支撑着尤斯顿路（Euston Road）的圣潘克拉斯新教堂的女像柱。她们看起来很矮小，这是因为在制作过程中把这八个女人做得太大了，最后不得不将她们的腹部移除了一部分与空间相匹配。
2. 这所学校负责新交叉骨墓地花园（Crossbone Graveyard Garden）烘干石墙工程。详见第204页。

伦敦建筑

1966 年，脾气暴躁的建筑评论家伊恩·奈恩（Ian Nairn）发表了一篇名为"向建筑师叫停"（Stop the Architects Now）的文章，谴责在第二次世界大战之后英国各地涌现出的"一批枯燥乏味、粗制滥造、一知半解的陈词滥调"。他写道："现代建筑最突出的事实便是没能做到更好，这一事实也最令人震惊。"同年，他的书《奈恩的伦敦》（Nairn's London）问世。这本书对这座城市的描述最为奇特，引人入胜。他考察了建筑环境，并独出心裁地做了一个"记录"——记录了在阿克斯布里奇（Uxbridge）和达格南（Dageham）两地之间让他感动的地方。

奈恩对伦敦的老派大型建筑及后来出现的新式建筑进行了考察评估，并不惧怕对那些"徒有虚名"的建筑物做负面评价。凡是自己不认可的地方，他统统在文中以方括号标示出来，少有地让标点符号在评价中被赋予了如此重要的作用。奈恩的主题可能是砖、石头和灰泥，然而这本书却宏观地反映了整个城市，且在文中折射出城市对居民的影响。奈恩 1983 年去世时，他的《奈恩的伦敦》一书早已绝版，在 2014 年才再次出版。

圣玛丽·伍尔诺斯，朗伯德街⑥
尼古拉斯·霍克斯莫尔（Nicholas Hawksmoor），1714—1730 年

霍克斯莫尔的圣玛丽·伍尔诺斯教堂是"一座非去不可的城市教堂"，伊恩·奈恩这样写道，"这里的空间是如此真实有形，只需要一张车票的价格，即可体验到神秘主义者的超现实或是迷幻模式。"自己去试试吧。[1]如果你在去教堂的过程中没有体验到一种自发的空间快感，那就走一小段路到圣玛丽·奥尔德玛丽教堂[2]，在那里你可以去教堂中殿的 HOST 咖啡馆买杯咖啡。

[大英博物馆，罗素尔街]
罗伯特·斯默克爵士（Sir Robert Smirke），1832—1847 年

罗伯特·斯默克爵士的设计并没能得到伊恩·奈恩的认可。奈恩去世之前，大英博物馆的顶部施工还没有完成。奈恩对罗伯特爵士的希腊式设计完全不感兴趣，他觉得这种设计"毫无生机可言"。1994 年，大英图书馆从馆中庭搬走之后，"福斯特和他的伙伴们"公司为其安装了一个波浪形的玻璃屋顶[3]。事实证明，这项工程极其复杂，阅览室稍微偏离了中心。为了让屋顶与空间相匹配并且规则性地呈现，3312 块玻璃面板的尺寸略有差异。选择一个阳光明媚的日子去那里参观，阳光下的玻璃框在博物馆的墙壁上投射出网状的影子。

皇家艺术学院，肯辛顿戈尔①
H.T. 吉百利-布朗（H.T.Cadbury-Brown），1961 年

令人难以理解的是，英国皇家艺术学院这座像机器人形状的、灰暗的长方体建筑物竟然能被相关部门批准建立在皇家阿尔伯特音乐厅的隔壁。不过，请不要太快地做出评判。"它默然矗立在那里，却潜移默化地进入了你的意识。"奈恩如是说。在参加建筑系学生的年度毕业展时，去欣赏一下这栋建筑，"它就像家里的大毛绒狗一样，用来嬉闹、拥抱。"

---

1. 你只能待在地上一层参观。这座教堂的地下室部分已被出售，并且继续往下挖掘，为银行的地下空间腾出地方。如今，这座巴洛克风格的宏伟建筑正好坐落在一个车站电梯井和楼梯上方的位置。
2. 克里斯托弗·雷恩爵士在伦敦大火之后重建了这座教堂，重建的过程中依旧保留了原有的哥特式建筑风格，然而在奈恩看来，重建时"对待哥特式风格就像对待一个坏脾气的老阿姨一样：充满感情却并不尊重"。
3. 在安装之前，先烧结玻璃：丝网印刷有过滤紫外线的小点。

[皇家节日大厅，南岸区] ⑬

L.C.C 建筑部特殊建筑处，
1948 年 5 月—1963 年 4 月

在奈恩看来，皇家节日大厅在设计中"冰冷感与盲目地追求完美的做法是不可宽恕的"。他的论断已经得到了证实，而且有人多次尝试去消除礼堂内的冰冷感[1]。去听一场音乐会，然后自己做个评价。在巴洛克风格的室内音乐作品演奏效果不错，但史诗般的交响乐演奏效果则不好。

约翰·索恩（John Soane）的住宅，林肯因河广场 ⑤

约翰·索恩爵士，始于 1812 年

对于奈恩来说，约翰·索恩的住宅[2]"值得跨越一个大陆去观赏，犹如前往西斯廷教堂一般无二"。索恩采用石膏填充，在建筑设计的各个方面进行尝试，逐步将他的房屋转变成了一个活生生的建筑博物馆。早餐室穹顶天花板上点缀的凸面镜，吸引了奈恩的注意力。"人类对早餐本质的理解只能在这里捕捉到。"他感叹道。要是能加深理解，那就绕着广场走到弗利特河（Fleet River）面包坊去吃上一份烤面包和鸡蛋。

[范布勒城堡，迷宫山]

约翰·范布勒爵士（Sir John Vanbrugh），1717—1726 年

在设计了布伦海姆宫和霍华德城堡之后，约翰·范布勒在格林尼治公园的边沿位置为自己建造了一个奇怪的家。奈恩写道："中世纪的严峻、冷酷风格源自浪漫主义的幻想，而不是纯粹的需要，这还是第一次。"范布勒城堡坐落在迷宫山的山顶，可以俯瞰整个伦敦的美景。对奈恩来说，这是一个超大的圣诞包裹，"你很清楚这里面的东西只会带来失望。即便如此，还是应该让人欣赏"。

米其林之家，富勒姆路（Fulham Road）④

米其林模型的名字叫必比登（Bibendum）[3]，有些人简称他比波。自从 19 世纪末米其林兄弟构想出比波到现在，这个米其林模型已经有了很大的变化。过去他身材圆润，戴着夹鼻眼镜，抽着雪茄。1911 年，透过彩色玻璃[4]，你能在米其林之家看到他手夹方头雪茄、品尝美酒的样子。这幢建筑位于伦敦街头，是公司的总部。建筑覆盖着白色和绿色的瓷砖，顶部立着一个白色的石球，看起来像比波的身体。而今，这里已经成为特伦斯·康伦（Terence Conran）的必比登餐厅，在奈恩看来，这里是"一个不太可能的城市里最不可能的建筑之一"。

[伯爵宫展览中心及皇后大厦]

纽约有帝国大厦，而它分离已久的爱侣皇后大厦就坐落在西布朗普顿（Brompton）地铁站旁边。这座建于 1961 年的大厦如今被伦敦警察厅使用，通往顶层旋转餐厅的通道[5]也在其中。2015 年，伯爵宫展览中心被建造在其旁边，犹如"一只站在水坑里的大河马，在伦敦西部的上空昂首挺立"。奈恩写道，这两座建筑并在一起，"像两个怪物，完全是一个视觉笑话"。大型狩猎者们将展览中心夷为平地，为 8000 套公寓腾出了地方。

识图

《建筑伦敦》（Building London）这一小节将伦敦这座城市以一个永恒的建筑工地现场呈现在大家面前，并借鉴了彼得·布鲁格尔（Pieter Breughel）的《巴比塔》（Tower of Babel）和 20 世纪 50 年代《鹰》漫画（Eagle comics）的风格。其上描述的 14 座建筑分别被编上序号，分布在整个章节中。

---

1. 为了避免礼堂被下方北线上的轰轰声所干扰，建筑师们像对待"盒子里的鸡蛋"一般将它垫起。
2. 你可以在每个月的第一个星期二的傍晚秉烛夜访。
3. 威廉·吉布森（William Gibson）的小说《模式识别》（Pattern Recognition）中，追求时尚的主人公凯西·波拉德（Cayce Pollard）对品牌极其敏感，对某些商标会产生过敏反应。必比登就是她的氪星石，在她去苏荷区拜访客户时，她的对手就用必比登来对付她。
4. 现在的这一套是复制品，原件在第二次世界大战期间的转移过程中丢失。米其林仍在寻找失去的窗户：如果你有任何信息，请拨打他们的热线。
5. 餐厅没有网址，不清楚如何预订。

Building London

巴特西发电厂，九榆树⑭

贾尔斯·吉尔伯特·斯科特爵士（Sir Giles Gilbert Scott），

1932—1934年

尽管对"建筑物和烟囱上的小开槽"无好感，但奈恩还是肯定了巴特西（Battersea）发电厂强大的发电能力。奈恩写道："如果说真有工业情节剧这类东西的话，那么巴特西电厂就是个好剧本。"就在1983年，奈恩逝世的那一年，该电厂关闭。这家电厂花费了30年的时间去冥思苦想电厂的发展，主题公园、游乐场抑或是足球场这类提议来回交织。2015年，伦敦最著名的现代废墟改造工程启动了，这片旧地被改造成了住宅公寓、餐厅及商场[1]。在开工之前，电厂里那四个标志性的烟囱存在安全隐患，因此对它们进行了拆除重建。要想达到最佳的观赏效果，奈恩建议"在迷雾中或者是冬日暖阳的天气去参观这里"。

[大象堡购物中心] ⑪

博伊采万＆奥斯蒙德（Boissevain & Osmond），1964—1965年

自南岸区到大象堡的那一片区域是"大有所为"的地方，不过奈恩仍为其区域"未完工且平庸的建筑"而感到沮丧。但是，伦敦郡议会信心满满，坚信这处始于1965年的野兽派建筑风格的购物中心能带动大象堡这个地段成为"伦敦南部的皮卡迪利街（戏院及娱乐中心）"。作为欧洲第一家加盖的购物中心，它却并没有达到最初的预期。在它经营40周年之际，在一场"过时物投票"活动中，被公众投票为伦敦最碍眼的建筑。萨瑟克委员会并没有认真考虑对这一复杂的建筑物进行完善重建，最终决定将它拆除——因为这幢建筑与周边的高品质建筑设计格格不入，所提的方案越来越不尽如人意。还来得及去参观的话，可以去看看这座购物中心以及那只粉色的大象。

格拉纳达宾果俱乐部，米查姆路（Mitcham Road）

塞西尔·梅西（Cecil Macey），1938年

俄国戏剧导演西奥多·科米沙耶夫斯基（Theodore Komisarjeusky）于1919年逃离俄国来到了伦敦，在那里，他上演了莎士比亚的作品，并在图廷（Tooting）为一家电影院的内部做了设计。该建筑的纯白色的立面，生动活泼的彩绘拱门、壁龛、壁画和枝形吊灯，以及金边镶饰，带来一种梦幻般的感觉。它更像俄罗斯东正教的大教堂，而不是伦敦南部的建筑风格。现在，这里是伦敦装饰最好的宾果俱乐部[2]。奈恩也为这宝贵的、携带着异域风格的建筑而深感震撼："你可以不去看伦敦塔，但千万不要错过这里。"

巴比肯庄园⑧

伦敦城市规划处多名建筑师，始于1960年

奈恩对巴比肯庄园异常感兴趣。他在写《奈恩的伦敦》一书时，巴比肯庄园还在建设之中。即使这样，他还是在书中写道，为"（20世纪）70年代建筑记下一笔"。这座褒贬不一的野兽派风格的建筑物以它自己的方式获得了成功，并成为伦敦金融城广受追捧的住宅区。带上地图，去探索巴比肯的湖泊河流及蜿蜒的高地。[3]周末的时候，枝繁叶茂的温室向公众开放，去看看鸥鸪和水龟吧。

---

1. 周边地区将在2020年之前进行改造，入驻一批奇特风格的新建筑，诸如弗兰克·盖里（Frank Gehry）设计的粉橙色花朵样的弹性建筑。

2. 也是伦敦城里一处独特的晚间活动场所。

3. 参加一次免费的旅游去建筑中的锅炉房看看。前往第290页去寻找这处混凝土迷宫的中心地带。

RESVRGAM

圣保罗大教堂⑦

克里斯托弗·雷恩爵士（Sir Christopher Wren），1677—1687 年

伊恩·奈恩在书中写道，去圣保罗大教堂要沿着舰队街而行，而去舰队街就得坐公共巴士。接近此街 26 号建筑的顶层时，细致观察那穹顶[1]，那是奈恩特别欣赏的地方。穹顶"是一种完全的静止，雕绘浮于其上，静谧而未分离"。圣保罗大教堂曾在那场大火中被烧毁，如今它就在以前的废墟中拔地而起[2]。老圣保罗教堂的建筑平面图蚀刻在新教堂南边的墓地里，与新教堂并无异处；老教堂的残石断垣就堆放在新教堂拉皮达瑞宫（Lapidarium）的中心位置。

从雷恩家人的回忆中了解到，新教堂重建确立中心点时，一个工人随手从垃圾堆里拾起一块扁平的石头放地上来做标记。碰巧的是，这块石头是一块墓碑，上面除了刻有"Resvrgam"的字迹，其他什么也没有。去教堂找找这石头，它的意思是"我将再次崛起"，墓碑置放在教堂建筑外部的凤凰脚下。

红狮

约克公爵街

约克公爵街上的红狮"看起来并不悦目，也不是特别应景，但它比其他酒吧都更引人注目"。奈恩在自己的指南中提到了许多酒吧，但他表示，"如果整个伦敦的酒吧里只能选一家，那么这家红狮就是选择。"今天，你仍然可以在这镜面装饰的室内点上一杯啤酒啜饮。奈恩的书以一段关于伦敦啤酒的附言结束，无意地提及了他的这种嗜好。正是酗酒导致他在 52 岁时早逝。你可以在阿克斯布里奇路的汉威尔公墓向奈恩表达你的敬意[3]。奈恩喜欢汉威尔。"沿着阿克斯布里奇路往东或是向西，"他写道，"在历经长达数英里的杂乱场景之后，汉威尔是一个有意义的幻影。"

---

1. 实际上圣保罗大教堂的穹顶比从外面看更精致巧妙。其穹顶实际上是由三个独立的、巧妙分层的拱顶组成：外部半球层、内部夹层以及两个拱顶之间用于支撑的锥体。

2. 要想了解以前的圣保罗大教堂，参见第 98 页；若了解更多关于火灾对其造成的破坏，前往第 342 页。

3. 他的坟墓墓碑上刻着"不戴面具的男人"。

摩天大楼

由福斯特、哈迪德（Hadid）、盖里和皮亚诺（Piano）这些世界顶级的建筑设计师们设计出来的壮观的摩天大楼遍布世界各地，像极了"乌托邦破裂后的那些灿烂的碎片"，正如理论家马克·欧杰（Marc Auge）所说的那样，标志着"一个尚未实现的行星社会"。

中心点，新牛津街②

这栋体形狭长并配以蓝绿色无缝窗户的高楼在1966年建成时是伦敦最高的建筑。但是由于房租太高，无人来租，前十年该建筑一直处于空置状态。中心点成为发展商贪婪的象征，而且被许多人看作市政委员会换届时争名夺利的产物，根本就不应该修建[1]。这座高楼的建筑师理查德·塞弗特（Richard Seifert）在首都伦敦建造的摩天大楼多达四百幢，罗伊·波特（Roy Porter）曾写道："自雷恩之后，他对伦敦天际线的影响比任何人都大。"

劳埃德大厦，莱姆街

伦敦保险巨头劳埃德集团可追溯到1688年塔街上的劳埃德咖啡馆。随着其商业的发展，它的经营场地也在不断扩大。如今，该公司为席琳·迪翁（Celine Dion）和鲍勃·迪伦（Bob Dylan）的声带等无价资产提供保险服务。公司总部位于莱姆街上理查德·罗杰斯（Richard Rogers）所设计的那幢银黑相间的摩天大楼里。这是继蓬皮杜艺术中心之后罗杰斯主持的第一个大型项目，也是伦敦最具未来主义风格的建筑之一。它的内外设计，以及电梯、马桶和其他外部服务设施使得该大厦成为最令人满意的建筑之一。该建筑于1986年竣工，2011年列入一级保护名单，是迄今为止被列入保护级别的名单中最年轻的建筑[2]。

奶酪磨碎机，利德贺街

罗杰斯的另外一项工程便是正对面的"奶酪磨碎机"。通常建筑师在设计过程中会尽力避免像奶酪磨碎机一样的楔形建筑，因为这种风格的建筑在高楼层处会缩减占地空间。但是奶酪磨碎机的渐缩是为了能够更好地观赏圣保罗大教堂[3]。

小黄瓜，圣玛丽·埃克斯

继1992年爱尔兰共和军（IRA）在波罗的海交易所引燃一枚炸弹后，从废墟中崛起的建筑就是位于圣玛丽·埃克斯街（St Mary Axe）30号的福斯特建筑事务所，即如今众所周知的"小黄瓜"[4]。对于这座曲线突出的建筑而言，令人无比诧异的是：它所有的玻璃面板的钢架都是平直的，弯曲的面板仅位于穹顶端头位置。如果你没有在"小黄瓜"里工作过，也就没有太多机会去对它一探究竟。位于顶部三层的西尔西斯餐厅主要是为观景台举办大型活动，但是在特定日子里也可以预约订餐。或者有个更健康的选择，可以报名参加由全国防止虐待儿童协会（NSPCC）每年主办的"跑上38楼"活动。

---

1. 中心点现已被列为二级保护建筑，并于2009年荣获混凝土协会著名的"成熟结构奖"。更多关于中心点的信息，详见第200页。

2. 详见第419页，了解劳埃德大厦里最奇怪的房间。

3. 详见第4页。

4. 想知道"小黄瓜"下方的信息，见第397页。

碎片，伦敦桥街⑩

伦佐·皮亚诺（Renzo Piano）设计的碎片大厦为伦敦建造出了一座新的塔尖，方圆数英里都能看到。顶层有一个昂贵的观景台，但如果想从"碎片"上看风景，在低几层的 Oblix 餐厅买一杯饮料会更便宜。琼斯（Jones）和伍德沃德（Woodward）在 2013 年的《伦敦建筑指南》（*Guide to the Architecture of London*）中把"碎片"描述为一种"在民主政体中很少见到的"故作姿态的结构，"除了碎片本身，没什么其他意义"。

对讲机，芬彻奇街⑨

大型项目可能会带来一些意想不到的后果。"对讲机"建成后，其弯曲的玻璃幕墙将灼热的阳光聚焦到下面的街道上，将驻停在路边的汽车烧灼成灰烬[1]。为了防止进一步的破坏，街道上匆忙搭建起一个巨大的遮阳伞，建筑师拉斐尔·维诺利（Rafael Viñoly）不得不面对公众的质询。维诺利承认，他预料到了这种情形的发生，但是他之前"估算的温度将会在 36 度左右"，而不是记录在案的 100 度高温。他解释说："这种光线被称为'死亡射线'，人走到那里去，就会死亡。""对讲机"随着楼层的上升体积不断膨胀，从而在高楼层增加了办公室的数量。相对于伦敦的许多摩天大楼来说，参观这幢大楼会更加容易一些，因为在这幢摩天大楼的顶端有一个可以公开进入的"空中花园"。它是免费的，但是你需要预订。

主教门大厦 22 号

目前还不清楚主教门 22 号的新建筑将被命名为什么。在建筑完工之前，由于其顶部扭曲，被人兴致勃勃地冠名以"慌慌张张"。然后，当旋转部分的设计被消除之后，它被称为"小尖塔"。等建到七层楼停工时，它又被称作为"树桩"[2]。它从一开始就是用地址来指代的。

阴影

随着每幢新的摩天大楼的落成，都会出现一片新的阴影地带。一簇簇高楼拔地而起，如果规划出现纰漏，城市的大片地区可能会变得阳光不足。2015 年初，两幢无影摩天大楼被提议建在格林尼治千禧穹顶附近。建筑的每个镜面都被设计成向下引导光线，从而照亮另一个建筑所投射下来的阴影。

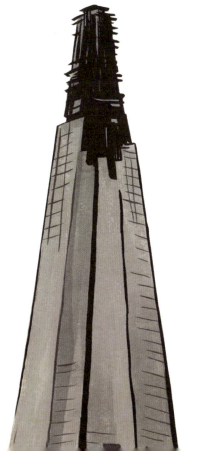

---

1. 这是阿基米德用来焚烧罗马战船的技术。
2. 在第 346 页介绍了另一处修建了一半的"树桩"建筑。

物质享受

当鲍区的布罗姆利中心（Bromley by Bow Centre）[1] 正在建造时，其创始人安德鲁·莫森（Andrew Mawson）坚持使用昂贵、高质量的材料，尽管当时其资金紧张。后来，他在《社会企业家》（*The Social Entrepreneur*）一书中为这一决定做出解释。

> 当我们仔细思考我们创造
>
> 物理环境的方式时，
>
> 当我们关注其中每个细节时，
>
> 人们开始有了对自身的想法，
>
> 并去思考各自的差异。

不单单是莫森持有这样的理念，这里就有三个近期在极度匮乏的区域追高品质设计的案例，令人关注。

学院

建筑评论家罗文·摩尔（Rowan Moore）曾说过："孩子们应该拥有良好的空间，正如他们应该接受艺术和音乐的熏陶一般。"沿着布里克斯顿的莎士比亚路前行，途经艾丽丝·沃克·克劳斯和詹姆斯·乔伊斯沃克路，就到了扎哈·哈迪德（Zaha Hadid）设计的教育殿堂。与其他现代学校建筑的柔美线条及基础色不同，伊芙琳·格雷丝学院（Evelyn Grace Academy）的外墙是华丽的灰色和黑色。主楼呈狭长的 Z 字形，金属色，外面是玻璃面板；乍一看，很容易把这里误认为是机场。据哈迪德团队所说，这座具有角度美学的建筑目的是"让承载灵感的建筑体现强烈的教育视角和精神"。校内的红色跑道恰好将学校从中间划开。

图书馆⑫

若你喜欢铜色建筑，那你一定会爱上佩卡姆（Peckham）图书馆：如同一只放在高跷上的巨大的绿色浴盆，摇摇欲坠。这外形与哈迪德设计的学校的古怪相吻合。它的核心部分是一个巨大的阅览室，由三个高架支撑的胶合板吊舱组成。威尔·艾尔索普（Will Alsop）设计的大楼窗户很高，窗格的颜色与荧光笔一样，从窗户可以看到城市北边的地平线。建筑评论家乔纳森·格兰西（Jonathan Glancey）说，把顶级的新式建筑带入这一地区是为了赋予它们好的身份，为城市注入新的刺激，以鼓励金融投资。佩卡姆图书馆也是读书的好去处，花上几小时在这里看一本书。你可以找一本《奈恩的伦敦》[2]。

舞蹈中心

奇形怪状的聚碳酸酯盒状的建筑将彩色的灯光投射到德普福德河上，这就是拉班（Laban）舞蹈中心。你可以来这里跳舞，观看舞蹈，或是在里面的咖啡厅喝上一杯，吃个小圆面包。上面的平屋顶是一处专为稀少的黑色红尾鸲提供的较为隐蔽的栖息地。

---

1. 参见第 136 页。
2. 书架编号为 LONDON914.2014。

问题地方

欢意之地

位于罗素广场的文莱美术馆或许是伦敦城里唯一一座为其自身的存在而报以歉意的建筑物。外面的一块牌匾上写着"伦敦大学在此郑重道歉，这座建筑的规划在没有与罗素家族进行充分协商的情况下就被敲定了"。该家族拥有这块土地，并保留在某些区域对大学规划进行审查的权利。但这一次，他们既没有看到规划，也不喜欢最终的结果。位于屋顶之上的日式花园[1]中的花岗岩布局进一步地强调了该建筑的悔悟：塑造成了一个日语单词，意义为"宽恕"。

困惑之地

在霍华德·卡特（Howard Carter）发现图坦卡蒙的陵墓时，装饰艺术运动正如火如荼地进行着。公众对木乃伊的热情催生出一种奇特的装饰艺术和古埃及风格的混合。伦敦最典型的例子是卡雷拉斯卷烟厂，其临街的光洁的墙面上以猫女神布巴斯提斯的雕像作为装饰[2]。坐地铁去莫宁顿新月街（Mornington Crescent），站在哈林顿广场花园欣赏对面那座令人困惑的建筑物。

欺诈之地

如果你把一块假的牌匾挂在一个地方的时间足够长，那么它就会开始拥有自己的历史和意义。班克赛德（Bankside）49号有一座18世纪早期的老宅子，与环球剧场比邻。任何人驻足于此，都会认为这是"克里斯托弗·雷恩爵士在建造圣保罗大教堂期间所住过的地方"，出现这种误解情有可原。然而，事实并非如此。研究过这所房子的吉莉安·廷德尔（Gillian Tindall）认为，房子外面的陶瓷牌匾是1945年该房的主人用来愚弄他人的把戏。可能正是这场恶作剧拯救了这栋老建筑：许多邻近的房屋在战后都被拆除，廷德尔认为，萨瑟克委员会对该房屋为雷恩爵士故居的消息信以为真，刻意地将班克赛德49号这处老宅给保留了下来。

壮观之地

将目光投向自然历史博物馆外立面那些陶土动物造型，你会看到：位于入口东侧的是已经灭绝的动物，而西侧是仍存于世的动物[3]。博物馆的正门矗立着一排玄武岩石柱，采用的是内赫布里底（Inner Hebrides）群岛的芬格尔洞穴入口处的风格，宏伟壮观，令人惊叹。在博物馆工作的年轻的昆虫学家布鲁斯·弗雷德里克·卡明斯（Bruce Frederick Cummings）写道："这是一座宏伟的建筑，但太过于壮观，不太适合在那地方进行研究。"

面子工程

去探究下伦斯特花园（Leinster Garden）23号和24号的建筑，你会发现那里没有信箱或是门把手。再凑近一点看，你会发现那些窗户全是画上去的。若是你绕行到它们后面的波切斯特露台（Porchester Terrace），一切都会变得明朗——这些建筑只是面子工程[5]。为了给都市轨道让出地方，原来的房屋全被拆除，而这些精简的替代建筑是为了保持街道的特色，并为下方的轨道作掩饰。

开放的城市

每年9月，伦敦都会举办"伦敦开放日"活动，数百座伦敦最具标志性、最引人入胜的建筑将免费向公众开放。快去参观那些你可能永远无法用其他方式进入的地方：住宅和学校、废物处理设施和工厂、政府大楼和公司总部。在最受欢迎的场所排队可能会令人不快，但如果你做半天的志愿者，就会得到一个徽章，允许你直接进入任何一处场所。

---

1. 这处花园适于人们在此进行沉思冥想，对公众开放。详见第380页。
2. 若想了解猫与香烟的渊源，可前往第152页和第254页。
3. 黑衣修士桥与其设计特点相似。大桥面向大海的一侧以海鸟装饰，面向内陆的一面则饰以淡水鸟类图案。
4. 翻阅第123页，去了解昆虫学家卡明斯及他困扰的和他可怜的经历。
5. 在英国广播公司（BBC）最新出品的电视剧《神探夏洛克》中，福尔摩斯就隐居在这处建筑的后方。前往第410—411页，去拜访夏洛克的家。

CONGESTION拥堵

1810 年 11 月 24 日（星期六）的清晨，托特纳姆夫人（一位寡居的"幸运女士"）位于伯纳斯街（Berners Street）54 号的别墅[1]迎来了第一位扫烟囱工人。接着，又来了一位烟囱清洁工，然后是另一位。在这一天里，许多烟囱清洁工、煤矿工人、蛋糕师傅、医生、律师、牧师、裁缝、室内装潢工和鞋匠都成了这个地方的不速之客，完全出乎主人的意料之外。十多架钢琴和一架教堂风琴被送了过来。产科男医生、牙医、微型图画家、艺术家、拍卖商、理发师、裁缝、杂货商、驿站接待员、牲口贩子、猎兔人以及鸽友们一起集聚于宅子的外面，与这群人一起的还有英国央行行长、约克公爵、坎特伯雷大主教、伦敦市长，还有一名带着定制棺材的殡仪工作人员。数千人收到了要求他们前来此处的信件——以托特纳姆夫人的口吻所写。周围的街道很快就挤满了人，伦敦的上流住宅区陷入了瘫痪，马尔伯勒大街（Marlborough Street）的警察一直清场到当天的深夜。《晨报》称这是"这座大都市所听到过的最大的骗局"，并悬赏捉拿该事件的始作俑者[2]。

时至今日，伦敦的人口数量是西欧其他城市的两倍之多，拥挤成了该城市的一项基本特征。道路堵塞、地铁满载，人群以及人群中那些不知名的个体可能会精神亢奋，可能带有威胁性，或许只会令人惹恼。交通拥堵不仅桎梏了伦敦的基础设施建设，还损害了居民的健康。这座城市拥挤的生活条件导致了 1665 年瘟疫的毁灭性蔓延，当时受害居民的门上被涂上了赤红色的十字架。而如今，城市管理人员将红色十字用在严重拥堵区域来做标志，试图抑制这些区域中的拥堵程度，并向进入这些区域的人征收拥堵费。在这一章里，我们把伦敦设想成一个臃肿的人体，干线主路为其动脉，停车场为其毛细血管，还有单向体系的静脉系统，循环于其中的细胞则是生活于此的九百万居民。

---

1. 现在的桑德森酒店所在地。
2. 在伯纳斯街恶作剧发生的那天早上，22 岁的西奥多·胡克（Theodore Hook）站在 54 号的对面观看了那一片混乱的现场。

他当时没有透露自己的身份，30 多年来也一直没有坦白。因为他第一个收到了自己寄给自己的明信片，当时被排除了嫌疑。

身体部位

头

帕特·爱德华多·波洛齐（Pat Eduardo Paolozzi）的作品"发明之首"位于沙德泰晤士巴特勒码头（Butler's Wharf in Shad Thames）。这尊机械半身像因列奥纳多·达·芬奇的一句名言而被敲开[1]。

肩膀

M25 高速公路是英国第一条没有硬质路肩的高速公路；2014 年 4 月，赫特福德郡（Hertfordshire）一处 8 英里长的路肩被改建成另外一条车道。

膝盖

1968 年，美国艺术家克拉斯·奥尔登堡（Claes Oldenburg）所作的《伦敦膝盖 1966》（*London Knees* 1966）发表了 120 套：一个盒子里装着一副巨大的膝盖雕塑[2]。奥尔登堡的灵感来源于伦敦的柱子、烟蒂和迷你裙，这些东西向他揭示了"膝盖的建筑和崇拜功能"。克拉斯的膝盖纪念碑并没有在伦敦得以实现，但却被尼尔斯·诺曼（Nils Norman）绘制在皮卡迪利大街的地图上[3]。

& 脚趾

在英国议会大厦的议员大厅里，戴维·劳埃德·乔治（David Lloyd George）和温斯顿·丘吉尔（Winston Churchill）分别立于下议院大厅入口的两侧。这两座雕像皆为暗青铜色，只有脚趾部分显得铿光瓦亮。一些迷信的议员们会在议会发言前去摸摸雕像的脚趾，希望这会给自己带来好运。

膝盖

格兰特博物馆展出了几只保存完好的大黄蜂。你可以去借一个放大镜观察黄蜂的膝盖部位。

& 脚趾

大英博物馆埃及馆 63 号房第 14 个柜子里放置的是一只假的脚趾。这只右脚脚趾曾经被安在木乃伊的右脚上，还植有假的脚趾甲。而这一假脚趾在被安在木乃伊右脚之前曾经用于一个活的埃及人。

& 眼睛

自 1999 年 12 月 31 日起，伦敦就一直在转动着它的眼睛。南岸区的巨型摩天轮便是西沃汉·多德

（Siobhan Dowd）所作《伦敦眼之谜》（*The London Eyemystery*）的背景：一个叫作萨利姆的男孩乘坐摩天轮，当他的座位舱落地时，小男孩消失了。他的堂兄泰德开始去解开谜团……

& 耳朵

花卉街的墙上有"耳朵"。从泰德·贝克（9—10）和艾格尼丝·B（35—36）向外看，这些耳朵全是以艺术家蒂姆·菲什洛克（Tim Fishlock）自己的耳朵为原型制作而成的。他于 2000 年在考文特花园里安装了 50 只耳朵，但现在仅存两只。

& 嘴巴

"当狮子喝水的时候，伦敦城就会沦陷。"这只绿色的、凶猛的猫科动物倚在巴泽尔杰特（Bazalgette）的泰晤士堤岸[4]，口中含有系泊环。若河面水位上涨到它嘴巴的时候，就要赶快往高处跑。

& 鼻子

乘坐出租车去找"伦敦的鼻子"。黑色出租车的司机会把你带到海事部那个与真人鼻子大小一般的粉色鼻子处。有人说它是纳尔逊的备用鼻子，也有人说它是以威灵顿公爵的鼻子为模型所造。骑兵们经常擦拭这个鼻子，以求好运[5]。

---

1. 这句名言是：人类的天才发明永远不可能比自然所生的物质更美丽、更简单、更直接。
2. 盒子里有一个 39 厘米长的乳胶模型膝盖。你可以去大英博物馆的版画室看到它的印刷图像（1979，0623，16）。
3. 详见第 414 页。
4. 关于巴泽尔杰特的堤岸，详见第 55 页。
5. 翻阅第 5 页寻求实情。

皮肤

在利河上的科迪码头（Cody Dock），你可以看到一个巨大的人体皮肤解剖剖面图。《感觉》（*Sensation*）是达米安·赫斯特（Damien Hirst）创作的一座色彩华丽的青铜雕塑，带有球状的卵泡、毛细血管和腺体。

头发

自 1995 年开始，法庭上的大律师可以不用再戴假发，但大多数律师仍然还是遵守这一惯例。去中殿巷的思雷舍-葛列尼店铺（始建于 1696 年）买一顶毛茸茸的马毛假发吧。纯白是新手的标志，还是弄一头时髦点的吧。

大脑

查理斯·巴贝奇（Charles Babbage）的大脑有一半被保存在科学博物馆里[1]，在数学计算馆内漂浮着，放在一旁的就是他的大脑计算笔记本。

舌头

麦莉·赛勒斯（Miley Cyrus）说："我只是把舌头伸出来，因为我讨厌在照片中微笑。"2015 年，她的蜡像进入了杜莎夫人蜡像馆，吐着舌头，穿着格子花呢热裤，跨坐在她 2014 年邦格兹巡回演出中那具有特色的大滑梯上。

胳膊

如果你对家族渊源感兴趣，可以去维多利亚女王街的纹章院（College of Arms），在接待处咨询一下你的家族纹章；如果你身体强壮，那么可以加入伦敦掰手腕团队[2]。

肺充血

伦敦，这只蹲着的怪物，就像其他所有的怪物一样必须呼吸……维持其生命的氧气来自家住郊区的、各行各业的男男女女——这氧气每天早晨通过列车这种无限复杂的呼吸装置输送到强大的、拥堵的肺部，并在这里待上几个小时，到了晚上，再通过相同的路径全部呼出。

——帕特里克·汉密尔顿（Patrick Hamilton）

手

把你刚出生的孩子带到沃尔顿街（Walton Street）的赖特森-普莱特，依着新生儿的手铸成银制手模型。维多利亚女王曾为 9 个孩子的手和脚定制雪花石膏雕塑，由此启发了这项"婴儿出生印迹制造服务"。

心脏

报名参加下一次的"巴茨心脏研讨会"，去圣巴塞洛缪医院的病理博物馆学习保存人类心脏的技术。博物馆的技术馆长卡拉·瓦伦丁（Carla Valentine）会协助你将一颗动物的心脏放进酒杯里[3]。

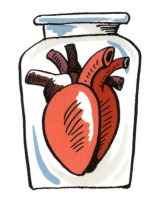

1.另一半的大脑存放在亨特博物馆（Hunterian Museum）内。更多关于巴贝奇的信息，详见第 160 页。

2.详见第 227 页。

3.也许，她会在你做心脏保存工作时，调频到伦敦的心脏广播电台（FM106.2）。

人群的形成

城市健康的体液指南

直到 19 世纪，伦敦流行的医学理论还是体液学说。这个系统是由古希腊人发展起来的，他们认为疾病源于四种体液的不平衡：血液、黄胆汁、黑胆汁和黏液。我们每个人都有自己独特的体液合成体，由此决定了我们的气质，而多血质的、胆汁质的、忧郁的和冷漠的体质所体现出来的生活方式也截然不同。

为了达到 "EUCRASY" ——欧几里得（公元前 3 世纪希腊数学家）所谓的完美的健康，体内的四种体液必须保持在正确的比例。如果你身上的幽默感开始占据主导地位，你可能需要通过放血、呕吐或弄出水泡来清除体内多余的幽默细胞。同理，伦敦以类似的方式处理这类失衡问题。比如说，向驾车者收费、增加火车班次和设立行人专用区等方式。尽管采取了这些措施，在大都市里，人也不可能逃离群体。我们可以通过选择适合你性格的人群，避开那些不适合你的人群，来应对这座城市的过度行为。

多血质人群的嘉年华

罗伯特·伯顿（Robert Burton）在 1621 年他的著作《忧郁的解剖》（*The Anatomy of Melancholy*）一书中写道："血是一种热烈、甜蜜、温和的红色体液。"甜蜜也转化为性情；乐观型的人在乐观和嬉闹方面往往像孩子，尽管一位 19 世纪的学者将这类人群描述为"小脑袋、大活力"的人。

最符合多血质人群性情的是一种轻快、无忧无虑的狂欢气氛。在乔治时代的伦敦，这种气质的特点是有一种被称为"暴动"的派对风格，即故意将大量狂欢者压缩到一个小空间。1802 年一位"暴动"派对的参与者曾这样写道："每个人都在抱怨公司的压力，但所有人都为被如此神圣地挤压而感到高兴。"

伦敦当代最著名的狂欢活动是诺丁山狂欢节，这是一场有着 50 多年历史的加勒比街头派对，于每年 8 月底举行，如今已吸引了大约 100 万人。它起源于 1959 年诺丁山种族骚乱的创伤[1]。在波多贝罗（Portobello）和塔维斯托克路交汇处的牌匾上可以了解两个女人在狂欢节后的故事。

8 月的第一个礼拜天，布里克斯顿 Splash 音乐节热闹非凡，巨大的音响系统和烧烤油桶占据了几条街道。该活动始于 2006 年，也就是布里克斯顿暴乱 25 周年纪念日，打出的口号是"让布里克斯顿出名，而不是臭名昭著"。

嘉年华提供了一个截然不同的视野，以及更激烈的社会环境。评论家米哈伊尔·巴赫金（Mikhail Bakhtin）写道："嘉年华并非人们眼睛看到的一种迥异景象，他们生活在其中……嘉年华持续的时候，外面没有其他生活方式。"这就是每年 6 月在伦敦举行的骄傲游行[2]庆祝活动。骄傲游行始于 20 世纪 70 年代的一次政治集会，现如今已演变成一场促进人人平等的大型游行和街头派对。

---

1. 详见第 89 页。　　　　　　2. 详见第 74—75 页。

多血质人群小贴士
如果这些庆祝活动让你脆弱的身体不堪重负，去玛格丽特街（Margaret Street）血库献血吧。你并非孤身一人：艺术家马克·奎因（Marc Quinn）显然也是一个痛苦的多血质人。去国家肖像馆，寻找奎因的头部冰雕。这个冰雕用了他自己的 9 品脱的血液。

胆汁质人群会众

黄色胆汁，或胆汁质，是"热的、干的、苦的……聚集到胆汁"，罗伯特·伯顿写道。胆汁质的人同样火爆；根据 17 世纪的《外科手术纲要》（*Compendium of Chirurgery*），胆汁质人群"聪明且自由，但易愤怒且有报复心"。

令人神志错乱、发狂的教会氛围为胆汁症患者提供了理想的补充，而足球比赛中的狂热竞争是一种特别好的发泄愤怒的方式[1]。避开英超联队的比赛，而选择不太为人所知的伊斯米安联赛，这里有克雷流浪者队、大都会警察队和科林蒂安－休闲队等球队。选择你最喜欢的球队，对着对方球迷咆哮。

一旦你目睹了一场惊心动魄的足球比赛，就去温布尔登（Wimbledon）狗狗巡回赛下一些赌注，为自己从喧闹田边挑选的猎犬加油吧。几乎没有什么活动能比在一只表现不佳的狗身上赌钱更能激发暴躁的脾气了。

然后把你的愤怒转到一个更有政治目的的话题上，在伦敦议会的一个"公众提问"时间发表长篇大论。"胆汁质人群会梦到雷声以及光亮且危险的东西。"C. S. 刘易斯（C. S. Lewis）曾这样写道。去海德公园东北边的演讲者之角[2]发泄一通你对人类最恶毒、最大胆的猜测。

胆汁质人群小贴士
太多的愤怒会使人衰弱。特别要推荐像甜瓜和莴苣这样湿冷的食品来重新平衡炎热干燥的体质，在卡姆登水门舒缓的水边平静下来，在卡姆登大街一家叫作"灵感"餐厅享用湿漉漉的生食。这家餐厅一开始是绿色节日场景中的一个放松空间，它永恒的基调保留了那种氛围。坏脾气的胆汁质人群尤其受益于周围的电子音乐、运河上的风景以及鼓舞人心的信念，即"我们每个人都可以以一种有意义的方式为更美好的未来做出贡献"。

---

1. 去第 224 页了解一些好玩的游戏。　　2. 关于这个演讲角的更多信息，详见第 81 页。

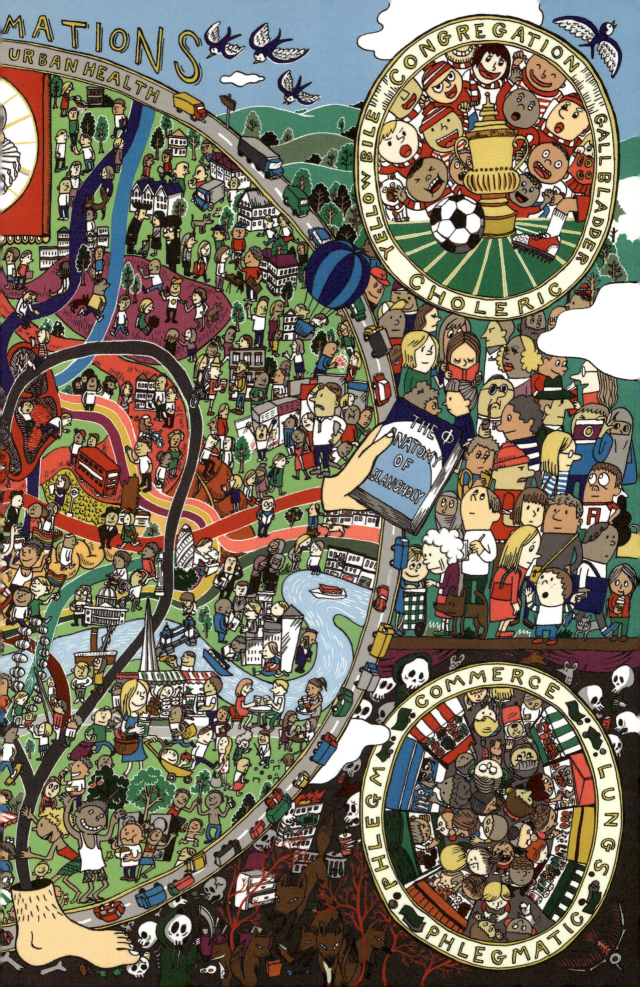

黏液质人群的商业

"黏液质，"罗伯特·伯顿写道，"是一种冷而湿的幽默。"这是四种性格特质中最冷静、最禁欲主义的。"苍白、缓慢、迟钝"，这是夏洛特·布朗特（Charlotte Brontë）对黏液质者的判断。不管怎样，他们有着耐心和观察的天赋。

黏液质者在慵懒的橱窗购物者中间会觉得非常自在。他们是自然的"漫游者"，他们"有目的"地走过伦敦的大街小巷，"关注着一切事物"，正如伊恩·辛克莱所说。这里有三处绝佳的漫游者区域，在那里你可以融入街道的人群，还可以从空中俯瞰全景。

1. 从周六的伯勒市场开始漫步。当你挤过密密麻麻的人群时闻着咖啡、硬奶酪和生鱼的味道，然后就到了"烧烤"餐厅，这家餐厅位于市场中心的玻璃装饰的花厅门廊中。

2. 从那里出发，再让购物者洪流裹挟着你前往牛津大街。波德莱尔（Baudelaire）写道："住在这样一个充满多样性、火热的、跃动的、短暂的而又充满不确定性的地方是种极大的乐趣。"在霍勒斯街（Holles Street）上芭芭拉·赫普沃斯（Barbara Hepworth）的带翼雕塑下驻足，来到约翰·李维斯百货，乘坐弯弯曲曲的白色扶梯到五楼喝杯咖啡。当你坐到窗边，"你看每一个人，"用波德莱尔的话说，"你是所有事物的中心，尽管你依然藏在所有人的身后。"

3. 最后来到西田斯特拉特福德（Westfield Stratford）[1]，逛逛这耀眼的大商场。坐在 2003 室的阳台吃饭的时候看熙熙攘攘的人群。弗朗哥·曼卡在大品牌中有一个不同寻常的优势，它供应的是正宗的酵母比萨。

如果你想把你的足迹公之于众，可以申请加入大众观察项目。大众观察是一种进行"自我科学"的活动，开始于 1937 年，现在该活动再次举办，寻找观察者们搜集"丰富的材料，这些材料有助于对日常生活的洞察"。

黏液质人群小贴士

"洋葱对肥胖者有益。"15 世纪的营养学家建议说。同样地，人们认为鸽子也对治疗黏液质人群特别有效。捕捉一只伦敦鸽子[2]，与白洋葱一起烘焙，可以缓解你的不适。

识图

《人群的形成》（*Crowd Formation*）令人联想到 13 世纪的艾布斯托夫（Ebstorf）地图（现已被毁）和格莱森·佩里（Grayson Perry）的"无处地图"，这两张地图都是将圆形的地图与分裂的人体结合起来。在这里，将伦敦的人群用一个膨胀的人体代表 TfL（伦敦交通局）循环系统，M25 代表腰带，脸是罗伯特·巴顿。

---

1. 更多详情见第 251 页。

2. 如果你想选择灰松鼠，参见第 357 页。

黑胆汁人群的通勤

忧郁者，字面意义是指"黑胆汁"，据罗伯特·伯顿所述是"冰冷、干燥、厚重、黑色和酸味的"。忧郁者们本身是有思想的、矜持的，有着精神萎靡、神情沮丧的倾向。

舒适的电梯，这个电梯每年运送 2000 万名乘客。

路易斯·穆福德（Lewis Mumford）有力地描述了由"每天晚上和早上花费二十、四十、六十分钟甚至更多的时间穿过都市人的'下水道'"所导致的通勤者们的"压力和情绪低落"。有鉴于此，你可以走到地面，跳上伦敦任意一条最常用的公交路线：25 路、18 路、29 路、149 路和 38 路，这条线路排在 2012—2013 年的排行榜榜首。

通过坐上英国最拥挤的列车以逃避首都的种种压力来结束你的一天：16 路、46 路，线路从伦敦的尤斯顿到克鲁（Crewe）。它通常会承载座位总人数两倍的乘客。

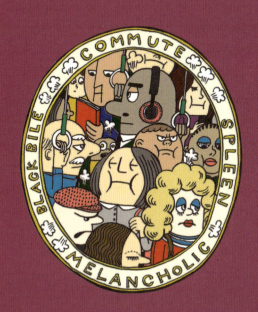

他们最容易与伦敦沉思的通勤人群们相融。"黑夜与黑暗让人们忧伤，就像所有的地下墓穴一样。"伯顿写道。为了沉浸于忧郁的情绪中，你可以搭乘地铁在这个城市交通系统中最忙碌的站点间做一次旅行。在某个工作日的早上八点从图廷贝克站（Tooting Bec Tube）出发，从这开始到斯托克韦尔（Stockwell）的北部线路是早高峰期间最繁忙的支线。从斯托克韦尔站沿着维多利亚线继续前行，在牛津广场站下车：2013 年共有一亿三千两百万人在这里换乘或者进出。之后再前往考文特花园，挤进他们一个

黑胆汁人群小贴士
对塞缪尔·约翰逊而言，阅读伯顿的《忧郁的解剖》本身就是治疗忧郁的解毒剂。布斯维尔（Boswell）描述这本书为"唯一能让他比预期起床时间提前两个小时的的书"。你可以在前往西部罗定谷（Roding Valley）的中部线路上读这本书，这是至今为止最为安静的线路，2013 年平均每天仅有 575 名乘客。吃着热乎乎湿漉漉的食物，记住不论你吃什么，远离甘蓝。据伯顿所言，甘蓝会"引起一些麻烦的梦，并且向大脑传递黑色雾气"。

瘟疫

1665 年的大瘟疫在历史上留下了浓墨重彩的一笔，不单单因为死亡人员的数量，还因为它是这个首都最后一次大规模的瘟疫爆发[1]。尽管在 1720 年，马赛爆发了瘟疫，曾有人担心它有可能再次跨过英吉利海峡。丹尼尔·笛福（Daniel Defoe）于 1722 年出版的《瘟疫之年的日记》（*A Journal of the Plague Year*），为伦敦人展现了一条万一发生另一场流行病的"指引"。尽管大瘟疫之年他年仅五岁，但笛福根据官方报告和目击者的描述，创作了一部令人信服的关于 1665 年的以第一人称叙述的瘟疫日记。这部日记的讲述者是充满强烈好奇心的"H.F."[2]，他待在这座城市并且探索街道，即使在他们屈服于这场致死的瘟疫的情况下。

1. 黑死病过去曾经是伦敦生活的一种状态。仅仅在 17 世纪，在 1665 年之前就发生过五次瘟疫。

年份	伦敦瘟疫死亡人数
1603	38 000
1609	11 785
1625	35 417
1636	20 400
1647	3 567
1665	68 596

一个丝绸包裹

大瘟疫始发于德鲁里巷（Drury Lane）。站在位于朗艾克街（Long Acre）角的精美礼品公司外面，想象一下 1664 年初冬从荷兰运到这里的那个丝绸包裹。这个含有瘟疫病毒的包裹，在这所房子里被打开了。

沿着朗艾克街前行，上行至摩西街（Mercer Street），到达圣吉尔斯（St Giles's）教堂墓地。

第一例热病

如果你在身体的任何部位发现一个黑色的小鼓包，那么你已经感染了瘟疫。你将会出现"剧烈的发烧、呕吐，以及难以忍受的头痛"。你的脖子、腋窝、腹股沟处的肿块会越来越大，最终变红、变紫或变黑。在 1665 年 2 月，死亡率的统计数据显示第一批瘟疫死亡的许多人被埋在了圣吉尔斯教堂墓地。

在墓地向右转，走到高霍尔本。

进一步传播

瘟疫蔓延到的第二个教区是霍尔本的圣安德鲁。H.F. 走过霍尔本看到道路上挤满了人，他们因害怕来自房子里面的传染而"走在大街的中间"。

步入法灵顿街，沿着史密斯菲尔德（Smithfield）市场走。

所有的肉类都被感染

谣言散播，称史密斯菲尔德的肉携带病毒。一个东史密斯菲尔德商人怀孕的妻子"携带瘟疫"即将分娩。他绝望地从一家跑到另一家，但是没有一个接生婆敢帮助他。母亲和孩子都已死去，最终这个男人也怀抱着妻子离世。

继续沿着长巷（Long Lane）向右转，走到奥德斯门（Aldersgate）街。

疯狂

H.F. 听说一个"重要人物的妻子"被一个受感染的疯男人劫持到了奥德斯门街，推倒并且强吻了她。她几天之内就死掉了。在你的左侧是跛子门教区，瘟疫"开始肆虐"的地区之一[3]。

继续沿着圣马丁大教堂，走过圣保罗大教堂。

---

2. 有可能指的是笛福的亲叔叔——亨利·福（Henry Foe），他当时留在了伦敦并且在大瘟疫中存活了下来。

3. 今天跛子门是巴比肯中心的活动现场。在大瘟疫那年，所有的活动、"公共舞厅、音乐厅"都被禁止或关停。

普遍性疗法

走到左侧的博姿，拍下橱窗里展示的标语："预防瘟疫的可靠预防药。""针对大瘟疫的全球救治。""针对各种感染的皇家解毒剂。"[1] 但这些江湖医术没有一个奏效：瘟疫"无视所有的药物；医生们口中含着防腐剂，对此无能为力"。

沿着坎农街（Cannon Street）向右转走到道门山（Dowgate Hill）。继续走到考辛巷（Cousin Lane），站在斯图亚特台阶上。

一名优秀的游泳健将

一名瘟疫感染者从台阶上赤裸地跳进泰晤士河，游过了猎鹰楼梯——就是今天莎士比亚环球剧院矗立的地方。他跑到萨瑟克区的街道，又游回到这里，回到楼上睡觉，然后这个"可怕的试验"很明显地治愈了他的瘟疫。

走回道门山和沃尔布鲁克（Walbrook）。

红十字

当你向山上走去时，想象在你两边出现的红十字。每个被瘟疫感染过的人家的"门的正中间"都用一个红十字作为标记，并写着"主啊，请怜悯我们吧"。

左转进入波尔垂（Poultry），向右走上老犹太街。

沙哑的

一个智者建议向鸡吹气来作为一种自我诊断的方式：如果你被感染了，那么鸡的声音将变得"沙哑"并且只能下出腐烂的鸡蛋。

继续走进科勒曼大街（Coleman Street）向左转进入梅森大道（Mason's Auenue）。

死人坑

在"老巴特勒医生的头"酒吧稍作休息，喝上一杯。在科勒曼大街的小酒馆，一个"比普通人营养过剩"的盲人吹笛者在一处货摊上睡着了。别人以为他已经死了并把他放到了运尸车上。当他被扔进瘟疫者的坑里时醒了过来，大喊："我还没死呢，我死了吗？"

回到科勒曼大街向右转穿过大天鹅巷（Great Swan Alley），继续穿过沼泽门广场。

卑鄙的小偷

H.F. 的哥哥家位于天鹅巷，当 H.F. 前往哥哥家查看时，发现六七个女人正在抢掠他哥哥的家什，"她们无声无息地试戴着帽子，就像是在一家衣帽店"。

向右转进入科普宝（Copthall）大道，再右转到达都肯豪斯大院（Tokenhouse Yard）。

可怕的尖叫

当 H.F. 走过静静的都肯豪斯大院时，在他头顶的一扇窗户突然打开，一个女人哭道："啊，死亡，死亡，死亡！"

沿着斯洛摩登大街（Throgmorton Street）向左走，晃到利德贺街。沿着它走到阿尔德盖特高街。

---

1. 查尔斯二世采用了更有效的王室解毒剂，将他的整个王宫移到了牛津。

可怕的深坑

H.F. 住在"大约阿尔德盖特教堂[1]与白教堂酒吧的中间区域",差不多就是今天的阿尔德盖特地铁站售票处附近。最初阿尔德盖特躲过了瘟疫的肆虐,然而当瘟疫最终到来时,它变成"伦敦城内或者周边都没有如此严重的教区"。这里的教堂院子里挖了一个巨大的"坑",H.F. 忍不住过去看了:40 英尺长、16 英尺宽、大约 9 英尺深;两周之内它就被 1 114 具尸体给填满了。

离开教堂后院向北走,走向猎犬沟渠街(Houndsditch)。

恶劣的行为

一个男人和他的女儿被发现死在猎犬沟渠街的家里[2],全裸地躺在床上,他们已经被"小偷偷光了",他们的床单也被偷了。

穿过海伦塔,走进无主教门圣博托尔福教堂(St Botolph-without-Bishopsgate)的院子。

蒸汽

随着冬天的到来,这座城市的健康状况开始逐步好转。曾经无主教门圣博托尔福的埋葬场如今已成了一个网球场。H.F. 回忆起曾经有一个男人从栅栏往里面看,指指这,又指指那,说他能够看到那些地方的鬼魂。

沿着新大路继续向西,到达芬斯伯里(Finsbury)广场。

埋在那个地方

H.F. 将经历瘟疫描述为"与骑在苍白的马上的死神对抗"。芬斯伯里广场曾经是精神病院第二医院附属墓地的所在地[3]。在《日记》里,一个匿名的编辑评论道,"注意:这本日记就被埋在这块地方。"H.F. 叙述的声音,曾经是幸存的灯塔,现在变成了来自坟墓里的声音。

沿着沼泽门向右转,在你左侧的洛浦美克大街稍作停留。

死亡在每个角落肆虐

笛福于 1731 年死于中风。他在死前已破产,穷困交加,四处躲避着那些洛浦美克大街上的债主们。

继续沿着沼泽门走,向左转进入邦希尔(Bunhill Fields)埋葬场。

适当的纪念

邦希尔,或者说"骨头山",这块地是一个哥特式的墓园。当年瘟疫蔓延的时候,这里是感染者居住区域的一处,后来变成了一处埋藏不信奉国教的教徒的墓地。笛福就埋葬在这里[4],如今他有一座引人注目的纪念碑,这块碑由 1 700 个"英格兰的男男女女"捐赠修建而成。站在这个纪念碑旁边,想想 H.F. 在日记末尾处所写的文字,既庆幸又不可思议:

"伦敦城 1665 年发生了一场可怕的瘟疫,它夺去了数以万计的性命,而我活了下来!"

---

1. 无主教门圣博托尔福教堂是丹尼尔·笛福在 1684 年迎娶他妻子玛丽·多菲(Mary Tuffley)的地方。
2. 猎犬沟渠这一名字是用以纪念那些死去的狗。"数目惊人的生物被毁灭,"H.F. 评价说,"他们说有 4 万只狗和五倍于这个数目的猫。"
3. 想了解精神病院的更多信息,详见第 291 页。
4. 他的亲人们最开始填写他的死亡注册信息为"达博尔先生",以免他的债主们会对他开棺掘尸以抵债。了解关于邦希尔的更多信息,见第 293 页。

治疗

巴塞洛缪

圣巴特是这个国家原址上最古老的医院[1]。它于 1123 年由亨利一世的弄臣拉伊尔遵从神的愿景建立。去这座医院的博物馆参观，去欣赏由威廉·霍加斯（William Hogarth）绘制的两幅巨大的壁画：《慈善的撒玛利亚人》和《贝塞斯达池》。后者展现的是耶稣和一些待治愈的病人。

托马斯

每周六的下午两点，你可以在萨瑟克区的老手术室欣赏一场"快速外科手术"的展览。这个展览会把你带回这个国家最古老的手术室场景，去看看麻醉手术出现之前的外科手术是如何进行的。在 1832 年圣托马斯医院搬迁到朗伯斯之前，这里曾经是圣托马斯医院的一部分，直到 1957 年在翻新工程中才被重新发现。

约翰

在 11 世纪的耶路撒冷，古老的圣约翰宗教军事教团为生病的朝圣者治疗；如今这家圣约翰急救中心已经成为全球第一慈善救助机构。参观位于克莱肯维尔的圣约翰骑士团免费博物馆，一定要记得去看看木镶板的教堂大厅里的古董珍宝。

盖伊

在老盖伊房子的东边院子里，可以看到老伦敦桥上孤零零的拱门。坐在里面的是约翰·济慈（John Keats）的小型雕像，他曾经是盖伊医院的一名医药学徒。坐在这个浪漫诗人的对面，给他念几句他自己的诗作[2]。

眼睛

摩尔菲尔兹（Moorfields）眼科医院安放了一座引人注目的大钟。走进他们位于巴斯大街（Bath Street）的展览馆去看看人工水蛭、眼用磁铁以及其他光学制品[3]。

免费

19 世纪 20 年代的一个晚上，威廉·马斯登（William Marsden）医生在通往圣安德鲁的台阶上碰到了一个年轻女孩——霍尔本（Holborn）。她病得非常严重，但是没有医院愿意免费救治她，她在两天之后死掉了。马斯登非常痛苦，于是他建立了皇家免费医院[4]，为那些穷人提供治疗。

乔治

圣乔治医院的学生图书馆内挂着一张红褐色的牛皮，牛角完好无损。这张牛皮来自 "Blossom" ——一头产自格洛斯特区的稀有品种的牛。1796 年，这头牛让挤奶女工莎拉·尼尔梅斯（Sarah Nelmes）染上了牛痘。爱德华·詹纳（Edward Jenner）利用莎拉身上的脓疱进行接种，从而发明了疫苗[5]。

1. 这是 1881 年一件重大历史事件发生的地方，见第 411 页。
2. 也许是一种昏昏欲睡的麻木感 / 我感觉就像是喝过毒芹酒一样 / 或者是吞下了一些令人迟钝的鸦片。
3. 如果你一直想看菲斯特、屈光计、角膜散光计，绝不会失望。
4. 皇家免费医院最初的名字可并不太朗朗上口：伦敦恶性疾病无偿综合治疗机构。
5. 疫苗（Vaccine）的字面意思是"与牛有关"。

排除毒素

　　"减少蛋白质，减少欲望：少食鱼、鸟、肉、奶酪、鸡蛋、豆类、豌豆、坚果，少坐多运动。"在伦敦博物馆巨大的黑色布告牌上你能看到这些强硬的文字。斯坦利·格林（Stanley Green）（人称"蛋白质人"）曾经举着这样的标语走在牛津街头，他用 25 年的时间提醒路人不要摄入 8 种"激情蛋白"。在伦敦，时尚饮食和健康生活习惯早已不是新概念。

拒绝肉类

　　源于威廉·科赫德（William Cowherd）的节制哲学和素食主义，1853 年在拉姆斯盖特成立了素食协会。这一协会如今仍然存在，旨在"影响、激励和支持人们接受并保持素食的生活方式"。在伦敦桥的附近，该协会开设有烹饪课程。在伦敦，素食餐厅的选择有很多，比如说德普福德的"休息室"，在这里你可以用蔬菜培根和鳄梨色拉酱卷作为早餐；考文特花园的"野生食物咖啡馆"，午餐时会供应阿育吠陀超级沙拉；还有莱克星顿街（Lexington Street）上的"米尔德利德"，在这里你能够吃到瘦身蘑菇和啤酒派。

拒绝蔬菜

　　在《糖尿病病例记录》（*Notes of a Diabetic Case*）中，苏格兰外科医生约翰·罗洛（John Rollo）建议糖尿病患者只吃肉。巴勒姆的"福克斯洛餐厅"的风干 55 天的 D 型臀肉牛排加香肠肉汁就是一个不错的选择。如果你是为了快乐而食，又担心体重会上涨，就去圣詹姆斯街的"贝瑞兄弟和拉德餐厅"。如果你是名人，他们会用拜伦勋爵[1] 曾经使用过的 18 世纪的咖啡秤来为你测量体重。

拒绝谷物蛋白

　　"你要节食减肥吗？"殡葬师威廉·班廷（William Banting）于 1863 年发行了《关于肥胖》（*Letter on Corpulence*）一书，也引起了人们对健康问题的关注。他建议每天吃四顿饭，包括肉类、蔬菜、水果和干葡萄酒，忌糖分、淀粉、啤酒和乳制品。他的低碳高脂饮食的小册子至今还在印刷出版。试一试"伦敦香蕉树店"，他们的特色就是完全无谷蛋白系列。

拒绝酒精

　　如果你还有时间，就会在位于沃伦街（Warren Street）和莫宁顿新月街之间的汉普斯特德路上发现被木板封住的、已废弃的国家禁酒医院[2]。这家医院是于 1873 年由全国禁酒联盟创办的，由 12 家禁酒主义者管理，旨在从维多利亚时代的医药中去除酒精成分。在西伯恩园林（Westbourne Grove），你可以尽情享受生食，同时还能从他们提供的无酒精鸡尾酒中获得健康的快感。去尝一尝可可-丽塔、甜菜-o-提尼或是生菜末[3]。

卫生

"如果你要擤鼻子，不要用手帕，用你的意念杀死它。"乔瓦尼·德拉·卡萨（Giovanni della Casa）在他的 16 世纪礼仪书中建议道。在伦敦人的重要事情清单当中，讲究卫生并没有被放在首位。伊丽莎白一世一个月沐浴一次，令人感到诧异；而且直到 18 世纪中期洗浴才变得常见。在查尔顿路（Charlton Way）通向格林尼治公园的入口附近，你可以看到布伦瑞克（Brunswick）的卡罗琳公主用过的埋地式浴缸——建于 1797 年。这是蒙塔古宫（Montague House）剩下的唯一物件。就在这处房屋里，卡罗琳和她的丈夫摄政王同住。摄政王曾经抱怨过卡洛琳的呼吸有股臭洋葱的味道，而且她很少更换内衣。在这个浴缸里寻找那个时代的瓷砖。

---

1. 拜伦 17 岁时为 13.12 英石，"穿着鞋子却没戴帽"。当体重减为 10 英石时，他把功劳归功于"出入公共场合及私人聚会"。

2. 为了给尤斯顿开出的铁路线扩建腾地，这家医院计划被拆除。
3. 生菜的另一种用法参见第 68 页。

幽居

没有什么地方比电梯更让人感觉自己像沙丁鱼了，然而我们每天都心甘情愿地把自己塞进这些狭窄的空间里，享受着挤在这些高级电梯里的乐趣。

升降梯

步入萨沃伊酒店优雅的红色"升降室"里，你将会在闪耀着金光的红色电梯[1]中到达爱德华风格的酒店。这是伦敦第一部电梯；最初的时候，紧张的乘客会在进入电梯之前喝杯白兰地让自己镇静下来。到了最顶层，你将进入萨沃伊"个性套房"的王国，这灵感来源于那些大有名气的客人们，包括诺埃尔·科沃德（Noël Coward）、弗兰克·辛纳屈（Frank Sinatra）、克劳德·莫奈（ClaudeMonet）和查理·卓别林（Charlie Chaplin）。

缆车

在圣彼得山脚下乘坐"千禧桥倾斜电梯"。这是伦敦唯一的缆车线路，非常适合那些不爱乘电梯的人。一旦到顶，你就可以在千禧桥上漫步。

循环机

哈罗的北威克（Northwick）公园医院号称拥有伦敦唯一一台链斗式升降操作的电梯。这一 19 世纪的设计有一系列连续运行的小隔间：电梯来了，你就上去，在你需要时便可走出。它暗含了健康与安全因素，尤其是这处链斗式的电梯被用于 1976 年的电影《预兆》（The Omen）的拍摄[2]。遗憾的是，它属于医院中的禁区。

和声电梯

进入皇家节日大厅的 409 号，也就是被人所熟知的"音乐电梯"[3]。当你乘坐电梯上下时，由南岸中心的声音实验室唱诗班 Voicelab 演唱的四声部和声为你伴奏。六楼是 A 大调，一楼是 E 调。

重量电梯

位于温德尔街的医院俱乐部是 18 世纪医院大楼中唯一的"创意性"会员制俱乐部。试着去乘坐这里的电梯，它最多可承载九个人。如果他们不让你乘坐，弄匹马来代替。要是没有马，还有一标志显示该电梯可容 5050 根香蕉、6666 个鸡蛋、2941 只鸽子、88 条黑线鳕或 10526 英镑的硬币。

轻便

走进伯纳斯街上的桑德森酒店[4]。电梯中的灯光很昏暗，每个方向都有星星，而且远处还有迷人星系。

新交易巷一号

乘坐新交易巷一号（One New Change）的玻璃电梯去感受圣保罗大教堂的全景。在这个露天屋顶露台可以近距离欣赏到伦敦大教堂的美景。[5]一边小酌麦迪逊家的鸡尾酒，一边欣赏美景。

M & M 世界

莱斯特广场上，广受大家喜爱的糖果主题店有部古怪的电梯，看起来好像是一个红色电话亭。不，那不是电话亭！那是一部电梯。

---

1. 这是部红色电梯，酒店还有部蓝色的。你若乘坐蓝色的电梯，那么就没有什么好说的，你从床上醒来时相信你所相信的一切都好。如果乘坐红色电梯，那么你就会身处奇境之中。
2. 在电影场景中，索恩和詹宁就是从这里回到了罗马的医院。
3. 和声电梯有自己的推特账号：@SingingLift。
4. 更多详情见第 31 页。
5. 更多圣保罗的景象参见第 4 页。

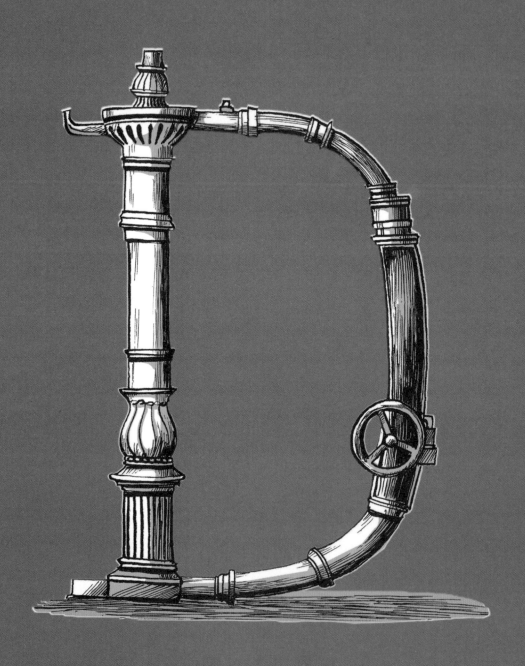

DUST尘埃

"不要尘埃！"这是维多利亚时代环卫工人的呼声[1]。这些身上脏兮兮的清洁工清扫着灰尘还有伦敦煤烟中的煤渣，将它们装上清洁车然后倒入垃圾堆，比如说那处堆放在国王十字车站后方、山一样高的、摇摇欲坠的垃圾堆。

巨大的垃圾堆堆砌着灰尘、腐烂的蔬菜、动物尸体、破布、金属和玻璃。这是一个臭气熏天且危险的地方，在这里一系列"垃圾筛分器"和"步履蹒跚的人"靠着分拣垃圾，找到一些他们可以转售的东西过活。偶尔，他们会在"尘土，或丑陋的救赎"中找出"金子"。

亨利·霍尔（Henry Horne）便讲述了一个据说真实的故事：一名叫沃特斯豪（Waterhouse）的先生在摄政运河（Regent's Canal）被三个捡垃圾的人所救。当他在巨大的垃圾堆旁醒来时，竟然意外地在垃圾中找到了丢失的房契，于是他重新获得财富。他用失而复得的财富给清洁工们买了一处房屋，并且爱上了捡垃圾人的女儿。这个故事开启了狄更斯的灵感，创作出了小说《我们共同的朋友》（Our Mutual Friend），这部小说里因捡垃圾而获得财富的命运被安放在诺迪·博菲（Noddy Boffin）这位金牌清洁工的身上。

城市灰尘可被用来造砖，非常有价值。1848年，俄罗斯用4000英镑买下了一处大垃圾堆，重建莫斯科。今天，垃圾处理公司也在上演着类似的炼金术之举。伦敦的垃圾业务遍及北部的七个区：任何不能再利用或回收的垃圾要么被焚烧，要么被转换成电能，再泵回国家电网，要么被转换成无泥炭堆肥。

我们与城市灰尘的共同之处，远比我们所能想到的要多：地下系统中的大部分灰尘是由人体皮肤的微粒所构成。在《伦敦灵魂》（The Soul of London）一书中，福特·马多克斯·福特（Ford Madox Ford）把伦敦描述为"一片云——就像人类生命中的尘埃"。

---

1. 根据朗尼·多尼根（Lonnie Donegan）的歌曲，你能通过衣帽装扮来辨认清洁工。

垃圾

垃圾桶

如果你需要一个垃圾桶，那么一定要挑选一个会感谢你的垃圾桶。2015 年，伦敦安装了会说话的语音垃圾桶，当垃圾被丢进桶内时，这些垃圾桶会用鼓掌声、哈利路亚的和声、咯咯的笑声或打嗝的声音来回应你。近年来，语音垃圾桶在欧洲被广泛运用，作为鼓励公众为自己的行为负责的一种轻松方式[1]。这种策略于 2011 年在伦敦首次被采用，得到很多名人的支持。迈克尔·佩林（Michael Palin）的垃圾桶发出这种声音："没人想到有一天西班牙宗教裁判所也能信！"

驳船

运输垃圾的驳船行驶在泰晤士河上，把装满黄色垃圾桶的垃圾运往填埋场。你可以在网上[2]监测运输垃圾的全过程。2010 年以前，伦敦主要的垃圾填埋场在埃塞克斯（Essex）的麦基沼泽（Mucking Marshes），现在那里已是一处占地 120 亩的自然保护区；如今伦敦的垃圾被运往坎维岛（Canvey Island）上的皮特海（Pitsea）垃圾管理中心，这里到 21 世纪 20 年代初期也将成为皇家鸟类自然保护区。

恶臭

1654 年，约翰·兰宁（John Lanyon）形容伦敦的街道"尘土飞扬、恶臭难闻"。通过放大丹尼尔·奎尔恰（Daniele Quercia）的"城市嗅觉景观"我们可以追踪伦敦街头的气味。奎尔恰收集了社交媒体上与气味相关的词汇，绘制了伦敦的气味地图，将它们分为散发气味、自然气味、食物气味和动物气味。

清扫

据亨利·梅休透露，对于维多利亚时代的伦敦穷人来说，"获得一份体面的最后机会"就是做路口清洁工，清扫街上人们丢掉的垃圾[3]。《荒凉山庄》（Bleak House）的清洁工乔就是社会底层中最穷苦的一个角色。寻找大卫·斯奎尔（Dave Squires）的纪念马赛克，他被称作"最受人喜爱的街头清洁工"，于 2009 年在下沼泽东边尽头过世。

回收

在《伦敦劳工和伦敦穷人》（London Labour and the London Poor）中，亨利·梅休描述了一群捡烟头的人，他们捡拾烟头并转售制成新烟，转而又被"丢弃，再次被拾起，周而复始，直到千禧年的到来"。2013 年，泰晤士水务公司提出了更激进的循环项目：他们调查回收废水的可能性，把洗碗机、浴缸、污水厂排出的废水变成可口[4]的饮用水。

升级改造

参观米德尔塞克斯街（Middlesex Street）上的钟楼，欣赏它那闪闪发亮的外表。在它的标示牌的两侧，6000 枚用过的瓶盖组成了"来敲敲我"和"叮咚"的字样。这些亮眼的装饰是罗伯森·赛尔萨（Robson Cezar）的作品，他是巴西裔的斯皮塔菲尔德（Spitalfields）的艺术家，每天晚上在当地的酒吧收集酒瓶盖。在柴郡大街（Cheshire Street）上的"木匠手臂酒吧"里，你能看到他的另一款瓶盖设计：上面写着"SCREAM PARTNER"（尖叫拍档）。

---

1. 更多详情参见第 277 页。
2. 搜索"Redoubt"，这是一艘专门运输垃圾的英国拖船。
3. 刷子爱好者应该到红教堂（Redchurch）街的劳氏五金店，楼上的刷子博物馆收藏着一系列"奇妙的刷子"，包括布满臭鼬毛的蛛网刷，专用于死角的京都桶刷和一对瑞典两用刷。
4. 受 2007 年他们成功的激励，当时一群专业品酒师认为泰晤士自来水超过了 20 多个品牌的饮用水。

粪便出现

粪便是一种很尴尬的东西：难以处理，难以讨论。出于对健康和礼仪的考虑，我们需将它藏在视线之外，并创造出巧妙的方法将它清除。以往，"挑粪工"会在伦敦的夜晚休息时间去清理伦敦的粪坑，如今，蓄水池和 U 形弯道取代了挑粪工的工作。

对于自己所制造出来的排泄物，我们既感兴趣又对之排斥。1996 年，伦敦大学人类学家玛丽·道格拉斯（Mary Douglas）在她的《纯洁与危险》（*Purity and Danger*）一书中，将旨在"驱除幽灵"的部落净化仪式与我们用肥皂驱除细菌做了对比。她强调："绝对肮脏的东西是不存在的，它存在于旁观者的眼里。"我们对之的尴尬、否认和厌恶远远超出了我们对健康和卫生的需求。

在一个庞大的城市中，确保基本的卫生条件也需要复杂的基础设施。而一旦系统被建立，人们就很容易忘记，并且认为这个是理所当然的。当粪便消失在地下时，与之相关的语言也就剩下那些与之相关的专业术语、幼稚的委婉语和脏话。"粪便是人们想要避而远之的东西，"约翰·伯格（Jonh Berger）在他的文章《一堆粪便》（*A Load of Shit*）中写道，"猫用爪子刨土盖住它们的粪便，人类用他们的来起誓。"

但是伦敦的排泄物却不容遗忘。在我们脚下，维多利亚时代所建造的下水道如今已是勉强应付，其服务的人口已远远超过了当初设计的人口数量。它们经常会出现堵塞的状况，而且因为它们也进入排水系统，一到下雨天就会溢出，每年都会向泰晤士河排放多达 4000 吨未经处理的污水。

卫生间

白色卫生间画廊

白色卫生间画廊位于哈克尼路"乔治和龙酒吧"的女卫生间内。

向上排污

毗邻利物浦街车站的安达兹酒店内装有真空的排污管道：当你在冲水的时候，排泄物会到达酒店的顶上。

竖起耳朵

伦敦最壮观的公共卫生间紧邻着汉普斯特德西斯站。这些华丽的二级保护建筑洗手间建于 1897 年，奶油-绿色的道尔顿瓷砖和光鲜的瓷器最近被重新修复。20 世纪 60 年代它们是乔·奥伯顿（Joe Orton）最喜欢的拍摄点，在 1987 年的传记片《竖起你的耳朵》[1]（*Prick Up Your Ears*）中也有这一场景。

水上厕所

"塔米斯游艇酒吧"的卫生间深嵌在船壳里，你和泰晤士河之间只有一堵金属铆钉墙。

地精

格林尼治公园布莱克希思门（Blackheath Gate）的公共厕所后，一群花园小地精挡住了雨水地漏。

---

1. 详情参见第 275 页。

伦敦污水处理流程图

"Fime""fex""tantadlin""sirreverence""stercory""siege"和"gong"都是粪便的代名词，现在已然过时。这些说法曾经引起的那些联想早已消失殆尽。这种陌生感竟平添了一丝新鲜，甚至还有了一种魅力。下面是排污管道跨越时间的流程图，其中的文字使用了一些代表"粪便"的旧日词汇，让我们更好地了解排泄物的消除过程。

 旱厕

皮特·阿克罗伊德（Peter Ackroyd）写道："城市生活有一个奇怪的现象，那就是19世纪早期的卫生设备与15世纪时期并没有实质上的区别。"

对于大部分的城市历史而言，化粪池很常见。通常是直接在土里挖个大坑：液状污物自然干竭，固态污物则被挑粪工当作肥料卖掉。

塞缪尔·佩皮斯（Samuel Pepys）描述了一件发生在1660年10月20日的不愉快的事情。他写道："有一次我踩到了粪便，那是因为我发现特纳先生家的厕所（house of office）[1]有粪便溢出，并且流进了我的酒窖。"随着伦敦人口的增长，污物排放下水道系统已不能满足人口需要。

16世纪90年代，伊丽莎白一世的养子约翰·哈瑞顿爵士（Sir John Harington）想出了冲洗厕所这一方式，而且他写了一本书，书中描述到"如何借助这一想法把厌恶之地变得可爱"。

在格列佛出行的途中，他遇到了一名"想把人类的排泄物还原成原始食物"的研究者。看来这种"只吃喝，不拉撒"的想法早已根深蒂固。

将粪便转化成肥料种出粮食，吃后再产生粪便。这种循环解决了米兰·昆德拉（Milan Kundera）总结出的"上帝与粪便不相容"这一神学悖论。

当水卫生设施进入生活之后，很多人都为好肥料的浪费感到震惊："在伦敦，再也找不到更好的方式来处理450万人民的排泄物，"卡尔·马克思写道，"只能以极高的费用将排泄物排入泰晤士河里。"

18世纪末期S形弯头的改善才使得冲水厕所被广为使用。S形弯头是管道的弯曲部分，能储水且防臭。

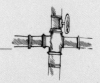

1. 卫生间也可以被叫作"house of office"，见第193页。

19 世纪末，用水冲厕所已成为普遍现象，不再被看作是铺张浪费的行为。你可以体验下伦敦城保存最完好的一间卫生间，位于城市路的约翰·卫斯理（John Wesley）教堂的地下室：这套排污设备安装于 1899 年。

1851 年的大展览展出了乔治·詹宁斯（George Jennings）发明的"猴子壁橱"卫生间，你只要花一便士即可使用：它也是伦敦第一批公共冲水马桶[2]。1852 年，男士专用的公共卫生间出现在城市的各个角落。女士卫生协会因女用卫生间设备的不足而聚集抗议。

如今，伦敦旗舰式公共便利卫生间位于南岸区的"朱比洛"[3]，是 2012 年为女王登基 60 周年庆典而安装。里面设有英国国旗式的马桶圈，连工作人员也有与之相匹配的制服。用来冲洗地板和便池的水源自屋顶上收集的雨水或者是从南岸中心经钻孔输送过来的水。

街头小便的情况时有发生，因此伦敦安装了很多露天便池，以此来解决男士随地小便的问题。最为常用的是位于火车站外交通中心的"沃克斯豪尔露天便池"。

寻找位于哈克尼-维克白邮巷的蓝色广告牌，上面写着世界第一筒卷纸起源于伦敦。

随着时代的发展，卫生间的设计也越来越有新意。目前，伦敦城最有意思的卫生间就在康迪街（Conduit Street）"SKETCH"的背后：霓虹闪烁的巢穴里面有蛋壳状的蹲位间，里面充斥着小便的声音，听起来似牛蛙咕咕的叫声[1]。

D ———

现如今，城里大多数的旧公共卫生间要么被售卖，要么被改建。去奥德维奇（Aldwych）看看"酒窖门"的卫生间，它是在旧公共卫生间的基础上改造而成的。透明的隔间门进入上锁后就变得不再透明。

"朱比洛"为我们呈现了未来的景象。目前，伦敦三分之一的饮用水都被冲进了厕所，这种做法随着伦敦水源供应压力的增长会变得日渐艰难。[4]

识图

在《伦敦下水道的流程图》（*A Flow Chart of London Sewage*）中，城市被一分为二，这样你就可以看到街道下面的污水的去向，它们从厕所排入了泰晤士河。伦敦南部在左边，伦敦北部在右边。地图上所描绘的地点在附图中以大写字母表示。泰晤士河上的这些生物是根据威廉·希思（William Heath）19 世纪的动画片《怪兽汤》（*Monster Soup*）改编绘成的。

---

1. 如果你对这种便池不感兴趣，那就去富勒姆路的麦基夜店，这里的厕所能上演玛格丽特·撒切尔（Margaret Thatcher）的演讲。

2. 伦敦最早的公共卫生间是由迪克·惠廷顿所建，可以容纳 128 人。
3. 参观费用 50 便士。
4. 详情见第 390 页。

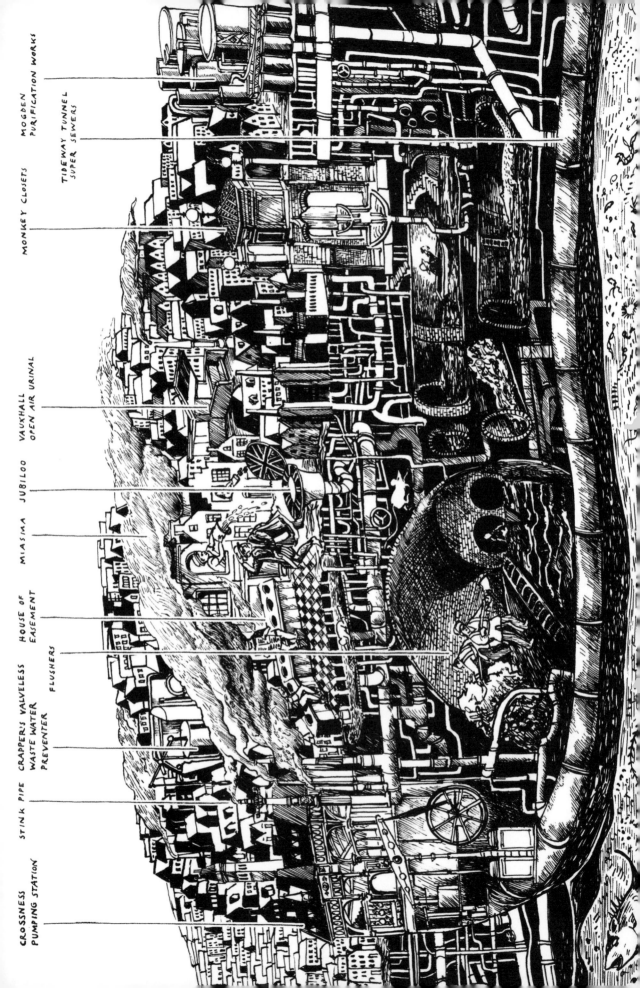

CROSSNESS
PUMPING STATION

STINK PIPE

CRAPPERS VALVELESS
WASTE WATER
PREVENTER

FLUSHERS

HOUSE OF
EASEMENT

MIASMA JUBILOO

VAUXHALL
OPEN AIR URINAL

MONKEY CLOSETS

TIDEWAY TUNNEL
SUPER SEWERS

MOGDEN
PURIFICATION WORKS

A FLOW CHART of *London Sewage*

MIASMA

PALACE OF WESTMINSTER

MONSTER SOUP

S BEND LAVATORY

SEWER GAS DESTRUCTOR LAMP

PUMP WITH NO HANDLE

SKETCH EGG TOILETS

FATBERG

TOSHERS

SAMUEL PEPYS'S CELLAR

FIRST PERFORATED TOILET PAPER

ABBEY MILLS PUMPING STATION

BECKTON SEWAGE WORKS

泰晤士河

19世纪，这座城市的污水都被排入泰晤士河，污染了水源，传播了霍乱。"原本一条清澈河流变成了致命的下水道。"狄更斯在《小杜丽》（*Little Dorrit*）中这样描述道。

1858年的夏天，天气又热又干，堆积在河岸上的巨大垃圾堆散发出了强烈的恶臭。这些臭气让人感到不适，令伦敦人民饱受煎熬，他们深信这有毒的臭气携带有霍乱病菌。

据《伦敦新闻画报》（*Illustrated London News*）描述，泰晤士河是"一条死亡之河，糜烂的水流散发着臭气，所携带的瘟疫威胁着三百万人口的生命"。在当时，科学家们相信那些疾病的传播途径就是瘴气——有毒的空气。

首相迪斯雷利（Disraeli）描述这条河为"一个阴暗的水沟，散发着难以言喻的可怕气息，令人无法忍受"。威斯敏斯特宫的窗口上挂着用漂白粉浸泡过的床单，以隔绝河水散发出来的臭气。

医生约翰·斯诺研究了苏荷区的霍乱实例后否定了瘴气传播疾病的理论。他注意到所有的受害者都从同一个受污染的水泵处取水；关掉泵的阀门便成功地阻止了疾病的传播。去布罗德威克街（Broadwick Street）上去看看维多利亚时代那种没有阀门的水泵[1]。

这场危机推动政府建立了一个变革性的下水道网络系统，以求能够将这座城市里产生的垃圾带至城市中心以外很远的地方。

微生物理论认为疾病由肉眼看不见的有机体携带，斯诺便是持这种理论的先行者。自1993年开始，约翰·斯诺协会每年都会举行泵柄知识讲座，在活动期间会象征性地更换一个泵柄。

在韦尔科姆收藏馆中的药师馆内，你可以看到一幅雕刻作品，名字叫作"被称作泰晤士河水的怪兽汤"：一幅描绘伦敦河流之恐怖的讽刺性作品。

苏打水

1878年，爱丽丝公主号明轮船载着一群兴高采烈的游客们沿着泰晤士河在日间行驶。不幸的是，这艘船撞上了一艘运煤船，在四分钟内沉没。该事故造成了大约640人死亡，许多人溺死在污秽之中。河里满是"腐烂的、发酵的污水，像含有毒气的苏打水一样嘶嘶作响冒着热气"。你可以在沃平（Wapping）警察局的泰晤士博物馆看到爱丽丝公主号的旗帜。

1.约翰·斯诺酒吧外面有一块粉红色的路边石，标志着原泵所处的确切位置。

下水道

在维多利亚堤区去寻找约瑟夫·巴泽尔杰特爵士（Sir Joseph Bazalgette）的半身雕像，上面刻有字迹"flumini vincula posuit"（清理河流之人）。在18世纪六七十年代，巴泽尔杰特主持了一个庞大的下水道网络建设工程，其施工长度超过1000英里 [1]。

在泰晤士河边原本堆积着厚厚的、恶臭的淤泥层，巴泽尔杰特在这里修建了宏大的堤坝，北边是维多利亚堤岸，南边是艾伯特堤岸。每处堤坝都隐藏着一条巨大的管道，里面暗含一条与泰晤士河平行的污水河。

为了避免地下爆炸的发生，排臭管道沿着下水管道铺建而成。它们在一个不会被人闻到的合适高度释放易燃气体。

排臭管道很容易被误认作路灯，若稍加留意，你就能根据它们找到埋在地下的排水管道的踪迹。在肯宁顿（Kennington）路口去找一个带有金色帽的黑色排臭管，或者在萨沃伊酒店旁边的卡丁"屁道"巷去看看伦敦最后一处下水道沼气灯。

利用下水道的坡度和重力作用将污水运输到阿比米尔斯（Abbey Mills）[2] 和德特福德的抽水站，然后被排放到更大规模的下水管道里。

两条排水管被改造成步行小道。你可以沿着北部下水道排水管所建的园林路或是南部的山脊路 [3] 上去走一走。

集中起来的污水经排水管道分别流至位于北岸贝克顿（Beckton）和南岸克罗斯内斯（Crossness）的污水处理厂进行污水处理。

克罗斯内斯过去是一个泵站，在20世纪50年代已废弃，那里堆满了数百吨的沙子。当人们对这个地方重新产生兴趣时，这些水泵像失落文明的遗迹一样被挖掘出来。现在你可以在固定的开放日去参观摩尔风格的内部情形。

冲洗装置

如今，为了防止下水道堵塞，39个"冲洗工人"专门来清理排污管道。他们去处理管道内诸如凝结在一起的湿巾和烹饪油块这类的污物。这些"油脂汉堡"可以巨大到很难被分解。对于"冲洗工人"来说，"油脂汉堡"这种说法充斥着我们对这种服务系统的志得意满。为了改变公众的行为，他们每年都会改写圣诞颂歌，拍摄地下演出的影片 [4]。想了解"冲洗工人"的非官方表亲"拾荒者"，详见第220页。

---

1. 根据对人口增长的预估，巴泽尔杰特建设的管道网络的运输能力超过了维多利亚城当时所需承载容量的两倍以上。
2. 巴泽尔杰特建设的宏伟的阿比米尔斯抽水站有着"你在维多利亚时代的教堂中寻求却少见的信念"，伊恩·奈恩讲道。

3. 在第298页寻找山脊上的居民。
4. 过去的记录包括"圣诞节的十二个堵塞点"，它们都可以在网上找到。

处理方式

现如今只有液态物可以被排放到泰晤士河中，即使这样，也只有在经过全面处理之后才被允许排放。液体和固体物质在巨大的循环罐中被分离出来，直到粪便和其他的固体物质沉降到底部，作为污泥从泵中抽出。

然而，尽管采取了这些措施去努力净化污水，雨天的时候下水道还是会接近容量的上限，里面的污物经常会溢出来直接进入泰晤士河。可以去看看泰晤士河里用以应付此类情形的起泡泵和撇油船[2]。两个巨大的隧道：在地下 75 米处建造的两条庞大的潮路隧道超级下水道，将为溢流提供另一个排放口。

> 关注粪便问题的人们应去留意每年七月的英国国家污水周；近年来泰晤士河水务公司已经将少数公共污水管道穿进下水道。公司偶尔也会回复私人请求。

资深地形学家尼克·帕帕季米特里乌（Nick Papadimtriou）觉得"反过来欣赏这些宏大的管网处理设施就像是一个遗落的宗教的教堂"。作家兼电影制作人约翰·罗杰斯（John Rogers）总喜欢在艾尔沃斯（Isleworth）的摩根净化处理设施处去思索，去探究"我们自我否认的那一点"。[1]

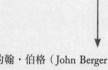

对约翰·伯格（John Berger）来说，我们的尴尬源于这样一个事实："粪便"明确无误地提醒我们，我们本身是二元性的——肮脏的本质和对荣耀的渴望。伦敦艺术家吉尔伯特（Gilbert）和乔治（George）试图通过他们的"裸屎图片"揭示粪便的先验性，图片描绘的是艺术家们裸体站在真人大小的粪便旁边。"这些东西是我们身体的一部分，"他们解释道，"这是我们所汲取的食物，它属于我们，我们也会是它们其中的一部分，需要从积极的一面展示粪便。"

然而，对某些人来说，这种源于人类野蛮本性的厌恶感无法克服。当莱缪尔·格列佛（Lemuel Gulliver）被迫与那些肮脏得令人发指的人形兽们一起生活后，等到他最终回到伦敦时，他发现自己遭到了其他人的排斥，其中甚至包括自己的妻子和孩子[3]。那些希望避免低俗现实的人们，可以去"屎"吧体验下，那里是伦敦位置最高的酒吧，位于碎片大厦的第 52 层。

---

1. "来到这个便池前祈祷吧。"帕帕季米特里乌说，"因为这就是你。"在罗杰斯的电影《伦敦巡视者》（London Perambulator）中，他去参观了摩根净化处理设施。
2. 起泡泵向河水里面泵入氧气以帮助鱼类呼吸，撇油船负责打捞水里的湿纸巾、卫生棉、避孕套以及其他的管道中的杂物。
3. "它们的味道让人难以忍受，"他记录道，并解释说他总是"用芸香、薰衣草或者烟草叶子挡住鼻子"。

A·D 1800
WILLᵐ BOUND, CHURCH
JOSEPH BIRD WARDENS.

For the better accommodation
of the Neighbourhood,
this Pump was removed to
the Spot where it now
Stands.
The Spring by which it is
supplied is situated four
Feet eastward, and round
it, as History informs us,
the Parish Clerks of London
in remote Ages annually
performed sacred Plays.
That Custom caused it to be
denominated Clerks-Well,
and from which this Parish
derives its Name.
The Water was greatly
esteemed by the Prior and
Brethren of the Order of
Sᵗ John of Jerusalem, and
the Benedictine Nuns
in the Neighbourhood.

CLERKS' WELL IN 1822
Over 800 years old and still in existence

Islington Libraries
Postcard Reprints
23

Produced by
Pamlin Prints
Croydon

---

17 Feb. 2015
BUNHILL FIELDS
BURIAL GROUND.

CORRESPONDENCE

Everything begins here. A reef of non-
conformity running from WESLEY on
his plinth to the triangulation of
BLAKE - BUNYAN - DEFOE. All
English pilgrimages, quests, escapes.
    I followed the obelisks to the
east and failed.
    This afternoon, going west, I
discovered QUAKER GARDENS.
Enclosed by high flats. Reservoir
of silence in which to
contemplate the next move.
        Andrew NORTON.

ADDRESS

HENRY ELIOT, MATT
    LLOYD-ROSE
Flat 2.
HANLEY ROAD,
LONDON N4

?

黄色浓雾

雾

"到处都是雾，"狄更斯在小说《荒凉山庄》的开篇写道，"……它翻滚着穿越一排排的船只和岸边，在这个伟大（肮脏）的城市中传播污染。"在19世纪到20世纪初，伦敦大雾，或者说"伦敦特色"在每年的11月份到来，令人伤脑筋。在1814年的新年，一辆伯明翰邮车花了7个小时才开到阿克斯布里奇。1918年，弗吉尼亚·伍尔夫描述了老绅士们走在"层层舞台幕布的边缘里"的样子。如今，你可以试想伦敦特色是什么样子，当这个城市被低云笼罩的时候：站在伦敦大桥上去看看"小黄瓜"在白色天空里消失，或者碎片大厦的四分之三淹没于雾中的情景。

雾霾

伦敦的大雾如此特别，源于这座城市的烟尘所产生的污染的混合物。史上持续时间最长的雾霾从1879年11月一直到1880年的3月；伦敦人出行都用手帕捂着嘴，通过彻夜长明的煤气灯来作为定位的工具。它的颜色变化多样：黑色、棕色、灰色、橙色、黑巧克力色以及深绿色。这个持续的、最厚重多样的雾霾被后人称为"黄色浓雾"（原意为"豌豆汤"）[1]。

清洁空气

1952年，大雾霾到来了。它来势汹汹，以至于莎德斯威尔斯（Sadlers Wells）舞蹈团的表演《茶花女》（La Traviata）因为找不到舞台而被迫取消。这次的雾霾污染是致命的，4000名伦敦人因此而丧命。这场大雾直接导致1956年《空气净化法案》的通过。伦敦引入了无烟燃料，这座城市最后一次见到浓雾是在1962年12月。如今，伦敦城里有许多在露天燃烧着无烟火堆的酒吧，令人感到舒适惬意。在汉普斯特德的霍利布什公园度过一个寒冷的下午，或是去肯宁顿的老红狮子餐厅，在那经过改装的厕所里面有私密的壁龛。

污染

在你松下一口气之前，去看一下2014年国工学院的伦敦调查报告，该报告显示牛津大街的二氧化氮污染物含量已然打破全世界的最高纪录。另外，不要忽略了地面之下的空气；另一份2002年的报告显示，在地下管道中的空气平均质量比街道平均水平差73倍；乘坐一趟伦敦北部专线，长达20分钟的行程会带来"和抽一支烟一样的影响"。

薄雾

伊夫林·沃（Evelyn Waugh）认为伦敦被"设计成在雾中欣赏的"城市，而朱塞佩·马志尼[2]（Giuseppe Mazzini）发现这座城市的雾霾有助于他的睡眠。"有人或许会相信这整座城市有着一种魅力。"他写道。如果你对黄色浓雾怀有旧情，站在霍尔本高架桥上，那是小说《荒凉山庄》中的浓雾中心，想象你处在"一个气球之中，悬浮在云雾之中"。

烟雾

七十年前，伦敦的罪人指的是"烟尘"，毫无疑问包括煤灰、煤气和一千万支香烟所产生的那层永远悬浮在城市上空的雾。如今那些黄色浓雾已经消失，它们也带走了伦敦城里的一些肮脏的、罪恶的、旧的灵魂。今日伦敦的脏乱是全球每个大城市中都有的平淡无奇的景象：快餐食品的包装纸在随风飘扬，丢弃的罐头盒子，以及剧院区街道上成堆的垃圾——就像剧迷们在等着多余的票。

——凯瑟琳·阿诺德（Catharine Arnold）

---

1. 具有反讽意味的是，一家名为"Sipmpson's-in-the-Strand"的餐馆把他们的豌豆和火腿汤命名为"伦敦特色菜"，它仍然偶尔出现在菜单上。

2. 马志尼在高街187号有房间，毗邻着最新版《神探夏洛克》的房子。在电影拍摄过程中，他的蓝色牌匾上装饰着一盏灯。见第410—411页。

超级大树

树木吸入城市里受污染的空气，排出过滤后的干净的空气。当1987年伦敦的大风暴吹倒了海德公园、英国皇家植物园，还有城市中其他公园中的众多树木之后，忧心忡忡的伦敦人被要求推选出他们最喜欢的幸存大树，如今城市树木慈善会保留一份列有60多棵"伦敦大树"的清单[1]。

巴特西公园的杂交草莓树

这种不寻常的物种有着红色片状的树皮和粗糙而扭曲的树干。它的下半部分在全英国的草莓树中最粗。在深秋时节来这里观赏它乳白色的花朵和赤红的球形小果实。选择一种带着苦味却可食用的杂交草莓，将其用奶油拌着吃。

格林尼治公园糙皮山核桃树

在位于格林尼治公园的爱德华花园里，这棵最不起眼的核桃树是英国最古老的树种之一。随着岁月的流逝，粗糙的树皮变成皱巴巴的片状。据大厨敖德萨·派珀（Odessa Piper）说，这种可食用的坚果烤起来很好吃，"就像黑松露之于蘑菇一样美味"。

坚强的蜡树

圣潘克拉斯老教堂的墓地是伦敦最奇怪的景象之一。19世纪60年代，在米德兰（Midland）铁路修建施工期间，一棵不起眼的白蜡树被安置于墓碑环绕的中心。墓碑排列成紧密的同心圆，树干像生物脂肪一样逐渐生长在石头中间。监督这一艺术性安排的年轻的建筑学徒，就是后来的诗人和小说家托马斯·哈代（Thomas Hardy）。

马里波恩榆树

马里波恩高街上的那棵树龄150年的汉丁顿（Huntingdon）榆树幸存于世。它曾经矗立于一座被闪电战的炮火所摧毁的教堂旁边，随后又奇迹般地躲过了20世纪70年代毁灭性的荷兰榆树病的侵袭。每年它都还在如期开花。

拉文斯科特（Ravenscourt）公园的臭椿

这种树在美国和澳大利亚被认为是有害的。它闻起来像腐烂的花生酱的味道，并且会产生一种有毒的化学物质，阻碍着周围枝叶的生长。然而，它到了中国却备受推崇。这株树是由18世纪从远东寄来的种子发育长成。

伦敦梧桐

"伦敦梧桐"[2]原产于西班牙，是城市规划者们首选的树种，因为它剥落的树皮可以有效地防止煤烟沉积，而且它的根部非常强韧。谷仓榆树公园（Barn Elms Park）里的那株古老的梧桐树树身多瘤、畸形，树围粗大，树皮褶皱。它是这座城市中最古老梧桐树的竞争者。伦敦最高的梧桐树长在里士满的泰晤士河岸上，高耸于上空俯瞰那家阿根廷牛排馆。

---

1. 一棵伟大的树必须具有历史意义、地标性的位置以及讨人喜欢的物理形态。

2. 小说家理查德·杰弗里斯（Richard Jefferies）不喜欢梧桐树，尤其是"树皮剥落、叶子像棕色皮革一般落在草上的那种"。

宏伟的七公墓

尘归尘、土归土：伦敦一直以来总是能有效地吸纳着它的市民们。在 19 世纪上半叶，伦敦郊区相继开放了七处大型的墓地[1]。如今这七处墓地都成为自然保护区，设有专门的守墓人。其中有几处墓地至今仍能接受墓葬。

肯萨尔公园（Kensal Green）

肯萨尔公园墓地建成于 1833 年。该公园的布局灵感来自巴黎的拉雪兹神父（Père Lachaise），该处埋葬着查尔斯·巴贝奇、伊桑巴德·金德姆·布鲁内尔（Isambard Kingdom Brunel）和哈罗德·品特（Harold Pinter）等人。去看看马戏团特技演员安德鲁·迪可罗（Andrew Ducrow）那座造型奇特的坟墓，它集埃及、希腊和哥特式风格为一体。

海格特公园

正如约翰·贝杰曼（John Betjeman）将这一处描述为"维多利亚时代的瓦尔哈拉"，海格特墓地的显著特点是其怪诞的埃及大道和黎巴嫩的环形街道。漫步在 37 英亩的土地上，寻找卡尔·马克思的大胡子，哈里·桑顿（Harry Thornton）的大钢琴，动物园管理员乔治·沃姆威尔（George Wombwell）的睡狮和道格拉斯·亚当斯（Douglas Adam）的钢笔筒。

阿布尼公园（Abney Park）

从斯托克－纽因顿大街（Stoke Newington High Street）杂草丛生的埃及入口[2]进入阿布尼公园公墓。这个墓地兼作植物园，在它的周围有按字母顺序排列的标记树，从亚瑟（枫树）到赞托鲁姆（牙痛树）都有。你可以参加园林工作的课程，学习雕刻墓碑。

陶尔－哈姆莱茨（Tower Hamlets）

公园的经理肯·格林威（Ken Greenway）是陶尔－哈姆莱茨墓地公园常驻的"蝙蝠侠"。他常穿行在城市林地之间，身后惊起一群蝙蝠[3]。在此期间，他在林间用觅得的食材做出三道菜来食用。或者，白天漫步在墓地中，听一听"在墓地门口遇见我"[4]——这是一部氛围音乐合集：记录了当地居民的回忆、故事和田间轶闻。

南海德（Nunhead）

第一个埋葬在南海德公墓的是来自伊普斯威奇（Ipswich）的 101 岁的杂货商查尔斯·阿伯特[5]（Charles Abbot）。每月第三个礼拜日你可以自愿去南海德公墓辅助守墓人做墓碑雕刻工作。上午十一点得到位于林登格罗夫（Linden Grove）的守墓人小屋做汇报工作。

西诺伍德

西诺伍德是第一个哥特式复兴风格的墓地。长眠于此的比顿夫人（Mrs Beeton）、威廉·马斯登医生[6]（Dr William Marsden）和亨利·塔特爵士（Sir Henry Tate）都是当地的名人。这里有套绵延至山坡的、壮观的地下墓穴系统，你可以通过西诺伍德公墓之友预定一次地下的体验。

布朗顿

毕翠克斯·波特（Beatrix Potter）就住在布朗普顿公墓附近，她书中许多角色的名字皆源于墓碑上的名字：纳特金斯先生、麦格雷戈先生、布洛克先生、托德先生、耶利米·费雪和彼得·拉贝特都埋在这里。留意关注约翰·济慈所提到的"闪亮之星"芬妮·勃朗恩[7]（Fanny Brawne）、妇女参政者艾米琳·潘克特（Emmeline Pankhurst）以及流行病学家约翰·斯诺这些人的墓碑。

---

1. 霍格·米勒（Hugh Meller）在他的书《伦敦墓园》（*London Cemeteries*）中将它们称作"宏伟的七公墓"。
2. 入口周围的象形文字意为"人类死亡部分的住所"。
3. 了解更多细节请见第 209 页。
4. 您可以通过 Shuffle Festival 网站浏览音频文件。
5. 阿伯特是卡尔特修道院兄弟会的一员，见第 136 页。
6. 要了解关于马斯登和他的医院更多内容，见第 43 页。
7. 要了解关于芬妮·勃朗恩更多内容，见第 105 页。

伟大的墓碑

贝都因人

冒险家理查德·弗兰西斯·伯顿（Richard Francis Burton）躺在莫特莱克的圣玛丽莫德林（St Mary Magdalen）墓地的一座由石头堆砌的贝都因帐篷里。帐篷是由他的妻子伊莎贝尔设计的，她与他共享此地。爬上金属梯子，透过后面的小窗口就能看到他们的棺材。

D ——

墓地铁路

站在威斯敏斯特大桥路上，对面是华丽的红色威斯敏斯特桥房子。这里曾经是墓地（Necropolis）铁路线在伦敦的终点站。这条铁路将死人从滑铁卢运送到萨里郡（Surrey）的布鲁克伍德（Brookwood）——这里曾经是世界上最大的墓地。运送棺材的车票有三种。在前往西山高尔夫俱乐部的途中，偶尔也会有高尔夫球手伪装成哀悼者乘坐此车。这个墓地依然值得一游：搭乘一趟从滑铁卢到布鲁克伍德的常规列车前去 '。在离开之前，绕道去一趟附近的纽汉姆露台（Newnham Terrace）：旧的墓地轨道站台沿途可见高架在空中的"空间"艺术家工作室。

比默

史蒂夫·马什（Steve Marsh）是宝马发烧友，埋葬在马诺尔（Manor）公墓。他长眠于一辆与实际尺寸大小一般、由花岗岩制成的 M3 敞篷车下面。在 2010 年的葬礼上，挡风玻璃刮水器下面贴上了一张停车罚单。

死锁

在圣新娘教堂的墓穴里放着一具 19 世纪的铁棺材，铆钉设计是为了防止尸体被掠夺。当年的棺材广告承诺"保证逝者的安全"。

悲剧演员

演员查尔斯·马克林（Charles Macklin）脾气暴躁，他曾经把手杖戳进一个演员同事的眼睛，致其毙命。在圣保罗考文特花园里他的纪念碑上刻有一个悲剧演员面具的浮雕，面具上有一把匕首穿过眼眶。

盖世太保

卡尔顿酒店阳台上的一块小石头标志着吉洛的坟墓。吉洛是德国大使利奥波德·冯·赫施（Leopold von Hoesch）所养的一只忠实的小狗。据《泰晤士报》报道，吉罗在咀嚼电缆时触电身亡，主人给它举行了一场"葬礼" [2]。

海豹突击队

约瑟夫·伍德沃德（Joseph Woodward）在戈德绿火葬场（Golders Green Crematorium）被铭记为"海狮物种潜在平衡能力的发现者"。伍德沃德在伦敦竞技场训练海狮玩平衡球和杂耍。后来在第一次世界大战期间，他教它们跟踪德国的 U 型潜艇，尽管他这些翻滚的朋友们从来没有真正看到过战斗中的潜艇。

---

1. 墓地列车每天 11:35 出发，别忘了你的高尔夫球杆。

2. 想要看到更多关于死去的狗狗们的信息，见第 42、88、339 和 350 页。

EROS厄洛斯

在工作日的夜晚行走于城市的街道上，你很有可能会被送上一份免费的《伦敦标准晚报》（*London Evening Standard*）。径直翻到第二页去看一下其标识性图片：皮卡迪利广场上的爱神厄洛斯雕塑[1]。

当厄洛斯由威斯敏斯特公爵于 1893 年为其首次揭幕时，他那性感的外表和近乎全裸的身体引起了公众的争议。其创作者雕刻家阿尔弗莱德·吉尔伯特（Alfred Gilbert）为此做出了辩解：设计这件作品是为了"让欢乐在阴郁的伦敦城里找到一席之地"。自从揭幕以来，这个雕塑历经过"被侮辱、讽刺、修补、忽视、宠爱，并最终被奉为国家珍宝"[2]。厄洛斯如今已成为伦敦城的守护神之一，他尤为关注苏荷区——蔓延在其性感屁股后面的情色区。

伦敦是个情色城市。1180 年，修道士德维兹（Devizes）的理查德提醒道："每个角落都沉浸在淫乱之中。"花花公子塞巴斯蒂安·霍斯利（Sebastian Horsley）说："生活在苏荷区就像总处于高潮中一般。"J.G. 巴拉德（J.G.Ballard）指出，正是伦敦郊区的平淡无奇，才会让居民每天早晨醒来就会"想到离经叛道的行为"。这座城市数量众多的情趣商店、时尚派对和恋物癖之夜往往被隐藏在普通视野之外，而这正是它们的诱人之处。

正如弗洛伊德所观察到的，"文明中总是含有限制性生活的倾向成分"。然而，这种抑制性行为本身也是一种宣传形式，比如说剧作家乔·奥顿（Joe Orton）在 20 世纪 50 年代以艾德娜·韦尔索普（Edna Welthorpe）的笔名写了几封言辞犀利、广受关注的信件，批评自己作品中的淫秽内容，正是体现了这一点。

尽管情色小说、电影和表演试图与其淫秽的表兄色情作品划清界限，但界限总是模糊不清。这就使得写关于性的文章变得不易：对有些人来说，这一章节的内容可能是保守之中的趣味，而对另一些人来说，它可能被认为是低俗淫秽。厄洛斯便是这种两难境地的体现——本质上来说，它并非厄洛斯的雕像，"基督教博爱天使"这个名字对它来说更为合适。吉尔伯特一开始为其命名为"安特罗斯"——一位具有反思性且成熟的爱神，"而不是厄洛斯或丘比特，那位轻浮的暴君"。

然而，伦敦市民立即以惊人的洞察力拒绝了这个天使般的称呼。吉尔伯特以 16 岁的意大利帅哥安杰洛·科拉罗西（Angelo Colarossi）为原型，制作了这尊雕像。安杰洛·科拉罗西就在吉尔伯特位于特恩汉姆格林（Turnham Green）的工作室里摆出了裸体造型[3]。在人行道上就能感受到他那高达八英尺的情欲。

---

1. 爱神矗立在沙夫茨伯里大人的纪念喷泉顶上，有人说该雕塑以"博爱天使"命名带有俏皮的含义：因为那箭轴是向下发射的，已经埋入地中。

2. 引自于 F.H.W. 谢尔帕德（F.H.W.Sheppard）的《伦敦调查》

（*Survey of London*）：卷 31 和卷 32，圣·詹姆斯·威斯敏斯特，第二部分。

3. 你可以在莱顿博物馆看到吉尔伯特的手稿，见第 119 页。

约会

约会之夜

要从九百万伦敦人当中挑选出你的灵魂伴侣并非易事。幸运的是，这座城市为你提供了多种"遇到意中人"的方式。去试试无声约会。在"Shhh"这里，有两轮一分钟约会模式：第一轮是不出声的模仿作为热身；第二轮是完全的沉默，你只需要盯着对方的眼睛。如果你是个话痨，建议你去"Give a Damn"，这家举办以纪录片、宴会、展览为主题的主题之夜：记得带上你激情四射的想法，并配以高昂的情绪。如果这些都不行，就试试最原始的方法：在"弗洛蒙派对"上带一件你穿着睡了三个晚上的T恤，T恤是拉链式的，整个晚上你通过嗅闻其他参与者穿过的衣服，寻找出"合鼻缘"的伴侣。

约会地点

你可以在伦敦专业的交友网站上报名，以缩小在线爱情的搜索范围。一些人会关注国籍（Shaadi 或日本丘比特）或宗教信仰（犹太教、天主教）；有些人会基于性取向；有些人着重于兴趣爱好（爱情、艺术、运动、单身）。如果你是成熟类型的人，考虑下"传奇俱乐部"，或者去那些更欢闹的场所，比如说"熟女屋"或是"甜蜜老爸"。如果你把道德看得很重，那么就去尝试下"有道德的单身族"。不管你是对美食感兴趣，还是喜欢骑马，或是醉心于陶艺，网站都能够为你安排上一次约会。

第一次约会

如果你要去相亲，那就去"Dans Le Noir"定个位子。在这个一片漆黑、由盲人侍者提供服务的餐厅里，你只能尽量用语言与对方沟通、调情。要是你宁愿一饱眼福，可以选择"Frank's"咖啡馆——这家咖啡馆位于伦敦东南部佩卡姆多层停车场的最高层，它的开张意味着夏日的到来。你们可以在这里吃着洋蓟，欣赏伦敦全景[1]。或者，为了让你的首次约会显出更大的魅力，不妨去苏荷

区的"Bob Bob Ricard"餐厅，那里装饰着红色的天鹅绒窗帘以及"来点香槟"按钮。

第二次约会

第二次约会可以略微大胆些。也许波多贝罗路上的电影院是个好去处，这里有真皮扶手椅、浪漫的双人沙发，还有六张双人床[2]。或者去花园酒店的蒙塔古滑雪小屋感受一下冬季的微微冷风。制雪机弄出一场暴风雪，驯鹿用鼻子在你的毛衣上轻蹭着，轻啜上一口杜松子酒。你还可以将你的约会对象直接带去老康普顿街9号那处霓虹闪烁、充斥着情色味道的性用品商店[3]，不过这种做法相当冒险。

第三次约会

这是你的第三次约会，一切都变得更庄重一些，可以这样度过这个夜晚：下午三点到六点到斯皮塔菲尔德的"Wright Brothers"餐厅度过幸福时光，这个时段一只最出名的双壳牡蛎只需要1英镑；然后去莱克星顿街上全伦敦最浪漫的餐厅"Andrew Edmunds"用餐；情绪最嗨时，前去"Negracha"，那里是阿根廷探戈在伦敦的发源地，身着紧身裤和细高跟鞋来展示你炽热的激情。

---

1. 如果气温太低，可以挤进克莱肯维尔的耶路撒冷酒馆，在炉火旁小酌温啤酒。
2. 每个人都会分发到一条山羊绒毛毯。

3. 实际上这是一家酒吧式餐厅，吃墨西哥菜的，提供街边、海滩及自由风格的食物。

婚姻

求婚

一旦你找到了自己的灵魂伴侣，这个问题就会出现。伦敦不像巴黎那么浪漫，但是这座城市里也有许多的可能性。一种令人兴奋的经典方式就是在蛇形湖上划船。荡漾在伦敦中心，船桨相互碰撞，怎么有人可能拒绝你？不过，得拿好你的求婚戒指，别掉进水里[1]。要是你不喜欢在水上求婚，那么带着你的爱人到圣保罗大教堂穹顶的回音画廊。在这里，你可以在与爱人相距30米开外的地方轻声地求婚，她也能清楚地听到。

婚礼

如果你们订婚了，就请结婚吧！名副其实的圣新娘教堂是个特别合适的地方，尤其是教堂的塔尖，据说那是现代婚礼蛋糕的灵感来源[2]。如果你不想在这么神圣的场所举行婚礼，那么可以去老马里波恩市政厅的威斯敏斯特登记处。这是一座时尚的大厦，里面是五彩缤纷

的房间。另一个可供选择的令人难忘的地方是位于格林尼治老皇家海军学院的教堂，它有一处地下通道，通往壮观的彩绘厅。

E ——

宴请宾客

一旦喜结连理，欢庆的时刻就该到了！位于金融区"小黄瓜"顶层的 Searcys 餐厅，是伦敦最闪耀的婚礼举办地。当城市华灯初上，照射在香槟上，你可以在玻璃穹顶下尽情起舞。如果你想选择具有历史意义的地方，可以选择伦敦最古老的建筑——白塔。那里是诺曼时期的早期防御工事，在那里可以举杯庆祝你们的婚礼。

蜜月

为什么要离开伦敦去度蜜月呢？家门口就有许多蜜月胜地。格兰奇圣保罗酒店的总统套房中有张超大床、两个卫生间，还有私人影院及独立露台，与大教堂的穹顶相互辉映。若你想要比基尼主题的蜜月之旅，肖迪奇酒店就是你最好的选择，它拥有屋顶泳池。你可以在条纹躺椅上晒日光浴，也可以选择露天蛙泳。若你要纯粹的放松，就选择斯特拉顿（Stratton）大街的梅菲尔温泉。带你的另一半去感受一下蒸汽泥搓浴，之后再去进行草莓浴和香槟浴。

婚姻

如果你结婚了，记得将这种浪漫的热情维持下去。在巴恩斯（Barnes）桥上挂一枚同心锁，上面写上两人的名字。这座桥的名声正在慢慢赶超巴黎的"艺术桥"[3]；也可以去圣马里波恩教堂，里面有纪念罗伯特和伊丽莎白·巴雷特·勃朗宁（Elizabeth Barrett Browning）喜结连理的彩色玻璃窗。站在旁边的小礼堂，阅读他们当初互换的574封誓词。如果婚姻生活过得不太舒心，那就考虑去生活学校学习"如何在爱情中交流"的课程[4]。要婚姻生活重新回正轨，为什么不重温结婚誓言呢？伦敦每个区都提供此项服务。

1.如果戒指掉进水里，向水中游泳者寻求帮助。见第234—235页。
2.1703年，当地一个烘焙师的学徒——托马斯·理查（Thomas Rich）跟老板的女儿结为夫妻，并且以教堂尖顶为模板，烤制了一个奢华的蛋糕。新娘的婚纱现存于教堂的地下室展厅。
3.情人锁的数量已经有一百万之多，其重量超过45吨，出于安全因素的考虑，这些锁已于2015年6月从艺术桥上拆除。
4.见第158页。

名画

《维纳斯和战神马尔斯》(*Venus and Mars*)(1485)

国家艺术馆

战神马尔斯，面须刮净，肌肉饱满，云雨过后安静地睡着，食指垂下。维纳斯端详着自己的情人，指尖拨弄着她那透明且性感的长袍。四个半兽人小鬼在马尔斯耳边吹起海螺，试图往矛里注入生命力。[1]

《妮尔·格温》(*Nell Gwyn*)(1680)

国家肖像馆

埃莉诺·格温（Eleanor Gwyn）最初是一名卖柑橘的女子，转型成为女演员，后来成为查理二世最喜欢的情人。这幅肖像由西蒙·韦列斯特（Simon Verelst）所作，她那迷离的双眼，似笑非笑的嘴角及半露的胸部都让人着迷。

《第一个鼠日的松树幼苗》(*Pine Seedlings on the First Rat Day*)(1814)

大英博物馆

葛饰北斋（Hokusai）以他的"波浪"画作而闻名于世，但是他也涉足绘画色情的"春宫图"。《喜能会之故真通》(*Kinoe no komatsu*)就是其代表作。小说家胡斯曼（Huysmans）在1889年曾经写道，这幅画美丽、令人兴奋且骇然。如果这幅画不被展出，它一定会被收藏在版画和绘世绘画馆中（OA+, 0.109）。

《遮羞布》(*Fig Leaf*)(1857)

维多利亚与艾尔伯特博物馆

维多利亚与艾尔伯特博物馆的石膏作品展览处，有一片纹理精致的无花果树叶。这件高雅的配饰是为米开朗琪罗的雕塑作品《大卫》所制，并于1857年捐赠给博物馆。每当维多利亚女王到访时，这片叶子都被巧妙地放置在雕塑的某个部位上，避免出现让尊贵王室面红耳赤的尴尬场景。如今，大卫的雕塑上已没有任何遮挡，你可以绕着雕塑基座随意观看，一览那广为人知的生殖器。[2]

《裸女》(*The Naked Ladies*)(19世纪末)

特威克纳姆约克屋

特威克纳姆（Twickenham）的一座公园之中，八个裸女雕像群矗立在假山喷泉之中。其中一位女子骑在一对发狂的海马身上，其余几名女子倚在其腹部上，还有一位正要往百合池中跳去。她们皮肤白皙，以至于在闪电战期间被"喷上了一种灰泥"，这样月光才不会落在她们黑暗之中的美臀上。

《狂喜》(*Ecstasy*)(1911)

泰特不列颠美术馆

巨大的石灰岩上浮现出一个膝盖颤抖、面容如释重负的男人。紧实有力的臀部和大腿承受着女人的重量，女人将他紧抱在自己的胸前，闭上了眼睛[3]。埃里克·吉尔（Eric Gill）创作这座雕塑的灵感源自卡久拉霍的印度神庙艺术，他认为"人类的生殖性能力是一种神圣的创造力"。

《NNN》(1974)

泰特现代馆

一个戴着圆形眼镜的黑人赤身裸体地躺在奶黄色的沙发上，神情愉悦，一只脚搭在椅子上，手中夹着根烟卷，翘起下巴。旁边的印花衬衫上画着一个戴着钟形帽的白人女士，半张着嘴望向他[4]。

---

1. 桑德罗·波提切利（Sandro Botticelli）的这幅画非常有名，曾经是佛罗伦萨宫一张床的背景画。
2. 博物馆馆长1903年曾说过："经常有女教师为这处画廊为年轻的女学生做指导，从未接到过投诉"。
3. 模特是吉尔的妹妹格拉迪斯和她的丈夫。
4. 这是巴克利·L.亨德里克斯（Barkley L.Hendricks）创作的四幅肖像画中的一幅。画中之人乔治·朱尔斯·泰勒（George Jules Taylor）是他在耶鲁大学任教时的学生。画作的全名是《朱尔斯家族：谢绝黑人裸男》。

滑稽表演

最近，新兴的滑稽表演以其令人捧腹的趣味性在舞台上大行其道，从以往不入流的角落摇身一变成为主流。要想成为下一个"梦想熊"或是"粗鲁的布莱斯"需要三步走。

1. 置装

在位于波多贝罗大道上的"凯蒂做了什么"（What Katie Did）店铺里，你可以挑出复古款的束身衣、子弹内衣、腰带和"风流寡妇"装。

选好合适的内衣后，进入商业街上的"仙女教母"，这家店铺能通过你的穿衣风格和行为举止为你选择合适的服饰：手工制作的缎面长裙、丝绸裙撑和塔夫绸连衣裙。

若你需要更为合体的衣服，霍洛威路上的明子工藤（Atsuko Kudo）商店可以为你量身定做。

男士可以去欧弗街（Oval）上的"恋物狂"（Fetish Freak）店，在这里你能找到定制的皮套裤和镶钻皮领。他们的门面紧挨着博尔顿·克雷森特（Bolton Crescent）的"丹迪先生的炸鱼薯条店"。

2. 学会性感

如果要学习基本功，"滑稽剧之家"是一个不错的选择，这里提供一系列培训课程，从品位培养到为期六周的表演课程都有。在学习表演课程期间，你要练习单独的表演。

另外，"The Cheek of It!"专门教你派对舞蹈和如何提升女人味[1]。

奥德维奇街零号的"地窖之门"（Cellar Door）是一家藏污纳垢的廉价酒吧，这里每晚都有活色生香的场景上演，还有伦敦"最性感的卫生间"[2]。"邪恶美味"会教授滑稽课程，随后会呈现现场表演。

3. 蜕变

如今你已掌握了技巧，就不必再花钱继续学习。伦敦"卡巴莱协会"最近收购了布卢姆斯伯里舞厅[3]。加入"安娜呼啦圈"，利用火圈来进行表演；加入"卡巴莱夜总会"的舞蹈队，他们的动作会更加性感。

另外一个选择是"骄傲的卡巴莱"（Proud Cabaet），它位于卡姆登马厩市场的马匹医院里，已有200年历史。里面有很多的演员，你可以向他们学习：肚皮舞演员阿耶莎，呼啦圈表演者海伦和熊的扮演者大卫。

赞善里（Chancery Lane）外的"享乐"（Volupte）位于地下，那里是处堕落之地。周日的下午，人们品着香槟、享受下午茶，你可以去那里表演。另外要当心不要把奶油洒在你的流苏裙上。

最后你就可以去参加世界滑稽表演大赛，这里会有上百名比赛者在伦敦附近上演滑稽舞剧，花样百出，种类丰富：有人体杂技、英式表演和新人王，还有备受欣赏的三冠王，这项节目中含有"另类舞蹈表演、深藏不露的技能以及哗众取宠的噱头"。

---

1. 观看周·查尔斯（Zoe Charles）创办的 TED 脱口秀，又名"奇克夫人"（Lady Cheek），主题是"全球范围对女性的尊重、支持及欢迎"。
2. 参见第 51 页。
3. 舞厅内设有艺术装饰的空心地板，四壁配有镜面及锦缎窗帘。

性感地带

"在不断扩张的宇宙中，时间站在无家可归的人这一边，"伦敦花花公子昆汀·克里斯普（Quentin Crisp）写道："那些曾经生活在城市郊区的人发现，就算不改变住址，他们最终还是会住进大都市。"

关于"适当的性欲和性行为"的观念难以界定；在任何特定时期，某些行为和爱好似乎是禁区，但其界限又总在变动。在过去的一百年里，人们可以接受的行为范围迅速扩大，禁忌被打破，反映着伦敦这座城市自身的扩张。

弗洛伊德写道："任何触犯了禁忌的人，他自己也成为禁忌，因为他具有引诱他人效仿他的危险特质。"伴随着情色绅士化的过程，城市里的性前卫者转移到了偏远地带，以护其名誉，并为他人铺路。而在这些人类行为的腹地，我们发现了自由和剥削；开放和滥用；人类意图中的美好和恶劣。这幅地图展现了道德变迁的进程、新旧禁忌的变化，还有那些打破禁忌和加固禁忌的人群，以及伦敦这座城市赤裸的模样和经过修饰后的样子。

风铃①

大英博物馆收藏的一挂阳具风铃正好陈列在第 69 号展间，这可能纯属巧合。这种罗马物件的产生旨在驱除邪灵和冰雹，它们来自另一种文化，而这种文化中鲜有我们当今文化中所含的假正经[1]。安置于铜风铃中间的阳具长有翅膀、脚和尾巴。不过，博物馆商店里并不售卖其复制品。

莴苣②

参观伦敦大学学院（UCL）皮特里博物馆的游客对古埃及生殖之神"敏神（Min）"的雕刻评头论足。敏神最关键的部位有幸被保存了下来，许多收藏家可是会粗暴地凿下那个部位的。

浴室③

漫画家爱德华·林利·桑伯恩（Edward Linley Sambourne）的故居在斯塔福德的肯辛顿，可以去这房子的浴室看看[2]。其内部布置几乎与19 世纪末这位《笨拙》（Punch）的漫画作者与家人在此生活时的情形一致。但后来，浴室内被挂上一组装裱好的色情照片，它们是爱德华趁妻子不在家的时候拍摄的艺术模特们。肯辛顿和切尔西委员会会定期举办变装活动，活动中有人会扮成桑伯恩夫人的角色。

惨淡④

很多人认为，2014 这一年为伦敦最后一家色情影院敲响了丧钟。先是"Abcat 电影俱乐部"和"Oscars"，然后是"B 先生"都倒闭了。这些陈旧且昏暗的电影间，即便有安静的老主顾和干净的座椅，似乎也不可能在行业协会的打压和线上影视的竞争中存活下来。但事实证明，对其消亡的定论还为时过早。2015 年初，经营"B 先生"的家族从伊斯林顿搬到德普福德，在新十字街（New Cross Road）487 号一家打印店的负一楼重新营业。[3]

地图上的⑤—⑧参见 76 页。

---

1. 在现代伦敦，很多卫生间的隔间门上会被人偷偷摸摸地涂画上阳具图案；但在古代的伦敦，阳具是一种幸运的象征，经常出现在公共场所，也会被雕刻在家具上，流行于珠宝首饰上。

2. 见第 119 页。

3. 自从英国政府对情色电影进行限制后，它们的未来也受到了威胁。结果，2014 年 12 月行业抗议者在议会广场上举行了静坐示威活动。

堕落主教⑨

克拉利斯·拉·克拉特巴洛克（Clarice la Claterballock）这个有意思的名字被用在中世纪萨瑟克的烟花柳巷。班克赛德妓院属温切斯特主教的管理范畴，而且因为妓院被允许经营，并且交税，那些妓女们被称为"温切斯特的鹅"。温切斯特的主教亨利·博福特（Henry Beaufort）被教皇赐予了红衣主教的帽子，但是亨利五世免除了他的这项荣誉，可能就是因为这些上不了台面的事情。班克赛德附近的那处红顶巷道便是对这一失意主教的讽刺纪念。

投掷式⑩

在怀特克罗斯街（Whitecross Street）上找寻一块非正式的门牌，那里便是普利斯·福瑟林厄姆（Priss Fotheringham）的家。她被收录在 1660 年出版的《游女》（*The Wand'ring Whore*）黄页中——一本专门收录妓女出没的街道与妓女位置的册子，并"在城市妓女排行榜上列居第二名"。福瑟林厄姆女士更是因为复活了罗马人"投掷式"游戏而名声大噪。

寻欢录⑪

乔治时代的考文特花园以荡妇闻名，1757 年到 1795 年的每一年都有《哈里斯的考文特花园小姐及公子寻欢录》（*Harris's List of Covent-Garden Ladies Or Man of Pleasure's Kalendar*）出版。这本实用的袖珍手册中记录着在著名红灯区考文特花园工作的妓女的详情。在 1789 年的名单里，我们得知古奇街（Goodge Street）17 号[1] 的 W 小姐"有着乌黑的、极具表现力的双眼，使她看上去美丽至极"。不过作者同时也提醒道，"她总爱喝上一杯，但'这杯酒'的量一定得控制得恰到好处，令她增添情致即可。"

识图

《性感地带》（*Erogenalls Zone*）将伦敦呈现为情色之地，其灵感部分来源于"身体敏感区"地图。

地狱之角⑫

干草市场（Haymarket）是臭名昭著的站街地，因此被称为"地狱之角"。詹姆斯·鲍斯韦尔（James Boswell）就在日记中记录过他在此的经历。[2]

可惜了，他是霍斯利⑬

苏荷区的花花公子塞巴斯蒂安·霍斯利[3]（Sebastian Horsley）多年来频繁嫖娼，甚至曾一度卖淫。他说："我想把自己变成奴隶，把自己卖给自由。我把它视为一种性的回扣，我的一生都在为性而付出。"你可以到网上找到他相关经历的微电影《塞巴斯蒂安·霍斯利的嫖娼指南》（*Sebastian Horsley's Guide to Whoring*），也可以去米尔德街 7 号

他生前的居住地参观。门环下的标示牌还写着："这里不是妓院，这里没有妓女。"

观摩⑭

公共场合的性行为已经被互联网彻底改变了。制片人德里克·贾曼（Derek Jarman）在他的日记里深情地记录着在杰克·斯特劳城堡附近的汉普斯特德西斯的同性恋场景。他在 1989 年 5 月 26 日写道，"《荒野上的性爱》是一首早秋时节的田园诗。"

审查行动⑮

20 世纪早期最具名气的伦敦裸体秀曾是苏荷区风车剧院"Revudeville"秀的一部分。这场秀的组织者为了通过审查，谨遵"若是动态，即为淫秽"原则，只呈现静态的生动画面。位于大风车街（Great Windmill Street）的演出场所现在已成为风车国际脱衣舞俱乐部。

---

1. 这个地方如今是一处意大利面馆。
2. 鲍斯韦尔写道："脚下便是泰晤士河的滚滚河浪，一时兴起就

做这样的事情会令我更加兴奋。"
3. 更多的详情见第 111 页。

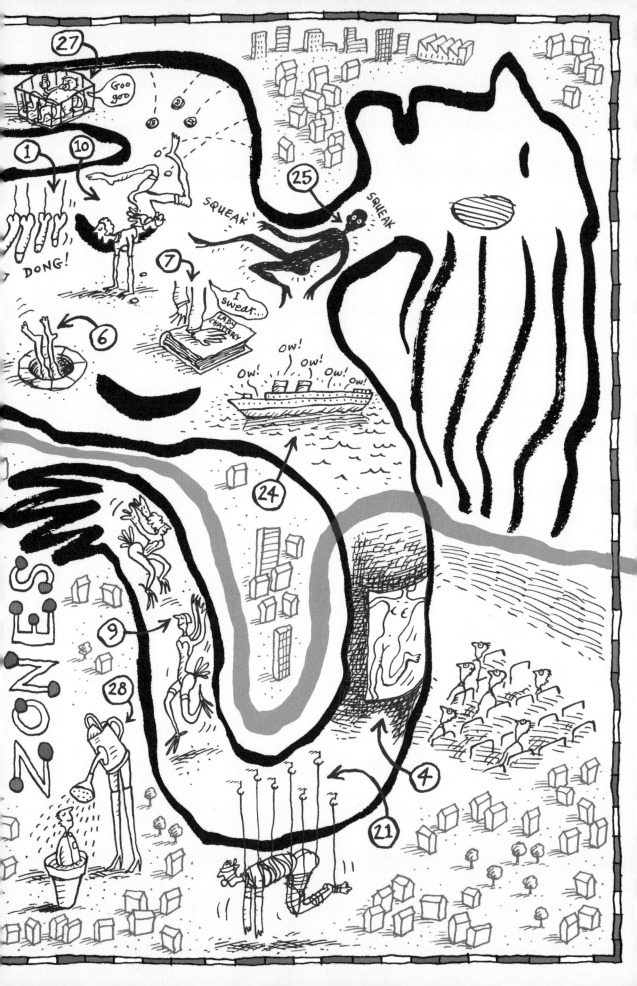

动物本能 ⑯

苏荷区沃克法院如今所在的地方曾经是淫秽产品零售业的中心，去那里找寻"雷蒙德杂志酒吧"的霓虹灯招牌，该酒吧的创始人保罗·雷蒙德（Paul Raymond）曾经是一名梳子销售员，同时也是一位读心者，他于1958年开了这家酒吧。酒吧赚钱后，他又接管了白厅剧院 [现在的特拉法加（Trafalgas）工作室]，并大力支持有伤风化的滑稽剧。雷蒙德渐渐创建出了一个巨大的"情色王国"，之后又在孔雀剧

院开创出"最大国际裸体秀"。1974年夏天，当秀场模特林迪的比基尼被两只名叫"精灵"和"佩妮"的海豚从身上脱掉时，现场气氛达到了高潮。对此雷蒙德评价道："我们的海豚把姑娘的内衣都脱掉了，怎么可能不被人喜欢？"[1]

购物癖 ⑰

如果你自己想成为脱衣舞的焦点，就要去苏荷区的可可德梅尔。更衣间里装有窥视孔，这样你的购物伙伴也能完全参与进来。

娱乐室 ⑱

随着 Tinder、Grinde、Happn 和 Hinge 这类社交软件的出现，性自由达到了新的高度。许多伦敦的俱乐部允许性行为的发生，不过通常要在指定的地方或娱乐室进行。

私人会员 ⑲

社会排斥的经验也会导向高度的包容性。尽管只针对会员，Kinky 沙龙也会尽力做到友好而平易近人，欢迎所有人。他们定期在私人场所举办"艺术性感派对"，并致力于营造一种不带评判意味的氛围。每次聚会的中心都是一间很大的、铺着地毯的娱乐室。你可以在这里做任何事情，但是对于性行为的安全性以及对高风险的"边缘活动"所承担的责任，这里都制订了严格的规定。

女性主导 ⑳

BDSM 是一系列契约行为，包括束缚与管教、支配与臣服、施虐与受虐等。[2] 沃克斯豪尔的 Fire 俱乐部举办的 BDSM 之夜就是一场由女性主导的性活动。

捆绑式 ㉑

某些 BDSM 实践需要很高的技巧，其中最有技术含量的莫过于日本绳索捆绑艺术——"Kindbaku"。在坎伯韦尔（Camberwell）的"飞翔的荷兰人"酒吧，每两个月会举行一次"捆绑之夜"。用绳索将身体捆绑，并吊起来，身体上呈现出复杂的几何图案，与身体的压力点相对应。

1. 该表演在道德上受到了广泛的批评，海豚"精灵"和"佩妮"也于12周之后被卖掉。

2. 有人认为莎士比亚尤为喜欢 BDSM，比如克利奥帕特拉（Cleo-patra）的诗句："死亡的打击就像情人的拧扯，令人心痛、令人渴望。"

强烈反抗 ㉒

尽管 1960 年查泰莱案取得了胜利[1]，约翰·克莱兰（John Cleland）1748 年所著的小说《范妮·希尔》（Fanny Hill）还是在 1963 年于五月花出版社企图出版时，因其长篇幅的鞭打情节而被禁止出版。那个情节描述了一个"具有强烈欲望的男人，不仅无情地鞭打自己，还鞭打其他人"。很少有人能忍受他的暴行，但只有范妮敢于站起来反抗。比殴打情节更令人震惊的是克莱兰所说的一些言辞。然而，书中有一些比喻很是不错：一位客户的小男人做派被比作一只从草丛中探出头来的鹬鹬。

地下室 ㉓

伦敦南朗伯斯路上的"起重机"俱乐部配备了各式各样的设备，所举办的经典之夜包括"NBN"和"SBN"两种活动形式。"撒旦俱乐部"是托伦斯街（Torrens Street）电特罗尔克兹支路上的一处大型活动场所，带有地下室。格夫顿路（Grafton Way）上的一家私人地下会所，有早饭和床铺备候，提供更为家常的体验。

快乐法则 ㉔

1987 年，一名上议院发言人为"操作扳手"案件作辩护证明，之后又对那群涉案人定罪为造成"实际人身伤害"，他说："从施加痛苦中获得快感是一件邪恶的事情。"[2]但从此以后，BDSM 便一步跃入了主流。"酷刑花园"活动是当今伦敦最受欢迎、持续时间最长的 BDSM 和恋物癖之夜之一。这种活动每月进行一次，地点很随意，包括停泊的军舰"HMS 总统号"。活动有自己的着装要求。

橡胶品 ㉕

"橡胶品狂热派"俱乐部对着装要求是非常严格的：只能是天然乳胶。像漆皮或 PVC 这样的廉价仿制品是绝不允许的。这个橡胶俱乐部之夜在"席利比尔斯"举行，

那里曾是伊斯灵顿北路的一个公交车停车场。爱好者可以在肖迪奇的"摩擦俱乐部"定制自己的活动服装。

假的动物皮毛 ㉖

"毛皮迷"们总是对拟人化动物的衣着模式情有独钟，他们经常会穿上毛茸茸的服装。皮毛迷并不一定是色情的，但有时候这类装扮总是会和性扯上关系。[3]每隔两周的礼拜六，他们就会柏拉图式地聚集在一起，活动中包括穿着兽装在伦敦市中心走上一圈。

成人婴儿 ㉗

位于沃夫代尔路上的"地下俱乐部"为各种各样的恋物癖举办夜间活动，其中夹杂着成人婴儿或尿布爱好者。在伦敦市中心也有少数的"成人婴儿护理中心"，提供有效的专业奶妈服务。

污物癖 ㉘

目前为止，污物癖意味着伦敦色情边缘地带的最大界限。谁知道再往前探究又会出现什么鬼？双性恋污物癖好者们会定期组织一场派对。他们在坎伯韦尔基地有一处 BDSM 地下室、化妆间以及一间潮湿的娱乐室。

E ——

---

1. 参见第 76 页。
2.1978 年，在另一个备受关注的案件中，警察突击检查了辛西娅·佩恩（Cynthia Payne）在安布尔赛德大道（Ambleside Avenue）32 号组织的性爱派对，在派对上老人们用午餐券（英国作为工资的一部分发给雇员作为餐费的券）付钱撅着屁股等着人来抽打。佩恩曾经以"佩恩的开心党派"的名义去参加议会选举。
3. 特定的群体，被认为是毛绒嗜好者——他们对填充的动物毛绒玩具带有浓厚的兴趣。

骄傲游行

2015 年 6 月，超过 75 万人参加了伦敦市中心的"骄傲游行"，这是唯一一项连牛津街都需要戒严的年度活动。这一天，性少数群体聚集在一起，国旗、花车以及华服充斥其中，脸颊上涂着彩虹的警察们对其进行监管。他们在举行一场欢乐的庆祝活动，以抗议偏见和不平等，这一活动已经持续了 40 多年之久 [1]。

今天，这座城市里出现如此振奋人心的场面，让人很难相信，从 1533 年《鸡奸法》（*Buggery Act*）出台到 1861 年该法案被废除的长达三百多年的时间里，违返该法案者一直被处以死刑。但尽管有偏见和压制的历史渊源，伦敦的性少数群体总是能找到表达自己内心的方式。

拍手妈妈的莫利之家

去法灵顿大街上维瓦特·巴克斯（Vivat Bacchus）的地下酒吧里小酌一杯，你已经很接近位于菲尔德巷的"玛格丽特帕特莫利之家"的旧址。"莫利之家"是一位心生怜悯的女士为同性恋者提供的安全聚会场所，玛格丽特·克拉普（Margaret Clap）在这里为变性人主持婚礼和象征性的重生仪式。莫利家的每个房间都有床，大概能容纳 30~40 个人。然而在 1726 年，这处住宅遭到了突袭，三名男子被处以绞刑。在审讯中，潜入该莫利之家的卧底描述了这些男人们如何"起床、跳舞、行屈膝礼以及模仿女性的声音……然后成双地走到同楼层的另一个房间里去举行他们所谓的婚礼"。

百合池

到考文垂大街上的特罗凯德罗大厦去找一家叫作阿甘虾的餐厅。这是第一个"里昂角落之家"的所在地，它是一处集餐厅、茶室和美容院于一体的综合性场所，也是同性恋者在 1910 年的伦敦首次开始公开聚会的地方 [2]。女服务生会为他们保留座位区，这一区域就是众所周知的"百合池"。

卡多根酒店

1895 年，奥斯卡·王尔德（Oscar Wilde）在卡多根酒店 118 号房间被捕，罪名是"对其他男性有严重猥亵行为"。你可以去这个房间，穿上一件男士便服，饮上一杯王尔德最喜欢的粉色"佩雷朱特"香槟或者白葡萄酒和苏打水，感受一下。浴室里有一幅奥布里·比尔兹利（Aubrey Beardsley）的插图，来自王尔德的戏剧《莎乐美》（*Salome*）。王尔德就是在这间屋子里被捕的，后来在雷丁监狱被判处两年劳改。

---

1. 更多关于"骄傲游行"的内容，参见第 34 页。　　2. 你可以到伦敦博物馆参观复刻版"里昂角落之家"。

金牛洞

在戈登·拉姆塞夫（Gordon Ramsev）位于黑顿街（Heddon Street）的厨房点一份炖小牛胫，这里曾经是世界上第一个同性恋酒吧，由弗里达·斯特林堡夫人（Madame Frida Strindberg）于 1912 年创立。酒吧的图标由埃里克·吉尔（Eric Gill）设计：一头长着金色阳具的牛犊，它在《圣经》中象征着"放荡"。

为男孩疯狂

下次你在河岸街的阿德菲剧院（Adelphi Theatre）看演出时，不妨想想诺埃尔·考沃德（Noël Coward）1932 年在这里上演的讽刺剧《文字与音乐》（Words and Music）。节目中有科沃德的歌曲《为男孩疯狂》（Mad About The Boy），歌词是这样的：

"当我告诉妻子，
她说：'我从没听过这样的谎言！'"

为了逃避审查，这首歌不得不由女性演唱。

琼恩斯诺酒吧

在布罗德威克街的琼恩雪诺酒吧（John Snow）去参与带有抗议性的接吻活动。2011 年，两个同性恋者因在此接吻而被逐出酒吧，随后他们将此事发布在 Twitter 上，引起公愤，并引发了大规模的"接吻抗议"。此后这家酒吧改变了管理模式。

皇家沃克斯豪尔酒店

2015 年 9 月，标志性的罗瓦尔·沃克斯豪尔酒店（Roval Vauxhall Tavern）被列入二级名单，成为英国第一个因其对性少数群体的重要性而被列入二级保护建筑名单的场所。"历史的英格兰"协会声明："皇家沃克斯豪尔酒店是性少数群体长期以来的重要场所。它建在沃克斯豪尔游乐花园（Vauxhall Pleasure Gardens）的旧址上，延续了另类和波希米亚式娱乐的传统，这与伦敦的历史和身份密不可分。"

污迹

开放的威尔莫特 ⑤

去圣詹姆斯公园的游客可能不会从约翰·威尔莫特（John Wilmot）作品中认出它，他是17世纪中叶的罗切斯特伯爵二世。在"原罪丛生的小树林"中，他描述了"成排的曼德拉草高高耸起/放浪的草尖指向那片天空"。霍勒斯·沃波尔（Horace Walpole）称野性的威尔莫特是那种"连缪斯女神都会喜欢却着于承认的男人"[1]。他的一生只发表了三首诗。

可口的毒药 ⑥

20世纪20年代，虽然从严格的法律意义来说，女性之间的性关系并不违法，但是描述此类恋情仍然是一件棘手的事情。拉德克利夫·豪尔（Radclyffe Hall）的小说《孤独之井》（The well of Loneliness）描述了女同性恋主人公史蒂芬的生活和爱情，"请赋予我们生存的权利！"她在书的结尾向上帝乞求道。1928年，出版商乔纳森·凯普（Jonathan Capo）因猥亵罪在玻街（Bow Street）治安法庭受审。《星期日快报》（Sunday Express）的一篇社论写道："宁愿给健康的青年男女一瓶毒药，也不要让他们接触到这本小说。"

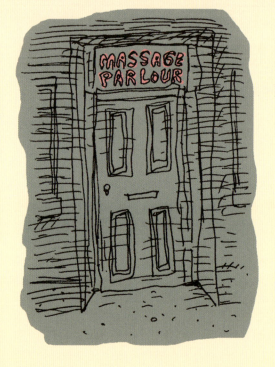

辩护律师们提请法官考虑这本书的文学价值，却遭拒。法官反驳道："毒药越可口，其毒性越强烈。"尽管没有什么淫秽的词汇或是露骨的语句，这本书还是被禁了。同年，弗尼吉亚·伍尔夫的《奥兰多》（Orlando）出版，书的灵感来源于她与维塔·萨克维尔希-维斯特（Vita Sackville-West）的爱情。伍尔夫将小说中穿越时空的男主人公变成了一个女人的外表，并保留了男主人公的男性性取向，从而避开了审查。E.M.福斯特（E.M.Forster）甚至没有打算过要出版他1913年所写的《莫里斯》（Maurice），这本书讲述了一个结局美满的同性恋爱情故事，直到1971年，也就是他去世一年后，这本书才被出版。

文学纠纷 ⑦

尽管薄伽丘（Boccaccio）的《十日谈》（Decameron）已遭受长达六个世纪多的谴责，1954年，温斯顿的地方法官还是以淫秽的法律罪名下令将其焚烧。1959年，当国会议员重新修改英国《淫秽法》条令时，他们承认历史上的文学著作远比当代作品更自由洒脱；而且如果以此条例来审查，《圣经》的某些内容肯定也得删除。1960年，企鹅出版社因出版《查泰莱夫人的情人》（Lady Chatterley's Lover）一书而遭起诉，中央刑事法庭以补充了"文学价值"漏洞的新法案对其进行审判，最终判决无罪。这为出版商们获得更大的自由开辟了道路[2]。中央刑事法庭是对公众开放的，你可以去当年进行审判的一号法庭参观。

机械与性 ⑧

在J.G.巴拉德的小说《撞车》（Crash）一书中，主人公沃恩（Vaughan）在卷入一场交通事故后，开始对车祸产生的性欲潜能产生深厚的兴趣。他的终极幻想是策划一场与伊丽莎白·泰勒（Elizabeth Taylor）的豪车相撞的事故以产生性高潮，并将地点选在诺索尔特（Northolt）附近的西大道上。巴拉德认为色情作品是"最具政治性的小说形式，以最急迫、最无情的方式，处理我们如何互相利用和剥削"。

---

1. 他的诗歌既优美又淫秽，令人震惊不已。以他的"早泄"题材诗句为例："颤抖、困惑、绝望、柔软、干涸/我躺在那里，像一个疲软无力、无法动弹的笨拙之人。"

2. 正如一位下议院议员在起草新法案时所说："我们必须学会容忍我们这一代人所质疑的许多事情，以防它们在下一代被证明是伟大的文学。"

趣闻

1971 年，政治家诺曼·圣·约翰斯-史蒂夫斯（Norman St John-Stevas）曾经思考过这样一个问题："在公众经历了舞台上或书本上的某种具有替代性的性行为之后，他们是否有可能对性事感到厌倦呢？"似乎不大可能。

异装癖

异装癖在伦敦有着悠久的历史：1395 年，约翰·"埃莉诺"·莱肯纳（John "Eleanor" Rykener）曾是一名住在齐普赛（Cheapside）附近的异装癖者；歌手阿拉贝拉·亨特（Arabella Hunt）在 1680 年意外嫁给了詹姆斯·"艾米"·霍华德（James "Amy" Howard）；欧内斯特·"斯泰拉"·博尔顿（Ernest "Stella" Boulton）和弗雷德里克·"范尼"·帕克（Frederick "Fanny" Park）是 19 世纪 70 年代的流行音乐搭档。杰西·"克拉彭·特兰妮"（Jessie the "Clapham Tranny"）最近因出演第四频道的电视节目《炸鸡店》（Fried Chicken Shop）一举成名。在克拉彭大街上，可以看到他的超短裙和网眼抹胸。接下来，你可以在白蓝门餐厅（Pale Blue Door）订位置，前台的工作人员就是异装癖者，晚餐时还有变装表演。

椅子上的姿态

在维多利亚与艾尔伯特博物馆里陈列着一把椅子[1]——克里斯汀·基勒（Christine Keeler）曾经在这把椅子上拍了张标志性的裸照。这张照片拍摄于 1963 年，正是普罗夫莫事件（Profumo Affair）愈演愈烈的时段。座位下面还刻有其他几位曾落座于此的名人的名字，包括乔·奥顿（Joe Orton）和埃德娜夫人（Dame Edna）。

鳄鱼的微笑

在克罗伊登博物馆，你可以欣赏安·萨默斯（Ann Summers）设计的鳄鱼造型的情趣制品，它们是 20 世纪 90 年代性爱派对所用的手工制品。

工具

嘘！霍克斯顿广场（Hoxton Square）附近有一处色情场所，专门为女性提供服务。男人只能受邀而入，友善的工作人员会提供茶水和建议。

催情植物

徜徉在切尔西药用植物园（Chelsea Physic Garden）的催情植物中，葵子麝香和药用木林的香气令人飘飘欲仙，去拥吻真主的手杖，摩挲育亨宾树的树皮。

阳具

在维多利亚街上的艾伯特酒馆，透过华丽的磨砂玻璃橱窗去寻找那令人惊奇的异物——花卉装饰的羽毛当中裸露出的巨大阳具。

完善

如果要想让你与伦敦这座城市的关系更进一步并扩充伦敦的人口数量，那就去丹麦山（Denmark Hill）上的国王学院医院的辅助受孕部门，在这里捐赠出你的精子或是卵子。

缩减

站在圣詹姆斯公园地铁站外的百老汇大街上，你能看到雅各布·爱普斯坦（Jacob Epstein）的雕塑作品《日》（Day）。这个作品于 20 世纪 20 年代亮相，作品主角之一的男童那异常突出的生殖器引起了一场轩然大波，后来，爱普斯坦将其缩减了 1.5 英寸，才平息了这场危机。

性交之后

1959 年，弗拉基米尔·纳博科夫（Vladimir Nabokov）写道："作为医生和艺术家，我很排斥那些俗人们在性交后抽烟的行为。"除非你也持有弗拉基米尔的这种观点，否则性交之后就是传统的吸烟时刻。去圣詹姆斯街的大卫杜夫的雪茄商店购买品质上乘的方头雪茄，或者，如果你真的想取悦你的伴侣，那就去考文特花园市场那家老式雪茄鼻烟店选购一些自家品牌的鼻烟。他们家的混制鼻烟可以追溯到詹姆斯一世时代（Jacobean）；或推荐一种名叫"摧毁成熟"的雪茄。至于怎么抽，那就随你了。

---

1. 这把椅子是安恩·雅格布森 3107 号复制品，旁边展示的就是这张著名的照片。

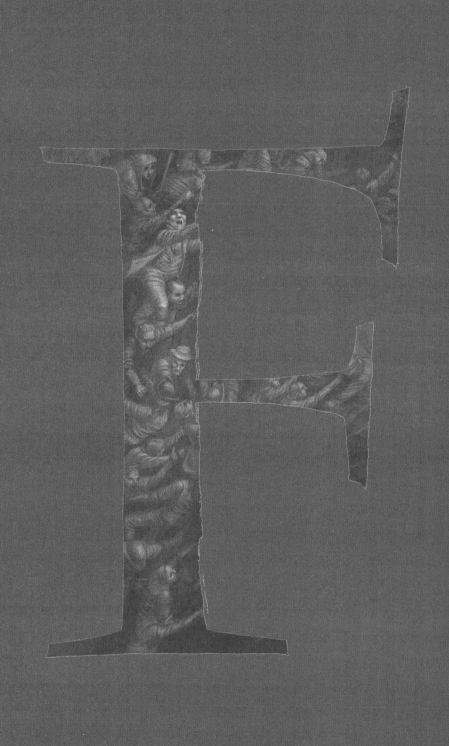

FOLKMOOT 民众联合大会

很少有地方比伦敦威斯敏斯特教堂东回廊的八角形教堂更远离现代伦敦了。它那拱形的天花板由一根细长的大理石柱支撑着，光线透过高处的窗户折射进来，让室内铺满彩光。在开放时间去参观，站在这座 13 世纪奇迹的中心，现代议会就是在这里开始的。国王大会议（The King's Great Council）从 1257 年开始就在这里召开，而下议院从 14 世纪晚期也开始在这里碰头[1]。

2013 年，一名男子走进了教堂，并在女王的画像上喷绘了"救命"的字样。他是"正义之父"组织的一名成员。一个月前，议会广场外的和平营地（反战示威者在军事基地外建立的组织）结束了其 12 年的占地示威。该组织的领导者布莱恩·霍（Brian Haw）于 2011 年过世，他在议会大厦对面住了 10 年，成为反抗运动的强大象征，以至于现在有人组织团体运动要求将他雕塑成铜像永远矗立在广场上。

政治家与人民群众之间很少有直接的联系，公民团体偶尔会公然反抗统治阶级来达到自己的诉求。在伦敦，在持不同政见者中最受尊敬的人士是妇女参政权论者，而且该团体的领导人在城市各处都有纪念碑。在伊斯灵顿的索恩希尔广场（Thornhill Square）60 号有一块牌匾是为了纪念"姐妹会"中一位鲜为人知的成员：伊迪斯·加卢德（Edith Garrud），她是"妇女参政会员柔术队"的武术教练，训练出了这个团体的 30 名女性保镖[2]。她在 1910 年写道："如今，女人们面临着诸多危险，因为许多自称男人的人不配享有那个崇高的头衔。"

伦敦有着令人骄傲的异议的历史：游行、抗议和骚乱；左翼民间俱乐部反建制的民谣；音乐厅和剧院上演的充满政治色彩的戏剧；以及颠覆现有等级制度的无政府主义民俗。虽然政府的事务主要集中在威斯敏斯特宫和市政厅，但是这座城市的政治也在官方权威和基层反抗的推拉中进行。正如当年的公民聚集在一起参加撒克逊群众大会一样，如今的人们会聚集在酒吧、剧院、公共场所和广场上，策划、辩驳并要求领导人承担责任。

激进主义

伦敦这座城市一直是那些最为鼓舞人心、最具创意的激进人士的沃土——他们下定决心聚集在这里，为积极变革而战。绍索尔黑人姐妹（Southall Black Sisters）就是一个很好的例子——她们是一群黑人和少数族裔妇女，30 多年来她们一直在对抗家庭暴力和性别暴力。

——沙米·查克拉巴蒂（Shami Chakrabrati）

1.事实上，议会的根源深远，可追溯至撒克逊人咨议院（贤士议会）和群众大会。当时伦敦市民在罗马圆形剧场的旧址上聚集，那地方如今是市政厅。参见第 397 页。

2.参见第 106 页和第 116、117 页，了解其他的妇女参政论者。

进程

国家机器是可以靠近的，这令人无比讶异。这里要介绍一些可以与当权者擦肩而过并了解政治程序的最佳场所。

愿景

政治即是对未来的展望和塑造。你可以去伦敦经济学院肖氏图书馆参观，看看费边社（Fabian Society）的彩色玻璃窗。在它的中心位置，两个人手持锤头正在敲打铁砧上的地球仪，暗示着他们用新的政治制度来重塑地球。上面的标语是：依着内心的欲望重塑它。

理论

在距离陈列着政治梦想家杰里米·边沁（Jeremy Bentham）遗体的南部回廊不远的地方[1]，伦敦大学学院每学期每周四晚上都要举行公共政治演讲。演讲过后，人们可以在免费的饮料招待会上与其他爱好者交流。

盟友

你可以在新邦德街（New Bond Street）跟两位老人交朋友。自1995年以来，丘吉尔和罗斯福便一直坐在这条长椅上，两座雕塑间存有空隙，你可以坐在这里寻求他们老一辈的智慧。欲与健在的政客们有所接触，肯宁顿坦多里餐厅绝对是最佳去处，这是一家并不宽敞的印度餐厅，深受议员们的青睐[2]。这里口味保守，分量随意，菜单上的每道菜品都是爱的杰作，皆有知名食客的推荐。

宣言

在沃尔沃思路（Walworth Road）150号稍作停留，那里以前是工党总部，如今是安居背包客旅馆。在那里读一读1983年工党的宣言，该党在大选中惨败后，它便以"历史上最长的自杀遗言"而广为人知。

选举

到约翰·索恩爵士的故居博物馆[3]，去欣赏威廉·霍加斯的《选举的幽默》（The Humours of an Election），这是一组由四幅油画构成的系列画，描绘了选举过程中的肮脏行径。候选人的策略包括向富有的选民送出葡萄酒和牡蛎、贿赂犹豫不决的选民，还有帮助那些年老体衰的选民填写选票。

辩论

公众可以前往观众席观看下议院辩论。每周三午餐时间的首相问答环节气氛最为热闹，届时反对党领袖会质询首相。[4]

投票

如果议会街（Parliament Street）上的红狮酒吧响起了铃声，你会看到有些人立马起身，他们可能就是议员。这家餐厅安装了一个分组表决铃，可以给议员8分钟的时间提醒他们出席投票。威斯敏斯特教堂、圣詹姆斯宫廷酒店、格兰比侯爵酒店、肉桂俱乐部、圣斯蒂芬酒馆、皇家骑卫队酒店和格林餐厅也装置了表决铃。在这八家餐厅里走一圈，在每家的表决铃声停止之前，豪饮一夸脱啤酒。

领导力

到唐宁街（Downing Street）10号去拜访首相。如果武装警察禁止你通行，你也可以在亚当街（Adam Street）10号外照一张照片，恰好有相似的景观[5]。其相似性如此惊人，以至于在2011年玛格丽特·撒切尔的传记电影《铁娘子》（The Iron Lady）中，它被当作唐宁街的替代取景地。

---

1. 了解更多关于这位功利主义创始人的信息，参见第273页和349页。
2. 肯宁顿坦多里是为数不多的被下议院提到的咖喱餐厅之一，当时议员们的嘈杂声受到发言人的严厉斥责："在肯宁顿坦多里餐厅用餐时你们可不会像这样隔着桌子大声喊叫。"
3. 参见第21页。
4. 排队等候参加首相问答环节的公众太多，最好提前预定。
5. 这扇门的后面是英国皇家艺术学会（Royal Society of Arts），它的口号是"21世纪的启蒙运动"。学会会举办免费的公共活动，并印刷出版免费的优质杂志。

抗议

如果你对渴望权力的人持怀疑态度，下面有一些方法可以挑战他们的权威，并让他们承担责任。

说出来

重新整理一下你的煽动性论点，拿把梯子，到海德公园东北角的演说者之角（Speakers' Corner）。自1872年起，任何人都可以在这里发表任何主题的言论，而且直到今天这个地方还被如此使用[1]。1866年，这是联盟改革（Reform League）集会的地点。他们烧毁了一棵树，烧焦的树桩变成了非官方的集会点，直到1867年所有的公民都被赋予投票权。在附近的人行道上寻找由碎石马赛克构成的"改革之树"的地画。

乌合之众的觉醒

人权运动者彼得·塔切尔（Peter Tatchell）发现自己的处境非同寻常，因为他现在住着的地方门上被挂上了一块蓝色牌匾[2]，他说："通常只有你死了，才会得到一块蓝色匾牌。"塔切尔是同性恋解放阵线的杰出人物，他们于1970年在海布里菲尔德（Highbury Field）组织了英国第一次同性恋权利游行。在海布里的公厕外寻找一块纪念牌匾，引发抗议的诱捕行动就发生在那里。

公然反抗

"因为支持人民而被监禁！"在陶尔-哈姆莱茨黑尔街（Hale Street）的壁画上写着这样的话。1921年，波普拉（Poplar）市长和30名议员[3]通过拒绝向穷困的当地居民征税的方式来反对中央政府。他们被送到了监狱，但经过六周的公众骚乱和其他贫穷地区的委员会威胁要效仿后，他们被释放。随后政府通过了一项法案，在富人区和穷人区实现更公平的税收分配。

建议

坐在布罗姆利的石椅上来讨论人权问题。1787年，威廉·威尔伯福斯（William Wilberforce）和小皮特（Pitt the Younger）就是在这里商量废除奴隶贸易这一重大决定的。

威尔伯福斯在日记中写道："就在凯斯顿山谷（Vale of Keston）的山坡上，我决定找个适当的时间向下议院明示我要提出废除奴隶贸易的建议。"威尔伯福斯参加了圣玛丽·伍尔诺斯（St Mary Woolnoth）的集会[4]，伍尔诺斯的教区长约翰·牛顿（John Newton）是一艘运输奴隶船的船长，后来成为废奴主义者，著有《奇异恩典》（Amazing Grace）。这首赞美诗现在刻在教堂墙上的大理石上。

破坏

在鲍区教堂[5]对面锁着的厕所上方隐约可见前首相威廉·加德斯通（William Galdstone）的雕像，他的双手被涂成了红色。这尊雕像是经营着布莱恩特和梅火柴厂[6]的西奥多·布莱恩特（Theodore Bryant）送给当地的礼物。据说，布莱恩特从厂里员工们的工资中各扣除了一先令用来制作雕像，而在雕像的揭幕仪式上，女工们割破了自己的手，将鲜血涂抹到了雕像的手上。当地的"故意破坏公物者"确保加德斯通的手一直被涂成红色，向女工们致敬。

---

1. 调频 FM104.4，伯勒高街一家激进的艺术电台，可以听到演说者之角每周激情豪迈的演说。
2. 位于萨瑟克 62 号阿罗尔住宅。牌匾以过去时态刻制，为塔切尔被载入史册做准备。
3. 其中就有怀孕六个月的妇女参政论者尼利克·克雷斯尔（Nellic Cressall）。
4. 了解更多有关教堂的内容，参见第 220 页。
5. 距离教堂 50 米的鲍路（Bow Road）198 号是一家面包店，1912 年这里成为妇女参政论者的基地。商店的招牌上写着"为妇女发声"，西尔维亚·潘克赫斯特（Sylvia Pankhurst）曾在店外的高台上发表过讲话。
6. 1888 年火柴厂女工罢工的地方。参见第 173 页。

反正统主义

反叛

在伦敦幽暗的地下室和密室里，民谣歌手们高歌着反威权的颂歌。以下则是一些有名的先驱。

火把

在霍尔本的路易丝公主酒吧（Princess Louise pub）楼上，左翼煽动者伊万·麦克科尔（Ewan Mac-Coll）在20世纪50年代创立了自己的民谣和蓝调俱乐部。麦克科尔会斜躺在椅子上，用手捂住右耳，吟诵着充满政治意味的民歌。向麦克科尔致敬，然后倚在罗素广场的一棵树旁哼一首水手号子（shanty）[1]，那棵树是"为了纪念这位为和平和社会主义而战的斗士，作为对其力量和忠诚的肯定"。

游吟诗人咖啡店

老布朗普顿路上游吟诗人咖啡馆的窗台上摆满了锈迹斑斑的咖啡壶，墙壁上挂满了油画和海报，以纪念曾经在此演奏过的民谣大师。在20世纪60年代早期，年轻的鲍勃·迪伦（Bob Dylan）以"瞎男孩格鲁特"[2]为艺名在这里演唱着粗野的抗议歌曲。

复辟者

如今，希腊街（Greek Street）49号有一家鸡尾酒吧，是20世纪60年代表兄弟（Les Cousins）地下民俗音乐俱乐部的所在地，在这里孕育了后来被称作英国民谣复兴艺术家的人群，包括桑迪·丹尼（Sandy Denny）、伯特·扬斯（Bert Jansch）和尼克·德拉克（Nick Drake）[3]。

今天，在伦敦欣赏一下新兴的民间音乐：

1. 跟随 The Nest Collective 机构，他们在伦敦各地举办演唱会。

2. 加入南海德区艾薇小屋（Ivy House）的 The Goose is Out 环节，这是伦敦第一家合作经营的酒吧。

3. 在老修女的头（Old Nun's Head）酒吧，为巡回演唱环节准备一首主题歌曲。

狂欢

民间传统对当权者嗤之以鼻，阳奉阴违，并在大街上释放负面能量。

抬椅活动

每年复活节的星期一，加入布莱克希思·莫里斯人（Blackheath Morris Men）的队伍，找个地方去抬椅子。喧闹的舞蹈会抬着鲜花簇拥的椅子从一家酒吧移动到另一家酒吧。每到一处，他们都要表演舞蹈，把这处的女孩儿们高高举起落坐在铺满花朵的宝座上。如果你想要完善自己跳莫里斯舞蹈的技巧，可以到塞西尔夏普大厦（Cecil Sharp House）[4]报名参加常规课程。

绿人

每年的五一劳动节，你都可以跟着福尔斯莫里斯舞团（Fowlers Morris Troupe）在德普福德的街道上翩翩起舞，届时绿色杰克——这个由鲜花和绿叶组成的高达10英尺的假人也在其中。

稻草人

每年夏末的时候，去卡苏顿（Carshalton）看稻草人在街道上行走庆祝丰收节，队伍中还有清洁工（Sweepers）、玉米娃娃（Corn Dollies）和收割者（Reaper Man）。在这一天结束时，人们将稻草人拆除，遵循仪式将其放在希望餐厅的前面进行焚烧，拆散的稻草由人群扔到火中。

---

1. 加入水手号子的合唱，详情见第138页。
2. 在伦敦之行中，迪伦听到马丁·卡西（Martin Carthy）演奏《斯卡布罗集市》（*Scarborough Fair*），后来他把这首歌改编成了《来自北方的女孩》（*Girl from the North Country*）。
3. 据一位听众说，那时的尼克·德拉克异常羞涩和尴尬。
4. 英国民间舞蹈与歌唱协会也经常举办表演活动，每个月的第二个星期一，有一个专为音乐人举办的公开演唱会。参见第163页。

城市的权利

人类的占有欲以及对圈地的冲动总是与保持土地向公众开放的愿望相矛盾。以下便是伦敦城中最具有争议的领土。

你是这片土地上的祸根，
/ 你这卑鄙小人的存在，
毫无趣味。

——约翰·克莱尔（John Clare）

公共领地

漫步于肯宁顿公园宁静的花圃间，这里曾经是公共领地，1848 年宪章派的"怪物集会"[1]就在这里举行。四年后，该地被圈并成了正式的公园。1990 年，伦敦人头税游行（London Poll Tax March）开始时，出于政治目的，该地被重新占用。大约 20 万名抗议者聚集在一起，强行打开了被警察封锁住的公园大门，这场游行因在特拉法尔加广场（Trafalgar Square）演变成暴乱而告终。

收复街道联盟

1996 年，数千名收复街道联盟（Reclaim the Streets）的抗议者在牧羊丛（Shepherd's Bush）地区占领了 M41 公路[2]来举办街头派对。一些舞者踩着高跷，穿着及地长裙。警察们根本看不到有人藏在长裙里，这些人趁机在路上钻孔并种植树木[3]。网上有关于举办非法街头派对的说明。为了守住你的位置，他们建议你搭建一处支架式三脚架，人待在上面。如果你想要更为

谨慎地收回公共空间，可以效仿"空间劫盗"（Space Hijackers）的做法，在城市举办午夜板球比赛，在环线列车上组织聚会。[4]

流行文化

谷仓广场（Granary Square）、帕特诺斯特广场（Paternoster Square）、主教广场和大象广场（Elephant Square）[5]都是让人们驻足休息的最佳去处，你可以在这里吃上一份芝士卷，读一读亨利·勒费布尔（Henri Lefebvre）的经典作品《城市的权利》（The Right to the City）。它们还有另外的共同点——皆为私人所有的公共空间（POPS）[6]，这意味着上述的这些地方正在缓慢淡出公共用地的范畴。

理查德·森特（Richard Sennett）称之为"死亡的公共空间"，因为私人所有权限制了我们在此地的行为方式。布拉德利·加勒特（Bradley Garrett）指出"我们去大伦敦市政厅进行抗议的可能性也微乎其微"，因为连市政厅的所在地也是私人所有。

---

1. 这次集会由威廉·卡夫（William Cuffay）组织。他是伦敦宪章运动的领袖，其父圣基茨（St Kitts）是一名被解放了的奴隶。卡夫最终被捕并被送往澳大利亚的塔斯马尼亚州。伦敦并没有为他建纪念碑。
2. 环道项目中的少数完工路段之一。从那以后，它就被降级为 A 级公路。参见第 93 页。
3. 如果你需要不用在公路上钻孔就能播种生长的植物，可以加入

伦敦的游击园艺社区，他们的地方组织对未使用或废弃的土地进行改造。
4. 参见第 330 页及第 331 页。
5. 已拆毁的海盖特庄园（Heygate Estate）的旧址。参见第 269 页。
6. 金丝雀码头也许是伦敦最著名的私人所有公共空间，他们还有自己的警卫队，穿着类似于警察制服。

"暴民王"暴动

噢，我看到暴民王和你在一起。

"暴民王"暴徒的身影充斥于伦敦当局的噩梦之中。从查理一世被处决时聚集在白厅里的人群，到戈登骚乱（Gordon Riots）中纽盖特监狱被点着的墙上涂抹着的"暴民王"标语，再到 20 世纪 60 年代无政府组织借"暴民王"之名[1]，以民众的名义举行审判，每隔一段时间就要去打击王权。

在伦敦，大规模的暴乱几乎成了常见的自然现象。自中世纪以来，每 50 ~ 60 年就会暴发一次。虽然这些暴乱源自内心的绝望以及备受限制的生活条件，但其背后是恶作剧般的精神支撑，以及引起伦敦人群体思维的狂欢式的歇斯底里，以至于他们横冲直撞、无视后果，沉溺于新发现的、脆弱的社会边界。暴乱是一种与政府权威进行"集体谈判"的形式，正如历史学家斯蒂芬·英伍德（Stephen Inwood）所说：这是伦敦人最后的，也是最有力的手段。

长胡子威廉 ①

1196 年春天，十字军士兵长胡子威廉[2]领导了一场起义，以捍卫伦敦穷人的权利。当时他聚集起一大批拥护者并计划袭击富人的住宅，但坎特伯雷大教堂卫兵的阻击迫使他退回到圣玛丽里波教堂避难。被叛变者出卖后，威廉将教堂当作堡垒以作防御，直到最后被浓烟熏呛出来。然后，他赤身裸体地被一匹马拖到了泰伯恩布鲁克（Tyburn Brook），在那里被处以绞刑[3]。据编年史学家纽堡的威廉（William of Newburgh）描述：他的拥护者们称他为殉道者，在他被绞死的地方收集泥土，以至于弄出了"一条大壕沟"。大理石拱门（Marble Arch）旁边便是巨大的马头雕塑，你可以去那里收集带有纪念意义的泥土。

识图

《暴民王的暴乱》（The Riot of His Majesty King Mob）这一标题的灵感来自伦敦暴乱虚构的君主。其中心人物参考了托马斯·霍布斯（Thomas Hobbes）的《利维坦》（Leviathan）的卷首画（1651）。

摔跤骚乱 ②

1222 年夏天，伦敦城的摔跤队在如今的绿野圣贾尔斯教堂（Church St Giles-in-the-Fields）地址上的赤手肉搏战中，痛击了来自威斯敏斯特的对手。这个结果激怒了威斯敏斯特大教堂的管事，于是他在接下来的一周又准备了另一场摔跤比赛，但秘密地用棍棒武装了威斯敏斯特的摔跤士们，残酷地击败了伦敦城队。在一位名叫菲茨-阿努尔夫（Fitz-Arnulph）的市民的带领下，愤怒的民众们从伦敦城涌向威斯敏斯特。他们摧毁了好几座房屋，其中包括那位臭名昭著的管事的房屋。但在此过程中，他们激怒了少年国王亨利三世，亨利三世进行了猛烈的反击：菲茨-阿努尔夫被绞死，其他许多骚乱者被砍去了手脚，伦敦城被处以 5000 马克的巨额罚款。

---

1. 关于暴民王最著名的作品是在兰仆林（Ladbroke Grove）地铁线旁边的一幅巨大的涂鸦标语："日复一日做同样的事情，地铁—工作—晚餐—工作—地铁—扶手椅—电视—睡眠—地铁—工作—你还能忍受吗—十分之一的人发疯了—五分之一的人崩溃了。"参见第 143 页，去塞尔弗里奇百货的人。

2. 据说，威廉十分"珍爱"他那幅威严的胡须，因为这样的形象"见面时引人注目"。

3. 威廉被施以绞刑让这个地方第一次被记录在案，之后因泰伯恩树（即绞刑架）而臭名昭著。参见第 110 页和 281 页。

农民的反抗 ③

1381 年 5 月，布伦特伍德（Brentwood）的居民拒绝缴纳人头税，英格兰东南部发生了大规模的叛乱。激进派牧师约翰·鲍尔（John Ball）在布莱克希思鼓动一群人"摆脱束缚，重获自由"；杰克·斯特劳（Jack Straw）坐在一辆干草车上向汉普斯特德西斯的一群人发表讲话，这辆干草车被称为"杰克·斯特劳的城堡"。6 月 13 日，瓦特·泰勒（Wat Tyler）率领一群造反的暴徒翻越伦敦桥，杰克·斯特劳率领埃塞克斯分队穿过阿尔德盖特，从杰弗里·乔叟（Geoffrey Chaucer）居住的门房下面[1]经过。暴乱者们摧毁了弗利特监狱和萨沃伊宫，然后冲进了伦敦塔，斩首了财政大臣和坎特伯雷大主教。当理查德二世在史密斯菲尔德会见叛军时，伦敦市市长威廉·沃尔沃斯（William Walworth）出乎意料地将瓦特·泰勒斩首[2]。14 岁的国王站出来同意了叛军的要求并宣布废除了农奴制度，这才平息了众怒。

五一 ④

16 世纪早期，许多外国商人在伦敦安家。据《霍尔的编年史》（Hall's Chronicle）记载，伦敦的第一次种族骚乱是由一场排外的宗教布道引发的，这场布道鼓励伦敦人"伤害和嘲讽外国人"。1517 年 5 月 1 日，一群学徒无视宵禁，聚集在圣马丁大教堂（St Martin's Le Grand）[3]；惊恐的外国居民将砖头和开水抛洒向他们，骚乱由此开

阅读《防暴法》

《防暴法》于 1714 年被通过，对"防止骚乱和暴乱集会"采取了措施。但在采取任何行动之前，都必须大声宣读一份公告，届时非法集会通常都会继续进行。冗长的措辞如下："我们的君主乔治国王下令，所有聚集在一起的人们立即解散，和平地离开并返回所在地，或是回归合法之业。乔治国王元年所立之法痛心疾首以作规劝，防止骚乱和暴动聚集。上帝保佑我王！"

始[4]。里士满宫殿（Richmond Palace）里的亨利八世被骚乱的消息惊醒。尽管在这场短暂的骚乱中无人员伤亡，但还是有 13 名"年轻人"被处以绞刑。今天，作为国际劳动节的一部分，每年的五一都会举行工人集会，人们在马克思纪念图书馆附近的克莱肯维尔-格林聚集，游行到特拉法加广场。

杜松子酒暴动 ⑤

1943 年 9 月 28 日，杜松子酒税上调的前一天，疯狂的酒客们置《防暴法》（Riot Act）于不顾，在街上大肆破坏，不顾一切地想喝到最后的那几口低价酒水。

斯皮尔塔菲尔德暴乱 ⑥

18 世纪 60 年代，由于走私商品和廉价的外国进口商品的涌入，英国丝绸纺织业产量大幅下降。斯皮尔塔菲尔德是丝绸纺织业的中心，熟练的织布工人们联合起来组成了最原始的、态度坚决的工会，以此确保能拿到最低工资[5]。整个 18 世纪 60 年代都有暴乱，其中包

括 5000 名拿着镐的织布工袭击贝德福德公爵位于布卢姆斯伯里广场的房屋，此前他曾反对对意大利丝绸征收重税。在丹尼斯·赛福斯（Dennis Severs）之家的阁楼上，你可以感受到他们那种令人绝望的生活条件[6]。

---

1. 一处仿建乔叟住所的木质结构的房屋，直至 2015 年还踩着高跷似的矗立在阿尔德盖特。它即将被重建。
2. 这个地方有一处纪念石碑，威廉·沃尔沃斯使用过的剑在鱼商大厅展出。有人说这座城市盾徽上的匕首起源于此。
3. 现在的邮差公园（Postman's Park）。参见第 109 页。
4. 一位威尼斯外交官在一封写给总督的信中描述了 2000 名匪徒

是如何"袭击法国人和佛兰德人的住所并洗劫房屋"的。参见第 191 页。
5. "Cutters"（剪削者）会闯入车间，撕毁那些接受低酬的工人们生产的布匹。
6. 更多关于赛福斯之家的信息，请参见第 309 页。

戈登骚乱 ⑦

1780 年，戈登骚乱持续了 6 天 6 夜，令伦敦陷入不安的动荡之中。6 月 2 日，乔治·戈登勋爵在萨瑟克 1 号的圣乔治庄园[1]聚集了 5 万多人，抗议放宽反天主教的教皇法。他的暴徒从威斯敏斯特、黑衣修士区和伦敦桥向议会大厦涌去。随着游行人数的增加，抗议活动迅速演变为骚乱和抢劫。他们袭击政客，破坏车辆，冲击教堂，攻击大使馆。爱尔兰住宅区被洗劫和烧毁，纽盖特监狱被摧毁[2]。"仁慈的上帝！当前这是何种境况？"当人群呼啸而过时，作曲家伊格内修斯·桑丘（Ignatius Sancho）在他的日记中写道。"我不得不离开此地，"他后来接着写道，"暴民的喊声、刀剑可怕的碰撞声、人群的吵嚷声将我吸引到门口。"

旧价格游行 ⑧

1809 年，重建后的考文特花园剧院将票价提高了 1 先令，在《麦克白》的首演期间爆发了骚乱，并持续了 3 个月的时间，直到剧院经理公开道歉并降低了票价才得以平息。如今，要是伦敦西区的票价高得令人却步，你也可以考虑采取类似的策略。

斯帕菲尔德暴乱 ⑨

托马斯·斯彭斯（Thomas Spence）所拟的六点计划，旨在废除贵族制度，建立对土地的共同所有权。他的追随者在伊斯灵顿的斯帕菲尔德（Spa Fields）举行了两次公开会议，希望煽动民众引起骚乱，利用骚乱夺取伦敦塔和英国央行（Bank of England）的控制权，但以失败告终。

血色星期日 ⑩

1887 年 11 月 13 日，威廉·莫里斯（William Morris）和萧伯纳参加了抗议爱尔兰失业的游行。这次示威活动宣传力度巨大，3 万名民众聚集在街道两旁，观看 1 万名抗议者组成的游行队伍进入特拉法加广场。据《伦敦每日新闻》（London Daily News）报道，警方试图驱散抗议人群，结果发生了骚乱，"铁棍、撬棍、煤气管和短棍"混杂其中。《蓓尔美尔公报》（The Pall Mall Gazette）指责组织者企图将"一个英国的礼拜天变成一场血腥的狂欢"。

棕狗暴乱 ⑪

沿着巴特西公园枝繁叶茂的林地漫步，靠近古英格兰花园（Old English Garden）的地方有一处五英尺高的基座，其上立着一只活泼的、竖起耳朵的小狗。它是女雕塑家尼古拉·希克斯（Nicola Hicks）以自己的宠物布洛克（Brock）为原型而作。这只棕色的狗是早期雕塑品的替代物。原雕塑曾是 1907 年 11 月棕犬骚乱的焦点。反活体解剖联盟在拉奇米尔游乐场（Latchmere Recreation Ground）竖立起一座棕色狗的雕塑，以"纪念 1903 年 2 月在大学学院的实验室里被用作实验品的那只棕狗"。医学院和兽医学专业的学生们成群结队地涌向这处雕像并试图摧毁它，于是巴特西爆发了骚乱。暴乱发生后，这座雕塑需要一名固定的警察去守卫。1910 年，这座雕塑在一夜之间神秘失踪，也许是被某个神经兮兮的委员偷偷带走了，直到 1985 年才重塑。

---

1. 如今这里是圣乔治马戏团，暴乱发生 9 年前所建立的那块方尖碑仍然是这个地方的标识性坐标。

2. 威廉·布莱克（William Blake）被卷入了涌向伦敦巴士底狱纽盖特监狱的浪潮之中。他后来写道："数百万人发出了痛苦的号叫。"有关监狱的更多信息，见第 280—281 页。

电缆街暴乱 ⑫

1936 年 10 月 4 日，奥斯瓦尔德·莫斯利（Oswald Mosley）率领英国法西斯联盟（British Union of Fascists）在伦敦街头游行。游行路线事先就被广而告之，一大群反法西斯示威者在莱姆豪斯的电缆街（Cable Street）上制造了路障。电缆街是莱姆豪斯的一条长路，最初用来铺设和固定船只电缆。警方试图清理路障，但示威者使用临时武器进行反击[1]，高呼西班牙内战时的反法西斯口号："禁止通行！""他们不能过去！"莫斯利最终同意放弃游行，但到那时，吵吵嚷嚷的局面已经发展成一场全面的骚乱。最终，175 人受伤，其中包括警察、妇女和儿童，这使其成为伦敦历史上最为血腥的街头暴乱之一。圣乔治市政厅的墙上挂着一幅巨幅壁画，描绘的就是这场暴乱。

诺丁山种族暴乱 ⑬

1958 年 8 月 29 日，在拉蒂默（Latimer）路地铁站外，马布里特·莫里森（Majbritt Morrison）与她牙买加籍的丈夫雷蒙德·莫里森（Raymond Morrison）发生了争执，继而发展为打架。第二天，马布里特被一群白人少年攻击，称她为"黑人的女人"，诺丁山种族暴乱由此打响。那天晚上，几百名不良少年（Teddy Boyst）攻击了西印度群岛居民的房屋，暴乱持续了几天[2]。1959 年 1 月 30 日，圣潘克拉斯举行了"加勒比狂欢"作为对暴乱的回应，从此发展为诺丁山的狂欢节。[3]

反美暴动 ⑭

1968 年 3 月 17 日，在格罗夫纳广场（Grosvenor Square）举行了一场 2 万余人参加的反越战抗议活动，抗议者使用烟雾弹和弹珠袭击警察的马匹，引发暴力冲突。一名年轻女子向骑在马上的警察献花，却被警棍击倒在地。

布里克斯顿暴乱 ⑮

在布里克斯顿学院（Brixton Academy）的一侧有一幅巨幅壁画，画面展示了各种族的孩子们和谐地嬉笑玩耍的场景。这是在布里克斯顿暴乱之后创作的。在 1981 年经济萧条期间，警察和布里克斯顿加勒比社区之间的关系降至历史最低点，民众谴责警察毫无理由地对黑人进行逮捕。4 月 11 日，血腥的星期六，警察拦截并搜查了雷尔顿路（Railton Road）上的一辆小型出租车。暴乱爆发[4]，警车被投掷砖头，商店被抢劫，房屋被烧毁。这是英国首次使用汽油弹，而汽油弹是从北爱尔兰引进的技术。这场暴乱促成了一项警察行为准则的建立。

黑莓暴动 ⑯

2011 年 8 月 4 日星期四，一名警察在托特纳姆黑尔（Tottenham Hale）车站旁的渡轮巷（Ferry Lane）大桥上，开枪打死了 29 岁的马克·杜根（Mark Duggan）。星期六，几百名当地人涌入了托特纳姆警察局要求与高级警官对话。

F

人群一直在警局外等候，情绪越来越沮丧，直到一个女孩向聚集的警察扔出一瓶香槟，暴乱爆发。托特纳姆骚乱的消息在当晚以及之后的几个晚上在全城范围内引发了暴乱、抢劫和纵火。暴乱是通过手机应用黑莓信使传播交流，其中一条消息广为流传："四点钟在恩菲尔德镇站接头！！……去他妈的联邦调查局，背上包，开上汽车，去敲砸停车场！！"这场暴乱总共有 3433 起犯罪记录，5 人死亡，16 人受伤，财产损失估计达 20 亿欧元。当时的一些商业受害者现在已经东山再起，包括克拉彭的派对超级店和克拉伦斯水果店，以及哈克尼的蔬菜店。

---

1. 一位名叫莱克·斯波特（Lack Spot）的反法西斯领导人挥舞着"一种类似于沙发腿但在末端装满铅的棍棒，这是阿尔德盖特的一位橱柜匠为他做的"。

2. 当地历史学家汤姆·瓦格（Tom Vague）是这样描述的："一群

由 1000 名白人男性和一些女性组成的人群……他们手持着剃刀、匕首、砖头和瓶子。"

3. 参见第 34 页。

4. 更多关于暴乱的记录，详见第 309 页。

公共集会

戏剧是伦敦最具有煽动性的公共集会形式之一，每天晚上都有成千上万的人聚集在一起观看最具政治色彩的艺术形式。

军人出演

自从维多利亚女王抱怨在菲德里奥（Fidelio）的戏剧表演中扮演守卫的演员不大有军人的气概之后，在皇家歌剧院表演不用张口唱歌的军人角色都由真正的皇家卫队出演，这项惯例持续到1978年。

赤色列宁

在位于伊斯灵顿的老红狮剧院的楼上看表演。这个地方曾经是当地共产党人喜欢的酒吧。传说，列宁曾通过站着哑巴侍者的电梯井来收集信息。这家酒吧有良好的政治背景：托马斯·潘恩（Thomas Paine）18世纪在这里写出了《人权》（ *The Rights of Man* ）这本书。

香槟社会主义

威尔顿的音乐大厅（Wilton's Music Hall）曾有尚帕涅·查理（Champagne Charlie）等明星来登台表演。这里曾一度被当作卫理公会派的教堂和仓库，如今它被修复一新并重新开放。预定一场演出，然后在桃花心木酒吧（Mahogany Bar）喝杯饮料庆祝它的回归。

道具

白天，参观国家大剧院。去看看谢林高层通道（Sherling High-Level Walkway）上的那些假疣、胡子及血迹的道具。从走道上可以看到后台的彩排、道具制作和绘画现场。

秘密剧院

位于卡特（The Cut）的书店剧院专营剧本和戏剧书籍，它拥有自己的小剧院——隐藏于商店后面的红色窗帘之内。

后台聚会

查林十字街（Charing Cross Road）的凤凰艺术家俱乐部就在凤凰剧院的更衣室里。这个充满了纪念意义的地下室只供会员使用，表演谢幕之后很多演员都会聚集在这里。非会员如果于晚上八时前到达的话，也可进入。

腐败

到霍克斯顿街的旧维多利亚音乐厅看表演或学摇摆舞。著名的玛丽·劳埃德（Marie Lloyd）在成名之前就曾在此演出过。据弗尼吉亚·伍尔夫（Virginia Woolf）所说，劳埃德"极尽奢华，却也是天生的艺术家"。

牛肉 & 自由

据传，18世纪英国皇家歌剧院（Royal Opera House）的经理约翰·里奇（John Rich）偶尔会在他的私人住宅里烤牛排。其他的朋友也会加入进来，不久他们就定期聚会，并声称自己是最佳牛排协会。他们的口号是"牛肉和自由"。在歌剧院的座位上你不能点餐，但你可以前去德鲁里巷的萨塔斯特罗餐厅，

在这里，私人包厢的侍者唱着歌剧为你服务。

戏剧皇后

在伍尔维奇（Woolwich）北路的布里克巷音乐厅（Brick Lane Music Hall），欣赏一场伴着下午茶的"伦敦腔演唱"日场。这座由教堂改造成的音乐厅是世界上唯一一个永久性的音乐厅，每天都有演出。剧场内有珍珠国王和王后、卖花女、小丑，以及跳着踢踏舞打扫烟囱的清洁工。

馈赠

确保你能在1月6日去德鲁里巷歌剧院的演员阵容中。1794年，演员罗伯特·巴德利（Robert Baddeley）去世后留下了一份遗产：每隔12天的晚上，为表演者们献上红酒和蛋糕。[1]

---

1. 如果你不能参演，请参照第205页去庆祝"第十二夜"。

主义

如果你想完全退出主流政治，这里有一些可以考虑的主义。

无政府主义

为了打破权威，10月前去伦敦，在那里举行的无政府主义书展（Anarchist Bookfair）上挑选一些拓展思维的读物，这项活动自1983年以来每年都在伦敦举办。你也可以参加活动，从克拉普顿街（Crampton Street）56a的信息商店（Infoshop）购买激进文学作品。这是一家由志愿者运营的社交中心和书店，位于前沃尔沃斯[1]。

包袋主义

躲在袋子里以抗议被社会贴标签。1968年，约翰·列侬（John Lennon）和小野洋子（Yoko Ono）坐在艾尔伯特音乐厅（Albert Hall）舞台上的一只白色袋子里展示了包袋主义：这是一种"全面交流"的形式，旨在阻止人们通过外表来评判他人。

疯狂主义

位于斯特里汉姆（Streatham）的雷格汉姆酒吧不太欢迎政治人物来此。墙上牌子上以愤恨的语气写着禁止哪些政府官员进入此馆喝酒："肯·利文斯通（Ken Livingston）从未来过此地（实际上他是被禁止的），还有税务员、停车服务人员以及贼。"

马克思主义

在位于克莱肯维尔-格林的马克思纪念图书馆里，做出推翻资本主义国家的计划。在仿制的列宁[2]编辑激进报刊的房间里，摘下你的帽子，把它戴在列宁半身像上。然后蹲在阅览室的一幅巨幅壁画下面，上面写着"未来的工人正在清除资本主义的混乱"。

裸体主义

在布伦特水库中裸泳[3]来释放你自己。1930年的日光浴暴乱中，当地居民袭击了一群常常聚集于此的裸体主义者。

蜷伏者

流浪主义

在位于冷港巷（Coldharbour）的 Brixton Bizness 咖啡馆外，寻找一块非官方的、给朱利安·沃尔（Julian Wall）的牌匾，那上面写着"蹒跚的人啊，蜷缩的人啊，那才是真正的形单影只"。2014年，在居民被驱逐后，又出现了一块纪念卡尔顿住房合作社（Carlton Housing Cooperative）的牌匾，上面写着"收容无家可归者和猫"。

模范公民

20世纪90年代，位于哈克尼的埃林福特路（Ellingfort Road）被非法占用。当时理事会提出计划要拆除它，并在其所在的地方建造鸡肉冷冻加工厂。汤姆·亨特（Tom Hunter）是当地的一名艺术系学生，他决定制作一个模型，来记录自己的社区。他拍了数百张照片，拼贴出一个仿制的街区。结果令人震惊：一个细致入微、充满人情味的世界出现了，照亮了这个社区的生活；从人们墙上的图画，到走廊里的自行车，再到门前花园里的垃圾箱。这一模式引起了公众的关注，最终导致委员会改变了他们的决定。参观亨特在伦敦博物馆的七英尺占地，然后沿着真正的埃林福特路走走。

---

1. 它与一家激进派超市共享同一个地址。参见第245页。
2. 另一位革命共产主义领导人、越南总统胡志明（Ho Chi Minh）曾在伦敦酒店当过学徒——位于干草市场的一块匾纪念他在卡尔顿酒店做糕点师的日子。
3. 翻到第229页了解有关裸泳的信息。

GRID网状环路

20世纪60年代末，当一条贯穿布里克斯顿的六车道公路被列入修建计划后，精明的建筑师为此地设计了一种厚墙体、小窗户的住宅，以免居民受到噪声和污染的影响。这条公路并未按计划建成，但南威克住宅区——也就是后来人们所熟知的"路障"区成为现实。你可以在冷港巷看到这座新野兽派的堡垒，其宏伟的设计让它在周围的建筑群中鹤立鸡群。布里克斯顿的高速公路（环形1号公路）是伦敦雄心勃勃的高速路网计划的一部分，该计划旨在修建一系列从伦敦市中心向周边辐射的公路，为这座无序的城市构建框架。

几个世纪以来，规划者们就一直在抱怨伦敦的城市布局杂乱无章，他们认为，正如丹尼尔·笛福所言（Daniel Defoe），这种"野蛮无序的扩张"让伦敦的伟大形象和地位江河日下。因此，规划者抓住战后重建的机会对伦敦进行合理化改造，也就不足为奇。闪电战之后，伦敦郡议会的负责人写道："这场战争给我们提供了一个绝佳的机会，大量建筑被无情摧毁，我们的一些梦想更容易实现了。"[1] 1944年，帕特里克·阿伯克龙比（Patrick Abercrombie）在《大伦敦规划》（Greater London Plan）中勾勒了这些梦想，对重组重建后的城市进行了全景式描绘：伦敦将被五条新建的环形高速公路分割成四个同心环。尽管阿伯克龙比的一些想法已经生根发芽，但是在战后的困难时期里，他的这些意义深远的规划被证明是无法实现的。二十年后，他的环路规划仍在讨论中，最终只有M25这一条环路在1986年修建完成。

罗马人把伦敦建成了一座井然有序的网状格城市，但是这一结构如今早已被埋没，后来，这座城市抵制一切有秩序的规划企图[2]。考虑到这一点，一些有远见的人便专注于改变世人对伦敦的看法，而不是把重心放在重塑城市本身。在1895年出版的《伦敦的统一：需求与解决办法》（The Unification of London: The Need and the Remedy）一书中，约翰·莱顿（John Leighton）提出了一个全新的首都设想体系。在他的设想中，伦敦是一座完美的规则六边形的蜂巢状城市，彻底改变行政区边界犬牙交错的现状。[3] 每个六边形被划分成六个等边三角形，每个区域将被进一步划分为16个等边三角形，由200个精确定位的灯柱标记，每个灯柱上都有一个指向北方的箭头和一个独特的位置代码。莱顿在谈到他的规划时曾自豪地说他这是"把混沌变成了宇宙"，并极有信心地认为每个伦敦人都能靠路灯来精确地定位。但他的这一复杂的城市规划没有被当局采纳，伦敦的分区依然如故。如果你喜欢莱顿的想法，可以到大英图书馆[4]去翻阅他的著作，然后在伦敦所有的灯柱上喷绘箭头和区号来实施他的规划。

---

1. 约翰·贝杰曼鄙视所谓的"规划者的视角"。

2. 参见第337页。

3. 翻阅第176—177页，看看蜂巢状的伦敦。

4. 你也可以在网上翻阅免费的电子书。

护柱

护柱在伦敦的街道上扮演着一个必不可少但却鲜为人知的角色。它们在城市中划出"空间",引导行人,防止车辆迷失方向。据报道,塞缪尔·约翰逊曾触摸护柱以求好运。建议你也这么做。

警官柱

寻找那些戴着警察头盔的蓝色护柱,你可以在斯隆广场的杰拉尔德路警局(Gerald Road Police Station)外看到。[1]

艺术柱

位于佩卡姆的贝尔伦登路(Bellenden Road)上的那处锈迹斑斑的护柱是由安东尼·格莱姆(Antony Gormley)雕刻的高级艺术品,他的工作室就在附近。他把护柱设计成了四种不同的形状:椭圆形、雪人、钉子形和阴茎形。

军事柱

肖尔迪奇(Shoreditch)边界通道(Boundary Passage)尽头的两个护柱是来自特拉法加战役(Battle of Trafalgar)的法国大炮。每个护柱的顶端都有一颗炮弹。

斑马线

在滑铁卢站沿着主街走,穿过斑马线到约克路。这里的斑马线还是以前的蓝黄相间。

↓

向左转走天桥穿过马路。1962年第一条"熊猫线"在这里建成。"熊猫线"是三角形线条,但只使用了五年。

↓

朝着伦敦眼的方向走,穿过威斯敏斯特大桥。利用"鹈鹕线"(Pelican)到达保得利大厦(Portcullis House)。有红绿小人的"鹈鹕线"取代了"熊猫线"。

你需要通过另一条"鹈鹕线"才能到达圣詹姆斯公园,再走两条才能到达白金汉宫。沿着格林公园(Green Park)走并通过专门为行人和自行车设计的"犀鸟线"(Toucan)到达交通岛。之所以叫作"犀鸟线",是因为可供自行车和行人同时通过。

↑

你正在穿越世界上第一条人行道。1868年建于桥街(Bridge Street),它拥有警察操作的信号臂。

↑

通过2010年引进的"飞马线"(Pegasus),到达海德公园。这条巨嘴鹈鹕线为马而设计:控制器高两米,专门为骑马人设计。

↓

现在你差"海雀线"(Puffin)没有走过。它的智能传感器遍及每一条街道,看看你是否能找到。它的控制面板上会显示红绿灯小人,路边的行人按下"海雀线"按钮即可等待通过。

---

1. 护柱的个人爱好者约翰·肯尼迪,创建了"伦敦的护柱"网站。

电网

瓦特

晚间哈罗德百货公司外的驻足者，会沐浴在 11500 盏华灯所散发的光芒中。为了保持光彩照人，这家店每周都要更换 300 盏灯泡[1]。这种使用习惯需要大量的电能。伦敦曾经拥有自己的电力供应站，包括巴特西和班克赛德两个地方发电厂。现如今，它的电力要通过国家电网从其他地区输送。M25 公路上的一圈变电站将电力输送到地下，再将三相交流电发送到整个城市。但有些地区也会采用电塔这种形式来发送电力：比如说贝克斯利（Bexley）的法肯伍德（Falconwood）、温布尔登的灰狗体育场（Greyhound Stadium）、克莱普顿（Clapton）的米尔菲尔德公园（Millfields Park），以及坎宁镇（Canning Town）的星巷（Star Lane）。

电话

在阿尔贝马尔大街的布朗酒店（Brown's Hotel）大厅打个电话，向电话的发明者亚历山大·格莱汉姆·贝尔（Alexander Graham Bell）致敬。1876 年他在这里拨出了英国历史上的第一个电话，四年后出版的伦敦首本电话簿中只有 255 个名字。如今，电话线亦非必不可少。你可以在利河上的三座磨坊（Three Mills）看到一座电话技术纪念碑：那是一座青铜雕塑，一名穿着蓬松夹克的少年正看着手中的智能手机。

水力

去参观沃平水力发电站。它位于沃平街（Wapping Wall），正对着惠特比酒吧。九十多年来，这个电站一直用高压通过从沃平到海德公园的铸铁管网抽泰晤士河的水。这些能源被用来为机器，比如升降机和起重机提供动力，甚至可以被用来操作伦敦塔桥。

电波

伦敦电视塔一直是官方的秘密，尽管它是伦敦市中心最显眼的建筑，

但直到 1993 年它才出现在英国军械测量局的地图上，这座塔建成于 1964 年[2]，用来传输电视电话数据。如今，伦敦大部分的电视和广播信号都是通过水晶宫和伦敦南部山丘上的克罗伊登发射台向全城转播。

无线网

大量的互联网设施都聚集在伦敦。LINX（The London Internet Exchange，伦敦互联网交易所）是世界上最大的数据中心之一。它的主站点位于东印度码头一处巨大的金属仓库——北电讯大厦[3]。要想进入互联网，你可以在他们的网站上进行设备访问——尽管你要表明确实需要端对端的 ICT 解决方案才能获准进入。

G ——

---

1. 至于哈罗德公司换一个灯泡需要多少员工，我们并不清楚。
2. 在帕特里克·凯勒（Patrick Keiller）的电影《伦敦》（*London*）中，鲁滨逊指出，伦敦电视塔建在一幢住宅的原址上，诗人魏尔伦和兰波曾经在那里生活过。他假定这座塔是为了"纪念他们之间暴风骤雨般的关系"而建造的。参见第 289 页。
3. 城市最中心的互联网枢纽是克利夫顿街 65 号一个较小的电信地铁站站点，是肖尔迪奇区边缘的一座并不起眼的砖砌建筑。

自行车

室内赛车场

赫恩·希尔赛车场（Herne Hill velodrome）在第二次世界大战期间曾是一处炮台。1942 年的一篇报道描述了场地所遭受的巨大破坏：赛道上长满了小树，一棵"畸形"的葡萄藤已然扎下了根。尽管如此，赛车场还是恢复如初，并成为唯一一座至今仍在使用的 1948 年伦敦奥运会[1]场馆。布拉德利·威金斯爵士（Sir Bradley Wiggins）小时候在此比赛过，这一赛车场现在为各个年龄和水平的参赛者提供廉价的试车服务。在科学博物馆（Science Musemn）的入口大厅，你能看到天花板上悬挂着来自不同历史时期的自行车。这种展览形式看起来像"一个飞向天空的室内赛车场"。

咖啡馆

一种新型的咖啡店如雨后春笋般涌现，成为城市自行车爱好者歇息并补充能量的场所。在老街（Old Street）上的 Look Mum No Hands! 咖啡馆歇一歇，这是一家漂亮的咖啡店，其后还有一间工作室。

裸骑

日前，英国温布尔登灰狗体育场播放了皇后乐队（Queen）的单曲《自行车赛》MV，视频中有 65 名女子在赛场上裸骑。尽管很多人谴责其粗鲁并带有性别歧视的色彩，但裸骑却依旧流行。现在伦敦每年夏天都有裸骑活动[2]。

一生陪伴

在伦敦交通博物馆里寻找城市最好用的自行车。一辆产于 1928 年的绅士的埃文斯（Gentlemen's Evans）牌自行车，直到 2002 年才停止为它的主人——93 岁邮政工程师 W. F. 瓦格斯塔夫（W. F. Wagstaffe）服务。

卧式自行车

如果你厌倦了城市汽车，那就骑上一辆"香蕉自行车"去达利奇公园（Dulwich Park）兜风。从伦敦自行车车行租辆亮黄色的两轮车——这家公司已经经营 20 年之久，汇集了一系列卧式自行车和三轮车，并对外出租适合儿童、家庭等不同需求的单人和双人车。

大众骑行

每个月的最后一个周五加入临界效应（Critical Mass）骑行。参与者于下午 6 点在滑铁卢桥下集合，一起环游伦敦，目的是超越汽车，争夺路权。这项活动没有领头人，也没有既定的路线，而且自称为"无组织的巧合"。

最多人骑行的自行车

在伦敦最大的停靠站——滑铁卢车站外选骑一辆鲍里斯自行车（Boris Bike）[3]。每辆自行车都有独一无二的编号，2015 年伦敦交通局（Transport for London）发布的数据显示，被骑行最多的自行车是 16191 号[4]。如果你不是急着用车，可以在伦敦城里不停换车，直到你找到这辆自行车为止。不要急：这些自行车重量大、档位低，以防止你加速行驶。

---

1. 参见第 223 页。
2. 有关更多裸体主义的信息，参见第 403 页。
3. 尽管伦敦的公共自行车租赁计划是由市长肯·利文斯通提出，

但真正开始执行的是后来的鲍里斯·约翰逊（Boris Johnson）。
4. 排名第二的是 15901 号，第三的是 14630 号。

车

线绳理论

在黑色集市（Blackfairs）附近的约翰·卡朋特街上留意一尊正在招唤的士的铜像。你可以自己去叫上一辆车，让其行至南肯辛顿的萨姆纳广场 28 号，门口挂着一块蓝色的牌匾，上面标识着双座马车发明者的故居。旅行的时候跟着地图走，在旅程的起点和终点处拉一根直线，你的司机会尽量沿着"线绳路"（on the cotton）来走——这是出租车司机惯用的俚语，指的是走最直接的路线。当你拦下一辆出租车时，留意下司机是不是新面孔：如果你是出租车司机的第一个乘客，就可以免费乘坐[1]。

业余艺术

如果你的发动机在国王路（King's Road）上温度过高，你可以在萨奇画廊（Saatchi Gallery）停下车来，让他们帮你加满机油。地下室里有一间走廊，里面堆满了回收的机油。在加油之前你可以欣赏一下那面黑色的魔镜[2]。

寺庙

伦敦因其壮观的停车场而出名，尤其是位于维尔贝克街（Welbeck Street）的德本汉姆（Debenhams）停车场吸引了很多人的目光。当你走近这幅野兽派杰作时，请放慢脚步，欣赏一下那独特的混凝土菱形外立面。对于 J.G. 巴拉德而言，多

层停车场是"机动车时代真正的寺庙"。他颂扬道：那些倾斜的平台"正试图引导我们进入另一个维度"。接下来，开车去苏荷区的布鲁尔街（Brewer Street）停车场。这个具有时尚的装饰派艺术风格的建筑，其原始设计以屋顶高尔夫球场为特色[3]。停好车，去欣赏占据了部分室内空间的黑胶工场（Vinyl Factory）举行的最新展览。

憨豆先生的车

在海耶斯（Hayes）的伦敦汽车博物馆（London Motor Museum）里你可以看到 1966 年蝙蝠侠（Batman）系列电视剧中的蝙蝠车、1989 年电影中的蝙蝠车，以及憨豆先生的迷你车。

快乐行车

在伦敦开车是一件很开心的事情，正如 Clash 乐队在歌曲《伦敦在燃烧》（London's Burning）中描述的那样。在这首抨击伦敦生活无聊冗长的歌中，被压抑的朋克们沿

着西部之路（Westway）迂回前行，偶尔会停止谩骂，来评价一下"伦敦这一伟大交通体系"的质量。沿着这座 3.5 英里长的立交桥巡游，在它短暂的存在时限中赢得过无数的赞歌。[4] 然后去看看它的下方，詹姆的专辑《这就是现代世界》（This Is the Modern World）的封面照就是以这里为背景拍摄而成。

双排螺旋停车

位于国王十字路的新弗朗西斯·克里克（Francis Crick）研究所以 DNA 的共同发现者的名字来命名。不过，这一突破最令人印象深刻的纪念碑却位于距布卢姆斯伯里广场不到一英里的地方。开车进入布卢姆斯伯里广场地下停车场，到达底层后，再往上开，然后付钱离开。停车场的上行车道和下行车道呈螺旋状相互交织，这样你就驾车穿过了一个完整的巨型双螺旋。

---

1. 参见第 157 页，了解更多关于出租车的信息。
2. 翻阅第 361 页去看看另外一处黑色镜子。
3. 虽然从未有过高尔夫球场，但在 2015 年伦敦时装周正式开幕时，这个停车场成为一处高端场所。

4. Blur 乐队也曾为西部之路唱过赞美歌：第一次是 1993 年歌曲《为了明天》（For Tomorrow），第二次是 2012 年的单曲《在西部之路之下》（Under the Westway）。

空中领域

在伦敦，接触天空的方式远远超过我们的想象。无论是温布尔登中央球场上空飞行的网球①，还是在奥运会期间射向天空的防空火箭，抑或是为了纪念"一战"爆发一百周年射向天空的光束②。

我们来看看高空领域。2008 年，英国皇家植物园安装了一条树顶走廊，游客可以在橡树、酸梅和甜栗子的树冠间穿行③。 2014 年，金丝雀码头上空开设了一家移动式餐厅，食客们可以在 100 英尺高的"空中餐桌"享用食物。在阳光明媚的日子里，去斯特里汉姆公园（Streatham Common）放风筝亦是一种感受天空之喜悦的简单方式[1]④。在迪斯尼的电影《欢乐满人间》（*Mary Poppins*）中班克斯先生曾如此畅想："双脚着地／你是一只在空中飞翔的鸟，你的拳头紧攥着／风筝的线。"[2]

山丘⑤

与罗马和谢菲尔德不同，伦敦并不以山峦闻名。乍一看，这里似乎是一块宽阔平坦的冲积平原，但事实上泰晤士河流域有很多地方会让你更接近天堂。布罗姆利的韦斯特汉姆高地（Westerham Heights）海拔有 804 英尺，是大伦敦地区的最高处。城中心附近的最高点是汉普斯特德西斯边缘的北端村（North End）（440 英尺），紧随其后的是格林尼治的肖特山 (Shooter's Hill)(433 英尺)。试着游览所有的城市高峰，包括克罗伊登的桑德斯特德种植园（Sanderstead Plantation）(574 英尺)，萨顿的发条屋游乐场（Clockhouse Recreation）(482 英尺）和巴尼特（Barnet）的海伍德山（Highwood Hill）(476 英尺）。

顶峰⑥

13 世纪世界上最高的建筑是老圣保罗大教堂，它高约 489 英尺，比以往的任何建筑都要高：比吉萨金字塔还要高出 8 英尺，比今天的圣保罗大教堂高三分之一。塔尖毁

识图

《空域》（*Airspace*）是一幅描绘伦敦上空的地图，四个角落都有盘旋的飞机。它的灵感来源于 1919 出现在《球体》（*Sphere*）杂志上的一幅齐柏林飞艇七次袭击伦敦的地图。

于 1561 年的大火，在那场被认为是对傲慢人类的天罚中坠入中殿，至今也没有重建。

直到 1950 年水晶宫发射塔建成，老圣保罗大教堂一直都是伦敦最高的建筑，这在一定程度上要归功于维多利亚女王。她从白金汉宫望向议会大厦时，一幢 14 层的塔楼挡住了她的视线，令她不悦。她无趣的性格导致了 1894 年的《伦敦建筑法》（*London Building Act*）的诞生，该法将所有新建筑的高度限制在 80 英尺以内，直到 20 世纪 50 年代才放宽。

塔楼⑦

你可以爬上比伦敦塔楼高几倍的顶端。高约 202 英尺的伦敦大火纪念碑曾经是伦敦城里最高的建筑。它的底部有一个地下实验室，用于早期的重力实验。如果你无法面对这 311 级台阶，底层的屏幕上也有实时播放的 360 度全景可供欣赏。或者乘电梯到威斯敏斯特大教堂钟楼的顶端去看看⑧。

---

1. 斯特里汉姆风筝节在每年的 6 月举办。　　　　　　2. 关于《欢乐满人间》，详见第 141 页。

在天际线上

伦敦有多种无需飞翔便能升空游玩的项目。在皇家码头乘坐到格林尼治半岛的空中缆车,你将置身于 300 英尺高的高空,以最佳视角观赏安东尼·戈姆利的量子云(*Antony Gormley's Quantum Cloud*)[1]。或者,你可以在高悬于河流上空的伦敦塔桥上层廊道穿行,透过脚下透明的地板,俯瞰下层川流不息的车辆。2013 年,诺曼·福斯特(Norman Foster)展示了"空中自行车道"的设计方案:这是一条长达 136 英里的骑行线路网,建在现有铁路线之上。该计划得到了国家铁路局和伦敦交通部门的支持,开发商目前正在为可行性研究筹集资金。

成队的飞行者⑨

也有些伦敦的生物以它们自己的方式飞到高达 6000 英尺的天空。野鸽是伦敦最常见的鸟类,它们是欧洲岩鸽的近亲,是中世纪鸽棚逃亡者的后代。城市中的鸽子仍然向往它们祖先筑巢的悬崖峭壁和石洞;如今它们栖息在窗台和铁路拱门处。在 2000 年禁止喂食鸽子前,特拉法加广场聚集了 35000 只鸟;如今,这些鸽子被一家环境鸟害防治公司每天通过哈里斯鹰(Harris hawks)优化算法有计划地消除。留意一下那些存留下来的鸟类。皮特·阿克罗伊德(Peter Ackroyd)对它们惯常的飞行航线进行评论,他提到了从林肯因河广场(Lincoln's Inn Fields)经特拉法加广场到巴特西的路线。细心的观察者会发现鸽群飞过后留下的痕迹,仿佛一条隐形大道横贯天空。如果你喜欢鸽子并想要参与其中,可以考虑加入总部设在哈克尼的金斯兰(Kingsland)赛鸽俱乐部,那个地方曾经以鸽笼和捕鸽器而为公众所知。

鸟鸣⑩

麻雀曾经是伦敦城的常客,"cock-sparrow"是伦敦人对其的昵称。然而,随着附着于马匹身上的昆虫的消失,麻雀的数量也在明显地减少。伦敦鸟舍最近增添的新成员是海鸥[2],它们于 1891 年亮相,并引起了轰动:人们会在午餐休息时间聚集在一起给它们喂食鳀鱼,并观看它们在泰晤士河中潜水捕鱼。近些时日,伦敦城里新加入的鸟类是那 10000 多只红领绿鹦鹉。你可以在黄昏时分造访绿色墓地(Hither Green Cemetery),见证伦敦最大的长尾小鹦鹉栖息地之一。有人说这些奇异的绿鸟是 1951 年从艾尔沃斯电影公司(Isleworth Studios)拍摄《非洲女王》(*The African Queen*)的片场中逃出来的;也有人说它们是 20 世纪 60 年代吉米·亨德里克斯(Jimi Hendrix)所释放的一对鹦鹉繁殖的后代。如果你分不清山雀和鹬鸰的区别,那就去伦敦湿地中心预约一个学习班,在那里你能学会识别城市中最常见的鸟鸣。

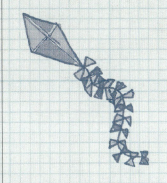

G

蝴蝶

当然,鸟类并非伦敦唯一的空中生物,你也可以看到蝙蝠、蜜蜂以及各种蝴蝶。伦敦动物园在 1981 年建造了世界上第一个蝴蝶馆,现在的"蝴蝶天堂"展览位于一条巨大的毛毛虫建筑物内。或者,你也可以漫步在夏天罗丁谷的水草地上,去观察各种野生物种。

1.这座雕塑比"北部天使"还高,它随机的四面体单元勾勒出了戈姆利身体的巨大轮廓。　　2.详情参见第 125 页。

AIRSPACE

齐柏林飞艇 ⑫

在 1915 年 5 月到 1917 年 10 月的第一次世界大战期间，七架缓慢移动的雪茄形状的齐柏林飞艇在城市上空滑行并投掷燃烧弹。1915 年 5 月 31 日，首次空袭的齐柏林飞艇出现在城市东北方。第一枚炸弹落在斯托克-纽因顿的阿尔卡姆路（Alkham Road）16 号；第二枚落在纽明顿·格林（Newington Green）的考伯路（Cowper Road），三岁的埃尔西·莱加特（Elsie Leggatt）在空袭中丧生，这是伦敦第一起因空袭造成的死亡。几家网站绘制了该次空袭的路线图，你可以去走走，试想下你头顶上方有一只巨大的气球，比翻过来的"小黄瓜"建筑还大。

拦截气球 ⑬

在第二次世界大战中，英国的气球司令部使用气球来进行防御。到 1940 年，1400 只拦截气球漂浮于伦敦上空，目的是迫使敌军的俯冲轰炸机上升到 5000 英尺的高空，进入高射炮射程范围内。

飞猪 ⑭

如今，冒险气球（Adventure Balloons）会在黎明时分的伦敦上空飞过。当你乘坐着柳条篮子飘荡在伦敦上空时，可以想象一下 1976 年 12 月那只 40 英尺高的飞猪从巴特西发电厂挣脱出来的情形。在平克·弗洛伊德（Pink Floyd）的专辑《动物》（Animals）的封面拍摄镜头中，这头飞猪被挂在了烟囱之间。当绳索断掉，飞猪飞走时，希思罗机场的所有飞机停飞，英国皇家空军（RAF）紧急出动，追至肯特郡才将它捉住。

热气球 ⑪

在旧交换场区（Old Change Court），迈克尔·艾尔顿（Michael Ayrton）的雕塑"伊卡洛斯"（Icarus）[1] 展翅飞向天空。自从伊卡洛斯飞出迷宫，人们一直渴望能像鸟一样在空中飞翔。1784 年 9 月，文森特·卢纳迪（Vincent Lunardi）乘坐一艘红白相间的丝绸气球从穆尔菲埃尔德炮兵基地（Moorfields Artillery Ground）起飞，成功地完成了英国第一次载人气球飞行。卢纳迪由此受到民众追捧，成为"全民偶像"。女演员莱迪西亚·塞奇夫人（Mrs Laetitia Sage）是第一位乘坐热气球前往伦敦的英国女性。她从圣乔治菲尔德（St George's Fields）飞到哈罗，降落在一位村民的田地里，引起主人的愤怒，最后被哈罗学校（Harrow School）的男孩子解救出来。没过多久，气球就变成了伦敦游乐场里新兴的、受欢迎的娱乐方式。查尔斯·格林（Charles Green）在派对上的绝招就是从沃克斯豪尔花园（Vauxhall gardens）的山脊处起飞升空。

蒸汽尾迹 ⑮

航迹云是伦敦天空中常见的景象，那是飞机排放的水蒸气形成的白色人工云流。这些转瞬即逝的轨迹标志着飞机在城市中纵横交错的飞行轨迹，并且在六个国际机场中形成了一个网。飞机出入或是穿越伦敦的航线的设计宗旨是给最少的人造成最少的干扰。希思罗机场在伦敦郊区有四个航站楼，分别位于波维顿（Bovingdon）、奥卡姆（Ockham）、比金（Biggin）和兰博恩（Lambourne）。进港飞机要在导航信标上方盘旋，直到收到空中交通管制中心的绿色信号才能最终降落[2]。

---

1. 寻找艾尔顿的人身牛头怪像，详见第 290 页。　　2. 希思罗机场跑道尽头的哈顿十字站外，是观察飞机的好地方。

三翼飞机 ⑯

阿利奥特·韦尔登·罗伊（Alliott Verdon Roe）在商船队服役期间观看了信天翁在空中飞行的情景，受此启发，1909年他在沃尔瑟姆斯托沼泽地的高架桥下建造了第一架全英制造的飞机。一块蓝色的牌匾挂在工作室的拱门上。他驾驶着他的Avro三翼飞机在沼泽地上空飞行，飞行高度达到创纪录的280米，继而他创立了Avro公司，这家公司在"二战"期间制造了兰开斯特轰炸机。你可以在科学博物馆的飞行画廊里看到他制作的原木飞机和纸飞机，或者参观萨里郡的布鲁克兰兹博物馆，那里展放着他们制造的"Avroshed"复制品。

喷火式战机 ⑰

若你想要亲自驾驶飞机，可以去科林达（Colindale）的皇家空军博物馆（RAF Museum）试试飞行模拟器。你可以与红箭（Red Arrow）一起进行飞行表演，也可以参与第一次世界大战在法国上空的空战。一旦你的技术练习熟练，就可以去比金希尔机场（Biggin Hill Airport）预定一次5小时的试飞，然后驾驶一架飞机从不列颠之战时喷火式战斗机使用过的跑道上起飞。如果这一切听起来过于严肃，那就花一天的时间在伍姆伍德-斯克鲁伯斯公园（Wormwood Scrubs Park），观看飞机爱好者们驾驶遥控飞机。

直升机 ⑱

如果你听到直升机旋翼的嗡嗡声，那可能是空中警察正在追逐一辆汽车。伦敦警察厅空中支援部队有三架直升机[1]，还有一架紧急直升机是伦敦的空中救护飞机，它以白

教堂区（Whitechapel）的伦敦皇家医院（Royal London Hospital）为基地，专门处理有严重创伤的紧急情况。它可以在15分钟内到达M25环路内的任何地点。该团队经过训练，能够在受伤现场进行心内直视手术、输血和麻醉。私人直升机在伦敦上空也很常见，不过，这些飞机通常要严格遵守规定，停留在泰晤士河上空的"空中通道"。

无人机 ⑲

自从带有摄像头的私人无人机上市以来，许多无人机飞上了伦敦的天空，并将所拍视频发布在网上。随着警方的打击力度加大，这种新趋势可能只是暂时的。根据法律规定，无人机不得在拥堵地区的150米范围内飞行，也不得在非操作者所拥有的建筑物50米以内飞行。机场周围还有额外的隔离区，皇家公园内已经禁止使用无人机。

云层 ⑳

在托特纳姆的布鲁斯·格罗夫（Bruce Grove）7号外占一个位置然后观察云层。这是"云的命名者"卢克·霍华德（Luke Howard）的最后一个家，他提出的命名系统我们至今还在使用[2]。如果想要更接近伦敦的云层，你可以向民航局申请许可，发射自己的气象气球。在上边安装一个摄像头，确保要有一个内置的降落伞，以便安全降落。在英国高空协会的网站上可以搜索到更多相关信息。

G

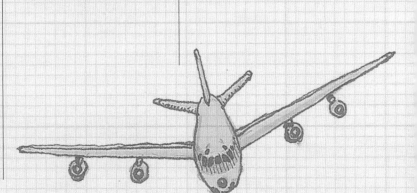

1.其中一架直升机被称为"印度99"。"India"（代表I）是语音字母表上的第9个字母，所以"印度99"是紧急情况的拨号代码（即999）。　2.他也是第一位观察和测量出伦敦比周边地区更暖和的人。

103

伦敦信件

如果你没有在信件上写出完整的地址，邮局就会去揣测你的意图。一张写给"世界上最好的帽匠，伦敦"的明信片最终会被送达圣詹姆斯街道 6 号的洛克公司（Lock & Co.）；一封寄给"伦敦最好的酒店"的信件会被送到萨沃伊酒店（Savoy Hotel），现在这家酒店正在他们的大堂博物馆展列该信件。艺术家哈丽雅特·罗素（Harriet Russell）曾经给英国皇家邮政出过难题，她寄出的信封经过加密，将地址隐藏在字谜、填字和点对点拼图着色游戏中。那些微不足道的生活日常或许是能改变命运的重要信件，也并不会轻易被丢弃，而且往往比寄信人想象的存得更久。从书信到电子邮件，伦敦到处都有几百年历史的信件。

瓦罐传信

霍沙雅胡军官，致军事司令雅乌什

公元前 586 年

在尼布甲尼撒王摧毁拉吉古城之前，一名犹太士兵写信给他的指挥官，描述了日益严峻的困境。在这封书写在碎陶片上的信中，他带着绝望的乐观去祈祷，希望他们"能听到和平的消息，哪怕已经这样了，哪怕已经这样了"。你可以在《耶利米书》（Jeremiah）第 34 章第 7 节找到这段记述，然后去大英博物馆看看那块黏土碎片。

情书

安妮·博林和亨利八世致红衣教主沃尔希（Wolsey）

1528 年 8 月

以及纳尔逊勋爵（Lord Nelson）写给艾玛·汉米尔顿（Emma Hamilton）女士

1805 年 10 月 19—20 日

1528 年夏天，安妮·博林给红衣主教沃尔希写信，催促他尽快废除亨利八世的第一次婚姻。信写到一半时，安妮把羽毛笔塞到了亨利本人手中，笔迹也随之变化。亨利写道："若我不就此回应，写这封信的人不会罢休。"[1] 在大英图书馆你仍能看到这封被烧了一半的信件。它与另一对不幸的恋人——霍雷肖·纳尔逊勋爵和汉米尔顿夫人——所合著的一封信如出一辙。霍雷肖·纳尔逊本打算在特拉法加战争结束后完成这封信，但艾玛·汉米尔顿亦写道："哦，可怜的、不幸的艾玛，哦，荣耀而快乐的纳尔逊。"艾玛·汉米尔顿接着写完了这封信。

葡萄酒沉海

白星航运公司致梅塞尔兄弟浆果公司（MESSRS BERRY BROS. & CO.）

1912 年 6 月 16 日

就在泰坦尼克号沉没几个小时后，白星航运公司的管理人员就开始写信给那些使用该邮轮运输货物的公司和企业。在贝瑞兄弟与路德公司的墙上挂着一封致歉信，信中遗憾地通知他们"泰坦尼克号在 15 日凌晨 2 点 20 分撞上冰山后沉没"，导致他们公司所运送的 69 箱葡萄酒毁损。

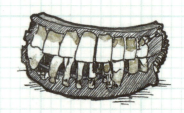

总统的假牙

乔治·华盛顿（George Washington）写给自己的牙医约翰·格林伍德（John Greenwood）

1795 年 2 月 20 日

美国第一任总统乔治·华盛顿有一口糟糕的牙齿。1795 年，他把"60 美元的钞票"寄给了牙医约翰·格林伍德，以作假牙的费用。这笔流通于市面仅三年的美钞在当年可是一大笔钱。在科学博物馆里，你可以看到华盛顿的这封信，旁边是他的假牙复制品，也可以到皇家伦敦医院博物馆参观总统佩戴过的假牙。

---

1. 有关亨利和安妮的信息详见第 4 页。

便条

约翰·济慈致芬妮·勃朗恩

于 1820 年，具体日期不详

约翰·济慈死于肺结核。生前他总喜欢躺在沙发上看着他的未婚妻芬妮·勃朗恩每日在花园里散步。他们住在温特斯沃广场一处双拼结构的房子里 [1]，而约翰这位诗人总会为他的爱人写出一些热情的字条。在他最后一张字条里，他抒情道："我要亲吻你的名字，还有我的名字——因为你的嘴唇曾经触碰过它。"不久之后，他前往罗马，于 1821 年 2 月 23 日去世，享年 25 岁。

揭露 & 遗弃

玛莎·史密斯（Martha Smith）写给弃婴医院

1821 年 9 月 2 日

在 19 世纪，非婚生子女的母亲会心怀绝望之情用预先打印好的请愿表格向育婴幼医院 [2] 提出申请，请求收留她们的孩子。如今，弃婴博物馆还收藏着这样一封令人感伤的信件。23 岁的玛莎·史密斯就是这样一位申请者。她的男朋友约翰是斯卡伯勒希望号的大副，在她参观完斯考比磨坊回来时"引诱"了她。当她发现自己怀了两人的女儿时，约翰抛弃了她。

洛夫莱斯

詹姆斯·康明斯（James Cummins）写给副教长托马斯·哈伯（Thomas Harper），巴巴多斯

1823 年 1 月 11 日

洛夫莱斯·奥弗顿（Lovelace Overton）是一名来自巴巴多斯的文盲，身高六英尺，是个铜匠。他于 1806 年在英国布莱顿加入了共济会。他的妻子死后，他回到巴巴多斯，但是当他试图加入当地共济会时遭到拒绝。他申请为"一些有色人种"建立新住所，但巴巴多斯的副教长收到了一封否决该项申请的信件，理由是该项申请"对手艺人无益"。你可以在共济会博物馆看到这封信。

器官捐献

开膛手杰克（Jack the Ripper）给 T.H. 奥本肖（T.H.Openshaw）医生

1888 年 10 月 29 日

开膛手杰克给警戒委员会主席寄了一封"来自地狱"的信，信封里装着半颗肾。伦敦罗瓦尔医院的外科医生奥本肖医生在做了检验之后确认其为人类内脏。同时他收到了一张字条，字条上说会送给他"另一副内脏器官"，并且用一种俏皮的押韵方式嘲讽道："哦，你看到过拿着显微镜和手术刀对着一颗肾脏瞎琢磨的情形吗？"这张字条的原件被收藏在新苏格兰场（New Scotland Yard）的布莱克博物馆（Black Museum）[3] 里，不对公众展示。不过，你可以去伦敦皇家医院博物馆去看看它的复印品。

G

---

1. 现在的"济慈故居"。详见第 118 页。
2. 见第 150 页。
3. 见第 273 页。

银行辞职信

肯尼斯·格雷厄姆（Kenneth Grahame）写给银行行长

1908 年 6 月 15 日

"自由！单单是这两个字和这种念头就价值五十条毛毯。"托德先生将自己扮成一名洗衣妇从牢笼里逃了出来。肯尼斯·格雷厄姆成年后的大部分时间都在银行度过，而非无所事事的船上。1908 年，他成功逃离了在英国中央银行里充满压力的职业生涯。在银行博物馆展出的辞职信中，他质疑"面对大脑和神经的进一步恶化是否明智"，并写道"即使付出沉重代价，我也应该寻求解脱"。四个月之后，他的作品《柳林风声》（*The Wind in the Willows*）出版。

监禁

凯蒂·马里恩（Kitty Marion）致另一位妇女参政论者

1912 年，具体日期不详

演员兼社会活动家凯蒂·马里恩在 1912 年因投掷石块而入狱，在绝食期间忍受了 200 多次强制喂食。她在监狱的厕纸上潦草地写了一张字条给一位妇女参政论者同伴。"以前我的头发就像斗篷那般厚密，"她写道，并且用别针把自己的一绺红发别在纸条上，"现在脱发非常严重。"现在，这张纸条以及头发都收藏在伦敦博物馆里。

骑自行车的男孩

阿尔弗尔·奈特（Alfie Knight）

写给基奇纳勋爵（Lord Kitchener）

1915 年？具体日期不详

陆军元帅基奇纳勋爵在第一次世界大战期间收到了一封来自都柏林的信："亲爱的基奇纳勋爵，我是一个 9 岁的爱尔兰男孩，我想去前线。我能把自行车的轱辘蹬得很快，可以去送信。"你可以想象阿尔弗尔在打开官方回复时有多么失望："基奇纳勋爵让我感谢你的来信，但他担心你年龄还不够大，所以不能去前线当一名通讯员。"这两封信的复印件在帝国战争博物馆（Imperial War Museum）展出。

玛丽的信

给玛丽·斯特普（Marie Stopes）的匿名信

1924 年 2 月 10 日

玛丽·斯特普写了一本颇具启示性的书《已婚的爱》（*Married Love*）"为婚姻增添乐趣"，书中探讨了"对性的无知"。这本书出版后，她收到了铺天盖地的来信，有赞赏的，也有感伤的。你可以在惠康图书馆里找到这些信件，其中有一封开头写着"向玛丽致敬，人类的救世主"的感谢信，建议将斯特普的名字"像金字塔一样被无可置疑地铭刻在记忆中"。这封信是匿名信，署名为"一名读书、思考并会欣赏的女人"。

方头雪茄

多琳·普（Doreen Pugh）

致罗伯特·刘易斯（Robert Lewis）先生

1963 年 10 月 8 日

温斯顿·丘吉尔爵士为了给他的孙子庆祝生日，从他的供应商罗伯特·刘易斯那里订购了"25 支品质略逊于罗密欧与朱丽叶牌的中号雪茄"。他的私人秘书多琳·普安排了这件事，她写的这封信现在可以在圣詹姆斯街雪茄商人 JJ 福克斯（JJ Fox）所拥有的免费地下博物馆里看到。

红魔

大卫·贝克汉姆（David Beckham）

致李·金凯德（Lee Kinkaid）

1992 年，具体日期不详

在考文特花园郁郁葱葱的 Cross Keys 酒吧后面，你能看到一封时年 17 岁的大卫·贝克汉姆写给他的老"朋友"李·金凯德的信件。他是贝克汉姆的校友，也是沃尔瑟姆斯托灰狗体育馆的玻璃收藏家。贝克汉姆那时刚刚搬到曼彻斯特为曼联效力。他在信中写道："我的足球踢得非常好。"信的上方是贝克汉姆画的一只名叫罗西·瑞德（Rosie Red）的灰狗的素描。

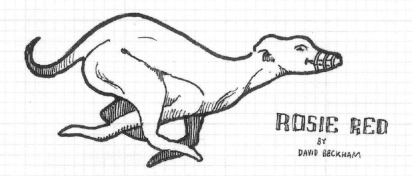

脱离电网

如果国家电网崩溃，以下的方法可以让灯保持明亮。

1. 问问你是否能在位于九榆树（Nine Elms）（位于泰晤士河南岸）的新美国大使馆内找个栖身之处。据官方消息称，这个地方可以在脱离电网的情况下继续通电"很长一段时间"；

2. 去马里波恩（Marylebone）的星期天农贸市场（Sunday Farmers' Market），在土豆店买一袋土豆。将电极贴到你的泽西岛特产，即土豆上面，即可满足你的用电需求[1]；

3. 去黑衣修士站试试，近期它在泰晤士河上的一座铁路桥上重建。该站点的屋顶装有太阳能电池板，为其提供近一半的电力[2]；

4. 利用横扫布里克斯顿山的大风，让老布里克斯顿风车[3]来发电。如果所发的电力还不够烧开一壶水，那就去达格南（Dagenham）福特庄园（Ford estate）的最早的三台风力涡轮机，试试伦敦吧；

5. 考虑一下把你的屋顶或是资金借给在伦敦迅速兴起的社区能源计划，用来安装太阳能电池板或投资。投资者可以获得年度回报。

G ——

另类电源

气动配送

伦敦一家名为"气动配送"的派送公司认为，利用"几乎相当于飓风压力"的压缩空气，通过管道将邮件传送到城市各处，其速度会比邮局还快。他们挖出一段管道来展示其系统"不可阻挡"的神速，并签订合同创建完整的网络系统。然而，邮政部门认为这种节省时间的做法并不具有多大的意义，公司于1875年被清算。沿着500米长的废弃管道从尤斯顿站走到位于艾弗肖特大街（Eversholt St）的分发处，然后再去伦敦博物馆参观当年配送邮件的气动运货车，以纪念这离成功只差一步的发明。从1927年到2003年，邮局一直在经营着自己的地下邮政列车。从2020年起，公众能够沿着这条线路中的一段骑行。

变电站

位于大象堡交通岛（Elephant and Castle traffic island）中心的有凹槽的钢制盒子看起来就像是一处变电站。事实上，它就是一座变电站。不过，它存在的目的更多是纪念迈克尔·法拉第（Michael Faraday）。法拉第就出生在附近，并在电力方面进行了开创性的研究。还有传言说，电子音乐先驱艾菲克斯·特温（Aphex Twin）也住在那里的一个地下室里[4]。夜晚时分来这里看看，在闪烁的霓虹灯下听听他首张EP《模拟气泡浴》（Analogue Bubblebath）。

弗兰肯负鼠

格兰特博物馆发现他们的负鼠标本身上长了一个"黄色的东西"后，将其剖开后发现负鼠的腹部被植入了一块金霸王电池。目前，还未查明是谁弄出了这种负鼠电池，原因也不得而知。可以去博物馆里看一下，并向工作人员了解调查的最新进展。

---

1. 更多关于土豆发电的信息见第315页。
2. 一年900000千瓦小时，见第343页。
3. 建于1816年，每月开放一次。
4. 他就住在附近，他还以以下名字演奏：Blue Calx、Caus-tic Window、GAK、Karen Tregaskin、Polygon Window、Q-Chastic、Smojphace、Soit-P.P.、Tuss、user18081971、user4873635300。

HAGIOLATRY 崇拜

为了让后人记住自己，白金汉公爵乔治·维利尔斯（George Villiers）在 1672 年以自己的名字命名了五条街道：乔治街（Geroge Street）、维利尔斯街（Villiers Street）、公爵街（Duke Street）、艾里街（Of Alley）和白金汉街（Buckingham Street）。维利尔斯是一个放荡不羁的诗人，也是一名政治家，并自称"拥有非凡之能"。然而，这位不羁的公爵并没有给人们留下深刻的印象，如今几乎已被人遗忘。散布于河岸街附近的这些街道就是他的纪念碑[1]。

这座城市是很多圣人和名人的纪念地，其影响力即使在他们死后也仍然持续不止。自 1866 年以来，伦敦通过用蓝色的牌匾标记他们居住或工作的地方来纪念这些圣人们[2]。如果你知道一些值得被尊重或纪念的人，也可以向英国遗产（English Heritage）推荐。如果他们被选中，弗兰克和苏·阿什沃思（Frank and Sue Ashworth）夫妇将在位于康沃尔郡的工作室内为他们制作穹顶状石质牌匾，并手工刻字，制作完成的牌匾将被镶嵌在伦敦的街面。如果你的提议被拒绝，那就自己做个纪念品吧。在拉斯伯恩街（Rathbone Sreeet）的 Newman Arms 酒吧外，为了纪念之前的屋主，有一块给"乔·（'你们都 * 妈的被禁止入内'）·詹金斯"的非正式的蓝色匾额，他是一位"诗人，热爱生活的人，也是个老蠢货"。

还有许多非凡的生命和勇敢的行为并未被铭刻在铭牌之上。1887 年艺术家 G.F. 沃茨（G. F. Watts）在邮差公园（Postman's Park）为"英勇的献身者们"建立了一座纪念碑，以此来弥补遗憾：在一面墙壁上挂满了纪念那些在这座城市中阶层较低的人群的牌匾。这些陶器匾额上所描述的故事中频繁地提及燃烧的衣物、火车事故、泥石流和冰窟窿，令人动容。其中一块牌匾上所述的故事是为了纪念爱丽丝·艾尔斯（Alice Ayres）[3]：

1885 年 4 月 24 日，

一个砌砖工人的女儿，

从伯勒（Borough）联合街（Union Street）的一座着火的房子里，以她年轻的生命为代价，

无畏地救出了三个孩子。

这些上墙的牌匾在 20 世纪 30 年代逐渐减少，近 80 年来新制的第一个牌匾于 2009 年竖起，是为了纪念利·皮特（Leigh Pitt）：

2007 年 6 月 7 日，

一名三十岁的影印操作员，

从塞米德运河（Thamesmead）里救出一个溺水的男孩，

可惜他未能全身而退。

至于其他的牌匾，无疑将会在适当的时候添加上去，那面墙壁上至少还有 66 个位置。

---

1. 乔治街现在被称为约克大厦群（York Buildings），艾里街也被重新命名为约克广场（York Place）。维利尔斯是约翰·威尔莫特的同伴，参见第 76 页。
2. 从伊顿广场（Eaton Place）16 号开始找寻这些牌匾，在那里你可以找到威利兹姆·艾瓦特（William Ewart）议员，他是第一个想出这个计划的人。匾额也并非总是蓝色，也有棕色和赤陶土色的。
3. 邮差公园是帕特里克·马伯（Patrick Marber）的戏剧《更近》（Closer）中的一个重要地点，剧中的一个角色叫爱丽丝·艾尔斯。

圣人

伦敦是一处圣地，是许多圣人的神殿。去向圣人们那些神圣的身体部位朝圣。

圣埃塞德里达 ⑱

公元7世纪，东英吉利亚（East Anglia）的埃塞德里达公主（Princess Etheldreda）放弃了她的财富和地位，成为一名修女。尽管如此，她最终还是死于脖颈上生出的肿瘤，她认为这是上天对她年轻时佩戴过珍贵项链的惩罚。如今，她的一只手被放置于伊利广场圣埃瑟尔德雷达教堂祭坛旁的一个封闭的棺材里，游客可以要求参观。在圣布莱斯节（2月3日），教堂会举行一场"喉部的祈祷仪式"，在这一天，你可以点燃两支蜡烛把蜡液涂抹在下巴下方。

金身 ⑲

哲学家杰里米·边沁将自己变成了一个遗物。在他的遗嘱中，他要求在死后对其遗体进行防腐处理，你可以在伦敦大学学院参观他的"金身"。参见第285页及第349页。

圣爱德华国王

被葬于威斯敏斯特大教堂的唯一一位圣人是圣爱德华（St Edward），他于1042年至1066年间任英国国王。每年的10月13日，教堂会举行"爱德华"庆祝活动，你可加入国民朝圣之旅，瞻仰他的遗体。

圣托马斯·莫尔

圣托马斯·莫尔被亨利八世斩首，因为他拒绝承认亨利是英国国教的最高领袖。莫尔的头颅被水煮后置于伦敦桥上示众，然后被丢进了泰晤士河。不过，他的女儿梅格（Meg）将它捞了起来，如今这头颅可能被葬在切尔西老教堂的家族公墓里[1]。

圣约翰·索思沃斯

1654年，圣约翰·索思沃斯（St John Southworth）作为天主教徒被处以绞刑并被分尸。你可以在威斯敏斯特大教堂的水晶棺材里看到他的尸体，它被裹在银制雕塑之中，身着红色法衣。

泰伯恩

位于海德公园广场的泰伯恩（Tyburn）修道院中那处殉道者圣地实为仿制的绞刑架[2]。朝圣者由修女护送至此，一日三次。地下墓室内有几件遗物，其中便有被神护佑的托马斯·霍兰德（Thomas Holland）的指甲。"如果我的生命有如头顶上的毛发、大海里的水滴或是苍穹上的繁星那般多，"托马斯·霍兰德在临刑时说，"我很愿意牺牲所有。"

现代殉道者

威斯敏斯特大教堂西大门上方的壁龛一直空置着。直到1998年，里面被放置了20世纪殉道者们真人大小的雕像，他们来自世界各地，其中包括在1941年被纳粹分子杀害的圣·马克西米利安·科尔贝（St Maximilian Kolbe），在1969年被暗杀的民权活动家马丁·路德·金（Martin Luther King），以及在1976年的乌干达被谋杀的加纳尼·鲁温（Janani Iuwum）大主教。

艺术殉道者

由达米安·赫斯特所作的、镀金的《剧痛》（Exquisite Pain）描绘的是圣巴塞洛缪手持自己被剥下的皮肤和手术刀的情形，它偶尔会在圣巴塞洛缪大教堂展出。在圣保罗大教堂的南廊上，永久展出的比尔·维奥拉（Bill Viola）的影像作品《殉难者》（Martyrs）在七分钟的时间里循环展示了四个人以四种方式（土、气、火、水）殉难的场景[3]。

---

1. 教堂外有一尊制作于1969年的托马斯·莫尔雕像，那张金色的脸面对着河水的方向。

2. 关于绞刑架的更多信息，参见第84页和第281页。

3. 更多信息详见第390—391页。

名人

艾米 ⑬

2011 年，歌手艾米·怀恩豪斯（Amy Winehouse）在卡姆登广场（Camden Square）的家中不幸去世，成为"27 岁俱乐部"的一名新成员（译注："27 岁俱乐部"是一个流行文化用语，指由一群过世时全为 27 岁的伟大摇滚与蓝调音乐家所组成的"俱乐部"）。粉丝们在路牌上留言，你也可以在上面写上你的名字，但如果那路牌像之前几次那样被偷掉就没有办法了。然后，去参观卡姆登马厩市场（Camden Stables）里真人大小的艾米雕像。她青铜制的头发被设计成蜂房，你可以把鲜花插到蜂巢里。最后，去帕克路的都柏林城堡酒吧（Dublin Castle Pub）喝上一杯，那里是艾米生前爱去的地方。墙上有一张巨大的签名照片：佩吉——谢谢你让我进入吧台——我需要小费！爱你的艾米。

戴安娜

在哈罗德百货公司地下室的两个狮身人面像之间，是威尔士王妃戴安娜（Diana）和多迪·艾尔·法耶兹（Dodi Al Fayed）的纪念像。闪烁的蜡烛装点着这对情侣的照片，水晶金字塔里有一枚订婚钻戒，是多迪在他们去世当天买的，还有一个从他们下榻的酒店套房里拿出来的酒杯，上面还沾有戴安娜的口红印[2]。

马克 ⑭

巴恩斯的皇后大道（Queens Ride in Barnes）上的这棵梧桐树归泰格（T-Rex）乐队所有并负责照料。

1977 年 9 月，马克·波兰[3]（Marc Bolan）的女友驾驶一辆紫色迷你车撞向树旁的护栏，这场车祸导致了这位从嬉皮士精灵变身成魅力四射的摇滚明星的死亡。去事故现场聆听他的突破性单曲《骑着白天鹅》（Ride a White Swan），并在他的雕像上留下一条羽毛围巾。在他的半身像下面有这样的文字："看到他们在鸟群和树林里为你哀悼，我很难过。"

塞巴斯蒂安 ⑰

2000 年，苏荷区的花花公子塞巴斯蒂安·霍斯利将自己钉在十字架上。随后，他在十字架巷的一家画廊里展出了一系列画作和一幅自己被钉在十字架上的影片。他的受难既真实，又具有戏剧性，体现了他的信念，"魅力是比灵性更大的资产"。带上一本霍斯利的自传《花花公子的世界》[4]（Dandy in the Underworld），在去维克小巷珍奇博物馆（Museum of Curiosities）的路上翻阅。在自传里，你可以看到他那件红色亮片的套装，以及他用来把自己钉在十字架上的钉子[5]。霍斯利写道："花花公子意识到，既然所有的角色都是人造的……你不妨塑造一个有趣的。"2010 年，他死于服药过量。

> ### 蜡像 ⑳
> 如今，参观杜莎夫人蜡像馆已经是家常便饭了，游客们可以和他们的偶像亲密接触，布拉德·皮特（Brad Pitt）的蜡像甚至专门设计了一个可挤压的臀部。你可能不会马上认出玛丽·杜莎夫人（Marie Tussaud）本人的蜡像。在来伦敦举办展览之前，杜莎为法国大革命期间的断头台受害者制作了蜡制的死亡面具。在博物馆入口寻找她的自画像，然后进去与布拉德共度美好时光。

---

1. 许多著名的音乐家都在 27 岁时去世，从蓝调音乐家罗伯特·约翰逊（Robert Johnson）到吉姆·莫里森（Jim Morrison）、库尔特·柯本（Kurt Cobain）和吉米·亨德里克斯（Jimi Hendrix）。亨德里克斯于 1970 年在诺丁山兰斯道恩月街 22 号去世。
2. 在肯辛顿花园的另一边，戴安顿露台上的戴安娜咖啡馆（Cafe Diana）装饰着独特的王妃画像。
3. 出生在马克-菲尔德，成长于斯托克-纽因顿公园 25 号，这些信息都被牌匾记录着。
4. 以 T-Rex 乐队的最后一张专辑命名，发行于 1977 年 3 月。
5. 1968 年 7 月 25 日，匈牙利室内设计师约瑟夫·德·哈维兰（Joseph de Havilland）被发现钉在汉普斯特德西斯的十字架上。他说服了来自梅达谷（Maida Vale）的三个朋友把他钉起来，"让这个世界变得更幸福"。最终他幸存下来了。

信念之上

想要被永远铭记，一个肯定有效的方式便是建立自己的信仰体系。在17世纪的过渡时期，伦敦城里的信仰不一致性达到了顶峰，当时国家宗教被暂时废除，伦敦人可以自由表达异议。以下是发起你自己的宗教崇拜的十大戒律。

1. 等待指导

"有一个新世界／他们称之为应许之地，" 1965 年的探索者（Seekers）乐队唱道。17 世纪早期与他们同名的人认为，应许之地只有在基督回到人间后才能实现。探索者们举行了无声的集会，这里没有等级制度，也没有牧师，只有在上帝激励他们时才说话。

2. 拥护者平等

在伊斯灵顿的迷迭香分店（Rosemary Branch）喝上一杯。这是平等派的办公室，他们的帽子上插着迷迭香枝，宣扬宗教宽容。

3. 种植蔬菜

杰拉德·温斯坦利（Gerrard Winstanley）于 1649 年创立了掘地派（Diggers），即"真正的平等派"（True Levellers）。他们主张把伦敦变成一个农业社区。他们从威布里奇（Weybridge）的圣乔治山开始，在公共土地上种植蔬菜。如今，这座山是一处私人住宅庄园，但是土地权利活动家在 1999 年重新占领了这座山，以纪念掘地派成立 350 周年。

4. 人人平等

在尤斯顿路（Euston Road）的宗教教友中心举行集会，在安静中聆听爱的精神：贵格会宣称所有信徒都是祭司。贵格会是宗教教友会（The Religious Society of Friends）的俗名，这来自一位法官的建议，这位法官在 1650 年命令教友们"在上帝面前战战兢兢"。传统上贵格会教徒穿便服，不骂人，不喝酒，不打架。幸运的是，他们可以沉溺于糖果行业：吉百利（Cadbury）、朗特里（Rowntree）和弗莱（Fry）都是贵格会的企业。

5. 崇尚一切

浮嚣派相信上帝存在于每一个生灵之中。他们不尊重权威，把裸体作为一种抗议社会的形式 [1]。去参加世界泛神论运动（World Pantheist Movement）在汉普斯特德西斯偶尔举办的聚会，也可以通过网络了解更多此类信息。

6. 创造新宇宙

1651 年，一位名叫洛多维克·马格莱顿（Lodowickle Muggleton）的伦敦裁缝透露，他是《启示录》（*Book of Revelation*）中最后一个先知。马格莱顿教派信徒（Muggletonian）诞生于浮嚣派，他们抛弃了理性科学，把宇宙学建立在《圣经》的基础上。肯特郡的果农菲利普·诺克斯（Philip Noakes）是最后一个马格莱顿教派信徒，他于 1979 年去世，把这场运动的档案留给了大英图书馆（MSS.60168 - 60256）。

1.17 世纪 40 年代，亚当派认为他们可以通过不穿衣服来恢复亚当的天真。其他原因请见第 403 页。

7. 宣布世界末日

在过渡期，第五君主主义者认为末日即将来临。1661 年，他们中有 50 人试图占领伦敦，建立基督第五王朝。他们闯入圣保罗大教堂，在主教门的一家酒吧里对当局做最后的暴力反抗。

8. 与天使对话

伊纽曼·史威登堡（Emanuel Swedenborg）是与天使对话过的瑞典科学家和神秘主义者。1772 年他去世后，东市场路建立了史威登堡式的教堂。今天，你可以参加周日早晨在西威克姆（West Wickham）的史威登堡教堂的礼拜仪式，以及在布卢姆斯伯里文化路的史威登堡之家的周三讲座。

9. 街中起舞

在沃尔沃斯路不远处的萨瑟兰铁路线下起舞。1871 年，玛丽·安·格林格尔德（Mary Ann Girlingheld）在这里举行了弥撒，她在会上宣布了自己的神学以及第二次降临的迫近。她的狂热信徒们欣喜若狂地又跳又舞，被称为"沃尔沃斯跳跃者"。

> **大教堂**
>
> 既然宗教完全建立，为什么不建一座大教堂呢？伦敦已经有十六所教堂，包括圣公会圣保罗教堂和萨瑟克教堂；天主教徒的威斯敏斯特大教堂和圣乔治教堂；十个东正教大教堂（两个俄罗斯式，七个希腊式及一个乌克兰式）；在梅菲尔有一座乌克兰天主教大教堂，在卡姆登有一座安提奥基亚大教堂。

10. 达到高潮

位于上克莱普顿卢克伍德街（Rookwood Street, Upper Clapton）的乔治亚东正教教堂有两个风向标：一辆燃烧的欲望战车和一束阴茎形状的箭。这座教堂建于 1892 年，是由爱的宗教崇拜团体阿加珀蒙派教徒（Agapemonites）建造的"爱的居所"。信徒都是各个年龄段富有的未婚女性，享受着与她们的领袖约翰·休·史密斯–皮戈特（John Hugh Smyth-Pigott）的精神（和肉体）性爱，约翰·休·史密斯–皮戈特自称是基督的转世 [1]。

识图

《伦敦名人》（ *London Icons* ）参考宗教图标绘画和祭坛上的作品，如《威尔顿·蒂普迪克》（约 1395 年，现在在国家美术馆）。明亮的城市景观风格的灵感来自麦克唐纳·吉尔（Macdonald Gill）的《伦敦城市地图》（ *Wonderground Map of London Town* ）（1914）。这张地图上的人物被编号并散布在整个章节中。

H ———

---

1. 在他的纪录片《地铁乐园》（ *Metro-Land* ）中，约翰·贝杰曼在位于朗福德广场（Langford Place）的史密斯·皮戈特的"盔甲房子"外停了下来，说那里有一种"诡异的气氛：威胁和不安"。这栋房子现在由广播员瓦妮莎·费尔兹（Vanessa Felrz）所有。

London

Icons

花语

花语是一种象征性地使用花卉来表达的艺术 [1]。伦敦人通常会用鲜花来作纪念，比如威斯敏斯特大教堂的"无名战士"的墓旁便是以罂粟花作点缀。

白玫瑰⑨

弗吉尼亚·伍尔夫写道："所有的女人都应该让花朵落在阿芙拉·本（Aphra Behn）的坟墓上……因为她给了她们言说想法的权利。"许多人认为她是第一个以写作为生的英国妇女。然而，这位 17 世纪的剧作家身上却有间谍的身份。她似乎故意隐瞒了自己的背景、早年生活以及在比利时当间谍的工作经历。她的传记作者珍妮特·托德（Janet Todd）写道，她是个女人，戴着"从未取下的全套面具" [2]。去参观她在威斯敏斯特大教堂东回廊的坟墓，留下一束白玫瑰，它象征着神秘和沉默。

天竺葵 & 水仙花⑯

在圣托马斯医院（St Thomas's Hospital）外竖立了一座大型雕像，以纪念富有创新精神的克里米亚混血的战地护士玛丽·西科尔（Mary Seacole），这一决定引发了南丁格尔协会会员们的愤怒。南丁格尔协会是拥护著名的克里米亚战争护士弗洛伦萨·南丁格尔（Florence Nightingale）的协会，她创立了圣托马斯护校，直到今天此护校仍然存在。该协会认为，西科尔在克里米亚建立了自己的医院，但几乎没有接受过正规培训，在护理史上的地位不那么重要，不应该侵占南丁格尔的地盘。在 2004 年的一项民众调查中，这位女士被评选为"最伟大的英国黑人"，关于她的声誉所引发的口角牵涉出了更大的问题，即如何及在哪里纪念来自不同种族背景的伦敦人 [3]。就他们来说，南丁格尔和西科尔见过几次

面，在生活中她们之间并未有过争执。去圣托马斯医院参观她们的雕像，留下一束天竺葵和水仙花，以示心意和崇敬。

金莲花⑪

瑙罗吉街（Naoroji Street）是芬斯伯里一条住宅小路，那儿有一块纪念达达拜·瑙罗吉（Dadabhai Naoroji）的非官方蓝色牌匾，上面写着"第一位当选下议院议员的亚洲人"；瑙罗吉是住在伦敦的印度人，1892 年成为芬斯伯里中心的议员。他强烈维护英国帝国统治下的印度人的权利，后来写了《印度的贫困和英国统治之外境况》（*Poverty and Un-British Rule in India*）。1894 年，甘地写了一封信告诉瑙罗吉："印度人像孩子尊重父亲一样地敬仰您。"在罗赛贝利大街（Rosebury Avenue）的旧市政厅外，献上一束象征爱国主义的金莲花，在那里还有一块牌匾纪念他的成就。

剑兰⑩

2010 年，托尼·本（Tony Benn）在下议院解释道："我在没有得到许可的情况下，安上了几块牌匾，这是不合法的。""是我自己安装的。其中一个在储物柜里，是为了纪念艾米丽·怀尔丁·戴维森（Emily Wilding Davison）。"安排一次议会之旅，并申请参观圣玛丽·安德罗夫特教堂的橱柜。就是在这里，这位妇女参政论者度过了 1911 年人口普查之前的那个夜晚，以便她能以下议院的身份发表演说 [4]。两年之后，怀尔丁·戴维森在埃普索姆毙命于英王的马下。2013 年比

---

1. 有情调的维多利亚时代的人会相互交换着圆形花束，或者说是"会说话的花束"，每束花都有自己的花语。
2. 本有时会以阿斯特雷亚（Astrea）的笔名来写作，在国王陛下的特勤局工作时，她以特工 160 的身份为人所知。

3. 在苏荷广场 14 号，玛丽·西科尔（克里米亚战争中的女英雄，牙买加护士）的故居上有一块蓝色的牌匾。
4. 人口普查表记录了她的邮政地址；隐匿在威斯敏斯特大厅的地下室里。

赛录像的最新分析表明，她当时只是试图要给马系上腰带，而不是像人们普遍认为的那样蓄意牺牲自我 [1]。前去伦敦博物馆找到妇女参政论者们挂在她病床后面的那面旗帜，然后留下一束剑兰，这是信念和风骨的象征。

橄榄 ⑧

1969 年，尼日利亚外交官克莱门特·冈沃克（Clement Gomwalk）在布里克斯顿因涉嫌持有盗窃车辆而被捕，这辆车实际上是他的黑色金驰外交专车。据说 17 岁的奥利弗·莫里斯（Olive Morris）试图干预此事，却被逮捕并遭受殴打。莫里斯后来成为一名颇具影响力的活动家、寮屋居民和社区组织者。她激励了很多人，最后却死于"霍奇金淋巴瘤"，年仅 27 岁。七年后，朗伯斯议会以她的名字命名了一座行政大楼，但莫里斯之名却渐渐少有耳闻。2006 年，布里克斯顿艺术家安娜·劳拉·洛佩斯·德拉托雷（Ana Laura Lopez de la Torre）偶然看到一张照片，照片上的年轻女子表情扭曲，手里举着一块牌子，上面写着："黑人受害者与警察的暴行作斗争。"于是，她开始重新拼凑奥利弗·莫里斯的生活，并推出了"你还记得奥利弗·莫里斯吗？"这一项目，希望在文档和口述历史永远消失之前尽力把它们收集起来。去参观朗伯斯档案馆的奥利弗·莫里斯收藏，仔细阅读他们收集的材料，留下橄榄枝，这是和平的象征 [2]。

向日葵 ⑮

对于阿达·洛芙莱斯（Ada Lovelace）的声名，公众各持己见。许多人声称她是第一个"计算机程序员"，因为她发表了一系列算法，并对我们现在称为计算机的机器的潜力提出了大量的预见。其他人认为她的生活多彩，在查尔斯·巴贝奇（Charles Babbage）的相关作品中，她的性格特征被过于夸大了。到圣詹姆斯广场 12 号找寻这位"计算机先驱"的蓝色纪念牌，然后到科学博物馆计算机馆参观"分析机"的试验模型，这是她与巴贝奇共同研究的 [3]。10 月 13 日参加"阿达·洛芙莱斯日"活动，这一天是为了庆祝"女性在科学、技术、工程和数学的成就"，离开的时候留下一束向日葵，象征着纯洁和崇高的思想。

水仙花 ⑫

1993 年，18 岁的斯蒂芬·劳伦斯（Stephen Lawrence）在公交车站等车时被一群白人男子刺死。在埃尔瑟姆的维尔-霍尔路（Well Hall Road），他死去的地方所立的大理石牌匾曾多次遭到破坏：这提醒人们，导致他被谋杀的种族主义至今仍是伦敦的一股力量。这起罪行的残忍无情，以及警方骇人的反应 [最终导致伦敦警察厅在 1999 年的《麦克弗森报告》（Macpherson Report）中被宣布为"体制上的种族主义者"]，以及他父母的不懈运动，都意味着斯蒂芬已经成为有关种族主义与平等的辩论中的标志性人物。把象征希望的水仙花放在他的纪念碑处，然后参观格林尼治的斯蒂芬·劳伦斯画廊，这是一个专门用来展示年轻艺术家作品的空间。

---

1. 她钱包里夹着的回程火车票，如今收藏在伦敦政治经济学院女性图书馆里，这也表明了一点：她希望能活下来。
2. 你可以在布里克斯顿的一英镑纸币上看到奥利弗·莫里斯。参

见第 191 页。
3. 巴贝奇称她为"数字女巫"，关于分析机的更多信息参见第 160 页。

缪斯

伦敦有许多家庭博物馆，它们之前的住户曾感知到希腊神话中主司艺术与科学的那九位古典的缪斯。

史诗缪斯

查尔斯·狄更斯从 1837 年到 1839 年住在道蒂街（Doughrty Street）48 号；这里如今是查尔斯·狄更斯博物馆。参观他的书房，在这里他完成了他人生的前三部小说，灵感来自卡利俄佩（Calliope）——史诗文学的缪斯。壁炉上方是罗伯特·威廉·巴斯（Robert William Buss）所画的《狄更斯的梦》（*Dickens's Dream*），画中狄更斯被自己虚构的作品所包围。厨房里有一只叫比尔·斯皮克斯（Bill Spikes）的刺猬毛绒玩具。

历史缪斯

托马斯·卡莱尔位于谢恩街（Cheyne Row）的住宅顶层，有一间隔音的书房和一张书桌，他在这里写下了关于法国大革命的开创性历史。当时，历史缪斯克利俄（Clio）肯定在那伸缩的天窗旁边游荡。1881 年卡莱尔去世，14 年之后该房屋开始对公众开放，直到今天，房间里的陈设几乎和卡莱尔离世时一模一样。

爱情缪斯

当你走近济慈在汉普斯特德的家时，你就可以感受到爱情缪斯埃拉托（Erato）的存在。正是在这里，约翰·济慈爱上了芬妮·勃朗恩[1]，对她胸部的描述在《明亮的星星》（*Bright Star*）这首诗中永远不朽。参观时，可以看看用济慈头发制作的那枚七弦琴胸针[2]。

抒情诗缪斯

在位于布鲁克街亨德尔大厦（Handel House）的工作室，音乐之神欧忒耳佩（Euterpe）曾经拜访过乔治·弗雷德里克·亨德尔（George Frederick Handel）。之后，你可以去排练室参加独奏会；或者提前预定亲自在大键琴上进行练习。如果你在那里的时候，欧忒耳佩和你打过招呼，那就加入阿尔伯特大厅每年一度的弥赛亚同唱会。

悲剧缪斯

在悲剧缪斯墨尔波墨涅（Melpomene）的影响下，霍勒斯·沃波尔（Horace Walpole）在草莓山之家中创造出他所谓的"忧郁"，即在忧郁的事情中得到快乐。参观他位于特维克汉姆（Twickenham）的小屋，他把这里变为一种闪闪发光的童话般的哥特式城堡。如今唯一的悲剧是他那些古怪的古董收藏已经流散了。幸运的是，耶鲁大学的刘易斯·沃波尔图书馆（Lewis Walpole Library）煞费苦心地在网上重现了这些收藏。

颂歌女神

约翰·卫斯理和他的弟弟查尔斯（Charles）是多产的赞美诗学者，他们无疑受到赞美诗缪斯波利梅尼亚（Polymnia）的启发。参观位于城市路上卫斯理的家，它紧挨着卫理公会博物馆[3]。你可以到他那被卫理公会崇尚为"卫理权力中心"的狭小而空荡的祈祷室里哼唱赞歌。寻找他的马室（用来刺激肝脏）[4]和他的"电机"，他用它给他的教友们实施振奋人心的电击疗法。

歌舞女神

许多英国伟大的芭蕾舞者都在皇家芭蕾舞蹈学院接受过训练，它位于里士满公园白屋。舞之缪斯——忒尔西科瑞（Terpsichore）据说已融入了这座建筑，而且其中一个旧宿舍已被改建为芭蕾舞博物馆，研究人员可以预约参观，其他人可以在网上浏览这些收藏。阅读达西·布赛尔（Darcey Bussell）的成绩单和评语：达西总爱过度工作并且喜欢被过度关爱。

---

1. 关于他们的爱情故事，参见第 105 页。
2. 当济慈在罗马逝世时，他的朋友约翰·赛文（Joseph Severn）剪去了他的一缕发丝。"以希腊乐器里拉的形式做一枚胸针——琴弦即用济慈的发丝。"更多关于那枚纪念胸针的信息，参见第

339 页。
3. 在奥德斯门附近，一块黑色的牌匾标记着约翰·卫斯理第一次"感到自己的心出奇地温暖"的地方，卫理公会运动由此开始。
4. 翻阅第 172 页查看更多关于肝脏的信息。

喜剧缪斯

版画家兼讽刺作家威廉·霍加斯曾深受喜剧缪斯塔利亚（Thalia）影响。如今，你可以去参观他在奇斯威克（Chiswick）的乡间别墅来感受他的诙谐精神。热情的中校罗伯特·希普韦（Robert Shipway）于 1901 年买下了这栋房子，并修复了它。他收藏了

霍加斯的作品，并根据霍加斯的版画委托制作了家具复制品。1904 年该地向公众开放。房子顶层有一间研究室，可以通过预约进入。

天文缪斯

在过去的 30 年里，艺术家弗雷德里克·莱顿（Frederic Leighton）在天文缪斯乌拉尼亚（Urania）的帮助下，创造出了伦敦最壮观的房屋建筑。从外观上看，这座位于荷兰公园路（Holland Park Road）的房子很简朴，但当你走进这座"私人艺术宫殿"时，你会看到金色的穹顶、错综复杂的马赛克、伊斯兰风格瓷砖和丝绸壁挂。这座两层楼高的"阿拉伯厅"以喷泉为中心，用来展示莱顿收藏的中东瓷砖，但最宏伟的房间是楼上的一间巨大的工作室，光线源于朝北的窗子。

梦之屋

斯蒂芬·赖特（Stephen Wright）在位于东达利奇的墨尔本路"梦之屋"建造了自己的缪斯们。"新娘"是一位身形巨大的白人人像，身着血红色的婚纱，象征着赖特失去了长期伴侣唐纳德[1]。"失落灵魂的使者"是一位由乌木制作的女神，这座象征"智慧和安慰"的雕塑灵感源自一场梦境。赖特的住所每年有六天按预约向公众开放。每一寸都被废弃物品制作的马赛克覆盖着，包括奶瓶顶部、变形的玩偶、假牙、用过的卷发器、漂流瓶和笔盖。赖特把"梦之屋"遗赠给了国家信托基金。

神圣的房子

达尔文

达尔文和妻子艾玛以及他们的 10 个孩子住在布罗姆利[2]的唐恩小筑（Down House）长达 40 年。找寻他委任建造的滑梯，这是为了他的孩子们可以滑到楼下。

弗洛伊德

1938 年，达利到弗洛伊德家中拜访，给他画了一个螺旋形的头，并惊叹道：弗洛伊德的头是一只蜗牛！他的大脑呈螺旋状——必须要用针才能提取出来！在弗洛伊德博物馆的楼梯平台上寻找这幅画[3]。

桑伯恩

《笨拙》杂志的讽刺漫画家爱德华·林利·桑伯恩去世后，他的儿子罗伊（Roy）把斯塔福德庭院 18 号的房子作为维多利亚时代的公寓保存了下来，里面有威廉·莫里斯的原始墙纸、室内水景花园和印有字母的彩色玻璃[4]。

夏目漱石

日本小说家夏目漱石（Natsume Soscki）1901 年到 1902 年住在克拉彭蔡斯公寓 81 号。翻译家常松塞米（Sammy Tsunematsu）受到了启发把对面的公寓（80b）变成神社。参观并阅读《我是猫》（*Magahai-wa Neko-de aru, I Am a Cat*）的摘录，这本小说让夏目漱石一夜成名。

斯蒂芬斯

在曾经属于亨利·"墨迹"·斯蒂芬斯（Henry "Inky" Stephens）的房子里用羽毛笔蘸上斯蒂芬斯墨水。他的财富建立在他父亲那不可磨灭的"蓝黑色字迹"上，在他死后将他位于东伦敦路的房子和花园[5]遗赠给了芬奇利的民众。

1."新娘"和唐纳德一样患有罕见的皮肤病，斯蒂芬用甘菊乳液处理过。
2.去第 160 页在花园中寻找达尔文。
3.去第 167 页寻找弗洛伊德的狒狒之神。

4.参见第 68 页他的浴室。
5.坐在院子里一张梦幻般的长椅上，旁边是斯派克·米利根（Spike Milligan）的雕像。

文学巨人

佩皮斯④

当塞缪尔·佩皮斯听说一个新发现的岛屿在1683年以他的名字命名时，他认为该岛已经被纳入地图集了。唉，他是一个倒霉的航海家，声称早已被发现的福克兰群岛是他们的新领土。佩皮斯的不朽声誉是由他速记的日记带来的，在日记里他记录了自己的个人生活及所处的时代。他写了10年，这段时间涵盖了伦敦大瘟疫和那场大火，直到他36岁时视力开始衰退才停止记录。这本从未打算出版的日记，在平凡和不朽之间摇摆，展现了极具感染性的对生活的欲望。由于日记的受欢迎程度，失去了他的岛屿之后，佩皮斯在伦敦获得了一条街、一条路、一条新月街区、一座法院和一条人行道，以及几家酒吧和一家自助洗衣店以他的名字命名的荣誉。

约翰逊⑦

鲍斯韦尔（Boswell）在《约翰逊传》（*Life of Samuel Johnson*）中写道："如果他的其他朋友也像我一样勤奋热情，他的一生经历就有可能被详尽记录下来。"尽管如此，鲍斯韦尔确信自己"比任何在世的人"都能更好地捕捉到这位朋友的生活印迹。鲍斯韦尔塑造了我们对传记的看法；他对约翰逊的私生活畅所欲言，并利用一些尖锐琐碎的细节来展现他的个性（比如，一段关于约翰逊为何拒绝扔掉橘子皮的奇怪对话）[1]。"有人说鲍斯韦尔完全写活了约翰逊，"迈克尔·霍尔罗伊德（Michael Holroyd）写道，"也有人说约翰逊被囚禁在鲍斯韦尔的书中。"对托马斯·卡莱尔（Thomas Carlyle）来说，"喋喋不休的波兹"（the babbling Bozzy）"只受到爱的启示"，创造出了一种"自由、完美、阳光照耀"的样子。晒干一些橘子皮，把它们放在考文特花园罗素街8号外面。考文特花园现在是巴尔萨泽的面包房，1763年鲍斯韦尔和约翰逊第一次在此地见面。

伍尔夫⑤

弗吉尼亚·伍尔夫不喜欢别人给她画像，一般只同意她熟悉的人为她画像和拍照。在国家肖像馆31号房间里，你可以看到斯蒂芬·汤姆林（Stephen Tomlin）于1931年为她创作的半身像，由铅制成[2]。当他为弗吉尼亚雕塑时，她的姐姐凡妮莎给她画画。"尼莎和托米，"她写道，"用了六个下午的时间，从两点到四点，他们让我待在那里，盯着我看；我感觉自己快变成一块弯曲的鲸骨。"对弗吉尼亚·伍尔夫最好的描述记录在她的日记里，她从1915年开始写日记，直到1941年去世。她希望这些记录"非常有弹性，可以拥抱我脑海中出现的任何东西，庄严、轻盈或美丽"。

莎士比亚[3]

在一些地方，比如圣约翰门、萨瑟克大教堂或中殿大厅，你可以和莎士比亚进入相同的空间。从环球剧场外的河岸上，你可以看到浮标上的鸬鹚，莎士比亚写了很多关于鸬鹚的东西：他把鸬鹚比作时间，吞噬一切。你可以站在那里，看着鸬鹚吞下整条鱼，你知道——莎士比亚也看到过——这真是太棒了。

——温柔的作家

---

1. 约翰逊："我非常爱它们。"鲍斯韦尔："请问，先生，你拿它们怎么办？"约翰逊："我把它们晾干。"鲍斯韦尔："接下来呢？"约翰逊："先生，你知道它们的命不会长久了。"
2. 塔维斯托克广场上有一座雕像的铜像。参见第412页。
3. 参观位于汉普顿泰晤士河畔的莎士比亚加里克神庙。五朔节的时候，著名演员大卫·加里克（David Garrick）会坐在寺庙里分发"一先令和一个葡萄干蛋糕"给穷人家的孩子们。如今，这座寺庙就是加里克的圣地，在夏天的晚上开放。

品特的风格

诺贝尔奖得主、诗人兼剧作家哈罗德·品特于 2008 年去世。他最为人所知的是他的剧作中"充满威胁"的世界，作品里的停顿增强了对话中的矛盾紧张感。品特年轻时的世界是属于哈克尼的，那时东伦敦的大街小巷都充斥于他的作品之中。

1930 年 10 月 10 日，品特出生在西斯威特路 19 号。2012 年 9 月，他的第二任妻子安东尼娅·弗雷泽（Antonia Fraser）女士为他揭幕了一块牌匾。三扇门之外的纪念碑标记着哈克尼的第一个犹太教堂。

当地的肯宁霍尔电影院建于 1896 年。14 岁时，品特给经营该电影院的、比他年长的女人写了一封情书。但她回信说："年龄大的女人没办法和小孩儿走到一起。"如今，那电影院成为一座埃塞俄比亚东正教教堂。

品特唯一的小说《侏儒》（The Dwarfs）以哈克尼为背景。在克莱普顿池塘，马克（品特的化身）和皮特（品特的同学荣·波西瓦尔）之间的性竞争成为这部小说的高潮。

1963 年，电影《看管人》（The Caretaker）在唐斯路（Downs Road）31 号取景拍摄，现在已经被拆除。主演是阿兰·贝茨（Alan Bates）和唐纳德·普莱森斯（Donald Pleasance），片子由私人投资者投资，包括伊丽莎白·泰勒（Elizabeth Taylor）、艾诺尔·科沃德（Noël Cpoward）和彼得·塞勒斯（Peter Sellers）。

品特过去常常和他的英语老师乔·布里埃利（Joe Brieley）在哈克尼的唐斯（译注：英国英格兰南部和西南部的有草丘陵地）散步，在

KENNINGHALL CINEMA •   • 19 THISTLEWAITE ROAD
31 DOWNS ROAD •   • CLAPTON POND
HACKNEY DOWNS •   • MOSSBOURNE COMMUNITY ACADEMY
RIDLEY ROAD MARKET •   • HASH E8
HACKNEY PICTUREHOUSE •   • HACKNEY EMPIRE

LONDON BOROUGH
OF HACKNEY

诗歌《亲爱的乔》（Dear Joe）中他表达了对这位老师的敬仰之情。他们经常会在以前的音乐台旁停下来交谈。

品特就读的语法学校的地址已被改称为莫斯伯恩社区（Mossbourne Community），他曾在这里编辑校刊并首次登台演出。

里德利路（Ridley Road）仍然是一个热闹的食品市场[1]。在这个街角，一个反犹太团伙向品特身上投掷洋葱，并挥舞着自行车链和破碎的奶瓶包围了他。在朋友吉米·劳（Jimmy Law）的帮助下，他冲出包围，乘一辆经过的无轨电车逃走了。品特对哈克尼这一地方的记忆是"满地都是牛奶吧、意大利咖啡厅、五十先令的裁缝店和理发店"。"Hash E8"是《侏儒》中 Swan 店

的真实存在，朋友们聚在这里讨论哈姆雷特，品尝咸牛肉三明治。

品特逃到哈克尼图书馆寻求安慰；他称之为"生命之泉"。他熟知的这座建筑如今是哈克尼发行公司。他死后，在他的书架上发现了一本被盗的塞缪尔·贝克特（Samuel Beckett）小说的图书馆副本[2]，现已归还。目前的图书馆把品特的剧本和贝克特的放在一起。

品特工作的第一家剧院是哈克尼帝国剧院，至今发展势头依然良好。查理·卓别林曾经在这里登台表演。此处还有一间工作室，被称为"哈罗德·品特工作室"。

---

1. 参见第 373 页。　　　　　　　　　2. 前往第 275 页寻找另一位盗窃书籍的剧作家。

I2I

国家宝藏

有些杰出的人物会以工业级规模被人纪念，通常会有多个纪念牌或庞大的纪念碑。

克里斯托弗·雷恩爵士

"Lector, si entum requiris round spice"[1] 刻在圣保罗大教堂的黑色大理石上，在穹顶中心的正下方。这座建筑本身就是对这位伟大建筑师的纪念。

伊丽莎白·弗莱① （Elizabeth Fry）

没有比出现在钞票上更好的公开宣传方式了。2015年初，市面上流通着 320 000 000 张面值为 5 英镑的钞票，全都印有维多利亚时代监狱改革家伊丽莎白·弗莱的肖像[2]。在你准备用皱巴巴的钞票换取土耳其软糖前，再看看她在纽盖特监狱和囚犯们读书的景象[3]。到格林尼治的住宅区的尽头——伊丽莎白·弗莱家或位于哈克尼的伊丽莎白·弗莱路去端详钞票上的图景，这是一条充斥着涂鸦、距离较短的背街，两边是高墙。

维多利亚女王②

乔治·萧伯纳反对那种"完全的浮夸"，即许多雕刻家把维多利亚女王塑造为一座"巨大的女人像"，而不是"举止果断的小女人"。在白金汉宫外巨大的维多利亚纪念碑中心，你可以看到萧伯纳所厌恶的雕像，然后在维多利亚广场附近找一尊不那么夸张的雕像，它展示了年轻的女王登基之初的样子。

阿尔伯特·韦汀③ （Albert Wettin）

在萧伯纳的驳斥声中，维多利亚女王的身形总倾向于矮小、粗壮，样子极其严肃。要想了解这位女王最惬意的时刻，去看看她 1840 年 2 月 2 日的日记，恰好是她与阿尔伯特·韦汀结婚的第二天[4]："天刚亮（因为我们睡得不多），我看到身旁天使般的美丽面庞，我无法用语言来表达！"阿尔伯特 42 岁去世，维多利亚比他多活了 40 年。女王的爱情从未减退：她的余生都穿着黑色衣服，并着手为她的丈夫建造了许多纪念碑，其中最为奢华的就是海德公园的巨大的镀金纪念碑[5]。樱草山脚下的阿尔伯特亲王路、沃克斯豪尔的阿尔伯特河堤、布里克斯顿冷港巷喧闹的阿尔伯特亲王酒吧也都纪念着阿尔伯特。

大猩猩㉑

西部大猩猩的双名是 Gorilla gorilla。相比之下，西部低地大猩猩被称为 Gorilla gorilla gorilla。盖伊（Guy）是一只西部低地大猩猩，在 1982 年去世之前，他一直是伦敦动物园深受喜爱的居民。他可能脾气暴躁，但动物园里的游客却被他的温柔迷倒：若麻雀飞入他的围栏时，他会把它们抱起来，深情地看着它们，然后放它们走。丹尼尔·里克特（Daniel Richter）是库布里克执导的电影《2001：太空漫游》（2001: A Space Odyssey）的猿人主演兼猿人动作指导，他在动物园里花了很多时间观察盖伊，同时设计和排练了这部电影著名的开场片段[6]。如今，盖伊的崇拜者可以选择三处纪念碑：一座矗立在水晶宫公园里的黑色大理石雕像，它是盖伊在世时在 1961 年建造的；一座在动物园揭幕的盖伊青铜雕塑，以纪念他的逝世。而且，在盖伊死后，他的尸体被谨慎地做了填充制作，捐赠给自然历史博物馆。你可以前去卡多根博物馆参观。

1. "读者，如果你要寻找他的丰碑，请环顾四周。"
2. 当温斯顿·丘吉尔代替伊丽莎白出现在新版 5 英镑钞票上时，她的知名度大大降低。
3. 由伊丽莎白在贵格会的亲戚 J.S. 弗莱父子公司 (J.S. Fry & Sons）制造。详见第 112 页。
4. 维多利亚女王不知道阿尔伯特的姓氏，在他去世之后进行了研究以确定她的继承人的姓氏。他的这支旁支采用韦汀，然而这一名字并未被英国皇室采用。
5. 对阿尔伯特的悼念最为彻底的是狄更斯，他在给一位朋友的信件中询问是否有这样"一个人迹罕至的山洞……在那里关于阿尔伯特亲王的所有记忆慢慢消退"。
6. 前去第 19 页上找到一处外星巨石，它当时没能通过库布里克电影的试镜。

忘却

声名有时也会成为一种负担。试试这些策略，让自己被遗忘。

海葬 ㉒

查尔斯·伯恩（Charles Byrne）期待着被世人遗忘。这位 7 尺 7 高的"爱尔兰巨人"一生皆为世人好奇的对象，他要求在死后被殓入铅制棺材之内并将之沉入海底，以避免日后成为人们好奇的对象。外科医生约翰·亨特（John Hunter）贿赂殡仪馆老板买下其尸体。那座铅制棺材按计划被葬在海里，但里面却并没有他的尸体。你仍然可以在林肯因河广场的亨特博物馆里见到伯恩。他已经在那里站了两个多世纪，尽管越来越多的人要求尊重他本人的安葬意愿。

一览无遗

2000 年，市长肯·利文斯通建议将"从未有人听说过的两位将军"的雕像从特拉法加广场移走，换成更知名的人物。尽管将军哈夫洛克（Hacelock）和纳皮尔（Napier）在伦敦历史上占据着重要地位，但他们已经从公众的记忆中消失了。

选择无名的坟墓

在肖尔迪奇的圣伦纳德教堂的某个地方，两个被遗忘的傻瓜被埋在无名坟墓里：威廉·萨默斯（William Somers）——亨利八世的弄臣，和伊丽莎白一世最喜欢的喜剧演员理查德·塔尔顿（Richard Tarlton）[1]。

使用转移计策

制作一块假的蓝色牌匾来转移注意力。可以到伏尾区（Crouch End）的"假蓝色牌匾公司"，这里会按照你的要求制作。你可以在希尔菲尔德大街（Hillfield Avenue）18 号看到他们的一个成品，那是为了纪念超市手推车的发明者卡斯韦尔·普伦蒂斯（Carswell Prentice）[2]（1891—1964）。同样，在基尤路（Kew Road）312 号，一块不显眼的广场牌匾上写着："1782 年 9 月 5 日，什么也没有发生。"

坚不可摧⑥

布鲁斯·弗雷德里克·卡明斯是自然历史博物馆的一位初级昆虫学家，并写了一篇题为《虱及其与疾病的关系》（*The Louse and its Relation to Disease*）的文章[3]。就这样的一份简历并不能保证作者成为一名伟大的伦敦人，但卡明斯一直在记日记。当他发现自己患有多发性硬化症时，他对自己的恶化情况进行了极其诚实的描述。1919 年这本书在他死前六个月出版，名为《失望者日记》（*Journal of a Disappointed Man*），署名是威廉·尼禄·彼拉多·巴伯里昂（Wilhelm Nero Pilate Barbellion）[4]。

卡明斯的日记记录了一段令人惊讶的旅程，从青少年时期的热情（"我写了一篇关于昆虫生活史的文章，暂时放弃了写《猫如何度过它们的一生》的想法"）到他 28 岁时面对死亡时的态度："没有什么能改变我活着的事实；我一直是我，即使只是那么短暂的一段时间。当我死后，构成我身体的物质是坚不可摧的——而且是永恒的。因此，无论我的'灵魂'遭遇什么，我的遗骸将永远存在，我身上的每一个细胞都坚守着自己的岗位——我仍然参与其中。"

坐在自然历史博物馆的野生动物园里，读着《失望者日记》，想象一下卡明斯环绕在你周围。2007 年这个花园里出现了一种难以辨认的新昆虫，现在是世界上数量最多的昆虫。在梧桐树上寻找红黑相间的"杏仁状虫子"。

---

1. 事实上，塔尔顿的头骨在他死后声名鹊起，因为他被认为是《哈姆雷特》中死去的弄臣约里克（Yorick）的原型。

2. 并没有卡斯韦尔·普伦蒂斯这个人。

3. "我对虱子的了解可能比以往任何人都要多。"他自豪地说。

4. 名字中提到了三个历史上最悲惨的人物，姓氏来自新邦德街 79 号的一家蛋糕店（现在是爱马仕的一家折扣店）。

ISLE岛屿

伦敦是岛民的天堂。从泰晤士河的源头到海边分布着190个岛屿。有些岛屿，例如鳗鱼派岛，有定居者，但大部分岛屿都无人定居且人迹罕至。同泰晤士岛屿（一般被称为艾奥特岛、艾特斯岛）一样，伦敦也有令人头疼的地方，比如说鱼岛，它是哈克尼-维克附近的一个艺术家工作室群，那根本上并非一个岛屿，但确实有着鲜明的独立性[1]。这座城市中有许多独立的区域：一部分与主流社会隔绝的岛国社区，甚至还有几处面积极小的地域，它们都试图从大不列颠联合王国脱离。

岛屿总是会唤起人们对于逃避社会和自力更生的浪漫幻想，另一方面也让人联想到孤立无援的孤独景象。两位文学上最出名的岛上居民出现在首都：丹尼尔·笛福（Daniel Defoe）的标志性作品《鲁滨逊漂流记》（Robinson Crusoe）和乔纳森·斯威夫特（Jonathan Swift）的《格列佛游记》（Lemuel Gulliver），这两部作品的首次出版都是在伦敦。这些极端的情况引起了城市居民和岛民的共鸣：弗吉尼亚·伍尔夫写道，阅读笛福的书让她感到"所有的人类都是孤独地生活在一个荒岛上"。在伦敦，你几乎从来不是一个人，想要找到宁静和安宁是很难的。然而，伦敦仍然可能是一个极度孤独的地方[2]。20世纪80年代，退伍军人汤姆·伍德布里奇（Tom Woodbridge）搬到了首都；他感到如此孤独和不快乐，于是他把自己的名字改成了汤姆·莱帕德（Tom Leppard），身上刺满了豹纹，成为斯凯岛的一名隐士。从根本上说，"与世隔绝"就是"成为一个孤岛"[3]。

伦敦仍在创造新的漂流者。每周荒岛唱片节目都由位于波特兰广场的BBC播送。柯斯蒂·杨（Kirsty Young）在一个想象中的南海荒岛上，将一个装着唱片的小板条箱、三本书、一个客人自己挑选的豪华小摆设，和她的客人们一起沉海。该节目富有感染力的标志性曲调，再加上海浪和鸟鸣的声音，立刻把听众带到了一个白色的沙滩上。但在20世纪60年代，一位耳朵敏锐的听众注意到，伴随这一主题的尖叫声听起来很耳熟。那是鲱鱼鸥的声音：一种耐寒的鸟，从不离开北半球，经常出没于大城市和垃圾场附近。伦敦到处都是。这些海鸥的叫声被及时地抛弃，取而代之的是一种热带候鸟。在你跳岛之前，收听第四频道的节目，注意开场音乐：原来的鲱鱼鸥的叫声现在已经恢复了。当你探索伦敦的小岛时，仔细聆听它们的呼唤。

---

1. 那里其实并没有鱼。这个地区的名字来当地的街道——布里姆（Bream）、罗奇（Roach）、斯米德（Smeed）、莫尼尔（Monier），它们都是淡水鱼。

2. 伦敦最孤独的地方之一是南岸的一条长凳。上面有一块纪念牌匾，上面写着"未知的丈夫，常常是幻想出来的，令人神往，却

从未找到"。

3. "Enisle"是一个漂亮的、现在已被废弃的动词，意思与"隔离"相似。"在无尽的生命之海中（In the sea of life enisl'd）……无数我们这些凡人孤独地生存着。"马修·阿诺德（Matthew Arnold）如是写道。

交通之岛

在离开海岸之前，可前去探索那些位于伦敦城里的岛屿。

蓓尔美尔街和圣詹姆斯街交界处，有一处狭长的交通岛，站在那里去感受一下。据称，这是世界上第一处交通岛的所在地，它于19世纪60年代由皮尔波因特上校（Colonel Pierpoint）[1]构思建立，为那些酩酊大醉的绅士们从酒吧离开时提供一处安全的通道。传说可怜的皮尔波因特因自己的这个创意激动异常，没有看路就从安全岛上走了下去，被一辆路过的出租车撞倒而毙命。当你参观这里时，得走安全岛和人行道之间的斑马线。

接下来，去金丝雀码头，绕道到特拉法加大道。在街道中心，令驾车者感到迷惑的是一棵巨大的金属树，树枝由75组闪烁的交通灯组成。它站在这里是为了代替一株被汽车尾气污染的梧桐树。

不要太依赖于购物中心通往白金汉宫的交通岛。它们是可拆卸的，在有正式国事活动时可被清除。

滑铁卢的IMAX电影院环线[2]是首都环形路口鉴赏协会圈唯一的赢家——年度最佳环岛奖。最佳观赏地点是在远处：滑铁卢大桥的尽头。多花点时间去观察。

搁浅在坎伯韦尔的阿克曼路（Akerman Road）中部的是一艘巨大的混凝土潜艇。从外面看，这艘神秘的大船几乎没有什么特别之处。但是如果你在寒冷的天气再去观察，便能从它的通风口喷出来的蒸汽悟出它出现在此的目的：在它的内部是一个锅炉房，为附近的庄园供暖。

海外领土

还有那些长年经受海风肆虐的海外领地在伦敦城里也占有一席之地。从位于土格罗夫纳街（Upper Grosvenor Street）15号的英属维尔京群岛办事处（British Virgin Island Office）出发，到位于河岸街150号的直布罗陀之家（Gibraitar House），最后在百老汇14号的福克兰之家（Falkland House）结束。福克兰之家定期举办有关福克兰群岛生活的活动和展览。特里斯坦-达-库尼亚群岛（Tristan de Cunha）是英国的领土，也是地球上有人居住的最偏远的岛屿，它在首都并没有设置专门的办事处。

众多岛屿

想要在不离开城市的情况下体验珊瑚环礁上的生活，可以在离古奇街不远的一家古怪餐厅Archipelago预订一张桌子。餐厅提供极具刺激性的异国美食——袋鼠肉串[3]、葡萄叶上的鳄鱼、粉虫鱼子酱等。餐厅内部装饰着印花佛像、矮小的棕榈树和铜锣。

---

1. 皮尔波因特上校的生平历史很难追溯，他在道路历史中所扮演的关键角色可能是一个城市谜题。

2. 在IMAX前寻找"斗牛场"，详见第261页。

3. 去第375页了解一些无法接纳袋鼠肉的伦敦居民。

孤独的伦敦人

　　"这是一座孤独、悲惨的城市，"萨姆·塞尔文（Sam Selvon）所著《孤独的伦敦人》（*The Lonely Londoners*）一文中的特立尼达叙述者摩西（Moses）如是说道。"有些人生活在伦敦，"他告诉我们，"但是，他们不知道隔壁房间里发生了什么，更不知道街上发生了什么，也不知道其他住在伦敦的人们的生活情形。伦敦就是这样一处地方，它被划分成许多小小的世界。"这些话所言非虚，然而着手解决却并非易事。在一个拥有数百万人口的城市里，每个个体对于那些擦肩而过的行人，甚至那些生活在身边的人们来说，又能意味着什么呢？

　　无可避免，有些人会被他人孤立、忽视，就像定期的新闻报道所描述的那样。这些报道描述了那些孤家寡人在家中死去，只有在数周之后，当腐烂的气味或门口堆积如山的宣传单引起他人注意时，他们的尸体才被发现。一个戏剧性的例子是 38 岁的乔伊斯·卡罗尔·文森特（Joyce Carol Vincent），她于 2003 年 12 月死于伍德·格林购物中心（Wood Green Shopping Centre）上方的公寓中，而直到 2006 年 1 月法警为收取拖欠的租金破门而入时才在电视机前的沙发上发现了文森特早已高度腐烂的尸体，但电视机还在播放节目 [1]。

　　上述的这类事件是反映这类社会大问题的极为残酷的例子。2012 年的一项调查发现，超过四分之一的伦敦人"经常或一直"感到孤独。他们之中有一些但并非全部都是独自生活的老年人。这类问题范围极广，不过，在伦敦有许多巧妙的举措可用来对抗孤独，点燃群体意识。

结交朋友

Age UK 经营着一项交友服务，他们一直在寻找新的志愿者。志愿者们可以定期打电话或拜访一位独居的养老金领取者。

书

The Reader Organisation 与图书馆、医院和其他组织合作，每周举办一次读书会，人们聚在一起阅读、讨论诗歌和故事，并互相了解。

下午茶

Contact the Elderly 带着一群老年人参加由志愿者举办的每月一次的周日茶话会。全伦敦都有社区组织，经常会寻找志愿协调员、司机和主持人。

跑步

Good Gym 可以让人们把锻炼和对社区的支持结合起来。慢跑者承诺每周拜访一个在他们跑步线路上的独居的人。

养鸡

HenPower 是一项向退休人员教授养鸡知识的项目，可为退休老人提供一只鸡来照料，并且帮助他们交流关于养鸡的知识，和学校以及其他社区组织共同孵育小鸡。

棚户

The UK Men's Sheds Association 支持老年的男士 [2] 在他们的居住区搭建一个工作室，在那里他们可以定期开展社交活动并且追寻一些实用的兴趣。

> **匿名**
>
> 当我第一次来到伦敦时我不认识任何人，我在大街上穿行数月却没跟一个人交谈过。我发现伦敦的冷漠性非常令人困惑——我不理解为何人们不同彼此进行交流。于是我开始给住在我周围的人们画肖像，讲述他们的故事以此作为一种向他人介绍他们的方式。我每天做这个事情已经超过六年之久了，写了超过 2000 个故事，访问过超过 1500 个人。
>
> ——温柔的作者

---

1. 2011 年的电影《生活的梦想》（*Dreams of a Life*）讲述了乔伊斯·卡罗尔·文森特的生活和死亡。

2. 尽管这个项目最初只是针对男人们进行的创意，但网站已经声明女性和年轻人一样欢迎加入。

平和

在喧嚣的大都市中寻求平和可能是一件非常棘手的事情。这里介绍一些为寻求平和而设计的地方。

神圣的帐篷

圣埃泽布尔加（St Ethelburga's）教堂始建于 15 世纪，历经伦敦大火和闪电战幸存下来，然而却在 1993 年爱尔兰共和军的主教门爆炸案中近乎被摧毁。令人惊讶的是，此后它又被重建为和平与和解中心（Centre for Peace and Reconciliation），并成为伦敦金融城中心地带的休憩场所。老教堂里经常有现场音乐表演，或者你可以去外面的沙特阿拉伯山羊毛帐篷参加活动。教堂的圣水器在爆炸中幸存下来，上面刻有已知最长的希腊回文："*NIΨON ANOMHMATA MH MONAN OΨIN*"[1]。

灵魂音乐

弗吉尼亚·伍尔夫在女王大厅 (Queen's Hall) 听了一场音乐会后，形容它是"一个坐落在伦敦街道中心的小盒子，里面装着纯粹的美丽"[2]。她被伟大音乐的魅力所吸引，并对听众们发表了评论："所有人看起来都那么平凡，但一起听音乐时仿佛他们就不平凡了。"伍尔夫也是威格莫尔庄园的常客。跟随她的脚步，在周一午餐时间的音乐会上欣赏那振奋人心的弦乐四重奏，每周在 BBC 广播 3 台播出。此外，每周在田野圣马丁、圣詹姆斯－皮卡迪利大街（St James's Piccadilly）和圣奥拉夫大街（St Olave's）都有免费的午餐音乐会。

安全的避风港

Jamyang 是一个佛教禅修中心，坐落在大象堡附近的一座维多利亚时代的旧法院大楼里。直到 1990 年，这栋建筑一直是一处安全级别最高的法院，并曾是克莱兄弟（Kray brothers）的住所[3]。Jamyang 在拍卖会上买下这栋建筑后，把法庭上的防弹玻璃面板拆了下来，把它改造成了一处神龛室，室内在原先法官落座的地方供奉着一尊高达 9 英尺的佛像。Jamyang 在这里上课，任何人都可以进入这处古老的、高度安全的院子，去里面宁静的花园咖啡馆坐坐。

友人聚会

在伦敦西区繁华的圣马丁巷（St Martin's Lane），一扇看起来异常坚固的大门上刻着"友人聚会之家"（Friends Meeting House）的字样。贵格会的会议在街道上方的一间空房间里举行，长达一小时的仪式在绝对的寂静中进行，除非有人受到感动想发表感言。他们对所有人开放，如果你想寻求一处寂静之地，很少有地方能与之匹敌。伦敦到处都有这种团体[4]。

和平花园

帝国战争博物馆旁边是一处弥漫着小茉莉花香味的花园，它致力于维护世界和平。它的中心是卡拉卡克拉曼荼罗（Kalachakra Mandala）的青铜铸像。在它的周围摆置着八张禅修椅，在上面坐下静心：每一张椅子代表着八正道其中一支[5]。

---

1. "净化我的罪恶，而不仅仅是脸。"
2. 女王大厅在闪电战中被摧毁。
3. 前往第 275 页与克莱兄弟碰面。
4. 邦希尔墓园的礼拜堂就在贵格会公墓旁边，自 17 世纪以来，成千上万的信徒被埋葬在这里，包括他们的创始人乔治·福克斯（George Fox）。欲知详情，见第 112 页。
5. 正见、正志、正语、正业、正命、正精进、正念、正定。

宁静

如果你厌烦了人群与陪伴，以下有一些宁静之地供你选择。

悬浮舱

若是想要追求完全的独处、摆脱一切的感官意识，那么几乎没有什么方式比在悬浮舱里待上一个小时更加有效。你走进一处巨大木屐形状的塑料舱，关掉灯，躺在 10 英寸深的温暖的浓盐水上。这可能是在伦敦范围内最接近回到母体子宫感觉的地方。城里面有几个这样的中心，包括 Floatworks、Floatopia 和 London Float Centre。

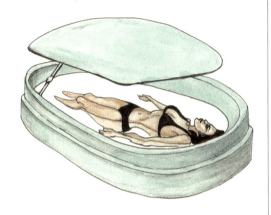

豆茎

在汉普斯特德西斯一棵高大的山毛榉树枝上沉思，吉米·亨德里克斯（Jimi Hendrix）喜欢爬上树枝眺望整座城。要想找到它，往中央运动场和红砖高架桥之间的那条小路前行。你也可以攀爬这棵树，攀登者们称之为"豆茎"，"茎"上面布满了规律的、可靠的着手处[1]。到达树顶后，便无外界的纷纷扰扰，你可以一边用尤克里里弹奏《Voodoo Chile》，一边俯瞰荒野的美好景象。

河岸

在蒙塔古近旁的萨瑟克大教堂后面有一处很好的河边角落，那里有一排雕花石椅。如果你一早过去，就有可能独享此处。赶早上七点半伯勒市场的集市，在蒙茅斯咖啡（Monmouth Coffee）开门的时间喝上一杯热腾腾的咖啡，然后坐在河边的长椅上，感受城市苏醒的那一刻。墙壁上刻着沃尔特·雷利爵士（Sir Walter Raleigh）的名言：

> "这世间有两样东西很难有他物与之匹配／一个是天上的太阳，一个是地上的泰晤士河。"

红色艺术馆

泰特现代美术馆（Tate Modern）每年吸引 500 万游客，它绝非一处孤僻之处。如果方便的话，你可以在工作日早上的营业时间去，直接去罗斯科馆（Rothko Room）[2]。这些画皆呈青紫色，由丰满的红色和黑色矩形构成，边缘呈毛绒状。坐在灯光昏暗的画廊中央的长椅上，你可以想象一下置身于鲸鱼肚子里的感觉。罗斯科说，他希望参观者们能感受到"被困在一处门窗封闭的房间里的感觉"。

码头

伦敦是一座废弃的码头之城。当你沿着泰晤士河漫步，请留意一下那些被遗留于河水中行将腐烂的码头[3]。最完好且最长的一部分位于伊利斯。为了避免占用太多的泰晤士河空间，这条 100 米长的混凝土人行道呈回旋状：笔直地向前延伸，然后急剧地向后弯曲。在码头尽头的小屋享受那份孤寂，在那里你可以在河水中钓到比目鱼、鞋子和银鳗鱼。

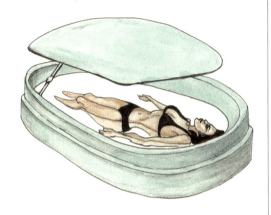

I ——

---

1. 主要的挑战是到达离地面 7 英尺高的第一根树枝。如果你掌握跳高的技巧，可借用木杆作为支撑。
2. 马克·罗斯科（Mark Royhko）受西格拉姆饮料公司委托创作了一系列壁画，但与委员会有些小摩擦，最终把其中几幅画捐给了泰特现代美术馆，条件是这些壁画必须单独在一个房间里展出。
3. 前往第 393 页寻找这个城市最古老的、正在腐烂的码头。

泰晤士群岛

"被困在荒岛上的梦想如今仍然具有巨大的吸引力，"J.G.巴拉德在《混凝土岛》（*Concrete Island*）一书中这样开始了他的序言，那是一部 20 世纪版的《鲁滨逊漂流记》[1]。这本书讲的是一个男人的故事，他的车在通往伦敦西部的高架 A40 主干道坠崖。没有目击者，他发现自己被困在一片灌木丛生的地面上，上面的车辆根本看不到下面的情况，他也无法爬过陡峭的砾石路堤回到公路上。他必须靠自己的智慧在高速公路地下通道找到赖以生存的资源。独自生存的生活境况愈加恶劣，然而他却开始享受这一切，就像《鲁滨逊漂流记》的现实原型人物亚历山大·塞尔柯克（Alexander Selkirk）在智利海岸外的马岛（Mas a Tierra）生活期间感到满足[2]一样。马岛后来被智利政府改名为鲁滨逊漂流岛[3]（Robinson Crusoe Island）。

不可否认，仅靠着汽车储物箱和后备箱里的东西来支撑，为自己建立一种新的生活方式，这不失为一个浪漫的想法。正如巴拉德所说的那样，如今的鲁滨逊不再需要环游世界去寻找陌生的海岸。如果你暗自梦想着开始一段与世隔绝的生活，那就去泰晤士群岛吧。泰晤士黑暗的海洋中散布着众多古老的小岛，而伦敦大岛的内部还隐匿着更为奇异的地方。在这张地图上，有各种各样的岛屿：有的岛屿有警戒部队驻守，有的则已被遗忘；有的领土归属尚有争议，有的毅然成为一个微型国家；有的岛屿是天然形成，有的却是填海造就。

泰晤士岛屿

奇西克岛

英国只有 43 个潮汐岛。它们时而与大陆相连，时而与大陆分离，通常被视为圣地。奇西克岛（Chiswick Eyot）是伦敦的圣岛[4]。退潮时去，你可以慢慢地穿过河底去探索。涨潮时，泰晤士河完全吞噬了它，只留下树梢露在外面。2010 年，奇西克岛来了一位苦行者：一位名叫尼克的退休老人在那里住了六个月，他在户外生火做饭，睡在一张临时搭建的网状吊床上，吊床悬挂在水面上。"我已经获得了自由，"他告诉 BBC 记者，"如果大多数人必须在岛上和银行或政府机构之间做出选择，他们会说，'哦，我选择岛屿！'"在一个晴朗的夜晚，带上打火石和吊床，像尼克这样生活。

艾尔沃斯岛

艾尔沃斯岛（Isleworth Ait）最有名，因为这里是莫格登污水工程的排水口[5]。同时，该岛也是一处重要的野生动物保护区，是英国最后几处能找到双唇门蜗牛和德国毛蜗牛踪迹的地方。双唇门蜗牛是一种美丽的会呼吸空气的软体动物，有着紧密缠绕的高尖壳。德国毛蜗牛是一种不太优雅的动物，它壳上的毛使它出汗，并产生更多的黏液。这处狭长的岛屿只有乘船才能到达，但是可以通过伦敦野生动物基金会安排参观。打电话给他们，安排一次与软体动物的会面，或者到豪恩斯洛分部做志愿者支持岛上的保护工作。

---

1. 自从笛福创造了鲁滨逊，他的形象就在整个伦敦蔓延，在巴拉德的小说中转世，最近又在帕特里克·凯勒的电影《伦敦》、《太空中的鲁滨逊》（*Robinson in Space*）和《废墟中的鲁滨逊》（*Robinson in Ruins*）中表演旁白。参见第 289 页了解详情。
2. 理查德·斯蒂尔（Richard Steele）在与塞尔柯克交谈后写道："他的夜晚无忧无虑，他的白天充满欢乐，这得益于节制和锻炼。"塞尔柯克在离开英国八年之后回到了伦敦；他并没有安定下来，而是再次乘船沿西非海岸进行反海盗巡逻。

3. 令人觉得困惑的是，塞尔柯克从未去过的邻近岛屿被重新命名为亚历杭德罗·塞尔柯克岛。
4. 在 7 世纪，圣卡斯伯特（St Cuthbert）会涉水离开诺森伯兰郡（Northumberland）的圣岛，整夜在冰冷刺骨的北海祈祷。据可敬的圣比德说，水獭会呼气并用皮毛把卡斯伯特的脚擦干。
5. 参见第 56 页。

鳗鱼派岛

现在是时候恢复"鳗鱼登陆"的仪式了，这一传统始于16世纪，当时亨利八世爱上了梅奥夫人（Mistress Mayo）做的鳗鱼馅饼。他要享用她每一季在岛上厨房做出的第一个馅饼，特威克纳姆的高级船员会沿着河把馅饼送到他的宫殿。随着时间的推移，君主们不再要求这种皇家特权，到19世纪初，这种仪式已经消失了。如今，该岛是艺术家们的家园[1]。你可以在开放的周末参观他们的工作室，任何时候都可以乘船或步行到岛上。当你去的时候，带上一个鳗鱼派[2]。然后从里士满乘船到威斯敏斯特，把馅饼运往白金汉宫。

奥利弗岛

在奇西克河岸的公牛头酒吧（Bull's Head pub）点一杯啤酒，然后寻找连接它和附近奥利弗岛（Oliver's Island）的地下隧道。奥利弗岛以克伦威尔的名字命名，人们一度认为克伦威尔曾在那里避难。而如今，几乎没多少人会这样认为，包括克伦威尔曾在地理位置优越的公牛头酒吧进行过军事行动这一说法。这家酒吧声称其营业场所内并没有地道。

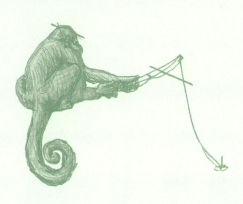

猴岛

这座坐落在伊顿的岛屿名字来自一个古老的僧侣群体，而并非猿类。然而，马尔伯勒三世公爵（the third Duke of Malborough）在18世纪早期建造亭台时终究还是添加了一些关于猿猴类的元素。在被称为猴岛酒店

的露台上，喝杯茶，吃块香蕉蛋糕，然后去参观猴屋。其迷人的壁画上展示了猴子钓鱼、打猎和吸烟的场景。H.G.威尔斯（H.G.Wells）和丽贝卡·韦斯特[3]（Rebecca West）是这里的常客。

乌鸦岛

如果你正在计划一项隐蔽的、私人的活动，乌鸦岛是你最好的选择。你可以把整个岛都租下来，在那里边喝酒边聊天。另一种选择是，你可以尝试和平接管该岛，就像2009年的那群占有者所做的那样，为人民收复领地。他们试图在岛上建立一个社区中心，但却被警察驱逐。如果你不想被人发现，那就去占领泰晤士河沿岸其他无人居住的小岛吧。

青蛙岛

青蛙岛并非两栖动物的天堂之所在。它得名于拿破仑战争期间被用作法国囚犯的拘留营，如今是废物管理公司的所在地。[4]你可以在附近的雷纳姆沼泽地找到真正的池塘生物。这处中世纪的沼泽地以前是军队的射击场，现在归皇家鸟类保护协会所有，到处都是小径和自行车道。寻找千鸟、游隼和田鼠，然后参观雷纳姆最出名的水上居民，从沼泽地边缘蒂尔达大米工厂的停车场可以清楚地看到他。那是一座中空的金属雕像，是一名20世纪早期的码头潜水员手持一顶金属潜水头盔。这个15英尺的雕塑是由约翰·考夫曼（John Kaufman）发起建造的，最初是由他自己出资，目的是纪念那些不知名的蛙人。潜水员就像柳条编织匠人一样，掌管着水下的条条线路，他们戴着铜头盔，穿着帆布套装和沉重的靴子，在泰晤士河下辛勤劳作，清除河底的障碍物，检查快艇和护卫舰的水下舱底。

1. 20世纪60年代，鳗鱼派岛再次声名鹊起，因为它出人意料地成为伦敦节奏布鲁斯（rhythm and blues）舞台的中心。戴维·琼斯（Davide Jones）在成为鲍伊（Bowie）之前曾在那里演奏，滚石乐队（Rolling Stones）于1963年在该岛定居。

2. 前往第181页了解鳗鱼贩子的生活，或者在第129页了解钓鱼。
3. 在韦斯特写了一篇关于威尔斯的尖刻文章后，他们开始了一段充满激情的恋情。
4. 青蛙岛的设施将垃圾转化为燃料，参见第47页。

OLIVER'S ISLAND

BADRIC'S ISLAND

THE THAME

MONKEY ISLAND

RAVENS AIT

ISLEWORTH AIT

EEL PIE ISLAND

CHISWICK EYOT

RCHIPELAGO

BEORMUND'S ISLAND

FROG ISLAND

ISLE OF DOGS

PRINCIPALITY OF SEALAND

NEY ISLAND

人工岛屿

索尼岛

索尼岛（Thornery Island）建好后，被重新划分入城内，如今已经不复存在。威斯敏斯特宫和威斯敏斯特大教堂都建在这座神圣的小岛上。一些编年史家声称，正是在这里，克努特国王（King Cnut）[1] 坐在水边的宝座上，向朝臣们展示了他无法驾驭潮汐的谦卑。现在，岛上的记忆只保留在奥尼街的名字里，这是军情五处（MI5）后面一条简朴的小巷。在对岸的塔墨西斯码头（Tamesis Dock)俯瞰失落的岛屿，这是军情六处（MI6）附近的一家色彩斑斓的游艇酒吧。

博蒙德岛（Beormund's Island）

虽然"Bermondsey"的名字表明它可能曾经是泰晤士河上的一个岛屿，但许多考古学家认为它并没有完全与大陆分离。然而，该地区也有一个臭名昭著的岛屿：雅各布岛。它被愚沟（Folly Ditch）环绕，是一个臭名昭著的贫民窟，狄更斯曾把它作为比尔·赛克斯（Bill Sikes）死亡的地方。穿过沙德泰晤士河畔的仓库改建区，在内克金厄河（River Neckinger）[2] 河口停下来阅读《雾都孤儿》——也是雅各布岛的旧址。在那里，可以看到停靠在雷德码头的游艇，通过一处狭长的防波堤与海岸相连接起来。这是一处历史悠久的河流社区，以其壮观的船顶花园而闻名，如今却面临着被议会驱逐除外的威胁。

巴德里奇岛

美国人正在巴德里奇岛（Badric's Island）建立一座大使馆，更广为人知的名字是巴特西。浮木、猩藻、宝藏和沉船的碎片被潮水冲刷到巴西特岛的岸上。每个星期天的早上，当地人都会从车中取出这些意外之物进行交易[3]。加入他们的队伍，拾取箱柜、碎皮和珍奇异兽的角。

狗岛

狗岛（Isle of Dogs）到底是一个岛屿还是半岛这个问题引发了一些争论。"Pen-insulai"字面意思是"几乎算是岛屿"（almost-island）：这种说法令人摸不着头脑。如今南码头几乎把大陆和狗岛隔开。沿着泰晤士河南岸的小路从罗瑟希德走到千禧穹顶，欣赏该岛及其摩天大楼的景色。金丝雀码头是狗岛的主要港口，因英国和加那利群岛（Canary Islands）之间的水果贸易而闻名[4]。

识图

《泰晤士河群岛》（The Thames Archipelago）把伦敦翻了个底朝天。这个伦敦城的北岸是泰晤士河的南岸，南岸则是北岸。伦敦是一个岛屿，它的郊区变成了它的市中心。泰晤士河成了一个拥有特殊群岛的环海。米德尔塞克斯悬崖和萨里山与城市的边缘，现在交会在一个中央山脉。这种风格的灵感来自金银岛（Treasure Island）早期的航海图和地图。中间坐着的是鲁滨逊·克鲁索。

---

1. 前往第 398 页去查看克努特。
2. 河上绞刑架得名于"魔鬼领巾"，指的是过去海盗常在河边绞刑架上被施以绞刑。
3. 巴特西汽车尾厢集市在哈里斯学院的操场上举行。
4. 巧合的是，西班牙群岛的名字来自拉丁语"Canariae Insulae"，意思是"狗岛"。

微型国度

西兰公国

西兰公国官方座右铭是 "E Mare,Libertas." 意为：源于大海，自由。西兰公国位于 "二战" 时期英国海军的堡垒的泰晤士河口，是由两条混凝土墩支起的平台。一名退役军人同时兼具海盗电台播音员身份，在 20 世纪 60 年代占领该地并宣布其为独立国家，但英国从未承认过其主权，甚至摧毁了该地区剩余的堡垒，以阻止西兰公国的扩张。目前还没有从伦敦到西兰公国的直达航班或船只，但你可以在网上购买西兰公国的身份证和贵族地位。

可爱王国

在什么情况下，一档电视节目制作创意竟然能超越它的初衷，并在世界范围内产生巨大的影响？喜剧演员丹尼·华莱士（Danny Wallace）在拍摄 BBC 一档关于如何创立一个新国家的节目时创立了 "可爱王国"（Kingdom of Lovely）。他宣布他的东伦敦公寓是一个独立的国家，邀请市民在网上注册，并获得了相当多的追随者。华莱士要求得到联合国和欧洲歌唱大赛的正式认可，皆被拒绝。带上你的护照，试着去参观位于老布莱恩特与梅火柴工厂[1]的可爱王国，它位于鲍区（Bow）内的一个封闭社区。

弗雷斯托尼亚共和国

1977 年，位于诺丁山[2]弗雷斯顿路（Freston Road）的居民们试图脱离英国，建立自由独立的弗雷斯托尼亚共和国。为了在面临被驱逐的威胁时混淆市政官员的视听，居民们都取了布拉姆利（Bramley）的姓氏，这样他们就能作为一个家族要求被重新安置。弗雷斯托尼亚后来重新加入了工会，但这个社区仍然存在，由布拉姆利住房合作社（Bramleys Housing Cooperative）管理。到弗雷斯顿路和奥拉夫街的交会处去看看弗雷斯顿人民大厅的标志，查阅托尼·斯利浦（Tony Sleep）的纪录片。

奥斯坦亚

被威克斯兰王国这样一个位于加拿大马尼托巴（Manitoba）省的微型王国承认主权并非什么了不起的事情。不过，对于奥斯坦亚帝国来说，这是一个重要的里程碑。奥斯坦亚帝国位于伦敦南部，距离克罗伊登宜家（Croydon IKEA）不远。奥斯坦亚于 2008 年由一对父子创立，自那以后经历了 9 个政治时代。它由伦敦南部的几所房子和 M25 公路以外的几个 "皇家属地" 组成。你可以在网上申请荣誉公民身份或者联系秘书长安排外交访问。

梅菲尔的南斯拉夫

克拉里奇酒店（Claridge's Hotel）是 "二 战" 期间被流放的南斯拉夫皇室的基地。1945 年 7 月 17 日，应丘吉尔的要求，212 号房暂时割让给南斯拉夫，以便亚历山大王储能在自己的领土上出生。考虑储备罐头食品，预订一间套房，并把它作为你自己的微型领土。

皮姆利科

在 20 世纪 40 年代末，皮姆利科（Pimlico）的居民发现一篇古代论文，证明该地区合法属于勃艮第（Burgundy）。他们脱离了英国其他地区，皮姆利科很快成为黑市商人的避风港。英国和勃艮第人之间的关系变得尤为紧张，以至于该地区最终被铁丝网封锁。观看 1949 年的伊灵喜剧《到皮姆利科的护照》（Passport to Pimlico），然后乘坐维多利亚线前往伦敦唯一的勃艮第哨站。在沃里克路（Warwick Way）上的米尼翁咖啡馆（Cafe Mignon）品尝巧克力面包，然后去拜访海豚广场（Dolphin Square），这是一座装饰艺术风格的公寓楼，是 "二战" 期间自由法国的总部。

---

1. 参见第 81 页和第 173 页。　　　　　　　　　　　2. 诺丁山有一项高尚的分离主义传统。参见第 418 页。

独立社区

鲍区的布罗姆利中心

到鲍区的布罗姆利中心的咖啡厅喝杯茶。这是一家杰出的慈善机构，自 1984 年以来，该机构一直致力于改变社区，为其最弱势的成员提供一站式的支持和服务。该中心的口号是"假定这是可能的"，而他们的目标是"将'被剥夺'的标签从鲍区的布罗姆利移除"。你可以在安德鲁·莫森（Andrew Mawson）的《社会企业家》（*The Social Entrepreneur*）一书中读到它的创立和成长故事。

格罗希斯罗

在伦敦首座机场附近的一小块空地上，是一处远离电网的农业社区。格罗希斯罗社区（Grow Heathrow）成立于 2010 年，是为了抗议机场的扩建，灵感来自"过渡城镇"运动[1]。社区自己发电，种植他们所能种植的植物，并从垃圾中回收剩余的食物。欢迎游客参加周四的"社区工作日"，或者在此停留两周。

诺伍德的拉尔舍

20 世纪 60 年代，由简·瓦尼埃（Jean Vanier）在法国创建的国际拉尔舍社区为有学习困难的成年人融入社区生活提供了一个鼓舞人心的模式。志愿者与有学习困难的居民一起住在合租的房子里，度过一年或更长时间。这让他们有了一个充满活力的、自主的生活。更多详情请访问诺伍德大街上的朗伯斯社区商店，这家商店出售居民制作的产品。社区欢迎志愿者。

邦宁顿广场

离繁忙的南朗伯斯路几米远，邦宁顿广场（Bonnington Square）是沃克斯豪尔中心的一片田园之地。在被指定拆除后，这些房屋在 20 世纪 80 年代被遗弃。后来，私占者成员组成了一个住房合作社，并从朗伯斯市议会购买了这些房产。该地区保持着独立的精神，仍然在旧厨房的位置上经营着一家社区咖啡馆。邦宁顿咖啡店是一家廉价的素食餐厅，每天晚上都有不同的厨师团队，为客人提供令人着迷且不定性的烹饪风格和质量。订一桌餐饭，看看会发生什么。吃完饭后，在广场上走走，欣赏那些古老的浴池和装满植物的垃圾箱。如果你喜欢这里的氛围，你可以自愿和社区一起做园艺或烹饪。

卡尔特修道院

位于法灵顿中心的古卡尔特修道院（Charterhouse）仍然是一个功能齐全的济贫院，为 40 位老人服务，它也被称为"Brothers"（兄弟会）。最初是为不幸的受害者所创立的——那些受伤的士兵、破产的商人和遇到海难的船长——"Brothers"如今仍然有准入标准。参观活动只可由导游带领。

---

1. 过渡城镇布里克斯顿启用了他们自己的流通货币，详情参见第 191 页。

船

干船坞

在他的军舰顶部，纳尔逊（Nelson）正看向朴次茅斯（Portsmouth）。他的视线所及之处皆是船舰的微缩模型，排列在林荫道两旁的灯柱上。

坐在伯勒市场的尼禄咖啡馆（Caffe Nero）的皮制扶手椅上，俯瞰位于甲板上的金鹿号（Golden Hinde）船舰的复制品[1]。你可以在中殿大厅看到真实的金鹿号船舰：以前的舱口盖已经变成了一张小桌子。

哥伦布前往北美乘坐的"圣玛利亚"号船的模型。河堤上的新哥特式建筑"双圣殿"就是圣玛利亚号的风向标。

在科迪码头（Cody Dock）花园的达克兰社区军舰（Docklands Community Boat）上喝茶。科迪码头位于利河下游，以前是一家煤气厂，现在正被改造成艺术家的工作室和展览室。

在苏默斯小镇（Somers Town）圣尼古拉斯公寓（St Nicholas Flats）外的白色柱子上，有一些金色的小船。圣尼古拉斯是水手们的守护神。

周六下午去参观基尔伯恩的锡制帐篷。这座波纹铁皮的圣公会教堂内掩藏一座战舰炮台，该炮台由已经拆解的伦敦公共汽车改造而成，被海军学员用于训练演习。

人们很容易将理查德·威尔逊（Richard Wilson）的作品《现实的切片》（Silce of Reality）误认为是一场工业事故的遗留。在 2000 年，这位艺术家将 85% 的旧挖沙船体搬移，并把剩下的那片船体放了千禧巨蛋（Millennium Dome）旁边的泰晤士河的前滩。

利伯蒂（Liberty）百货公司的风向标是一艘精心复制的"五月花号"轮船（Mayflower），这艘船曾载着清教徒祖先前往北美。商店本身是由船只组成：它的仿都铎式外观是由皇家海军舰艇"印度斯坦号"和"坚不可摧号"的木材制成。利伯蒂的规模也如同一艘船那么大：它在马尔伯勒街的正面和印度斯坦号的船体一样长。

漂浮

船只和建筑物不太一样，它没有地址。为北纬 51º28' 51.39 " 西经 0º10 ' 8.51 " 设定一条航线，在位于阿尔伯特（Albert）和巴特西大桥之间的泰晤士河西段行驶，寻找库伯艺术馆（Couper Collection）。这处现代艺术画廊位于一群旧驳船上，只有提前预约才能参观。

在小威尼斯的水边咖啡馆吃午餐，这是位于沃里克大道（Warwick Avenue）附近的一处迷人的水上船屋，店名便令人神往。

你可以在网上搜索一下"水上书店"（Word on the Water）这座漂浮在海上的书店的最新位置。这座可移动的奇迹书店里有一只狗和一个炉子，偶尔会在屋顶上举办现场音乐会。

其他的流动船只包括"Village Butty"（村里的伙伴），这是一个社区大厅，举办运河边的活动。还有"Stormvogel"（海燕），这是利河上的一家药店。

巴特西驳船位于潮水工业园区（Tideway Industrial Estate）后方，若是步行很难找到它。去那里看喜剧和歌舞表演之夜，欣赏泰晤士河沿岸通往发电站的美景。

两艘军舰停泊在伦敦市中心：
你可以参观和探索贝尔法斯特号皇家海军舰艇，它曾在"二战"和朝鲜战争中服役，现在停靠在伦敦大桥旁边。通往该船的人行道于 2011 年坍塌沉入河中，如今已被更为坚固的结构所取代。

---

1. 详见于第 144 页的夜生活。

皇家海军舰艇总统号在第一次世界大战中是一艘反潜式 Q 舰艇，如今已成为维多利亚河堤上的一艘派对船，可供私人租用[1]。为了纪念这场战争 100 周年，2014 年，它被精心设计的炫目迷彩所覆盖，至今你仍然可以看到。这种技术——将船漆成明亮的互锁形状——模糊了船的轮廓，使其更难被发现及攻击。这也让它们看起来像现代主义的艺术品。

囤货

在起锚前，在亚瑟比尔（Arthur Beale）杂货店购买一些船钩和猴拳结。亚瑟比尔是目前仍在沙夫茨伯里大道（Shaftesbury Avenuue）上经营的旧游艇杂货店[2]。该公司以绳索制造起家，并曾为高山俱乐部的珠峰探险提供绳索。

伦敦船长爱德华·弗农（Edward Vernon）发明了格罗格酒，这种酒是海盗和老水手们最爱的烈酒。如今，水手们已经很难买到这种酒，但你可以在国王十字车站旁边的 VOC 酒吧点上一杯华丽佛手柑格罗格（chichi Bergamot Grog）。如果这对你那海盗般的味蕾来说远远不够的话，可以用朗姆酒、水和柠檬汁调制出适合你口味的酒，在对面

格雷酒馆和本顿维尔路的交叉路口小酌一杯。身后的建筑物顶端就是神秘的国王十字灯塔。一些人认为，这座建于 14 世纪的灯塔是为地面上的一家牡蛎餐厅做广告而建的。

音乐

振奋人心的水手歌可以有效地提高士气。确保你的衣兜里装有一些关于捕鲸和航行的歌曲，也可伴随着特拉德学院水手唱诗班的音乐出海，这是一个富有激情的非视听机构，于每周四晚上在克莱普顿的圆形教堂里进行排练。

出航

脚踏船是一种非常低效的交通方式，但它是锻炼身体肌肉的绝佳方式。在水晶宫、维多利亚公园、海德公园或摄政公园等地都能搜寻到脚踏船的踪迹[3]。

乘坐汉默顿步行渡轮横渡泰晤士河，这条渡轮连接着哈姆别墅（Ham House）和大理石山之家（Marble Hill House），是两处向公众开放的惊为天人的地产。这艘渡轮是家族经营的私产，从 1908 年开始运营。现在运行的船叫作"心灵的宁静"；你可以在道克兰博物馆

（Museum of Docklands）里看到原始的船只。

在斯托克-纽因顿西部水库（Stoke Newington's West Reservoir）学习航海航行。这个地方以其生活的鸟类而闻名：当心鸬鹚、鸣鸟、红鸭子和琵嘴鸭。

受到了"皇家海军舰艇总统号"炫目伪装的启发，莱姆豪斯港（Limehouse Basin）的 Moo 独木舟商店出租涂有黑色斑点的白色皮划艇，看起来像母牛牛皮。

你必须按铃通知谢伯顿号的船长你要去威布里治渡口（Weybridge ferry）。要警惕：在《世界大战》（The War of the World）中，等待登机的人群就在这里被火星人蒸发了[4]。

在里士满桥游船中心（Richmond Bridge Boathouses）租一艘划艇，沿着皮特沙姆公园（Petersham Meadows）的野生河岸逆流而上。继续寻找泰晤士河的源头；或者，如果厌倦了漂流生活，就让水流把你送回城市。

---

1. 它以举办一些低俗之夜而为人所知，详见第 73 页。
2. 他们还制作和供应戏剧索具，地点在伦敦西区的中心。
3. 去第 10 页寻找一位坐在天鹅脚踏船的精神学及地理学学家。
4. 前往 413 页去了解更多入侵的外星人。

FROM: NORTON,
MOLE MAN'S HOUSE,
MORTIMER ROAD, N.1.

16 MARCH 2015

The first duty of any true Londoner is to secure
the means of escape. Cultivate an exit
strategy.

I infiltrated the eccentric system of
burrows beneath the Mole Man's house,
hoping to find the Hackney Brook. To float
out. Tunnels were blocked. My cabinets of
subterranea literature. Mental travelling.
Books as maps.

Henry Eliot &
Matt Lloyd-Rose.
Flat 2,
395 HANLEY ROAD,
LONDON N.4

JUVENALIA 少年

伦敦的精灵极为少见，而且是出了名的难抓。唯一一处精灵囚禁处是肯辛顿花园（Kensington Gardens）西北角的一个笼子。去看看它们在粗糙的橡树桩上爬来爬去的样子吧 [1]；Groodles 和 Grumples 是最容易被人发现的，因为它们大部分时间都在睡觉。肯辛顿花园是伦敦最迷人的地方之一。和精灵一样，这个公园也是彼得·潘的故乡。在飞往梦幻岛之前，彼得出现在了詹姆斯·巴里（J.M. Barrie）所著的《肯辛顿花园的彼得·潘》（*Peter Pan in Kensington Gardens*）中，讲述了一个小男孩为了和小鸟一起生活而离家出走的故事。如今你可以在公园里看到他的雕像，在精灵橡树旁边有一个彼得·潘游乐场，里面有海盗船、棚屋和一群傲慢的家伙。

彼得决心不长大，如今他仍然活跃在伦敦这座城市里。1929 年，巴里将"小彼得·潘"的版权转让给了大奥蒙德街儿童医院 [2]（Great Ormond Street Hospital），从那时起该医院就获得了该电影和话剧的所有版权费用。现在，医院门口有一座彼得和婷科·贝尔（Tinker Bell）的雕像，你可以预约参观，纪念彼得·潘。

与彼得不同的是，不管我们喜不喜欢，大多数人都要成长。但这并不一定是件坏事——近乎完美的保姆玛丽·波平斯（Mary Poppins）向我们展示了如何在任何年龄阶段重新找回童年快乐的方式。她的创作者 P. L. 特拉弗斯（P. L. Travers）说："我们不知道童年从哪里结束，成熟从哪里开始。这是一个解不开的结。"特拉弗斯住在切尔西的史密斯街 50 号，那里是樱桃树街（Cherry Tree Lane）的原型。在附近，玛丽遇见了火柴人伯特（Bert the Match Man）[3]，他正在人行道上画粉笔画。作为她外出时的馈赠，伯特将玛丽画入画中，你也可以这样做。找到你内心深处的孩子——或者一个真实的孩子——和一盒粉笔，在人行道上画一幅画，穿过它走进你梦想中的伦敦。

奇迹之屋

那些总是作出口头承诺的父母应该带孩子们去参观博物馆，让他们看到所有的东西是多么奇妙。博物馆是一个充满奇迹的地方。

——欧文·芬克尔（Irving Finkel）

---

1. 20 世纪 90 年代，斯派克·米利根（Spike Milligan）领导了一场修复精灵橡树（Elfin Oak）的运动。这是一棵古老的橡树树桩，上面雕刻了 20 世纪 20 年代的童话人物。后来它出现在平克·弗洛伊德乐队的《乌玛贡马》（*Ummagunma*）专辑的封面上。
2. 医院的第一个病人是三岁的伊莉莎·阿姆斯特朗。她的肺痨被牛奶、葡萄酒和牛肉浓汤治愈成功地治愈。
3. 伯特在成为迪斯尼电影世界的一员前做过其他工作。

不真实的城市

孩子们比成年人更容易接受那些不可能存在的、荒谬的东西。从儿童灵活的视角来看看这些超现实的想法。

相信仙女

"孩子们现在知道这么多东西，" J. M. 巴里写道，"他们很快就不相信有仙女了。"仙女的忠实粉丝们应前往福音橡树站（Gospel Oak Station）对面的曼斯菲尔德道（Mansfield Road）7 号那处没有任何标示的商店。在门上，一幅仙女的画像旁边写着："我们并不存在，但如果你认为我们存在，请敲门。"敲敲门，等着克里斯汀·拜伯尔斯 [1]（Kristin Baybars）允许你进入她的玩具店的回复吧。这家玩具店专营各种神奇的魔法玩具。去看看那些小小的衣服、纽扣大小的蛋糕和微型拼图，挑选任何你需要的东西来招待来访的仙女们。

在天花板上行走

《欢乐满人间》书中的叔叔阿尔伯特笑得太厉害了，以致他飞到了天花板上，不得不让自己想一些悲伤的事情。寻找那个站在韦尔科姆收藏馆（Wellcome Collction）大厅天花板上的铜人 [2]。开始咯咯地笑，飞到他身边。

与巨人握手

当圆梦巨人造访白金汉宫时，他和周围的环境格格不入，以致不得不把一个五斗橱放在一架大钢琴上才能让他坐下来。在沃克斯豪尔的邦宁顿广场 [3] 上，握一握悬挂在花园大门上方的那只一米长的巨手，然后走进去，在一个房子那么高的马车轮子 [4] 旁荡秋千。

与恐龙打高尔夫

最近，恐龙开始出现在这座城市周围一些不起眼的迷你高尔夫球场上。目前还不清楚是什么引发了这一运动趋势。不过，你现在可以在新莫尔登（New Malden）的侏罗纪时代轻击恐龙，在锡德卡普（Sidcup）撞见迷失岛，在阿克利看恐龙，以及在诺索尔特（Northolt）躲避恐龙。

蹚水 [5]

水流

对于那些急于上班的管理会计师们而言，途经莫尔国际商务中心普华永道（PwC）的人工溪流具有严重的风险。对于三岁以下的孩子来说，这却是一项极具挑战性的急流游戏。孩子们沿着水流飞驰而下激起水流四射是常见现象。

柠檬味

在维多利亚与艾尔伯特博物馆的中央庭院里，当你走过椭圆形水池时请深深地呼吸。夏天，水池周围的花盆里种满了香喷喷的小柠檬树。

水墙

皇家节日期间，音乐厅外平台上的喷泉形成了坚固的水墙，创造了不断变化的空间。快速反应是必要的，以避免陷入困境。

控制出水

当孩子们在谷仓广场跃过那1080 个喷水口时，你可以通过手机下载 Granary Squirt 应用来控制喷水口。

---

1. 拜伯尔斯说："一个孩子看待事物的方式是如此可爱，这与那些花枝招展的成年人截然不同。成人们的世界总是遵循传统，非常无聊。"
2. 雕塑家安东尼·戈姆利（Antony Gormley）的模型。
3. 我们可以前往第 136 页寻找到更多相关信息。
4. 根据官方说法，这是维多利亚时代的水车。
5. 蹚水是一种充满活力的玩水方式。

玩偶

老式玩具

喜欢老式玩具的人应该去波洛克玩具博物馆（Pollock's Toy Museum）看看古埃及泥鼠。它已经褪去最初的颜色，看起来像煤块一样黑乎乎的，据说制作于公元前2000年。

免费礼物

今年圣诞节，去塞尔弗里奇百货公司玩具部拜访圣诞老人，看看他是否会给你一些免费的礼物。这就是1968年12月孩子们的经历，当时激进的情境主义团体"暴民王"的一名成员装扮成圣诞老人进入这家商店，把店里的玩具分发给那些兴高采烈的孩子们[1]。

家庭商店

在海布里的芒特格罗夫路（Mountgrove Road），你可以在世界上唯一的希尔瓦尼亚家庭商店里买到穿工装裤的兔子。他们还卖微小版的壁纸，你可以买上几十万张来装饰你的房子。

玩具

如果遭遇大暴雨，你可以到摄政街哈姆利玩具店避雨。摄政街建于1760年，当时名为诺亚方舟。这处方舟的避难政策比诺亚方舟要宽松很多，而且熊会得到优待。

沃伦街

离开莱斯特广场的人群，跟着一只白兔来到塞西尔广场（Cecil Court）。这只兔子名叫哈利，住在"爱丽丝镜中奇遇记"（Alice Through the Looking Glass）商店的橱窗里，是《爱丽丝梦游仙境》（Alice in Wonderland）的一家古董店。欣赏后面墙上的棋盘，它由约翰·坦尼尔爵士[2]（Sir John Tenniel）装饰，他是卡罗尔作品原版的插画家。

放学

如果你喜欢希米伦和树精，那么就去考文特花园的姆明（森林小人）童话商店里去观赏托弗·詹森（Tove Jansson）的姆明世界的模型，寻找旧日情怀。

J ——

故事

魔毯

每周日，国家美术馆都会在不同的画作展品前铺上魔毯，给2～5岁的小朋友讲述它的故事。国家肖像馆每月在馆内的角落为孩子们举办一次活动，讲述墙上的人物故事。

独角兽

独角兽剧院最初是一个流动剧团，在"二战"后的英国专门为儿童演出。你可前往位于托利街（Tooley Street）的独角兽剧院看一场戏剧，留意大厅里那只巨大的独角兽。

木偶

在小威尼斯的木偶驳船上订一场演出的票，所有的演出都是木偶表演。如果你有所启发，可以去伊斯灵顿的小天使剧院（Little Angel Theatre）参加一个木偶制作班，去工作室里雕刻自己心中的角色。

鳄鱼

"一本书就像鳄鱼的嘴，"莱蒙尼·斯尼基特（Lemony Snicket）说，"如果你看到一本打开的书，你往往会从里面消失。"在里士满的鳄鱼嘴书店（The Alligator's Mouth）里寻找周一和周二的主题故事。

---

1. 之后，警方介入并强迫孩子们归还玩具。想要了解更多暴民王的内容，前往第84—85页。　　2. 如果支付3500英镑，可以买下副本。

童年梦想

伦敦是年轻海盗、公主、发明家和探险家的乐园。所以，扣上你的袖口，掸去指南针上的灰尘，擦亮你的水晶。这个充满幻想的大都市正在等待着你的到来……

海盗

安静，我的船员们！你们渴望体验海盗掠夺的生活经历吗？那么，请攀上欧弗路外的海盗城堡[1]，乘坐皮艇和窄艇在摄政运河上经受磨难，或者在绿道上高大的海盗游戏室里展示你的操纵技巧。

留心寻找宝藏。1912年，工人们在齐普赛街和星期五大街（Friday Street）的拐角处发现了一个箱子，里面藏着闪闪发亮的珠宝、宝石、黄金、戒指和胸针。你可以到伦敦博物馆去亲自见识一下齐普赛宝藏。

当你在"抢劫"的时候，向我们在沃平大街死刑码头（Execution Dock）的前队员们致以敬意，在德普福德的圣尼古拉斯教堂门柱前对罗杰微笑致意，尽管经过500多年，他仍然很快乐。

如果你年纪稍大一点，可以去金斯兰大街（Kingsland High Street）上的哈克尼海盗儿童慈善机构做志愿者，或者干脆买些花生和饼干安顿下来，和克罗伊登的顶级棒球队南伦敦海盗队一起看一场球赛。

无论如何，回到皮克福德码头（Pickford Wharf）的海盗帆船"戈尔登汗德号"（Golden Hinde），体验都铎王朝的"生动历史"，并在炮台上安睡一晚。

发明者

Eureka（译注：据说是阿基米德解决难题后的欢呼声。）！快去熨平你的实验服，用气球将你的头发弄乱。许多伟大的发明家都住在伦敦，你也可以成为下一个！你的第一站是南肯辛顿的科学博物馆（Science Museum），来此地以获取些灵感。他们的发射台区域充满了令人惊叹的物理实验，从与你自己的回声交谈到让水伸展开来，无奇不有。当你乘坐完全由太阳驱动的太阳能飞机飞过蛇形湖时，集中注意力；你甚至可以尝试将你的手放在操纵盘上。

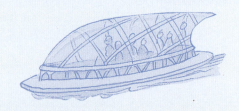

在纽瓦克街的布利扎德研究所（Blizard Institute），崭露头角的生物学家应该进入细胞的中心：你可以走进一个巨大的有机细胞，细胞核里有互动游戏，可以看到真正的科学家在一个巨大的地下实验室里工作。

即使在午餐时也要发明创造。在喀里多尼亚路的Drink, Shop & Do 店里，在你补充健脑食品的同时可以用桌上的乐高积木开始你的设计。

然后在位于阿尔伯马尔街（Albemarle Street）的英国皇家学会（Royal Institution）获取最后的建议，该学会每年十月会定期举办儿童友好活动。评委会将评判你的发明，譬如那些可移动的太阳能植物花盆、夜光狗粮和抗皱头饰。

---

1. 海盗城堡由高层建筑专家理查德·塞弗特设计，这多少有些出人意料。参见第26页。

公主

如果你对着一颗星星许愿，也许仙女教母会安排你在哈罗德百货公司的 Bibbidi Bobbidi 精品店体验一次价值 1 000 英镑的皇家公主的生活。

带着你的身份证明、腰带、水晶鞋和豪华旅行箱，来到国王大道上的 Tantrum 沙龙，你可以选择坐在跑车里或是喷气式飞机上做发型。每个位置都有一台个人的超大屏幕电视可供观看。

不要浪费时间！在乔治亚蛋糕店（Georgia's Cakes）预定一份姜饼蛋糕（童话故事里价值 49750 英镑）[1]，然后去富勒姆大街参加伦敦煮粥大赛（London Porridge Championships in Rude Health）。在 10 月 10 日的世界粥日，你可以以公主的身份加入比赛，努力打败熊的一家。你的食谱需要一些椰子奶油和精心制作的水果装饰。

最后，爬上螺旋形楼梯，来到鱼街山（Fish Street Hill）最高的纪念碑的最高房间，让你那一头长发垂向王子街（Princes Street），然后去哈姆利参加一个以公主为主题的派对。

自然主义

伦敦到处都是动物，但若要发现它们，你需要一双敏锐的眼睛。如果要接受训练的话，先从农场或动物园开始。斯皮塔菲尔德有一个最中心的城市农场，在那里你可以接近毛驴香叶和山羊本特利[2]。

伦敦大街上也有动物。伦敦骑警的 9 匹马住在伍德街的马厩里，它们经常到汉普顿灌木公园（Bushy Park in Hampton）休假；圣詹姆斯公园有 5 只鹈鹕[3]；这座城市也是 24 对正在繁殖的游隼的家园。游隼是地球上速度最快的动物。其中一对游隼住在泰特现代美术馆。夏天，志愿者们可以用望远镜来观测它们。

看了这么多动物，那么在贝斯纳尔格林路（Bethnal Green Road）满是猫咪[4]的黛娜咖啡馆（Lady Dinah's）小憩一会儿，你可以一边喝茶一边吃蛋糕，然后再去跟踪一些体型更大的动物。

如果你询问萨沃伊酒店（Savoy Hotel）的酒店人员，他们会把你介绍给卡斯帕（Kaspar），这是他们一米高的黑色木猫，当餐桌上出现不吉利的 13 人时，它就会参与进来。在沃平的烟草码头上有一尊孟加拉虎的雕像，它的对手是个 9 岁的男孩[5]。

识图

《童年的梦想》（Childhood Dreams）把伦敦描绘成一群有着不同激情和魅力的孩子所想象的城市。这一设计灵感源自儿歌《十个小朋友在床上》（There Were Ten in the Bed）。

当你去温布尔登的时候，你肯定会有个大大的惊喜：波尔卡剧院（Polka Theatre）里有一个专门展出泰迪熊的博物馆。这是吉尔斯·布兰德瑞斯（Giles Brandreth）的个人收藏。2015 年，布兰德瑞斯、苏迪、维尼和朋友们搬到了约克郡。如今，观看熊的最佳地点是维多利亚与艾尔伯特童年博物馆。去找汤米小老鼠（Little Tommy Tittlemouse）吧，它的主人詹姆斯在把它捐给博物馆后，20 年来一直送它生日贺卡。詹姆斯于 1986 年去世，但每年都有许多孩子保持着他的传统：在 11 月 24 日给汤米寄一张贺卡。

最后，当夜幕降临时，透过栏杆，你会看到海德公园北缘那片阴森可怖的宠物墓地，乔治·奥威尔（George Orwell）曾将那里描述为"也许是英国最可怕的景象"。

---

1. 其中含有真正的珍珠。
2. 或者试试巴特西公园的儿童动物园，在那里你可以喂短爪水獭和大腹便便的猪，还可以在它们的户外玩耍区尽情玩耍。
3. 喂食时间为每日下午 2 点半至 3 点。更多关于伦敦鹈鹕的信息，详见第 375 页。
4. 和 Mue、Biscuit、Indiana、Romeo、Donnie、Artemis、Carbonelle、Petra、Wookie、Alice and Lizzie 依偎在一起。
5. 请阅读第 153 页的完整故事。

冒失鬼

没有比这更让人觉得刺激的事情啦！首先，前往伦敦第三高建筑苍鹭大厦（Heron Tower）的塔顶，你可以在 Duck & Waffle 餐厅吃一块太妃苹果华夫饼。要到达那里，你需要乘坐他们的玻璃电梯 [1]。

再乘坐直梯回到一楼，登上位于塔门廊（Tower Gateway）的道克兰过山车。坐在前排，当你在蜿蜒曲折的轨道上疾驰去往维多利亚皇家酒店时，请抓紧扶手。

从那里，你可以乘坐缆车到主题公园的另一边。缆车距离河面 90 米，在微风中摇摆，那是一场令人毛骨悚然的历程。

当你在北格林尼治降落时，攀爬上 O₂ 体育馆的屋顶之上，体验高空漫步的惊险；在此过程中你会体验到 30 度角的升降。

乐趣还没有结束！去南岸，在市政厅下面的南梦宫碰碰车场上展示你的反向旋转技巧，然后在鸭站（Duck Stop）等待鸭子游览车的到来。这是一种水陆两用的交通工具，可以在泰晤士河里进进出出。

最后，跳上伦敦眼摩天轮，以每小时 0.6 米的速度在空中放松。

小丑

如果你打算跟着马戏团逃跑，汉普斯特德西斯的健康谷（Vale of Health）是个不错的起点。这个位于山谷边缘的大篷车已经被阿博特家族拥有了 150 年之久，巡游的参赛者在镇上表演时会在这里驻足。

要想尝试马戏团技能，你可以在青少年体验日这天到霍克斯顿广场附近的国家马戏团艺术中心体验一下高空飞人和走钢丝。

一旦你成为训练有素的演出者，你就会想参加每年 2 月的第一个星期日在达尔斯顿圣三一教堂（Holy Trinity Church）举行的"小丑服务"（Clowns Service）。化好妆，戴上假发，穿着宽松的裤子来纪念小丑之父——约瑟夫·格里马尔迪 [2]（Joseph Grimaldi）。当你在教堂的时候，去他们的小丑博物馆看看，那里有一系列绘有小丑脸的蛋壳，各个都有不同的妆容。

格里马尔迪出生于 1778 年 12 月 18 日，因其小丑的倒挂笑容而闻名。查尔斯·狄更斯为他写了传记。据报道，他在告别演出时说："我最后跳了一次——偷了最后一只牡蛎——煮了最后一根香肠，准备退休了。"

马戏是由菲利普·阿斯特利（Philip Astley）在伦敦发明的，他过去常常和他的马在滑铁卢桥边的空地上表演。他在一个狭小的圈子里骑车，这个圈子被戏称为"马戏团"，不久之后这个表演变得非常受欢迎，他又引进了杂耍演员和小丑，最终在威斯敏斯特桥路建起了阿斯特利圆形剧场（Astley's Amphitheatre）[3]。今天你可以去欣赏伦敦最大的马戏团 Zippo 的巡回表演。

---

1. 不要错过在接待处后面的英国最大的私人水族馆。
2. 你也可以前往第 339 页去纪念他。

3. 请阅读第 343 页关于阿斯特利酒吧的一位倒霉老板的故事。

探险家

所有的探险家们！收拾好背包，带上指南针。首先，你必须穿越一些复杂的地形：在巴比肯温室（Barbican Conservatory）[1] 的隐秘丛林中艰难前行，这里有2000多种热带植物及外来鱼种；挣扎着穿过卡姆登海滩（Camden Beach）广阔的沙滩，这是夏日在圆屋屋顶上形成的沙丘；带上你的登山鞋，爬上528级台阶，到达圣保罗大教堂的金色长廊；最后，在萨默塞特庄园为冬天的浮冰设定一条路线，穿着冰鞋和一只玻璃纤维企鹅穿越北极荒原。

你需要去寻找食物。五月，在米尔希尔翻找野生大蒜；九月，艾伍德·斯克罗布斯公园（Wormwood Scrubs）有很好的黑莓采摘活动。不过要注意它名字的意思是"蛇出没的灌木丛"。

午餐后，印第安纳·琼斯 [2] 可以到位于田野圣马丁地下的伦敦黄铜拓印中心（London Brass Rubbing）寻找考古线索，或者你也可以戴上有用的金盏花，加入泰晤士河、菲尔德泥浆和金属探测协会（Thames and Field Mudlarking and Metal Detecting Society），退潮时在泰晤士河的海滩上嬉戏玩耍。如果幸运的话，你可能会捡到旧硬币、朝圣者的徽章，甚至一只罗马凉鞋。

经过一天漫长的探险，你需要扎营了。最适合家庭居住的露营地点是清福（Chingford）附近的里谷（Lee Valley）露营地。

怪兽

为什么要躲在床下？是时候害怕了！如果你很害羞，那就去霍克斯顿街的怪物用品商店买一些怪物装备，他们会为你准备好一盒盒方形耳垢、牙线、罐装恐惧以及愤怒泪水中的盐分 [3]。

你不是伦敦的第一个怪物。1959年，《巨兽贝希摩斯》（The Giant Behemoth）[4] 从海上冒了出来，它散发出的放射性气息摧毁了这座城市的大片土地。1970年，电视剧《好东西》（The Goodies）中可爱但致命的小猫金刚摧毁了英国电信大楼（BT Tower）。2014年，新牛津街（New Oxford Street）AR候车厅显示了路人被下水道沼泽的触手抓住的场景。

为什么不在水晶宫公园结交一些新的怪物朋友呢？跟随那些被困在湖岛上、与实物大小相仿的恐龙 [5] 一起去探险。

最后，如果你的创造者是弗兰肯斯坦博士，在大学街的格兰特博物馆里寻找大脑的收藏品，然后给自己选一个新的。激发《弗兰肯斯坦》（Frankenstein）灵感的科学实验发生在不远的林肯因河广场：1803年，乔瓦尼·阿尔蒂尼（Giovanni Aldini）用电流刺激一名死刑犯的尸体，尸体的腿部踢动、抽搐，并睁开了一只眼睛。

J

---

1. 包含水龟。参见第24页。
2. 年长的印第安纳的粉丝可以在第399页上寻找圣杯。
3. 怪物用品属于故事部（Minstry of Stories），他们为当地儿童提供写作和指导项目。
4. 这部电影中有与《金刚》（King Kong）相同的经典尖叫。
5. 详见第163页。

灯塔

对那些可怜的、脆弱的孩子来说，伦敦并非安全之地。但是多年以来，面对遗弃、童工和不确定未来这样的问题，一些机构组织已经开始着手解决。

弃婴

当一位母亲陷入绝境要把孩子送入弃婴医院时，医生会要求她留下一件纪念品——可以是徽章、纽扣或一小块布，这样便于日后能与孩子相认。托马斯·科拉姆（Thomas Coram）设立这个机构是为了应对伦敦街头大量的"暴露在外、被遗弃的儿童们"。当你参观弃婴博物馆时[1]，去看看那些仍然在陈列中的纪念品，这些家庭从未团聚过。

蓝衣

在沃平的斯坎德雷特街（Scandrett Street），身着蓝衣的孩子的小雕像标志着这是一所成立于1695年的慈善学校的入口。整个城市有很多面向贫困儿童的蓝衣学校，你可以在雷恩街附近和其他地方看到更多的学术小雕像。

灯塔

透过火车窗向外看伦敦，福尔摩斯把华生的注意力引向了高大的红砖学校。"灯塔，你看！未来的灯塔！那些狭小的房子里面有数百明亮的小种子，从中会生长出未来更智慧、更美好的英格兰。"如今，伦敦的学校在经历了10年的飞速发展后，再次被视为未来的灯塔。从2002到2012年，孩子们的成绩突飞猛进，贫富之间的差距发生了戏剧性的缩小。伦敦成为一个意想不到的成功范例，研究人员竞相了解其中的经历，并将其复制到其他地方。

破旧学校

在陶尔-哈姆莱茨的"贫民学校"博物馆温习语法。直到1891年小学教育才成为免费和义务教育，在19世纪的大部分时间里，慈善机构开办的"贫民学校"是为那些，用查尔斯·狄更斯的话来说，"衣衫褴褛、肮脏不堪、生活凄凉，无法进入其他任何地方"的人提供的最好的学校[2]。博物馆在巴纳尔多博士（Dr Barnardo）建立的贫民学校所在的大楼里。学校里有一间重建的教室，每个月的第一个周日都会在这举办家庭课程，所有人都穿着化装舞会的服装。

---

1. 在附近的科拉米斯（Coramis）田里有一个带有都市农庄的游乐场，只有在有孩子陪同的情况下，成年人才能进入。

2. 狄更斯曾直言不讳地批评"国家对那些经常受到惩罚的人的可怕忽视，以及那些本可以同样容易、花费更少地得到教育和拯救"的人。

流浪儿

就像彼得·潘和《迷失的男孩》（*Lost Boy*）一样，流浪儿是长不大的孩子，无视成年人的权威。但是不像潘和他的玩伴，他们没有梦幻岛来躲避。他们是不回家的流浪儿，住在伦敦中部的角落里，这是他们自己的法则[1]。他们戴着羊毛帽子，这样警察就看不到他们与众不同的尖耳朵了。如果他们被抓，他们的耳朵要被割去而他们也会变为成年人。所以有句古语："宁愿儿时死去，也不愿成人后进牢房。"

尽管有着荒诞的前提，迈克尔·德·拉贝蒂斯（Michael de Larrabeiti）的书可能是伦敦儿童故事中最具争议的。他写道："流浪儿都是弃儿，但与大多数弃儿不同的是，他们自得其乐，也没法干其他的事情。"故事讲述了这群弃儿在野外自给自足的生活，颂扬他们的勇气和忠诚。当第三版预定于1980年出版时，柯林斯出版社拒绝出版这本书，担心它会被视为对这座城市刚刚经历的布里克斯顿和托特纳姆骚乱中那种青年暴力行为的崇拜[2]。

这些流浪儿与现实生活的距离并不遥远。他们也许有精灵般的耳朵和永恒的青春，然而，他们与伦敦真正的街头帮派有很多共同之处，这些帮派组织紧密，有着强烈的归属感。目前，伦敦的黑帮势力越来越强大。在一个"平行的世界"里，在离其他大多数伦敦人的日常生活只有几米远的地方，孩子们时常被卷入犯罪事件。位于路易斯汉姆（Lewisham）的好望咖啡馆（The Cafe of Good Hope）是为了纪念被谋杀的少年吉米·米森（Jimmy Mizen）而设立的。它不仅是一家咖啡馆，还是这座城市为那些身处险境的青年设立的避风港之一[3]。

帮派成员在高危地区总生活在高度警惕中，他们要遵守别人看不到的准则和界线。许多帮派是以他们所在的地区而被命名的（E13血群、肯宁顿帮帮派、砖巷帮），但有些名字也体现了一种大男子主义和秘密团体：枪炮和长腿（Guns and Shanks）、一号人物（Tell No.1）、贫

J——

民窟男孩（Ghetto Boys）、谋杀区（Murderzone）、金钱帮（All Bout Money）、别不吭声（Don't Say Nothin）、忠诚士兵（Loyal Soldiers）、来钱快（Easy Cash）、柄星（Shankstars）。PDC除外，PDC最初是"Peel Dem Crew"的缩写，但当该组织转型为一家合法的娱乐公司后，也将名字改成了"Poverty Driven Children"（受贫困驱使的儿童）的缩写。

帮派的名称和人数一直在发生变化，没有人确切知道有多少人涉及在内。伦敦大多数的年轻人与帮派并无瓜葛[4]。但是仅有的少数却对城市有很大的影响。帮派里的孩子会造成真正的伤害，反过来他们也会被自己的经历所反噬。隐藏在城市文明外表下的流浪儿们，完美地展现了当今伦敦成年人和一些儿童群体之间的距离。

---

1. 柴纳·米耶维（China Miéville）称流浪儿群体为"不需要社会关注的部落，走自己路的朋克城市精灵"。
2. "遵法与违法之间的斗争被美化了，赋予了一种我们似乎不能宽恕的形态……"一封泄露的信件中这样写道："现在英国已经进入了一个新的时代，这场战争每天都在上演。"该书由潘出版社于1986年出版。
3. 整个伦敦城里有六百多处专为年轻人设置的安全港。

4. 林顿·克耶斯·约翰逊（Linton Kwesi Johnson）在他的诗《这一点都不好笑》（*It Noh Funny*）中抨击了将年轻人概括为一类人的倾向。他写道："People sayin'dis/people sayin'/ dat/Bout di yout' af today/How dem carryin' on away/An' it noh funny/It noh funny"（人们这样说／人们那样说／关于今天的年轻人／他们是怎么制造事端／啊，一点都不好笑／这一点都不好笑）。

伦敦动物园

伦敦这座城市野性的一面从不遥远。我们打算看一看城市动物园。你觉得呢？

洞穴设计

英国皇家植物园（邱园）是獾的据点，里面有 20 多处洞穴。獾经常在夜间出没，行踪隐蔽，一般情况下并不容易被人看到。不过你可以进入成人大小的人工洞穴里去看看蚯蚓。

无法无天的大象

在温德尔街奥克塔夫酒吧（bar of Octave）的地下室里，浅浅的石阶交错而上，它们是专为维多利亚时期的大象建造的，这座建筑本是伦敦西区大剧院的动物仓库。有一天，两头公牛挣脱了绳索，冲破了其他动物的围栏，使得一大群野生动物跑到了苏荷区的大街上。去滑铁卢那一站，可以看到一头实物大小的大象被铁丝网罩着，欲冲破通往地铁银禧线（Jubilee Line）入口的砖墙。

河马

1850 年，一头名叫欧贝斯克的河马被奥斯曼帝国的埃及总督运送过来以换取一只猎犬。从此它就生活在伦敦动物园，引起了全国范围内的河马热[1]。在首都伦敦，现在仍然可以找到一匹埃及河马：存于大英博物馆的蓝色河马缩小版模型，制作于公元前 1850 年。为增加数量，用蓝丁胶制作仿版并置于其侧。

幽灵羊

在位于压载码头（Ballast Quay）、泰晤士河畔的一座小花园里，幽灵羊站在一块简陋的墓碑上。这座山羊模型以海边碎石、破旧 U 形管以及骨头所制，用以纪念那些在 2001 年丧生的动物们——它们并未感染口蹄疫却因预防传染而被军队屠宰并焚烧。

猫老大

当你一脸钦佩地看向位于杰明大道（Jermyn Street）上的贝兹帽店（Bates the Hatter）[2] 时，请脱帽向宾克斯——那只戴着帽子的猫老大致敬。宾克斯现如今是一副腆着肚皮、抽着雪茄的模样。

大羊驼农场

从高级金融世界里一蹦一跳出来，就能看到位于麦塞特（Mudchute）的伦敦最大的城市农场。羊群在金丝雀码头摩天大楼的阴影下啃草。你肯定能看到大羊驼"拳击手"像吐出源源不断的财富一样吐口水。你可以在这里晃晃悠悠一个下午的时间。

鹦鹉

在格林尼治的威廉国王步道（King William Walk）和罗姆尼大道（Romney Road）的角落处，一只鹦鹉仰面躺在一块基石上，懒洋洋地将脑袋倚在基石边缘。它是死了？在此小憩？还是被钉在这里作为标识？无从得知。这座一只死鹦鹉的纪念碑[3] 建于 2009 年。

---

1. 著名的《河马波尔特》就是为了纪念它而作。
2. 到第 275 页寻找贝兹的海狸帽。

3. 巨蟒剧团的"死鹦鹉"是在喀里多尼亚路的一家宠物店拍摄的。

城区观鸟

不用花费太多力气便能在城市内观察到那些不会动的鸟类。在沃克斯豪尔区泰尔斯大街（Tyers Street）和劳德街（Laud Street）交叉口处的房顶上，可以追寻到秃鹫的踪影；在滑铁卢区音乐厅大道（Concert Hall Approach）的公寓后面，有一只为吓唬鸽子停落于此的猫头鹰。

圣马

跨上骏马，去参加礼拜日的骑士仪式。每年9月，海德公园的圣约翰教堂（St John's Church）都会举行骑士仪式。早礼拜结束之后，牧师便会跃马而上，带领一群骑士涌向教堂，在那里，他祝福他们的马匹。这项传统始于1967年那场抗议关闭海德公园马厩的拟定决议的集会。

填充海象

海象皮肤松弛，带有皱褶。霍尼曼博物馆（Horniman Museum）负责制作海象标本[1]的动物标本剥制师从来没有见过活的海象，以至于过多地填充材料，令海象皮肤的皱褶平整光滑。这只肿胀的哺乳动物带着一副令人惊讶的神情，如今已成为这家博物馆里最受欢迎的展览品。

一个驼峰还是两个？

想来一场花费不高的骆驼骑行的话，你可以花点力气步行至海格特大道上的东方神毯店。在大门外，蹲坐着一头高贵的蹄类动物，已然褪色的身体依然壮观。翻过栅栏，你就可以在它身上小坐一会儿。

大老虎

走进波特大街上的烟草码头[2]，去寻找一只咆哮着的孟加拉虎，它扬起一只虎爪正欲跃起。1857年的此地，一个小男孩抚摸了一下一只逃出来的老虎，即刻便被扑倒在地，叼在嘴里。德国马戏团的团主查理斯·杰马克（Charles Jamrach）竭力追寻，把小男孩从死神的手里拽了回来。

J ——

---

1. 请勿触摸。详见第276页　　　　　　　　2. 更多关于烟草码头的信息，详见第256页。

成长

那些遗失的男孩儿们最终从梦幻岛回到现实世界，并且长大成人：可利、尼布斯和那对双胞胎成为办公室里的白领；嘟嘟成了一名法官。若是觉得童年时期太过漫长，你迫不及待地渴望长大，那么这儿有一些可以加速成长的方法。

进入工作场所

只有大人们才能享受到工作带来的乐趣，这太不公平。离开伦敦，去维斯特菲尔德白色城市购物中心（White City shopping centre）的趣志家（Kidzania）儿童社会体验主题公园，这是一处超级真实的、针对儿童设计的职场体验场所。在这里，你会被贴上电子标示[1]，然后进入微型都市去体验各种工作带来的刺激感。每 20 分钟就可以更换一种职业，你能选择做一名外科医生、百货公司的经理、巧克力制造大亨、空调技师和其他职业人员。在这里，你的工资是由这里的货币 kidZos 支付，你还真的能用它在礼品店里购物[2]。趣志家为反乌托邦类的儿童故事提供了完美的场景设置，它的标语也稍显阴险："为更好的未来做准备。"

放弃玩具

当你需要放弃孩子气的东西时，可以考虑将你的玩具捐给贝斯纳格林区（Bethnal Green）的儿童博物馆（Museum of Childhood）。这家博物馆一直不断在寻求能引起后代兴趣的现代玩具。现如今，他们尤其钟爱"电脑游戏和数码技术、育儿和保育设备，以及学校的校服"。事实上，这家博物馆会频繁地更新展示品，当你长到 18 岁时，你就能看到自己幼儿时期的玩具被作为老古董陈列于此。陈列专柜之外设有活动区域，有恋旧情怀的成人们可以和孩子们一起玩那些穿越时间的玩具，包括建筑玩具、木马以及乐高。玩具爱好者们还可以加入博物馆免费的夏令营活动。

假装懂艺术

对简单手指画和绒毛纸板画已然厌倦？若你是一名精于世故的艺术菜鸟，可以把自己的品位投入当代艺术中。位于巴金区（Barking）和道格南区（Dagenham）的阿比康乐中心（Abbey Leisure Centre）有一处单色调的柔软游乐场地可供攀爬，由特纳奖提名艺术家马文·盖伊·切特温德（Marvin Gaye Chetwynd）设计建造。她的设计灵感来自 1922 年在道格南区发现的一尊古老的木制神像。据切特温德说，"他并不像其他神像那样光耀夺目。"于是，她决定把房屋贴上有宇宙符号的墙纸，并把那尊神像弄成了一个机器人。

4 岁

更多关于乔叟的，见第 246 页

7 岁

到第 178 页找到好的贝丝女王

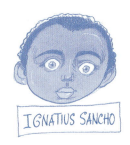

8 岁

伊格内修斯在第 88 页被一场暴乱干扰了

---

1. 大人们可以在有酒吧的家长间里追踪你的位置。　　2. 网页上警告道，离开了趣志家，kidZos 就毫无价值。

时光倒流

成长有它的优势所在，但并不完全像吹捧的那样完美。假如你是一个对年纪和责任已然倦怠的成年人，那么这里有一些方法可以让时间倒流。

10 岁

数字女巫在第 117 页

6 岁

到第 90 页，和玛丽一起抬起膝盖

5 岁

到第 406—407 页，加入诗人去郊区的火车

滑滑梯

尽管安尼施·卡普尔（Anish Kapoor）在轨道塔内的滑行梯已经被认为是一处"新艺术装置"，但也不能掩盖这处极富争议的雕塑已被粗暴地变为巨型成人滑梯的事实。现代艺术鉴赏家们会以每小时 15 英里的速度从被磨得锃亮的 12 圈金属环道上滑下。

阅读

当我们长大成人之后，就不再有人给我们大声地读故事了。皮恩·德罗普（Pin Drop）的夜间故事系列最初便是针对这一事实反向而行。在节目里，德罗普邀请作家们在城市附近的漂亮房间里读他们自己写的故事、自己最爱的故事以及短篇故事。

玩维尼棒

几乎没有什么游戏会像维尼棒（桥上扔棒游戏）如此幼稚且不需要技能。只需抓住你最喜爱的小棒，然后投向现代大厅公园（Morden Hall Park）里的那座白桥就行了。它位于北岸线的南端，由国民托管组织（National Trust）管理。这座位于云铎河之上的矮桥最近被选民投票为英国维尼棒游戏第二最佳地[1]。

看儿童剧

穿上休闲的夹克衫，进入英国电影协会城市媒介中心[2]。这儿除了档案影像和艺术电影外，令人印象深刻的还有一系列经典的儿童剧。坐在一众电影专业的学生之中，在看到影片一览表上的《蓝色彼得》（*Blue Peter*）、《神州骑士》（*Knight-mare*）和《格兰其山》（*Grange Hill*）时，面部请呈现出严肃的表情。

J

> **从前的童年**
>
> 俯下身来去看纳瓦纳大街上边界房地产公司（Boundary Estate）[3]的砖墙上孩童等身高度的涂鸦。20 世纪 40 年代到 60 年代，当地的儿童会在墙上刻下他们的名字和年龄。甚至有些人还得意扬扬地把自己的作恶时间刻在墙上，其中一条便是"1950 年 4 月 19 日星期四下午 3：30 理查德"。留下这些印记的孩子如今早已长大成人，这一童年记忆的片段却留在了东伦敦的街边。

---

1. 如果你想感受竞争，可以去参加世界维尼棒冠军争夺赛，牛津郡泰晤士河畔每年举办一次。最佳维尼棒游戏地是德比郡的羊洗桥（Sheepwash Bridge）。

2. 见第 169 页。

3. 见第 268 页。

KNOWLEDGE 常识

如果你看到一辆电动自行车停在那里，骑行者盯着车把上的笔记板研究，那么这很可能是一位"常识女孩"或"常识男孩"。伦敦的出租车司机学员们需要接受这世界上最为苛刻的出租车司机培训：他们需要记下 320 条关键路线，25 000 条街道，以及查林十字街六英里半径范围内的 100 000 个路标。他们必须弄清楚沙夫茨伯里大道（Shaftesbury Avenue）上各个剧院的顺序，每条主路上各支路的排列情况。这种高标准的培训过程被称为"常识"：申请执照者必须经历长达 34 个月的培训历程，并且在此期间需通过 12 次一对一的模拟场景测试。为了拿到执照，他们必须在脑海里重现伦敦这座城市的细节，直到他们不假思索便能毫不费力地在这座城市里畅行。牛津大学的科学家们观测到这些学员们大脑里的海马体区域有明显的膨胀，大脑的这个区域主导着空间记忆和导航。

1865 年的伦敦城里，出租车还是马车[1]，常识培训体系便建立于那一年，即使到了现在，形式也几乎没有什么变化。如果你想试试自己的耐力和勇气，那就去申请伦敦城里的出租车驾驶执照，再附带参加常识入门课程。申请人必须形象良好，年满 18 岁。要是你没有 34 个月的空闲时间，也可以去伦敦城里出租车司机的休息室感受一下。这种用于出租车司机休息的绿色小木屋曾经多达 60 处，由出租车司机基金会监管[2]，如今城里只剩下 13 处了。室内可供 12 个人休息，看看报纸，喝喝茶。一般情形下，普通人禁止入内，除非在伦敦建筑物开放日那天。不过人们还是可以去服务窗口点餐：买咖啡和香肠三明治。

伦敦的常识只是其一，那 320 条运营线上的出租车司机的见识又是另一门学问所在。伦敦就是一座巨大的奇物之城。

综合性博物馆

大英博物馆是一座综合性博物馆，由性情古怪的内科医生汉斯·斯隆爵士（Sir Hans Sloane）建立。大英博物馆拥有藏品 800 多万件，每年吸引着 700 万游客来此参观。"它是世界上为数不多的世界性博物馆，"中东馆的一名策展人欧文·芬克尔博士说道，"毫不夸张地说，大英博物馆是世界上最伟大的博物馆。"

---

1. 伦敦的最后一辆马拉出租车于 1947 年停运。现在外形独特的黑色机动出租车于 1958 年首次出现在街头。　　2. 1875 年由乐善好施的沙夫茨伯里勋爵（Lord Shaftesbury）建立。

学派

除 40 所综合性大学以及众多专业性学院外，伦敦城还提供了不少非正式学习的途径。汤姆·霍奇金森（Tom Hodgkinson），惰学院的创建者，强烈支持古希腊 "Skhole" 的理论，其义为 "讲学"，但也包含 "休闲" 或是 "闲暇时间" 的意思。

年龄

进入位于布莱克希思村（Blackheath Village）的 "年龄交换情怀" 中心（Age Exchange Reminiscence Centre），与年长者一起工作，以他们的记忆为灵感，创造出 "跨年代艺术"。

辩论

每个月的第一个星期一，加入 "酒吧里的怀疑论者" 活动，辩论各种离奇主张背后的证据。

德芙罗海豚

去坦普尔的德芙罗酒吧（Devereux Pub）去喝酒。早在 17 世纪，一条海豚游进泰晤士河，艾萨克·牛顿就在这家咖啡店的桌子上将它解剖研究。他的朋友天文学家艾蒙德·哈雷（Edmund Halley）和汉斯·斯隆（Hans Sloane）博士与他一起研究了这个生物的内部构造。

累积

如果你愿意将你的知识碎片化，那就去 "5×15" 活动。每场活动 5 个人发言，每个人每次有 15 分钟的讲话时间，用一个大煮蛋器来给他们计时。

厨艺

威格莫尔街（Wigmore Street）上的 L'atelier des Chefs 厨艺工作室提供午餐时段的烹饪课教学，可教各种菜式的做法。你可以非常考究地制作出一份精致的寿司或是马卡龙，然后把它们带回到办公室里享用。

死记硬背

在 "如何：学院"（how to: Academy）上试试小型研习课。仅需一个晚上，你就可以学习怎样卖东西，如何读詹姆斯·乔伊斯（James Joyce）的书或是理解宇宙的奥秘。另外，Indytute 也组织了许多课程，从城市摄影到风筝制作及玻璃容器制作。

情感

坐落在马奇蒙特街（Marchmont Street）上的生活学校（School of Life），希望通过充实工作、打造更好的关系、保持冷静、改变世界这些课程的学习，提高学习者的情感智力。

非大众课程

"最后的周二社团" 开展的课程神秘而晦涩，其中就有情趣鞋子制作和古怪的标本剥制术这类课程。

斯皮塔菲尔德数学社团

如果你喜欢喝英式奶油茶时看点微积分，那么就去斯皮塔菲尔德区布鲁什大街（Brushfield Street）上的英国餐厅。在那里，你可以感受到 18 世纪斯皮塔菲尔德数学学会曾经的学术氛围，这个数学俱乐部的成员数量仅限于 7 的平方[1]。聚会通常持续三个小时之久，中间那个小时会保持绝对沉默，因为成员们在尝试解题。

益智

在绮丽街（Keeley Street）的城市文学机构[2] 中，有 5000 多门课程供你选择：从书法到填字游戏，种类繁多。这里也会定期开展 "未知课程"，学员们在选择这类课程时自己并不知道将要学习的内容。

偷懒

位于西伯恩公园大道（Westbourne Park Road）的惰学院，集哲学、家政及玩乐于一体。你可以在那里学习快乐戈登舞步，或是展现你笛卡尔哲学式的自负。他们家的咖啡厅很不错，可以在借书阅览的同时偷听别人谈话。

---

1. 即 49。　　　　　2. 16 所 "文学研究院" 的最后一所是 "一战" 后在伦敦建立的。

出版发行

一旦你有了智慧和学识，那么将你的学识传播开来的传统方式就是印刷发行。这里来说一说怎样成为一名成功的伦敦印刷工。

学习工艺

在塔菲纳尔公园（Tufnell Park）的福特斯大道（Fortess Road）上，店铺哈林顿和斯夸尔斯（Harrington & Squires）开设集中训练的一日活版印刷课程。在那里，你可以学习如何手工操作铸字、手工印刷以及手工装订。

买一台印刷机

英国第一台活字印刷机于 15 世纪末期由威廉·卡克斯顿（William Caxton）装配。你可以在大英图书馆的地下室看到这台打印机的仿制模型，在圣玛格丽特教堂（St Margaret's Church）看到卡克斯顿建的纪念碑，上面有坦尼森（Tennyson）特地为他写的铭文。

建店

印刷需要空间，因此选址尤需谨慎。卡克斯顿的助手及继任者沃恩·德·沃德（Wynkyn de Worde）把店铺设在了舰队街的太阳酒吧。如今这个地方叫老钟酒肆（Old Bell Tavern），仍然是印刷商和新闻记者们最爱去的地方。漫步到喜鹊巷（Magpie Alley），那里的瓷砖上平铺着印刷业的黑白色历史。

昌盛

沃恩是第一位在英国使用罗马字体和斜体字的印刷商。他也曾试验过用活字印刷来打印乐谱。可以考虑加入沃恩·德·沃德社团，它能让你在其激励下成为印刷业各个方面的优秀人才。

控制发行

开一家自己的书店。沃恩在圣保罗大教堂开了一家书店，曾一度成为伦敦书报贸易的中心。如今，柜列式书刊售卖点是齐普赛街的当特书屋（Daunt Books）。在伦敦，拥有自己书店的独立出版商不在少数：兰伯康迪街（Lamb's Conduit Street）的珀尔塞福涅书屋，伯里–普莱斯（Bury Place）的埃尼瑟蒙出版（Enitharmon Editions）[1] 和大东街上的不借书屋（Nobrow）。

设计字体

在奇斯韦尔大街（Chiswell Street）上的乐购（Tesco）便利店买一份报纸，你就已经接触到英国最有名气的一家铸字工厂，由威廉·卡斯龙（William Caslon）创立于 18 世纪 30 年代。当时卡斯龙受基督教学术推进会委托设计一种新的字体，随后，这种字体被用于美国独立宣言的印刷。这便是卡斯龙字体 [2]。

K ——

追求品质

翻开一页威廉·莫里斯 [3] 的作品：他创造了属于自己的黄金字体。他曾买来最好的油墨和纸张，在他位于哈默史密斯区（Hammersmith）上商城的房子里，创办了凯姆斯科特（Kelmscott）出版社。在那里，他印刷出 53 部漂亮的书籍，书中插图应用的艺术角线和设计，大多数出于他的朋友爱德华·伯恩–琼斯（Edward Burne-Jones）之手。其中的杰作当属乔叟的作品。如今，莫里斯公司在凯姆斯科特住宅区的地下区和马车房运营，并定期在莫里斯最初的印刷厂原址举办印刷业研讨会。

---

1. 更多关于埃尼瑟蒙的信息，见第 292—293 页。
2. 见第 448 页。
3. 更多关于莫里斯的信息，见第 271 页。

我发现了

伦敦这座城市见证了许多令人惊叹的"发现"时刻，世界正向着牛顿所说的"浩瀚的真理之海"缓缓前行。

分析学

科学博物馆里的"分析机"真了不得。它是第一台全自动的计算机，也是现代计算机的鼻祖。由查尔斯·巴贝奇设计并参与组装，这是他在 1812 年设计的差分机的升级版。巴贝奇一直没有完成对差分机的组装，不过科学博物馆在 1985 年发布了一个项目，要根据他的设计组装出差分机。此项目于 1991 年完成，距巴贝奇 200 岁诞辰还差一个月。如今，你可以在数学与计算机展览馆（Math and Computing Gallery）看到这台机器。与这台早期的机器所不同的是，分析机能够求出复杂数学公式的值，差分机却不能[1]。

电学

去位于阿尔比马尔大街（Albemarle Street）的英国皇家科学研究所，进入地下室去参观迈克尔·法拉第（Michael Faraday）最初的电磁实验室。最显眼的位置放着的便是法拉第于 1822 年发明的那台"电磁旋转器"；这是世界上第一台电力发动机。电力曾一度是令人着迷的新奇玩意儿，直到法拉第找到了将它转化为机械能的方式[2]。

进化论

距奥平顿区（Orpington）不远便是唐恩小筑，可以在查理·达尔文的"思考之路"上散步。就在这个地方，达尔文于 1859 年创立了生物进化论学说[3]。他会在这条小路的尽头堆一堆石头，每次走完一个来回便用手杖拨开一块石头。你也可以试试这种做法，然后到韦尔科姆收藏馆去看看达尔文的那支手杖：顶端是一个象牙制的骷髅，眼睛闪着绿光。

指纹

德特福德高街 34 号，货币兑换中心的外面就是 1905 年那场残酷的假面谋杀案的犯罪现场，这是第一次，犯罪现场所采集到的指纹被用作法庭供证。1886 年，亨利·福尔德（Henry Fauld）医生提出了指纹识别的想法，并向伦敦警察厅提出了指纹分类系统的设想。可是这些建议一直没有得到重视，直到弗朗西斯·高尔顿爵士（Sir Francis Galton）统计出两个个体拥有相似指纹的可能性只有 640 亿分之一。第一例作为犯罪证据的拇指指纹现在被保存在伦敦警察厅总部的"黑暗博物馆"[4]。

盘尼西林

在圣玛丽医院的二楼，你可以到亚历山大·弗莱明（Alexander Fleming）1928 年发现青霉素的那间实验室去看看。狭窄脏乱的环境为霉菌的产生创造了条件，使得弗莱明实现了这一拯救生命的突破。在这处复制的杂乱环境中，霉菌培养器皿上还还原了当年的那些霉斑。

螺旋结构

1952 年的七月，晶体学家罗莎琳德·富兰克林（Rosalind Franklin）在伦敦国王学院公布了一场搞笑的丧礼通告，以缅怀 DNA 螺旋分子的"死亡"。在识别 DNA 分子形状的比赛中，富兰克林不相信 DNA 会变成螺旋结构，但她在伦敦所拍摄的那张著名的 DNA 晶体 X 射线衍射照片，在后来反而成了沃生（Watson）和克里克（Crick）于 1953 年 3 月获得诺贝尔奖的 DNA 双螺旋模型的依据[5]。

---

1. 巴贝奇在阿达·洛芙莱斯的帮助下设计了这个引擎的开创性算法，见第 117 页。
2. 到第 107 页看看对法拉第不同寻常的纪念。
3. 更多关于唐恩小筑的信息见第 119 页。
4. 见第 273 页。
5. 富兰克林没能和他们分享诺贝尔奖，她在 37 岁时死于癌症。到第 97 页找到另一种螺旋。

死胡同

并不是每匹马都能成为最后的赢家。在探索世界的过程中，曾经有很多人钻入了死胡同。

永恒动力

17世纪初，当时住在芬丘奇街上的罗伯特·弗拉德（Robert Fludd）设计了数台永动机。他的大多数设计包括水箱排空和给阿基米德螺丝钉供电，这些螺丝将水抽回水箱。尽管这违背了热力学第一和第二定律，但对于永恒动力的梦想在伦敦至今仍存在：2007年，一家名叫斯蒂恩（Steorn）的科技公司在哈克尼的伦敦基尼提卡博物馆（Kinetica Museum）发布了一项叫"Orbo"的设备，并声称该设备能提供"免费、干净、持久的能源"。其实不然[1]。在该博物馆还可以看到其他致力于"进化过程和宇宙探索"类的展品。

地球空心论

天文学家埃德蒙·哈雷（Edmund Halley）因在1975年精准预测出哈雷彗星的再现而广为人知[2]。同时，他也是"地球空心论"的代表人物。该理论认为地球内部由多个空心球体一层套一层组成，由明亮的气层隔开。见证这一理论最佳之处便是位于温切斯特大街（Great Winchester Street）上的德意志银行（Deutsche Bank）的大厅，其间存放着一个中空的不锈钢大圆球，球内的光反射到大厅的顶部。德意志银行表示，这是安尼施·卡普尔（Anish Kapoor）的雕塑，叫作《翻转世界 III》（*Turning the World Upside Down III*），象征着"对思想脆弱性的警示"。

燃素

皇后大道上的康诺斯大楼（Grand Connaught Rooms）曾经一度是共济会酒吧的所在地。在这里，科学家约瑟夫·普里斯特利（Joseph Priestley）力图证实"燃素"的存在。"燃素说"认为火是由无数细小而活泼的微粒构成的物质实体。然而，普里斯特利的证明实验失败了，磷燃烧起来，玻璃灯爆炸了[3]。燃素说从此消亡[4]。

瘴气

1846年，社会改革家爱德温·查德威克（Edwin Chadwick）宣称："所有的气味都是有害的。"直到1880年，疾病通过有害气体的气味，或"瘴气"传播这一说法才被大众广为接受[5]。随着对细菌的了解，这一气味疾病理论渐被取代。不过，要是闻到恶臭，还是要打电话通知当地的社委会。自1990年环境保护方案颁布以来，地方社委会有义务对"恶臭投诉"进行调查。

颅相学

在伦敦的古董市场里，贴有标识的陶瓷头颅并不少见。颅相学是一门伪科学，由德国生理学家弗朗兹·约瑟夫·加尔（Franz Josef Gall）提出，他声称大脑机能可以通过外部骨相检测来进行评估。科学博物馆的藏品里便有加尔自己的用以颅相学研究的半身像。

相对论

阿尔伯特·爱因斯坦（Albert Einstein）因1915年发表的广义相对论闻名于世[6]。下一次你经过南肯辛顿的帝国理工学院（Imperial College）时，可以去了解阿尔弗雷德·怀特海德（Alfred Whitehead）教授的想法。1922年，他出版了《相对论原理及其在自然科学中的运用》（*The Principle of Relativity with Applications to Physical Science*）一书，提出了另一种相对论理论，不过从没有被大众所接受。

---

1. 斯蒂恩说，这台机器出现故障是因为设备盒子内的有害的"温室效应"。
2. 这颗彗星下次出现将在2061年7月28日。
3. 威廉·布莱克在《月球上的小岛》（*An Island in the Moon*）中讽刺了这一事件。一位名叫"可燃气体"的科学家不小心打破了一瓶臭屁虫并释放出瘟疫般的气体。
4. 到第224页寻找共济会酒馆发明的一些东西。
5. 罗伯特·波义耳（Robert Boyle）在他的《对空气中隐藏的现实的怀疑》（*Suspicions about the Hidden Realities of the Air*）中形成了这个理论。到第58页寻找更多关于有毒气体的信息。
6. 1921年，爱因斯坦到伦敦访问，并在威斯敏斯特教堂的艾萨克·牛顿墓前献了花。

藏中之藏

"知识和鱼一样不能持久保鲜。"阿尔弗雷德·怀特海德教授如是说。2009年，伦敦大学学院博物馆举办了一场名为"处理品？"的展出，旨在探寻增加馆藏和淘汰物品以保持良好管理性之间的紧张关系。这场展览极有特色，展出物品种类多样，其中包括一组塑料恐龙、获得过诺贝尔奖的实验所用的大石头，以及与阿加莎·克里斯蒂勉强扯上关系的野餐食篮。参观者来投票决定五种物品中哪些应抛弃，哪些值得收藏[1]。

伦敦是一座日渐增大的珍宝阁，它所拥有的博物馆和档案馆是收藏者收集贮存大量藏品的见证。除具有无可争辩的重要性外，每一件藏品的魅力还来源于其奇特或不平凡的手工艺。2011年，格兰特博物馆（Grant Museum）馆长在博物馆商店里发现了一个李子，并把它存放于一只窄颈瓶里。这个李子所具有的科学意义，以及它为什么会被列入伦敦大学学院的动物学类收集品名单，一直是个谜。

方舟①

位于南朗伯斯区的特雷德斯坎特家族所拥有的"方舟"被馈赠给伊莱亚斯·阿什莫尔（Elias Ashmole）[2]，并被其带到了牛津，以此为基础建立了阿什莫尔博物馆。凭着一柜子的古董和百科全书式的雄心，方舟博物馆成为伦敦第一座公共博物馆。1634年，一位来访者这样描述，这是一个"一个人能在一天之内看到并收集到比他一辈子在旅行中看到的更多珍品"的地方。描述中另一些值得注意的手工制品包括"像鱼一样的松鼠"、"变为石头"的奶酪，以及"在一枚梅子核上雕

刻出精致的耶稣受难史"。2017年，漂泊在外的方舟预定重返至朗伯斯区：一座新的特雷德斯坎特方舟艺术长廊将会带着它最初的文物收藏品在花园博物馆（Garden Museum）[3]开放。

霍洛普希肯②

1775年在莱斯特广场开业的霍洛普希肯博物馆（Holophusikon）[4]已经不再存在。阿什顿·利沃尔（Ashton Lever）爵士花费了数年时间收集了27000件物品，大多是航海家库克船长在世界各地的航行中获得的。游客们对展品感到震撼，尤其是从人类的角度来看满是"奇异猴子和怪物"的那间展室。利沃尔的博物馆曾非常受大众欢迎，但是后来他在新项目上投入了大量的资金，远远超过了门票所带来的收入，已接近破产边缘。他计划将馆内藏品卖给大英博物馆，却遭拒绝，于是1784年，他以抽签的方式转让了博物馆。那位得到博物馆的幸运儿一直经营着霍洛普希肯，直到1806年博物馆被拍卖。在历时13周的拍卖会期间，理查德·卡明（Richard Cuming）每天都去会场，共购买了58件物品，其中包括由库克船长从海地带回的一根魔杖。最后，卡明建起了他自己的收藏馆，拥有10万件奇特的艺术藏品，后来遗赠给萨瑟克区的人民。卡明博物馆于1906年开放，但在2013年一场严重火灾后关闭。大部分藏品安然无恙，但博物馆在几年内都不会重新开放。

奇物阁

在大英博物馆的启蒙长廊里，几乎没有什么品名标识。你可以看到贝壳和岩石、稀有的矿物、象牙和雕塑、奇异的铭文和罕见的早期工具和最初的科学仪器，以及那些在考古学和人类学学科建立伊始阶段，由科学家们所收集的人鱼之类的奇妙的东西。

——欧文·芬克尔

---

1. 玩具恐龙如今在格兰特博物馆有其专门的陈列柜。
2. 更多关于阿什莫尔（Ashmole）的信息见361页，关于鼹鼠（mole）的见324页。
3. 花园博物馆位于朗伯斯区的圣玛丽大教堂一座改为世俗用的教堂里，阿什莫尔和特雷德斯坎特皆葬于此教堂公墓。
4. 意思是自然界万物。

未知生物③

恐龙时代令人印象深刻，但至今仍充满未知。在水晶宫公园里，那些已经灭绝的哺乳动物和恐龙的等身大小仿制模型便是人类知识极限的纪念碑，在任何时候都是。例如，科学家们一直在争论，禽龙（恐龙的一种）是像大象一样直立着四条腿行走，还是像鬣蜥蜴一样笨拙地爬行。因此，水晶宫现在有两只禽龙模型，代表着争议的双方[1]。这里的恐龙是世界上首次制出的恐龙模型，由本杰明·沃特豪斯·霍金斯（Benjamin Waterhouse Hawkins）在19世纪50年代制作。理查德·欧文（Richard Owen）爵士提出把这种史前生物命名为"恐龙"，意思是"可怕的蜥蜴"，并且为制作模型出资。为庆祝霍金斯的创作，他在直腿禽龙的巨大模型里面举办了晚宴。

遥远的珍宝④

直到今天，身着扇贝饰品的朝圣者还会徒步行走几周的时间前往位于西班牙西北角的圣地亚哥-德-孔波斯特拉大教堂（Cathedral of Santiago de Compostela）朝圣。精力没那么好的朋友可以前往南肯辛顿区参观大教堂的格洛里亚门廊（Portico de la Gloria）：在众多欧洲伟大石膏雕塑的复制品中，这座门廊巨大的复制品矗立在维多利亚与艾尔伯特博物馆庭院的一端。这些再创作的仿制品绝妙无比，还带有它们自己的特色，令人惊叹。去看看1866年的门廊，再来想想创作出这样的仿制品所需的精巧手工技艺。沃尔特·本杰明（Walter Benjamin）写过，"即使是最完美的艺术复制品，也缺乏一个元素：它所在的时间和空间，以及它恰巧所处的独特位置。"随着岁月的流逝，这些细致精巧的仿制品黯然无声地驳倒了他的主张。

易腐物品⑤

众所周知，海洋无脊椎动物很难保存。它们的松软结构使它们很难在广口瓶中呈现，并且很快就会失去它们本身的颜色。19世纪，一个捷克的玻璃义眼制造商发明了一种巧妙的解决方案。去格兰特博物馆，看看布拉斯卡（Blaschkas）玻璃模型的收藏品系列：用玻璃制出的完美的海参、头足类动物和海葵。这种模型被用于动物学学科教学，且被认为是"科学领域的艺术奇迹，艺术领域的科学奇迹"。布拉斯卡并没有将他们的制作工艺传承下去，随着水下摄影的出现，他们的工艺已经不再需要。

神秘的标本⑥

弗雷德里克·霍尼曼（Frederick Horniman）利用家族茶业的收益收集藏品，并于1901年在森林山创立了霍尼曼博物馆。这座博物馆尤以动物剥制标本和民族志学类的藏品闻名。在百年纪念馆内的一朵莲花上，有一尊金色的、坐着的佛像，还有日本的猴鱼——用纸浆和鱼制作出来的雄性人鱼。

消逝的乐声⑦

1903年，塞西尔·夏普（Cecil Sharp）在萨默塞特的一个朋友家里收集了他的第一首民歌，此后每去一处他都会采集当地濒临消失于当地文化记忆中的民乐，他将余生奉献给了数百首民乐的采集。塞西尔·夏普家的图书馆里有大量的民间音乐和民族舞蹈资料。搜索夏普的第一首歌曲《爱的种子》（Seeds of Love），然后用手风琴、鲁特琴或是木笛演奏出来。

识图

《藏中之藏》（A Collection of Collection）将伦敦作为一座巨大的珍宝阁呈现在世人面前。每一样藏品代表着伦敦城里不同的收藏或博物馆。洒出来的水代表着泰晤士河的水路。

K ——

1.事实上，如今古生物学家认为禽龙是靠它们的两条后腿行走。

A COLLECTION
of collections

人类博物馆⑧

制药巨头亨利·韦尔科姆（Henry Wellcome）将伦敦最诱人的藏品聚集到了一起。他以收集 150 万件藏品、建立一个"人类博物馆"为目标，同时希望以此阐述人类的发展历程，并对"事物的本源及本质"进行深入研究。这些藏品的数量之多、范围之广，加之韦尔科姆并没有对那些不完整的、仿制的以及无特异之处的藏品进行过滤筛选，意味着他建立藏馆的最终目的并没有得以实现。韦尔科姆收藏的大多数收藏品在他 1936 年逝世之后被存放到了现存的博物馆。你可以前往位于尤斯顿路的韦尔科姆收藏馆的药师藏品展览，感受一下藏品的非凡之处。去看看韦尔科姆的石膏取模塑像，那是在 20 世纪初在他面部套取的模型，毛发浓密，脸上有斑点。

机械表演⑩

装一口袋 10 便士的硬币，去普林斯顿大街上看看新奇的自动化设备。蒂姆·亨金（Tim Hunkin）[2] 收集了这些特异的、自制的游戏机。享受一个魔毯假期，和你的伴侣离婚，或是付钱请一个邪恶的木偶帮你做脚部按摩。

变色龙⑪

维克多·温德的珍奇博物馆（Viktor Wynd's Museum of Curiosities）"没有做出分类和全面性的尝试"。这是一个哈克尼地下室，故意提供"对世界不合逻辑的看法"。你能在此找到渡渡鸟的骨头、开心乐园餐玩具、八条腿的羊羔、菲比娃娃，还有一个密封的盒子，里面装着摩西带给埃及人的一些"黑暗"。一个快闪动物园会定期出现在这里，你可以在里面养养蟒蛇，摸摸青蛙和抱抱一个小玩意儿——一只藏匿着的变色龙[3]。

古物⑨

对复古时装感兴趣的人可以去皮特里埃及文物博物馆看看塔尔汗连衣裙。这件衣服大约有 5000 年的历史，1913 年在开罗南部的塔尔汗墓地（Tarkhan cemetery）被弗林德斯·皮特里（Flinders Petrie）挖掘出来。这件破破烂烂的女装一直被人忽视而搁置，直到 1977 年，它在一堆亚麻布中被发现，被认为是世界上最古老的礼服之一。在皮特里博物馆的网站上可以找到详细的缝纫图案，以便有人想要自己缝制一件[1]。

巴别塔⑫

如果说伦敦是现代的巴比伦[4]，那么它的空中花园就在邱园。皇家植物园是当今伦敦最具有巴比伦式理想的收藏，力图成为地球上所有植物生命的综合宝库。去威尔士公主学院（Princess of Wales conservatory）看看泰坦魔芋，也有人称它们为"腐尸花"，因为它散发出尸体腐烂的可怕气味。这种巨大的植物可以在长达数年的时间里不开花，一旦它开出了单瓣花，那花可长到 2.5 米高，但花期只能短短地持续 2 天时间[5]。

---

1 这条古裙左边沿身而下用纬纱镶出一条穗边。
2 关于蒂姆·亨金的钟表，见 314 页。
3 更多关于温德的信息详见第 111 页及 338 页。

4 如前首相本杰明·迪斯雷利（Benjamin Disraeli）所述，见其小说《唐克雷德》（Tancred）。
5. 最近一次花期在 2009 年。

眼镜 ⑬

在克雷文街的皇家光学协会眼镜博物馆（MusE-YEum at the Royal College of Optometrists）稍作逗留，这里出入免费，不过需要提前预订。馆内有众多的收藏品：剪刀眼镜、折叠眼镜、夹鼻眼镜、双筒小望远镜、放大镜、有柄单片眼镜和无柄单片眼镜等。你能在其中找到属于塞缪尔·约翰逊和罗尼·科贝特（Ronnie Corbett）的眼镜，以及一系列令人眼花缭乱的瓷制洗眼杯。

材料 ⑭

肌肉线、鱼鳞胶、超级黏糊的胶带、可自我修复的混凝土、能呼吸的巧克力和黄色的量子点，以上只不过是位于马雷广场区（Malet Place）的材料图书馆（Materials Library）所收藏的一小部分材料。你可以赶在每月的开放日入内参观。

牙齿 ⑮

海象象牙可做成最普通的假牙。在19世纪的伦敦，最优秀的合成假牙包含真人牙齿，其中一些是来自滑铁卢战役中战死的士兵们。在位于温波尔街（Wimpole Street）的英国牙科协会博物馆（British Dental Association Museum）可以找到一套这样的牙齿。

蝴蝶 ⑯

伦敦的蝴蝶收藏有一段不太好的历史。第一个奥勒利安（鳞翅目昆虫学家）协会出现在18世纪早期，他们每周在交易巷的天鹅酒吧聚会，直到那场著名的康希尔火灾将该协会所有的蝴蝶藏品毁于一旦，协会成员们沮丧万分，尔后解散。第二个奥勒利安协会成立于1762年，最终"由于其成员之间的意见分歧"而不了了之。1801年，第三个奥勒利安协会成立，却因协会成员不愿意将自己的私人藏品捐给协会，于1806年解散。利用网络，可以考虑建立第四个奥勒利安协会[1]。

船舶 ⑰

詹姆斯·亨利·普伦（James Henry Pullen）被公认为是"厄尔斯伍德的天才"，据说他曾经患有学者症候群。他在学院时就已成为一名木工大师，并创造出超比例的船舶模型。1862年，一块手帕上的画激发了他的灵感，创作出"战争中的四十名士兵"；1872年，他又完成了布鲁内尔大东方明轮艇[2]的模型。你可以去位于兰登唐氏学习障碍博物馆（Langdon Down Museum of Learning Difficulty）看看普伦制作出来的船只。最引人入胜的便是他那艘幻想船：寻找"神秘世界"的飞船，这是一艘由他为维多利亚女王设计、以乌木制作的皇家船舰。

马刺 ⑱

霍勒斯·沃波尔所收集的藏品极其古怪，其中有几件皇家纪念品：包括詹姆斯一世的手套、威廉国王的马刺和爱德华四世的头发[3]。

狗 ⑲

克拉根街（Clarges Street）的犬类俱乐部（The Kennel Club）是欧洲最大的犬类肖像画收藏地。在工作日时，你可以去看看埃德温·兰瑟斯（Edwin Landseer）爵士的油画《鲍勃》（Bob），画中这只生活在泰晤士河畔的狗，曾经挽救过23个溺水的人。

图腾 ⑳

西格蒙德·弗洛伊德的藏品令人印象深刻，包括古代的雕像、陶器碎片和护身符。你可以去他位于马尔斯弗尔德花园的家庭博物馆里看到这些私人藏品。在他的书桌上，有一只能带来灵感的狒狒神像：弗洛伊德会在他思考的时候拍拍这只用大理石做的猴神。

缝纫机 ㉑

伦敦缝纫机博物馆（The London Sewing Machine Museum）收藏了600件机器，有史上第一部链缝法缝纫机。这座博物馆是由雷·拉什顿（Ray Rushton）因爱好所建，历时五十多年，馆内还仿制有他父亲的二手缝纫机店面。这家博物馆位于巴勒姆公路（Balham High Road）的温布尔顿缝纫机公司（Wimbledon Sewing Machine Company）楼上，不需门票，每个月的第一个星期六开业。

自奏乐器 ㉒

奥开斯里特翁琴是一种能模仿管弦乐队各种音色的机械乐器。在位于布伦德福特大街（Brentford High Street）的音乐博物馆里，你能聆听到奥斯特里翁琴、自奏钢琴、旋转乐器、音乐盒和自奏小提琴演奏。这里还收藏自奏乐器和乐谱卷带。

---

1 关于蝴蝶，见 99 页。
2 见 183 页。

3 霍勒斯·沃波尔的奇物阁，见 118 页。

图书馆

尤斯顿路的大英图书馆是世界上最大的图书馆。它拥有 1.7 亿多目录项，且每年增加长达 6 英里的书架，以应对不断扩大的馆藏。其他的图书馆则迎合了更小众的研究课题。

韦尔科姆图书馆

在韦尔科姆图书馆（Wellcome Library）的阅览室里，你可以穿着精神病人约束衣在弗洛伊德的沙发上放松一下。这个房间是一个图书馆和艺术长廊的混合体，里面有各种物品、书籍和活动，旨在激发人们的想象力。图书馆中有一本藏书是 16 世纪一本邪恶的关于童贞的书，这本书主要讲的是"处女膜"。

威廉姆斯博士图书馆

在戈登广场上，从一处哥特式入口进入，走进威廉姆斯博士图书馆（Dr William's Library）那暗色木质结构的馆内。你可以去翻阅罗杰·莫里斯（Roger Morrice）的《引书》（*Entring Book*），这本书是 17 世纪晚期一本生动的日记，描述了咖啡馆、舞台剧和伦敦城市的扩张。

瓦尔堡图书馆

位于沃本广场的瓦尔堡图书馆（Warburg Institute Library）专门研究"思想的历史"，馆内的藏书按照图像、文字、定向和行为等几个类别进行划分。在开放式书架边慢行，你会发现标注着"魔镜""护身符"和"邪恶之眼"的书籍。

维纳图书馆

在位于罗素广场（Russell Square）的维纳图书馆（Wiener Library）中，有百万份关于纳粹大屠杀的档案。其中一份记录着一项令人恐惧的棋盘游戏，叫作"Juden Raus！"（清除犹太人）。这是世界上最古老的收藏纳粹大屠杀档案的图书馆。

女性图书馆

女性图书馆（Women's Library）位于证券街（Portfolio Street）上的伦敦政治经济学院院内，收藏着关于女性历史的档案。如果下载他们的女性漫步应用，在逛伦敦城的同时你就可以精确地查找到相关的档案资料。

圣新娘图书馆

圣新娘印刷和图像艺术图书馆（St Bride printing and graphic arts library）位于新娘巷（Bride Lane），这里会定期开展凸版印刷工作[1]。

伦敦大都会档案馆

伦敦大都会档案馆（London Metropolitan Archive）位于克莱肯维尔区，你可以在这里申请翻看伦敦城的"带毛的书"（Hairy Book），这是一部记录着与伦敦历史相关的文字、图片、地图和电影的宝典，其手稿由 13 世纪的教会用未被晒黑的鹿皮装订，上面至今仍覆盖着长长的、柔滑的毛发。

参议院图书馆

在伦敦，我最喜欢的地方是参议院图书馆（Senate House Library）的金史密斯阅览室（Goldsmiths Reading Room）。我博士论文的大部分内容便是在那里完成的。曾经，风从头顶上的玻璃上呼啸而过，阅览室的众人瑟瑟发抖，同时猛烈地敲击着键盘打字。我很喜欢那种感觉。

——布拉德利·加勒特

圣保罗大教堂图书馆

圣保罗大教堂图书馆位置较隐蔽，位于教堂西南塔后面的三拱门上的楼层上[2]。馆外的石头上刻着"Faciendi plures libros nullus est finis"，意为"书无止境"。

---

1. 详见 159 页。

2. 欲进入木板镶饰的圣所，必须得在周日、周二以及周五的下午提前预约才行。

主教门

主教门学会（Bishopsgate Institute）建立于1895年，是"思想和辩论"的大本营。该图书馆收藏着关于社会主义、合作和抗议的书籍，还收藏了欧文·芬克尔的伟大的日记项目（Great Dairy Project），目前的意图是尽可能地收集日记类书籍以保存"人类存在的历史"[1]。

图像研究图书馆

位于圣玛丽教堂街的罗瑟希德图像研究图书馆（Rotherhithe Picture Research Library）内收藏的全是剪贴簿，根据主题进行分类排列，里面满是从明信片、杂志插图、藏书票和照片剪辑下来的视觉材料。这些免费获取的收藏品被安置在一处低矮的房间内，该房间是用18世纪回收的船只木板再加工而建[2]。

书籍以外

花朵

摄政公园里的玛丽皇后玫瑰园（Queen Mary's Rose Garden）是伦敦最大的玫瑰园。其内有12000多株玫瑰，几乎囊括了所有的玫瑰品种。试试去找"皇家公园"，它是这个玫瑰园特有的品种。

电影

在位于泰晤士河南岸的BFI（英国电影协会）媒介中心，你可以浏览整个英国电影协会的国家档案。去看看《边界线》（Borderline）（2005），这是一部受埃舍尔启发的实验电影，在这部电影中，汽车在伦敦城内垂直行驶，标志性建筑也改变了形状[3]。

酒类

苏荷区有两处高级酒库：格里家（Gerry's）和米尔罗伊家（Milroy's）。老康普顿大街（Old Compton Street）上的格里家的葡萄酒和烈酒酒馆里满是五颜六色、各种形状的酒瓶，上面贴着手工标签。购买之前，欢迎品尝。希腊大街（Greek Street）上的米尔罗伊酒馆是伦敦城里威士忌的专卖店：可以过去买点儿朱拉或是泰斯卡。

音乐

白金汉宫路（Buckingham Palace Road）的威斯敏斯特音乐图书馆（Westminster Music Library）内收集了管弦乐队和独奏者的乐谱，可供借阅。其内有一架数字钢琴，可以尝试下它不一般的低音部分。

扇子

当你的手指触摸到扇子的顶端时，你想表达的信息将会清晰地传达给你的潜在情人："我想和你聊聊。"当你在格林尼治的扇子博物馆（Fan Museum）参观时，如果有人将扇子抚向你，你可以给出回应：将扇子挡在你的左耳上方（不想要）或是慢慢用它抚过你的脸颊（我想要）。

---

1. 你可以将你自己的日记捐给这个日记收藏项目，并指定一个隐私期限，在此期间禁止公众阅览。
2. 每周二的晚上有一场免费电影。
3. 青少年观看的电影详见第155页。

LIVERY 同业公会

从中世纪开始，伦敦市民便会通过协会以及职业关系网联合起来保护他们职业的"技术和奥秘"。在中世纪，一些这样的协会形成正规的公会，然后慢慢发展成为皇家特许的"同业公会"。

如今，伦敦金融城有 110 个这样的同业公会。在数个世纪中，它们中的很多行业已然没落：木材买卖、丝绸买卖、马匹买卖、纹饰协会以及船舶客运协会都已经解散了，就像曾经的发梳制造、帽边缎带制造、长弓弦制造以及马用橡胶制造协会一样慢慢消亡。随之而来的是一批受人尊重的全新协会：信息技术、国际银行金融、税务咨询和安全专家。

同业公会会员 [1] 仍有责任去选举出伦敦市政府的官员和市长。1130 年，也就是《大宪章》（*Magna Carta*）被签署前不到一百年，亨利一世国王授予伦敦金融城一份特许状，规定"伦敦所有人都免收一切通行税、市场税及其他海关税收"。特权立即生效，伦敦金融城成为大英首都中心离岸避税的天堂。

金融城的状态是一种"简单公式化"的结果，引用记者尼克拉斯·萨克斯森（Nicholas Shaxson）的话来说："几个世纪以来，主权国家和政府都在伦敦金融城寻求贷款，作为交换，这个城市从规则和法律中获取了特权和自由。"尽管改革的呼声频繁，但市长、市政厅和同业公会仍在蓬勃发展，就像他们近千年来所做的一样。

如果你所在的职业还没有同业公会，那么你可以发起运动来创建一个新的 [2]。说不定你最终会获得一种非凡的权力哦。

市长

2007 年，我当选为坎德威克的市议员时，我知道这个职位可以追溯到撒克逊时代；后来我又当选为第 686 届市长——这一职位始于 1189 年，因此我更加意识到历史的重要性 [3]。与此同时，我也意识到，伦敦成为全球四大金融中心之一，要归功于其历史的巨大影响。我倾向于解释为，我们深厚的资本、初级和二级市场皆源于聚集在伦敦劳埃德这样的店内喝咖啡的普通民众。

——菲奥娜·伍尔夫夫人（Dame Fiona Woolf）

---

1. 这种说法统指所有的男士和女士们。
2. 最新的行业协会是学者艺术协会，创建于 2014 年。
3. 菲奥娜·伍尔夫夫人是伦敦金融城历届市长中的第二位女性。

制服

制服（Livery）是指那些代表着一个阶级或是社会地位的专有制式服装。

皇家近卫步兵

英国皇家御林军的近卫步兵们守卫在白金汉宫外，头戴高高的熊皮帽[1]。尽管来自英国动物保护组织的抗议颇多，守卫们的这些帽子依然是由位于康诺特大街（Connaught Street）的佩蒂制帽坊（Patey Hats）用加拿大熊皮制作而成。普通卫军的帽子由黑熊的皮毛制成，军官的帽子则由更有光泽的棕色母熊皮毛所制，而后被染成黑色。

伦敦塔卫兵

伦敦塔的御用卫兵们平常身着配有红色镶边装饰的深蓝色制服。在国事场合，他们穿着传统的"都铎式制服"（一种红色士兵上衣，紧领、铜扣子，有绶带），这是一种穿着极不舒适的猩红色制服，有金色装饰。

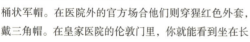

退休军人

在切尔西皇家医院（Royal Hospital Chelsea）里，退休军人身着蓝色制服，头戴有檐的平顶桶状军帽。在医院外的官方场合他们则穿猩红色外套，戴三角帽。在皇家医院的伦敦门里，你就能看到坐在长椅上的、身着红色制服的退休军人。

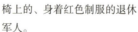

肝脏（Liver）

保存

前往伦敦林肯因河广场，去亨特博物馆水晶画廊的104号看看那些约翰·亨特（John Hunter）在18世纪存放的人类肝脏。

啄食

维多利亚与艾尔伯特博物馆[2]内可见被束缚的普罗米修斯。这名泰坦巨神从天神那里盗取了火种，因此被锁在高加索山脉的峭壁之上，鹰鹫每天来啄食他新长出的肝脏[3]。

占卜

去记熟大英博物馆里的黏土肝片[4]。这是一张占卜师用来学习肝脏占卜术的图表。一旦你掌握了基础知识，就可以去买一袋新鲜的羊羔肝脏，然后进行占卜。

激情

你可以称你的爱人为心肝儿。在晚期希腊生理学中，肝脏被认为是产生负面暗情绪的器官：诸如愤怒、嫉妒和贪婪等；但在伊朗俚语中，肝脏（ji-gar）意味着性感，在祖鲁语中，肝脏的意思和"勇气"（isibindi）这个词是一样的。柏拉图则认为肝脏是灵魂的栖息之处。

煎炒

你可以去波兰大街上瓦斯科与皮耶罗的展馆餐厅（Vasco & Piero's Pavilion Restaurant）品尝小牛肝，以鼠尾草和炒白菜做配菜；或者还可以去托特纳姆宫路（Tottenham Court Road）的星球有机物商店（Planet Organic）买富含铁元素的挪威鳕鱼肝油来补充你的饮食营养。

小便

肝脏不能很好地代谢酒精，因为分解酒精所需要的化学物质会损伤肝脏组织，而持续不断地饮酒会有碍肝脏的自我修复。伦敦托利街上的肝脏中心可以处理所有肝脏方面的问题。

---

1. 不要将熊皮高帽与毛皮高顶帽混淆。小点儿的毛皮高顶帽是英国皇家骑乘炮兵戴的。
2. 雕刻品室22号，FS柜。
3. 肝脏是人类器官中唯一可以自然再生的器官。另一泰坦巨神，详见第1页。
4. 古美索不达米亚画廊56号，22柜。

工作

途径

济贫院

电影博物馆位于肯宁顿区杜加德大道（Dugard Way）前朗伯斯济贫院（Lambeth Workhouse）行政大厦内。在这里，你可以站在查理·卓别林的纪念物专柜前，忆其生平。1896 年，7 岁的卓别林与她的母亲分别，带着"被遗弃的失望"感，剃光了头发，来到了这处济贫院[1]。引用罗伊·波特的说法，济贫院就是"官方巩固社会秩序最好用的武器"。济贫院始于 1601 年，当时地方教区要对那些没有工作的人负责，它们直到 1930 年才被废止。

失业救济金

如今，英国的青少年在年满 16 岁时都会获得一个国民保险号码，而定期支付的就业保险可"确保"每一个处于工作年龄的公民不受失业的困扰。但是，救济金只会在经济方面帮助失业者。如果有时间，你可以自愿加入社区链接——这是一个位于伦敦东部的慈善机构，拥有六个跨年龄层的社区中心，旨在重建失业人员的信心，以及培养其技能。比如说，盖伊路（Gay Road）上的玩乐播种花园（Play, Sow and Grow），那里有蔬菜种植园地和养鸡场。

就业中心

如果你想找一份工作，"93 就业中心"（93 jobcenter）是一个不错的开始，伦敦到处都有它的办公室。或者，你也可以选择"王子信托基金"，它在伦敦各地提供"入门"课程，指导你开始一段特定的职业道路。"女人如是"（Women Like Us）支持女性在生育子女之后继续工作。

学徒

你会推销商品、做销售工作吗？去克莱普顿查兹沃斯路周日大市场（Chatsworth Road Sunday Market）的摊位上试试。艾伦·休格（Alan Sugar）勋爵在发迹之前就在这个地方磨破了嘴皮推销洗发水。有做学徒想法的人，可以考虑在伦敦找一些不同寻常的学徒工作，包括去皇家歌剧院学做芭蕾舞鞋、去金匠中心学习珠宝制作，以及到皇家公园学习园艺工作。卡姆登协会（The Camden Society）经营着六家社会企业咖啡厅，专门为残疾人提供学徒工作。

工会运动

每年，生活工资基金会（Living Wage Foundation）都会统计每小时的生活工资：2015 年伦敦的生活工资为 9.15 英镑，但最低工资实际上只有 6.5 英镑。从以前的布莱恩特的火柴工厂经过时[2]，你会想起 1888 年火柴厂女工罢工事件。当时，所有的女工集体抗议她们所领取的微薄工资以及接触危险化学品的恶劣环境[3]。在大罗素街的英国工会联盟总部（Trades Union Congress HQ）外面，有一座名叫"兄弟情谊"的雕塑，它象征着团结一致的力量和工会运动。

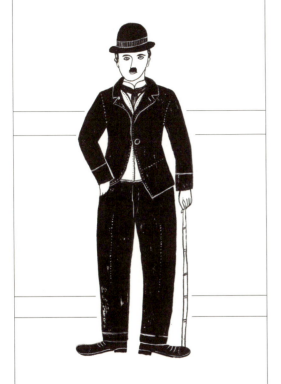

1. 查理和他同母异父的兄弟西尼一周探望他们的母亲一次。在他们首次去探望时，她买了椰子糖，并抚摸着两兄弟剪着短发的脑袋。
2. 如今是一处封闭的社区。详见 135 页。
3. 生产火柴的白磷会产生致命的磷蒸汽，导致"磷下巴"（phossy jaw），即下颌骨的坏疽。

产业蜂巢

蜂巢经常被用作一个经济隐喻。比如说，你站在交易巷，抬头向上看，会看到一个巨大的石砌蜂巢，那曾经是劳埃德银行（Lloyds Bank）的象征[1]。

在伯纳德·曼德维尔（Bernard Mandeville）的诗歌《嗡嗡的蜂房》（The Grumbling Hive，1705 年）中，一个"满是蜜蜂"的巨大的蜂巢意味着贪婪和繁荣。然而，当蜜蜂的贪婪欲念减退时，蜂群就会陷入灾难，成千上万的蜜蜂最终死亡。曼德维尔的这种寓意比亚当·斯密（Adam Smith）在《国富论》（Wealth of Nations）中提出的理论早了 70 年："节俭美德"是一种灾难性的经济政策；社会必须消费才能繁荣。"[2]

理发师（17）[3]

在中世纪，理发师是一个令人尊敬的职业，他们拥有多项技能。除洗剪吹、刮面和装饰外，他们也操作外科手术，比如去除耳垢、割除生疮、缝合伤口、拔除龋齿。至今仍挂在理发店门外的红白相间的条柱便象征着理发师们的双重职业身份：红色代表外科手术，白色代表理发。现如今，理发师们并没有停止其职业身份的多样化发展。位于富勒姆街的宠物美容店，是伦敦城里最早的狗狗美容沙龙，你可以把狗狗带去修剪指甲、清洗耳朵和毛发。

铁匠（40）

"铁锤之下出艺术"已然成为铁匠行业的座右铭。在拉文斯科特公园里，现在仍旧可以听到叮叮当当金属锻造的声音。威尔·贝克（Will Barker）在那里经营着自己的铁匠铺。预定一天的课程，你可以去他的铺子里捶打、焊接铁具，带着自己手工制作的火钳离去。

酒匠（14）

啤酒制作商们的守护神是圣托马斯·贝克特（St Thomas à Beaket）。据说，圣托马斯的父亲在北非海岸线一带交易时被海盗俘虏了。一名摩尔姑娘爱上了他，并帮助他逃离，然后跟着他来到伦敦并嫁给了他。这个传说解释了为什么这个行业的印章上是一位黑人女士，她拥有一头金色的长发，两只手各拿着一束小麦。如今，伦敦的啤酒酿造业仍是一片欣欣向荣的景象。格林尼治现在已经成为首都酒业的支柱，去位于布莱克沃尔巷（Blackwall Lane）附近的酿酒厂品尝室，可以尝到他们最好的酒样。

刺绣人（48）

刺绣人公司（Broderers' Company）专门经营绣品，是伦敦同业公会中唯一一家拥有"大师之歌"（Master's song）的企业，每天的餐会上都要唱响企业之歌。歌曲是这样的："所以，给我们您平淡无奇的交易伙伴，/ 他们从不因诚实而退缩，/ 不要考虑他们会告诉我们的一切，/ 但是告诉我们他们所认为的一切。"若是你想满足自己的手工刺绣需求，可以去霍桑 & 希尼公司（Hawthorne & Heaney），在那里，他们能刺绣出任何式样；你也可以在他们位于科布尔巷（Cobble Lane）的伊斯灵顿工作室的初学者课堂上去自己做。

识图

《产业蜂巢》（Hive of Industry）以比喻的方式来形容伦敦的各种产业，描绘出真实的和构想中的产业集合体。同业公会按照严格的先后顺序进行排列描述（可参考每项产业名称之后括号内所标识的具体数字）。这个设计灵感来自乔治·克鲁里克山克（George Cruikshank）创作的英国蜂箱（British Bee Hive，1840）和约翰·莱顿为这座城市设计的六边形建筑[4]。去白金汉宫去看看蜂王和那群混种的鸽蜂。

---

1. 银行前面现在是一匹黑马。劳埃德银行的总部直到 2003 年才坐落于此处。
2. 梅纳德·凯恩斯（Maynard Keynes）对此的看法详见第 198 页。
3. 每项产业之后所标示的数字意味着该行业在产业蜂巢之中的先后位置，这大致是基于其成立的顺序。
4. 详见第 93 页。

厨师（35）

厨师公会是伦敦同业公会中规模最小的一个，只有 75 名会员，而且从成立之初便非常欢迎免费的会员。如今名厨师们纷纷都在尝试着分子料理，不妨去回想一下汉普顿宫的大厨们在火焰上进行烧烤的旧式烹饪。夏日时节，都铎王朝宫殿里，亨利八世那巨大的皇家厨房炉中烈焰滚滚，每一天都在以传统正宗的烹饪模式进行烤制。在你从烧烤架上撕下一块热气腾腾的烤肉塞进口中时，一旁的烹制者正口吐唾沫、筋疲力尽地翻转着那巨大的烤肉架。

皮匠（27）

皮匠们选用一种出自西班牙的白色科尔多瓦皮革进行制作生产，这种皮革专门用于高档鞋类的制作。在市区内的沃特林街立着一尊俯身制作靴子的皮匠雕塑。在离此不远的克里斯蒂娜大街（Christina Street）肖尔迪奇的工作室里，安妮·汉森（Áine Hanson）制作出了一系列的软皮革制品，从手袋到小灵犬的项圈，应有尽有。

刀匠（18）

刀匠们可以制造匕首、长剑、剃刀和剪刀。在纽盖特大街，建立于 19 世纪的刀具行业展示厅里，有一个陶制的饰条，阐述了刀具的制作过程。佩卡姆拉伊车站（Peckham Rye Station）下方铁拱桥处的布伦海姆锻造厂（Blenheim Forge）至今还保留着这一传统工艺。这家锻造厂专门生产大马士革钢制烹饪刀具，刀柄用在当地采集的木材制作而成。哈克尼路斯皮塔菲尔德商店里展出的"谷仓"牌勺子相当漂亮。在斯特普尼城市农场（Stepney City Farm），谷仓还有一家东端木艺学校（East End woodworking），教授木艺雕刻。

酿酒（69）

本特的茶、冷饮料、除莘饮品、针和针、日内瓦和母亲的毁灭都是伦敦人给金酒取的名字。如今，"伦敦金酒"已是一个法律术语，指的是纯净的、脱糖、蒸馏过的酒。目前，伦敦有几家活跃的酿酒厂：规模最大的一家是位于肯宁顿蒙特福德广场（Montford Place）的食牛肉（Beefeater）酿酒厂，厂内设有一个金酒博物馆；年代稍近一点的是克兰布鲁克大道（Cranbrook Road）上的希普史密斯（Sipsmith）酿酒厂，位于普鲁登斯（Prudence）之乡，这是两百年来伦敦第一家使用铜壶蒸馏器的酒厂。在波多贝罗星（Portobello Star）的金酒研究协会做个预定，你就可以在那里自己动手提炼出美酒。

鱼贩（4）

直到 14 世纪末，鱼贩们才聚集起来进行商议，建立了属于这个行业的法庭——利哈尔莫德（Leyhalmode）来解决贩鱼过程中的争议[1]。南海德的 F.C. 苏泊斯（F.C.Soper's）和埃塞克斯路（Essex Road）的史蒂夫·哈特（Steve Hatt）是伦敦最优秀的两家鱼贩。

铸造（33）

铸造者将熔融的金属倒入铸模中，并非在锻炉中成形。英国历史最为悠久的铸造产业是位于白教堂路（Whitechapel Road）上的白教堂铸钟厂（Whitechapel Bell Foundry）。它最初建立于 1570 年，自 1739 年起就建厂于现在的场地上。美国费城的独立钟、圣保罗大教堂和威斯敏斯特教堂的大钟以及 2012 年奥运会的大钟都是在这里铸造而成的[2]。在小镇的另一边，西德雷顿的新铸造厂专门为电影公司制作金属制品，自 1975 年以来，获得了英国电影学院奖（BAFTA）的所有道具都出自该厂工人之手。

---

1. 去特丁顿水闸（Teddington Lock），用一条鱼来解决争议，就像蒙提·派森（Monty Python）在网站上表演的"打鱼舞"那样。

2. 铸钟厂免费博物馆的门厅里，蠹立着大本钟的模型。这是有史以来在白教堂铸造的最大的钟。

BRODERERS

VINTNERS

MANNEQUIN COLOURISTS

TATTOO ARTISTS

FOUNDERS

MERCHANT TAYLORS

MYSTERY DINERS

LAUGHTER THERAPISTS

COOKS

BARBERS

BLACKSMITHS

SPECTACLE MAKERS

SHIPWRIGHTS

TAXIDERMISTS

HIVE OF I

GIRDLERS

腰带制造（23）

"Girdlers" 指的是专门从事腰带制作的匠人。在每一位英国君主的加冕典礼上，公会仍然会为新君主的皇权献上腰带。图拉（Tura）是一家家族企业，位于哈克尼唐斯附近的阿姆赫斯特－特雷斯（Amhurst Terrace），自1991年以来一直在生产手工制作的皮带。图拉公司出品皆为大品牌，你也可以去那里为自己定制一条腰带。

杂货（2）

杂货铺公会的地位仅次于布商公会。据说，杂货铺公会以前一直占据着第一位，直到伊丽莎白一世上任后，作为布商公会的名誉会长，她在自己的加冕仪式上看到了自家公会前方杂货铺公会那匹装饰得夸张的骆驼，这种局面才终结。伦敦有很多很棒的蔬菜水果杂货店，其中有名的便是丰饶的纽因顿格林果蔬店（Newington Green Fruit and Vegetables），店内成排的板条箱里堆满了马齿苋、独行菜、高良姜和红毛丹。

GROCERS

扑克（75）

直到1960年，英国王室才对所有的扑克牌征收消费税。每个纸牌制造商都在黑桃 A 上印上一个特殊符号，表明他们的税款已经缴纳。从1882年开始，公会每年都会制作两副扑克牌，黑桃 A 上都印着新君主的头像[1]，每年三月的第一个星期一，公会都会组织一场业内桥牌联赛。如今，你可以直接在坎维岛的游戏和打印服务公司定制一套扑克牌。

MAKERS OF PLAYING CARDS

裁缝（6/7）

裁缝商业公会要么是第六，要么是第七[2]，和皮货商公会每年轮一次。

从18世纪末开始，萨维尔街就成为定制服装的代名词。如今，漫步在梅菲尔大街，就像是经历了一段艺术史的旅程。纳尔逊勋爵（Lord Nelson）、温斯顿·丘吉尔和裘德·洛（Jude Law）都曾在这些宽敞的试衣间里进行过尺寸测量。亨利·普尔公司（Henry Poole & Co.）是这条街上历史最悠久的裁缝店，成立于1846年，由一位专做晚礼服的裁缝创立。

水管工（31）

2013年，切·理查德（Che Richard）和他的汉普斯特德及海格特供热管道公司（Hampstead & Highgate Heating & Plumbing Company）在赢得当地年度商业奖项之后，被评为英国最佳管道公司。每年十一月，皮姆利科管道公司（Pimlico Plumbers）都会在"风帆街"（Sail Street）的建筑物上挂上异常华丽的圣诞彩灯，夸张到进滑铁卢站的火车上的乘客们都能看见。

---

1. 他们也收集大量具有历史意义的扑克牌，在伦敦城市档案馆可以查阅。

2. 这一传统源于一个古老的都铎王朝时期的争论，也可能是"乱七八糟"（at sixes and sevens）一词的起源。

造船 （59）

在托利的船工之家酒吧里，一起为海员们举杯，也可以去看看壁画上描述的造船工艺。如果你想要一艘属于你自己的船，那就去"约翰的船"工作室（John's Boat），它在洛兹河心岛（Lot's Ait），也就是位于基尤（Kew）和布伦特福德（Brentford）之间的泰晤士河的岛上。除维修和保养外，约翰·沃森（John Watson）还专门从事造船工作，他会按照你的要求为你打造一艘小艇。

眼镜 （60）

在 17 世纪，如果制作的眼镜未能达到行业标准，它们就会被强行没收，然后带到伦敦的石碑上，"用锤子砸得粉碎"。位于哈克尼−维克[1]鱼岛上的艾尔哈工艺厂（Algha Works Factory）是目前仍在运营的唯一一家英国眼镜框制造商。他们生产制作的标志性"圆眼睛"（round eye）眼镜，因著名歌手约翰·列农（John Lennon）的佩戴而名声大噪[2]。镜框看起来很简单，却是历经了 130 种工艺的产物，其中包括模压、开槽、卷曲和按压。

装订 （47）

位于克莱肯维尔路上的怀文装订厂（Wyvern Bindery），自 1990 年起由马克·温斯坦利（Mark Winstanley）经营。透过厂房的窗户，你能观察到书籍装订过程的每一个步骤。带上一本破旧的书本，来这里赋予它全新的生命。

葡萄酒 （11）

伦敦城里总有些匪夷所思的古怪的年度仪式，其中之一便是葡萄酒商与染坊合作的"数天鹅"。在七月的第三周，两家公司的员工乘坐小艇沿泰晤士河而上，围困天鹅，在它们的脚上装上脚环，然后再放走它们。然而，任何被女王的"天鹅标志员"捕获的天鹅都不会有任何标记，因为它们皆为女王，即"天鹅之主"的财产。这项源自中世纪的传统现如今已然演变成一种检查鸟类健康状况的方法。在不数天鹅的时候，酒商仍然卖酒。如果你正努力地想选一款好葡萄酒，那就去夏洛特街（Charlotte Street）的浪者吧（Vagabond）。这里并非疯狂的科学家所建的实验室，而是一处独特的酒馆。在这里，你可以通过高科技的分送器来品尝 100 种不同种类的葡萄酒。

蜂蜡蜡烛

蜡烛公会生产优良的蜂蜡蜡烛，与那些由动物脂肪制成的牛油蜡烛相比，这种蜂蜡蜡烛显得更为奢侈[3]。养蜂人史蒂夫·本博（Steve Benbow）在伦敦城的各处养蜂，包括福特纳姆与梅森百货（Fortnum & Mason）、泰特现代美术馆和国家肖像画廊的屋顶上的蜂箱。他还出售蜂蜜和蜂蜡蜡烛。如果你想让自己忙起来，可以从巴恩斯与韦伯公司（Barnes & Webb）租一个蜂箱，把它安装在你的花园里，养蜂酿蜜。

---

1. 详见第 125 页。
2. 在《哈利·波特》的影片中被丹尼尔·雷德克里夫（Daniel Radcliffe）所佩戴；艾尔哈也曾为斯坦利·库布里克的《洛丽塔》制作过心形眼镜框架。
3. 这种乏味的日常使用的蜡烛属于动物油脂蜡烛公会（Tallow Chandlers）。

当代的崇尚

我们对可能出现的一些行业公会做出了以下预测。

咖啡调配师

伦敦咖啡节 [1] 上咖啡师们为争夺梦寐以求的"咖啡大师"头衔而使出浑身解数。比赛规则包括冲煮、泡制、调配以及拉花。

奶酪制作师

2012 年，菲利普·威尔顿（Philip Wilton）在哈林盖皇后街（Queen Street in Haringgey）创立了怀尔兹奶酪这一品牌。菲利普开设有"一天学会奶酪制作"的课程：你可以带走三块奶酪以及新手入门装备，让你的厨房变成乳制品制作场。

地球仪制造师

在建立了布卢姆斯伯里保龄球馆之后，彼得·贝勒比（Peter Bellerby）决定制作地球仪。位于斯托克－纽因顿的贝勒比公司（Bellerby & Co.）制作各种各样的地球仪，小到直径 22.9 厘米的阿尔比恩（译注：英格兰或不列颠的雅称），大到直径长达 1.27 米的丘吉尔纪念版地球仪。你可以预约参观他们的工作室。

笑声治疗师

去伦敦滑铁卢学院听一次笑声治疗的课程，可以减轻压力、增强免疫系统和强健肌肉。人体本身并不能区分真笑和假笑，所以假笑也能获得同样的疗效。

人体蜡像配色师

每天早晨，在杜莎夫人蜡像馆 [2]，工作人员们都会对蜡像进行清理，以消除粉丝们在这些明星蜡像上留下的痕迹。单向乐队的男星们脸上常常布满唇印，偶尔还有人向他们的口袋中塞上内衣。如果你去那里参观，可以去捻捻狄更斯的胡子，对着 ET "啪"地亲上一口，在卓别林的礼帽下面偷偷塞进一条男式内裤。

神秘餐饮

注册"神秘餐饮"（Mystery Dining），你和朋友就可以对伦敦城内的各种时髦餐馆和时髦酒店进行评论和建议，而别人来买单。

文身艺术

如果你想尝试文身，那就在伦敦一众文身艺术馆里找一家去试试。科图路（Curtain Road）上的"好时光"（Good Times）内弥漫着禅意般的平静，在那里尼克尔·洛（Nikole Lowe）可以在你的背部文上一名武士；要是涉及宗教意义，那就去圣约翰街上的"深入"（Into You）试试，邓肯·X（Duncan X）会在你的四肢刺刻上神秘隐晦的幻想之纹。

动物标本剥制工艺

埃塞克斯路上的标本制作（Get Stuffed）商店橱窗里摆满了带有异国风情的冰冻动物：狒狒、长颈鹿与鳄鱼和大白鲨耳鬓厮磨在一起 [3]。要想学会这种手艺，你可以预订伦敦动物标本剥制学院（London Taxidermy Academy）在伦敦桥举办的为期两天的课程，学习松鼠标本制作。

窗户清洁

总部位于埃平（Epping）的永进清洁服务公司（Advance Cleaning Services）是英国率先使用绳索技术进行清洁的服务公司之一。工人们带着肥皂泡沫和橡胶扫帚从令人头晕目眩的高空沿绳索滑落下来，或是攀爬上"小黄瓜"去清除顽固的污垢。

僵尸角色扮演

2009 年，伦敦桥冒险项目吸引了很多人申请扮演僵尸角色，以至于这个角色要经过海选来筛选。此角色需要申请人作僵尸装扮，在托利大街上作僵尸状游荡，并能成功地吓到路人。

---

1. 每年五月初的公共假期，在布里克巷的老杜鲁门啤酒厂（Old Truman Brewery）举办咖啡节。

2. 关于杜莎夫人蜡像馆详情，请参见第 111 页。

3. 谨慎购买：此店店主罗伯特·斯格莱尔（Robert Sclare）于 2000 年因伪造进口珍稀动物许可证而被判入狱 6 个月。

家族企业

伦敦有 35 万多家家族企业。

银行家

塞缪尔·佩皮斯与理查德·霍尔（Richard Hoare）爵士合伙在齐普赛街的"金瓶标志"（Sign of the Golden Bottle）那里开了一家银行。霍尔公司成立于 1672 年，历经 350 年，如今仍在蓬勃发展。目前该银行由家族第 11 代成员持有并管理。霍尔的银行只有两家分行，其中一家从 1690 年起就在舰队街的同一地点营业。来访时不需要担心下雨。银行在入口处为顾客准备了免费使用的雨伞。

葡萄酒商

去红十字路上的"皮靴和皮鞭"（Boot and Flogger）酒吧逛逛。1611 年，詹姆斯一世发布了禁酒令。在 2000 年之前，它是英国唯一一家不需要酒类执照的酒吧。这家酒吧由葡萄酒家族企业的第 5 代戴维先生经营[2]。去那里点上一杯"皮靴和皮鞭红色 1 号"，然后让自己陷入深软的皮椅之中去品味。

鳗鱼鱼冻商

在古尔斯顿街（Goulston Street）和白教堂大街的拐角处有一家专卖鳗鱼鱼冻的商店。自 2013 年开始，人们便称之为"玫瑰海鲜"（Rose Seafood）。94 年的漫长岁月里，这家商铺一直由塔比·艾萨克（Tubby Isaac）家族经营，如今已是第 4 代。当新鲜的鳗鱼被放入沸水之中进行熬煮时，鳗鱼便会生出鱼冻，这是一种自然形成的胶状物[1]。

咖啡馆

位于弗里斯大街（Frith Street）的那家具有传奇色彩的意大利咖啡馆从 1949 年开始就由波莱德里（Polledri）家族经营，已历经三代，从未闭店。馆内的天花板上装饰着足球纪念品，地板上铺砌的石块也已有 65 个年头，当年是由被称为"水磨石镶嵌专家"的托里纳·波莱德里叔叔（Uncle Torina Polledri）铺设。

温柔的作家

"我喜欢小商贩和小商铺。大多数店主的所作所为源于他们想赢得顾客的尊重，他们也喜欢那些能够给客人提供更好服务的建议。

"位于商业街的加德纳集市杂货店（Gardners Market Sundriesmen）是伦敦最古老的纸袋店，由詹姆斯·加德纳（James Gardner）于 1870 年创立，先后由伯蒂·加德纳（Bertie Gardner）、雷·加德纳（Ray Gardner）以及如今的保罗·加德纳（Paul Gardner）经营。这里是所有市场交易商和摊贩们购买纸袋的地方。在这家店里就像置身于酒吧一般，因为每个人都在那里讲述市场交易的故事——这是一个神奇的地方。

"我最爱的早餐店绝对是贝斯纳尔-格林路（Bethnal Green Road）的 E. 帕里斯餐厅（E.Pellicci），由玛丽亚·帕里斯（Maria Pellicci）和她的儿子纳维奥（Nevio）以及女儿安娜（Anna）经营。这家人在 1900 年创办了这家咖啡馆，至今仍然生意兴旺。店内

是 20 世纪 40 年代的镶嵌装饰风格，精工细琢，极为出彩。在那里，你会遇到带着孙辈们前去的老人，他们会告诉你当年他们的祖父母带他们前来的场景。

"我的父母都在同样的年龄去世。有一天我坐下来，计算出如果我活到那个岁数人生还剩下多少天，结果是 1 万天。然后，我觉得自己必须做出一个选择，在这 1 万个日子里我要做什么事情。最后，我的决定是每天写一个故事。"我的计划是一直写下去，直到身体状况不允许时再停下，然后写一份自传揭示作者的身份，作为最后一个故事。如此，当这种情形来临时，一切都结束了。"

这位匿名的作家从 2009 年开始每天在 spitalfieldslife 网站上写一些关于伦敦东区文化和人物的文章，并计划至少持续到 2037 年。

---

1. 塔比家在 1990 年才开始使用冰箱来制作鱼冻。
2. 戴维家在伦敦有 24 处酒吧，酒吧名字令人印象颇深，比如棒棒糖（Bangers）、老烟枪（Crusting Pipe）、剩男吧（Gyngleboy），还有斗牛场餐吧（Truckles of Pied Bull Yard）。

伦敦码头区

　　站在罗瑟希德半岛（Rotherhithe Peninsula）上的斯塔夫山（Stave Hill）山顶上，你能看到一张全景可触地图，地图展示了周边地区的全盛时期。雨天时你可以从地图中看到：三维水池、储满水的河道和码头，想象自己正身处于一片曾经的工业用水的水世界。

　　自19世纪以来，码头区一直是伦敦的工业中心和就业重镇：首先，它是一个国际港口，然后它是制造业中心，而今它已经是全球的金融中心[1]。乘坐码头区的地上轨道是游览该地区最轻松的方式。它穿梭于各个站台之间，每一站的名字都带着浓郁的异国风情，令人不由遐想翩翩，比如说塞浦路斯站（Cyprus）、东印度站（East India）和西西尔弗敦站（West Silvertown）。不过，要是你想感受一下码头区的生活方式，那么还是步行前往吧。

水手的字母歌

　　乘坐DLR线到摄政王子站（Prince Regent Station）。从站台离开之前，沿着布莱恩·叶尔（Brian Yale）的不锈钢制的码头区历史展示图缓步而行。沿路你会看到大象、布鲁斯特先生流动餐车上所供应的茶水，还有成桶的烟草和香料。再唱起《水手字母歌》，歌词中说A代表锚，B代表船首斜桅，C代表绞盘等，每一段歌词后都有一个合唱部分："高声，低吟，无论你走到哪里/给水手一杯烈酒，没有什么问题。"

　　沿着康诺特桥（Connaught Bridge）下的小道走，左手方向会经过伦敦城市机场[2]。右转到伍尔维奇北路，再往左行便进入到泰晤士堰洲公园（Thames Barrier Park）。

绿色船坞

　　泰晤士堰洲公园原本是一个废弃的石化工厂遗留下来的一片荒地。而今，这里最引人注目的便是那一长溜的绿色船坞，那是一长排修剪成波浪形状的灌木。在河的另一边，你能看到安格尔斯坦码头（Angerstein）与伦敦最后一个重要的进口码头——墨菲码头（Murphy Wharves）的空中传送带，还能见到泰晤士河上那闪闪发光的海螺形防洪坝。

　　向左转，沿伍尔维奇路前行。

三硝基甲苯

　　这条路与河道之间的区域曾经是布伦诺蒙德工厂（Brunnor Mond factory）所在地，这家工厂曾在第一次世界大战期间生产炸药。1917年1月19日那个星期五的晚上，一场大火引发了毁灭性的"银城爆炸"事件：多达50吨重的炸药同时爆炸，摧毁了周边区域中的一切。远在30英里之外都能看到燃烧的火焰。

　　往左拐，沿着爵士大道往前行就能看到世界上最大的糖浆厂。

糖浆

　　塔特与莱尔工厂（Tate & Lyle）每周能生产出上百万罐金黄色的糖浆。它是世界上最古老的品牌产品。

　　循原路折回，沿着磨坊路前行，那里有一处细长、孤立的烟囱。

霍维斯面粉加工厂（Hovis Mill）

　　这里曾经是伦敦面粉加工工业的中心，如今兰克家族（Rank's）的面粉加工产业帝国仅剩下这处当年用于面粉加工的烟囱。

　　穿过皇家维多利亚码头大桥（Royal Victoria Dock Bridge）[3]。

皇家维多利亚码头

　　站在皇家维多利亚码头的上方，去想象一下这码头周围曾经有长达三英里的仓库的情形。光是用来储藏橘子的就占地一英亩，存储香蕉的仓库每周可处理超过100万根香蕉。现如今，埃克赛尔展览中心（Excel Exhibition Centre）占据了维多利亚码头的北部区域。从桥上下来，一眼能看到靠近主入口的雕塑：两个码头工人——参照现实生活中在工头监视下工作的两个工人而造。

　　向西行前往东印度码头。

---

1. 详见第251页。
2. 机场建在前国王乔治五世船坞（无水）的顶部，无水船坞仍在候机楼的下方，用钢梁围禁起来。
3. 这座人行桥高40英尺，桥上景色壮观。曾计划在它底部设置一辆悬挂的"运输车"，这一计划一直未成为现实。

东印度码头

这个码头区域如今高楼林立，但这里独特的街道名称总能令人想起当年东印度公司[1]在这里装卸过大宗的货品。比如：藏红花大道（Saffron Avenue）、丁香新月街（Clove Crescent）、俄勒冈路（Oregano Drive）和豆蔻巷（Nutmeg Lane）[2]。

往金丝雀码头方向走。

码头区域

金丝雀码头的私人地产占地100英亩，与伦敦其他地方都不一样。这个金融城区的地下有各种豪华购物中心，而地面之上闪闪发亮的摩天大楼交错成一座镜子迷宫，穿梭其间的是铺砌齐整的人行道和修葺漂亮的绿色草木。可以去伦敦码头博物馆（Museum of London Docklands）看看，该馆追溯了伦敦港的历史，其中有对19世纪的沃平区的样貌重现。然后，可以跟随着埃玛·比格斯（Emma Biggs）的《码头蹀步》（*Wharf Walk*）前去禧年广场购物中心（Jubilee Place）：这里有一系列共17幅镶嵌壁画，能让人想起这个地方曾经兴盛一时的贸易。

从S形人行桥上穿越南码头区，向左转向马什沃尔路（Marsh Wall）。

在河上生活的人

找到"伦敦河民"雕塑：一名极有魅力的船员，身着雨衣、雨帽指向大海方向，致敬"所有伦敦河的工人——搬运工、驳船工、码头工人、啤酒品尝师、挖煤工、船夫"。

向南，从竖悬桥上过，穿越内区。

内区

去内区南端的速帆码头（Clippers Quay）看看。这里曾经并没有水。你透过水面往下看，仍然可以看到以前的第一排石阶或是"祭坛"，上面打着木桩，在船只修理期间起支撑作用。

穿过米尔沃尔公园。

米尔沃尔

自19世纪60年代码头挖掘工程开工以来，这地方到处都是泥浆，被人叫作"泥槽"。在公园的南端，有一尊独特的雕塑：一个裸体女人抱着一条大鱼。

右转沿着西码头路前行[3]。

粉红色鸽子

沿河的那块区域便是布拉斯克尔区（Blasker Walk），那里曾经因为出现粉色的鸽子而广为人知。伯勒尔公司的工厂就坐落在这里，生产油漆和染料。烟囱里冒出的烟通常是红色的，所以当地的鸽子都带着玫瑰粉的色彩。

去伯勒尔的码头广场（Burrell's Wharf Square）。

大东方号

大东方号就是在伯勒尔码头广场建造而成的。这艘巨船[4]的设计者伊桑巴德·金德姆·布鲁内尔（Isambard Kingdom Brunel）因此船丢了性命：这艘巨船建造过程曲折复杂，设计师呕心沥血全程监管，还没有等到大东方号的美国首航便因脑出血而逝。在低洼花园的一处，还能看到此船在1858年下水时的木制交叉撑杆以及用于下水滑道的巨大链条。

乘坐RB1河船从马斯特豪斯水路（Masthous Terrace）回到伦敦市中心。

---

1. 有关东印度公司的更多信息，详见第247页。
2. 上述这些道路如今仍围绕着一个非常重要的货物仓库，详见第95页。
3. 留心去看老米尔沃尔消防站的纪念牌，那是为了纪念牺牲于1940年的一场火灾中的两个女消防员：琼·巴特勒（Joan Bartlett）（18岁）和维奥莱特·彭利（Violet Pengelly）（19岁）。如今，这座建筑里入驻了一家土耳其餐厅，名字就叫作老米尔沃尔消防站。
4. 大东方号最初名为"利维坦"。

工作餐

在考文特花园的"爽爽大龙虾"小店（Big Easy Lobster Shack）正对面就是伦敦最古老的餐厅"规矩"（Rules）。这个餐厅的称号令人有些误会，实际上它比许多提供食物的旅店和酒馆的历史更短。这里要介绍一些如今仍在营业、历史悠久的餐厅。

牡蛎加盖

规矩餐厅于1798年作为牡蛎吧开张，至今仍在少女巷（Maiden Lane）提供服务。这家餐厅也很擅长玩点小花样：如果你点的是珍珠鸡（几内亚鸟），一定要小心，别被食物里的小铅弹咯坏了牙齿。

律师的午餐

衣着精致地去中殿律师学院（Middle Temple）吃午餐。这里是伦敦四家律师学院的其中一所，在学习期间，你可以和伦敦的律师们混在一起，在大厅里用餐。1602年，伊丽莎白一世曾在这个大厅第一次观看莎士比亚的作品《第十二夜》（*Twelfth Night*）。

小黑啤餐吧

伦敦的第一家爱尔兰餐吧名叫蒂珀雷里（Tipperary），位于舰队街，只有走廊那么宽。它始建于1605年，用白修士修道院的石头建造而成。在那场大火中，木质结构的邻近的"老柴郡奶酪店"（Ye Olde Cheshire Cheese）[1]消失殆尽，而后不得不重建，而蒂珀雷里餐吧却幸存了下来。蒂珀雷里餐吧声称自己是该市首家供应吉尼斯黑啤酒的餐吧，进去可以点他家的炖肉和黑啤酒。

人寿保险

位于伯勒高街上的乔治餐厅（George Inn）是17世纪开在伦敦城里的最后一家带有长廊的餐厅，它在文学作品《小杜丽》（*Little Dorrit*）[2]中被提及。如今，他家的菜单绝对不是狄更斯式的，面对藜麦和南瓜包，查尔斯都可能会驻足不前。若是想要感受这位蓄须的天才人物的气息，那就得去餐厅中部，在墙壁上找他的人寿保险证。

辛普森香肠

前去辛普森餐厅（Simpson's Tavern），将圆顶礼帽放置在座位上方的黄铜帽架上。这家隐匿于球场巷的城市餐厅，自1757年建立以来一直为伦敦的富有男人们[3]提供餐饮服务。所有的肉类菜肴都会搭配上一根客人没有点的香肠。你可以试试把"有名的炖奶酪"作为甜点。

文化的秃鹫

1748年，另一家乔治餐厅在城堡广场开业，与一位葡萄酒商人在同一商铺中营业。当时，这位葡萄酒商人带了一只秃鹫置放于室外的栖木上。秃鹫活动时，这家餐厅便寻思出了它的新名字——"乔治与秃鹫"。《匹克威克外传》（*The Pickwick Papers*）中，塞缪尔·匹克威克（Samuel Pickwick）把这家餐厅作为他的主要活动场地。你可以来尝尝这家传统餐厅的食物，幸运的话，你能遇上匹克威克城市协会正好在这里举行聚会，他们的会员经常以狄更斯式的名字定期在那里聚集[4]。

清洗餐具

我在为《厨房里》（*In the Kitchen*）一书作调研时，花了长达六个月的时间在餐厅、厨房里闲逛，有时只是简单地交谈和观察，有时也会去切洋葱，因为这样更容易和别人攀谈。在外面吃饭时，我总想知道那天晚上谁在清洗锅碗瓢盆。

——莫妮卡·阿里（Monica Ali）

侍女

在基尤路的"原侍女"（Original Maids of Honour）稍作休息，品一会儿茶。这家面包店专营"原侍女"，这是一种都铎王朝时期的奶油蛋挞，深受亨利八世的喜爱。显而易见，国王当时正碰到了安妮·博林和她的侍女们在吃这种点心。出于对这种糕点的喜爱，国王将这种糕点的食谱收入宫廷，深锁于里士满宫[5]。

---

1. 详见第219页。
2. 文中有写道，杜丽"走进乔治餐厅，写了一封信"。
3. 非常精确。因为在1916年之前，女人们是不允许进入辛普森餐厅用餐的。

4. 要么就在圣诞节那天去这家餐厅，伦敦的瑞士银行家们在那一天聚集于此举行宴会。
5. 参阅第131页去看看亨利八世最爱的另外几种糕点。

啤酒时刻

1751 年，威廉·霍加斯创作了《金酒巷》（*Gin Lane*）和《啤酒街》（*Beer Street*）。《金酒巷》描绘了一副沉醉于邪恶的金酒后的堕落场景。然而，《啤酒街》却呈现出一幅欢快的画面：在繁华的集市上，大腹便便的商人和体态丰满的渔妇在忙活着各自的生意。啤酒这种东西已然深植于伦敦文化中。在 18 和 19 世纪，伦敦这座城市里聚集了世界上最大的啤酒厂。现在，我们要讨论的重点不是产量，而是品质。

棕色艾尔

棕色艾尔是英国最古老的啤酒，带着传统的甜味和麦芽香。你可以前去缅因街上的公鸡酒馆，尝尝压降（Pressure Drop）制出的斯托克棕色啤酒吧。

波特啤酒

波特啤酒始酿于 1730 年柯藤街的 "Old Blue Last"（最后的旧蓝色）酒吧。它用烤熟的棕色麦芽制成，经过四五个月的发酵，酿制出焦糖的味道来[1]。最初，这种啤酒深受厂房工人和码头搬运工的欢迎，他们早餐时都要喝上一杯。尔后，俗称 "stout"（司陶特）的烈性波特，最终在人气上超过了老式的波特啤酒。不过，时至今天老式的波特啤酒在大众中处于回归趋势。你可以直接从位于哈科特路（Harcourt Road）的布罗克利啤酒厂（Brockley Brewery）购买布罗克利波特啤酒，将其与阿克顿 "乔治与龙" 公司（George and Dragon）酿制的一种名叫 "暗物质" 的烈性啤酒进行对比。

淡色艾尔

淡色啤酒的关键是要小心地控制好啤酒花的温度，而这种温度控制只有在 17 世纪 40 年代焦炭燃料出现之后才能得以实现。东印度公司在用船向印度运送淡色啤酒的航程中，不经意地发现经过汹涌澎湃的热带航行后，啤酒的香气竟然变得更加浓郁。印度淡色艾尔，简称 IPA，先是在印度广受欢迎，后来在伦敦被大众追捧。可以去尝尝哈克尼的克莱普顿·克拉芙特（Clapton Craft）调制的 "五分淡色"（Five Points Pale）、诺丁山的马尔酒馆（Mall Tavern）由蒙卡达（Moncada）制作的诺丁山琥珀（Notting Hill Amber），或者是布里克斯顿的手工精酿啤酒店（Craft Beer Co.）里的谷粒的马赛克（Kernel's Mosaic）淡色艾尔。

苦啤酒

典型而传统的英国桶装啤酒味道是苦的，和淡色艾尔一样。这种苦啤酒是在 18 世纪晚期由淡色艾尔演变而来。如今，它已是伦敦最受欢迎、产量最多的啤酒。传统上来说，伦敦的啤酒酿造有三种类型，根据口感强度不同，分为微苦、中苦和超级苦[2]。想喝苦啤，可以试试萨姆布鲁克（Sambrook）酿制的 Wandle（旺德尔），可直接从他们位于巴特西区耶弗顿路（Yelverton Road）的啤酒厂购买；杜鲁门家的 Runner（奔跑者），在炮兵巷（Artillery）的威廉姆酒馆（William Ale）和苹果酒肆（Cider House）都可以买到；或者是去托特纳姆区的安特卫普之臂（Antwerp Arms）买 Urban Dusk（幽暗城市迷雾）。

柔和艾尔

19 世纪 30 年代，柔和艾尔[3]作为波特酒的替代品被酿制出来。柔和艾尔在价格上要比波特酒便宜，有时也会被认为口感更差一些。不过，近年来 CAMRA（The Campaign for Real Ale，真正的啤酒运动）协会正通过诸如 "柔和艾尔之五月" 这样的活动举措向市场推广柔和艾尔。这种酒麦芽的味道比较重，尝起来带有水果味、饼干味。在西田斯特拉特福德尝尝东区艾尔[4]。

拉格啤酒

拉格啤酒自 20 世纪 70 年代开始在英国酿造，但直到今天，英国销量最好的拉格啤酒都还是在模仿德国和捷克共和国以酒液清澈而著称的皮尔森啤酒，而且口感模仿得并不好。今天，伦敦酿制的口味最佳的拉格啤酒可以参考如下：卡姆登镇的黑尔啤酒，在汉普斯特德区的马蹄酒馆（Horseshoe）有卖；以及南伯蒙德西区四纯酒吧（Fourpure Taproom）的四纯清啤。

---

1. 奇斯韦尔街上的老啤酒厂如今已是企业活动场地，可以申请去参观他们的波特啤酒酿制，著名酿酒商惠特布雷德（Whitbread）酿制波特酒时用的大木桶就曾放置在这间已经裂开的小房子中。这种超大型的木桶很不安全，这点可参考第 340 页的详细内容。

2. "伦敦之门"（苦啤酒品牌）沿用了这种口感类型模式，分别为奇西克、伦敦之傲和非凡之苦三类。
3. 在啤酒的酿制范畴内，"柔和" 代表着新鲜，而不是口感清淡。
4. 详见第 251 页。

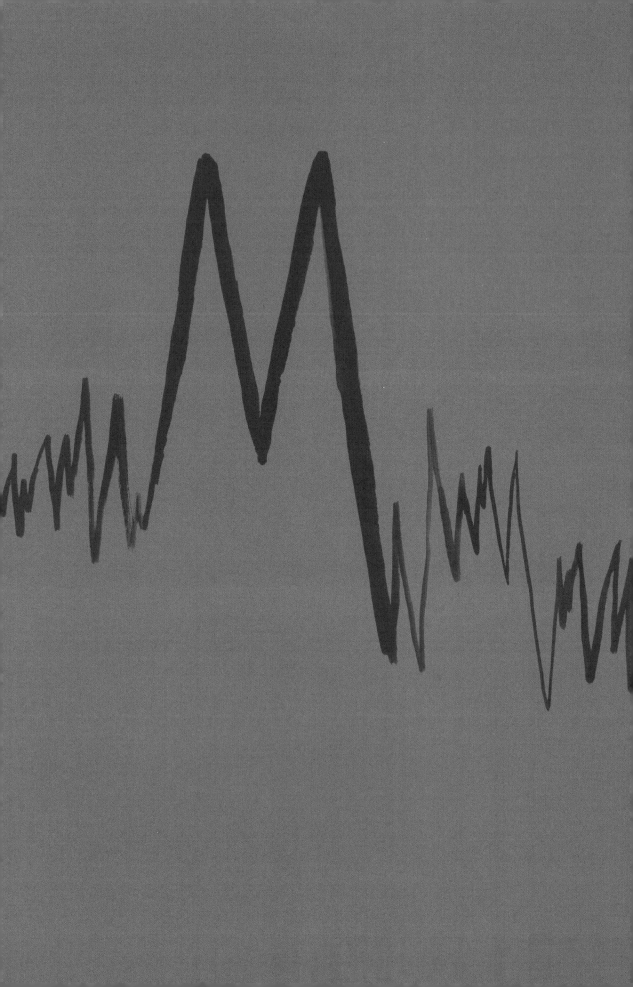

MINT铸币

大英博物馆 68 号展厅的一个陈列柜里只放了英镑的硬币，看起来没有什么特别之处。从口袋里掏出最新硬币和博物馆的藏品比较一下：如果你眼光敏锐，就能发现一些细微的差异，因为博物馆的硬币都是伪造的。伪制英镑的硬币并非难事，就像是在施展炼金术[1]一般，工匠们用金漆喷涂铅块，普通金属就这样变成了货币。2014 年，英国皇家铸币局（Royal Mint）估算，在所有的英镑硬币中有 3%（约 4500 万枚）是假币[2]。

每年的二月，皇家铸币机构都要通过伦敦金艺检验所的货币检验。早在 12 世纪，国家便开始对铸币机构进行检验，以确保铸币机构所产出的货币符合国家标准。在此过程中，专家检测小组先是费尽苦心地从 5 万枚新铸造的硬币中挑选出所需样本，测量新币的大小、重量，并检测其成分[3]。

这一检验过程在伦敦进行，不过伦敦城早已经不再铸造硬币[4]。尽管如此，伦敦城里仍然活跃着铸币商、印刷商、金匠和伪币制造者。从本地货币到比特币，再到时间银行，伦敦人一直在开拓全新、有趣的交易方式。

与流通于市场上的英镑硬币和清脆的布里克斯顿纸币不同的是，伦敦流通的大部分货币皆为电子货币，它们只存在于庞大的数据库中。随着市场的波动或贷款的发放，货币只是出现或消失。伴随着每天所发生的交易，数十亿英镑的资金在这座城市的金融部门里流动。所有这些电子货币最明显的标志便是伦敦最高建筑顶部的新型微波盘，那些高频的交易者便是利用这些微波盘每天进行数以百万计的小额快速交易。周六早晨的伦敦，庭院和小巷几乎没有什么人流——在这个城市，利用卫星天线的路径便可追踪首都各个数据中心的资金流动。艺术家詹姆斯·布勒德（James Bridle）说："单凭氛围的感受便能找到金融交易数据中心，那里是街道中最为嘈杂的地方。"比如，位于厄尔大道（Earl Street）、以严谨著称的伦敦证交所数据中心（London Stock Exchange data centre）。在那里，英国电信塔上的微波天线最为显眼。若你能细心观察，便可看到其他的线路在医院和水塔等高楼顶部向东西方辐射。沿着无形的交易路径从一个微波盘走至另一处：往西是位于斯劳（Slough）的巨大的数据中心，向东是位于巴塞尔顿（Basildon）的纽约证券交易所数据中心（New York Stock Exchange data centre）。

---

1. 真正的炼金工艺，详见第 361 页。
2. 为提高伪币的制造难度，下一代英镑硬币设有 12 个侧边，且由两种金属铸制而成。
3. 虽然你不能参与严肃的检测流程，但是可以在规定时间去铸币

机构免费参观。
4. 英镑硬币铸造厂位于格拉摩根中部兰特桑特城（Llantrisant, Mid Glamorgan），面积达 38 英亩。

钞票

现金

每个人的衣袋里都装带着自己的社会权力，和自己同社会的联系。

——卡尔·马克思

最早的自动取款机

金融史爱好者应该去恩菲尔德镇（Enfield Town）的巴克莱银行（Barclay's Bank），看看世界上第一台自动提款机所在地的铭牌。这台机器安装于 1967 年，那时银行卡还没有出现，用户们使用的是纸券。纸券上面携带着一种轻度放射性物质，插入机器便可被识别。如果你手头没有这种纸券，可以使用分行外面的自动取款机。

欧洲大陆

要是你对英镑无感，可以在分布于 70 个地铁站的自动取款机上取出欧元。这些取款机大都位于中心地带，城市各处都有，不得不佩服其位置的分布。有两处值得一去，分别在最南端的图廷百老汇（Tooting Broadway）和最西端的阿莫沙姆（Amersham）。

对话式

在斯皮塔菲尔德的商业街找一个有伦敦腔的自动取款机。它会告诉你，在让你输入你的哈克贝利·费恩（Huckleberry Finn）之前，它正在读你的猪油膀胱（bladder of lard）。然后你就可以决定你想要取出多少香肠（Sausage）和土豆泥（mash），或者，是否向奈杰尔·曼塞尔（Nigel Mansell）提交你的转账[1]。

最小的票面

那些喜欢用绿色小钞票的人应该去东克罗伊登火车站（East Croydon），那里的自动提款机只能出 5 英镑钞票。

地方货币

布里克斯顿市场街的一个自动提款机这种钞票自动分发布里克斯顿英镑：霓虹灯钞票，这种钞票只能在当地使用（见第 191 页）。这是英国第一个本地货币 ATM 机。

观赏用

在罗斯伯里大街（Rosebery Avenue）114 号的电粉色干洗店旁有一个印刷模板，上面是一个机器手臂从自动提款机中伸出来接一个小女孩。两道白漆划破了画面；一些人认为，班克西（Banksy）自己破坏了这件艺术品，以防止该建筑的所有者移走和出售它。现在它被保存在有机玻璃屏幕后面。

声控

在伦敦，提取资金最复杂的地方是位于河岸街劳埃德银行的法院分行。即使是整洁的灰色地毯和单调的办公家具也不能减损高耸的天花板、深色的木质镶板和精致的瓷砖所带来的光彩。2013 年，该分行安装了两个带耳机接口的自动取款机。对所有银行来说，让盲人和视力障碍者也能使用自动取款机是下一个前沿领域。2013 年，在巴克莱银行的恩菲尔德镇分行安装了伦敦首个会说话的自动取款机。

---

1. 想知道更多同韵俚语，详见第 3 页。

税收和税率

知悉内情，便能够打擦边球去避开那些令人厌烦的税收和税率。这里有三种避税的方法。[1]

免租

伦敦金融城每年都要向英国王室缴纳租金，但根据一项古老的法例，伦敦可以交纳两件古怪的物件来抵充租金。第一样物件是两把匕首，一把锋利的，一把钝的。戴着假发和三角帽的王室债务官必须能够用那把锋利的匕首砍断榛树枝，钝的那把匕首折断树枝，这两样礼物才能被接受。另一物件是一套六只的马蹄铁和六十一颗钉子。公开的免租仪式每年10月在英国皇家法院举行。你可以去看看王室债务官用匕首砍木头、数钉子的场景，看看这个地方是否能再被免去一年的租金。详情请致电王室债务官办公室的书记官（02079476877）。

窗户税

不用想着去南安普敦广场和布卢姆斯伯里广场拐角处的那栋房屋参观——那里一半的窗户都用砖封起来了。把自己房屋的窗户用砖墙砌起，是一种将窗户税降至最低的方法。窗户税是一种财产税，其收税的假定想法是：你家的窗户越多，你就越有能力为国家财政贡献更多。窗户税在1851年被废除，伦敦人现在可以恣意泰然地在房屋里安装窗户。这栋位于南安普敦广场的房子里的住户显然很享受那种没有窗户的阴郁气氛。

诺利斯玫瑰

罗伯特·诺利斯爵士（Sir Robert Knollys）外出打仗时，他的妻子康斯坦斯（Constance）买了他们家对面那块杂乱不堪的打麦场，把它改造成了一座玫瑰花园，并在上面架起了一座人行桥。她做此事时并没有获得规划许可，因此激怒了官员，但由于罗伯特爵士的声望过高，她躲过了一大笔罚金。然而，伦敦市长每年都要从她位于沸腾巷（Seething Lane）的花园里收取一朵红玫瑰作为税收。这张14世纪的罚单至今仍在履行，由船工和驳船夫（Watermen and Lightermen）公司监督，在每年6月的仪式上支付给伦敦市长。他们从沸腾巷的花园摘下一朵美丽的花，把它放在万圣殿的祭垫之上，将其送至伦敦市长官邸。

---

1. 要了解现代的避税行为，加入慈善行动援助组织（Action Aid），参加它们在梅菲尔举办的"税务公正徒步旅行"（Tax Justice Walking Tours）。

旧货币

濯足节救济金

从 13 世纪开始，王室会在圣周四的濯足节向穷人分发礼品；直到 18 世纪，他们甚至还为穷人们洗脚。如今，女王会在每年一度的皇家濯足节仪式上，向一群被挑选出来的老年受益人分发特别铸造的 1、2、3 和 4 便士[1] 的银币。领取银币者的数量和他们每人收到的硬币的价值每年都在增长，以女王的年龄为发放总值。不过，尽管濯足币的数量会发生变化，但这些银币本身却带有一丝道林·格雷的味道：与其他英镑硬币不同，那些硬币已经更新了五次女王的画像，但银币上仍然印着伊丽莎白女王加冕那年的肖像。这项活动遍及全国，每十年重回伦敦一次。参加 2021 年的活动，寻找那些等待着退休老人的蓄势待发的硬币收藏者。虽然从技术上讲，濯足币是法定货币，但这些银币的价值远远超出其面值。你可以在查令十字收藏节上淘到旧版的套币，这种收藏节于每周六在维利尔斯街[2] 南端的一个地下停车场举行。

假钞

早期的英国钞票太容易伪造，因此吸引了大量的假币制造者，大多数造假者被抓获并受到残酷的惩罚。在大英博物馆，你可以看到一张 19 世纪的钞票，上面印有一排被吊在绞刑架上的犯罪分子，在他们旁边，是一幅不列颠女神吞噬儿童的画面。漫画家乔治·克鲁克山克（George Cruikshank）创作了这张具有讽刺意味的假钞，以回应政府对制造和使用假钞的人处以死刑的政策[3]。英格兰银行（英国央行）雷厉风行地对伪造货币的行为进行公诉，但之后却从宽大处理，向那些被发放至博特尼湾（Botany Bay）的弱势女性罪犯发放资金。在英国银行的网站上，你可以找到央行与这些囚犯的通信副本。

纸币

纸币在英国已经发行 300 年之久，但伊丽莎白二世是第一位出现在纸币上的君主。在英格兰银行的博物馆里，你可以看到 1956 年那封准许使用她肖像的信件。英国央行行长马克·卡尼（Mark Carney）将钞票描述为"每个人钱包里的小艺术品"。纸币上复杂的工艺也是一种防伪策略。2017 年，简·奥斯汀取代查尔斯·达尔文成为"十镑纸币"背面的肖像人物。[4] 众所周知，达尔文那把浓密的胡须是很难复制的。奥斯汀的肖像以聚丙烯印刷，使用起来更加方便清洁，这使得纸币更耐用，并且具有强大的防伪能力。

---

1. 银币便士被称为"groat"。如今这种银币的铸造仅用于濯足节。其他已经废弃的英国硬币还包括"法辛"（farthing）、"贵族"（noble）、"半月桂"（half laurel）、"天使"（angel）、"弗罗林"（florin）、"双豹"（double leopard）、"玫瑰王冠"（crown of the rose）和"皇家马刺"（spur ryal）。
2. 关于维利尔斯街名字的由来，请参见第 109 页。
3. 第 281 页提及一名幸免于死刑的女性假钞伪造者。
4. 五英镑纸钞的肖像人物请参见第 122 页。

新货币

布里克斯顿英镑

虽然布里克斯顿属于伦敦[1]，但这个地区拥有自己的货币。在大西洋海滨公路上的现金支票店把一沓钞票换成布里克斯顿镑（B£）[2]。2009 年发行的布里克斯顿镑旨在鼓励当地居民支持独立企业，并将财富留在当地不致流失。如果你用 B£ 来支付，一些商店和咖啡馆还会打折。这种纸币上印有当地英雄人物的头像，包括大卫·鲍伊（David Bowie）和社会活动家奥利弗·莫里斯[3]。

狗狗币

你也可以将你的比特币转换成其他加密货币。其中最具魅力的是狗狗币（dogecoin），它使用了一只西巴犬的无害形象作为标志。狗狗币社区的特点是草根文化[5]和小费文化，其绅士精神已经渗透到卡姆登市场，如今已有几家供应商接纳了这种货币，提供的食物皆为应景的肉食：你可以在 Bitburgers 买一个波旁威士忌蒸汉堡，或是在 La Porca 买一个猪肉卷。

M ———

数字货币

前去位于金斯兰路的老肖尔迪奇站咖啡馆（Old Shoreditch Station Coffee Bar），在那里你可以看到英国第一台比特币 ATM 机。你将英镑钞票放入，便会弹出一个等值的比特币（bitcoin）代码฿。比特币是世界上使用最广泛的加密货币[4]。取出比特币，你可以用它买一份糕点和一杯卡布奇诺。吃着你的羊角面包，然后在哈克尼的彭布里酒馆（Pembury Tavern）买一品脱酒，这家酒馆由一位电脑科学家经营，配备了一台加强型收银机。如果你想兑换比特币，要么在托特纳姆宫路附近的无牌照双向自动取款机上用你的数字货币兑换老式英镑，要么在总部位于克莱肯维尔的 AU 交易所用比特币兑换金条。

---

1. 去伦敦那些实际上的独立王国看看，详情见第 135 页。
2. 在莫里士百货公司的男装柜台处，你也可以获取这种货币。
3. 关于莫里斯的更多信息，详见第 117 页。
4. 若想更深入地了解伦敦的加密货币领域，请参加"肖迪奇的电子烟实验室"定期举办的 CoinScrum 聚会活动。
5. 狗狗币标志图案的边缘写着："much coin how money so crypto plz mine v rich very currency wow"。

约翰逊博士的金融字典

用钱生钱的人很少受人欢迎。塞缪尔·约翰逊将他们比作"瘟疫动物",这些动物"无论多么令人厌恶或鄙视,长期以来其数量仍在不断增加"。约翰逊把他的鄙视态度写进了字典:在通常的审慎和客观的词目中,充斥着一组带有斥责态度的释义,冷对金钱世界的占有者。在他的字典里,股票经纪人是"通过买卖基金股份来赚钱的卑鄙小人"。消费税是一种"可恶的税收",由"向其支付消费税的人雇佣的可怜虫"征收。

约翰逊没有时间纠缠于此。他写道:"生活的平静被一场普遍的、无休止的财富争夺所破坏。"约翰逊所表达的这种蔑视如今在伦敦金融城依然存在,而且相当普遍,因为高级金融行业的不透明性及其晦涩难懂的术语,使得金融行业内外产生了隔阂。作为补救措施,在这张围绕伦敦金融部门所作的地图上,我们提供了一份约翰逊式的词典,收录了期货、对冲、公开叫价和掉期等词汇,使用的是他和金融部门提供的词汇组合。[1]

从约翰逊博士位于高夫广场的住宅 ① 开始,你可以从他编撰字典的阁楼的窗口眺望整个城市。

证券经纪人

咖啡

交易巷实际上是几条形状有点像电视天线的狭窄街道。去寻找一块标志着乔纳森咖啡屋的牌匾 ②,这里是 1680 年第一代伦敦股票经纪人聚集的地方。近年来,源于办公室人员对优质咖啡的需求,大量的独立咖啡馆兴起,这座城市再次成为咖啡馆聚集地。挤进克里丘奇巷(Creechurch Lane),去联盟咖啡屋(Association Coffee)点上一杯咖啡,坐在它充满着艺术性工业气息的室内品尝。他们所使用的咖啡豆由附近的平方英里咖啡豆烘焙(Square Mile Coffee Roaster)所提供。

伦敦国际金融期货和期权交易所

前往几个街区之外的市政厅入口处,和一名证券经纪人面对面:那是一尊 1996 年的雕塑 ③,呈现的是一位在伦敦国际金融期货和期权交易所(LIFFE)内公开报价的交易员。他是那个繁荣年代典型形象的缩影:头发光滑,领带松散,两边衣领上戴着身份标记章,一部厚重的手机贴在耳朵上。尽管那段并不久远的时光被凝固成一尊铜像令人唏嘘不已,但这个充满希望的年轻人确实已经成为具有历史意义的古董。在 1986 年"金融大爆炸"[2]之后,以叫喊及单手金融手语为特点的公开报价行为几乎已经消失殆尽。你若是想体验证券市场令人兴奋的忙碌场景,那就去格雷沙姆街(Gresham Street)的"Reserve Bar 证券交易所"吧。这家酒吧采用了一种根据需求来定价的运算法则:以股票形式显示啤酒、烈酒和衍生品的最新价格。

---

1. 大部分摘自摩根大通的术语说明。　　　　　2. 想了解其他的"大爆炸"参见第 389 页。

Audit，*n.s.* 最后决算；对公司会计资料的专业审查和核实。

Bear，*n.s.* 野蛮的动物；对市场持负面看法的投资者。

Bellygod，*n.s.* 一个贪吃的人；把自己的肚子当成神的人。

Bibber，*n.s.* 一个酒鬼；经常喝酒的人。

Big bang，*n.s.* 交易惯例突然而复杂的变化；具体指 1986 年 10 月 27 日对伦敦证券交易所的放松管制。

Bulge bracket，*n.s.* 最大、最负盛名的公司。

Bull，*n.s.* 在圣经的意义上，强大的、凶猛的、暴力的敌人；对市场持积极看法的投资者。

Cash flow，*n.s.* 现金流动，如企业的收入和支出。

Chaffery，*n.s.* 贩运，买卖的行为。

Countercaster，*n.s.* 表示对数学家的蔑视；簿记员；会计人员。

Driblet，*n.s.* 一个小数目；一笔零用钱。

Excise, n.s. 一种对商品征收的令人憎恶的税，并不是由普通的财产税法官来判决的，而是由支付货物税的人雇用的可怜人来判决的。

Future，*n.s.* 将来的事；在未来某一天以现在确定的价格进行证券交易的权利和义务。

Goldfinder，*n.s.* 发现金子的人。一个可笑的术语，用来指那些倒空酒瓶的人。

Gold standard，*n.s.* 一国政府允许其货币单位自由兑换成一定数量的黄金，反之亦然的一种货币制度。

Hedge，*v.n.* 对冲；隐藏头部；持有两种或两种以上相反的金融工具，以抵消另一种金融工具的收益。

Hedge fund，*n.s.* 以私人有限合伙形式成立的基本不受监管的投资基金。

Higgler，*n.s.* 零售商。

Income stream, *n.s.* 流入企业的资金。

Irony, *adj.* 铁制的，带铁的。

Jakes，*n.s.* 办公室所在的房子。

Lexicographer，*n.s.* 词典编纂者；一个无伤大雅的苦工，忙于追寻原文，细说字句的意思。

Moneyscrivener, *n.s.* 为他人筹集资金的人。

Mucker, *v.n.* 争抢钱；聚集；吝啬地得到或节省。

Nepotism, *n.s.* 喜欢侄子。

Open-outcry, *n.s.* 交易商大声喊出他们的报价和合同的一种金融交易系统。

Option, *n.s.* 在未来某一特定日期以固定价格买卖某一特定股票、证券或商品的权利，但不是义务。

Philomot, *adj.* 颜色像一片枯叶。

Pontage, *n.s.* 为桥梁的修理而付的税。

Porkling, *n.s.* 一头年轻的猪。

Private equity, *n.s.* 私募股权公司收购公司并对其进行重组，然后以比当初买入时更高的价格转售。

Prog, *v.n.* 抢劫；偷窃。

Samlet, *n.s.* 小鲑鱼。

Share, *n.s.* 部分；分配；由公司签发的一般购买证明书，持有人可从公司赚取的任何利润中获得股息。

Slubberdegullion, *n.s.* 一个可怜的、肮脏的坏蛋。

Smellfeast, *n.s.* 一个寄生虫；逢人请客就去大吃的人。

Spatterdashes, *n.s.* 用来挡湿腿的覆盖物。

Stirious, *adj.* 像冰柱。

Stockjobber, *n.s.* 一个通过买卖基金的股份来赚钱的卑鄙小人。

Straggle, *v.a.* 漫无目的地徘徊。

Swap, *n.s.* 一种双方在现在或将来某一点进行现金流交换的合同。

Tombstone, *n.s.* 发行新证券的广告。

DR JOHNSON'S FINANCIAL DICTIONARY

Algorithm

Straggle

Big Bang

TH

Higgler

Slubberdegullions

Goldfinder

Audit

Philomot

1.

Mucker

Hedge Fund

BERKELEY
SQUARE W1

7.

Lexicographer

MAYFAIR

Bibber

Pontage

THE BANKER

14.

8.

10.

Private Equity

NIKON CORP
-100.00

高声叫价 & 矿石

位于伦敦利德贺街的金属交易所是这座城市仅存的一处公开叫价场所④。如果你坐拥大量的钢坯，赶紧去全球金属市场的中心高声叫价抛售。伦敦为全球之铁都：伦敦金属交易所设定价格，并交易从锌和铜到钴和钼等稀有矿石。直到最近，公众才被获准进入观景台，但出于安全方面的考虑，观景台又被封锁了。想要了解伦敦金融城交易的节奏和动物性，可以看看马克·艾萨克斯（Marc Isaacs）执导的电影《金融城的男人》（*Men of the City*）的片段。这部电影拍摄于伦敦金属交易所（LME），并配上了大型叫价场面的原声。

地下库房

有一处可以参观的金属交易所隐匿在赞善里的地下。"伦敦的金银库"是一处银质品叫卖商的综合集中地，其中大多数为源远流长的家族企业。从位于街面的正门看过去，这处商铺云集的场地并不会马上出现在众人眼前，而是需要走下楼梯，穿过巨大的地下库门，你才会发现一大堆闪闪发光的糖碗和鼻烟壶。

股票

如果你有闲钱投资，可以去买一家大型跨国公司的股票。密切关注证券发行公告，选择一家公司并购买一股。有了股份，你就有资格参加公司的年度股东大会，投票决定公司的未来。随时掌控你的投资去向，可以去金丝雀码头，在奥姆森路透大厦（Thomson Reuters building）旁安营扎寨，那里的 LED 屏上显示着股票行情。⑤

放债人

白象（华而不实之物）

20 世纪 90 年代中期，罗伊·波特写道，金丝雀码头的开发项目"看起来皆为华而不实之物"。他的悲观预测没有成为事实，金丝雀码头现在是几家大型投资银行的所在地，这些银行雇用了伦敦众多头脑精明的理财师。不过，金丝雀码头并没有对波特的警告无动于衷，它每年都会在高耸入云的塔楼下举办一场仪式，反思自身的"无常"，即每年 1 月举行的伦敦冰雕节（London Ice Sculpting Festival）。

码头

金融行业经常使用自然意象来形容自己。投资者信心十足时称为"牛市"，沉默谨慎时称为"熊市"，用"蓝天思维"和"头脑风暴"来形容天马行空的计划，还有诸如信息瀑布、现金流量、收入流等名词。去伦敦市中心的泰晤士步道，在格林尼治海岸和千禧巨蛋（Millennium Dome）之间那段人迹罕至的支路上走一走，将企业文化与自然世界再次关联起来。在维多利亚深水老航站楼附近 ⑥ 有一处自然保护区码头，那里覆盖着成片野花，从河边到金丝雀码头开成一片壮观景象。

私募股权

对冲基金和私募股权公司倾向于在梅菲尔的菲洛莫联排别墅外运作。那里没有那一排排霸气外露的摩天大楼，伯克利广场 ⑦ 周围唯一的商业标志是那块简洁优雅的金色牌匾。对冲基金承担着高风险，除非你是一位拥有巨额个人财富的、有资信的投资者，否则你无法插手对冲基金。不过，你可以去公园路（Park Lane）⑧ 的多尔切斯特酒店（Dorchester hotel）[1] 外看看那些财力雄厚的基金公司。在这处古老建筑前门外的院子里，经常能够看到奢华的植物。

---

1. 多尔切斯特声称自己拥有伦敦最深的浴缸。

计数器脚轮

商务接待

约翰逊的字典中没有收录"会计师"和"审计师"的专业术语。他指出，凡是没有直接参与交易行为的人员皆为"Countercasters"（计数器脚轮），这是"一种对算术家、簿记员和会计人员等职业显露蔑视态度的字眼"；如今，这些词语经常出现在专业服务领域。我们没有办法正大光明地去看他们所做的电子数据表格，最接近他们的方式就是混入其中。身着精致的服饰，悄悄潜入位于"更多伦敦"（More London）1号的安永会计师事务所⑨。穿过旋转门，大步流星去时髦的、有补贴的咖啡馆享受高背隔间的私密性。

通勤一族

T.S.艾略特把时间花在银行业而不是现代主义诗歌上，这一行为令布卢姆斯伯里派感到震惊。他们中的一些人决定成立一个"艾略特奖学金基金"试图让艾略特摆脱桎梏：通过购买该基金，为艾略特提供一笔收入。艾略特喜欢朝九晚五的工作，拒绝了这个提议，他还邀请了一群伦敦金融城的工作人员在《荒原》⑩ [1] 中穿过伦敦桥。工作日结束时，你可以在芬斯伯里大道广场（Finsbury Avenue Square）上匆匆穿过，寻找另一个被艺术化的通勤高峰期场景：取材自真实生活的六尊身着塑料雨衣和雨鞋的通勤人员青铜塑像。

M ——

淘金者

金杠令会

约翰逊对"淘金者"一词的使用方式深感心塞。这个词本义为"找到金子的人"，但它也被"荒唐地用于"那些"穷得叮当响的穷人们"。艾萨克·牛顿作为皇家铸币局⑫局长引领着英国采用了金本位制。1999年，英国抛售了大部分外汇储备，如今伦敦的黄金储备已经所剩无几。去英格兰银行博物馆⑬参观仅存的几根金条，它重达400金衡盎司，被放在一个有洞的玻璃柜中。你可以伸手进去试着用一只手把它举起来。

识图

约翰逊博士的《金融词典》（*Financial Dictionary*）以金融图表的有序网格线为背景，描绘了伦敦金融行业的三大主要区域：梅菲尔区、金融城和金丝雀码头。

中心

伦敦通过无数的离岸机构和电缆光纤为巨大的全球资金流动提供路径和协调。坐在金丝雀码头的酒吧里，即使是无意中也能听到有关大型并购交易的交谈，或者在火车上越过某位乘客的肩膀，就能看到一位阿拉伯王子正在查收黑莓手机上的电子邮件。

——布雷特·斯科特（Brett Scott）

---

1. 详见第300页。

吃货和酒鬼

增长率

银行业这一术语总会令人不由得在脑中浮现出一整套的生活方式，在约翰逊的字典里，"美食家"（belly-god）一词便淋漓尽致地对这种生活方式做出了诠释。但酩酊大醉式商务午餐的全盛时期早已成为过去，如今早餐成了敲定交易，成就事业的那一顿饭。在戈登·拉姆齐（Gordon Ramsay）的面包街厨房（Bread Street Kitchen），点上一份猪肉面包卷和鲑鱼百吉饼，坐在银行家们中间，像美食家一样享用早餐。

过桥费

让自己融入银行家文化的一种最简单的方式便是在傍晚时分前往城市酒吧喝酒，这个钟点正是酒吧人群出没的时候。在黑衣修士桥北端下方的银行家酒吧⑭点一品脱啤酒，寻觅一处靠窗能看到河上风景的座位。结束了工作的人们制造出一片喧嚣的场面，这些混乱无序的行为可能会导致你多付一笔过桥费。

无用之徒

危机

真正的金融行为从来都不会一帆风顺：世界上名字最好听的货币之一——匈牙利的货币辨戈（pengo）在经历了第二次世界大战后最严重的恶性通货膨胀之后，痛苦地终结。你可以去大英博物馆的货币长廊看看那张面值为 100 000 000 000 000 000 000 辨戈的纸币。2008年，另一场金融危机爆发，银行家们被公众严厉谴责为"无用之徒"，并被控诉以种种罪名，从掠夺资产到任人唯亲，比比皆是。银行家们为自己辩护：公众就像一场嗅觉盛宴，当商业繁荣时，他们乐于享受商业的果实，而在经济困难时期，他们又随时准备指责金融行业。

破产

站在金丝雀码头银行街25号的脚下，⑮这座摩天大楼如今是摩根公司在伦敦的办公室所在地。这座命运多舛的高楼在 2001 年安然公司因欺诈行为被揭露并破产之前曾是其专用的子公司大楼。随后，雷曼兄弟（Lehman Brothers）入驻于此办公，直到 2008 年该公司申请破产，这一事件成为金融危机爆发的先兆。这一具有历史意义的地方并未以牌匾标识纪念；事实上，当这栋大楼被清空时，雷曼兄弟的招牌被当作了一件纪念品以 42 050 英镑的价格拍卖出售。

市场是肮脏的

布卢姆斯伯里派的梅纳德·凯恩斯认为，金融部门猖獗的贪婪已经成为一种无可避免的罪恶。1930 年，他便期待着有一天"经济问题"能得到解决，我们可以集中精力"明智地、愉快地、幸福地"生活。然而，他对之后一百年的经济也做出了警示，说道："我们必须说服自己和所有人，要认定这点，市场是肮脏的，而肮脏是公平的；因为肮脏有益，公平却无益。"他还说，"贪婪、高利贷和预防措施在较长的一段时期内仍然会成为我们的上帝。"

现金之外

"如果我们说金钱是邪恶的，它并不会介意这种说法，"马丁·艾米斯（Martin Amis）写道，"它会变得越来越强大。这是一种虚拟之假象，一种沉溺之癖嗜，一种心照不宣的阴谋。"如果你对金钱之污秽深感厌恶，那么就放弃它，去寻找另一种交易方式。

再利用的货币

涂改或销毁钞票是一种引人注目的反体制声明，但这也是一种犯罪行为，此行为需付出高昂代价。重新使用铜币是一种成本更低的反叛行为。

硬币

货币是传播颠覆性信息的完美工具。妇女参政权论者们[1]在硬币上的国王面孔上盖印"妇女投票权"的字样，然后再将其流通于市场。在大英博物馆 68 号展室内，你就能看到一枚加工过的硬币。

象征

在大英博物馆同一展室内，有一枚并非流通于市场的残损硬币：这枚一先令的硬币在第一次世界大战中被一名士兵转化为爱情的象征。

他将硬币的一面锉平，刻上了一行字："弗雷德送给内莉，1916 年于法国。"

图案变更

伦敦湿地中心可以让你的钱包贬值。那里有一台压硬币机，可以把你的硬币磨平，然后把鸭子的图像印在上面。如果你想在硬币上拥有更多的个性化风格，可以去伊斯灵顿的帕纳索尔艺术长廊（Parasol Unit art gallery）看看。他们那里有一台由艺术家纳维德·努尔（Navid Nuur）设计的压硬币机，可将硬币拉长比例，并印上指纹。

互惠主义

金钱只是一种编码互惠的方式。为什么不尝试一些更简单的信贷形式呢？

时间银行

1832 年，乌托邦社会主义者罗伯特·欧文（Robert Owen）在伦敦建立了国家公平劳动交易所（National Fair Labour Exchange），并根据工作时间发明了一种新的货币——劳动票据。生产商将他们的产品换成劳动票据，然后用它们在交易所从其他工人那里购买产品。由于这一制度既不注重质量，也不注重效率，利用开发已无可拓展，因此只持续了两年。然而，这一概念在伦敦的时间银行（Time Banks）中依然存在。您在本地网络申请提供一项服务，按要求执行后可以从其他人那里要求相同时间的其他服务。每个人的时间都有同等价值，不管他们提供何种技能。

社区银行

社区银行提供了一个在线中心，通过它，邻居们可以分享奶酪火锅锅具和电动磨砂机等经常被搁置在橱柜里的物件，并在这个过程中互相了解，增强社区的凝聚力。

免费银行

Freecycle（自由循环）是一个庞大的在线网络，旨在帮助人们回收利用闲置物，从而减少垃圾。从气泡膜和建筑材料，到床、纺织物和植物插枝，这些物品五花八门、流动迅速。上网加入当地的团体。这是免费的，但你必须先列出自己的物品清单，然后才能获取别人的。

---

1. 详见第 79 页。

城市中心

许多制图员试图确定城市的中心，然而这很难。

不可接近的极点

51°30'47.2" N   0°08'03.0" W

计算地理中心的另一种方法是找到"不可接近的极点"：离所有边界最远的点。CASA 的奥利弗·奥布莱恩（Oliver O'Brien）已经确认这个荒凉的地方就是瓦尔德街外狭窄的泰勒法院。[1]

中心点

51°30'58.3" N   0°07'47.1" W

这座备受争议的混凝土标志性建筑[2]位于一个被称为"中城"的地区，这个名字是由酒店经营者、餐馆老板和房地产经纪人为托特纳姆宫路和法灵顿车站之间的商业集群命名的。"通往伦敦的前门正在向东移动。"伞形组织所推广的"中城"如是说。

重心

51°30'1.81"N   0°06'33.5"W

为了找到大伦敦的几何中心，打印一张城市地图，并把它贴在硬纸板上。再把它剪下来，放在针尖上保持平衡：纸板的重心就是城市的中心。你会发现大伦敦的中心是"妙居屋"（Greet House），它是萨瑟克区的坦斯韦尔庄园（Tanswell Estate）的一部分。[3]

---

1. 伦敦的"不可接近的极点"离皮卡迪利广场不远。在萨姆·塞尔文的《孤独的伦敦人》（The Lonely Londoners）中，加拉哈德觉得"那个广场对他有吸引力，那个广场代表着生活，那个广场是世界的起点和终点。

2. 详见第 26 页。

3. 伦敦的重心离大象堡不远，出租车司机约翰·肯尼迪（John Kennedy）称其为"伦敦真正的中心"，因为伦敦大部分的出租车路线都集中在大象堡路的交汇处。

基准

51°30'37.6"N　0°06'56.3"W

2014 年 5 月，房地产经纪公司莱坊（Knight Frank）公布了一个新的地理中心——"靶心中的靶心"：维多利亚河堤（Victoria Embankment）上的一条人行道长椅，就在国王学院河岸校区（King's College Strand campus）对面[1]。事实上，这张长椅是莱坊定义的伦敦"内环"，是任意区域的中心。

里程碑

51°30'26.4"N　0°07'39.5"W

在特拉法加广场南侧的一个小交通岛上，紧挨着查理一世的青铜马术雕像，你就站在了伦敦的中心[2]。就是从这里测量到伦敦的所有里程[3]。

加权质心

51°30'16.0"N　0°06'57.6"W

伦敦大学学院高级空间意识中心（CASA）的研究员亚当·丹尼特（Adam Dennett）利用伦敦人口分布得出了一个人口加权质心，该质心位于亨格福德大桥（Hungerford Bridge）铁路线旁的贝壳中心。

⑦

圆锥形神石

51°29'33.6"N　0°00'49.7"W

从东渡路进入泥滩公园西北角。你将穿过一个常春藤环绕的入口，登上一组石阶，进入一处铺砌着鹅卵石的圆圈内。1593 年，约翰·迪伊博士（Dr John Dee）[4] 曾与克里斯托弗·马洛（Christopher Marlowe）在伦敦的这处中心点上举行了萨满教仪式，为大英帝国的建立奠定了精神基础。根据伦敦心理地理协会 1993 年发表的一篇题为《纳粹神秘主义者占领神石》（Nazi Occultists Seize Omphalos）的文章，神石就是这个城市和这个国家的"精神中心"。

1.《旗帜晚报》（The Evening Standard）警告说，"成千上万的路边标志"可能都需要调整里程。

2. 查尔斯一世的马站在原来的"埃莉诺十字架"的地方。当王后卡斯提尔的埃莉诺于 1290 年在林肯附近去世时，她的遗体在两周内被运到威斯敏斯特教堂。爱德华一世（Edward I）下令在她的尸体过夜的 12 个地点建造 12 个精心制作的"埃莉诺十字架"。

最后一个十字架立在泰晤士河的弯道拉查林。三个半世纪后，它在内战中被毁，现在查令十字车站外矗立着一座华丽的维多利亚式复制品。

3. 有些人认为伦敦最初的里程碑是伦敦坎农街的伦敦石，详见第 402 页。

4. 详见第 361 页。

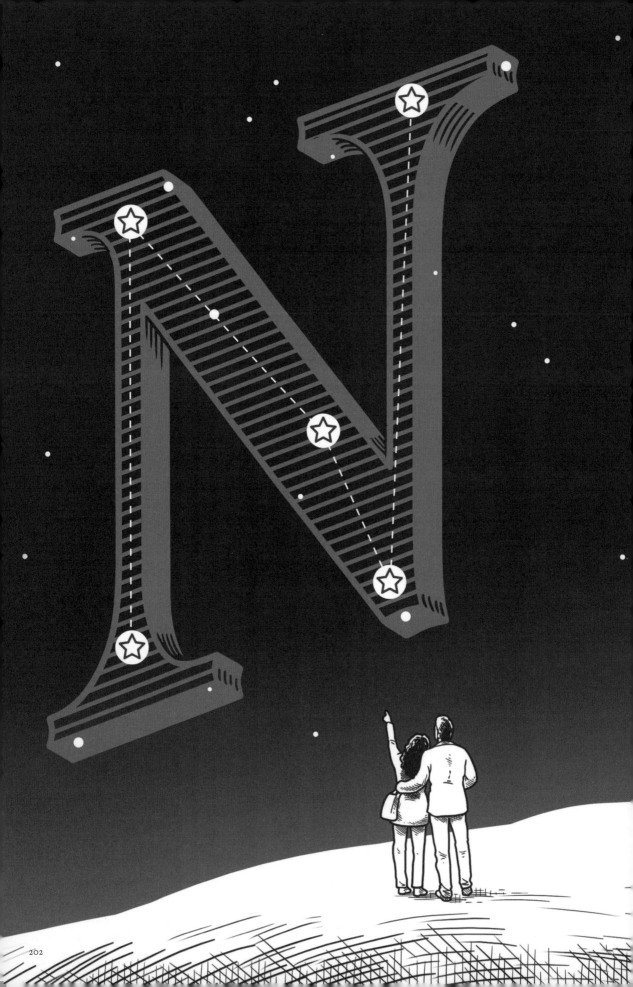

NOCTURNE夜曲

不管你是在倒时差还是经受失眠之困扰，抑或是上网成瘾，伦敦的夜晚都很神秘。随着日光褪去，这座城市发生了变化：皮姆利科沉睡了，沃克斯豪尔苏醒了；西班牙路在厚厚的阴影中，霓虹灯铺路石在芬斯伯里大街广场闪烁。由于伦敦有相当大比例的人口宅在家中或是安于睡眠，因此在夜晚，城市拥有更多的空间留给那些起床走动的人。到了午夜，这座城市就变成了一个时间之外的地带，一个不受个人或职业限制的、可探索和享受的、朦胧的广阔空间。伦敦变得更加极端。无论你走到哪里，无论你做什么，你都会发现夜晚让熟悉的地方变得陌生，而陌生的地方也变得熟悉。

当然，并不是每个人都会选择在晚上的伦敦城里探索或狂欢。当伦敦人躺下睡觉的时候，夜间工作一族开始出动了，他们织补修复这座城市破损的袖子，升级地铁线路，清扫街道，应对紧急情况，补充库存，用铁锹清理仓库。驳船船夫驾驶他们的货船从北佛罗里达东部到富勒姆。空降警察离开他们在拉夫顿的基地，利用无灯光照射的公园地形在城市上空航行。与此同时，他们那些更阴暗的同行也开始活动了，他们是夜间经济的无证雇员，商人、妓女和小偷都在寻找生意；街头艺术家装饰哈克尼的店面；城市探险者注视着巴特西发电站；在莱顿（Leyton），非法的笼中格斗人员正在进行赛前的准备活动。

对许多人来说，熬过漫漫长夜是一项挑战。街道救援队在搜寻流浪汉；在苏荷区马歇尔街（Marshall Street）的一扇门后，撒玛利亚人正聆听着来自全城各地的苦难故事。

凌晨3点以后，当大多数深夜饮酒晚归者跌跌撞撞地乘上夜班巴士时，就连伦敦市中心也翻身想睡一会儿。黎明前的黑暗强烈地激发着那些仍然清醒的人群的想象力。就在这个时候，超自然的故事从最邪恶的角落里爬了出来。猪脸女人或是老鼠王后可能就潜伏在附近什么地方。

随着黎明的来临，布莱克希思那边的天空开始变亮，黏糊糊的人行道、空荡荡的药品袋子以及烧烤店的卷心菜叶子都从黑暗中冒了出来。前一天晚上的高潮和低落在被清理之前的早间街道上依然隐隐可见，白天和黑夜的人群在易位。

现在你可以睡觉了，做你的梦。正如 H.V. 莫顿（H.V.Morton）所说，你的伦敦之夜经历了"一段拥有无限可能性的短暂时光"。

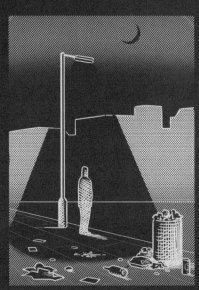

黄昏仪式

亮灯

伦敦的街道上每晚仍有大约 1500 盏煤气灯在燃烧。黄昏时分，你可以在蓓尔美尔或威斯敏斯特大教堂外观看灯丝摇曳成火焰的过程，别忽略了那些在深夜维护这些照明设施的工作人员。

黑暗艺术

为了迎接周末，国家肖像画廊每周五傍晚（下午6:30）都会举办免费绘画课。你可以去素描一张聚集在马克·奎因的血色头颅雕塑四周的吸血蝙蝠[1]。

葬礼

在每月 23 日的晚上 7 点，人群聚集在交叉骨墓地门口，这里是年老的乞丐和妓女们的葬身之地。人们通过讲述故事和演唱歌曲的方式来纪念死者。带上一根羽毛、一束花或是一根丝带作为祭品。

钥匙仪式

长达 700 年历史之久的锁门仪式于每天的 21 点 53 分在伦敦塔举行，该仪式免费向公众开放，但你必须提前几个月书面申请。

夜间犬吠

多迪·史密斯（Dodie Smith）在《一百零一条斑点狗》（*The Hundred and One Dalmatians*）中所描述的夜间犬吠就发生在樱草山上[2]。若想要听到现代真实版的犬叫声，可漫步经过巴特西的猫狗之家。

升起的厕所

2009 年，委员会在电气大道（Electric Avenue）尽头安装了一个弹出式小便池，正处于威尔·赛尔夫（Will Self）点燃布里克斯顿之声（Brixton Speaks artwork）那个地方[3]的对面。晚上，布里克斯顿的公共厕所像凤凰一样从柏油路面缓缓升起。你可去此地打卡。

---

1. 详见第 35 页。
2. 斑点狗遇见火星人的情形详见第 413 页。
3. 在这一区域有一堵上面写满句子的墙壁。

伦敦之夜

"自然界中只有捕食的猛兽和大城市才在黑暗降临时保持清醒；一个在寻找死亡，一个在寻求多活一小时。这是 H.V. 莫顿在《伦敦之夜》一书中得出的结论。

最后一场音乐会
9 月的第二个星期六

逍遥音乐节成立于 1895 年，最后一夜的这场音乐会已发展成为一个节日。参加音乐会的人会拿着气球，穿上爱国主义的服装，随着民族主义的曲调挥舞着工会旗帜。大量的人群挤满了隔壁的皇家阿尔伯特音乐厅和海德公园。如果你反应够快，你可以花 5 英镑买到一张音乐会的站票。

篝火
11 月 5 日

当盖伊·福克斯（Guy Fawkes）在 1605 年 11 月 4 日晚上被捕时，他可能不知道自己将点燃什么。到了 19 世纪中期，小丑、变装者和鼓手举着福克斯的肖像在街道上游行。如今，最大的庆祝活动在巴特西公园和克拉彭公园举行，观赏伦敦烟火的最佳地点是樱草山。

第十二夜
1 月 5 日

寒冷的圣诞节第十二夜[1]是狂欢的时刻，由一个混乱的统治者统治，它颠覆了社会规范：国王变成农民，男孩变成主教。今天，在班克赛德莎士比亚环球剧院旁边，人们在一个免费的庆祝活动里与演员、绿衣人和豌豆皇后一起庆祝第十二夜。

猫头鹰

伦敦奥斯特利公园（Osterley Park）和阿布尼公园墓地有大量野生猫头鹰。你得留意：谷仓里的猫头鹰在黄昏前低飞在粗糙的草地上；黄褐色的猫头鹰在天黑后鸣叫；冬天温暖的早晨，小猫头鹰在树上"晒太阳"。若是一定想要看到猫头鹰，可以去默顿的迪恩城市农场（Deen City Farm），在那里你可以见到猫头鹰埃德娜，她会在下午早些时候进行飞行表演[2]。

形

与过去相比，伦敦的夜现在更像是一个经济实体。它越来越像一个打包的假期。许多人去外国城市纯粹是为了品味那里的夜生活。他们这样做是因为他们认为自己可以变换身份，表达真实的自我，逃避他们的身份。

——舒克赫德夫·桑德胡（Sukhdev Sandhu）

光

在伦敦这样的大城市里，黑暗的本质本身就值得研究。蓓尔-美尔的黑暗与主教门的黑暗不尽相同；皮卡迪利大街的灯光与埃奇韦尔大街的灯光也并不一样。

——H.V. 莫顿

声

伦敦的声场不时在变换。回声、歇斯底里的叫喊、沉默的威胁、孤独的哔哔声、砰砰声或呻吟声，所有这些声音都充满了意义。

——舒克赫德夫·桑德胡

1.品尝"第十二夜"糕点，详见第 90 页。

2.纽汉城市农场也有许多猛禽，其中有一只体型巨大、名为帕伽索斯的印度猫头鹰。

安眠

牢房

在伦敦，最便宜的夜晚住宿方式是住在警察局的牢房里。这很容易办到，你只需在当地弄出些妨碍治安的小事即可进入。牢房的床相当结实，不过客房服务却有限。如果你喜欢物质上的享受，那就试试 Clink 78，它是由维多利亚时代的地方法院改建而成的，位于国王十字车站附近。这家旅社将 19 世纪的牢房改造成了床铺，"非常适合怀旧的前罪犯和爱狄更斯的朋克一族"[1]。

卧铺

如果你对起床时的地点不挑剔，我们建议你在尤斯顿车站下车，搭乘加里东（Caledonian）到威廉堡（Fort William）的卧铺。除周六之外的每个晚上，随着夜幕降临，这列曾经辉煌的铁路旅行列车都会缓缓驶出这座城市[2]。摇摆的节奏令你安然入睡，然后你会在美丽的洛蒙德湖（Loch Lomond）岸边醒来。

酒馆小屋

从外面来看并无伤大雅，苏塞克斯花园的时尚摇滚酒店（Pavilion Fashion Rock 'n' Roll Hotel）是一个室内设计师的恐怖秀。每个主题房间都充斥着千篇一律的东西，会让你做霓虹灯噩梦。一间名为"Honky Tonk Afro Room"的房间是对 20 世纪 70 年代的一种致敬，墙壁呈灰绿色，坐垫上印有豹纹图案，饰以粉色的绒毛围巾和一个迪斯科彩灯。亲爱的，这一切显得极其庸俗却又相当绝妙。显然，安东尼奥·法格斯（Antonio Fargas）[译注：首版《警界双雄》（Starsky & Hutch）中的"抱抱熊"。] 肯定会订下这个房间。

伦敦轮船旅馆

伊丽莎白女王大厅顶部有一艘木船，船内有一间卧室[3]，可以俯瞰泰晤士河的全景。这艘船的原型是"Roi des Belges"（贝尔吉斯的罗伊）号，约瑟夫·康拉德（Joseph Conrad）正是乘坐这艘船穿越刚果，开启了激发《黑暗之心》（Heart of Darkness）创作的旅程。在"生活建筑"（Living Architecture）邮件列表中注册，可查看预订信息。

沙尔德高级房

如果想要一间能看到风景的房间，可以在香格里拉酒店（Shangri-La Hotel）订上一间沙尔德高级房（Shard room）。这家酒店位于英国最高建筑的第 34 至 52 层。或者去拜访一只叫作罗密欧的狐狸，它曾在这座大厦的顶部被建筑工人发现，你可以问问它顶端的风景如何。

安东尼·葛姆雷的房间

布朗哈特花园（Brown Hart Gardens）有一家博蒙特酒店（Beaumont Hotel），沉浸式的艺术设计方式令其房间费用不菲。不过，你可以在安东尼·葛姆雷（Antony Gormley）的立体派自画像中入睡。这间房坐落的地方曾经是阿维斯出租汽车公司的车库。在豪华套房内，你爬上狭窄的台阶，进入一个高大的木制房间，房间里挂着镶有木板的立方体，其内的雕像头骨定会吸引你的目光。葛姆雷建议你把房间想象成"一个洞穴、一座坟墓、一个子宫或一处带有坐垫的牢房"。呵，甜美的梦！

---

1. 了解更多关于牢房的信息，详见第 280 页。
2. 要进入状态，在火车上的上等车厢点上一小杯威士忌（£5），一些羊杂及配菜（再付 £5）。
3. 卧室里放着一本书，鼓励客人们写下自己的经验。在《伦敦旅馆》（A London Adress）中，你可以看到 38 位作家、音乐家和艺术家所写的东西。

非法经营的酒吧

最近，伦敦到处都是非法经营的地下酒吧。地下酒吧最早出现在美国的禁酒令时期。月色之下，陶瓷杯中盛的是走私酒。繁华街道上正规店面门前的非法商铺贩卖着走私酒。伦敦地下酒吧的秘密在于他们缺乏保密性。所有的私酒生意皆门庭若市，而且在网上同样引人注目。然而，这种明目张胆的装腔作势必会带来不正当的刺激。

恐怖猫镇的市长

早餐俱乐部，炮兵巷 12—16

告诉服务员，你是来这里见"市长"的。你将在毫无戒心的早餐食客间穿行，然后从一处很大的斯麦格冰箱前通过。从那里，你将走下一段楼梯，楼梯上的霓虹灯箭头指示标有"战栗"，经过一盏闪烁的煤气灯，进入一个农场风格的地下酒吧，酒吧里有一个充气的麋鹿头和一张女王作为说唱歌手的画像。用烘焙用的樱桃番茄汁做一杯血腥玛丽鸡尾酒。

伊万斯与皮尔（Evans & Peel）侦探所

伯爵府道 310c 号

预约一个时间，带着疑惑前去。

进入侦探办公室，把你无法侦破的罪案记录呈给她。她会带你穿过布满灰尘的书架，走进一个 20 世纪 20 年代风格的潜水酒吧，那里有裸露的砖墙、破旧的瓦片和一墙的文件柜。饮料装在棕色纸袋里，或者从散热器的龙头里抽出来。试试加入烟草的波旁威士忌。

欧夜鹰

城市路 129 号

找一扇门，门上画着欧夜鹰的轮廓。欧夜鹰酒吧是典型的地下酒吧：优雅的烛光酒吧、现场爵士乐、明亮的天花板和刻有鸟类浮雕的镜子。试试"飞跃情海"：杜松子鸡尾酒配牡蛎末、雪利酒、粉红葡萄柚、浮游生物空气和柚子盐。菜单是一副扑克牌。

巴茨

斯隆大街切尔西静谧酒店

找一扇黑色的门，按下米老鼠房间的门铃。一个小舱口开了，露出一双眼睛。如果门打开了，你会走进一家杂乱的古董店，里面摆放着各种稀奇古怪的古董，桌上摆满了茶壶。如果你想融入其中，这里有一大箱戏服。试试巴茨叔叔的"冠军大茶杯"吧，它可以招待 8～10 个人[1]。一旦你成为巴茨的常客，你就会得到一把钥匙，可以随意进出。

实验性鸡尾酒酒吧

杰拉德大街 13a 号

找到那扇没有标记的破旧的门，它由一个拿着儿童读物的保镖把守着。

在这扇破旧的门后面，这个神秘的场所被布置在唐人街一栋联排别墅的两层楼上。试试快车（Express）紫红色的什锦槟椰、枸杞利口酒和糖浆、火龙果和柠檬汁。

BYOC

果汁吧，贝德福德伯里 28 号

在果汁吧交 20 英镑。这是一家地下酒吧，但有一点不同，他们不卖酒。带上你自己的酒，有才华的调酒师会用它混合出各种各样的原创杰作。你可以和旁边的人们交换酒，尝试不同的组合。

---

1. 一整瓶马奎斯伏特加和一整瓶普罗塞克葡萄酒被倒入 一个超大的杯子里，杯中有苹果、桃子和浆果。

伦敦的星座

2011 年夏天，艺术家奥斯卡·莱米特（Oscar Lhermitte）在伦敦上空创造了 12 个新的星座。他将这些星座在城市高楼和其他高点之间的天空串起，每个星座代表着一个不同的伦敦故事[1]。在这个新的伦敦星座图中，每个星座都绘制出不同的夜间行程。准备好猎捕蝙蝠、打斯诺克、喝上一杯猴腺鸡尾酒，一起摇摆至天明。

星宿

当老师告诉我那些星星都是类似于太阳的恒星时，我才意识到它们一定离我们很遥远。我对大数字很着迷，从那时起就一直如此。纵观历史，人类一直带着好奇心仰望着漆黑的星空。遗憾的是，伦敦的年轻人从未有过这样的经历。

——马丁·里斯勋爵（Lord Martin Rees），皇家天文学家。

望远镜[2]

伦敦市中心的最高点汉普斯特德西斯山顶，这里是观星的最佳地点，即使是在城市灯光的影响下也无碍。若想要更近距离地观察，那就去汉普斯特德天文台：汉普斯特德科学学会在 9 月中旬至次年 4 月中旬的每周五和周六晚上 8 点至 10 点免费开放天文望远镜。在米尔希尔也可以免费进入伦敦大学学院的天文台去观星[3]。

梦

清晨沿着卡姆登大街漫步，感受梦幻般的超现实主义。怪物们沿着建筑物向下爬行：龙、守护神、银蝎子，还有一个巨大的白色摇椅。沿着摄政运河向动物园梦游般前行。海盗城堡上空飘扬着骷髅旗，野狗在运河边的围场里觅食。向北穿过樱草山。在西格蒙德·弗洛伊德的房子外面，阐述你的梦境求解析，不过那地方偶尔会晚些开门。

---

1. 比如，麦尔安德公园（Mile End Park）上面的"蚊子"代表着一种独特蚊子物种，它们滋生于伦敦的地下，详见第 321 页。
2. 地图上显示的望远镜是威廉·赫歇尔（William Herschel）在 1787 年设计的 40 英尺高的望远镜。今天，你可以在格林尼治皇家天文台外看到原镜管的一部分。
3. 你在天空中看不到南十字星座，它只能在赤道以南才能看到。然而，在海德公园角附近，六处青铜雕塑构成新西兰战争纪念碑，它们以南十字的形状排列，天黑后就会被照亮。

鸡尾酒

换上漂亮的行头去高级酒吧。午夜前，在里沃利酒店的酒吧里，从猴腺鸡尾酒开始，然后溜到布朗家的角落里喝上一杯多诺马马提尼，欣赏现场演奏的爵士乐[1]。在施华洛世奇水晶配件的点缀下，韦斯特伯里（Westbury）在梅菲尔区口碑良好，而诺特酒吧（Connaught Bar）则提供了一堂"酒神论"（Bacchanology）的课程。最后，在凌晨 1 点之前赶到克拉里奇酒店去享受一场盛宴。只要你恪守礼仪，在那里待上整个晚上都可以[2]。

蝙蝠队

伦敦蝙蝠队有一个活动日程表。到海德公园去看看欧洲最小的蝙蝠伏翼和英国最大的蝙蝠夜蛾，它们在蜿蜒的蛇形湖上飞翔的样子最好看。当你在那里的时候，想想《午夜伦敦》（London After Midnight）的恶果吧。1927 年的这部吸血鬼电影被罗伯特·威廉姆斯（Robert Williams）当作他在海德公园谋杀了一个女孩的理由：他声称是这部电影的情节让他进入了间歇性精神病状态[3]。然后从海德公园步行到皮卡迪利大街 138 号的伊恩住宅，这里曾是布莱姆·斯托克（Bram Stoker）笔下的"德古拉"（Dracula）在伦敦市中心的住所。

幽灵

在哈默史密斯的黑狮酒吧（Black Lion Pub）喝完烈酒后，去尝试下幽冥之旅吧。据说酒吧里闹的鬼[4]是托马斯·米尔伍德（Thomas Millwood）。1803 年，一名税务官员误以为他是"哈默史密斯鬼魂"，将他击毙。在随后的谋杀审判中，鞋匠约翰·格雷厄姆（John Graham）透露，他就是哈默史密斯的鬼魂，他一直在乔装打扮抗议鬼怪故事。走到附近的马格拉文公墓（Margravine Cemetery），那是格雷厄姆袭击过的一处；去参观荷兰公园，在那里，荷兰伯爵仍然带着他的断头；在诺丁山的皇冠剧院（Coronet Theatre），一个幽灵般的收银员经常出没于各个摊位；再去剑桥花园赶乘一辆幽灵巴士。

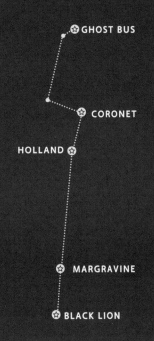

N

识图

《伦敦星座》（The London Zodiac）是伦敦夜晚的天文图。每个星座都有一条短的主题路线，可以在天黑后散步。它参考了荷兰制图家弗雷德里克·德·维特（Frederik De Wit）于 1680 年绘制的天体平层图；这六个圆包含了太阳系的调整图。两颗北极星是英国皇家天文学会和格雷沙姆学院（Gresham College），它们都定期举办宇宙学活动。

---

1. 这处酒吧以摄影师特伦斯·多诺万（Terence Donovan）而命名。
2. 要么去伦敦格罗夫纳广场，把解冻的鸡腿扔向栏杆外，享受着城市猎狐的乐趣。
3. 幸运的是，那最后一份已知的电影拷贝在 1967 年被焚毁。
4. 前去第 281 页去了解另一家闹鬼的酒吧。

ZODIAC

COSMIC BAGELS

B

C

A

D

TELESCOPE

Mill Hill

Parliament Hill

Freud

Observatory

Vale of Health

Primrose Hill

London Zoo

Camden High Street

Pirate Castle

Anytime

SWEAT

Hurricane

St. Pancras

New Spitalfields

REAM

Gresham College

Smithfield

New Billingsgate

ollo

Elephant & Castle

Hand

Planet

Peter

Creek

Tunnel

CREEK

Creek

Cutty Sark

Greenwich Park

WF

BB

AH

BY

BR

ES

GLITTER BALLS

B

C

D

A

汗水

如果你在计算卡路里，那么请记住：一晚上的睡眠可消耗人体 500 卡路里的热量。如果这还不够，那就去国王十字车站进行夜间锻炼。在本顿维尔路（Pentonville Road）上的"随时健身中心"（Anytime Fitness）踏上跑步机锻炼，然后在 24 小时的飓风游泳中心（Hurricane Pool）和斯诺克俱乐部健身娱乐。做完这些，放松下来后，去圣潘克拉斯车站的咖世家，那里通宵营业，可去吃些美食，补充卡路里。

狼人

下雨天，寻觅一名带着中国菜单的狼人，跟着他去李和福餐厅吃一大盘牛肉炒面，一边听沃伦·泽文（Warren Zevon）的《伦敦狼人》[1]（Werewolves of London）。位于杰拉德街的"福家"已经更名为"饺子传奇"，并于凌晨 1 点打烊。如果你错过了这个时间点，可以去莱尔街找"孔先生"饭馆，那里凌晨 2 点 45 分停止营业。若是还想听听音乐，可以去看罗尼·斯科特（Ronnie Scott）在弗里斯街举办的《深夜秀》（Late Late Show），或者去国王街的蓝调酒吧。当音乐停止时，去弗里斯街的意大利酒吧喝咖啡，那里永远不会关门[2]。希腊街上的利克餐厅（Lick）在星期五和星期六供应冰激凌到午夜。

宇航

在伦敦最具宇宙意义的地方进行一次太空漫步，就从南朗伯斯路神秘的英国星际学会总部（British Interplanetary Society HQ）外开始，那地方深夜都还亮着灯[3]。在不远处的肯宁顿路，西边的梧桐树上挂阿波罗号宇航员的名字。去看看那些名字，然后在维珍银河办公室（Virgin Galactic Office）外面的蓓尔美尔街通宵排队，这样第二天早上就能第一个购买太空旅游门票。

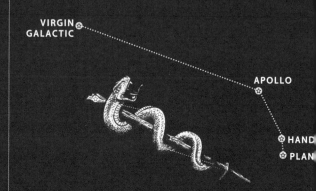

药品

如果你感觉身体不太舒服，那么可以考虑去皇家医院路的切尔西药用植物园（Chelsea Physic Garden），它在下午 5 点关闭。在那儿，连微风中都是药植物的气味[4]，随着空气潜入你的呼吸之中。若是在一个安静的夜晚，你可以选择去另一处——位于老布朗普顿路上的 Zafash 药房，它是伦敦唯一一家全年 24 小时都营业的药房。在路上，打电话到切尔西和威斯敏斯特医院（Chelsea & Westminster Hospital）订份夜宵：一楼电梯 C 和 D 之间有一台自动售货机，供应热餐和热饮。另一家餐馆是富勒姆路的文格特四重奏（Vingt Quatre），在那里你随时都能买到 VQ 鸡蛋饼。

---

1. 根据这首歌的歌词，你或许也能在公园巷的希尔顿 Trade Vic's 餐厅里遇到一位手持冰镇朗姆酒，打扮得衣冠楚楚的狼人。
2. 详见第 181 页。
3. 这个太空倡导组织是由一群太空爱好者在 20 世纪 30 年代创立的。任何人都可以成为会员并参加他们总部的活动。
4. 服用催情草木药物的详细描述参见第 77 页。

溪流

格林尼治人行隧道[1]整夜都可通行。步行至泰晤士河下方的海事区，欣赏幽灵般的"卡蒂萨克"号（Cutty Sark），这是一艘现存的最古老帆船。然后参观位于伦敦南部的邪典喜剧剧场"Up the Creek"，这里在周五和周六举办派对，喧闹会一直持续到凌晨2点。如果你想找个安静点的地方，就到德普福德河口，你会发现彼得大帝站在一个小矮人[2]旁边。坐在彼得大帝的俄罗斯高背椅上，凝视着河流，收听00：48的航运预报。在广播中让思维漫游于维京岛（Viking）、费尔岛（Fair Isle），比斯开岛（Biscay）和香农岛（Shannon）。

不见天日

有时候一个晚上的时间太过短暂。然而，在布里克斯顿这并不是个问题。星期五的晚上从埃弗拉路（Effra Road）上的安尼酒吧（Hootananny）开始，在前往附近其他各色酒吧之前，先在这处酒吧里享受斯卡（ska，牙买加一种流行音乐）音乐的欢快。疯玩到天亮，然后去冷港巷的414俱乐部参加天亮前最后的派对。到中午你回到大街上，戴上墨镜，坐着出租车前往布里克斯顿的风车酒吧。在这处没有窗户的音乐洞穴之中[3]，永远都是夜晚。待在这里，找上一两个乐队，听听演奏，等到夜幕降临，你又可以开始夜生活了。

---

1. 详见第 325 页。
2. 前往第 381 页和彼得大帝一起坐车。
3. 以前这里的屋顶上蹲着一只狗，详见第 339 页。

油炸食品贴士

熬过一个不眠之夜，再没有什么比油炸食品更好的了，何不在黎明前花几个小时把所有的原料都准备好呢？

蘑菇

在凌晨1点半到达位于莱顿的新斯皮塔菲尔德市场，寻找最多汁的蘑菇和西红柿。然后乘 N26 和 N242 去法林顿（史密斯菲尔德凌晨3点开始营业。）

培根

在肉摊上搜寻最好的香肠和培根，然后到好莱坞餐厅吃点小吃（圣约翰街，早上5点关门）。

鸡蛋

再坐上 N242 巴士，然后在大象堡站转乘 344 到新考文特花园（沃克斯豪尔）。在那里的花丛中，你能捡到刚下的蛋。

腌鱼

最后，乘坐 344 和 135 号车前往新鱼市（Billingsgate，金丝雀码头，早上5点开放）购买腌鱼。

N ————

213

无家可归

19 世纪 60 年代，查尔斯·狄更斯创办了《一年四季》（*All the Year Round*）这本杂志，他本人就居住在位于威灵顿大街的办公室楼上，如今这地方成为"查理·狄更斯咖啡厅"。在狄更斯睡不着觉的时候，他就走上大街溜达 [1]，目的是"让自己体会到无家可归的感觉"，将自己带入"无家可归者的可怜心境"。他在文章《夜行》（*Night Walks*）中描述了一条"流浪"的路径。

滑铁卢桥

午夜十二点半出发，步行至滑铁卢桥。狄更斯和这里的收费员聊了几句，想起近日来在桥下一包布袋里发现的那具"被砍碎的人尸"。

德鲁里巷的皇家剧院

狄更斯折回德鲁里巷的皇家剧院，在漆黑空旷的舞台之上，他感觉自己就像"潜在海底的潜水员"。

纽盖特监狱

在纽盖特监狱，他背对着绞刑架，在"可恶的小额欠债人"关押地门口（如今是老贝利的正门）停了下来。就是在这个地方，雾都孤儿奥利弗·特维斯特（Oliver Twist）看着费京（Fagin）被施以绞刑。

英格兰银行

他继续往前走，沿着英格兰银行的外围行走 [2]。他心中惦记着银行里的巨额财富，瞥见"在银行外值夜的士兵，他们正在火堆边打着盹"。

伦敦桥

接着，他向南行至伦敦桥。在过河的时候，抬头看一眼那狂野的月亮和云彩，它们就"像一张破床上无可安放的恶魔的良心"，吞噬着"无边无际的伦敦城倒映在水面上的阴影"。

啤酒厂

行至南岸，狄更斯走过熙熙攘攘的铁锚啤酒厂（Anchor Brewery）。那里带着"谷物的味道，间或着拉货大马的马蹄声"。这里曾经是世界上最大的啤酒厂，如今只有位于公园街上的铁锚酒馆还能令人忆起当年的老啤酒厂。

王座法院监狱

接下来，狄更斯路过了王座监狱，大卫·科波菲尔（David Copperfield）就是在这里见到了米考伯（Micawber）先生。如今这座监狱也不复存在，这座债务人监狱变成了斯科维尔地产。

精神病院

在精神病院外 [3]，也就是现在的帝国战争博物馆，狄更斯有一场旷日持久的"夜间幻想"——夜间梦境之中，既疯狂又理智。现在，你可以从敞开的大门进入其内，行走于巨大的海军大炮之间。

威斯敏斯特大教堂

穿过威斯敏斯特大桥，你无法像狄更斯那样在夜间潜入威斯敏斯特大教堂那处"黑暗的世界"墓地。令人尴尬的是，狄更斯死后也被葬在这处诗人角。

---

1. 狄更斯热衷于散步。在伯勒站附近，你可以看到一块发光的牌匾，上面记载着"查尔斯·狄更斯曾走过这里"。

2. 关于这堵墙的更多故事，详见第 351 页。

3. 参见第 291 页。

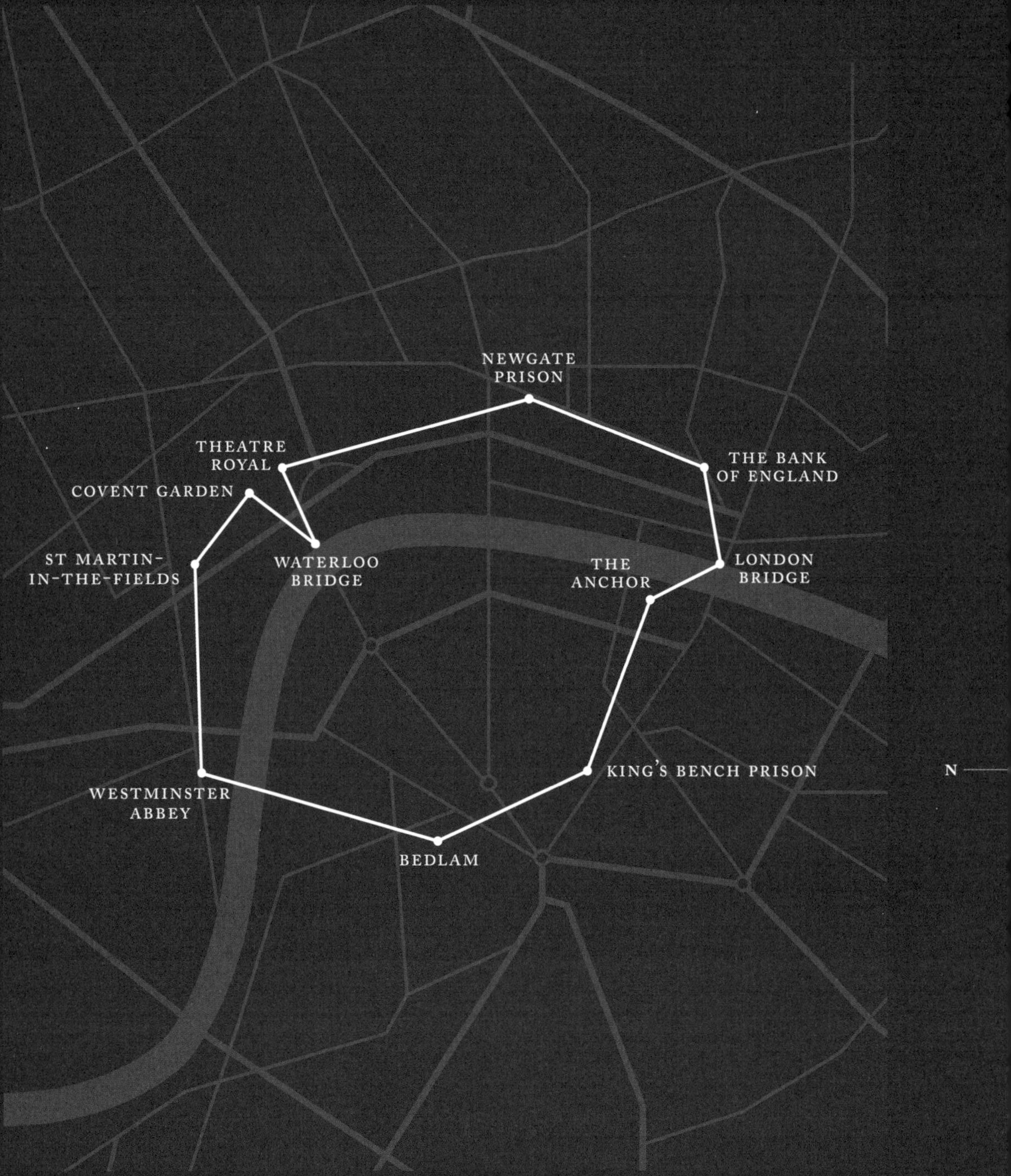

NEWGATE
PRISON

THEATRE
ROYAL

COVENT GARDEN

THE BANK
OF ENGLAND

ST MARTIN-
IN-THE-FIELDS

WATERLOO
BRIDGE

THE
ANCHOR

LONDON
BRIDGE

WESTMINSTER
ABBEY

KING'S BENCH PRISON

N

BEDLAM

田野圣马丁教堂

你走到了特拉法加广场,不知不觉,已是凌晨三点。走上田野圣马丁教堂的台阶,当钟敲响三下的那一刻,就在这个地方,一个男人站在狄更斯面前,发出"孤独绝望的哭喊声"。

考文特花园

考文特花园在当时是露天集市,一天开放数小时,售卖鲜花、水果和蔬菜。"载着大白菜的货车"和一些脏兮兮的孩童们在这集市空地上穿行,孩子们"光着脚在广场人行道上的雨水中行走,发出啪嗒啪嗒的声响"。如今,这里是一处不景气的商场,只有一名清洁工在负责清洁工作。再走上几步,你就走回到威灵顿大街上了。

夜

伦敦城里,那些无家可归的流浪汉和离家出走的人往往集中在市中心最明亮、最富有,名气却不是很大的地方:查林十字街和特拉法加广场中间的后街、维多利亚车站附近的人行通道、丽兹酒店前的门廊。沃克斯豪尔也是个热门,因为那里的汽车站附近有几家酒店,杂志 The Big Issue 的办公室也近在咫尺。在皮卡迪利的圣詹姆斯和法国巴黎圣母院,当地的流浪汉们就睡在长椅上。

在伦敦市中心,流浪汉比比皆是,已成为普遍现象,如何应对并非易事。某一个人的慷慨是无法满足需求的。听那些曾经有过流浪生活经历的人们说,即使一个微笑和一声问候也能让他们走得更远。对于那些想要从根本上来解决这一问题的人们来说,总有许多倡议正在寻求支持者和志愿者。

电话

如果你留意到有人露宿街头,你可以拨打 Street Link 的 24 小时热线。他们将通知伦敦街头的救援队,对流浪汉提供合适的援助。2011 年伦敦启动了"不再露宿街头"项目,他们的工作也是该项目的一部分。

支持

前往位于古奇街的黑羊咖啡厅,你可以通过他们的"免费咖啡板"向流落街头的人们捐赠打折的热饮。然后,去佩卡姆-拉伊,在那里的 Old Spike Roastery 喝杯咖啡。这家咖啡馆连同社会企业为当地的流浪人群提供住房、培训和就业机会。去朗伯斯和格林尼治的埃玛斯(Emmaus)精品店购买那些精致漂亮的家具和电子产品。埃玛斯社区会根据流浪人士的需求,向他们提供食宿和每周的津贴。他们在这里每周工作 40 个小时,学习改造家具和修理电器,修好的物件之后都将在商店里出售,收益用于资助社区。

医院

(译注:Spital,尤指为贫民或麻疯病人等开设的医院)

1197 年,伦敦市市长将所有的流浪人士、街头小贩以及乞丐从城市驱赶出去,在离市区一英里远的地方建立了圣玛丽医院供其居住,这就是"Spitalfields"(斯皮塔菲尔德)的起源:医院领域。

——温柔的作家

志愿者

志愿加入街头救援队,帮助那些露宿街头的人。乘坐一辆面包车探索这座城市的夜间,对看到的流浪人群实施援助,并帮助他们进入紧急住所。

在圣蒙哥百老汇青年旅社做志愿者、组织活动或是担任导师,通过此类途径都可以更好地去了解那些流浪者。

如果你有多余的房间,那就提供夜间住宿服务,为那些没有地方可住的、脆弱的年轻人提供紧急住宿。

落魄

带上一本乔治·奥威尔（George Orwell）的《巴黎和伦敦落魄记》（*Down and Out in Paris and London*），在市政厅后面的开放空间波特-菲尔德（Potters Fields）阅读此书。奥威尔当时住在一处简陋的客店，对托利街上的那些流浪者们进行了解调查，并在圣奥拉夫图书馆（St Olave's Library）书写了部分内容。

奶酪和梦想

若是想用一种能改变心情的东西来为你的夜晚增添情趣，我们推荐奶酪。漫步在伦敦巴氏杀菌消毒的过去，饱饱地吃上几片切达干酪和斯蒂尔顿奶酪，准备好进入迷幻的梦乡。

尼尔奶制品

英国奶酪的复兴始于1979年，当时伦道夫·霍奇森（Randolph Hodgson）创立了尼尔奶制品公司（Neal's Yard Dairy）。他们的帕克街分店紧邻美食家的天堂——伯勒市场，那里还有其他几家质量很好的奶酪商铺。从这里开始我们的奶酪之旅。

来点美味的切达干酪，然后离开市场，穿过伦敦桥。

菲尔波特巷的老鼠

风从纪念碑旁掠过，前往伦敦东市场路去寻找Nero咖啡屋。如果你仔细看，就会发现在大楼的一侧有一个老鼠吃奶酪球的小雕塑。这座19世纪的街头艺术作品是为了纪念在纪念碑上工作的两名建筑工人[1]：毋庸置疑，他们因为不见了奶酪三明治而打起来，结果从上面摔下而死亡；后来人们才发现，三明治是被老鼠吃掉了。

沿着东市场路走，前往沸腾巷花园（Seething Lane Garden）。

佩皮斯的帕尔马干酪

1666年，大火燃起后的第三个晚上，塞缪尔·佩皮斯爬上万圣堂的尖顶，"在目及范围之内全是燃烧的火焰。"他焦急万分，因为他自己就住在附近的沸腾巷里。为了保护他最珍贵的财产，他在花园里挖了个坑，把他的文件、葡萄酒，还有帕尔马干酪统统埋了起来。他的房子在大火中幸存了下来。在沸腾巷还有一块牌匾用来纪念这个地方[2]。不过，后来这里被用来建造一个三层的地下停车场，牌匾也被撤走。现在，你也来试试将帕尔马干酪埋入土中吧[3]。

从沸腾巷沿着佩皮斯街走，然后向左拐到野人花园。

滚奶酪

在五月底的春末银行假日，位于格洛斯特郡（Gloucestershire）的库珀斯山在英国体育史上一直有一个固定的项目：滚奶酪。几辆卡车将格洛斯特硬干酪（Double Gloucester）从陡峭的斜坡上倾泻下去，选手们紧追着奶酪而下。沸腾巷平缓的斜坡非常适合在市中心进行类似的比赛，如滚圆面包比赛[4]。先分发白色圆面包，然后将"猪"（蜡包裹的切达干酪最佳）放好。最后，谁的小面包最接近"猪"，那么谁就赢得这块大奶酪。

向左转到托钵僧（Crutched Friars），经过柴郡奶酪店，然后穿过法国常设法院（French Ordinary Court），走向利德贺街。

奶酪刨丝器

奶酪刨丝器正好就在小黄瓜旁边，很快我们就会拥有一顿丰盛的午餐所需要的所有器材了。

沿着利德贺街往左走。

科学小贴士

奶酪含有色氨酸，这种人体必需的氨基酸被证明可以减轻压力，促进睡眠。不过，它对梦境的确切影响很难确定。2005年，英国奶酪委员会开展了一项名为"奶酪与梦想"的调查，结果发现……

吃下的东西	会梦到……
斯提耳顿奶酪	生动而奇怪的东西，比如说哭泣的鳄鱼
切达干酪	名人
红莱斯特奶酪	学生时代和童年的朋友
布里干酪	女人会梦到美好的事物，男人则会梦到奇怪的事物
柴郡干酪	什么都没有——你将拥有一夜无梦的睡眠

---

1. 详见第337页。
2. 每年这个地方都会举行一项古老的仪式，详见第189页。
3. 如果完成了这些，在玫瑰花坛上再放上一些奶酪。
4. 若想了解传统的、无奶酪的圆面包，前往第232页。

利德贺市场的奶酪

说到利德贺市场，至少从 1397 年起，这地方就开始出售奶酪。正是罗马人在公元 43 年首次把羊奶酪制作技术带至英国。维多利亚时代的拱廊以其令人惊叹的赤金工艺，占据了罗马广场的位置。去利德贺市场的奶酪店，点上一份罗马风格的母羊奶酪，比如伯克韦尔（Berkswell）。

穿过这条街就是贝尔客栈。

贝尔客栈

另一家贝尔客栈位于大北路的斯蒂尔顿村，斯蒂尔顿奶酪最初就是在这里出售给游客[1]。

当你穿行于通往齐普赛迷宫般的小巷时，品味一下它的风味。

牛奶街

"Cheap"是古英语中"市场"（market）的意思，中世纪伦敦的两条主要商业街分别是"Cheapside"和"Eastcheap"（东市场）。许多小街仍然保留着那时出售产品的特征：面包街、木材街和家禽。牛奶街[2]是中世纪牛奶贸易的中心。

在去圣保罗西端的路上吃点温斯利代尔奶酪。

带翼的奶牛

在圣保罗大教堂的西前方，去寻找那头有翼的奶牛——它是奶酪制造者和食用者之神[3]。在这个神圣的地方品尝一下臭主教（Stinking Bishop）奶酪，然后沿着勒德盖特山走到舰队街。

老柴郡奶酪

柴郡奶酪是典型的伦敦奶酪。在 18 世纪，丹尼尔·笛福描述了它"通过水上运输遍布全国各地，每年仅伦敦就有 14 000 吨"。这种奶酪在酒吧里出售，并以它的名字命名了伦敦的好几家奶酪店。"老柴郡奶酪店"别具情调，狄更斯是常客，并在《双城记》中提到过它。最后，点一份传统的、用柴郡奶酪制作的干酪土司来结束你的奶酪旅程。

伦敦梦

威廉·阿切尔（William Archer）站在沃特福德路口，想去伦敦。然而长长的买票队伍预示着他终将错过这趟豪华列车。

玛丽·阿诺德-福斯特（Mary Arnold-Foster）参加了英国皇家学会在伯灵顿宫（Burlington House）举办的一个派对，开尔文勋爵（Lord Kelvin）和其他著名科学家也出席了。她在派对上绕着天花板飞行，在众人面前展现她的飞行技巧。[4]

路易斯·卡罗尔（Lewis Carroll）带着 9 岁的玛丽安·"波莉"·特里从郊区的家中出来，在沃尔特·豪斯剧院的舞台上，波莉看到了她自己——已经长大的自己。

约翰·迪伊死了，并被取出了内脏，却仍然能动，并与那位曾在莫特莱克烧毁约翰魔法书的财政大臣说话。[5]

沃尔特·德·拉·梅尔（Walter De La Mare）曾犯下一宗谋杀罪。受害者在位于伦敦一条狭窄街道上的房子里横尸长达一年之久，尸体和梅尔的罪行才被人发现。

托马斯·德·昆西（Thomas De Quincey）和妓女安（Ann）在牛津街[6]边的路灯下散步，这段关系已有 17 年之久。

麦考利勋爵（Lord Macauley）的侄女称佩皮斯的日记全是伪造的，而且是她伪造的。"什么！"他告诫她。"我在评论和我的《历史》中引用过的最高权威的书，怎么会是你的一本伪造品！"

塞缪尔·佩皮斯在自家的台阶上小便时发现非常难受。当他在自己的"院子"里发现粪便时，痛苦的原因便明了了。[7]

---

1. 斯蒂尔顿奶酪传统上来说从来不在斯蒂尔顿生产，如今在那里生产斯蒂尔顿奶酪属于违法行为。斯蒂尔顿奶酪是极少数受到法律保护的英国奶酪之一：它只能在德比郡、莱斯特郡和诺丁汉郡生产。
2. 前往第 6 页，去了解一名曾经住在牛奶街上的居民。
3. 这种带翼的、有蹄的动物实际上是福音传播者路加的象征，代

表着牺牲、奉献和力量。
4. 漂浮到了天花板上，详见第 142 页。
5. 参见第 361 页。
6. 关于德·昆西的散步爱好，见第 288 页。
7. 关于佩皮斯与粪便的真实情形，参见第 50 页。

夜之影

夜的阴影掩盖了潜伏其中的恐怖。在天黑之后，你独自一人时，千万要小心下述这些令人惊骇的东西。

梅达谷的猪脸女人

1912 年 3 月的一个晚上，艾略特·奥唐奈（Elliott O'donnell）目睹了一位猪脸女士在梅达谷游荡。他说："这是我所见过的最可怕的事情。它是人，但又不是人；头顶上覆盖着一团乱糟糟的、属于女人的长发；头发下面，是两只斜在一边的眼睛，嘴巴很薄，看起来很狡诈，那是一副猪的面孔。"两星期后，他又见到了她。[1]

帕克兰步道上的山羊男人

帕克兰步道（Parkland Walk）是一处连接芬斯伯里公园和海格特森林的自然保护区。不过，当你经过克劳奇山时要小心。这段废弃的铁路线在 20 世纪 80 年代曾有一个幽灵般的山羊男人在此出没。他的故事在晚上吓坏了当地的孩童。如今，在废弃车站附近的旧铁路拱门上方，一座巨大的绿色保卫者雕像从砖墙里探出身来。显然，正是这座令人紧张的雕塑激发了斯蒂芬·金（Stephen King）创作短篇小说《克劳奇的结局》（Crouch End）的灵感。如果你从帕克兰落荒而逃，赶紧到山下的肯特镇城市农场，抚摸下那只母山羊莎伦来安抚下自己的恐慌。

弹簧腿杰克

19 世纪 30 年代，一位身手敏捷的绅士让这座城市陷入恐慌。关于他的外貌描述，报道中各有迥异：有时他被描述成一名穿着黑色斗篷，戴着头盔，皮肤紧绷的白人；有时，他像魔鬼一样出现，有爪子一般的双手和两只充血的眼睛。他会恶毒地攻击人，还以以不可思议的高度跳过树篱和墙壁而知名。这些报道引起了广泛的恐慌，实际上只有一名受害者的证词涉及真正的袭击。

埃及艳后方尖碑上的鱼形

方尖碑克利奥帕特拉之针上的鱼形已有近 3 500 年的历史，比埃及艳后的出生还早了 1 000 多年。当这座 60 英尺高的方尖碑于 1819 年被移交给英国政府时，有传言称它遭受了诅咒。果然，石碑前往伦敦的旅程极具灾难性：6 名海员在一场暴风雨中丧生。这场暴风雨几乎使纪念碑沉没。20 世纪 50 年代，露宿在河堤上的流浪汉时常看到一个高大的裸体身影出现在尖碑旁边，脑袋尖尖，身上布满鳞片，于是他们避开了那个地方。身影随着地狱般的笑声跳进河水中。

伯蒙德西鼠后

伯蒙德西的"拾荒者们"在伦敦的下水道里工作，收集废金属和有价值的物品出售 [2]。他们所讲述的故事是关于一只巨大的鼠后：她会聆听相貌英俊的拾荒者所言，然后在晚上以梦中女孩的形式出现在他面前，和他一起睡觉。关于鼠后身份的线索是，她的一只眼睛是蓝色的，另一只是灰色的。如果她对你的表现很满意，她会在你脖子上留下一个爱的咬痕，它将会给你带来好运，并警告其他老鼠不要伤害你。去沙德泰晤士的圣塞维尔码头，如果幸运的话，你可能会遇到鼠后或现代吟游诗人伯蒙德西的奈杰尔（Nigel of Bermondsey），他可能会以《一只灰色的眼睛》（One Eye Grey）这歌来招待你，这首歌的灵感便是来自这个鼠后传说。

---

1. 一百年前，伦敦曾为曼彻斯特广场上那个长着猪脸的女人的故事而兴奋不已。如今，在 21 世纪，她已过时。

2. 亨利·梅休听到"下水道的工人被无数巨鼠围攻"的故事时放声大哭起来。前往第 55 页，和拾荒者的同行会个面。

黎明将至

通宵

看电影
莱斯特广场的查尔斯王子电影院定期举办通宵电影马拉松。必须穿睡衣入场。每个万圣节都可以参加他们的"恐怖聚会"。

吃早餐
主教门的马球吧一直会提供早餐。这家小饭馆24小时营业，供应煎炸食品，已经有将近50年的历史了。

阅读
葡萄牙街上的伦敦政治经济学院图书馆在开学期间全天无休对学生和工作人员开放，也对游客开放到午夜。网上可申请通行证。

守夜
泰伯恩修道院位于大理石拱门附近，每月向公众开放一次。与小心谨慎的女负责人取得联系，以获取信息。

城市黎明

宁静
每天早晨太阳升起的时候，一位佛教僧侣敲着木鱼、诵着经，从他在巴特西公园的寺庙走到河边的和平塔（Peace Tower）。在黎明时分，和牧师长濑·葛洛（Gyoro Nagase）一起祈祷。

狂野
看看一大早从鳗鱼派岛[1]对面的里士满河岸划船过来的人们吧。带上鸡蛋和野营用的炉子，尽情享受伦敦自然野生的一面吧。

诗意
重温华兹华斯的《在威斯敏斯特桥上》："这座城市现在就像一件衣服，穿上了／清晨的美丽；（……）河水任他自己的美意流淌：／亲爱的上帝！连房子似乎都睡着了；／而那颗强大的心却静止不动！"

色彩
每天早上 7:30，威斯敏斯特教堂都会举行半小时的晨祷。如果在 12 月或 1 月去，你会看到黎明映射在古老的彩色玻璃窗上。

鲸鱼
威尔·赛尔夫把斯托克韦尔公交车站描述成巨大的鲸鱼"背脊"，"就像一群巨兽在运动中被冻住了一样"。从兰斯顿路看风景最好。上午 5:30 在附近逗留，观看成群的巴士在它们每日行驶的路线上来往。

N

---

1. 见第 125 页。

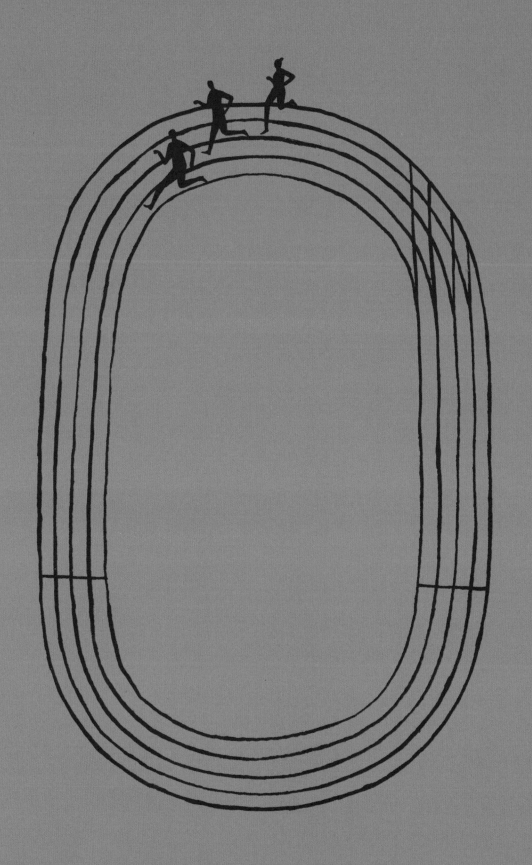

OLYMPIA奥林匹亚

奥林匹亚是希腊伯罗奔尼撒半岛上的一处圣地，那里在一千多年里定期举行神圣的运动会。现存的体育设施包括一个主体育场、训练设施和一个运动员村。自1896年以来，每隔四年，人们就会在废墟中点燃一支火炬，并把它带到每一届现代奥运会上。

伦敦肯辛顿的一个大型展览中心也叫奥林匹亚，100多年来，这里以举办国际马术展而闻名。它曾经的姊妹建筑——伯爵府展览中心（Earls Court Exhibition）是1948年伦敦奥运会的拳击、体操、举重和摔跤比赛场地。

伦敦是世界上唯一一个举办过三次奥运会的城市。去伦敦博物馆欣赏由托马斯·希瑟威克（Thomas Heatherwick）为2012年奥运会设计的"伦敦大锅"（London Cauldron）主火炬塔的铜花瓣，然后把伦敦奥运圣火带回三个体育场。

1908

1908年的今天，在BBC位于白城（White City）的总部大楼外的广场上，人行道的地砖上铭刻着一句话："这里是举办1908年奥运会的白城体育场的终点线所在之地"。这条具有历史意义的终点线见证了世界上第一次现代马拉松比赛的高潮。马拉松原本是25英里，从温莎到白城的距离，但亚历山德拉王后要求将线路的起点延至温莎城堡的草坪上，以便王后的孩子们可以在皇家托儿所观看比赛。从那以后，正式的马拉松距离被定为26英里385码。

1948

建立在沃特金塔[1]原址之上、有25年历史的帝国体育场被选作1948年"紧缩奥运会"的主运动场。因为没有照明条件，双人自行车比赛项目在黑暗中进行；在将汽车开进场馆打开车灯照明的情况下进行了最后两项十项全能赛事。帝国体育场后来成为英国国家足球场，并更名为温布利球场。1966年，英格兰队在加时赛中以4比2战胜西德队，赢得了世界杯冠军[2]。

2012

2012年的奥运会场[3]建在诺布斯山小屋（Knobs Hill Cottage）的旧址上。诺布斯山小屋是一家19世纪的生猪经销店，位于由利河、城市磨坊河（City Mill River）、老布丁磨坊河（Old Pudding Mill River）、弓背河（Bow Back River）和圣托马斯河（St Thomas's Creek）围成的小岛上。奥运会结束后，西汉姆联队足球俱乐部赢得了体育场的竞标，现在这里是"铁锤帮"队的主场。

---

1. 见第346页。
2. 体育场在2002年被拆除，建有独特拱门的新温布利球场于2007年开始使用。参见第351页了解帝国体育场遗址。

3. 建筑评论家马库斯·宾尼（Marcus Binney）将其描述为"一碗牛奶冻"。

运动

阿森纳的女人们

足球这项运动给予了人们一些值得支持和为之自豪的东西。当人们因足球而聚集在一起时，便营造出了一种社区的感觉。我从小就是阿森纳的狂热球迷，所以穿上阿森纳的球衣代表该俱乐部对我来说意义重大。谈到比赛，女足的场面和男足的一样（精彩）。切尔西是我们的主要竞争对手：那些比赛的上座率总是很高，比赛也很激烈。

——凯利·史密斯（Kelly Smith）

足球

现代足球竞赛规则诞生于1863年12月5日伦敦皇后大街上的共济会酒馆。这家酒馆的前身是朗艾克的共济会成员俱乐部（Freemasons Arms），室内摆放着之前的旧球靴，6块等离子屏幕长期播放着足球赛事，以此来宣告其所拥有的足球渊源。如今，伦敦有很多英超俱乐部。酋长球场和斯坦福桥球场都有深入比赛幕后的"传奇之旅"观光，由前阿森纳和切尔西球员充当导游。[1]想要亲身体验一场精彩的比赛，你可以加入周日联赛的队伍，前往哈克尼沼泽区。这是一个广阔、开放的空间，博比·摩尔和大卫·贝克汉姆正是在这里开始了他们的足球生涯。

板球

米查姆板球俱乐部自1685年以来一直在世界上最古老的板球场上比赛，现在仍然欢迎新成员和观众来到这片绿茵地。伦敦最著名的板球场地是洛德板球场（Lord's）和椭圆球场（Oval），它们是马里波恩板球俱乐部和萨里郡板球俱乐部的所在地。洛德板球场的长屋（Long Room）既是一处板球观看室，又是板球艺术长廊。在其长廊中央，你能看到一个维多利亚时代的香水罐子，即为最早的"骨灰杯"，还有一只1936年被贾汗季·汗（Jehangir Khan）的投球不幸击中打死的麻雀制作的标本。如果你有了兴致，那就去伦敦菲尔兹（London Fields）参加一场业余比赛，这是自1802年以来的夏季传统。公园里的那家酒吧供应极好的茶水。

网球

在汉普顿宫，你可以加入皇家网球场俱乐部。世界上仅有50个真正的网球场[2]，皇家网球场便是其中一处。来这里进行这种"王室运动"。或者，你可以买上一张入场券，就此进入观景台的通道。要了解这项运动的历史，请前去全英草地网球俱乐部参观温布尔登草地网球博物馆。它的收藏跨度长达450年，你可以在那里的巴塔克墙上训练手眼的协调性。或者玩缩小版的，我们去打乒乓球。前去霍尔本的Bounce，那是一处乒乓球俱乐部——1901年，约翰·雅克（John Jacques）在这里创建了这项运动，并申请了专利。

巡边员

在20世纪70年代，伊恩·辛克莱拥有一份"好工作"：在哈克尼沼泽球场画白线。"星期一开始工作，在白云下面将这块令人兴奋无比的场地涂上白色线条。这要花费整整一周的时间，然后周六和周日大家都来这里踢足球。下周一，又得周而复始地重复这项工作。"

---

1. 在斯坦福桥短暂的旅程中，会看到一张出人意料的照片：拉蔻儿·薇芝（Raquel Welch）身着切尔西队服。

2. 亨利八世非常热衷于早期形式的网球运动。众所周知，早在16世纪20年代他便在汉普顿宫进行这种运动。

酒吧游戏

桌上足球

在肖尔迪奇大街的 Bar Kick 俱乐部里，11 张法式桌上足球桌一字排开，上面罩着俱乐部桌布，摆放着外币和一托盘的瓶装啤酒。如果赢了所有桌子，那么你将要面对的就是卫冕冠军。1922 年，桌上足球诞生于伦敦，当时哈罗德·特奥顿（Harold Thornton）试着用一盒火柴来重现托特纳姆热刺（Tottenham Hotspur）足球队比赛时的激情。如果你是一个具有后切、后夹和轻挑技术的竞争者，那就报名参加组织游戏的踢桌上足球协会（Kick Babyfoot）吧，参加在巴黎举行的桌上足球世界杯。协会每周三在酒吧举行聚会，欢迎围观。

肥皂猪

百老汇市场 Cat & Mutton 酒吧楼上有一家 Pearl's 酒吧，室内的窗户上挂着厚厚的窗帘，天花板是锡制的，你可以来这里品尝以前女房东名字命名的鸡尾酒，比如埃塞尔的愿望（Ethel's Wish）和内莉的弗里斯克（Nellie's Frisk）。这是一处举办肥皂猪比赛的完美场所。18 世纪时，赶着牲畜的牧民经常在前往伦敦肉类市场的途中光顾这里。每周这家酒吧都会挑选一头猪，在它的尾巴上涂上肥皂。游戏的目的是抓住涂抹了肥皂的猪尾巴，把猪甩过头顶，扔到伦敦菲尔兹。获胜者的奖品是一顶镶有金边的帽子。

推硬币

拿出几枚硬币，在一块没有漆过的胡桃木板上画条线作为记号。将硬币在木盘上轻弹，轻推，轻撞，尽可能地让硬币不碰到线[1]。你可以在小埃塞克斯街的普特尼和柴郡奶酪店玩玩这种令人神经紧绷的小游戏。如果你在东区，那就在周日的早上去布里克巷，向卡罗·保罗报明身份，他会为你安排一场比赛。克朗棋是在一个正方形的木桌上玩，其目标是像打台球那样击打母棋，使其撞击其他棋子进入四个角落的网袋，接着是进攻女王。

投镖

早在人们熟知的那种带有 20 个分区的"钟"式投镖游戏遍布各地之前，伦敦就有了自己的投镖游戏。'伦敦 Fives'，或是 'East End Board'，它有十二个分区，你可以先从 505 游戏玩起，慢慢降低难度至 501[2]。"505 游戏"据说对技能的要求很高，因为它的双倍区和三倍区比普通的更窄，而且玩者必须站立于九英尺之外。这里有很多酒吧，那里都可以玩"伦敦 5"。位于哈弗菲尔德（Haverfield）路上的棕榈树酒吧完美地延续了老式的英国味：老式的收银机，被遗忘已久的骑手的签名照，围绕着老乔安娜的合唱团，桌上色调沉重的烟灰缸。"Fives board"位于酒吧后面，其周围挂贴着拳击照片。

o ——

---

1. 福斯塔夫在《亨利四世》第二部分中提到过它的一个变体游戏是"推便士游戏"。

2.1530 年，安妮·博林送给亨利八世一套装饰华丽的飞镖作为圣诞礼物。他很可能在那时玩的就是 Fives board.

比赛

煎饼比赛
二月

在忏悔星期二，参赛者四人一组在斯皮塔菲尔德的德雷路（Dray Walk）拿着平底锅赛跑，在跑的过程中还要不断地翻动煎饼，为伦敦的空中救护车筹集资金。获胜的队伍会收到一个刻有图案的煎锅。

山羊赛跑
三月 / 四月

当牛津和剑桥的校友们聚集在泰晤士河参加划船比赛时，你在斯皮塔菲埃尔德城市农场找一处观看山羊赛跑的好位置。两只山羊："牛津"和"剑桥"排成一行，从它们平常待的场地跑到马厩。比赛收益用来支付农场每年的饲料账单。

肥皂盒赛车比赛
七月

制作出一个由重力驱动的非凡、新奇的肥皂盒车，顺着亚历山大宫往下滑动，在各种障碍物和干草包中保持住方向。若要参加红牛（Red Bull）肥皂盒比赛，就给红牛寄张明信片，他们会把详情告诉你。

侍者比赛
七月

如果你是一名在苏荷区工作的侍者，那么请拿上托盘、餐巾、一瓶香槟和一杯酒，在迪恩街的法国餐厅外排队参加比赛；或者当一名观众。这些服务生必须保持手臂的稳定，迅速走过在苏荷区的街道，为苏荷侍者慈善基金会筹集资金。

多格特上衣和徽章赛
七月

要想参加世界上最古老的划船比赛——"多格特上衣和徽章"赛，你必须是这里的水上工作人员[1]。这项比赛从 1715 年开始每年举行一次。多达六名参赛者从伦敦桥往切尔西的卡多根码头行进，获胜者将获得一件传统的水上红色外套和一枚银质大徽章。

绅士运动会
七月

是绅士还是"逗比"？你可以在贝德福德广场举行的绅士运动会上找到答案，这是一个不以打破纪录为荣，而专为绅士打扮装帅耍酷而设的趣味运动会。有三脚裤林波舞、烟斗接力比赛，还有一项边读诗边向目标扔羽毛笔的比赛。不能穿运动装，否则会立即被取消参赛资格。

布里克斯顿闪电赛
九月

像尤塞恩一样沿着布里克斯顿的教皇路跑 100 米。

马拉松赛船活动
九月

装饰成轻艇、小帆船、划艇、小快艇、克勒克艇和龙舟形状的船纷纷下水参加这场壮观的"马拉松赛船活动"。这场马拉松比赛从伦敦码头到哈姆码头，全长 21.6 英里。对速度快、装饰新颖的船设置了奖项。

大猩猩跑步比赛
九月

成群乔装成大猩猩的人们聚集在敏斯特法院，慢跑穿过伦敦市中心，为中非的生物多样性保护筹集资金。

哑剧赛马
十二月

身着猎鹿装的赛马专家约翰·麦克里克（John McCririck）为十二月的伦敦哑剧赛马比赛做解说。在这场比赛中，40 匹由人装扮、喝得东倒西歪的骏马飞奔穿过格林尼治，为德米尔扎儿童收容所（Demelza Children's Hospice）筹款。

圣诞布丁比赛
十二月

装扮成各种造型的参赛者六人一组迅速跑过考文垂花园，鼻子紧贴手中的圣诞布丁保持稳定，换取六便士硬币后滑下充气滑梯。获奖者将获得令人垂涎的"圣诞布丁奖"，所有奖金将捐给英国癌症研究中心。

---

1. 水上工作人员指的是在泰晤士河上工作服务的男人或是女人。

另类奥林匹克运动

奥运会项目有热门的与冷门的。1920 年，拔河运动退出了奥运会。到了今天，或许其他项目也应像拔河那样让位于新项目。这是伦敦下一个奥林匹克公园的蓝图，也是当五环旗再一次飘扬于城市上空时，我们最为关注的赛事。

奶酪保龄球①

汉普斯特德草地台球和撞柱俱乐部现在只专注于滚球撞柱游戏。这是一项古老的英式运动，掷出一种木制球状物 [1] 撞倒 9 个木桩。俱乐部建议说，球在掷出时手臂得"像钟摆一样"，靠"摆动而非肘部"发力。这个神秘协会坐落在汉普斯特德下郡山共济会的地下室里。在酒吧的网站上并没有提到这些，不过这里欢迎所有人前来参加俱乐部周二晚上的常规比赛。

暴民足球②

暴民足球（Mob Football）是中世纪的一种足球运动，现代足球运动便是源于此。[2] 参赛的两拨人得尽力把一个塞满东西的动物膀胱送进对方的标记区域。这项活动几乎没有什么规则，对玩家数量也没有上限。暴民足球如今在其他城市仍能看到，但在首都伦敦却已经消亡。想要享受中世纪足球的伦敦人需要建立自己的俱乐部，或者开始在人群中抛掷那种塞满东西的动物膀胱，直到有其他人的加入。

摔跤

去坎宁镇的皮科克体育馆加入伦敦摔跤队，为 9 月在 O₂ 体育馆举行的臂力之战——"死亡"锦标赛做准备。

逗熊游戏

伊丽莎白一世特别喜欢逗熊。[3] 由此还引申出多种玩法，包括逗公牛和老鼠。老街的炮兵部队过去每周都要去抓 700 只老鼠。

槌球游戏

槌球游戏的名字"Pall Mall"来自一种类似槌球的意大利游戏"pallamaglio"。在圣詹姆斯建立自己的槌球俱乐部，或前往戈尔德斯山公园与汉普斯特德西斯槌球俱乐部一起玩槌球。

躲避球

六人组队，参与躲避球伦敦联赛。牢记玩躲避球五字诀窍：躲、俯、蹲、冲、闪。

鸡蛋和勺子

在维多利亚与艾尔伯特儿童博物馆，你可以看到一套专门为比赛设计的木制鸡蛋和勺子。[4]

跑酷

去英国唯一的室内跑酷训练区、三浮标码头（Trinity Buoy Wharf）的跑酷连锁健身房学习跑酷的技巧。

他们每天都设课程，让你在金属、混凝土和木制建筑之间跳跃，为你在城市的跑酷做好准备。

---

1. 这些桩用角树木材而制，而那重达 4 公斤的球是用热带产的铁梨木材制成。铁梨木是一种木质紧密的木材，曾被用来制作警棍。
2. 早期足球运动中的一些足球是用敌方首领的头颅所制，据说伦敦国王学院的学生玩的是以前保存下来的、与之所对立的大学的领导杰里米·边沁的头。伦敦大学学院对这一传言持驳斥态度，

详见第 349 页。
3. 亨利·梅休记录了一位 19 世纪的表演者曾抱怨过帮他的动物找安身之处很是困难的情景："如果熊没有被激怒的话，它们就很乖。"
4. 1990 年，戴尔·里昂（Dale Lyons）在伦敦完成一项马拉松赛，将一颗生蛋平放于汤匙上长达 3 小时 47 分钟。

网式橄榄球③

无挡板橄榄球，或是网式橄榄球，将橄榄球运动中凶猛的身体碰撞与无板篮球中的灵活传球和投篮结合到了一起。他们的目标是把橄榄球扔进对方的网里。这项运动已经在克拉彭公园进行了一百多年，但如今在世界上其他任何地方都没有进行过。加入他们的俱乐部，以维持这项行将消亡的运动。这里的比赛在工作日的晚上进行，以一个全天的世界杯比赛结束赛季。

墨西哥摔跤④

在剑桥希思路后面的铁路拱门里，隐藏着一处反击长廊，你可以在那里了解到戴着多彩面具进行的墨西哥摔跤艺术。初级班在星期一晚上举行。一旦掌握了这种高水平摔跤的基本要领，你就可能会被邀请加入中级班、职业班，并最终进入大不列颠摔跤大赛，与格拉梅塞科（Glamsexico）、埃尔·斯图皮多（El Stupido）和三次冠军桑蒂亚（Santeria）这样的顶级摔跤手们一起比赛。

西洋棋拳击⑤

西洋棋拳击是起源于荷兰的一种概念艺术，灵感来自法国的一部后世界末日的漫画[1]。2003年，艺术家伊皮·华比殊（Iepe Rubingh）登台并赢得了这种混合运动锦标赛的首届冠军。比赛中选手们交替进行国际象棋和拳击对抗，直到有人被将死或是被击倒。这种扭曲的艺术项目激发了其他聪明的斗殴者的想象力，几家俱乐部如雨后春笋般涌现，其中包括2008年的伦敦西洋棋拳击俱乐部。参加伊斯灵顿拳击俱乐部周六上午的课程，开始磨炼你的技能。

溜旱冰⑥

旱冰鞋自1760年发明以来，有了很大的发展。伦敦的比利时发明家约翰-约瑟夫·梅林（John-Joseph Merlin）通常被认为是这种鞋子的发明者，据说他在苏禾区的一个派对上向众人展示旱冰鞋时失去控制，打碎了一面镜子[2]。现在，要想在伦敦的马路上溜旱冰，就去参与每周滑10—15英里的"伦敦星期五夜滑"组织。组织有序的队伍于晚上8点在威灵顿拱门聚集。相对不那么自信的溜冰者和那些穿着18世纪原型鞋的人应该去参加"周日漫滑"，这些爱好者们于下午2点在蛇形路聚会。

盖尔式足球（爱尔兰式足球）

盖尔式足球（Caid）在英国足球协会（Association Football）诞生25年后被书面编录，目的是保留这项运动的一些更古老的规则，比如持球、弹跳、传球和单手接球。整个城市到处都有盖尔足球俱乐部，包括佩卡姆-拉伊的达利奇·哈布斯（Dulwich Harps）俱乐部，哈林盖（Haringey）的霍洛威·盖尔俱乐部（Holloway Gaels）。

投掷哈吉斯（羊杂碎肚）

这项传统的苏格兰运动需要参赛者站在威士忌酒桶上，把羊杂碎肚尽量扔远，并保证它落地后完好无损，还可食用。1月25日的伯恩斯之夜，请准备酒桶，开始这项活动。

居合道（拔刀道）

居合道（Iaido）是日本的一种武术：拔出一把巨大的剑去刺向你的对手；擦掉血迹，把它插入剑鞘。去马里波恩的叶隐道场（Hagakure Dojo）与伦·比恩（Len Bean）老师一起学习木制刀剑术。

马上长枪比武

每年六月，埃尔瑟姆宫都会举办一场"盛大的中世纪格斗"。观看全副武装的骑士在马背上的激战。期待着那五颜六色的露营地和一个厚脸皮的小丑。

卡巴迪

卡巴迪（Kabaddi）是印度一项古老的、需要身体接触的运动，选手们屏住呼吸，突袭对手的领地。如果你在缺氧的情况下仍能继续格斗，那么可以考虑加入绍索尔的辛格·萨巴（Singh Sabha）团队。

---

1. 漫画名叫《Froid Équateur》（1992）。

2. 也有报道称他同时还在拉小提琴。

裸泳⑦

沃尔特·惠特曼（Walt Whitman）写道："当我们的衣服令人讨厌得不想穿，而且本身也很不得体时，心情都会变坏。"那些赞同且喜欢无负担运动的人应该参加在伦敦大学联合游泳池举行的裸体主义者伦敦周日游泳比赛，该比赛每周日中午举行[1]。

冰攀⑧

如果伦敦的地形不够崎岖，不适合你对高山的爱好，那就去南安普敦路的埃利斯·布里格姆山体育中心吧。这家店的后墙用冰制成，那些想要在城市里玩冰攀的人可以预订此项运动。通往冰霜悬崖有几条路线，其中一条中间有一处尖锐的突起。

酒吧台球⑨

酒吧台球包括 8 个球、9 个洞和 3 个障碍木块。目标是把球打进最有价值的洞里，同时避开障碍物。可以在小埃塞克斯街柴郡奶酪酒吧的游戏室里玩。

推章鱼⑩

对旁观者来说，推章鱼不过是一场野蛮的水上小冲突。手持 35 厘米长棍子的运动员在游泳池底部追逐前面的"乌贼"，并试图将其推进对手的球门。这项运动创立于 1954 年，是为水肺潜水员准备的冬季运动。[2]位于伊斯灵顿和路易斯汉姆的伦敦章鱼队欢迎新成员的加入。

扫帚球⑪

扫帚球是源自加拿大的一项运动，很像冰球，不过用运动鞋代替溜冰鞋，用简陋的木桨代替曲棍球棍。布罗德盖特（Broadgate）溜冰场在冬季的每周二晚上举行锦标赛，任何人都可以参加，但需提前写信表达你对此项活动的兴趣。世界上第一个溜冰场叫作格拉西亚里姆（Glaciariam），1844 年在考文特花园开放。当时溜冰场不能用冰，因为冰要融化，所以人们在一种散发着臭味的猪油和盐味的混合物上溜冰。

识图

这张《另类的奥运会》（*The Other Olympic Games*）图借鉴了苏联的宣传海报，以其鲜明的色彩和健康活跃的身体，把整个伦敦变成了一个非传统的奥林匹克公园。

草地滚球

伦敦金融城保龄球俱乐部（City of London Bowl Club）位于芬斯伯里广场一隅[3]。9 月的每个周二晚上都会举行比赛，连带着决赛一起完成。从亭阁观看，木制的会馆已变成了一家酒吧。

登山运动

芬斯伯里公园附近的城堡攀登中心（Castle Climb Centre）是由维多利亚时代的泵站改建而成，看起来就像一座童话般的城堡。或者去特伦特公园爬树，也可以去攀爬哈克尼的那处马布里格林巨石[4]，还可以像巨蟒剧团（Monty Python）的演员那样，试着沿威尔斯登路（Willesden Road）和公交车站交界处之间的阿克斯布里奇路北侧攀登。

无板篮球

猛犸网球俱乐部是伦敦最大的无板篮球联谊俱乐部，在伦敦有 9 个场地。

定向越野赛

"地理寻宝"是一种国际性的寻宝活动，目的是寻找隐藏的"藏身处"，并在上面签名。有一寻宝线路需跨越泰晤士河上的所有桥梁。你也可以参加由伦敦南部定向者组织的慢速活动。

马球

汉姆马球俱乐部位于彼得沙姆，专门教授马球。也可以去大象堡的纽灵顿花园的硬地赛场上进行自行车马球运动。

---

1. 还有其他裸身的机会，详见第 403 页。
2. 现在大多称之为水下曲棍球，但游戏的发明者艾伦·布雷克谴责这个新名称"缺乏想象力，并非客观描述"，并坚称"这绝不是一种适合在地上玩的游戏"。
3. 因为铺设横轨，目前草坪上的草皮有部分被卷起，但预计在 2017 年底前将全面恢复。
4. 马布里格林巨石只是巨大艺术品的其中一半，另一半岩石在伦敦公园。

城市高尔夫 ⑫

飞盘高尔夫遵循高尔夫的规则，使用的却是飞盘和高架金属篮框，而不是球和洞。伦敦唯一的18洞飞盘高尔夫球场位于克罗伊登的劳埃德公园。那些忠于自己俱乐部的老式高尔夫球手可能更喜欢城市高尔夫。肖尔迪奇高尔夫俱乐部（Shoreditch Golf Club）就倡导老式玩法，该俱乐部于2004年在伦敦东部的街道上设计了一个18洞球场，使用柔软的皮革球来防止受伤或损坏。

法式滚球 ⑬

法式滚球的规则与冰壶类似，目的是让手中的金属球更接近昵称为"小猪"的木质目标球。这项法式运动在伦敦很流行，最佳比赛地点在肯宁顿克里弗广场的碎石地上。夏季的每周三晚上及冬月的周一早上，伦敦法式滚球俱乐部会聚集在此地玩这项游戏。广场角落的小威尔士王子酒吧有滚球可租借。

推婴儿车运动 ⑭

尽管推婴儿车可能很费力，但传统上它并不算是一项运动。电动婴儿车改变了这一观点，把婴儿和婴儿车变成了健身用品。人们推着婴儿车慢跑穿过伦敦的公园，边走边锻炼身体。我们的公园会免费举办"推婴儿车运动"。

极限飞盘 ⑮

乔叟和莎士比亚都重新诠释了命运多舛的恋人皮拉摩斯和忒斯彼（Pyramus and Thisbe）的故事。故事的最新版本以皮拉摩斯和飞盘俱乐部的名义出现：每周六的上午11点他们会在克拉彭公园约会。极限飞盘是自判式运动，靠的是良好的运动道德。

简式曲棍球 ⑯

有人说，简式曲棍球是由神话中的爱尔兰英雄库丘林（Cúchulainn）在斯凯岛学会了爱与战争的艺术后，带回苏格兰的。简式曲棍球棍由白蜡木或山胡桃木制成，两边弯曲，球员们用球棍将精纺皮球击向对手的球门。每周日下午，伦敦卡马纳奇队都会在旺兹沃思（Wandsworth）公园举行比赛，偶尔也会为发掘潜在的球员举办开放日活动。和平纪念日那天，他们聚集在罗素街的皇家法院教堂，旁边是"一战"阵亡将士纪念碑。

魁地奇

拿把扫帚加入这座城市最早的魁地奇球队——伦敦巫师队。他们在汉普斯特德西斯举办培训课程，每年还会举办各种锦标赛。[1]

英式橄榄球

在世界上最大的橄榄球体育馆特威克纳姆体育场参观世界橄榄球博物馆。你可以在"游戏区"体验虚拟触地附加得分。[2]

蜗牛赛跑

世界蜗牛赛跑锦标赛的举办地是诺福克郡（Norfolk）的康厄姆（Congham），但是近年来伦敦也举办了很多腹足类动物锦标赛。伦敦蜗牛赛跑锦标赛过去常在马里波恩巷的奥康纳唐酒吧（O'Conor Don pub）举行，如今是在塑造教练（Coach Makers）俱乐部。你也弄一个属于自己的俱乐部吧！

十柱保龄球

想要体验真正的50秒主题的十柱保龄球，就到芬斯伯里公园的罗恩俱乐部。这里的一位常客每次击中球后都会用一种特殊的方式握手，留意观察这一细节。

独轮车曲棍球

每周二和周四的晚上，伦敦独轮车曲棍球队会在昆士桥体育中心（Queensbridge Sports Center）进行训练，备战英国的独轮车曲棍球联赛。

---

1. 金色飞贼悬挂在藏球手的短裤上。

2. 橄榄球在1924年以前都是奥运会项目。到2016年，七人制橄榄球才重新回归。

轮滑阻拦赛 ⑰

轮滑阻拦赛是一项集身体对抗与速度于一身的运动。两支参赛队各有四名队员，沿椭圆形跑道向前滑行，在奋力阻挡对手的同时确保本队队员尽可能领先。这项全女子、全接触的运动起源于美国，并于20世纪中期传到伦敦。你可以尝试参加伦敦女子轮滑队，如果你的拼抢技巧不过关，那就报名参加周五晚在伯蒙德西举行的常规轮滑公开课。

地铁挑战赛 ⑱

伦敦马拉松的精英选手可以在两个半小时内跑完全程。始于1959年的地铁挑战赛需要选手具备更多的耐力，在一天内走遍地铁线的270个站点，中途不能停歇。

这需要周密的计划，尽量缩短距离和减少重复，任何少于17小时的挑战都会给人留下深刻印象。可以乘坐公共汽车，但使用出租车、自行车或其他私人交通方式是违反规定的。你可以在任意时间参赛，而且次数不限：带着你的日志、计时器和相机，从大都会线的西端开始。[1]

办公室滑绳运动 ⑲

如果你有高级金融才能，可以去金丝雀码头。每年五月，勇敢的会计师们都会在金丝雀码头银行街50号大楼前参加一场230英尺的滑绳运动。

排球

2012年奥运会期间，鲍里斯·约翰逊将参加皇家骑兵卫队阅兵式的沙滩排球运动员形容为"如同湿漉漉的水獭一样闪闪发光"。你也可以去肖尔迪奇公园球场和伦敦的沙滩排球俱乐部（London Beach Volleyball Club）一起发光。

背妻比赛

"英国背妻锦标赛"的举办地在萨里的多金市，距离伦敦不远。背妻的方式有：肩驮式、消防员携带式及最危险的"爱沙尼亚式"（妻子倒挂着，双腿夹在丈夫的肩膀上）。

极限熨衣

在这项结合了极限运动和表演艺术的活动中，你需要把熨衣板带到任何偏远艰苦的地方熨衣服。2011年，一位男士在伦敦的M1公路上为自己摄制了熨衣视频。

雪战

雪战（Yukigassen）是一项日本式的打雪仗运动。每队有7个成员。下一个冬天，为什么不在伦敦成立一支战队呢？

醉拳

中国古代的武术"醉拳"（Drunk Kung Fu）是根据道教故事《八仙》改编的。你可以在大部分周六的晚上观看业余大师的表演，通常在斯特拉特福德到贝克顿的262路公交车上。

游遍伦敦

1999 年，罗杰·迪金（Roger Deakin）写下了《浸水日志》（*Waterlog*）一书，讲述他在英国各地游泳的故事。灵感来自约翰·契弗（John Cheever）的短篇小说《游泳者》（*The Swimmer*）。小说主人公在参加完派对后，决定穿过邻居后院的一个长游泳池游回家。伦敦也有一条类似的游泳路线。

汉姆湖

清晨去汉姆湖游泳，你会感觉自己像在乡村深处。水底沙坑里的沙砾曾被用来建造英格兰银行、威斯敏斯特大教堂和希思罗机场。

蛇形湖（九曲湖）

每年圣诞节的早上九点，一群瑟瑟发抖的泳者在海德公园狭长的码头边排队跳入蛇形湖。[1] 如果你想要参与其中，那就加入英国历史最悠久的蛇形游泳俱乐部（Serpentine Swimming Club）。非会员夏季时可以在此游泳。

RAC 俱乐部

1938 年之前，白金汉宫并没有游泳池，传说伊丽莎白女王是在绅士俱乐部的游泳池里学会游泳的。注意没有氯气的异味，游泳池现在是臭氧处理了。

布罗克维尔露天泳池

布里克斯顿海滩布罗克维尔泳池边的铺石露台区，在夏季是进行日光浴的热门地点。你还可以单独拜访漂亮的利多咖啡厅。傍晚时分，泳池旁闲坐，在棕榈树下小酌一杯。

泰晤士浴场

建筑公司章鱼工作室（Studio Octopi）认为，"每个伦敦人都有权利在泰晤士河中游泳，将自己从城市的紧张中解放出来"。为此，他们正在开展一项运动，在河里建造一系列漂浮的"泰晤士泳池"。

马歇尔街休闲中心

在著名的苏荷区泳池内，蓝白相间的桶形拱顶上一条悠闲的人鱼跨坐在两只海豚身上，俯瞰你的身姿。罗杰·迪金参与了马歇尔街浴池对公众开放的运动，他认为这是"本国最美丽的室内泳池之一"。

绿洲体育中心

在伦敦西区的中心有一片绿洲，位于高霍尔本后。1954 年，百代电影公司的一部影片称之为"打字员和大亨们的时尚天堂；也是处于休息状态时女演员、大胡子波西米亚人和悠闲家庭主妇的休闲场所"。

五金行泳池

在跳进五金行泳池之前，先阅读一下那些朝气蓬勃的常客贴在墙上的口述史。游泳后，下楼到土耳其浴室，感受一下他们的冷热屋，最后在冰冷的水里洗净全身，迪金将安静的蒸汽房比作"贵格会会议，但可自由享乐"。

伦敦菲尔兹露天泳池

1990 年，顽固人士站在推土机前，拯救了伦敦菲尔兹露天泳池，2006 年这家泳池重新开业。这个露天泳池是温水池。现场的霍克斯顿咖啡厅提供沙拉三明治。

---

1. 这场寒冷的 300 英尺的比赛被称为"彼得潘杯"，因为 J.M. 巴利曾经获过此奖。参见第 141 页。

金丝雀海滨健身俱乐部

买一条天蓝色的泳裤到金丝雀海滨游泳。这是詹姆斯·邦德在《007：大破天幕杀机》中游泳的地方。电影中的泳池在上海，现实中它就在莱姆豪斯附近。游完泳后，预订712房间冲洗，这是邦德和塞芙琳淋浴的地方。

水上运动中心

你可以像奥林匹克运动员一样游泳。扎哈·哈迪德于2012年设计建造的奥林匹克水上运动中心被称为"黄貂鱼"（Stingray），现在对公众开放。入场门票与当地游泳池平均价一致。

大伦敦区游泳赛

每年7月，3000名游泳运动员参加在金丝雀码头两座塔楼之间的一英里大伦敦区游泳比赛。如果你参加比赛，就要给身体涂满鹅脂，戴好泳帽，挤过无数穿着氯丁橡胶泳衣的手肘。

查尔顿露天浴场

你可以去霍恩菲尔公园（Hornfair Park）的一个20世纪30年代的露天浴场尽情游泳，这里的恒温泳池全年开放，重新掀起一股户外游泳的热潮。当你在这里游泳时，藻华在手边发出磷光的日子已经一去不复返了。

野生湿地游泳池

忽略伍尔维奇野生湿地的矩形泳池，在瀑布、波浪机、火山、充气池和巨大的蛇形泳道里嬉戏吧。

池塘生活

伦敦最理想的游泳胜地是汉普斯德西斯的三个泳池：混合泳池、男士泳池和肯伍德的女士泳池。迪金曾说，这里的水"清澈、平静且寒冷"。这些气势恢宏田园般的泳池曾经是18世纪的水库，由弗利特河的两个源头筑坝而成，深受游泳爱好者欢迎。目前它们是走出伦敦，进入水和野生动物的平行世界的最佳途径。你可以加入冬泳俱乐部常年在此游泳，只是有时需要砸开冰面。

另一个已经被暂时添加到伦敦游泳者的保留项目当中的是国王十字泳池，位于谷仓广场开发项目的北部，是一个沉浸式的艺术作品，其间种植有各种野生湿地植物，可以自然过滤泳池水。

维珍活力俱乐部

用淋浴区代替圣坛，一水池坐落在后殿，彩色玻璃倒映在24米的水中：这就是你在克雷伯里精神病院（Claybury Psychiatric Hospital）前教堂游泳时看到的景象，现在这里已经是会员制的维珍活力泳池。

残疾运动员

伦敦正迅速成为世界上最令人亲近的城市之一，对于那些残疾人而言，伦敦也日渐成为他们的最佳运动场所。

听障奥运

继奥运会之后，世界上持续时间最长的综合性运动会是 1924 年开始为聋哑运动员举办的听障奥运会。[1] 最近英格兰体育报道称，失聪或重听人士是"最不可能参加体育运动的群体"。因此，听障人士包容计划于 2014 年建立，旨在在伦敦为各年龄段的听障人士举办活动，鼓励他们参加田径、篮球、板球、足球、高尔夫和网球。

盲人网球

大都会盲人运动是伦敦领先的盲人体育慈善机构。盲人网球，有时被称作"听球运动"，所用网球是用一种经过改良的弹跳时会发声的海绵球。如果你完全失明，球在落地三次之内击中即为有效；但有部分视力的人为两次。该机构还在旺兹沃思举行射箭比赛，采用了包括触觉瞄准指南和脚定位器等设备。

轮椅篮球

最受欢迎的轮椅运动是篮球。伦敦巨人（London Titans）是首都领先的轮椅篮球俱乐部。规则与常规篮球赛一致，只不过每推动轮椅两次就必须"运球"一次。巨人俱乐部欢迎所有来参加培训的人员，并且定期在奥林匹克公园的铜箱馆篮球场举办比赛。[2] 轮椅篮球的主要目标人群为永久性下肢残疾人士，当然任何人都可以参加。

盲人门球

第二次世界大战后为了帮助视力受损的德国老兵康复，盲人门球随之产生。每组有三名队员，目标是把内置响铃的球投进对方球门。参赛队员要佩戴遮光眼罩以确保比赛公平。比赛有可触场地和加宽的球门；队员可用身体去挡球。伦敦的盲人门球俱乐部（London Goalball Club）欢迎"所有视障人士及其家人和朋友"参加他们在巴纳德的培训课程。

进入方式

在伦敦，有很多方式可以帮助残疾人士导航：
- 下次等待使用"海雀"十字路口时触摸控制箱的底部；安全通过时，脊状筒形会旋转。
- 伦敦的 8000 辆公交车都会为轮椅让行。
- 公共楼梯的顶部和底部的台阶上均有盲道提示条。
- 第一次到伦敦旅行，伦敦交通局会提供免费的"旅游指南服务"帮助你在初次的旅行中信心大增。

1.1935 年伦敦举办了最后一次也是唯一一次听障奥运会。　　2. 比赛轮椅可以出借给初学者。

o———

椅子运动

如果周日的清晨你喜欢静坐，可以去红砖巷挑战红砖巷象棋大师（Brick Lane Chess Master）。他头戴阳伞，手持烟斗，自如地旋动转椅，同时面对几个挑战者。再者，你可以去哈克尼的国际跳棋咖啡厅或者苏尔比顿（Surbiton）的兰姆酒吧，那里专门提供超大尺寸的棋牌游戏，包括饥饿的大河马和牛仔。下面是伦敦自行研发出来的棋牌小游戏。

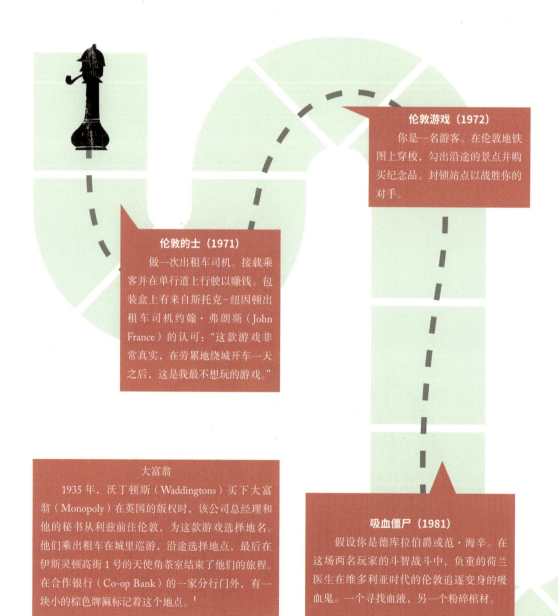

伦敦游戏（1972）

你是一名游客。在伦敦地铁图上穿梭，勾出沿途的景点并购买纪念品。封锁站点以战胜你的对手。

伦敦的士（1971）

做一次出租车司机。接载乘客并在单行道上行驶以赚钱。包装盒上有来自斯托克-纽因顿出租车司机约翰·弗朗斯（John France）的认可："这款游戏非常真实，在劳累地绕城开车一天之后，这是我最不想玩的游戏。"

大富翁

1935 年，沃丁顿斯（Waddingtons）买下大富翁（Monopoly）在英国的版权时，该公司总经理和他的秘书从利兹前往伦敦，为这款游戏选择地名。他们乘出租车在城里巡游，沿途选择地点，最后在伊斯灵顿高街 1 号的天使角茶室结束了他们的旅程。在合作银行（Co-op Bank）的一家分行门外，有一块小的棕色牌匾标记着这个地点。[1]

吸血僵尸（1981）

假设你是德库拉伯爵或范·海辛。在这场两名玩家的斗智战斗中，负重的荷兰医生在维多利亚时代的伦敦追逐变身的吸血鬼。一个寻找血液，另一个粉碎棺材。

---

1. 他们最不可能选择的地点是蔓藤街（Vine Street），这是皮卡迪利大街附近的一个小死胡同，只有通往大型建筑的服务入口。

地铁（2006）

假设你有一家地铁公司。在一些受欢迎的站点建立地铁线路，并且收取费用。

苏格兰场（1983）

你是 X 先生或者是一名苏格兰场警探。特警均在追捕利用伦敦的交通系统来躲避法律的 X 先生。[1]

伦敦 1966 年大火（2010）

你是 17 世纪的业主。随着伦敦大火的肆虐，你必须拯救自己的资产或者将火焰导向其他地方。使用炸药来制造防火线。

游戏结束

如果这些游戏结束时你感到乏累，那就在圣潘克拉斯火车站东南高速站台色彩斑斓的长椅上休憩一会儿。这些长椅是由 2011—2012 年在站台上悬挂了 18 个月的奥运五环的碎片制作而成的。

夏洛克

没有能比夏洛克·福尔摩斯更能激发伦敦棋盘游戏的了。其中最受欢迎的是《221b 贝克街：大侦探游戏》（1975）（221b Baker Street: the Master Detective Game），在这个游戏中每个人都在扮演福尔摩斯；《夏洛克·福尔摩斯：纸牌游戏》（1991）（Sherlock Holmes: The Card Game），纸牌的次序模拟了在浓雾中追捕坏蛋的过程；还有《夏洛克·福尔摩斯咨询侦探》（1981）（Sherlock Holmes Consulting Detective），一款考验你推理能力的单机游戏。

其中最糟糕的是乏味的《夏洛克·福尔摩斯：大侦探游戏》（1956）（Sherlock Holmes: the Game of the Great Detective），每个玩家轮流扮演福尔摩斯；《神探夏洛克·福尔摩斯》（1967）（Sherlock Holmes），一场寻找六个毫无启发性的线索的比赛；以及《夏洛克·福尔摩斯》（1904）（Sherlock Holmes），这款游戏面世时阿瑟·柯南·道尔（Arthur Conan Doyle）仍在创作中，每个玩家在抓捕窃贼、强盗和小偷的过程中都会发出"笑声与兴奋"。

伦敦（2010）

你是市政官员。在 250 年的时间里[2]，你必须平衡经济增长和减轻贫困之间的关系。

---

1. 如果你是 X 先生，就会戴一顶黑色棒球帽，上面写着"X 先生"。　　2. 这场游戏大约要进行 90 分钟。

PEARLS·珍珠

自罗马人占领伦敦以来，牡蛎就成了菜单上的一道菜，而且泰晤士河岸边到处都是丢弃的牡蛎壳。传说，在 19 世纪 80 年代的一小段时间里，河岸上也到处是珍珠，当时一艘日本商船在这里失事，船上的珍珠纽扣四处散落。后来这些珍珠被一个名叫亨利·克劳夫特（Henry Croft）的清洁工打捞起来，由此他也成为伦敦的第一位珍珠之王[1]。克劳夫特一直很欣赏市场小贩在破旧的帽子、袖口和接缝处缝珍珠纽扣这种潮流。他把这种打扮发挥到了极致，在一套破旧的礼服和礼帽上缝了上千颗纽扣。克劳夫特的装扮引起了小贩们的注意，并且很快每个市镇都选出了自己的珍珠国王和王后。

几个世纪以来，摊贩一直是伦敦生活的一大特色，他们把食物和商品从中心市场运送出去，用他们独特的声音叫卖，也把城市本身变成了一个熙熙攘攘的巨大市场。随着从四面八方驶来的商船聚集在泰晤士河交易——用约瑟夫·艾迪生（Joseph Addison）的话说——伦敦变成了"整个世界的大商场"。伦敦的欲望并没有因此而削减，现在人群都蜂拥而来，感受餐厅和购物的无尽乐趣[2]。

泰晤士河为伦敦带来了巨大的财富，但是它可能再也无法满足城市对牡蛎的渴望：2012 年，由于供应的减少，河口的原生牡蛎养殖场被关闭。如果我们不重视，用不了多久，我们可能就只剩下和它们同名的蓝色塑料了。去考辛巷尽头的海滨，在你寻找珍珠时，感受脚下牡蛎壳的吱嘎吱嘎声。

珍珠国王和王后

到伦敦博物馆参观伊灵斯顿前珍珠国王的西装，然后再去田野圣马丁教堂的地下室向穿着珍珠服饰的亨利·克劳夫特雕像致敬。他用吸人眼球的装扮为他生活过的孤儿院筹集资金；西装的背后用珍珠写着口号："一切为了慈善。"摊贩有为穷人筹款的光荣传统，而筹款也是珍珠国王和王后的主要任务之一。伦敦现在仍有一些珍珠团体，它们的名字也极为相似，包括"原伦敦珍珠国王和王后协会""伦敦珍珠国王和王后协会""珍珠公会"，以及"珍珠国王和王后公会"。每个团体与不同的伦敦教堂息息相关，要偶遇并且支持它们最简单的方式就是参加每年的收获节。每年十月的第一个周日，田野圣马丁教堂会举办特别隆重而生动的聚会。

---

1. 故事的另一种说法是，克劳夫特从他在街上扫过的东西中费力地把纽扣摘出来。

2. 如果你在意购物一事是否在这个城市的 DNA 中，那就去看看利河拖曳道上的超市手推车，它有 9 米高，呈双螺旋形。

街头叫卖

特威克纳姆的白天鹅酒吧后有一块木制指示牌，上面写着"禁止街头叫卖"。几个世纪以来，街头叫卖声响彻伦敦，直至今日你仍能听到他们的呐喊：哥伦比亚路花商的沙哑叫喊；牛津街折扣香水店主在店门口的顺口溜；芬斯伯里公园站外的水果商为芒果打广告的喊声；还有《大事件》摊贩的叫卖声。

近年来，最著名的街头叫卖是《一磅鱼》（*One Pound Fish*），它是厄普顿公园（Upton Park）女王市场的商贩穆罕默德·沙希德·纳齐尔（Muhammad Shahid

Nazir）的即兴创作。"来吧，女士们 / 来，女士们 / 一磅鱼 / 看看 / 一磅鱼 / 非常非常好非常非常便宜"。

2012 年，纳齐尔在 YouTube 上发布的一段歌曲视频在网络上引起轰动，点击量达数百万次，他因此一举成名。后来，他发行了单曲《一磅鱼》，歌曲的背景音乐非常震撼。

但是，与以前伦敦街头的喧嚣相比，如今的呐喊和歌声是小巫见大巫了。以下是一些作家和漫画家记录下的这座城市的经典老调：

"大白菜，哦！萝卜！两捆一便士，萝卜，哦！"

"走一走，看一看！这里有烤面包机！"

"尘土，哦！"

"买我的朝鲜蓟！"

"摇啊摇，宝贝，哦"

"那些烦人的"苍蝇，活捉他们！

"买，又香又甜的菜肴！"

"买，买，买，买，买，买~！"

"谁要买冷却器？"

"牛奶来这里买"

街头商人

板栗

冬天去温特沃斯街和贝尔巷交叉处向弗雷德买一袋热炒栗子，他在那个街角炒了 50 多年栗子了。

咖啡

从 1919 年开始，西德咖啡店（Syd's Coffee Stall）就占据了卡尔弗特大街（Calvert Avenue）和肖尔迪奇大街的拐角。喝一杯由西德的孙女简冲泡的咖啡。当你在等待的时候，欣赏马车下面保存的原始路面。

熏香

在布里克斯顿大街的"冰岛"外的折叠桌旁，一位名叫帕特里克的拉斯特法里（Rastafarian）的小贩在售卖熏香，你可以在此买一包锡纸包裹的线香。

虾

霍加斯画了一个卖虾小贩头顶着一盘甲壳动物。她面带微笑，表情惊讶——好像刚刚有人叫她的名字。你可以在国家美术馆的 35 号室看到这幅画。

交易市场

与其推着手推车走在喧嚣的街道上叫卖，不如去伦敦的市场里以物换物。

鸽子 & 野鸡

伯勒市场蒙茅斯咖啡店（Monmouth Coffee）外的长椅处有一块提示牌，警告路人小心"头顶上的鸽子"。这是一个悠闲地喝意式浓缩咖啡的好地方，看着商贩们向大众分发浆果、烤鸡和佩科里诺干酪，还有鸽子环绕在四周。这里的市场已经大约有一千年的历史了。2010年，几名独立的商人搬到了西边的莫尔特比街（Maltby Street）铁路拱门。如果周六早上吃早餐，就选择圣约翰面包店新鲜烤制的蛋奶甜甜圈吧。

艺术 & 馅饼

怀特克罗斯街[1]的街市几乎无法停车，因此一辆1982年产的福特卡普里的司机把车头向下靠在墙上。当你午餐期间在拥挤的人群中穿梭时，要小心那些倒立的车子。怀特克罗斯街以街头艺术闻名，每年都要举办"不合规者的崛起"展览。在"Eat My Pie"（吃我的馅饼）店里要份烟熏黑线鳕苏格兰煮蛋，然后细细品味这些雕塑和色彩斑斓的砖瓦艺术。

Y 形缝 & 沃利－沃利斯

衬裙巷市场（Petticoat Lane Market）就在米德尔塞克斯街，但是衬裙巷已经不存在了。尽管这个地方的衣服市场由来已久，但在1830年，由于过分保守的人们抱怨街道不应该以内衣命名，这条街的名字就被改了。但是，每周日早上有上千摊位交易的衬裙巷市场从来没有看不起这个绰号。寻找沃利－沃利斯腌黄瓜，这过去就是衬裙巷市场的特色。如果你找不到，就只好将就买市场上隐约可见的巨大的玻璃泡菜了。

蛋糕 & 啤酒

电气大道是第一家以电照明的商业街。自从第一次被点亮后，它的特性在某种意义上发生了变化，现在它的魅力在于不拘、随性而不是灯火辉煌。沿着新月街的40个摊位逛逛，你会发现，自20世纪40年代以来，这里就一直有老旧的手推车在使用。顺便买一块牙买加姜饼和自制的姜汁啤酒。

沃霍尔 & 波洛克

想找一些可以放置在壁炉架上的东西？可以到国际艺术市场上看看。任何人都可以在佳士得（Christie's）或苏富比（Sotheby's）拍卖行参加拍卖会，在拍卖会开始前的几天里，你可以在公共展厅细细品读这些拍卖品。对于一幅完美的波洛克画品，如果对手出价比你高，那你可以期待在弗兰克·G.鲍恩那里参加一场更实惠的竞价活动。这家位于莱顿斯通的拍卖公司拍卖机场的遗失物品和警方追回的无人认领的物品。

P

哥伦比亚路

周日清晨，哥伦比亚公路市场的景象令人惊叹。这是一条狭窄的街道，弯弯曲曲，所有的商人都挤在这里贩卖鲜花。当你站在市场的一端时，这种混合的香味令人上头。

——温柔的作家

---

1. 19 世纪，这里条件恶劣，被称为"Squalors Market"（破烂市场）。

开店

诗人雪莱为伦敦的"金匠，印刷厂，玩具店，商人，五金商人和面粉糕饼师"感到眼花缭乱。他惊叹道："他们简直就是上帝，哦，伦敦！"如果你感到有神的召唤，为什么不自己开个店呢？尽情享受你开店所需要的一切吧。

配件

为了让你的精品店有种古典的感觉，你可以去霍洛威路上的 D&A 配件零售商店。他们回收旧货商店的配件，零售一般市面上不常见的配件：橱柜、帽架、人体模型[1]和柜台。选择你所需的东西，赋予它们第二次生命。

购物袋

放弃卷曲的聚乙烯，买城里最好的纸袋。自 1870 年以来，商业街上的加德纳市场摊贩主就一直向斯皮塔夫菲尔德商人和店主出售纸袋[2]。纸袋有棕色、条纹糖果色和动物图案（斑马或豹纹）三种：选择符合你审美的，然后去欣赏商店里放在柜台后面的旧账本[3]。

小费盒

当然，你的服务将是典范，那么为什么不在柜台上安装一个小费盒呢？你可以在河岸街的川宁茶馆寻找灵感。这家茶馆的店内博物馆里有一个旧钱柜，顶部写着"T.I.P."，是"To Improve Promptness"（提高及时性）的缩写。

窗饰

为了给你的橱窗带来戏剧性效果，可以到布罗迪 & 米德尔顿商店（Brodie & Middleton）。这是一家位于商店街的 19 世纪的戏院饰品的供应商。可以订购到一些阻燃的天鹅绒窗帘，然后放在罐装的蜘蛛网、uv 涂料和纸质雪花中。

来自生物的安慰

收银台上没有野猪头或是犰狳标本的时尚精品店是不完整的。预约一下伦敦标本陈列室。[4]选一只发霉的海雀或古董蝙蝠，或者，如果你喜欢毛少的动物，可以从它们的当代收藏中挑选，包括站在圆礼帽上的鸽子。戴着这顶帽子会吸引更多的顾客。

标牌

在沃尔瑟姆斯托的拉威斯伍德工业大厦 12 号做一个标牌。再往里走你会发现"上帝的垃圾场"——一个令人惊奇的霓虹灯商店，它的主人克里斯·布雷斯（Chris Bracey）在这里引领了超过 40 年的灯光潮流。选好了你的设计方案后，可以到大楼里一家周末营业的烤饼咖啡厅点杯茶。

安保

经验老到的罪犯知道如何躲避大部分的安全系统。你可以自己动手，在商店里安装来自马里波恩的波特曼广场的监控设施。与其把钱放在保险箱里，不如把钱藏在一个底部拧不动的隐蔽的汤罐里。不用担心闭路电视（CCTV）：戴上有内置摄像头的眼镜，或者在野猪头饰品的眼睛后放个针孔录像机。

---

1. 为了给室内增添一种超现实的感觉，你可以买一整盒木手臂和手挂在天花板上。
2. 更多信息请参见第 81 页。
3. 一旦你设计了一个标志，你可以把它刻在伯里街的"Blade Rubber"（叶片橡皮）的橡胶印章上，用它来个性化你的纸袋和商店文具。
4. 坐落在温布尔登灰狗体育场附近。

连锁店

在伦敦的街头漫步，你会看到某些名字多次出现。这里也是一些无处不在的咖啡厅、超市和快餐店的发源地。

汉堡家族

伍尔维奇的波维斯（Powis）大街 56 号有一块灰色的大理石牌匾，上面写着你是在麦当劳第 3000 家分店，也是英国的第一家。自 1974 年起，汉堡就在这里出售，另外还有 200 家分店在首都扎下了根。

如果你正在考虑建立自己庞大的快餐帝国，那就在皮卡迪利广场附近的考文垂街租一家店。Wimpy 的第一家英国分店于 1954 年在这里开张。23 年后，汉堡王在同一地点开设了第一家伦敦分店。现在这儿是一家名为"皇冠礼品"的纪念品店。

Wimpy 经历了很长一段时间的衰落。城里现在只有 11 家分店，而且都没有在 1 区。如果你想吃它家的特色"猪肉香肠汉堡"，你的选择将集中在斯特里汉姆、路易斯汉姆和埃尔瑟姆。如果你的生命里不能没有西区的 Wimpy，为什么不自己开一家呢？Wimpy 是一家特许经营公司，所以你可以把它送回其诞生地。

复制咖啡店

Pret a Manger 在维多利亚街的分店有一块蓝色牌子，上面显示着 1986 年"Pret a Manger 的首家店开设于附近"。在头二十年就已经开了 200 家连锁店。

星巴克在 1999 年第一次出现在切尔西的国王大道，它现在还在营业，但已没有特殊的牌子来标识位置。目前在伦敦城里已有 250 家分店。

高级杂货店

在哈克尼地区开了十年的超市之后的 1929 年，杰克·科恩（Jack Cohen）在沃特林大道 9 号开设了第一家乐购超市。如今，乐购已迁往烧橡树百老汇（Burn Oak Broadway）一家更大的店面，你可以在原来的店址上找到连锁店储蓄者（Savers）的一家分店。乐购现在在伦敦各地有 500 家门店。

乐购的竞争对手塞恩斯伯里（Sainsbury's）在德鲁里巷 173 号开业时比乐购早了整整 60 年。尽管它现在在那里已经没有了商店，但还是在熟食柜台上出售德鲁里巷火腿，作为对第一家店朴素的纪念。

P

柜台文化

便民超市

位于兰伯康迪街的便民超市是一家大型杂货店超市，成立于 2010 年，旨在应对几家大型连锁超市日益增长的主导地位。工作人员每月自愿工作 4 个小时，以换取店内所有商品 20% 的购物折扣[1]。他们尽力销售当地农产品，并通过烹饪临期食物在便民厨房咖啡厅出售，将浪费降至最低。

Fareshares

Fareshares 是一家志愿者经营的全食超市，位于沃尔沃斯的克兰普顿街 56 号，起始于 1988 年的一家地摊。现在它有合适的租约，但仍致力于"社区实验"，而不是一家商店。它的产品上几乎没有任何的商标，志愿者通常是两小时的轮班工作。结账时你要用计算器在柜台算出自己的账单。

食品流水线

每周通过当地的食品大会采购一次。在网上订购你想要的东西，然后在每周的聚会上直接从生产商那里拿取。其目的是绕过超市，让繁忙的伦敦人直接地从当地食品生产商和农民那里购买食品。

---

1. 这家商店位于大奥蒙德街医院附近，NHS 的所有员工都可以享受九折优惠。

贸易的时间轴

走进靠近银行站的寂静奢华的皇家交易所，爬上夹层楼。约翰·斯托把它描述为"伦敦的眼睛"。如今，在它高耸的人行道边，你可以看到这座城市的记忆：24 幅巨幅壁画展示了伦敦贸易的爱国史。[1] 伦敦作为全球贸易的中心地位是其财富和影响力的基础。罗伊·波特写道："与欧洲其他的地区不同，伦敦存在的原因在于它是一个市场，而不是一个堡垒。"

锡①

大英博物馆 50 号展厅内，你会对巴特西之盾（Bttersea Shield）感到惊叹。这一有着 2500 年历史的精美古董，装饰着漩涡状的圆孔和红色的珐琅圆圈，是在切尔西桥附近的泰晤士河畔被发现的。它是由青铜、锡和铜合金制成的，这种合金已经存在于欧洲文化中三千年之久。英格兰西南部有丰富的锡层，而且这种珍贵的金属构成了伦敦最早的国际贸易的基础，吸引了当时已知世界的腓尼基商人。锡至今仍然是一种有价值的商品，利德贺街的伦敦金属交易所仍在交易。[2]

鱼露②

当你下次去格蕾丝教堂街（Gracechurch Street）的尼克尔森 & 格里芬理发店（Nicholson & Gritffin barbershop）理发时，请求去看一下他们的地下室。楼下是砖砌拱门，是曾经矗立在罗马朗蒂尼亚姆（Roman Londinium）中心的巨大的圆形大教堂的遗迹。一种很重要的进口产品就是鱼露，发酵的鱼酱，这使得罗马食谱中有了鲜味。萨瑟克区出土的一世纪的双耳细颈瓶现陈列于伦敦博物馆，上面刻着"卢修斯·特提乌斯·阿佛力喀纳斯提供来自昂蒂布的最好的鱼露"。今天的 HP 酱可以与之媲美。HP 酱是 1895 年由弗雷德里克·加顿（Frederick Garton）发明的一种味道浓烈的棕色调味品，并以议会大厦[3]命名。

羊毛③

传说旧伦敦桥是"建在羊毛包上的"。这些海绵状的基础是一种比喻：桥梁是通过羊毛贸易征收的税收来建造的。羊毛是中世纪伦敦主要的出口商品。[4] 当杰弗雷·乔叟还没有写 "fartyng" 和 "thakkyng" 时，他是负责任的羊毛海关稽查员。[5] 参观上议院，检查议长的座椅：是一个被叫作"羊毛袋"的红垫，象征着羊毛对经济的重要性。1938 年，人们发现这个羊毛袋被误塞了马鬃，很快就为它重新填充了从英联邦国家收集来的羊毛。

---

1. 在 1895 年展出后，这些壁画被当作历史教科书当中的标准插画，直至 20 世纪 50 年代。
2. 参见第 196 页。
3. 加顿的酱汁在被命名为 "HP"（Houses of Paliament）之前，就非常需要重新命名：加顿的酱汁（Garton's）不幸被倒着念成了"手帕"。
4. 迪克·惠廷顿传奇财富的来源。参见第 6 页。
5. 见第 408 页，在乐购的停车场听他讲坎特伯雷的故事。

布料④

原毛固然很好，但如果把它纺成布，它的价值就会增加两倍。当爱德华三世（Edward III）限制进口外国布料时，伦敦布料制造业开始腾飞，他鼓励有技术的佛兰德纺织工人移民到伦敦，并在该市安装了纺车。不久，商人冒险家公司（Company of Merchant Adventurers）开始在欧洲各地销售英国布料。国内市场由史密斯菲尔德的"布料集市"（Cloth Fair）主导，每逢巴塞洛缪节¹都会举办。约翰·贝杰曼住在布料集市 43 号的房间里。如今，他的公寓由地标信托（Landmark Trust）管理；留心最后一分钟的线上交易，然后在贴有威廉·莫里斯墙纸的乔治风格公寓里休憩。隔壁就是伦敦最古老的住宅，是伦敦大火灾中的幸存者。²

咖啡店⑤

参加位于霍尔本格雷沙姆学院（Gresham's College）的经济学教授的免费的公开讲座。这个慈善机构是在托马斯·格雷沙姆爵士（Sir Thomas Gresham）的遗嘱下于 1597 年成立的，格雷沙姆爵士是皇家交易所的创始人。格雷沙姆交易所是个开放的交易场所，来自世界各地的商人都可以聚集在这里，为糖、香料、棉花、可可和咖啡来讨价还价。1652 年，西西里岛的希腊籍土耳其商人帕斯夸·罗塞（Pasqua Rosee）利用皇家交易所出售的异国咖啡豆大赚了一笔，并在附近后街的沃伦区建立了伦敦第一家咖啡馆。³交易所被烧毁了两次，最近的重建是在 1844 年完成的，这是一座古典的财神庙，山形墙的中心是一个商业的图案。如今，它是一家高端购物中心，但仍保留着格雷沙姆的个人标志——金蚱蜢。

茶馆⑥

在 V&A 咖啡馆里享用完阿萨姆茶后，到南亚 41 号房间观看"提普的老虎"（Tipu's Tiger），这是一台真实大小的老虎攻击欧洲人的机器。当你转动手柄时，老虎会咆哮，人也会惊恐地尖叫并挥手求救。这一恐怖的玩具是 18 世纪 90 年代为了取悦迈索尔的苏丹提普而制作的。当时，随着东印度公司逐渐加强对整个印度次大陆的控制，提普一直在反抗。东印度公司是世界上最早的股份公司之一，其股份由富有的商人和贵族私人所有。⁴它的贸易帝国是由它的城市总部管理的，即"利德贺街的怪物"。⁵东印度大厦有一个图书馆，馆里收藏着所有与亚洲有关的书籍，现在收纳在大英图书馆的九英里长的书架上，还有三层的东方展品博物馆。其中最受欢迎的展品就是"提普的老虎"了。

识图

《贸易时间表》（A Timeline of Trade）由埃里克·拉维鲁（Eric Ravilious）于 1933 年 11 月 5 日画在勃鲁盖尔拥挤的画布上。泰晤士河被绘制成了一幅贯穿伦敦贸易历史的时间轴。岁月长河蜿蜒流淌……

P

---

1. 集市与附近热闹的巴塞洛缪集市的杂耍演员、杂技演员和怪才并存。
2. 在第 128 页找到另一个非凡的幸存者。
3. 1660 年 12 月 10 日，塞缪尔·佩皮斯来到这里，"非常开心"。牙买加酒屋（Jamaica Wine House）现在位于圣迈克尔巷（St Michael's Alley），仍然提供苦啤酒。
4. 东印度公司当时几乎掌控着全球一半的贸易，尤其是原材料，例如棉花、丝绸、靛蓝、食盐，以及日益增长的茶叶贸易。
5. 这个地方现在是理查德·罗杰斯的劳埃德大厦。见第 26 页。

奴隶⑦

1698 年，交易巷的纳森咖啡馆里，经纪人约翰·卡斯汀（John Casting）发布了第一份公司股价清单，这也是富时指数 100（FTSE 100）的前身[1]。在 18 世纪早期，金融投机活动失控，尤其是南海公司，其主要商品是奴隶。在谣言和腐败政客的鼓动下，1720 年 8 月的股价从 100 英镑猛升至 1000 英镑。现实中，公司的财务状况却是灾难性的，"南海泡沫"突然破灭，暴跌至最初的价值。投资者破产，自杀事件也司空见惯了。[2] 预约参观橘街（Orange Street）国家肖像馆的霍加斯的《南海计划》（South Sea Scheme）的印刷本。这幅狂欢画面的中心是一群举足轻重的投资者，其中包括一名牧师、一名妓女和一只黑色靴子，以及一个问"我骑谁"的标牌。南海公司继续存在着，主要是处理该计划中政府的债务问题，直到 2015 年 2 月债务才全部还清。

欧米尼亚⑧

在哈罗德百货的埃及厅，乘坐二级电梯上六层。在你上方的黄道带天花板上，有三个明亮的球体，标志着"猎户座"的星座，这个星座决定了吉萨金字塔的位置。来自斯特普尼（Stepney）的杂货商查尔斯·亨利·哈罗德（Charles Henry Harrod）在其现在的位置建立了哈罗德百货公司，以迎合那些关注 1851 年博览会的人群。这座世界闻名的百货公司的座右铭是"包揽万物"（"所有事，所有人，所有的地点"）。传说 1967 年罗纳德·里根（Ronald Reagan）打电话来说要买一只小象，接线员询问："非洲象还是印度象？"1921

年，A.A. 米尔恩（A.A.Milne）来为他的儿子克里斯托弗·罗宾买礼物，他走时带了只玩偶熊，现在这只熊比商店更出名。[3]

啤酒⑨

萨瑟克街被 1866 年建成的蓝白相间的啤酒花交易所（Hop Exchange）所占据。如今，啤酒花交易所大部分地方已成办公场所，但是铁门锈迹斑斑的数字仍能看出啤酒花字样。在交易所后面的伯勒市场，你可以坐在市场大厅的室内花园，畅游在果园和啤酒花的移动屏幕当中，享受伯勒市场的啤酒。如果你等不及，那就去温切斯特路的雷克酒吧。这是一家提供上百种啤酒的特色小酒吧。[4]

---

1. 要了解更多的早期股份，参见第 192 页。
2. 约瑟夫·艾迪生的表弟尤斯塔斯·布杰（Eustace Budgell）在伦敦桥租了一条船，划进泰晤士河，口袋里装满石头纵身一跃跳入水中。
3. 为了向维尼表示敬意，哈罗德百货公司现在推出了一款"年度熊"玩具。
4. 要感受伦敦蓬勃发展的啤酒市场，参见第 185 页。

糖⑩

身体赤裸，肌肉发达，留着卷毛胡须的泰晤士河神左手指着地平线，右手里紧握着他的三叉戟。他站在塔山的爱德华时代炮塔的最高处，远眺着汇集于伦敦的贸易站、船只和货物。1922 年完工的河神像位于前伦敦港务局大楼（Port of London Authority）三一广场 10 号。20 世纪 30 年代的鼎盛时期，PLA 在伦敦监管了 713 英亩的码头，但当大型的伦敦工厂在 20 世纪 60 年代失去了与英联邦国家的贸易特权时，城市内部的码头也就走向了衰落。[1] PLA 仍然监管着潮汐河，潮汐河始于特丁顿水闸附近，由南岸一座细长的石方尖塔指示，一直延伸到冈弗利特灯塔（Gunfleet Lighthouse）——位于城市海岸 6 英里之外。

股票⑪

站在纽盖特街和爱德华国王街的交汇处，你能看到一只巨大的纹章：两只黑色的狮鹫握着一个盾牌，上面写着"Dictum Meum Pactam"（言出必行）。这是伦敦股票交易所——格雷沙姆交易大厅的直系后裔。19 世纪末期，交易所使用电话、自动报价机和电报来加快交易的速度。1972 年，伊丽莎白女王在针线街（Threadneedle Street）建立了一座先进的、26 层的证券交易大楼。公开叫价成为受欢迎的景点，但在 1990 年的爱尔兰共和军的炸弹威胁之后它就关闭了。2004 年，伦敦股票交易所迁到帕特诺斯特广场。在你被彬彬有礼的接待员赶出门前，你可以自信地大步走进中庭，瞥一眼《来源》——1500 个球在缆绳上起伏摇曳的艺术品，"是市场力量的活生生的反映"。

品牌⑫

伦敦的零售业被两个整体式购物广场分化：怀特城的西田购物中心和西田斯特拉福德购物中心。伦敦的西田购物中心是 2008 年进驻的[2]，建在主办了 1908 年奥运会的法英展厅的旧址处[3]。西田斯特拉福德在三年后建成，形成了通往 2012 年奥林匹克公园的凯旋门。在 350 个商店中它是目前规模最大的购物中心：一个地面光滑，一望无际的购物中心，其间有品牌折扣店、肉桂卷饼店和奶昔馆。如果你在怀特城感到压抑，就在牧羊人布什图书馆找一处安静的阅读区来放松。或者，西田斯特拉福德有自己的微型啤酒酿造厂——东区。在克罗伊登的路上还有第三家西田购物中心。

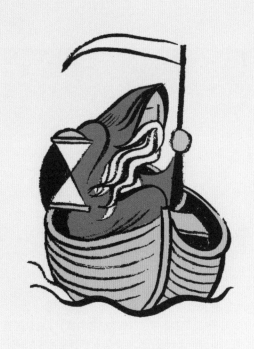

P

---

1. 当 1968 年 PLA 在蒂尔伯里建造首个集装箱码头的时候，意味着伦敦内河码头就此走进历史的坟墓。

2. 2009 年，伦敦韦斯特菲尔德获得了"红玉杯"的提名，该奖项每年颁发给英国最丑的建筑，但最终它输给了利物浦码头。去第 17 页找一个赢家。

3. 见第 223 页。

饼干城

伦敦在饼干的历史中也有很重要的角色。尽管城中很多食物都是进口的，但是伦敦也为它几个世纪以来的饼干烘焙而感到自豪，也决定了现代饼干的设计和目的。

硬面饼

忽略最佳食用期限：饼干是可以长期存放的。到国家海事博物馆的航海家画廊参观伦敦最持久的标本之一。它是德普福德的老维尔面包店生产的。这块硬面饼本是为航海者所烘焙的，从 18 世纪开始就没再被食用了。[1] 硬面饼平淡无奇但非常结实，可以储存很久也不会变质。

烘焙硬面饼

面粉和水混合至面团有弹性。把面团揉成卷状，切成大剂子并用针在面团上扎小孔。饧发和冷却五次直至面团坚硬且潮湿。

饼干工厂

军用饼干过去是在普拉森舍宫（Placentia），也就是格林尼治的老皇家军事学院制作。在它被拆除之前，这座亨利八世出生的宫殿被奥利弗·克伦威尔改造成一个饼干工厂。去寻找标记地址的饼干状物体。

珍珠

伦敦最重要的饼干是"珍珠饼干"，是伯蒙德西的皮克·佛莱恩斯生产的。1865 年引进的"珍珠饼干"是我们今天所熟知的第一款柔软松脆的饼干。这款饼干一经问世就很受欢迎，以至于伯蒙德西也被称为饼干城，整个街道上都弥漫着饼干的香味；在德拉蒙德路的旧工厂外还有一块牌匾和褪了色的标识牌。珍珠饼干已经不再生产了，但是有更好的东西来慰藉你，就是来自福特纳姆与梅森百货的皮卡迪利巧克力珍珠饼干。然后再去看看旧厂房，现在已经是攀岩墙了。

如何制作珍珠饼干

珍珠饼干与现代的浓茶饼干类似。把白面、糖、黄油、牛奶和盐搅拌均匀。擀成薄饼，切成饼状，不要扎小孔。饧十分钟。

醋栗饼干

在珍珠饼干出现的四年前，皮克·佛莱恩斯（Peek Freans）开发了一种加里波第饼干，以表达对这位意大利统一者的敬意。[2] 尽管饼干上的醋栗看起来可能对这样的高大的人物不尊敬，但是这些饼干和任何一座纪念碑一样是永恒的。在街角商店里买一块，穿过位于萨瑟克公园路的约翰·布尔拱门，那里的墙壁覆盖着一层皮克·佛莱恩斯的铸铁饼干。

制作加里波第的步骤

将面粉、黄油、糖和牛奶搅拌均匀并轻轻揉面，加一包葡萄干。将面团揉成长方形，把醋栗放在上方，然后将面对折并按压。烘焙 15 分钟。

甜点

尽管加里波第（Garibaldi）在 1860 年在西西里打败了波旁王朝（Boarbons），但是当皮克·佛莱恩斯以他的对手的名字命名一款饼干时，情况却发生了翻转，这种饼干更受欢迎[3]。咖世家（Costa）出售大量的经典的饼干，包括智能手机大小的超级波旁饼干。这家咖啡连锁店也引进了加里波第饼干。

---

1. 一位收藏家把饼干的细节写在饼干上，使其无法再被食用。"这饼干是 1784 年 4 月 13 日星期二在伯威克送给布莱克特小姐的。"
2. 加里波第于 1864 年访问伦敦，但不知道他是否尝试过这款饼干。

3. 他们也用发明了名称不那么政治化的饼干，例如"巧克力桌"和"金粉扑"，这些饼干并没有流传很久。 皮克·佛莱恩斯的美味发明还包括 Twiglets 和 Cheeselets。 该工厂于 1989 年关闭。

圣诞饼干

虽然波旁饼干 1910 年就出现了，但是"一战"中能上战争前线的饼干还是硬面饼，它是军事配给包中不受欢迎的一部分，在伦敦的两个博物馆中都有证据证明。那些贴着邮票的饼干，就是战士们在战壕里寄的。你可以在英国邮政博物馆和圣约翰骑士博物馆看到。在帝国战争博物馆，你能看到一块部队饼干被制成一张 1915 年的圣诞贺卡。另外一块中心被挖空制成了一张战士的全家福。

饼干作坊的猎狗

如果你想为你自己或者你的狗狗伙伴买一些美味的东西，斯普拉特斯的肉纤维狗蛋糕可能会有吸引力。伦敦的饼干谱系延伸到动物饼干，斯普拉特斯声称于 19 世纪中期在波普拉创造了第一个大众市场的狗食饼干。[1] 你仍然可以看到这家工厂，上面印着斯普拉特斯专利有限公司的字样，工厂位于兰登公园德文斯路之间的 DLR 区，但不要试图从改装公寓的居民那里买纤维狗蛋糕。相反，你可以从诺斯科特路的比斯坎冰酒吧买一袋手工制作的晒干的番茄狗饼干。

亲密交谈

伦敦仍然是饼干之城，位于哈雷斯登（Harlesden）的麦维他工厂是生产巧克力燕麦饼的地方。[2] 站在哈雷斯登车站的桥上，欣赏波状的蓝色墙壁，呼吸着工厂的巧克力仓库传出的烤燕麦的香气。

P

---

1. 在第一次世界大战中，这家工厂为军犬供应了 1 256 976 708 块狗饼干。

2. 出于某种原因，它们生产的与普通的在格拉斯哥生产的燕麦饼干完全不同。

幽灵标志

伦敦到处都是"幽灵"的涂鸦，这让人联想起曾经处于商业前沿的广告。

香烟

丁利路，克莱肯维尔

两眼空洞的大黑猫盯着这个特大号黑猫香烟的广告[1]，"六便士十盒"。这一牌子和布莱克星敦路上那个乞求"为了你的嗓子，吸烟"的广告来自同一时期。

蛋奶沙司

圣约翰斯山，克拉彭枢纽站

穿着黄色灯笼裤和尖尖鞋的家伙捧着皮特金牌蛋羹，那是一种黄色的玉米淀粉糊状物。

礼服大衣

提斯伯里法院，苏荷区

一位留着胡子、穿着燕尾服的男士挥舞着一只看起来像鱼的盘子。他在这个狭窄的苏荷区为他的礼服大衣打广告，价格从六先令两便士起。

勇气啤酒厂

红十字路，萨瑟克区

白色的大写的"鼓起勇气"映衬着蓝色的背景。从伦敦桥向西行驶的火车最能传达这一令人愉悦的信息。约翰·卡里奇（Courage，勇气）1787年创建了自己的伯蒙德西啤酒厂，他的配方现今已由威尔斯＆杨公司所有。

马

塞达斯路，克拉彭

大的省会宣称马匹是在这些地方进行买卖的，而且马车在任何时候都有"工作"。

纸袋

克里斯平街，斯皮塔菲尔德

这家精心粉刷的店面有奶油扇贝状的盒子，上面写着"最有名的纸袋商"。

火柴

墨西拿大道，基尔伯恩

这个标志让人们想起购买俄罗斯标准火柴得保存好包装标签，以便今后兑换"大礼包"：100个标签可以兑换7磅的水果糖；1500个标签可以兑换1磅俄罗斯鱼子酱；1700个标签兑换一条土耳其地毯。这是双层幽灵：你还可以看到更老的吉列安全剃刀的广告牌已开始褪色。

肉汁

Oxo声称它家的浓缩肉汁"给美食家一种吸引力"。20世纪20年代，马乔肉汁品牌的所有者李比希肉制品公司[2]买下了南岸的一个发电厂，用作冷藏库。他们增加了一个突出的高塔，想要创造优质的广告空间，但被禁止了，因为这样会破坏天际线。然而，他们安装了显眼的"OXO"彩色玻璃窗，到今天你仍然能看到。Oxo大厦现在是观景台和豪华的餐厅。要一壶热气腾腾的肉汁，用奥克尼扇贝蘸着吃。

---

1. 在第29页找到生产它们的工厂。
2. 在伦敦，另一种肉制品也受到了广泛的欢迎：布里克斯顿的温德拉什广场上隐约可见一块保维尔肉汁的旧招牌。

购物疗法

如果你疲惫于所有的疯狂消费主义，这里有一些你可以放松的地方。

疲惫

在阿尔菲斯古董市场的 100 家精品店里逛一逛（位于马里波恩站附近的一家旧百货商店），然后到楼上的咖啡厅吃些烤饼来消除疲劳。

失望

位于沃克斯豪尔汽车站对面的布伦瑞克咖啡馆是一座乔治风格的建筑，装着破旧的散热器和拼花地板。你可以在这家豪华的咖啡厅里坐坐，在二手枝形吊灯下喝杯咖啡。

累垮了

当你在斯隆广场逛完彼得·琼斯（Peter Jones）购物中心的第七层，可以在他们家高大的玻璃幕墙咖啡厅里享用一份脆饼，那里还可以饱览南肯辛顿的美景。

厌倦

在布瑞克巷的安特街逛完衣服后，穿过商店后面的黑色窗帘。在 "Back in 5 Minutes"（5 分钟后回来）里休息一会儿，这是一家由 "消失的餐饮俱乐部" 运营的餐厅。

粗放

在 Rough Trade East 唱片店的每一张唱片上都有一个说明，告诉你如何浏览。尽可能多地阅读，然后在商店里免费听合成器的音乐。

整理

典当

法辛顿的城堡酒吧外的三个金球表明它有典当行的执照，据说是乔治四世把皇家传家宝留在这里作为赌博贷款的担保后被授予的。找到记录国王与老板协商的画作，然后用你的财产交换啤酒和猪肉。

捐赠

塞缪尔·约翰逊写道："世上没有东西是没用的，只是因为掌握在不恰当的手中。"把你的东西送给伦敦的慈善商店，斯特里汉姆大道上的三一临终关怀医院就是一个很好的开始。

展出

罗伯特·欧派（Robert Opie）一生都在做超市考古学家，收集 "肯定会消失的包装"。他的收藏现在是诺丁山品牌包装广告博物馆的镇馆之宝。

倒闭

沃平的烟草码头原本打算打造成"东区的考文特花园"，它的仓库在 1990 年被改造成一个新的购物中心。然而，因为交通不便并没有顾客来，最终它成为管理中心。烟草码头空置了 20 年，现在部分区域已经倒闭 [1]。你可以在空荡的购物中心闲逛，感受伦敦的终极反购物体验。

分发

在圣巴塞洛缪大教堂的耶稣受难日礼拜后，教堂里的唱诗班会分发涂了黄油的大十字面包，这是自 1887 年以来每年举行的"寡妇的六便士"庆典的一部分。

你在圣马格努斯殉道者（St Magnus-the-Martyr）教堂买不到烘焙食品。教堂过去每个星期天都给穷人送面包，但最后一批没有被分发，而是在门旁的架子上发霉了。

1.2012 年奥运会时 2500 名士兵在此驻扎。

ASHMOLEAN

NORTHWEST PASSAGE . 13 April 2015

SILENCE & WITNESS. UNITARIAN CHAPEL,
NEWINGTON GREEN. POWER OF VOICES
CONTAINED IN AN EMPTY BUILDING.
DISSENT BECOMES DELIRIUM.

PATHS OPEN. SECRET WAYS
BEHIND THE CHAPEL. GLIMPSES OF
ARTHUR MACHEN'S TUNNEL THROUGH
TIME. DEPOSITING WALKER IN A
CORRIDOR OF MALIGNANT DOUBLES.
THE FRINGE OF ABNEY PARK.
NEXT MOVE = RESOLUTION. OR
ADDICATION.
— NORTON

HENRY ELIOT,
MATT LLOYD-ROSE.
FLAT 2.
395 Hanley Road,
London N4

QUARTERS住处

直到最近，如果你给邮编为 E20 的地方寄信，信件会被送到一个虚构的"东区人"的世界，位于并不存在的瓦尔福德区（Walford）。然而，在 2012 年，该邮编被伊丽莎白女王奥林匹克公园征用，成为一个真实的地址。伦敦的邮编发明于 1857 年，起初只有 10 个，但现在有超过 180000 个[1]。随着城市的不断扩张，邮编将变得越来越多。

正如英国皇家邮政利用邮政编码让伦敦变得易于管理一样，大多数住在伦敦的人也会把注意力集中在一个小得足以让人感到宾至如归的地方，以应对伦敦的巨大规模。这座城市由数百个大大小小的区块组成，每一部分都有自己的身份。比如，扎迪·史密斯的小说《西北》（NW）是以她生长的地方为名的：基尔伯恩，NW6。她写了当地人都有的"基尔伯恩性"。

你在伦敦的住址很重要。在牛津广场跳上南行的维多利亚线地铁，去沃克斯豪尔。在这四站中，当地居民的预期寿命减少了 18 年。诚然，牛津广场设置了一个很高的标准：这里的伦敦人可以活到 96 岁。尽管如此，这一下降还是鲜明地提醒人们，城市中最富有和最贫穷的人在健康、财富和机会方面存在差异。根据地理学家丹尼·多灵（Danny Dorling）的说法，伦敦现在的财富不平等的现象，这是自奴隶主精英时代以来从未出现过的[2]。

"伦敦之于亿万富翁，就像苏门答腊岛丛林之于猩猩一样。"鲍里斯·约翰逊说。如果你够幸运的话，你可能会看到他们在汉普斯特德主教门大道的树林里荡秋千，这条街更广为人知的名字是"亿万富翁"（以前是百万富翁）街。乘坐豪华轿车很快就能到达海格特的威坦赫斯特（Witanhurst），这是一栋乔治风格的豪宅，他的俄罗斯新主人正将其装修成盖茨比式的新建筑。该房子包括一个舞厅，25 间卧室和 365 扇窗，所以住户每天都能欣赏到不同的景色。多层地下室的扩建使它成为伦敦仅次于白金汉宫的第二大住宅。它也有望成为这座城市最有价值的房子，估计价值 3 亿英镑[3]。

在伦敦，很少有问题像房价飙升、租金上涨和廉租房短缺那样令人担忧。当亿万富翁们在挖超级地下室的时候，很多人却被高房价赶出了他们曾经居住过的地方。与此同时，这座城市最脆弱的群体，住在不稳定的公寓里，任由流氓房东摆布。

---

1. 坐在一列驶进国王十字车站的火车上，菲利普·拉金"想起了阳光下铺开的伦敦，/它的邮政区像一片片麦地一样拥挤不堪"。
2. 伦敦最富有的 10% 人群现在拥有的财富至少是最贫穷的 10% 人群的 270 倍。
3. 你可以从汉普斯特德西斯公园看到威坦赫斯特，它就在圣米迦勒教堂的尖顶旁边。

宫殿

白金汉宫

白金汉宫是女王的官邸，她住在北侧。你可以在 6 月到 9 月期间参观豪华的大厅。当你进入时，你会看到国旗在上方飘扬，就是"皇家标准"（Royal Standard），说明伊丽莎白女王在家。

肯辛顿宫

肯辛顿宫的国事厅会举办临时的公共展览。在宫殿的其他地方，剑桥公爵夫妇与乔治王子和夏洛特公主住在一套 20 居室的公寓里。哈里王子也曾住在肯辛顿宫的一居室公寓中。

埃尔瑟姆宫

在埃尔塔姆宫寻找"麻将"的卧室，那里绘有丛林景色。"麻将"是斯蒂芬爵士和弗吉尼亚·考特奥德夫人[1]的灵长类宠物——一只环尾狐猴。考特奥德在 1993 年获得了这座中世纪宫殿的长期租约，并对内饰重新进行了装修。

朗伯斯宫

另一位灵长类——坎特伯雷大主教住在朗伯斯宫 800 多年了。走进庞大的教会图书馆，找到《死亡之舞》（Danse Macabre，1501）的微缩胶片，里面有大主教与咧着嘴笑的骷髅摔跤的画面。

水晶宫

为了 1851 年的博览会，海德公园里建起了水晶宫，后来陆续搬到了西德纳姆山。这座广受欢迎的建筑于 1936 年被烧毁，但该地区的大多数居民仍然对其有印象，其幽灵在人们的脑海中挥之不去。站在原址上想象一下，这是一片广阔的草地，周围是废弃的楼梯和栏杆。

亚历山大宫

亚历山大宫建于 19 世纪 70 年代，作为伦敦北部与水晶宫媲美的建筑，它被称为"同盟殿堂"或"人民宫"，它是世界上第一家正规的电视服务中心，由英国广播公司运营。如今这里会举办各种活动，你可以划船[2]、在场地上放风筝和爬树。

金酒宫

伦敦现存的 19 世纪的最奢华的金酒宫类型大酒店是霍尔本的路易丝公主（Princess Louise）酒店[3]，它有木质镶板、亭子包围的岛屿酒吧和装饰华丽的雕花玻璃镜子。点一罐沃克＆斯科特伦敦特干杜松子酒。

欢乐宫

20 世纪 60 年代，导演琼·利特尔伍德（Joan Littlewood）梦想在东斯特拉特福德建造一座"欢乐宫"。建筑师塞德里克·普赖斯（Cedric Price）为这个高雅的"欢乐实验室"设计了方案，但是从未实施。如今，每年的 10 月，伦敦各地都会出现临时的娱乐场所，以迎合"个人的喜好"。找到离你最近的一家，参加免费的快闪派对和食物大战，然后与美人鱼一起畅游。

> ### 分界线
>
> 约翰·纳什（John Nash）在 19 世纪 20 年代规划摄政街时，有意将这条路作为"贵族和绅士占据的街道和广场"和"技工和社区贸易部门占据的狭窄街道和简陋房屋"间的分界。

---

1. 但丁·加百利·罗塞蒂（Dante Gabriel Rossetti）有一只宠物袋熊。参见第 271 页。　2. 第 10 页欣赏同盟的天鹅。　3. 参见第 82 页。

聚居地

19 世纪中叶，恩格斯在为《英国工人阶级状况》一书做考察，对伦敦进行了考察。"富人的豪宅的附近，"他写道，"……也能看到潜藏着最痛苦的贫穷。"

聚居地

伊丽莎白·盖斯凯尔（Elizabeth Gaskell）在她的小说《玛丽·巴顿》（*Mary Barton*）中谈到伦敦的住房时说："六分之一的住房是宏伟的宫殿，六分之三的住房是一般住房，其余的住房是由破船、罪孽和污秽构成的。"最糟糕的情况出现在贫民窟，随着城市人口的激增，贫民窟的数量成倍增长。富有的维多利亚人与这种贫困隔绝开来，"去贫民窟"——对贫民聚集地的探索——成了一种时髦的消遣方式[1]。汤恩比馆（Toynbee Hall）成立于 1884 年，旨在消除伦敦东部地区的贫困。它邀请了未来的领导人，包括年轻的威廉·贝弗里奇（William Beveridge），住在那里，在贫民窟做志愿者。汤恩比馆现在仍然很活跃，欢迎志愿者的到来。在开放日去参观，然后转到街角的白教堂画廊。白教堂画廊是由汤恩比馆的联合创始人亨丽埃塔·巴内特（Henrietta Barnett）经营的免费艺术展览发展而来的。

贫困线

从 1886 年起，查尔斯·布斯开始绘制伦敦贫困地图。他把这个城市分成了八个阶层，从"上层中产阶层"到"临时工、流浪汉和半罪犯的底层阶级"并绘制了彩码地图，显示他们的地理分布及布局。布斯倡导建立"贫困线"，以便对贫困进行适当的衡量。参观伦敦博物馆的布斯展，房间里贴满了他的地图，并有你可以探索的互动版本[2]。

棚床

今天的秘密贫民窟是城市里的"棚屋床"，或者政府新闻稿中所说的"郊区棚户区"。这些小房子由黑市房东建造出租，通常租给那些低收入的新移民。伦敦消防队报告说，在截至 2015 年的五年里，这些建筑共发生了 432 起火灾，导致 14 人死亡。

痛苦

伦敦是所有城市中规模最大的，当然也会有大量的痛苦存在于内；苦难，仅仅因为它与世界上最丰富的舒适联系在一起，就显得更加悲惨。

——亨利·梅休

卡纸之城

下次你看到 IMAX 在南岸闪闪发光时，不妨想想 1983 年的"滑铁卢斗牛场"（Waterloo Bullring），那是硬纸板城（Cardboard City）的旧址。硬纸板城是一个波纹状的社区，居住着大约 200 名无家可归的伦敦人。这座城市有街道，居民也有地址，直到 1998 年该地区才被系统地清理干净。硬纸板城启发了市民慈善组织的成立，现在总部设在白教堂，"为流浪者制作改变其生活的剧"。买最新演出的门票。

---

1. "今晚我想去伦敦贫民窟后面散散步。"查尔斯·狄更斯在给一位朋友的信中写道，"以骑士的风格去探险。"

2. 你也可以在伦敦经济学院的"电话亭"应用程序浏览他的地图和笔记本。

LOWONIDONJON
伦敦的地名

伊恩·奈恩写道："伦敦确实有上千的村庄。"这个城市是由独特的社区组成的，其中大部分是撒克逊乡村，名字来源于当地的家庭或地理特征。如果回顾下词源学，你会发现伦敦开始成为一个奇幻的风景，有着奇异而又奇怪的熟悉地标。

"伦敦"本身就是这个城市最古老、最神秘的名字之一。与泰晤士河和小科尔恩河（River Colne）一起，它是仅存的三个前凯尔特地名之一。这个城市被称为"Lowonidonjon"，靠近威斯敏斯特浅滩，而越过浅滩部分则无法通过。1952 年 3 月 24 日，诺艾尔-巴克斯顿勋爵（Lord Noel-Buxton）试图穿过威斯敏斯特的泰晤士河，以证明这条河在那个地点仍然可以通行。他到了威斯敏斯特桥的第二个桥墩，但是水流太急，他不得不游泳完成剩余的路程。[1]

中部

浑水（Muddy Waters）

在高卢战争中，尤利乌斯·凯撒将伦敦的河称为"Tamesis"，源自前凯尔特语，意为"浑浊"或"黑暗"。

布里西之石（The Stone of Brixi）

布里西是撒克逊酋长，布里克星顿山顶上的一块分界石就是以他之名而命名。在 20 世纪 60 年代，"石头"是布里克斯顿大西洋路上的一家电视和广播商店。在主干线车站入口对面，仍然可以看到那块旧商店招牌的幽灵般的痕迹。

鸭子的岛（The Isle of Ducks）

狗岛曾经是一片冲积沼泽的空旷地带，以河流的污水冲刷海岸而闻名，它的名字可能来源于码头、堤坝、鸭子、渔船或字面上的狗：野狗、淹死的狗、恶魔狗或皇家猎犬，但没有确凿的证据。

梅菲尔（The May Fair）

著名的深蓝广场始于喧闹的五月集市（May Fair），这是一场为期两周的杂耍表演、怪人、木偶和野生动物的盛会。你可以感受牧羊人市场（Shepherd Market）的基蒂·费希尔（Kitty Fisher）餐厅旧时那种令人兴奋的感觉，这是一家木材烧烤餐厅，以 18 世纪著名的交际花命名。据说意大利浪荡公子卡萨诺瓦（Casanova）拒绝和凯蒂共度良宵，因为她只会说英语。

衣领之家（The House of Collars）

罗伯特·贝克（Robert Baker）是 17 世纪的一位裁缝，他靠销售扇形硬衣领（又称皮卡迪利领）而发家。他的店铺被戏称为"皮卡迪利大厅"，很快这个名字就闻名四周。到杰米恩街的哈维＆哈德逊定制你的拉夫领。

白教堂（The White Chapel）

14 世纪的圣玛丽·马特隆教堂由白色的石头建成，地基在阿尔塔布-阿里公园仍旧可见。这个公园是以一位 25 岁的青年命名的，该青年于 1978 年 5 月 4 日在阿德勒街（Adler Street）被谋杀。

西北部

布里甘提亚之河（The River of Brigantia）

凯尔特人的女神布里甘提亚，又名叫"至高之神"，在布伦特河边上被供奉着。维多利亚女王过去常常在惠恩克利夫[2]高架桥上欣赏布伦特山谷的美景。乘火车到斯劳，你可以看到同样的景色，而且高楼林立着。

燃烧土地（The Burned Land）

巴尼特最初是一处森林空地，是由可控的大火引起的。

---

1. 在 2011 年，魔术师迪纳摩（Dynamo）在诺艾尔-巴克斯顿失败的地方成功了，趟过了威斯敏斯特的水面。

2. 这座高架桥是布鲁内尔的第一个主要结构设计，它的空心桥墩现在是英格兰南部最大的蝙蝠栖息地。

寒冷别墅（The Cold Cottages）

乔克农场（Chalk Farm）[1]是一处废弃而不适宜居住的地方。如今你可以在乔克农场路上的"Marine Ices"凉快一会儿，自1931年起这里成为当地的一家冰激凌店。

芝士工厂（The Cheese Factory）

奇斯威克是一家专门制造奶酪制品的撒克逊农场。你可在特恩汉姆格林的莫蒂默＆班尼特采购并且在奇斯威克庄园正式花园中享用奶酪板。

青蛙一角
(The Nook of Land With Frogs)

留心一下La Cage Imaginaire餐厅特色菜单上的蛙腿制品，这家餐厅位于弗洛格纳尔（Frognal）附近弗拉斯克路（Flask Walk）上。

异教圣殿（The Heathen Temple）

早在7世纪之前，哈罗是非主流宗教教徒礼拜的场所。根据德鲁伊教信徒克里斯·斯特里特（Chris Street）的说法，哈罗地星五芒星的中心是圣玛丽教堂[2]，位于希尔的哈罗。

苔藓之井（The Mossy Spring）

苏格兰一位国王得了"奇怪的病"，有人建议他喝英格兰"马斯威尔"（Muswell）水井里的水，经过"长期的探索与调查"，最终在马斯威尔山发现了这口井。都铎王朝的历史学家约翰·诺登（John Norden）认为，这种疗法很成功。

鼻山（The Nose-shaped Hill）

撒克逊人认为尼斯登（Neasden）山看起来像鼻子。

梨树谷
(The Valley of Pear Trees)

到佩里维尔（Perivale）的圣玛丽圣母教堂的墓地参观"少女墓"。伊丽莎白·科莱顿（Elizabeth Colleton）在1721年去世前曾说过，如果上帝公平的话，她的墓地会长出树。事实确实如此。

灯心草跳跃（The Rushes Leap）

"如斯利普"（Ruislip）是位于平恩河上一地的古英语名，这个地方有灯心草，人们可以从河的一边跳到另一边。你可以穿过白屈兰丁路（Celandine Walking Route）的矮树丛，检验一下这种情况是否仍然存在。

东北部

光明之河（The River of Light）

利河来源于凯尔特语词根"lug"，意为"明亮的"，因此这条泰晤士河主要支流可能是献给凯尔特神灵卢古斯（Lugus）的。2005年与2011年，加拿大鹅群在利河水面下消失，也导致了危险猎食者的谣言出现。

老红桥（The old Red Bridge）

18世纪罗丁河（River Roding）上有一座红桥，如今这条A12线越来越靠近北环（North Circular）。

路边交叉口（The Wayside Cross）

伏尾区出现在一个十字路口附近。如今这里已经被一座豪华的钟楼所取代。

下沉路（The Sunken Way）

在海格特高地和伊林斯顿高地之间有一大片的低洼地。沿着这片地的大北路（Great North Road）现在被熟知为"霍洛威路"。

赤壁（The Red Cliff）

拉特克利夫高速公路（Ratcliff Highway）沿着红土峭壁而建，并因此得名。1575年，马丁·弗罗比舍（Martin Frobisher）从拉特克利夫出发，寻找西北航道（Northwest Passage）。如今你可以赶上方位相似的、从沙德韦尔始发的地上铁。[3]

西南部

响河（The Loud River）

云铎河（River Wandle）最初的绰号是德鲁伯恩（Ludeburne）。[4]这条河曾因盛产鳟鱼而闻名，鳟鱼消失了一个多世纪，直到2008年，当地学校展开的"鳟鱼在课堂"项目使得鳟鱼又重新回归。

Q

识图

《Lowonidonjon》：伦敦的地名显示了这个城市是一个梦幻般的地区，每个地名的词源都是按字面意思来描述的。这种风格是史诗故事地图的传统，比如托尔金的中土世界地图。

---

1. 除了名字（chalk意为粉笔），这里的土壤就是伦敦黏土。　3. 另一条西北航道参见第288页。
2. 参见第68页。　4. "云铎"是16世纪旺兹旺思的逆构词法。

THE HEATHEN TEMPLE

THE BURNED LAND

THE COLD COTTAGES

THE MOSSY SPRING

THE NOOK OF LAND WITH FROGS

T M FA

VALLEY OF THE PEAR TREES

THE RIVER OF BRIGANTIA

THE NOSE-SHAPED HILL

THE CHEESE FACTORY

THE LOUD RIVER

THE RUSHES LEAP

THE HOUND'S MOUND

THE LANDING PLACE OF HAWKS

TREE STUMP SPRING

THE STON OF BRIXI

THE KEY

THE STREAM OF YOUNG SALMON

THE HILL OF WOAD

THE BEAUTIFUL PLACE

VALLEY OF WILD SAFFRON

美丽之地（The Beautiful Place）

比乌拉山（Beulah Hill）源自古法语，意为"美丽的地方"。比乌拉是约翰·班扬（John Bunyan）对人间天堂的称呼，而对威廉·布莱克来说，它是潜意识之中的王国。

野生番红花谷（The Valley of Wild Saffron）

克罗伊登位于云铎河山谷，这里曾经有番红花生长，是一种野生藏红花，由富有的罗马人引进到英国，他们用藏红花来做染布和日常的"藏红花化妆品"。如今你要了解这一切，只需到伦敦路的 Savemore Spicy Foods 餐厅即可。

猎狗土丘（The Hound's mound）

豪恩斯洛（Hounslow）可能是狗墓旁的地方。

钥匙（The key）

邱园坐落于钥匙形的山脊区。

鲑鱼河（The Stream of Young Salmon）

莫特莱克在一条盛产鲑鱼的小溪（湖）附近。在白鹿巷的安妮餐厅里享用熏鲑鱼配皇家鸡蛋。

老鹰降落之地（The Landing Place of Hawks）

9 月，在普特尼公众开放日（Putney Common Open Day）观看"狩猎之鸟"。

树桩出现（Tree Stump Spring）

如果斯托克韦尔突然出现树桩阻碍，请打电话给当地公司 Graftin Gardeners 将它移走。

菘蓝山（The Hill of Woad）

正如《勇敢的心》里的梅尔·吉布森所推广的，菘蓝在中世纪时作为一种蓝色燃料在英国种植，直到 20 世纪 30 年代才开始商业化养殖。菘蓝曾在瓦德登（Waddon）肆意生长。

东南部

湍急之河（The Turbulent River）

克雷河（River Cray）是凯尔特语中的一个名字，来自英语单词"crei"，意思是"崎岖或湍急"。

孤独之屋（The Lonely House）

19 世纪中叶，苏格兰丝绸商人威廉·桑德森（William Sanderson）在彭杰公园的丘陵地带建造了第一座房子，并将其命名为"Annerly"，苏格兰语中意为"唯一"或"孤独"。它现在是人口密集的住宅区。

獾之家园（The Glade of Badgers）

前布罗克利（Brockley）居民哈罗德·哈迪曼（Harold Hardiman）创造了一个叫作"Badger"的卡通人物，他生活在布罗克利。在布罗克利公园读《獾日外出》。

野猫浅滩（The wildcat Shallows）

尽管最初是一个因野猫而闻名的桥渡，卡特福德（Catford）在 20 世纪却因为赛狗体育场而出名。这座体育场于 2003 年被拆除。[1]

德普福德（The Deep Ford）

在它汇入德普福德河口之前，德普福德是拉文斯伯恩河（River Ravensbourne）上可涉水通过的地方。在第一座德普福德桥建成之前，一直是当地的隐士帮助旅行者们过河。

莳萝草地（The Dill Meadow）

撒克逊人使用莳萝治疗黄疸、头痛、疮病及恶心。在达利奇（Dulwich）的福瑞恩（Friern）和山地公路（Upland Roads）上，居民发现莳萝就丛生在院子的裂缝中。

天鹅坪（The Meadow of Swan）

埃尔瑟姆宫的外围是夸吉河（River Quaggy），但是这里已经不再以天鹅闻名。

绿色港湾（The Green Harbour）

在格林尼治的绿村咖啡厅点份炸鱼薯条，然后漫步到老港湾。

树林尽头（The Wood's End）

在伦敦，众多凯尔特名字中唯一不代指河流的名字是"Penge"，出自"penn ced"，即"森林的尽头"。它原本是一个附属于巴特西庄园的林地养猪场。

骗子山谷（The Valley of Tricksters）

普拉特古（Pratt's Bottom）是一个不幸的地方。有个叫普拉特的家庭曾经住在谷底。普拉特的别名是"狡猾"。

羊毛港（The Wool Port）

中世纪伦敦最有价值的出口商品是羊毛。[2] 如今伍尔维奇附近最佳的交易站是贝尔韦氏雷（Belvedere）的亚里纳（Yarnia）。

---

1. 你还可以去温布尔登灰狗体育场。参见第 96 页。　　2. 参见第 246 页。

上流社会的收购

2008 年，布里克斯顿村市场有 20 个摊位闲置着。市场其他地方门庭若市，络绎不绝，但这里，也许是位于铁路线的另一边的缘故，却是人迹罕至，漂亮的旧拱廊也面临着被拆除的威胁。为了使它们重新恢复生机，朗伯斯委员会与一家名为 Spacemakers（空间塑造）的公司合作，该公司将为任何有好主意的人免费三个月的摊位费。于是，艺术家、裁缝、咖啡研磨师和酸辣酱制造商们填补了已有的杂货店、唱片店和鱼贩之间的空白。随着他们吸引了大量的人群，更多的咖啡馆、商店和餐厅也蜂拥而至。

布里克斯顿村如今热闹非凡，新旧产业紧密相连。但重振市场带来的意想不到的后果却是加剧了该地区的中产阶级化。布里克斯顿的新兴酒吧吸引了富有的年轻人。与此同时，警方打击毒品交易，学校和公共场所的情况也得到改善。那些 2008 年之前没有考虑过定居布里克斯顿的人现在也搬迁至这里。酒店的租金和房价也随之飙升，挤走了那些没有支付能力的人。一些人将该地区视为创意城市复兴的典范，也有一部分人认为他们终将要被迫离开。布里克斯顿已成为伦敦率先支持和反对中产阶级化的领路者。

零散商贩

如果你在肯德基外面的角落里徘徊，你可能还会听到有人低声说："臭鼬，大麻，臭鼬，大麻。"但在警方在 2011 年进行大规模打击，以及此后的零容忍之后，大多数毒贩子都搬到了别处。

广场

新的公共区域，如肯德基对面的树木繁茂的疾风广场[1]，改变了布里克斯顿村中心的外观和人们对此的看法。为了纪念加勒比移民乘坐"帝国疾风号"到达英国 50 周年，广场被重新开发。在瑞兹影院（Ritzy Cinema）外有一家迷人的路边咖啡馆。

现金

把你的储物柜用 Nour's Cash and Carry（努尔的付现自运）里的商品填满，这家中东商店店铺很大，但是入口相对小些。这家标志性的当地企业在租金上涨后几乎倒闭，但被一场大规模抗议活动挽救了下来。

酸面团

弗兰科·曼卡（Franco Manca）抢占了布里克斯顿新兴餐厅浪潮的先机[2]，而且其巨大成功也为其他餐馆铺平了道路。这家专业的酸面团披萨店现今是一家发展极为迅速的连锁店，但一直保持优惠的价格以吸引各种人群。

窗户

福克斯顿地产经纪公司（Foxton's Estate Agents）的橱窗已成为反中产阶级化的集结点。该机构取代了原先广受欢迎的低成本速食店 Speedy Noodle（速食面），并被指控故意哄抬房价。2013 年福克斯顿开业时，"雅皮士远离此处"（Yuppies Out）这样的字被喷在了商店的正大门；2015 年，在"收复布里克斯顿"（Reclaim Brixton）的抗议中它的玻璃又被击碎。

香槟

没有哪个新来者能像"Champage + Fromage"酒吧那样具有反中产阶级情怀了。这是考文特花园的一家酒吧，在布里克斯顿开了第二家分店。酒单上唯一的酒精饮料就是香槟，每瓶的价格为 45 磅起。

Q

---

1. 请见第 6 页。
2. 它取代了另一家叫"弗兰科"的披萨店。弗兰科·曼卡的意思就是"弗兰科在遗失"。他们使用的酵母发酵剂起源于 1730 年的意大利。请见第 38 页。

高楼大厦

在史密斯菲尔德市场后面的一排低矮的混凝土街区里，寻找伦敦最好的齐膝街头艺术。每一个街区都装有网格窗、阳台和电视天线，看起来就像公寓。它们共同组成了一个微型的野兽派市建住房。伦敦真正的社会保障房是多种多样的，在很大程度上，并不包含在这些令人生畏的灰色塔楼中。

边界社区

站在阿诺德广场中心突起的舞台上。据小说家亚瑟·莫里森（Arthur Morrison）[1] 所言，你的脚下是老尼克尔（Old Nichol）贫民窟的废墟，被称为"伦敦最黑暗的坑"。自19世纪90年代这些地区被夷为平地后，伦敦第一批社会保障房拔地而起。"边界社区"（Boundary Estate）由几座漂亮的红砖大楼组成，从中央向四周辐射，这里贫民窟的废墟被堆积起来，形成了一种景观。该房产仍主要是廉租房。到卡尔弗特大道的社区自助洗衣店，与玛丽聊聊。自1992年这家非营利社区中心成立以来，玛丽就一直在此经营。

神剑社区

伦敦最后的预制房屋已被拆除。1945年，德国和意大利的战俘修建的里卡特福德的神剑庄园（Excalibur Estate），为这座历经炸弹袭击的城市提供紧急住所。尽管这些简单的房屋不能持续使用，但是当中的187座还是幸存到了2013年，路易斯汉姆中心保留了战后伦敦的氛围。沿着柏森特路（Persant Road）一直走，能看到六间尚存的平房，它们被英国文化遗产组织列为与庄园的教堂（屋顶像安德森避难所一样的金属顶）一样的文化保护单位。

布兰登庄园

布兰登庄园在肯宁顿布兰登庄园（Kennington's Brandon Estate）外，寻找亨利·摩尔（Henry Moore）的《斜倚人物像3》（Two Piece Reclining Figure No. 3）。这是当地委员会委托设计来激励居民的。

罗宾汉花园

在社会保障房的早期，奈·贝文（Nye Bevan）希望每处社区都能拥有"混合社区的生活集锦"，住在这里的业主是来自各行各业的。这种情况并不总是发生，像带有"空中街道"的波普拉区罗宾汉伍德花园（Robin Hood Gardens），成了贫困和社会隔离的象征。当罗宾汉伍德花园[2] 计划被拆除时，英国文化遗产组织拒绝保护它。该组织表示，"最终，它未能遵守初心，创建以人为本的住宅开发项目"。

亚历山德拉 & 安斯沃斯庄园

穿过位于卡姆登亚历山德拉 & 安斯沃斯地产中心大街。混凝土公寓建立在独特的打印机状的露台处，而且这里经常作为电影的拍摄地[3]。参观最新修复的公园，这里的租户和居民协会都有蜂箱，正在制作蜂蜜。

---

1. 莫里森在他的小说《杰戈的孩子》（A Child of the Jago）中虚构了老尼克。现在在大东方街（Great Eastern Street）附近有一家名为"杰戈之子"的时装精品店，由薇薇安·韦斯特伍德和马鲁姆·麦克拉伦（Malcolm McLaren）的儿子创办。

2. 前卫小说家B.S. 约翰逊（B. S. Johnson）为英国广播公司拍摄了一部关于罗宾汉伍德花园建设的怪诞电影：《史密斯一家的住房》（The Smithsons on Housing）。公司对此深感不满。但在1970年这部片子仍播出了，现今仍然可以在网上找到。

3. 你可以看到在此地拍摄的电影片段以及居民协会网站。

艾尔斯伯里庄园

1997 年，托尼·布莱尔（Tony Blair）以首相身份在沃尔沃斯的艾尔斯伯里庄园（Aylesbury Estate）向租户和其他所有"被遗忘"的英国人发表了他的第一次演讲。尽管遭到当地居民广泛占领和抗议，该庄园仍被拆除和重建。

末日庄园

位于切尔西的末日庄园是由泰晤士河畔的七座星形砖塔楼构成的。与大多数公共住宅项目一样，它也有强烈的理念支撑："以社区为目标，以共享景观为手段，以现代、可控的设计为表达方式"。切尔西剧院建在庄园的低层。

巴尔弗龙

继波普拉区巴尔弗龙（Balfron）建成之后，设计师厄尔诺·戈尔丁（Ernö Goldfinger）及妻子乌苏拉搬进了"130 公寓"两个月，"首先体验房间的大小、配套设施，乘坐电梯所花时间，建筑周围的风力以及任何会出现的问题"，这样他们可以改正并在未来的项目中吸取教训。通过参观位于汉普斯特德柳树路 2 号的由他亲手设计并与家人一起生活的现代主义的家来更好地感受他的理念及风格[1]。

特里利克塔楼

站在戈尔本路（Golborne Road）和沃宁顿路（Wornington Road）的交汇处，欣赏野兽派作品特里利克塔（Trellick Tower），这是位于诺丁山与巴尔弗龙一样的失败案例。"空中街道变成了空中贫民窟，"罗伊·波特在谈到这座失败的高层住宅时说。特里利克的情况确实如此，它因暴力犯罪而声名狼藉，成为伦敦的不法塔楼。如今它已恢复平静，正逐步成为私人买家青睐的地方[2]。

伍德伯里庄园

在电影《辛德勒的名单》中，哈克尼伍德伯里庄园的尼克尔大宅（Nicholl House）被当作华沙贫民窟的背景多次出现。这可能是永恒的纪念，因为该庄园如今已被拆除，目前正在重建中。

海盖特

2011 年的电影《街区大作战》（Attack the Block）中，海盖特庄园遭到浓发亮齿的外星人所袭击。尽管青年帮派拯救了此庄园，但后来还是被萨瑟克委员会拆除。

贝文

芬斯伯里的贝文院（Bevin Court）原本应该被称作列宁院（Lenin Court），因为苏维埃的领导人于 1902 年到 1903 年居住于此。然而，到 1954 年，该住宅项目完工时，世界正处于冷战时期，该房产以英国著名的政治家欧内斯特·贝文（Ernest Bevin）的名字命名。虽然如此，列宁的影响依然存在。建筑师贝尔托·鲁贝特金（Berthold Lubetkin）在庄园外设计了一座醒目的纪念雕像。后来列宁不再被需要时，他把列宁的雕塑头像埋在主厅宏伟的红白相间的楼梯下。[3] 你仍然可以看到雕像站立的基座，以及定制的观景台，保安可以通过这个观景台监视雕像的状况。参观并寻找在入口大厅内的新雕塑：一尊贝文的 3D 打印半身像。[4]

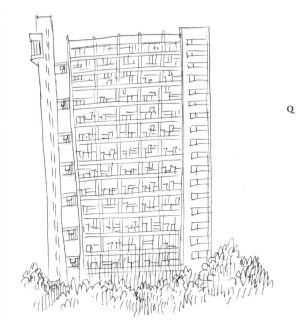

---

1. 伊恩·弗莱明（Ian Fleming）用 "Goldfinger"（金手指）这个名字来指代邦德电影中的一个反派角色，据说是因为他被 "Goldfinger" 在柳树路上的房子惹恼了。国民信托从周三到周日在柳树路 2 号举办旅游活动。

2. 三名退休老人在特里利克塔前跳舞，是为布勒（Blur）录制的音乐视频《为了明天》（For Tomorrow）而舞。

3. 有报道称它实际上埋在停车场下面。租一个探测仪检查一下。

4. 青铜原作在 20 世纪 90 年代神秘地消失了。

269

别墅小屋

1936 年，迪伦·托马斯（Dylan Thomas）曾建议："在布卢姆斯伯里找一个有浴室、没虫子的地方，并开心地待在那儿。"许多人的理想家园是风景如画的英国别墅。

女王别墅

漫步在英国皇家植物园中，你可能会在无意中发现夏洛特王后的小屋，这是一处隐藏在植物园南面的茅草屋。夏洛特王后让人把茅草屋建在里士满小舍附属的动物园里：当她和公主参观这一"美丽的休养地"时，周围都是黑天鹅、袋鼠、水牛，甚至还有伯切尔氏斑马[1]。现在小屋被风信子环绕着。

克拉文农舍

一百多年来，村民们一直聚集在安妮·博林昔日狩猎场的一所农舍的白圈内。这座农舍被称为"克拉文农舍"，自 1896 年以来，该圈一直是富勒姆足球场（Fulham FC's）的中心。克拉文农舍是伦敦最古老的体育场，坐拥湖畔最优越的地理位置。

防火别墅

在金斯伯里（Kingsbury）不起眼的 20 世纪 20 年代的住宅中，你会发现在斯劳巷里有组寂静的半木质小屋别墅。这些都是欧内斯特·乔治·特罗布里奇（Ernest George Trobridge）的创新作品，他是一位性情古怪的瑞典[2]建筑师，曾为别墅的茅草屋顶设计内置的喷水灭火系统[3]。

公园

位于肯辛顿花园中心地带的巴克山小屋（Buck Hill Lodge），是一所漂亮的两居室小别墅，偶尔也会进行长期的出租服务。如果你想了解更多的信息，联系皇家公园出租代理社（Royal Parks Letting Agent），很快你就坐拥最大的前花园。

模型

在沃克斯豪尔公园的主路上，有一些小的半木质结构的农舍隐藏在花坛之中。它们是 1949 年由诺伍德的退休工程师爱德华·威尔逊（Edward Wilson）雕刻而成的。威尔逊还为布里克斯顿的布罗克维尔公园（Brockwell Park）制作了模型农舍，最近正在修复。你能够在公园围墙花园里面看到它们。

广场

位于苏荷广场中心的仿都铎式园丁别墅宽敞得令人难以置信：古雅的外观后面是通往地下防空洞的通道。威斯敏斯特议会目前正在向创业餐厅老板兜售这座别墅。

瑞士

去瑞士小屋（Swiss Cottage）喝一杯：地铁站外矗立着一家老瑞士小屋酒吧（Ye Olde Swiss Cottage pub），它曾经是维多利亚时代的驿站，但现在变成了一个像瑞士小屋的酒馆。

小鸡

1994 年，第一家开泰基（Chicken Cottage）在温布利开业，将传统的西方食品与浓郁的东方风味融合在一起。现在，这家连锁店在伦敦有 20 家连锁店。创始人默罕默德·哈德选择"cottage"作为品牌名称，因为它会让人们感到居家生活的温馨[4]。

---

1. 参见第 348 页。
2. 关于更多信息，参见第 113 页。
3. 特罗布里奇也对位于巴克街与海菲尔德大道交界处的郊区城堡负责。
4. 没那么温馨的炸鸡店包括肖迪奇的 Mother Clucker，伊灵斯顿的 Chicken 2 Nite 和帕特尼的 What a Chicken。

内饰

威廉·莫里斯建议"房间里不留任何你不确定是否有用的东西，也不要有任何你认为不漂亮的东西"。他毕生都在追求这一理念，他设计的精美手工家具至今仍受欢迎。

杰夫瑞博物馆（Geffrye Museum）

在霍克斯顿的杰夫瑞博物馆，你可以通过琳琅满目的中产阶级的客厅休闲娱乐设施探索伦敦不断变化的室内设计[1]。在1890年的客厅里，你可以看到莫里斯的创意开始出现在有图案的墙纸上，而在1910年的爱德华七世时期的房间里，就有了几件朴素的橡木工艺美术家具[2]。

威廉·莫里斯美术馆（Walliam Morris Gallery）

在沃尔瑟姆斯托的威廉·莫里斯美术馆，你可以自己动手编织和设计属于你自己的壁纸[3]。莫里斯自13岁起就住这里。站在大楼后面，想象一下少年莫里斯骑着他的小马穿过护城河，在埃平森林里扮演游侠骑士的样子。

红房子（Red House）

威廉·莫里斯和他的朋友菲利普·韦伯（Philip Webb）共同设计了红房子，并在室内墙壁上绘饰浪漫故事激发的图案。参观位于贝克斯利希思（Bexleyheath）的这座新哥特式住宅，莫里斯和他的妻子简住在那里，并欣赏2013年发现的圣经故事的壁画。找一找印有他个人座右铭"Si Je Puis"（如果我能）的

彩窗，及图书馆飘窗旁，蜷缩在椅子下的袋熊托普（Top）的油画[4]。

默顿阿比米尔斯（Merton Abbey Mills）

在位于云铎河上的"威廉·莫里斯"酒吧小酌一杯，欣赏默顿阿比米尔斯工艺美术村周围的建筑。这些厂房曾经是莫里斯公司（Morris & Co）的车间，生产挂毯、墙纸、织物、家具、金属制品和彩窗。这家公司依然存在，你可以通过利伯蒂百货公司订购产品。利伯蒂百货公司是莫里斯公司最早的销售点之一。

三位一体
斯隆广场

约翰·贝杰曼称这座教堂为"工艺美术运动大教堂"，最引人注目的是伯恩－琼斯（Burne-Jones）和莫里斯设计的巨大的东面的窗户：48位圣徒穿着鲜艳的服装，摆着前拉斐尔派的姿势。

哈默史密斯7号

伦敦"最后的艺术与工艺运动室内设计"位于哈默史密斯，它是印刷工人、莫里斯的朋友埃默里·沃克的家[5]。蓝绿色餐厅饰有

莫里斯的壁纸、一把曾经在莫里斯的图书馆的椅子、几副眼镜和一绺他的头发。在你离开之前，看看大厅里的地毯下面：它保护着唯一保留在原处的莫里斯亚麻毯。

V&A博物馆

在V&A博物馆欣赏更多莫里斯家具和墙纸设计，然后在博物馆主咖啡厅的绿色餐厅（现在称为"莫里斯屋"）喝茶。这一超群的室内设计是莫里斯在1869年设计的。

Q ——

---

1. 圣诞节的时候，你可以去杰夫瑞博物馆看看，那里的每个房间都装饰着富有时代特征的装饰品。
2. 在每个月的第一个周日，你可以参观卡苏顿的荷兰小屋，它是由弗兰克·狄金森（Frank Dickinson）以工艺风格建造和装饰的。迪金森亲自手工制作了家具、雕刻品和金属制品。
3. 莫里斯最著名的可能是他的木块墙纸设计，如"黛西""格子"和"草莓小偷"。V&A已经创建了一个免费的"草莓小偷"应用

程序，它让你重新创建标志性的模式。
4. 但丁·加百利·罗塞蒂把袋熊当宠物。托普以罗塞蒂给莫里斯取的绰号"托普西"命名，是红房子的常客。据称，这只可爱的有袋类动物在吃了莫里斯最好的一盒雪茄后死亡。
5. 莫里斯就住在附近——凯姆斯科特（见第159页）。在第448页寻找埃默里·沃克。

RULES规则

威廉·怀特利（William Whiteley）在 19 世纪末期创立了伦敦第一家百货商店。如今的怀特利购物中心仍在女王大道上营业，该公司以其严苛的员工行为准则而闻名：176 条规则和惩罚措施。站在椅子上会受到 6 便士的惩罚，在不合适的时间内吃午餐也是如此。最后也是最不祥的惩罚是违反了"任何未提及的规则"。怀特利的管理非常严格，但当他在自己的店里被一名自称是他私生子的男子枪杀后，他那严于律己的领导风格戛然而止。

伦敦本身就是一个受规则约束的地方，但对违反规则的人却持模棱两可的态度。开膛手杰克、克里彭医生和克莱夫妇的暴行已经成为蜡像馆和徒步旅行的素材。2015 年，一个开膛手博物馆在他杀戮地点附近的东区开业 [1]。同样，当伦敦警察厅（Metropolitan Police）最终将新苏格兰场犯罪博物馆（New Scotland Yard Crime Museum）[2] 的一部分公开展览时，人们异常兴奋，展品中包括绞死臭名昭著的罪犯的绞索，以及酸浴谋杀案中的凶器。在伦敦，只要够残忍，你肯定会遗臭万年。

伦敦的大多数犯罪并没有那么可怕和极端：目前每年伦敦有大约 70 万起犯罪记录，还有些未被曝光。与那些恶名昭彰的超级恶棍相比，一些早已被人遗忘的犯人更具代表性，比如"四十大象"（the Forty Elephants），这是 20 世纪 20 年代的一群女扒手，她们把脏物藏在特制的灯笼裤里。还有罗德尼·威廉姆斯，一个连环小偷，他在 2014 年成为第一个收到反社会行为令的人，被禁止进入伦敦所有的 35000 家酒吧。

杰里米·边沁写道："我们受到的监视越严格，我们的行为也就越好。"为了将自己的理论付诸实践，他曾在英国泰特美术馆现在的所在地设计了环形监狱（Panopticon）。监狱的圆柱形设计使得只需一名警卫便能从中央塔楼看到每一间牢房。即使犯人处于视线之外，他们也会表现得好像有人在监视他们一样，这给了看守前所未有的"思想控制思想的力量"[3]。

环形监狱并没有被建成，但是它的法则在伦敦的路灯、闭路电视网络系统甚至居民中都有体现。这座城市就像一个环形监狱，因为我们期待从众。当我们挤上地铁或在街上经过时，我们互相监督。

环形监狱派

边沁为他的监狱所做的计划是如此超前，他甚至还设计了囚犯的菜单。囚犯们会吃德文郡的馅饼，馅包括土豆、醋栗、牛肚、牛肺和脾脏。2013 年史密斯菲尔德的圣约翰餐厅暂停销售这道菜，但偶尔也会被点——事先联系他们查看菜单。或者，如果你想重新做，你可以在 UCL 的 "Bake it like Bentham" 网页上找到菜谱。

---

1. 令当地社区愤怒的是，他们被告知的是一个女性历史博物馆即将开放。

2. 俗称"黑暗博物馆"。在 20 世纪 50 年代，奥森·威尔斯（Orson Welles）制作了英国广播公司的系列节目《来自黑暗博物馆的故事》（Tales from the Black Museum），讲述了收藏的最可怕物品背后的故事。

3. 想要了解边沁无处不在的监狱长的感受，爬上英国泰特美术馆的穹顶（现在是会员室），从圆形阳台上密切注视人群。关于边沁的更多信息见第 349 页。

分区

伦敦可以被划分为可参观的与谢绝参观的两个部分，但是没有什么能比一排涂满防滑漆的尖顶栏杆更能说明"谢绝进入"这个词语了。

尖刺

伦敦的栏杆曾经是色彩鲜艳的，经常以精心设计的菠萝图案为特色。但自从维多利亚女王的丈夫阿尔伯特亲王去世后，她就下令把栏杆全部涂成黑色[1]，直到今天大部分的栏杆都是如此。沃伦街附近的海神广场的新栏杆就没那么忧郁。它们被涂成郁葱鲜亮的黄色，让人想起菠萝。

断桩

布卢姆斯伯里的马利特大街上只剩下被锯断的栏杆。1940年，这些金属被移走并熔化来支持战争[2]。事实上，把栏杆变成坦克是不切实际的，因此许多材料被悄悄倾倒在泰晤士河里。

担架

尽管第二次世界大战使伦敦失去了一些栏杆，但它也提供了一些替代品。注意那些环绕在廉租房周围的低矮的网眼栏杆，这些栏杆有时是围在议会公寓建筑的外部的，这些是用闪电战中使用的担架制成的。你在德普福德桥附近的梅雷顿大厦外能看到许多这样的场景。

蜗牛

在希腊大街蜗牛餐厅（L'Escargot restaurant）外的栏杆中，你会发现其中一支栏杆的尖刺被拆除，取而代之的是一只金色蜗牛。餐厅的地下室原先是一个蜗牛养殖场，蜗牛现在仍在菜单上。点一碗蜗牛或者带一些黄油大蒜到苏荷广场，找一个安静的地方自己吃[3]。

幸存者

火石轮胎工厂外的栏杆已经没有什么可以保护的了。该厂在被宣布列入文物保护建筑名单的前一天被其主人拆除。如果你开车驶过布伦特福德的黄金大道（Golden Mile），可以看到精致的埃及风格的栏杆[4]，这些栏杆幸存了下来，并在进一步被损毁前被列入保护名单。

标准

皇家

寻找特拉法加广场东北角的铜匾，上面显示了一英尺、两英尺和一码的精确长度。这些皇家长度标准（Imperial Standards of Lenghth）被作为永恒的参考标准。

吃水线

乘商船沿泰晤士河出发之前，在船身上画一条吃水线以检查你有没有严重超载。效仿维多利亚堤街上塞缪尔·普里姆索尔纪念碑基座上的神秘刻度。

模度

建筑师勒·柯布西耶（Le Corbusier）认为测量方式应与人体真实尺寸相对应，于是他发明了模度测量。基本的模度单位是六英尺，因为根据他的说法，"在英国的侦探小说中，长相好看的人，比如说警察，通常都是六英尺高"。找一位警察并向他询问你是否可以量量他的身高。

---

1. 有关维多利亚的哀悼行为，参见第122页。
2. 2012年，它们的鬼魂复活了：树桩上安装了传感器，这样每当有人经过，他都会听到一根棍子沿着旁边的幽灵栏杆奔跑的声音。

3. 更多信息参见第232页。
4. 黄金大道是西大道上一段装饰派艺术风格的工厂的延伸。在第29页找到另一个埃及装饰艺术的混搭。

规矩破坏者

在伦敦博物馆寻找那幅孩子气的《耶稣受难像》：左下角用暗红色的字母标着 "R. KRAY"。这幅画是罗尼·克莱在 1972 年创作的。三年后，他和他的兄弟雷吉因谋杀同伙杰克·麦克维蒂和乔治·康奈尔而入狱。自那以后，克莱兄弟因其犯罪团伙 "公司"（The Firm）的犯罪行为而获得了近乎神话般的地位。尽管伦敦的卑鄙人物都受到称赞，但其他的小人物却被忽视了。

优秀的艺术家

在保护图书馆的书籍方面，一些市镇采取了比其他市镇更强硬的立场。希林登（Hillingdon）对逾期的书每天收费 16 便士，里士满是 20 便士，伦敦城是 22 便士，朗伯斯则高达 25 便士。伊斯灵顿是唯一一你不愿触怒的市镇区，它把两个年轻人告上法庭，因为他们弄坏了图书馆的书。1959 年，一对年轻的恋人乔·奥顿和肯尼斯·哈利维尔搬进了伊斯灵顿的诺埃尔路 25 号。从 1959 年起，他们花了三年时间从当地图书馆偷了几

十卷书，把书里的图片剪掉，在封面创作超现实主义的拼贴画[1]，然后把书放回书架。当图书馆发现这些 "艺术作品" 时，他们竭力找出 "凶手"，使得两个罪犯因 "恶意破坏" 被判入狱 6 个月。奥顿后来成了著名的剧作家，现在诺埃尔路 25 号有一块绿色的牌匾，上面写着他 1960 年到 1967 年住在那里。牌匾上没有提及他死于这里，哈利维尔打死他后自杀。你可以在伊斯灵顿博物馆看到这对夫妇修改过的书的封面。

海狸偷盗者

1777 年通过的《窃听法案》规定，熟练的制帽工人可能因挪用公款而被判处三个月的劳役。游手好闲者会把昂贵的布料偷换成同等重量的次品，然后在城里贩卖。这种行为被统称为 "偷海狸"，因为海狸被认为可以制成最精致也最受欢迎的帽子。海狸毛不仅防水，还有一些人认为戴海狸帽可以提高脑力。如果你想戴海狸软呢帽，可以在杰里米大街的贝茨买一顶。或者，如果你不想把啮齿动物戴在头上，那就在牛津街 105 号的 Foot Locker 买顶棒球帽。这家店就在亨利·希思（Henry Heath）已倒闭的帽子工厂里，屋顶有四只石海狸。

无畏舰冒充者

1910 年 2 月 7 日，在弗尼吉亚·伍尔夫发表首篇小说的五年前，她戴上假胡子、头巾和长袍前往帕丁顿车站。她的哥哥阿德里安邀请她参加一个戏弄皇家海军的计划：一群人将上演阿比西尼亚王室的一次虚假访问，去视察无畏号。他们向高级官员发送伪造的外交电报，在帕丁顿偷乘一列私人火车，从伦敦潇洒地旅行到韦茅斯。这次访问取得了巨大的成功，直到其中一个恶作剧者向媒体泄露了这个故事，恶作剧才被曝光。英国皇家海军贝尔法斯特号（HMS Belfast）停靠在伦敦桥附近，尝试穿着华丽的服装复制这一骗局。

R

---

1. 在约翰·贝杰曼作品的一个版本中，诗人的头部下方贴着一具柔软的、有文身的身体。

伦敦环形监狱

伦敦被各种隐形的惯例、标准和法律所约束。一旦你逾越某条规则，就会失去了我们认为的理所当然的保障；相反，城市也会反击，保护自己不受人们的伤害。

法律的正确方面

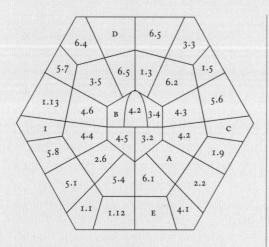

1. 行为守则

在牛津街，通勤者与游客之间的冲突非常频繁，以至于在 2010 年，有人提出了在人行道上设置"慢速"和"快速"道的严肃计划。伦敦人对彼此都有期待：不要在上下班高峰期磨蹭，让乘客先下车，控制好雨伞，不要在安静的公交车上外放电子舞曲。但这种日常规则是相对透明的。以下是一些不太明显的规定：

1.1　莫顿榆树街步道上的"请勿践踏草坪"。这一标志占据了保护区的大部分，保护区只有 2×3 英尺大，是首都最小禁区的有力竞争者。

1.2　在丽兹酒店的酒吧里，男士必须穿西装打领带。

1.3　霍洛威路的摇滚金属潜水吧——大红色酒吧（Big Red），禁止穿西装打领带。衣着讲究的人不允许入内。

1.4　不要试图用地铁运输有毒生物：不具威胁性的狗和其他无害的动物是受欢迎的。

1.5　大英图书馆的阅览室里严禁使用钢笔和便利贴。

1.6　在布里克斯顿冷港巷的二手书店（Bookmongers）买书时，"嬉皮士需走侧门"。

1.7　迪恩街的法国餐厅[1] "禁止音乐、机器操作、电视与手机"。

1.8　人群冲浪者将被布里克斯顿学院开除。注意舞台两侧的显著标志。

1.9　直到 1983 年，舰队街的埃尔维诺酒吧才允许女士入内。这家酒吧被认为是"法庭上的鲁波尔"喜欢出没的场所波美罗瑞的原型。

1.10　别坐在约翰·索恩爵士家精致的旧椅子上。每个座位上都有一朵巨大的蓟花来强调这一点。

1.11　在崎岖的徒步旅行之后，不要直接去圣安德鲁广场的驾驶舱（Cockpit）酒吧。那儿不接待穿着肮脏的人。

1.12　霍尼曼博物馆内，"禁止触摸海象或坐在冰山上"。

1.13　伯灵顿拱廊街禁止吹口哨、哼唱或唱歌。失足妇女过去以吹口哨来向扒手示警。教区的执事们今天仍然在执行这项规定。

识图

《伦敦的环形监狱》（*The London Panopticon*）把伦敦想象成一座监狱。它的形态受到杰里米·边沁的环形监狱计划和米尔班克监狱的启发。A—E 在第 282—283 页上有描述。

---

1. 参见第 377 页。

2. 助推

越来越多的规则制定者试图通过积极的强化和微妙的激励措施，让公民主动遵守规则。理查德·泰勒（Richard Thaler）和卡斯·桑斯坦（Cass Sunstein）教授将这种被称为"助推"（nudge）的行为科学技术描述为"选择架构的任何方面，都能以可预测的方式改变人们的行为"。注意你的环境中有哪些元素是为了鼓励你做出某些决定而设计的。

2.1 参加伦敦交通局的旅行礼仪诗歌比赛，写一首短的诗节，温和地责备同事的糟糕选择，并向他们展示一个更好的旅行方式。

2.2 天黑后，以战斗的心情前往伍尔维奇的犯罪高发区——格林角，准备好被当地婴儿的笑脸所安抚。婴儿被画在商店的百叶窗上，因为有证据表明，孩子的脸会让人生出友好和关爱之情。

2.3 当你从欧弗地铁站"每日思考"的白板上吸取智慧和观点时，你会感到紧张感消失了。

2.4 如果你不满 21 岁，注意那些标志——提醒你在买酒的时候不要因为被要求出示身份证而感到被冒犯。

2.5 要牢记为了自身安全，你的公交行程是要被记录的。许多线路上的屏幕可以让你实时查看自己的通勤情况。

2.6 在布里克斯顿地铁站的售票大厅，随着莫扎特和穆索尔斯基的舒缓音乐放松身心。伦敦交通局现在会播放一些古典音乐以鼓励文明行为。

3. 威慑

有时，助推是不够的，某些行为也会被积极劝阻。罪犯被砍下的头颅过去常悬挂在伦敦桥[1]的尖刺上，温柔地提醒人们犯罪的后果；现在这个地方已经被伦敦的电视网络中心所取代。每年大约有 7000 台摄像机拍摄超过 600 万小时的镜头，为这座城市累积了大量的数字记忆：任何微小的过失都会被长久地保存下来。

3.1 如果你未满 25 岁，你可能会在某些地方听到刺耳的嗡嗡声。这是一种蚊子报警器，设置的频率只有很小的孩子才能听到，旨在阻止孩子们闲逛。

3.2 要知道，每天都有成百上千的公共和私人摄像机在观察着我们，所以要注意你的言行。到纽曼街寻找在邮局院子上方的监控，它没能阻止班克西现场创作《监控器下的国家》（*One Nation Under CCTV*）。后来这幅涂鸦被消除掉了。

3.3 不要把车停在伊斯灵顿海布里新月街不合适的地方。这里没有犯错的余地；两个停车位之间的禁停线是全国最短的黄线之一，只有 18 英寸。

3.4 在卡姆登沃克屋的中心花园逗留片刻，摄像头的机器人声就会命令你离开。被居民抗议之后，它被关闭了。

R

3.5 不要驾驶重量超过 7.5 吨的车辆从卡尔顿山驶入梅达谷。为了鼓励更多的驾驶员选择其他路线，当局在该处安装了一台装有自动识别车牌技术的摄影机。

3.6 对警官要友好。许多警察现在都配备了随身摄像机，记录每一次互动。这也是他们对你友好的一种激励。

---

1. 此处现在有一个 16 英尺高的石灰岩尖顶。

THE LONDON PANOPTICON

消极面

4. 审判

令人惊讶的是，英国的司法机关对普通公众是开放的。在正义得到伸张的那一刻，法庭面向所有人开放[1]。

4.1 从小事做起。去贝克斯利治安法院，坐在金属长凳上旁听一场反社会行为的案件。

4.2 或者走向另一个极端，在威严的老贝利大厦接受审判，这里经常处理最严重的刑事犯罪案件[2]。你的脚下是死亡之路，通往断头台的老路。

4.3 坐在河岸街皇家法院的审判席上，这里也是高等法院和上诉法院所在地[3]。然后去法庭后的七星酒吧看看橱窗里的"法律的柜子"（cabinet of Jurisprudence）。展品包括戴着司法假发和眼镜的动物头骨。

4.4 花一镑到议会广场上的最高法院、米德尔塞克斯市政厅进行一次自导式的参观。本院"就公众最重要的有争议的法律要点进行聆讯"。

4.5 被判犯有轻微罪行的人将被关进老查林十字监狱（现在的特拉法加广场），并被扔鸡蛋、死去的猫，有时还有石头。传说，当丹尼尔·笛福因出版一本诽谤性的小册子而受到公众的嘲笑时，人们向他扔的是花。

4.6 在大马尔伯勒街治安法庭的一个前拘留室里点一杯鸡尾酒，因为那儿现在是一家酒吧，然后去奥斯卡·王尔德受审的法庭吃晚餐。

5. 监禁

伦敦到处都是地牢、监狱、岩洞和牢房。路过监狱时，有时会很难相信离你几米远的地方，在巨大的砖砌墙里，有一群被剥夺了自由的伦敦人。如果你没有去过监狱，以下是一些可以让你进去的方式。

5.1 开始你的一天。在布里克斯顿皇家监狱内的克林克餐厅里，囚犯们烹制并供应早餐。提前预订好座位，不要用麦片粥之类的笑话劳烦服务员[4]。

5.2 在维诺波利斯（Vinopolis）举杯庆祝你的自由，这里紧挨着萨瑟克最臭名昭著的克林克监狱，该监狱现在是博物馆。

5.3 检查来自维尔洛克斯广场（Wellclose Square）监狱里囚犯的涂鸦，它们现存于伦敦博物馆。

5.4 在天使广场找到马绍尔西（Marshalsea）监狱的所有遗迹，就在伯勒大街附近。狄更斯在这里度过周末，看望他被监禁的父亲，后来他把这段经历写成了小说《小杜丽》。债务人监狱的南墙仍然矗立着，上面有一块牌匾。

5.5 去约翰·索恩爵士家里，在霍加斯《浪子的历程》第七幅画板中可以看到舰队监狱的内部。汤姆·瑞克维尔和他的狱友们正在谋划偿还他们的债务。找到他们的炼金设备以及自制的翅膀[5]。

5.6 圣墓教堂展出的执行钟曾经在纽盖特监狱的死刑犯被执行绞刑前摇响过。

5.7 在艾伍德·斯克罗布斯皇家监狱（HMP Wormwood Scrubs）的门厅里可以看到监狱改革家伊丽莎白·弗莱[6]的肖像。在担任州长期间，约翰·麦卡锡（John McCarthy）在给《泰晤士报》的一封信中抱怨监狱过于拥挤，称自己是"一个大型刑罚垃圾箱的管理者"。

---

1. 轻装上阵，因为很多法院不允许携带行李，也不提供存储空间。
2. 其中最著名的一次试验，参见第 76 页。
3. 公务员每周都会在宏伟的大厅举行羽毛球活动。
4. 相反，你可以在萨里郡的森德女子皇家监狱（HMP Send）订购散养鸡下的鸡蛋。
5. 在第 291 页找到最后一个面板。
6. 弗莱在第 122 页出现了很多次。

5.8 到米尔班克的莫佩斯兵工厂酒吧买一品脱福斯特啤酒，那里的地下室里有牢房，米尔班克的犯人在登上开往澳大利亚和新西兰的监狱船之前就被关在那里 [1]。

半挂

在 2019 年 3 月 22 日前往纽盖特监狱，这一天是玛丽·格林意外生还的第 200 周年。玛丽因使用假钞而被处以绞刑，但是她的尸体被放下来准备下葬时又醒来了。据传后来她改了名字，搬到了新斯科舍。"半绞死"的约翰·史密斯也在泰伯恩的行刑中幸存，他在被绞后苏醒过来。但是这样的经历并没有阻止他继续入室抢劫，不久后他又被判以死刑。由于复杂的法律问题，他的第二次死刑被取消，史密斯最终因第三次犯罪被送往弗吉尼亚。

6. 行刑

直到 1965 年废除死刑之前，死刑一直是伦敦生活的一部分。"据说这是一种威慑，"英国最后的刽子手阿尔伯特·皮埃尔蓬特（Albert Pierrepoint）写道。"我不同意。有史以来谋杀案时常发生，我们应该继续寻找阻止手段直至世界末日。"尽管公开绞刑已成为过去，但我们对于这种令人毛骨悚然的刑罚仍然是有欲望的，而且会继续出没于刑场。

6.1 寻找大塔街红楼酒吧外的牌匾，上面记录着塞缪尔·佩皮斯关于处决哈里森将军的言论，说他"在那种情况下跟其他人一样激动"。从酒吧步行到三一广场花园，也是塔山绞刑架的旧址。牌匾上详细记载了曾在此地被处决的人，包括托马斯·莫尔和托马斯·克伦威尔。

6.2 威廉·罗素勋爵于 1683 年在林肯因河广场被杰克·凯奇处决。凯奇砍了好几下斧子，最后才成功砍掉罗素的头，这让群众感到恶心。后来，他出版了一本小册子，以回应那些"因为我没有一下子把领主头颅从他的身体上砍下来而受到的令人痛心的诽谤和谩骂"。

6.3 仔细查看白厅的皇家骑兵卫队的钟，你会看到两个钟上面有一个黑色的标记，表示查理一世被处决的时间：1649 年 1 月 30 日。

6.4 大理石拱门附近的一个交通岛上有一块圆形石板，标明这里是臭名昭著的、有着三角形绞刑架的泰伯恩刑场所在地 [2]。寻找三棵橡树的幼苗并种下，是对大规模处决现场的永恒提醒。

死后处决

查理二世即位后下令公开处决奥利弗·克伦威尔，并没有因为这位护国公已去世近三年而却步。克伦威尔腐烂的尸体被挖出后斩首，他的头颅被放置在威斯敏斯特大厅上方的一根长钉上，这里也是查尔斯一世受审判的地方。

6.5 沿着汉普斯特德西斯边缘的南山公园散步，在抹大拉酒吧的墙上寻找弹孔。英国最后一个被处以绞刑的妇女露丝·埃利斯就是在这里枪杀了她的暴力情人。1955 年，在公众强烈抗议下，她在霍洛威监狱被处决。

R

---

1. 这家酒吧经常有灵异事件发生，角落里有一台电视机，播放着牢房里的现场视频。

2. 在第 110 页上找到三角绞刑架的模型，并在第 296 页上聆听威廉·布莱克对泰伯恩树的回应。

工作

等待着那些触犯法律之人的是伦敦警方：[1] 庞大的伦敦警察厅（Metropolitan Police Service）和规模较小的伦敦金融城警察部队（City of London Force）。警察是处理各种严重、奇怪和普通案件的第一站。这让警官们对当地有了一个独特的视角：当他们从你身边巡逻经过时，拦住他们聊聊天。以下方式可以让你更好地了解伦敦警察。

玻街治安法庭（Bow Street Magistrates' Court）将成为一家精品酒店，其牢房已被改造成主题卧室。[2] 1742 年，亨利和约翰·菲尔丁（Henry and John Fielding）在这里成立了第一支正式的警察队伍——玻街警察队；在他们看来，许多罪犯"只是贫穷，没有犯罪"。

写信给泰晤士河警察博物馆（Thames River Police Museum）[3]Ⓐ，预约参观馆内的老式手铐和弯刀。这支先锋部队成立于 1789 年，负责处理船坞盗窃案件，后来与大都会警察局合并。大都会警察局的海军陆战队仍在博物馆所在的沃平警察局执行任务。

安全网

警察是社会最基本的安全网。从毒品交易到家庭暴力，再到无经营许可证的热狗商贩，我们都要处理。当然种类也是惊人的：这一刻你正在处理生死攸关的情况，下一刻又要处理小的交通摩擦。一旦穿上警服，你就会变得完全默默无闻。人们在看到你的脸之前，先看到的是黑白格的帽子。但是好处是你有理由与任何人互动，因为他们知道你是谁。

——米克·弗洛伊德（Mick Floyd）

罗伯特·皮尔（Robert Peel）于 1829 年建立了伦敦警察厅。其中一项基本原则是"警民一家"，警察只是公众的一员，他们的职责是履行"每个公民都应尽的义务"。你可以在西布朗普顿的大都会警察遗产中心（Met Police Heritage Centre）看到早期的警棍和制服。这个博物馆很少有人来参观，而且只在工作日开放。[4]

---

1. 官员们将维持治安称为"工作"（the job）。"The Job"也是伦敦警察厅的内部杂志的名称。
2. 待在第 206 页的小牢房当中，并参观第 73 页一间带私人地牢的卧室。
3. 电子邮件地址是 curator@thamespolicemuseum.org.uk。
4. 该网站写道："不需预约，只需观赏。"

在维多利亚堤的新址上寻找新苏格兰场（New Scotland Yard）Ⓑ 的标志，就在诺曼·肖大楼的伦敦警察厅原址隔壁。1888 年，在扩建原先的总部时，一名女子的尸体在一个新挖的墓穴中被发现。关于她是谁，以及谁把她的尸体留在了新警察总部的地基上，一直都是个谜。

没有人确切地知道画家彼得（Peter the Painter）Ⓒ是谁，或者他是否真的存在。伦敦市警察博物馆 [1] 收藏有与神秘的拉脱维亚黑帮头目有关的物品。这名黑帮头目从警方对西德尼街的围攻（Sidney Street Siege）中逃脱，而这场武装对峙是温斯顿·丘吉尔担任内政大臣时亲自监督的。如果你去西德尼大街，会看到两座公寓大楼上的牌子，写着"彼得之家"和"画家之家"。当这些建筑被致献给暴力无政府主义者时，引起了轩然大波。

从北线亨登中心站（Hendon Central）和科林达站之间的地铁窗口可以看到一个蓝色警察岗亭 [2]。它位于亨登警察学院（Hendon Police College）Ⓓ 内，这里的犯罪学院（Met's Crime Academy）是警官接受培训的地方。

一些人声称，在伊利庭院（Ely Court）的 Ye Olde Mitre 酒吧里，罪犯不受法律管辖。这个酒吧的土地曾经是剑桥的一部分，并在它的管辖之内。去那里买些细麦芽酒和苏格兰鸡蛋，但是不要逃避追捕。

去大纽波特街（Great Newport Street）看看写着"伦敦警察"的衣钩。警官过去常把他们的斗篷挂在上面。

蓝色警示灯

如果你对蓝色警示灯下的生活感兴趣，可以去体验每月 16 个小时的伦敦警察协警工作。除了在接警车中规划区域界限之外，你还可以巡视社会行为的界限，沿途会遇到各行各业的人。呼啸的警笛声比看上去平静得多：时间似乎凝固了，人们都停下为你让路。如果你不想做台前的工作，就去自愿成为一名独立监管员。协助国际刑事法庭（ICVs）对拘留所进行突击检查，去狱中面见罪犯，并反馈他们受到的待遇。

——帕特里克·汉密尔顿（Patrick Hamilton）

在城市火车站巡逻的武装警察通常会在大腿上绑一支黄色的泰瑟枪。泰瑟枪是用来远距离电击暴力罪犯的，警察会在开枪之前放出火花以示警告。

不要试图给当地警局添加当代艺术作品。相反，你可以参观位于阿默沙姆谷（Amersham Vale）的旧警察局艺术中心（Old Police Station Art Center），该中心每周五晚举行牢房派对，在展览期间的特定下午开放。这里警局外悬挂的不是蓝色警示灯，而是箴言。Ⓔ

R

---

1. 博物馆位于伍德街警察总部，每周二和周三对公众开放。　　2. 在第 429 页寻找另外一个警察岗亭。

警局监管

在整个 20 世纪，腐败和种族主义破坏了伦敦警察与公众之间的信任。"麦克弗森报告"[1]的发表使得警民间的关系发生了很多变化，但是在某些区域的社区间，关系仍然很紧张。2014 年，斯蒂芬的母亲劳伦斯男爵夫人（Baroness Lawrence）曾对外称许多警察"仍很傲慢，他们认为自己拥有代表权力的执法证。我认为他们并不明白自己的责任"。

红树林餐厅

在诺丁山万圣路 8 号的一家加勒比餐厅——朗姆酒厨房（Rum Kitchen）寻找红色条纹。外面的牌匾上写着，人权活动家、社区组织者和餐馆老板弗兰克·吉尔伯特·克里奇洛（Frank Gilbert Crichlow）在这里创办了"红树林餐厅"，但令人费解的是并没有解释为什么该餐厅值得挂上牌匾。20 世纪 60 年代后期的红树林餐厅是黑人活力艺术家和积极分子的聚集地，因此也成为警察突袭的重点区域。1970 年 8 月，弗兰克·克里奇洛和达克斯·豪（Darcus Howe）组织了一场"远离红树林"的抗议游行活动，导致 9 人因煽动暴乱而被捕。对"红树林 9 人组"的审判将警察系统性的种族歧视问题推上了全国头条。9 名被告都被无罪释放。

拘留树

布里克斯顿警察局外的树上总是装饰着灯笼和鲜花，以纪念在此拘留期间死亡的两名男子。2011 年，里基·毕晓普（Ricky Bishop）被捕拘留，不久后在医院去世。他的死亡是由吸食强效可卡因引起的，但是

他的嘴、手腕和腿上也有不明原因的损伤。2008 年，患有精神健康问题的 40 岁的音乐家肖恩·里格（Sean Rigg）被警方逮捕并死于心脏病发作，原因是警方忽视他身体状况的恶化，仍然将其铐在地上，造成他渐渐失去反应。

自由

我喜欢伦敦的一个原因是，无论人们来自何地，有什么背景，他们能够愉快地相处——但是画面却并非完美。区别对待的拦截和搜查，对和平抗议权利的侵犯，持续的性别歧视都是目前存在的一些问题。去"演讲者角"[2]感受氛围——也许你并不同意你所听到的，但你会被海德公园的这一角落感染，这是对言论自由和集会权利尊重的一种生动的象征，这是我们民主的核心。

——沙米·查克拉巴蒂

莱塔

林顿·奎西·约翰逊（Linton Kwesi Johnson）在他的诗中多次提到了警察的暴行。桑尼的《莱塔》描述了对黑人候车者的无端攻击，"不要大惊小怪 / 警车停下来"，警官在"他的肚子上踹了几脚 / 肚子变果冻 / 然后踢了他的背 / 他的肋骨断了"。

---

1. 麦克弗森报告（1999 年）宣布制度上的种族主义。参见第 117 页。　2. 参见第 81 页。

出狱

监狱烘焙

布里克斯顿皇家监狱刑期少于六个月的囚犯,可以考虑在坏小子面包店(Bad Boys' Bakery,BBB)工作。为了适应监狱高墙外的工作生活,他们学做蛋糕并在全城销售。你可以在尤斯顿路的贵格中心咖啡店(Quaker Centre cafe)或者离监狱最近的内罗咖啡馆(Caffe Nero)二分部品尝。

入室盗窃

BBB 的一名毕业生尼古拉斯·希莫纳斯(Nicholas Himonas)因入室行窃而服刑两年半。出狱后,他不再偷窃,而是尝试做汉堡,并在肖尔迪奇经营一家名为 Smokey Bandit 的烧烤店。

酒吧

狱中生活并非我们想象的那样残酷。18 世纪末,监狱督察约翰·霍华德(John Howard)发现弗利特监狱(Fleet Prison)的囚犯的监狱生活质量非常高。"每周一晚有葡萄酒俱乐部,"他写道,"周四晚有啤酒俱乐部。"庭院里还有滚球撞柱、密西西比、五子棋和网球比赛。

圆形监狱

请注意,如果你去瞻仰伦敦大学杰里米·边沁的遗体,将处于全世界的眼皮子底下。2015 年,一台 360 度全景摄像机被安放在这具"自体圣像"的上方,"边沁"所"看到"的一切,都会被摄像头捕捉并在网络上发布。如果你想匿名拜访边沁,就访问该校网站 Virtual-Auto-Icon。

出狱

如果你想在地下室参观纽盖特监狱的遗迹,就去问问高架桥酒吧(Viaduct Tavern)的酒保吧。当你站在阴冷的牢房,试着感受下曾经存在过的苦难的味道。如果不能也不要担心;酒吧声称这些"牢房"只是旧地窖。你可以在外面人行道上看到蜂窝煤似的洞口。

注意礼节

17 世纪在陶尔-哈姆莱茨建立的礼仪改革协会(The Society for the Reformation of Manners)早已解散。如果你需要进一步的社交活动,可以在伦敦为数众多的高端精修学校、礼仪机构或礼仪学院报名参加课程。正如其中一所学院所称,他们会教你"成为一个文明的人"。

松散规则

在特殊情况下,可以无视某些规则和公约。

1. 参加每年 1 月份举行的"无裤地铁活动"(No Trousers Tube Ride)。

2. 你可以在伊斯灵顿任何一块绿地上进行烧烤,这是伦敦唯一不限制公共烧烤的区域。你也可以在伯吉斯公园(Burgess Park)和伦敦菲尔兹的指定区域烹饪。

3. 在圣詹姆斯大街的 JJ 福克斯酒吧[1]点上一支雪茄烟,而且不用感到羞愧。尽管禁烟令适用于所有封闭的工作场所,但雪茄和烟斗烟草的商店享有豁免权,以便顾客在购买前能品尝样品。

---

1. 丘吉尔的供应商,参见第 106 页。

STRAND 河岸街

音乐厅的老歌响起："去河岸街——吃香蕉！"在特威福德广场水果店里买根香蕉，沿着河岸街走，这条古老的路径连接着伦敦和威斯敏斯特，这里曾是泰晤士河宽阔而泥泞的前滩[1]。

当你到达河岸街尽头时，继续沿着河岸向东走。快到金丝雀码头的时候停下来，坐在长椅上：在《话说泰晤士河》（*Speaking of the River*）中，泰晤士河边的人们描述了泰晤士河在他们的生活和工作中扮演的角色。[2]坐在海边聆听这些亲密的故事时，想想那些构成了伦敦故事的无限线索。

我们能够看到墙上的牌匾、面板、街名和涂鸦：这些均是对当地生死、顿悟和犯罪的幽灵般的提醒。当我们在这座城市漫步，这些事实就在那里；当我们的道路相交时，它们的故事与我们的故事交融。

每个伦敦人在走迷宫时都有自己的线索，但我们大多数人往往不会太偏离于自己熟悉的领域：我们会遵循路标，服从指示，走别人走过的老路。然而，伦敦有其身与心的世外桃源：我们很少去的主流地之外的区域。在那里定居的人大多是特立独行的人和狂人。

伦敦也孕育出很多怪人和梦想家，最引人注目的莫过于威廉·布莱克。他是一位雕刻家、诗人、画家、印刷工和先知，出生于苏荷区的中心，在他七十年的人生中只离开伦敦三年。威廉·华兹华斯（William Wordsworth）曾说："毫无疑问，这个可怜的家伙疯了，但他的疯狂中有一些东西是吸引我的，这远远超过了拜伦勋爵和沃尔特·司各特（Walter Scott）的理智。"他在看到伦敦街头的天使、精灵后，创作出了高度复杂的个人神话。在他的想象中，伦敦就像是一位需要孩童牵引的年迈老人。

布莱克在河岸街的小阁楼里走完了自己的生命，但是从他的窗口可以看到波光粼粼的泰晤士河，"像金子一样在发光"。在生命最后的时候他还在哼着歌曲。

童话故事

童话故事里的森林是你迷失自我又找回自己的隐喻地。伦敦就是这样一个地方。

——玛丽娜·沃纳（Marina Warner）

象征

伦敦本身就是一个具有象征意义的地方，它的形象既是事实的，又是虚幻的。从我年轻时起，我就想把伦敦塑造成人。

——迈克尔·莫尔考克（Michael Moorcock）

---

1. 如果你不喜欢香蕉，那就买桃子吧。在《富布赖特学者》（*Fulbright Scholars*）一诗中，泰德·休斯（Ted Hughes）回忆起第一次在报纸上看到西尔维娅·普拉斯（Sylvia Plath）的脸后就在河岸街买桃子的情景。他"简直不敢相信有多美味"。

2. 这件艺术作品是康斯坦斯·德·容（Constance de Jong）的音频蒙太奇，连接了伦敦和纽约，还包括关于哈德逊河的采访。

心理地理学

心理地理学是法国情境主义者居伊·德波（Guy Debord）于 20 世纪 60 年代在巴黎构想出来的。他将其描述为研究"地理环境对个体情感和行为的影响"。德波认为，有一天能够创造出心理地理学城市地图——"影响地图"——帮助我们探索"新的迷宫形式"。心理地理学现在是一个标签，广泛应用于各种娱乐性以及政治性的城市行走和写作。[1]

与托马斯·德·昆西探索西北航道

与其等夜车，不如使用航海原理导航回家。这是散文家托马斯·德·昆西的策略。在某个周六嗨了之后，他把这座城市视为梦幻之地，小巷交织成结，街道无法通行。他盯着天上的北极星，"雄心勃勃地寻找西北航道"。尝试在岬角之间航行吧。[2]

与伊恩·辛克莱
拼写秘密信息

找张伦敦地图，在上面用大写字母潦草地写个单词，然后沿着单词的字母顺序路线走，一天一个字母。伊恩·辛克莱在《全境熄灯》（*Lights Out for the Territory*）一书中展现了"移动路标"：他走了 V 字形线路，从哈克尼步行到格林尼治山，再沿着利河走回钦福德山（Chingford Hill）。在保罗·奥斯特（Paul Auster）的《玻璃之城》（*City of Glass*）中，奎因沿着斯蒂尔曼在纽约大街上走出的各种字母形状走。[3] 奎因想知道他生命中所走过的每一步形成的地图是何种样子，而且想知道"拼写出来的是什么词"。[4]

与居伊·德波逆流而上

观察地理对人们行为的影响。你会沿着伦敦的主干道行进吗？助兴音乐和人造香气有没有操纵你的情绪？是的，根据法国情景主义者和心理地理学之父居伊·德波的说法，它们的确有此影响力。解药便是"漂流"：潜意识之外的意外旅程。从伦敦旅游的中心莱斯特广场出发，漂流到任何你的心情不会带你去的地方。

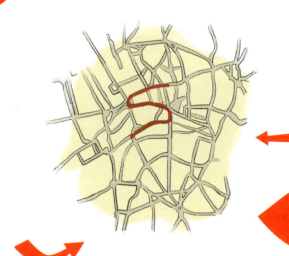

---

1. 在伦敦作家中，这个术语已经不流行了。伦敦艺术家劳拉·奥德菲尔德·福特（Laura Oldfield Ford）把自称为心理地理学家的人称为"表现得像殖民探险家的中产阶级"。
2. 普莱斯托的北街航道可能是一个有用的方位。
3. 斯蒂尔曼以 OWEROFBAB 的字母顺序前进。奎因最初认为这

是个变位词，但是当他将其写成短语 OWER OF BAB（巴卜的所有者）时，他了解了其中之意。
4. 伦敦艺术家杰里米·伍德（Jeremy Wood）发现，他正在为自己的一生绘制一幅 GPS 地图。参见 V&A，并申请参观《我的灵魂》，是伍德在伦敦迄今为止的生活写照。

深度地形学

"我对大多数所谓的心理地理学都不感兴趣。从 20 世纪 80 年代末开始，我就徒步从伦敦出发，走过巨石阵、索森德和东英吉利，席地而睡，书写只有自己感兴趣的散文诗。我开始意识到，我在做这件事的过程中所获得的大量经验超出了传统文化的轨道……我为自己所写的东西创造了一个新词：深度地形学。"

——尼克·帕潘迪米利奥
（Nick Papadimitriou）

与帕特里克·凯勒拍摄不存在的影像

想要解决"伦敦问题"，不妨拍摄一段在伦敦市内漫步的视频。帕特里克·凯勒的电影《伦敦》中的无名解说者沉思道："伦敦真实的身份在于它的缺失。"旁白和他的同伴鲁滨逊，试图体现巴黎闲逛者的精神，因为他们面对的是现代城市的空虚。[1]

与威尔·赛尔夫穿越空区

下次乘坐国际航班时，你可以步行到机场，至少在登机前 10 小时出发。威尔·赛尔夫从斯托克韦尔步行到希思罗机场，然后从肯尼迪机场步行到曼哈顿，由此穿越了机场腹地的"真正空区"。当赛尔夫第一次试图步行去希思罗机场时，他在跑道下面的公路隧道里发现了一个牌子，上面写着："禁止行人通过"。他不得不回到文艺复兴酒店。文艺复兴酒店位于 A4 区。

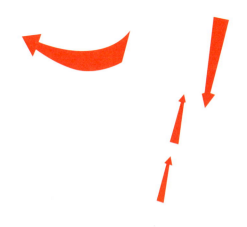

伦敦迷宫

由于其不规则、曲折的街道，伦敦有时被比作迷宫。然而，此迷宫非彼迷宫：它是一条没有选择的单一路径，有时用于冥思。比如，伦敦精神中心（London Centre for Spirituality）就利用了芬苑（Fen Court）的人行横道迷宫。

伦敦最惊人的迷宫是斯特拉特福德的胜利公园（Victory Park）的镜像迷宫（Mirror Labyrinth）。当你进入中心时，反射钢砂会产生一种越来越幽闭、恐怖的碎镜效果。艺术家马克·沃林根（Mark Wall-inger）在伦敦地铁系统的 270 个站点都安装了一种独特的黑白迷宫，邀请乘客将这条蜿蜒的小路与自己的旅程进行比较。奇格韦尔（Chigwell）有一个非常好的创意：它的设计与沙特尔大教堂（Chartres Cathedral）中世纪地面迷宫相同。[2]

---

1. 更多关于罗宾逊的内容，参见第 130 页。
2. 迷宫爱好者还应该参观陶尔-哈姆莱特公墓公园的粉笔迷宫（Chalk Labyrinth）、罗斯金的花卉迷宫（Flower Labyrinth）和霍尔广场的草坪迷宫（Hall Labyrinth）。

迷宫

在迷宫中迷路也是一种异样的快乐 [1]。走进伦敦迷宫来感受这种刺激吧。从汉普顿宫开始，一直走到弥诺陶洛斯（Minotaur）。

布伦特洛奇公园（Brent Lodge Park）是千禧年迷宫的所在地，由 2000 棵紫杉构建而成。低矮的树篱意味着成年人有得天独厚的优势，但孩子们可以抄近路到中间凸起的平台上，给予错误的指引。

沃伦街地铁站在站台处有个地砖迷宫。它的设计目的是让等待的乘客感到沮丧：解决这个问题需要 4 分钟，但是地铁每一班的平均间隔是 3 分钟。

卡佩尔庄园花园（Capel Manor Gardens）是一所园艺学院的园地，偶尔向公众开放。它的意大利风格迷宫是由世界上最多产的迷宫设计师艾德里安·费舍尔（Adrian Fisher）所设计，且没有死胡同。

奇斯威克庄园内的 17 世纪的厨房花园最近才得以修复，而且如今在此种植的蔬菜与过去一模一样，包括粉红牛膝草、薰衣草和百里香这样的草本植物，均呈迷宫状排列。

巴比肯中心像忒修斯一样，用黄色线条把你带入迷宫般的复杂空间。沿着这条路走到市政厅音乐戏剧学院（Guildhall School of Music and Drama）外的露台上，你会发现一尊宏伟的青铜人身牛头怪 [2]，它是迈克尔·艾尔顿的作品，他认为自己是最初的迷宫设计师——代达罗斯（Daedalus）的化身。

在摄政区离加里东大道（Caledonian Road）不远的一处墙上有个国王十字迷宫。每一块醒目的瓷砖都是由菲利普·奥莱利（Philip O'Reilly）亲手烧制的。他的灵感来自该地区的历史。

汉普顿宫殿拥有世界上现存最古老的树篱迷宫。在杰罗姆·K.杰罗姆（Jerome K. Jerome）的《三怪客泛舟记》（*Three Men in a Boat*）中，哈里斯完全迷失了方向，但是他的定律确实管用："第一个弯道右转。"

伦敦最大的树篱迷宫位于水晶宫公园内。它的渊源可以追溯到 19 世纪 70 年代，但是在 2009 年，为了纪念英国女童子军（Girl Guides）成立 100 周年，当地对这一迷宫做了改造。现在包含一项由 10 块花岗巨石构成的寻宝活动。

雷顿加冕花园（Leyton Coronation Gardens）有一个小型迷宫，建造于花园开放后一个世纪之久的 2003 年。树篱现在已经相当破旧了。

---

1. 米歇尔·福柯（Michel Foucault）将这种经历描述为"酒神阁割行为"。　2. 当地人称人身牛头怪为科林。

疯人院

17世纪，救济院医生以多数票胜了剧作家纳撒尼尔·李，并且将他关了五年之久。疯人院，即皇家伯利恒医院（Royal Bethlehem Hospital），是欧洲第一家专业的治疗精神疾病的医院。用罗伊·波特的话说，它已经变成了"不人道"的象征，而"疯人院"现在也成了混乱和骚动的代名词。这家医院已经在伦敦存在了六个多世纪，历经四次改革。

圣玛丽伯利恒医院

2015年3月，横贯线在新利物浦大街的售票厅下挖掘出了3000多具人体骷髅。这是旧疯人院的墓地，最初是13世纪伯利恒教团（Order of Bethlehem）的修道院，建在一个经常会泛滥的阴沟之上，条件极为恶劣。1632年，牧师唐纳德·卢普顿（Donald Lupton）聆听了这些痛苦的囚犯们的"哭泣、尖叫、咆哮、争吵、摇手铐链条、咒骂、烦躁和胡言乱语"。站在新利物浦大街上，拜读托马斯·德克尔（Thomas Dekker）和托马斯·米德尔顿（Thomas Middleton）写的《诚实的站街女》（The Honest Whore）。该剧的首演就在附近的财富剧场，第15幕描绘了旧疯人院的许多疯子，包括争论飞龙和粥的两个人。

疯人院

当囚犯的数量超过大楼的容量时，罗伯特·胡克（Robert Hooke）受命在附近设计一座更大、更宏伟的伯利恒医院，最终于1676年建成。如果你站在马戏团广场的石碑旁，你就站在新疯人院的大门位置，这里曾经有巨大的"Melancholy"（忧郁）和"Raving Madness"（疯狂）的雕像，诗人亚历山大·蒲柏把这些雕塑称为"无脑兄弟"。如今你可以在贝肯汉姆的心灵博物馆（Museum of the Mind）看到它们。威廉·霍加斯系列画《浪子的历程》的最后的一幅[1]以新疯人院为背景：

汤姆·瑞克维尔被剃光了胡子，戴着手铐，沦为暴力的疯子。背景中，两个衣着考究的女士在咯咯嘲笑手拿权杖的裸男。那时候游客们只需花一便士就可以到疯人院看热闹。

皇家伯利恒医院

当新疯人院开始萧条时，它的所有权被萨瑟克区的圣乔治菲尔德所获，新的医院于1815年建成。疯人院的病人詹姆斯·马修斯（James Matthews）参加了设计新大楼的竞赛，他的一些细节构想被纳入了设计方案。这第三所医院的中心大楼依然存在，如今是帝国战争博物馆的所在地。

伯利恒精神病院

1930年，医院搬迁到伦敦东南部的贝肯汉姆附近。它仍然是一家精神病专科医院，包括国家精神病科和焦虑症住院部[2]。医院的心灵博物馆于2015年开放，展出以前在医院中使用的脚镣和衬垫紧身衣，以及以前病人的艺术作品。最引人注目的一幅画是威廉·库莱克（William Kurelek）于1953年创作的《迷宫》（The Maze），画中展示了一个头骨状的迷宫，迷宫中央困着一只白老鼠，库莱克认为这只老鼠就是他自己。

---

1. 这些画正在林肯因河广场的约翰·索恩爵士博物馆展出。参见第21页。

2. 英国电影学院奖第四频道的获奖纪录片《疯人院》于2013年在那里拍摄。你可以在网上观看。

神话之城（Golgonooza）
威廉·布莱克笔下的伦敦四天神

这里，在泰晤士河边，洛斯建造了神话之城。

威廉·布莱克设想了一个平行世界的伦敦：一个"艺术与制造业"的另类城市，他将其命名为神话之城。在他的想象中，他在史诗般光明的诗篇中建造了这座城市。这是布莱克的一种象征性的、精神上的追求，是启蒙理性主义统治的解毒剂。

这一构想描绘的是布莱克的另一个自我"洛斯"（Los），他按照《耶路撒冷》诗歌中的顺序走过伦敦。洛斯的行走轨迹是贯穿神话之城的一条主线，连接着布莱克个人神话中的一系列人物。按照你自己的路线行走，并在你的脑海中建造神话之城。

四天神

"我必须创造一个系统，"布莱克写道，"否则就被别人奴役。"在他的一生中，布莱克创造了个人神话，其中充满了寓言性人物、巨人、幽灵和天使。这一系统的中心是"四天神"，这是人类心理的四个基本方面：人的力量（塔马斯，Tharmas），理性（尤里森，Urizen），情感（鲁瓦，Luvah）和想象（尤索纳，Urthona；或洛斯）。这四天神都存在于每个人身上，而人类的目标是保持它们的平衡。每个雄性个体都有一个对应的雌性或"化身"。她们被称为恩尼恩（Enion）（来自 Tharmas）、哈尼（Ahania）（来自 Urizen）、瓦拉（Vala）（来自 Luvah）和埃尼瑟蒙（Enitharmon）（来自 Los）。

他从海格特中来。

洛斯①

洛斯象征着诗歌和创造力，并且致力于用自己的铁匠之锤建造神话之城。布莱克的想象力极其丰富。在樱草山的顶峰，他曾与"神灵太阳"对话，而不是"基尼大小的金色圆盘"，他澄清道，"而是像无数的天神一样，呼喊着'神圣，神圣，神圣'"。[1]在网上寻找伊恩·辛克莱的电影《啊！向日葵》，在这部电影中艾伦·金斯伯格（Allen Ginsberg）坐在樱草山上"试图把布莱克精神升华于城市之上"。

穿过哈克尼 & 霍洛威。

埃尼瑟蒙③

埃尼瑟蒙代表了精神之美，并且为洛斯提供了诗歌的灵感。她是布莱克妻子、灵魂伴侣和伙伴——凯瑟琳的化身，他们于 1782 年在圣玛丽巴特西教堂⑲结婚。[2]你可以在教堂看到一扇彩色窗户，庆祝这种文学上的联系。

朝向伦敦

圣保罗大教堂④

想象中的神话之城中心矗立着"Cathedron"（大教堂）。呈子宫状的大厅是"装饰超群的奇妙金色建筑"，里面装有埃尼瑟蒙的织布机，在这里她为灵魂编织肉体。在圣保罗大教堂的地下室里有一座布莱克的纪念碑。

直到他到达老斯特拉福德。

老虎⑤

在布莱克的诗歌中，老虎象征着愤怒，像火焰"熊熊燃烧"一样。[3]愤怒可以被有效利用为革命。班纳街（Banner Street）上有一幅巨大的老虎壁画，离邦希尔墓园不远。

& 到斯特普尼。

---

1. 如今有一个石圈纪念这个景象。Los 的名字是"sol"（或者"sun"）的翻转。
2. 布莱克在巴特西遇到了凯瑟琳·鲍彻（Catherine Boucher）。他们第一次见面时，他问她："你可怜我吗?"她回答，"是的，发自内心。"然后，布莱克说："既然如此，我会爱你。""我也爱你。"她说。
3. 布莱克的《地狱的箴言》（Proverbs of Hell）提醒我们"愤怒的老虎比驯服的马儿聪明得多"。

邦希尔墓园⑥

布莱克说："我认为死亡正如从一个房间走到另一个房间。"死后他被埋在邦希尔墓园一个没有标记的坟墓内，这是老街附近非国教徒的墓地。如今，威廉和凯瑟琳的墓碑前生长着一棵茂盛的无花果树。[1] 纪念碑的边缘总是摆放着铜钱作为祭品。

> & 岛
> 露莎的狗。

狗岛⑦

"露莎"（Leutha）是布莱克对性负罪感的化身，"露莎的狗"是最基本的激情。狗岛因风尘而臭名昭著，布莱克将其与露莎的狗联系在一起，它们陪伴着洛斯："它们把颤动的泰晤士的河水溅在他的脚上，然后很快地跟上去。"

> 穿过河边的窄处。

鲁瓦⑧

鲁瓦，又称"情人"，象征着所有的情感，包括爱和恨，他戴着有荆棘的王冠。对于布莱克来说，伦敦塔⑨就是鲁瓦仇恨的象征。

> 伦敦塔耸立在耶路撒冷上空，令人生畏：
> 耶路撒冷东门的鲁瓦的建筑将成为
> 他隐居的庭院。

瓦拉⑩

瓦拉是鲁瓦的化身，代表战争的情爱面。1780 年，当时的布莱克还是一位雕刻学徒，一天他在前往朗艾克上班的途中被裹挟于人群中。他发现自己在戈登骚乱中被带到了纽盖特，眼看着监狱被夷为平地。[2] 穿过黑衣修士桥到猎鹰角，阿尔比恩磨坊（Albion Mill）⑪——伦敦的第一家蒸汽自动化面粉厂——曾经就在这个地方。它在 1791 年被烧毁，可能是纵火的结果。布莱克每次从他在朗伯斯的家走进这座城市，都会经过这座黑暗工厂那面焦黑的墙壁。

> 然后到伯利恒[3]，在这里粮仓建成了绝望的巢穴。

佩卡姆–拉伊⑫

八岁时，布莱克在佩卡姆–拉伊看到了一棵树，树上"结出天使，明亮的天使翅膀像星星闪耀在树枝上"。在附近的古斯格林（Goose Green）有一幅壁画就描述了此画面。2011 年，布莱克学会（Blake Society）在佩卡姆–拉伊种下一棵新天使之树来纪念此愿景。[4]

> 徒劳地寻找
> 石头和岩石，它走着，因为人类的形式不复存在。

尤里森⑬

尤里森，又称作"你的理性"，象征着理性的思维。布莱克认为启蒙运动占主导地位的理性主义具有危险的局限性。"我把目光转向欧洲的学院和大学，"布莱克写道，"在那里，我看到了洛克的织布机，它的织物狂暴而可怕，/ 被牛顿的水轮冲走了。"欣赏大英图书馆外爱德华多·包洛奇（Eduardo Paolozzi）的雕塑《牛顿》（仿的布莱克的版画作品）。 牛顿弓腰站在隔板上，青铜身体似乎被螺栓固定在一起，仿佛自己就是一台机器。

> 这样他说着，满含热泪地看着阿尔比恩的城市。

识图

《神话之城：威廉姆·布莱克的四天神》（*Golgonooza: William Blake's Spiritual Fourfold London*）采用了布莱克的史诗《耶路撒冷》里对神话之城的描述：巨人阿尔比恩的化身。神话之城的地图有些特别：南部在顶端、北部在底端、西边为圆周、东边在中心，所以这张地图上南下北。

---

1. 路易斯和卡罗尔·加里多（Luis and Carol Garrido）根据《邦希尔墓园埋葬顺序书》找到了布莱克确切的安息之所：他被埋葬在东西 77 度和南北 22 度之间。当你知道爱德华·斯盖尔斯（Edward Scale）的墓在南北方向 32 度，马修·威尔斯（Matthew Wilks）的墓是东西方向 76 度时，你就会发现布莱克夫妻遗体的精确栖身之所：他们靠近伦敦的一棵大梧桐树。
2. 这里现在是老贝利中央刑事法庭。参见第 88 页。
3. 参见第 291 页。
4. 它已经枯死了。

跳蚤⑭

1819 年，布莱克在房间的角落看到了一只跳蚤。当朋友约翰·瓦利（John Varley）递给他绘画材料时，他一直注视着这只跳蚤。布莱克根据这一形象创作了一幅微型蛋彩画，你可以在泰特美术馆的布莱克展厅里看到。⑯ 他展示了一只肌肉丰富的裸体跳蚤形象，脖子像公牛的一样。布莱克在画像的下面铺了金箔，使跳蚤看起来具有荧光质感[1]。

"我该怎么做？如果我发现这些罪犯该做些什么？"

赫拉克勒斯路⑮

从 1790 年至 1800 年，布莱克一家住在朗伯斯的一个小村庄的赫拉克勒斯楼 13 号。就在这里，他的朋友托马斯·巴兹（Thomas Butts）走进花园，发现威廉和凯瑟琳赤身裸体地坐在那里，正在阅读《失乐园》。布莱克大喊："请进！你知道，这只是亚当和夏娃！"如今房子已经不在，但有牌匾记录。对面的铁路拱门下方有 70 块马赛克，灵感来源于布莱克的作品。

如果我敢把我的手指放在沙子上
作为报复：惩罚已经被惩罚的人。

阿尔比恩⑰

对布莱克来说，阿尔比恩既是不列颠的缔造者，又是人类的始祖。在《耶路撒冷》里，阿尔比恩坐在海德公园里，脚下生出一棵"致命树"：大树"把他遮挡在冰冷的树荫下……树枝垂下来感受大地，再一次扎根／射入了许多树，生成无尽的苦难迷宫。"这棵致命的"迷之树"是布莱克对泰伯恩绞刑架⑱ 的一种别称，是沃特林街尽头的三角绞刑架。[2] 参观此地，接着安排参观附近的泰伯恩女修院（Tyburn Convent）的地下神殿[3]。

哦，我该可怜谁，
如果我不怜悯迷路的罪人？

塔马斯

塔马斯，第一重精神，代表着力量。布莱克于 1757 年 11 月 28 日的那个周一出生在苏荷区马歇尔街和布罗德威克街的拐角处。四岁时，布莱克将脸贴在窗上，声称看到了上帝，这让他"大叫"。如今，一座野兽派风格的塔楼——威廉·布莱克大厦在此作为标识。只要你要求，接待员就会带你去展厅看由布莱克激发灵感创造的各种艺术品[4]。

哦，阿尔比恩，如果你报复：如果你报复你的错误，
你的艺术将永远不再！

南莫顿街㉒

南莫顿街 17 号，是布莱克在伦敦唯一存留下来的房子，现在底楼是一家除毛沙龙[5]。1803 年至 1821 年，布莱克一家住在一楼，也就是在这里，布莱克在凯瑟琳的帮助下，出版了他伟大的预言著作《弥尔顿》和《耶路撒冷》。"我在南莫顿街写下的是我在人类区域的所见所闻，"他写道，"来源于伦敦开放的大街上。"

我能做什么来阻止阿尔比恩的儿子们报复？或者我怎么说服他们？

---

1. 当你参观泰特美术馆时，不要错过八角形的画廊。这里有鲍里斯·安雷普（Boris Anrep）创作的马赛克地板画，是布莱克的《地狱的箴言》。
2. 参见第 84 页和第 281 页。
3. 参见第 110 页。
4. 就在附近，"苏荷精神"壁画包括一幅布莱克的画像和一块纪念当地雕刻师的陶瓷牌匾。
5. "200 万棵灌木变精心修剪"。

圣詹姆斯的皮卡迪利 ㉓

1757 年 12 月 2 日星期天，布莱克的父母携子到达圣詹姆斯的皮卡迪利（St James's Piccadilly），在那里，布莱克在格林灵·吉本斯（Grinling Gibbons）的洗礼池中接受了洗礼。如今它还在那里。圣洗池是知识之树的雕塑，树干上有亚当和夏娃。[1]

洛斯这样说，穿过黑暗 & 可怕的孤独。

威斯敏斯特教堂 ㉕

在做雕刻学徒期间，布莱克被送往威斯敏斯特教堂绘制纪念碑。在此期间，他目睹了僧侣们在中殿里吟唱"朴素之歌与合唱"。如今在"诗人角"有座雅各布·爱泼斯坦（Jacob Epstein）雕刻的布莱克雕像。

在威斯敏斯特 & 马里波恩巷的废墟中，
他注视着耶路撒冷。

耶路撒冷 ㉔

耶路撒冷，巨人阿尔比恩的化身，既是一位女性，也是一座城。布莱克在伦敦为耶路撒冷圣殿（Temple of Jerusalem）找到了精准的定位："从伊斯灵顿到马里波恩的区域，/ 到樱草山及圣约翰森林，/ 由金柱子砌成，/ 那就是耶路撒冷的立柱。"[2] 1916 年，修波特·帕里（Hubert Parry）创作了《弥尔顿》的开场音乐。他称之为"耶路撒冷"，而且现在"那些脚……"已成为第二国歌，是橄榄球观众的最爱，也是皇家阿尔伯特音乐厅每年逍遥音乐节最后一夜的爱国高潮。[3] ㉑

瓦拉是她的阴影，耶路撒冷的影子朝北弯向着怀特岛。

伦敦石 ㉖

布莱克认为伦敦石[4]是德鲁伊圣祭之地，是尤里森破坏正义的中心。他看到"伦敦石周围的岩石"并且将其与巨石阵和泰伯恩绞刑架联系在一起。

终于他坐到了伦敦石上。

喷泉苑

南莫尔顿街 17 号的租约到期后，威廉和凯瑟琳搬进了河岸街附近一套昏暗的两居室。如今，这条小巷被称为"萨沃伊大厦"，毗邻餐馆 Simpson's-in-the-Strand。这是一个又黑又窄的地方，四周都是通风口[5]。布莱克于 1827 年 8 月 12 日死于肝硬化，可能是铜中毒所致。在他生命的最后几个钟头，他拿起纸笔朝凯瑟琳大喊："凯特，别走！待在原地——我要给你作画——你是我的天使。"

听到耶路撒冷的声音。

贝尔格雷夫广场 ㉗

2000 年，在贝尔格雷夫广场花园（Belgrave Square Garden）安装了"第三千禧年伊始"的浑天仪，展望未来的 1000 年。上面刻着布莱克《纯真之歌》的几句话：

请从一颗小沙粒，
把那世界看一番，
请从一株紫罗兰，
看到天堂极乐园。
宇宙就在你手心，
永恒只有一瞬间。

启示

他在大与小之间建立了辉煌而又令人难忘的联系。他的诗对我是一种启示，直至如今。它仍然如此清新，如此惊为天人，如此与众不同，如此原始，强大且影响深远，以致我从未，也永远不会忘记我对威廉·布莱克所做的一切的钦佩和震惊。

——菲利普·普尔曼（Philip Pullman）

1. 教堂有一个社区团体叫流浪者，以布莱克的诗《小流浪者》命名。
2. 诗人安德鲁·艾登·敦（Andrew Aiden Dun）在他的诗歌《皇家谷》（Vale Royal）中描绘了这座圣殿，他认为老圣潘克拉斯教堂就坐落在耶路撒冷金色拱门的正中央。
3. 参见第 205 页。
4. 参见第 402 页。
5. 布莱克写道："我住在洞里，但在某个地方上帝为我创造了漂亮别墅。"

野性

1973 年，理查德·梅比（Richard Mabey）写道，"人行道上的裂缝是植物生长所需的。"他花了一年的时间探索伦敦真正的荒野，并且著了《非正式乡村》（*The Unofficial Countryside*）一书。文中描述了"工业园区后的灌木丛生的山楂树；旧城区的爆炸现场；新城区的建筑现场；污水处理厂的淤泥以及豆瓣菜苗床上更精致的泥浆"。

楔形高地

在他的书中，梅比开拓出一块崎岖荒地，位于泰晤士河与伦敦南区泰晤士米德的"前进的北方边缘"。他穿过茂密的山楂树丛，发现自己在一处巨大的椋鸟栖息地的中心。你可以从盖伦斯山上俯瞰这片荒野，这是一座由挖掘出来的碎石堆成的螺旋形高地。

侧轨

梅比是受理查德·杰弗里斯的启发。理查德在《伦敦郊外漫笔》（*Nature Near London*）中写道，"野花，与它的旧世界交往，自由地生长在机车轮子几英尺范围内"。伦敦大多数铁路侧轨都野花丛生。佩卡姆的林德赫斯特公路（Lyndhurst Way）就是个很好的例子：尽管铁路承包商定期清理，但在这片废弃的土地上，荨麻、常春藤、金银花和黑莓比比皆是。

里奇韦

"非正式乡村"是保罗·法利（Paul Farley）和迈克尔·西蒙斯·罗伯茨（Michael Symmons Roberts）《边缘地带》（*Edgelands*）的主导精神。跟随他们的脚步沿山

绿洲

我强烈推荐布伦特十字区（Brent Cross）购物中心北端废弃停车场外的鲜花草甸。另一个最受欢迎的地方是费尔特姆贮木场（Feltham Concentration Yard），其倾斜的混凝土桥坐落在突现的白桦林中，蜷蛇牛舌草肆虐。我最喜欢的风景是从白屋到护城山的巴尼特小道。

——尼克·帕帕迪米特里乌（Nick Papadimitriou）

脊道漫步。[1] 对法利和西蒙斯·罗伯茨来说，红雀的鸣叫声就是"伦敦南区边缘地带的音乐"。这些藏于云中的、声音动听的鸟儿，正沿着山脊道的绿色走廊觅食。

立足之处

2012 年，慈善团体"街头歌剧"（Streetwise Opera）开展了一个名为"非正式乡村"的项目。那些流浪汉带着一次性相机，用一周的时间来捕捉大自然在逆境中生存的画面。在网站上有关于他们的照片和影片，包括位于里桥路（Lea Bridge Road）上的一株植物，"在一些厚木板后面，找到自己的出路，寻找某种立足之处"。[2]

---

1. 不是那条穿越英格兰南部白垩悬崖的已经有 5000 年的历史的小道，而是沿着普卢姆斯特德（Plumstead）的南方排水沟而建的小路。参见第 55 页。

2. 电影中讲道："如果别无他处可去，那就从缝隙中走"。你可以报名参加"街头歌剧志愿者计划"，为将来的活动和研讨会提供帮助。

荒野

18世纪晚期，对野外的追寻促成人造"荒野"的产生，比如格林尼治公园东南角的"荒野"，至今仍然是黇鹿和马鹿群的家园。忠诚的公园管理员和自然资源保护者精心管理着许多野生区域。

佩茨

参加佩茨林地（Petts Wood）的一次常规燃烧活动。在黑兹米尔路（Hazelmere Road）的铁道隧道中会合，继而加入到木炭燃烧的林地管理艺术中。佩茨林地是一块88英亩的英国古老林地遗址，这里有橡树、桦树、花楸、赤杨、白蜡树和角树[1]。

富茨

与富茨克雷公园志愿者组织（Friends of Foots Cray Meadows）一起去清理杂草。每年夏天，该组织都会清理明黄色的杂草，因为它们对马儿来讲是有毒的，而且也会占据公园野花草地。然后在林地和河岸散步，漫步在风景如画的五拱桥（Five Aches Bridge）上。

屋顶

金丝雀码头的朱比利公园（Jubilee Park）是地面的一方"绿顶"，是建在地下停车场、购物中心及朱比利地铁站之上的屋顶花园。在丘吉尔广场一号（One Churchill Place）附近，巴克莱银行拥有欧洲最高的屋顶花园。这一花园由可循环砖块砌成，目前已被还归大自然，甚至巴克莱银行的员工也不得参观[2]。

床

每年9月，你可以志愿帮助维护米德尔塞克斯滤床（Middlesex Filter Beds）自然保护区的芦苇床。这片野外空地位于前东伦敦水务公司（East London Water Works Company）的废墟中，吸引了蜻蜓、灯心蜻蛉、蟾蜍、青蛙和蝾螈前来筑巢。在"大自然宝座"上，你可以停下来歇口气。这一宝座是花岗岩巨石阵中心的一尊巨座，由旧动力车间的基石组成。

自然公园

紧挨欧洲之星铁路线（Eurostar line），在谷歌英国总部的背阴处是一座半隐蔽的野生公园——坎姆利街自然公园（Camley Street Natural Park）。这是一块绿色塔迪斯（译注：《神秘博士》中的时间机器和宇宙飞船）：地图上的面积为两英亩，但一旦你进入它由水、树和其他生物组成的迷宫，它似乎是无限的。在这些植物中，你会找到黑果荚蒾，也被称为"旅行者"，因为它长期生活在古老的小径和朝圣之路的边缘和树篱上，五月繁花盛开，六月果实累累。

——罗伯特·麦克法兰（Robert Macfarlane）

---

1. 寻找威廉·维莱特（William Willett）的日晷纪念碑，他是英国夏令时的"不懈倡导者"。　　2. 金丝雀码头的七座塔楼都有屋顶花园。

荒原

沿着这条路走，你会受到 T.S. 艾略特现代主义的作品《荒原》片段的启发。

死者葬仪

从位于普雷斯托（Plaistow）的东伦敦公墓（East London Cemetery）开始，一个半世纪以来，《共同祈祷书》（Book of Common Prayer）里的"埋葬死者"仪式部分一直被高声朗读。这是玫瑰丛生的花园，它们感知着根的颤动，靠火化的灰烬来维持生命。

寻找卡尔·汉斯·洛迪（Carl Hans Lody）［又名查尔斯·A.英格利斯（Charles A. Inglis）］的黑色墓碑。第一次世界大战开始时，洛迪假扮成一名美国人，但实则为德意志帝国的间谍。他最终在伦敦塔被追捕击毙。

沿着北部排水沟（Northern Outfall Sewer）上方的绿道行走[1]。你会发现有些地方的道路上布满了涂鸦，是成堆破碎的图像。其余部分则与荒地接壤，根部疯长，枝杈从石碓里破土而出。

阿比米尔斯抽水站，和它的姊妹站（位于泰晤士河南部的克罗斯内斯）都是拜占庭式的"圣殿"。附近有一个废弃的螺旋泵，就是白垩纪河岸边的巨型花纹菊石。

你现在正在接近奥林匹克公园，那里曾经有成群的人绕圈散步。这个公园是一个广受关注的棕色地带再生区。2009 年奥林匹克设计评审组主席保罗·芬奇（Paul Finch）说道："最大的问题是，它有点像千禧穹顶，周边是大面积的荒地。"

对弈

顺着利河往下游一直走到千禧穹顶。想要到达利河，你需要挤过一条阴沟和一段由野生罂粟和高草组成的围栏。如果大门没锁，你还可以请求穿过区域废物回收中心（Regional Waste Recycling），这是一家专门处理湿泥浆的公司，在这里你会罕见地看到废品原生状态下的样子。

利河是以凯尔特光之神"卢古斯"命名的[2]。在利河流经弓形立交（Bow Interchange）的下方时，河水在光束的照射下熠熠发光，倒映在桥墩上的光影也被拨动。

沿着老鼠街走，会经过潮汐磨坊和三磨坊电影制片厂的烘干室。2013 年，《机械危情》（The Machine）在这里拍摄，这是一部关于加里·卡斯帕罗夫（Gary Kasparov）与电脑"深蓝"（Deep Blue）对弈的电影。

而后离开这条河去布罗姆利燃气厂（Bromley Gas Works）。在燃气制造厂下面覆盖层脱落的空地上，矗立着一座战争纪念碑，由闪烁的气体照亮，用来纪念煤气照明和焦炭公司的雇员。他们没有活到被复员，也没能吃上热腾腾的腌熏肉。

1. 参见第 55 页。　　2. 参见第 263 页。

火诫

星巷地铁站（Star Lane DLR）南区到处都是废弃物：废旧的金属堆、摇摇欲坠的翻斗车、高耸入云的木制货盘。

在弓溪自然保护区（Bow Creek Nature Reserve）再次与利河相遇，这里独特的生态多样性得益于多年来停靠在附近的外来船只。在这里，枝叶抚触着温润的河岸。

向东转弯，你会到达河口，天空突然变得宽阔起来。对岸就是蘑菇状的千禧穹顶。三浮标码头已经从一个废弃码头被改造成一个欣欣向荣的艺术家社区[1]。

你一直走在奥林匹克体育场和千禧穹顶这两座圆顶建筑之间蜿蜒的步道上；现在你要描绘英国最高的尖状建筑间的直线：第一加拿大广场（I Canada Square）和碎片大厦。在女性化和男性化的风口浪尖上，你仿佛看到了男女身都拥有过的忒瑞西阿斯。据艾略特所言："他是诗中最重要的人物。"

经过弗吉尼亚码头，就是在这里第一批移民离开英格兰去寻找弗吉尼亚州的詹姆斯敦（Jamestown）。爬上金属楼梯，右手边就是新比林斯盖特鱼市场瓦楞板材的船体，也是鱼王（Fisher Kings）所在地。

金丝雀码头的企业外立面像峡谷壁一样狭窄，而大规模金融交易的阴影让周边的空气染上一丝寒意。拱形的乘客感应系统是通往地铁的入口，无声之门则是通往云端的大门。驳船漂过狗岛。

在蒙哥马利广场破损的人头马雕像前驻足。一切皆无联系。

水中的死亡

在半岛的远端，站在泰晤士小径的下沉栈桥上，听着汹涌的潮起潮落。想想腓尼基人，在海中沉溺，受岁月侵蚀，水流无声地轻抚着尸骨。在附近，泰晤士河收集了伦敦之夜的证据：塑料瓶、三明治包装纸、足球、纸板箱和烟头……

雷霆所言

在沙德韦尔盆地（Shadwell Basin）的冰冷寂寥中，你可能会看到渔民。穿过沃平森林，走过烟草码头，沿着西部码头运河走。这里曾是码头区的中心，但码头已被回填，筑成整齐划一的住宅区。这里没有水，只有岩石。这是座虚幻之城（Unreal City）。

这里你会看到塔桥和圣凯瑟琳码头，这里也是戴兜帽人群的蜂拥之处。当你行走过伦敦塔桥时，检查一下有没有裂缝。

沿着下泰晤士街走，在公共酒吧"海象和木匠"（the Walrus and the Carpenter）旁，你可能会听到人群的啜饮闲聊声。在圣马格努斯殉道者教堂处停下脚步，欣赏爱奥尼亚白金色的光辉廊柱。

闪电时走过伦敦大火纪念碑，这是一个强烈提醒周期性转变的地方。在劳埃德银行旧楼所在的朗伯德街稍事停留。在这里艾略特曾做过外汇账目的工作。在交易巷（Change Alley）[2]大喊"嗒！"你会听到银行的轰隆声"嗒！"

在圣玛丽·伍尔诺斯转弯而行，沿着威廉国王街到伦敦桥，向下行走。

在熙熙攘攘的伦敦大桥上停下来。想想你的奇幻之旅，让旅行的碎片燃起星光。然后眺望泰晤士河对岸，大声喊出《奥义书》（Upanishads）的结尾，翻译有瑕疵的重复性短语"超越理解的和平"：Shantih shantih shantih!

---

1. 这里有一家正宗的餐厅——胖子餐厅（参见第 377 页），你可以在那里停下来吃午餐，缅怀艾略特的美式遗产。带一口袋红醋栗当甜点。

2. 参见第 174 页。

湿地

湿地中心

  世界上最稀有的鹅群生活在巴恩斯的伦敦湿地中心。现在野外仅有 2500 只夏威夷天鹅，它们又名夏威夷雁[1]。其中小部分就生活在巴恩斯。

古老浊河

雷·戴维斯（Ray Davies）的《滑铁卢日落》（Waterloo Sunset）具有布莱克风格。"老父亲"泰晤士的混浊仍在继续，到处都是布莱克所发现的大型腐蚀的碎屑。但正如布莱克的想象一样，天堂承诺弥补了这一缺陷，安然无恙地。每周五晚上，特里（Terry）和朱莉（Julie）都会横渡这条河，为它注入活力。

　　　　　　——迈克尔·霍洛维茨（Michael Horouitz）

海岸线

时间轴

  退潮时，沿着拉姆斯盖特酒吧（Town of Ramsgate pub）一侧的低洼处漫步，在沃平旧楼处逗留一会儿。这里是一处宁静、永恒之地。

帆桁

  在金丝雀码头老枪酒吧的"河景房"里喝一杯。就是在这个房间里，纳尔逊勋爵与爱玛·汉密尔顿夫人秘密幽会。一定不要错过酒吧环形楼梯上走私者曾留下的窥视孔。

潮汐线

  在 20 世纪初，伦敦塔附近有一方沙滩，每当夏季时，伦敦人会卷起他们的灯笼裤在此戏水。如今，加布里埃尔码头（Gabriel Wharf）旁的沙滩是筑沙雕的理想之地。

游泳

  泰晤士河里生活着很多生物。除了鲈鱼、梭子鱼、斜齿鳊、赤睛鱼、白鲑和白杨鱼，还有梭鲈、鲟鱼、鳗鱼、鲶鱼，有时还会有海豹、鼠海豚和海马[2]。和它们一起去河边参加一年一度的 2.5 英里的人类游泳大赛（Human Race Swim），起点为汉普顿宫，终点则为金斯敦大桥。

伍德伯里

  斯托克-纽因顿的东水库（East Reservoir）建于 1833 年，属于饮用水源。2015 年它作为伍德伯里湿地的野生动物保护区对外开放。在这里可以听到芦苇雀的鸣唱，画眉和稀有麻鸭的叫声。防狐狸护城河用于保护在地面筑巢的鸟类。

沃尔瑟姆斯托

  沃尔瑟姆斯托水库一日自助游只需花费一欧元[3]。狭窄的地峡两边是大片广阔的水域，而在此处漫步则显得超凡脱俗。水库岛屿是英国最重要的苍鹭和鸬鹚的繁殖地之一，很可能会看到大羽冠鹛鹛、黄色鹬式鸟和芦苇鱼。

---

1. 它们会发出"nay-nays"的声音。它们脚上有非常小的蹼，以应付夏威夷的熔岩。它们的粪便是紫色的。

2. 参见第 374 页。

3. 很快就会变成沃尔瑟姆斯托湿地。

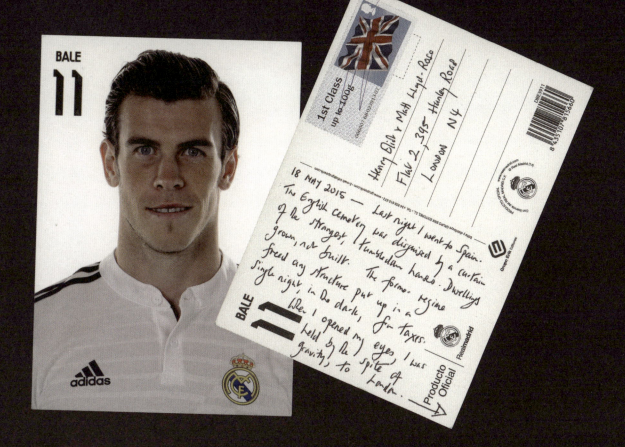

BALE 11

1st Class up to 100g

Henry Eliot & Matt Lloyd-Rose
Flat 2, 395 Hanley Road
London N4

18 MAY 2015 — Last night I went to Spain. The English cemetery was disguised by a curtain of the strangest, tumbledown hanro. Dwellings grown, not built. The former regime freed any structure put up in a single night, in the dark, from taxes. When I opened my eyes, I was held by the spite of gravity, to London.

MADRID
Futbolín

1st Class up to 100g

HENRY ELIOT. MATT LLOYD-ROSE
FLAT 2, 395 HANLEY ROAD
LONDON
N4

②

→ Within the precinct of Queen Mary College on Mile End Road, Jewish graves were arranged like a garden of slate postcards. A rabbi told me the history of expulsions: from the Promised Land and Spain. The ground where a Jew is laid, he explained, belongs to that person to the end of time. NORTON

TIMES 时间

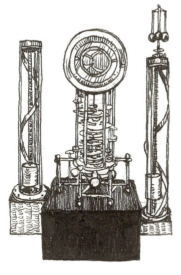

到伦敦的游客常常对这个城市的运转速度评头论足，谈论伦敦居民匆匆忙忙的生活节奏，似乎他们比世界上的其他人过着更快速的生活。没错，首都的时间很奇怪：它是可以消失的，比如 1752 年，如果把当地时间切换到格里高利历里计算，意味着永远失去了 11 天[1]。再比如 1995 年，当一群椋鸟落在大本钟上，将分针回拨了 5 分钟。尽管如此，伦敦还是不错的，这是一个可以洞察时间的地方。

在格林尼治皇家天文台，你可以触摸到吉比恩陨石——45 亿年前的超级类地行星陨石，它和地球一样古老，甚至比地球上任何岩石都古老。

在三浮标码头对面，你可以听到一段音乐演奏，名叫《朗播》（Longplayer）。克尔凯郭尔（Kierkegaard）观察到，音乐只存在于被演奏的那一瞬间，随着播放的结束转瞬即逝。朗播是由电脑控制播放的藏传佛教法器铜磬（又称修行钵）发出的声音。《朗播》将持续 1000 年[2]。听《朗播》时人们会发现瞬间的浩渺。

在科学博物馆中的"现代世界构成元素"艺术馆，你可以参观"万年钟"的第一个雏形。科学家利用下落重量来驱动这个时钟，它能够在未来 10000 年里精确运行，分秒不差。博物馆中的这个模型只是一个庞大工程的蓝图，目前这个巨大的时钟正在建设当中，坐落于内华达州的一个地下山洞里。如果人类灭绝，这隐藏在地下的时钟将利用地壳温度变化继续为自身的运行提供能源，它能够在未来很长一段时间里正常运行。

实时报时时钟

通话时钟

使用英国电信公司线路，拨 123 会收到语音报时。这项服务于 1936 年在伦敦启动。

该时钟的语音由伊塞尔·凯恩（Ethel Cain）提供，她在"寻找金色声音的女孩"海选活动中脱颖而出并获得了 10 基尼（译注：英国的旧金币，约合目前的一镑一先令）奖金。今天，"金色的声音"则属于莎拉·门德斯·达科斯塔（Sara Mendes da Costa），她来自布莱顿。

落球钟

每天下午 1 点，一个大球会落在格林尼治公园的弗拉姆斯蒂德屋的一根柱子上来提醒人们时间，在《新旧伦敦》（Old and New London，1878 年）中它被描述为"世界上最美妙的钟"。

电台报时

收听英国广播公司 4 频道，可以听到标记每小时开始的 6 个信号。这些信号是由位于波特兰街的广播公司大厦的地下室的原子钟产生的。

---

1. 日历显示 1752 年 9 月 2 日星期三之后是 1752 年 9 月 14 日星期四。去约翰·索恩爵士博物馆看看霍加斯 1754 年的画作《选举的幽默》。画中的竞选横幅"给我们十一天！"指的是当年的日历骚乱。

2. Longplayer 是一段将持续一千年且无重复的音乐，从 1999 年 12 月 31 日 0 时第一次开始播放，直到 2999 年 12 月 31 日，它将开始重复播放。你可以听在线直播。

过往

伦敦是许多前卫思潮的摇篮和温床，这里不断衍生新的观念去挑战旧的，直至推翻旧的观念。

蓝色长筒袜

从植物学家本杰明·斯蒂林弗利特（Benjamin Stillingfleet）穿着蓝色精纺长筒袜去参加伊丽莎白·蒙塔古（Elizabeth Montagu）组织的文学圈早餐聚会开始，人们便将聚会与他的非正式丝袜永远联系在了一起。蓝林社的成员在希尔街的梅菲尔楼聚集，他们积极鼓励和提倡妇女独立思考。如今，这个著名的妇女联谊会加入了新成员——口号"智慧女人跳卡巴莱舞"的、叫作蓝色袜的舞团，利用滑稽表演挑战社会和文化元素对女性的期望。

P.R.B.

前拉斐尔兄弟会原本计划以切尔西街的一所房子为据点，并在门口安装一块神秘的牌匾，上面写着"P.R.B."。成员们会理解其真实意义，而局外人只会简单地理解为"请按门铃"（please ring the bell）。遮遮掩掩的前拉斐尔兄弟会成立于1848年7月，地点是约翰·埃弗雷特·米尔莱亚斯（John Everett Millais）与其父母在高尔街的住处[1]。他们反对古典主义，比如拉斐尔的装模作样和约书亚·雷诺兹爵士（Sir Joshua Reynolds）的"懒散"作品。相反，他们创作写实的、色彩明亮的，艺术风格介于中世纪晚期和文艺复兴早期的作品。现收藏于泰特艺术馆的画作《在他父母的家里拜访米拉的基督》被狄更斯描述为其展现了"最底层、吝啬的、可憎的、令人反胃的和叛逆的深层元素"。

布卢姆斯伯里

美国诗人多罗西·帕克（Dorothy Parker）俏皮地说："居住在布卢姆斯伯里的画家们有自己的艺术圈子，他们的日常生活受制于各种条条框框，似正方形一样中规中矩，而他们的情感又如同三角形般交错复杂。"在布卢姆斯伯里定居的作家和艺术家深受哲学家G.E.摩尔的影响，他教导我们生命中最重要的东西是"爱、艺术创作、审美体验，以及对知识的追求"。复杂的爱情几何是他们被记住的另一个原因，比如维塔·萨克维尔、韦斯特、弗吉尼亚·伍尔夫、伦纳德·伍尔夫四人之间的复杂情感关系。还有朵拉·卡灵顿、莱顿·斯特拉奇、拉尔夫·帕特瑞琪、弗朗西斯·马歇尔之间；杜坎·格朗特、瓦妮莎·贝尔、克莱夫·贝尔之间复杂的情感纠葛。观察戈登广场46号的男男女女们，你会在这儿领略布卢姆斯伯里的风情。弗吉利亚·伍尔夫曾居住在这里，随后经济学家约翰·梅纳德·凯恩斯也曾在此安居。如今，佩尔茨艺术馆坐落于戈登广场，展示着现在的布卢姆斯伯里一族：艺术馆的工作人员以及伯贝克艺术学院的研究生。

轻佻女郎

当你提到使用到"喵星人的睡衣"或者"蜜蜂的膝盖"这一类词汇时，或者你因为一只狗去找一个男人的时候，你就是"轻佻女郎"的一分子了[2]。"轻佻女郎"指的是20世纪20年代（因经济繁荣被称为轰鸣的20年代），穿着短裙，留波波头，浓妆艳抹，戴一顶无边帽的年轻女士[3]。她们听爵士乐，抽烟。如果你想体验一下她们的生活，在线预订下一场禁酒派对，这些派对通常定期在秘密地点举行。去体验她们的生活之前，你需要事先做点功课了解一下查尔斯顿。

愤怒的人

1956年5月8日，皇家宫廷剧院的观众们看到舞台上家庭生活场景里出现熨衣板时，大为震惊，都倒抽了一口冷气。《回顾"愤怒"》（Look Back in Anger）的新闻稿将剧作家约翰·奥斯本（John Osborne）描述为一个愤怒的年轻人，他是20世纪50年代[4]充满激情的、出身中产阶级和工人阶级的代表性作家。斯隆广场上的皇家宫廷剧院继续上演着躁动不安、警惕性高、富有煽动性的戏剧，而且总是在出售剧本，而不是演出本身。

---

1. 他和但丁·加百利·罗塞蒂，以及威廉·霍尔曼·亨特（Dante Gabriel Rossetti and William Holman Hunt）一起创办 P.R.B. 时才19岁。
2. 时髦词汇包括"big cheese"，"floorflusher"（贪得无厌的、被认为是中情局特工的人），"giggle water"（豪饮），"junk"（鸦片）和"whoopee"。
3. 美国女演员柯丽恩·摩尔（见插图）是第一个被称作"flapper"的人。
4. "愤怒的人"包括奥斯本（Osborne）、金斯利·埃米斯（Kingsley Amis）、科林·威尔逊（Colin Wilson）、哈罗德·品特（Harold Pinter）和艾伦·西利托（Alan Sillitoe）。

新闻时事

"英国公众想要的是新闻，新闻，还是新闻。"库珀爵士（Lord Copper）在对伊夫林·沃（Evelyn Waugh）的大作《舰队街》（*Fleet Street*）小说进行独家报道时这样说道。《每日野兽》（*Daily Beast*）的老板库珀比大多数人都清楚，所有的报纸都有自己的角度。今天的伦敦新闻界依然没有例外；每家报纸都有自己的观点，并且被松散地定位于政治光谱上不同的位置。这是阅读伦敦报纸的基本指南。

《时间到》（*Time Out*）（成立于 1968 年，从 2012 年开始免费）是以小册子的形式在伦敦创立起来的，其内容挑战主流文化，言辞颇激烈[1]。现在它是这个城市的指南类杂志领域的领头羊，并且已经成为一家跨国媒体企业，其读者达 4000 万人，遍及 39 个国家。

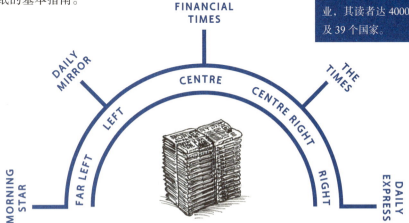

FINANCIAL TIMES

DAILY MIRROR

CENTRE

THE TIMES

LEFT

CENTRE RIGHT

FAR LEFT

RIGHT

MORNING STAR

DAILY EXPRESS

《晨星报》（*Morning Star*）

忠实于其共产主义理想，《晨星报》为它的读者共同所有。任何人只要花一英镑都可以持有人民出版社（People's Press Printing Society）的股份，可以通过其官方网站购买《晨星报》。作为英国唯一的社会主义报纸，《晨星报》由大不列颠共产党创办于 1930 年，起初在帐篷街（Tabernacle Street）分发。

《每日镜报》（*Daily Mirror*）

《每日镜报》1903 年创刊于迦密人街。随后迁往霍尔本广场，最终在金丝雀码头落脚。起初这家报纸是妇女持有并为妇女服务的报纸，但数年之后，它便不再强调其女性特质，转而频频涉足政治争议性话题。罗瑟米尔爵士（Lord Rothermere）是《每日镜报》早期的编辑，墨索里尼和希特勒曾是他的座上宾。

《金融时报》（*Financial Times*）

《金融时报》由大骗子霍雷肖·伯特利（Horatio Bottomley）与人联合创办，他是"诚实的金融学家和受尊敬的揩客"的朋友。为节约成本，《金融时报》起初使用不用染色的粉色纸页，而如今，这种独特的三文鱼纸需要专门染色。

《泰晤士报》

《泰晤士报》是伦敦时至今日仍在发行的最古老的报纸。伦敦图书馆辟有专门的《泰晤士报》储存室，里面馆藏了两百来年《泰晤士报》的原版报纸。乔治·奥威尔的《一九八四》中有一个反乌托邦版的《泰晤士报》，它是一个极权主义执政党的机构。

《每日快报》

1924 年 11 月 2 日，第一个纵横字谜出现在英国报纸上，《星期日快报》刊登了"单词十字"的发明者亚瑟·韦恩的一个谜题[2]。留意一下舰队街的装饰艺术《每日快报》大楼，它由玻璃石、玻璃和铬制成。它被私家侦探称为"黑色卢比扬卡"（Black Lubyanka），得名于克格勃（KGB）在莫斯科的总部。

T ——

---

1. 1976 年，它印制了一份名单，上面列有在该市活动的 60 名 CIA 特工的名字。

2. 1976 年，第一个填字游戏的线索包括"舒适的小房间"和"某种动物的家"（"Cosy little room" and "Home of a certain animal"）。

未来的趋势

中世纪的"奢侈法规"明确规定了伦敦社会不同阶层的人可以穿什么。只有贵族才被允许穿尖头靴子，自耕农的妻子被严格禁止戴丝绸面纱。服装在今天仍然表达着身份，尽管不断变化的伦敦服装法则现在是由时尚品牌制订的，你仍然能通过成为一名设计师来影响高级定制时装的未来。

1. 构建你自己的风格

从你喜欢穿什么开始塑造你的风格。多佛街市场（Dover Street Market）是一家时尚得令人痛苦的多品牌概念店，用其创始人川久保玲（Rei Kawakubo）的话来说，这家店把服装和艺术装置放在一起，营造出一种美丽而混乱的氛围。尽管该店名为多佛街市场，但它于2016年从多佛街搬走，现在占据了博柏利位于干草市场的前总部。当你买完东西，可以在顶层的玫瑰面包店（Rose Bakery）欣赏一下定制的炫丽裤子和氨纶工作服。

2. 弄清门道

一旦你确定了自己的个人风格，就去时装与纺织品博物馆（Fashion and Textile Museum）看看，它浮夸的粉桔色外立面建筑占据了伯蒙德西街。为了与主题保持一致，时装与纺织品博物馆没有固定的藏品，而是将整个展览的内容从一个季节换到下一个季节。博物馆也是一所大学，有很多讲习班，报名参加钩针或前卫挂毯编织课程。或者，你可以在肖尔迪奇的伦敦时装学院（London College of Fashion in Shoreditch）注册一个学位课程，然后获取时尚手袋及配饰的学士学位。去看看他们每年夏天的毕业作品展。

3. 寻找灵感

现在你已经能区别"godet"（三角形布）和"gusset"（三角形插布），去过去的时尚大师那里汲取灵感吧。在罗素广场后面，有一个地下艺术场所位于马医院（Horse Hospital）的第一层，你会发现一些现代风格的衣橱，里面收藏着一些"稀有而奇异的街道时尚"作品，大卫·鲍伊、P. J. 哈维等明星都曾租用过。继续往回追溯，V&A博物馆里收藏着世界上最全面的时尚作品。[1] 你可以在那儿看看18世纪侧面扣的衬裙，这种衬裙穿上以后，下摆宽度是女人体宽的三倍，再观瞻让-保罗·高缇耶的紧身胸衣，它被描述为"20世纪晚期网络女性的盔甲"。V&A还定期举办"时尚动态"现场T台活动。

4. 参与时装秀

在2月和9月，伦敦时装周（LFW）[2] 是时尚界的焦点。要申请自己的T台秀，你需要至少有三年的从业经验，至少要有六名供货商。迷信是有好处的，"我总是在时装秀前去荷兰公园，"保罗·史密斯（Paul Smith）说，"这样我就能看到一只兔子，因为兔子对我来说是好运。如果你在时装周上看到一个高个子拿着84根胡萝卜，你就知道他是保罗·史密斯。"你的T台秀将在LFW网站上进行直播。

花花公子

花花公子[3] *是衣着讲究的人，他的职业、职位和生存都在于穿衣服。他的灵魂、精神、财力和个人的全部力量，都英勇地献身于这一目标：穿着明智而又得体。一些人穿衣服是为了活着，而他活着就是为了穿衣服。*

——托马斯·卡莱尔（Thomas Carlyle）

---

1. 你可以在第166页找到世界上最古老的裙子。
2. 在2015年，LFW搬到了一个意想不到的新地点。见第97页。
3. 在第111页可以看到一位典型的花花公子。

冻结的农场

这里有一些方法可以让你在时间匆匆流逝时抓住它。

放慢生活的节奏

看看埃德沃德·迈布里奇（Eadweard Muybridge）在金斯敦博物馆拍摄的动物运动的照片。生于金斯敦、死于金斯敦的迈布里奇花了数年时间拍摄动物的动作，这些动作太快，人眼无法识别。看看他打印出来的序列，是一匹奔跑的马；当你的眼睛沿着画面移动时，你可以准确地分辨出马抬起每条腿的时间和方式，你还可以看到马腾空的瞬间，四条腿都离开了地面。迈布里奇用这些照片来放慢生活节奏，并把行动分解成各个组成部分。你可以按下快门拍下鸽子起飞和上下班的人群冲向地铁的照片。

记录的日常

"不要只是从我身边经过，"布里克斯顿的雷尔顿路上一所房子外面的手绘标牌上写着，"试试最伟大的自行车修理工萨姆的手艺吧。"这是克洛维斯·萨尔蒙（Clovis Salmon）的家和工作室，他现年 80 多岁，20 世纪 50 年代从牙买加来到这里。除了他重建自行车轮子的传奇天赋，克洛维斯还以用 Super 8 相机记录布里克斯顿的日常生活而闻名。他的影片《萨默利顿路的大冲突》（*The Great Conflict of Somerlyton Road*）始于 20 世纪 60 年代，讲述的是耶稣拯救会的困境，一座五旬节派教堂被拆毁，为路障[1]让路。影片以 1981 年骚乱中汽车被烧毁的镜头结束。可在线观看，然后带着一部 Super 8 去拍摄你的伦敦。

让时间停止

在斯皮塔菲尔德的福尔盖特街 18 号的丹尼斯·赛福斯之家，生活完全静止不动。赛福斯于 1979 年买下了这处房产，并花了 20 年时间把它改回 18 世纪胡格诺派织工的家的样子。房子展现的是永恒的现在；吃了一半的饭、还在燃烧的蜡烛和被丢弃的衣服给人的印象是，房间的主人只是刚刚离开。赛福斯在改造这栋房子的时候住在里面。"有了蜡烛、夜壶和铺盖，我开始在这所房子的 10 个房间的每一间睡觉，"他写道，"这样就可以激发我的直觉，去探索每个房间的灵魂。"每当你需要从这座喧嚣的城市中得到片刻喘息的时候，就预订一次晚上的探访吧，但在探访的过程中，你得保持安静。

T ——

---

1. 找出为什么路障看起来像它现在的样子，参见第 93 页。

伦敦的时间

季节

在伦敦，让季节成为你的日历：4月，燕子飞来；8月，它们离开；9月里，里士满公园的雄鹿发情①；深秋时节，黄褐色的猫头鹰出现在雷纳姆沼泽地②，重新建立自己的领地；每年夏天，成年甲虫会在经过6年的幼虫期后的短短几周内长成，雄甲虫则会锁住它们角状的下颚。[1]

你也可以用伦敦郊区街道两旁的樱花树：紧随樱花的生长周期，从花蕾（2月）、花朵（3月）、绿叶（4—7月）、果实（8月）到红叶（9月）、脱落（10月）、裸枝（11月—翌年1月）。超市是预测一年时间的另一种方式：人们会在特定时节把货架上的巧克力蛋、防晒霜、返校用品和节日商品等一扫而光。

夜晚的天空

从技术上讲，可以用北极星和北斗七星构成一个天体钟面，根据这个钟面推断出的时间可以精确到小时。每年的3月7日[2]，这款钟都能完美工作。然而，天空中最精密的钟表是月亮。无论昼夜更替还是月份更迭，它的相位塑造我们的月份，它的潮汐赋予我们一天的节奏。如果你曾经把渐盈的凸月误认为是渐亏的新月，那就去汉普顿宫看看为亨利八世建造的天文钟。③除了时间、日期和星座，这个16世纪创造的天文钟还展示了伦敦桥位置的月相和涨潮时间。

同样的概念也在三浮标码头下游得到了彻底的更新。在码头的东南角寻找潮汐驱动的月球钟。④它利用三个同心圆的光圈来观察月亮每月的盈亏、月亮在天空中的位置以及潮汐的循环。这个月球时钟是一个巨大模型的原型，用来安装在千年穹顶旁边。涨潮时前去参观，当泰晤士河涨潮，月球时钟便会响起《时间和潮汐的钟声》（Time and Tide Bell），就在附近河堤上的雕塑上。⑤

太阳

太阳穿过天空，像一个巨大的时针，标记着早晨、正午和夜晚，这个可预测的日弧一直被用来报时。伦敦现存最古老的日晷是1628年托马斯·萨顿（Thomas Sutton）资助的，位于查特豪斯大礼堂的墙上。格林尼治、黑修士和查塔姆分别安装了三个精密钢制日晷，以庆祝千禧年的到来。

日晷的指针叫作"gnomon"，意思是"知道的人"。已知最早的"gnomons"是埃及方尖碑。例如，"克利奥帕特拉之针"曾经是太阳城赫利奥波利斯一个巨大日晷的指针。⑥参观并把克利奥帕特拉的时间记在A3211号南行车道上。七面钟的中央柱是另一个建筑指针：刻度石盘上的六个日晷精确到10秒内[3]，而这个柱本身就把环形商业区变成了第七个刻度盘。⑦[4]要参观日晷设计的12种变化，可以沿着霍尼曼博物馆的日晷小径走一走，这里有一个彩色玻璃表盘、一个天花板表盘、一个喝茶时间表盘和一个浑天仪式的八面体。⑧

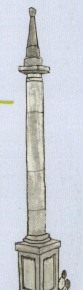

---

1. 雄鹿甲虫是英国最大的甲虫，它们在英国的大本营是伦敦热岛。
2. 不幸的是，随着时间的推移，这项技术的精确度会降低4分钟，需要越来越复杂的运算。

3. 专栏底部的一块圆解释了如何将读数转换为GMT。
4. 该柱是一个现代复制品，但你可以在泰晤士河韦布里奇的绿色纪念碑那儿看到1693年的原版。原版的刻度石盘就在韦布里奇图书馆旁边。

流水计时

在古埃及，每天从黎明到黄昏的时间被划分为 12 个小时。一个小时的长度随着季节的变化而变化，埃及人使用可调节的水钟来测量他们一天中移动的时间。去大英博物馆找找黑色玄武岩水钟的遗迹：水钟底部有一个有小孔的水槽，一天下来水钟里面的水会逐渐清空⑨。水钟内壁雕刻有几组线槽用来标记时间，一年中的每个月用线槽之间不同宽度的分隔来表示。

直到钟表出现前，水钟是一项被广泛使用的技术，但不像日晷，它并没有被持续使用到现在。如今，伦敦

最精致的水钟位于肖特斯花园的"荷兰和巴雷特健康食品店"上方。这个 80 年代的装置颇显奇异，中心是一根透明的管子，上面标着水位刻度，一个单位表示一刻钟（15 分钟），水慢慢充盈这根管子。当水位达到一个小时时，水沿着一些水桶从屋顶倾泻而下，流水使钟声响起，同时这些倾泻而下的水会充满机械园丁的浇水罐。园丁们把罐子的水倒进商店招牌后面的槽里，形成了一个漂浮的花园。

流沙计时

沙漏的原理与水钟相似。你可以在科学博物馆的计量时间长廊里看到原始的鸡蛋定时器，当时被牧师用来给布道的过程计时。⑩

识图

《伦敦时刻》（The Times London）将伦敦城想象成一个时钟，灵感来自希思·罗宾逊的钟表和伦敦众多的公共时钟。威廉·希思·罗宾逊（William Heath Robinson）出生于斯特劳德格林，一生都居住在伦敦。

鲜花计时

1678 年，安德鲁·马维尔（Andrew Marvell）注意到，应该用"香草和鲜花"来衡量花在园艺上的"甜蜜而有益健康的时间"。马维尔写出《花园》80 年后，卡尔·林奈提出了"Horologium Florae"，或称"花钟"。花钟的工作原理是种植"昼夜节律"花卉，这些花卉每天在特定的时间开放和闭合，不受阳光的影响。还没有人成功种植过这种植物，所以为什么你不试试呢？找一块地，摆上一些长着刚毛的牛舌草（上午 4 点开放）、鼠耳山楂草（上午 8 点开放）、蓝色的苦菜蓟（夜里 12 点花谢）和野生康乃馨（下午 1 点花谢）[1]。

或者，用花香来报时。⑪贝克斯利的克雷草地（Cray Meadows）上的野生百里香，在炎热的白天会散发出阵阵芳香；斯皮塔菲尔德市农场的月见草在黄昏时分会释放出甜蜜的柠檬香味。从宋朝开始，有些中国的寺庙就有一条蜿蜒曲折的香道，每天早上点上香。这条香道全天都有香在燃烧，香中混合的不同气味能显示时间。[2]

其他的气味钟表包括早晨的伯勒市场（新鲜出炉的面包）；退潮时的泰晤士河滩 [据香水大师罗亚·德芬（Roja Dove）称，这里是"潮湿的地下室"] 和入夜前的俱乐部（消毒剂和便池除臭剂）。

T ——

---

1. 林奈的钟是在瑞典北纬 60 度的乌普萨拉地区，在伦敦得做些调整。

2. 科学博物馆有一个迷宫一样的中国香钟。

钟

大本钟可能是广播明星，但伦敦最大的钟是圣保罗大教堂的大钟 [1]。⑫ 几百年来，钟声一直在敲打着伦敦的生活节奏，其中最著名的莫过于圣玛丽－勒－鲍教堂的钟声 ⑬。据说，出生在能听到这个钟声响起的地方的人才能算真正的伦敦人，尽管这钟声在人们生活中扮演着童谣一样的角色 [2]，但它也有很糟糕的过去：它曾在大火和闪电战中被摧毁；在 19 世纪中叶，因一位当地妇女认为这钟声会让她死去，在她的请求下钟声沉寂了两年。在齐普赛留心听这些钟声，除此以外，你还可以参观这座城市的其他钟，听其他钟的声音。

圣玛丽·伍尔诺斯教堂不再以 T. S. 艾略特的独特方式敲九下，但在教堂里，你可以看到玻璃后面的旧钟，上面刻有摘自《荒原》的句子。在伦敦舰队街上的圣邓斯坦西教堂（St Dunstan's-in-the-West），两个口袋大小的巨人 [3] 敲响了教堂的大钟。教堂的大钟是伦敦第一个显示分针的。

除了教堂的钟声，在莱斯特广场的西北角还有一个瑞士钟楼，这个钟的报时由 27 个钟交混而成的华丽声音、牛羊群的声音和阿尔卑斯民间音乐组成。⑭ 位于邦德街 24 号的一座哥特式尖塔上，人们在周五晚上和周六下午演奏阿特金森 23 钟乐曲。

钟摆

1670 年，威廉·克莱门特（William Clement）在伦敦发明了钟。克莱门特的天才之处在于发明了一种"锚"式擒纵装置，将钟摆的摆动降低到 6 度，这意味着它可以被装在箱子里。相比之下，你可以在 V&A 博物馆的入口大厅看到一个引人注目的钟摆——"炮塔钟"，安装于 1857 年，离博物馆开放不久。刻度盘用战车标记白昼，斗篷标记夜晚，用沙漏和镰刀标记时间。刻度盘上的数值之间，有字母拼成"不可挽回" [4]。今天，巨大的钟摆静止不动地悬挂着，这只钟是由电力驱动的。

伦敦动物园的蒂姆·亨金的自动机钟有一个更活跃的钟摆，两个巨嘴鸟形成的钟座显然起到了支撑重力的作用。⑮ 每到整点时，它会把机械鸟放飞到你头顶。

如果你想在某人出生当天的早晨给他买一个落地式大摆钟（这将永远是他的财富和骄傲），那就去马德克斯街（Maddox Street）的梅菲尔摆钟市场，那里有一个滴答作响的古董钟表宝库。

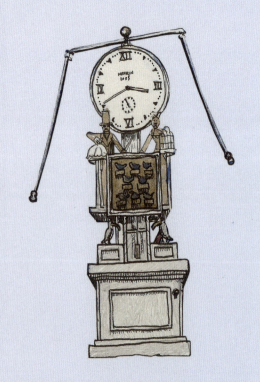

---

1. 尽管它的机制有缺陷，而且已经好几年没有在城市上空听到它的声音了。它的小对手"大汤姆"（Great Tom）会发出报时的声音，而另一个"班吉"（banger）也会在早上 8 点前响起。
2. "我不知道，"鲍教堂的大钟说。河岸街上的圣克莱门特每天早上 9 点都会演奏《橘子和柠檬》的调子。
3. 高格 (Gog) 和马格 (Magog)，参见第 396 页。
4. 参见第 316 页。

弹簧钟

在格林尼治的皇家天文台找一块超大的怀表，⑯它的大小和重量甚至可以把最宽的马甲都撑开。这款名为 H4 的不甚实用的钟表解决了它所处时代的一个重大科学问题。

1714 年，英国政府悬赏两万英镑，征集能够在海上精确工作的装置。木匠约翰·哈里森（John Harrison）⑰一生中大部分时间都在试图解决经度的问题，他发明了一系列精巧的计时器，配有弹簧平衡轮和一条黄铜混合钢的带子，可以根据温度的变化进行调整（他漂亮而笨重的第一次尝试的成果 H1 也在皇家天文台展出）。⑱H4 是他的获胜模型，在 47 天的海上航行中只有 39.2 秒的误差。如果你参观这个计时器，再到威斯敏斯特大教堂的地板上找到一块哈里森的纪念牌。[1]在《只有傻瓜和马》（Only Fools and Horses）1996 年的圣诞特辑中，德尔博和罗德尼找到并卖掉了传说中失踪的哈里森天文钟 H6，最终成为百万富翁。⑲

电子钟

在苹果手表之前，我们有土豆钟。去伯勒市场买两个土豆。在每个土豆中都插入一根镀锌钉子，并将一段铜线插入土豆另一侧。把土豆和一个小的 LED 时钟连接起来：锌离子和铜离子发生反应，土豆起缓冲作用，其余的部分，就像他们说的，是电化学。

电子钟都依赖于能产生固定频率的东西。然后，将此频率打包为秒和分钟，并将其作为时间传递。你的土豆供电的 LED 时钟使用的是石英晶体共振；有些钟使用音叉的振动，另一些则使用交流电。哈姆庭院酒店大堂采用了模拟和数字相结合的时钟：墙壁上，135 个模拟钟面的电动指针旋转，形成催眠般的变化模式，并用巨大的数字显示每分钟的时间。

原子钟

你可能认为一秒钟是八万六千四百分之一天，但是再想想。长期以来，地球不稳定的自转及其产生的不一致的日期一直被认为太不精确，无法作为国际时间的基础。现在，用铯 133 原子的九十一亿九千二百六十三万一千七百七十次振动来描述一秒钟更为准确。今天我们生活在原子钟的世界里，它以原子振动的频率来计时。

第一个成功的原子钟——铯 1 号，是 1955 年在特丁顿的国家物理实验室制造的 ⑳[2]。铯 1 号每 300 年就会滑落一秒。这与现在的模型相比，相当不精确了。如果你是一个守时的人，伦敦新邦德街的弗罗斯特是这个城市里唯一一个你可以花 3 万多英镑买到原子手表的地方。如今，格林尼治标准时间的继承者——协调世界时，是以世界上 400 个原子钟的平均时间为基础的。

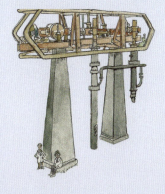

---

1. 他的姓氏由一条铜钢子午线一分为二，并刻有经度：000°7'35"W。

2. 这个笨重的装置现在正在科学博物馆的现代世界制造陈列馆展出。

时时刻刻

詹姆斯·乔伊斯（James Joyce）的小说《尤利西斯》（*Ulysses*）发生在 1904 年 6 月 16 日的一天，这一天被称为"布鲁姆日"。每年的这一天，都柏林人都会装扮成书中的人物，按照小说的情节，追溯都柏林的故事，人们围绕都柏林游行，沿途有不少读物和节日活动。弗吉尼亚和伦纳德·伍尔夫在 1919 年得到出版《尤利西斯》的机会。对霍加斯出版社而言，小说《尤利西斯》尤为重要，他们在里士满联排别墅里经营这个出版社。弗吉尼亚还阅读乔伊斯的史诗，而且在 1925 年的一天出版了自己的意识流小说。

伍尔夫写的时候，小说名叫《时时刻刻》（*The Hours*），以伦敦为背景，以大本钟的钟声暗示时间顺序。大本钟的"铅圈"在空气中融化，标志着小说中时间的流逝。小说最后取名《达洛维夫人》，是最伟大的现代主义文学作品之一。

在此，我们建议在每年 6 月中旬的星期三在伦敦设立一年一度的休息日。[1] 人们可以从威斯敏斯特巴顿街的达洛维家开始一天的庆祝达洛维日的活动。

6AM	7AM	8AM	9AM	10AM

上午 10 点，鲜花

如果你已决定亲自买花，请于上午 10 点去维多利亚街。留心听大本钟。就是这个声音："First a warning, musical; then the hour, irrevocable"（第一声是警告，音乐；然后，时间不可挽回）。

从安妮女王大门进入圣詹姆斯公园，路过"快乐的鸭子悠悠游动"（slow-swimming happy ducks）。再向右拐，沿着皮卡迪利大街往前走，到哈查德书店 [2]。

然后沿着邦德大街往回走，伴随着 "flying flags"（飘扬的旗帜），途中留意看"冰块上的鲑鱼"。

到了新邦德街 42 号，从旋转门走进去。1925 年，这里曾是国王的花商和水果商 G. 亚当公司（G. Adam & Co.）所在地，也是小说中马尔伯里的原型。[3]

在里面参观的时候，想象一下达洛维夫人听到的"街上的手枪声"，想象一下人群聚集在一起围观肇事者——那辆逆火汽车的画面。

现在人们应该跟随达洛维夫人的节奏，带着鲜花回巴顿街去了；任何觉得这个世界"摇摆不定、摇摇欲坠、有起火危险"的人，则都应该跟随塞普蒂默斯（Septimus）和雷齐亚·史密斯（Rezia Smith）来到摄政公园。

---

1. 2017—2021 年的达洛维日：

2017	6 月 14 日
2018	6 月 13 日
2019	6 月 12 日
2020	6 月 17 日
2021	6 月 16 日

2. 去橱窗里找一本《乔罗克斯的旅行和快乐》（*Jorrocks' Jaunts and Jollities*），《肥皂海绵》（*Soapy Sponge*），《阿斯奎斯夫人的回忆录》（*Mrs. Asquith's Memoirs*）和《尼日利亚的大型狩猎活动》（*Big Game Shooting in Nigeria*）。

3. 现在是奢侈品牌蔻驰的奥特莱斯店。

上午 11 点，偶遇

上楼整理一下你的衣着。

11 点的时候，一个老情人突然来拜访，跟她 / 他深情对话，然后像彼得·沃尔什（Peter Walsh）一样慌忙离开。

大步流星往白厅方向走，一睹剑桥公爵的雕塑。你将在特拉法加广场看到一位风姿绰约的年轻女郎，远远跟随她一路走到科克斯普尔街。跟着她穿过干草市场、穿过皮卡迪利大街，来到摄政街，直到她消失在波特兰大街旁的一栋红色平房里。

没关系。继续到摄政公园。在宽阔的人行道上找个凳子坐下，抽一支"浓郁的仁慈"雪茄，开始打盹。

当你醒来时，看一个小女孩搂住妈妈的腿。然后步行到摄政公园地铁站。

当你离开公园时，听一位饱经风霜的老妇人唱歌。想象一下这首"古老的、咕嘟咕嘟的歌，浸透了古老纠缠的树根，留给老妇人一枚硬币，让彼得·沃尔什搭出租车去林肯客店，而你则沿着哈利街继续往前走。

下午 1 点，伦敦公共图书馆

像休·惠特布莱德（Hugh Whitbread）一样，步行到牛津街，在克拉克商店外面停一停，"以批判的、权威的眼光盯着袜子和鞋子"。然后去布鲁克街吃午饭。你要和布鲁顿夫人一起吃饭，所以带上红色康乃馨。前往兰开夏宫 8 号哈希的银色房间，点一份鸡肉砂锅、咖啡和蛋奶酥。

下午 2 点，玫瑰

布鲁顿夫人要休息了，别打扰她。在康迪街彼得·爱德华兹（Peter Edwards）的橱窗外，凝视一只银色的双柄雅各豆马克杯，然后像理查德·达洛维（Richard Dalloway）一样，买上红白玫瑰，走回威斯敏斯特。

当你穿过绿色公园时，你会注意到许多家庭在树荫下活动筋骨，孩子们则在"练习踢腿"。路过维多利亚女王的纪念碑，你会看到她"汹涌澎湃的母性"。

当你经过迪安的院子时，大本钟该敲响报时了。

11AM	12PM	1PM	2PM	3PM

上午 11 点，公园

在宽阔的人行道上找个凳子坐下。

抬头仰望天空，想象你头顶上有一架飞机，正在天空中拼出的字母。带上太妃糖，要是饿了可以吃上一颗。

看海鸥从头顶飞过，听钟声敲 11 下。

当你被丈夫的创伤后应激障碍（PTSD）[1] 搞得精疲力尽时，走到现金喷泉[1]，喊一嗓子："我独自一人，我独自一人！"

你来到地铁站公园，麦茜·约翰逊（Maisie Johnson）问你去摄政公园地铁站的路——然后挥手道别。把你省下来的面包皮喂给松鼠，然后看着梅西。你忍不住对那样的女孩微笑。

一个孩子向你跑过来，撞到你，摔个底朝天，大哭起来。你将她扶起来，帮她掸去她衣服上的灰尘。

然后，回到你丈夫身边，他正在看着他死去的同伴的鬼魂走过。他是时候离开了。

当你离开公园时，听一位老妇人唱歌。沿着马里波恩路走到哈利街。

中午 12 点，预约

当你走在哈利街时，聆听大本钟的钟声。走进哈利治疗（哈利街 1 号），这是一家专门治疗创伤性应激障碍的私人心理治疗诊所。尽量安排一个持续 3 —— 4 小时的访问，这是塞普蒂默斯与威廉·布拉德肖爵士（Sir William Bradshaw）会面的时间。

当你回到哈利街，听一听 "shredding and slicing"（切碎和切片）的声音。哈利街的时钟在一天中一点点地流逝。

下午 3 点，午睡

当大本钟的声音淹没客厅时，送克拉丽莎玫瑰。带一个枕头和一床被子，这样她就可以睡一会儿了。为什么不在餐后小睡一下呢？

你的女儿伊丽莎白很安静地走了进来，吵醒了你。她和基尔曼小姐去逛街。大本钟敲响，对面房子里的老妇人走动的节奏好像她和钟声连在一起。

当你和伊丽莎白沿着维多利亚大街散步时，圣玛格丽特教堂的钟声迟了，"就像疲惫的浪花一样"落在你身上。进入福来莎百货凉爽、芳香的香水部[2]。

看看商店里的衬裙，然后去地下室喝杯咖啡，吃个巧克力泡芙。当伊丽莎白发现你令人讨厌并离开时，想象一下基尔曼小姐跌跌撞撞地走向修道院去做祷告。

1.这个喷泉于 1869 年由富有的帕西实业家科瓦斯吉·"现金"·杰汉吉尔爵士捐赠。　　2.直到 2005 年，福来莎百货的这家分店还被称为陆军和海军商店。

晚上 9 点，派对

哦，天哪，这将是一次失败，一次彻底的失败。

让黄色的帘子和天堂鸟一起飞吧，就像有"翅膀飞进房间"一样。

当首相到达时，你护送他走下房间，波光粼粼。你还有这种天赋；存在；存在。你就是派对的中心！

噪声！成功的标志。当布拉德肖夫人透露，她丈夫的一个病人，一个年轻人，自杀了，你在脑子里勾勒那个画面，派对的地面依然在闪闪发光。

下午 4 点，公共汽车

在威斯敏斯特市政厅外的维多利亚街（SA 站）等车。登上 11 路车，要更好的话呢，坐在顶层的前排座位上。

公共汽车是一个性急的动物——海盗一样——向前冲去，一跃而起；你必须抓住栏杆，你必须让自己保持稳定，因为它会把"所有的帆都展开"，冲向白厅。

沿着河岸街道路行驶，经过萨默塞特庄园和教堂。在皇家法院下车（M 站）。沿着中殿巷走下去，看一眼泰晤士河，沿着泵巷走到圣殿教堂。忘记时间去领略人群中的"姐妹、母亲和兄弟情谊"。

当你临阵退缩时，让伊丽莎白·达洛维乘公共汽车回威斯敏斯特，但你应该乘坐出租车去吉尔福德街和格兰维尔酒店。

晚上 7 点，晚餐

进入雅克葡萄酒酒吧，找一张适合一个人的桌子。一定要点"巴特利特梨"，以赢得其他就餐者的尊重。

晚饭后，在酒店的台阶上享受一支雪茄，然后拿起你的外套，走进外面的黑夜里。

4PM	5PM	6PM	7PM	8PM	9PM	3AM

下午 6 点，酒店

起身离开，向左转沿着街道一直走，你会像彼得·沃尔什一样听到救护车的呼叫声，救护车转过拐角，消失在托特纳姆宫路的拐角处。步行去塔维斯托克酒店[1]，当你到达酒店，穿过充满艺术气息的大厅，拿好你房间的钥匙和一封装在蓝色信封里面的信。读一读克拉丽莎留下的便条，脱掉靴子，把口袋里的东西掏出来。洗漱，刮脸，然后穿好衣服去吃晚饭。

晚上 8 点，夜晚来临

漫步贝德福德路。沿着这条街向左转。看看罗素广场上闲逛的情侣们，"嬉戏、拥抱、在树下谈情说爱"。在这个夏日的夜晚，当你漫步在像"被蜘蛛踩过"白厅，它看起来像"被蜘蛛踩过"吗？

走过"若隐若现的、高大的、圆顶的房屋、教堂和议会大厦"，来到车水马龙的巴顿街，出租车"像水绕着桥墩急转"。

下午 5 点，窗户

在这个布卢姆斯伯里旅馆要一间朝前的房间。当你妻子做帽子时，你就躺在沙发上。看着"水汪汪的金色"灯光在墙纸上忽明忽暗。

窗户上有栏杆，所以当你的医生来强行把你带走时，你将不能坐在窗台上。"我给你！"塞普蒂默斯·史密斯一边大叫，一边猛烈地扑倒在栏杆上。

或者，你还可以喝点白兰地，摇一摇手中的酒杯，听听远处的钟声。

凌晨 3 点，结束

静静地看看对面的老妇人，她孤零零一个人上床睡觉。

她拉下百叶窗，大本钟开始报时。

不要再害怕太阳的热量。你该回去参加聚会了。

---

1. 塔维斯托克酒店建在塔维斯托克广场 52 号的原址上，弗吉尼亚·伍尔夫就是在这里写《达洛维夫人》的。

超时

买百里香

福特纳姆与梅森百货在汀街 20 号出售百里香。用正门上方的大计时器发出 18 个钟的报时声来记录你在店里待的时间：正点时，装有自动机关的福特纳姆先生（端着茶壶）和梅森先生（端着烛台）会从壁龛里出来，互相鞠躬。

制造时间

科学博物馆有自己的历史钟表收藏展馆，用来展示收藏的钟表。这是世界上最古老的钟表收藏。

标记时间

千禧穹顶的建造考虑到了时间元素：它有 12 根金属支柱，高 52 米，直径 365 米。

喝酒的时间

在肖尔迪奇高街上的齐弗布拉特（Ziferblat）店里[1]，"除了你在里面待的时间，里面的一切都是免费的。"当你到达时，商家会给你一个时钟来记录时间。你可以自己煮一杯每分钟 3 便士的咖啡。

时间老人

在罗德板球场的高处，可以看到时间老人（Old Father Time）戴着兜帽的身影，弓着背站在一扇三柱门前，取下了所有的横木，这是对板球规则第 16 条第 3 款的引用："时间一到，两个三柱门上的横木都要取下来。"

花费时间

伯勒的殉道者圣乔治教堂有四个钟面。其中三个是白色的，晚上会发光，但面向东方的时钟是黑色的不发光的。当教堂在 18 世纪 30 年代被整修时，当地教区居民被要求掏腰包。在教堂东面的伯蒙西人拒绝出钱，因此他们没时间去教堂，圣乔治也没必要为他们提供报时服务。钟楼面朝东面的伯蒙西人的那一面是空白的，后来又加上了黑色的奇数时钟。

时间停止

1915 年 9 月 9 日，当一架齐柏林飞艇向酒吧投掷炸弹时，红狮街海豚酒馆的钟停了下来。它再也没有启动过，而且仍然显示出 10：40 的致命时刻。

经络（子午线）

皮卡迪利广场站售票厅的"今日世界时间"时钟是一张世界地图，中央有一条照亮的时间带：该时间带与地球自转保持同步，因此时钟始终同时显示世界各地的正确时间。

格林尼治本初子午线

格林尼治是世界的本初子午线，这条经线是用来测量其他经度的。在皇家天文台，你可以一只脚站在东半球，一只脚站在西半球。晚上，一束强大的绿色激光束穿过格林尼治公园上空，划出了子午线。它直接穿过埃平森林中的波尔山，经过布拉德利子午线上竖立的方尖碑。[2]

O.K.

乔治三世试图在邱园建立一个与之相对的子午线，它位于格林尼治以西 18 分 53 秒，穿过他的国王天文台。他的"田园子午线"仍然由四座方尖碑组成，其中三座方尖碑你可以在里士满老鹿园（Richmond Old Deer Park）参观，还有两块牌匾标出了这条线穿过泰晤士河的两个地点。这个"归零地"从未取代格林尼治子午线，但天文台的文件上盖有"O.K."的印章（the Observatory of the King，国王的天文台），据说这是这个流行感叹词的起源。

---

1. "Ziferblat" 在俄语和德语中意为"钟面"。   2. 早期的布拉德利子午线位于今天官方子午线经度以西 6 米处。

UNDERGROUND地下建设

有这样一个城市传说，第一个在伦敦地铁上出生的宝宝是 1924 年出生在贝克鲁线（Bakerloo Line），名叫塞尔玛·乌苏拉·比阿特丽斯·埃莉诺（Thelma Ursula Beatrice Eleanor），她的名字缩写会让她想起她的出生地 [1]。地铁本身始运行于 1863 年，从那时起就以同样的方式激发了人们的兴趣和挫败感。这是一个工程杰作，它把这个城市连在一起，因其永恒的设计而备受推崇——圆形大厅、艺术装饰的站台、座椅面料和字体——同时也因拥挤的人群而受到鄙视 [2]。

地铁使人们可以很容易地在街道深处度过很多时间。它可能变得如此常规以至于你忘记了你与地表被成千上万吨的土壤隔开。但是不要被整齐的瓷砖和条状的灯光所迷惑：你处在一个完全陌生的环境中，周围是鼠疫坑、废墟、秘密军事设施和地下河流。在克拉彭商业街 100 英尺下，甚至有一个种植酢膏草和火箭草的地下农场。伦敦地下的气候如此不同，以至于有一种蚊子是地下特有的，无法与陆地上的蚊子繁殖。地下库蚊以老鼠、大鼠和人类血液为食，明显比普通的室内蚊子更具攻击性。

当不再需要地下场所时，它们往往被遗弃，伦敦到处都是诱人的地下场所。其中一些很容易找到，但更多的躺在那里不受干扰，很少向公众开放。然而，只要坚持不懈、好运不断，或者敢于冒险，你就能揭开更多你想象不到的秘密。

一个城市的地下并不全是实体。它也是发生鲜为人知的激进创意活动的代名词，比如朋克（punk）等运动，在 20 世纪 70 年代的国王大道上萌芽，或者是最近在东伦敦爆发的 grime 音乐。

地下的诱惑——话里话外的——是不可抗拒的。所以，收起你的牡蛎卡，给热水瓶加满水，然后掀开最近的井盖：伦敦的地下世界正在等你。

城市迷宫

《天方夜谭》（*Arabian Nights*）的故事背景设置在迷宫般的城市中，打开地下空间，可以看到宝藏或可怕的地狱之洞；它们发生在华丽的私人住宅的神秘的墙后；他们的英雄是漂流者、流浪者、淘金者和爱人。根据童话的希望和正义的规则，穷人有时会拥有这样的宫殿，并统治这样的城市……

——玛丽娜·华纳（Marina Warner）

---

1. 这不是真的：孩子的名字叫玛丽·科德里（Marie Cordery）。然而，她名字的最后一个字母和姓氏的第一个字母确实为她出生的地方提供了线索。参见第 330 页。

2. 到第 39 页寻找最拥挤的地方。

地下世界与地表世界

在下降之前，你可以从地表的某些地方俯瞰地下。

井

不用费力寻找的井

莎德斯威尔斯剧院里有一口古老的水井，传说里面的水可以治病。在门厅右边的楼梯上，你可以透过地板上的一个玻璃舷窗窥探井下世界。

保存完好的井

从剧院走到法灵顿街 16 号，从窗户往外看那口漂亮的"老书记员井"，克莱肯维尔的名字就是根据这口井来的。如果您想要更近距离的接触，请致电伊斯灵顿当地历史中心安排免费参观。

需下功夫发现的井

在当地一位热心的历史学家的研究之后，坎伯井于2009 年被发掘出来。它位于格罗夫公园的诺琳·莫林（Noreen Morrin）夫人的后花园，目前不对公众开放。

地下室

修道院地下室

富而德律师事务所的标志是手持长矛的大天使圣迈克尔。也许这种宗教倾向可以解释为什么该公司在舰队街总部的地下室有一座中世纪修道院。你可以从喜鹊巷看到它，喜鹊巷是他们办公室后面的一条人行道。在被一家跨国公司收购之前，这座地下室曾是白衣修士的加尔默罗修道院（Whitefriars Carmelite priory）的一部分。

地下 & 空中建筑

在不服输的心态下，富而德的竞争对手安理国际律师事务所（Allen & Overy）于 1999 年在斯皮塔菲尔德主教广场新建的地下室里发掘出了一间中世纪的储藏室，这间用来存放尸体的房子属于圣玛丽修道院，用来储存在墓地里挖新坟时移走的骨头。[1]

空中的车站

伦敦最高的地下站点是西阿什菲尔德地铁站，位于西肯辛顿的一座交通局建筑阿什菲尔德大厦内，比街道高几层。为了让员工做好在地铁网络上工作的准备，交通局在办公区内创建了一个详细的区域线的地铁站[2]的复制品。这个平台可以模拟振动，还有风扇来模拟列车靠近时带来的阵风。

---

1. 到第 397 页查看看更多的罗马人。

2. 在肥皂剧《东区人》（*Eastenders*）中，我们可以看到另一个假的"区域线"车站——沃尔福德东（Walford East）。

地下探秘

挖掘

每一代人都在不同的地方打开伦敦的大门。横贯城铁（Crossrail）是最新的一次大挖掘，挖出了巨大的火山口，就像查林十字街顶部的那个，在城市的地下用八台钻探机进行挖掘：艾达、菲利斯、伊丽莎白、维多利亚女王、玛丽、索菲亚、杰西卡和艾丽。过不了多久，横贯城铁就会自己清理干净，这个巨大的苏荷峡谷和它的八个钻探机就会消失得无影无踪。[1]

找到一个秘密入口

尼尔·盖曼（Neil Gaiman）的小说《乌有乡》（*Neverwhere*）发生在"伦敦地下"，一个充满"从世界裂缝中跌落的人"的幻想王国。要去那里，可以去就在托特纳姆宫路旁边的汉威广场。这条路通常是死胡同，但如果你运气好的话，你可以在路的尽头向左拐，走到奥姆通道，即伦敦的入口。如果这扇门不管用，那就去基尔伯恩找那扇通往非伦敦的神秘之门，一个危险的地下世界。这个地下世界在柴纳·米耶维在他的小说《伪伦敦》（*Un Lun Dun*）中有描写。不过你得当心宾加斯（binjas）。[2]

从炉笆进入

小康普顿街只存在于伦敦地下世界。从查令十字街中间与老康普顿街交汇处的交通岛上的一个栅栏，你可以看到它的路牌。等到没人注意到你的时候，你可以掀开栅栏架往下爬。

乘坐扶梯

在伯爵宫地铁站地下——这是该网络第一个自动扶梯的站点——一位名叫邦普洱·哈里斯（Bumper Harris）的独腿工程师，第一天就被雇来不停地陪同游客上下电梯，以安抚紧张的游客。[3]你可以在伦敦交通博物馆的阿克顿站看到一个模特庆祝他的处女秀。

城市探险

探索这座城市完全毁了我按时到达任何地方的能力。我现在看任何地方，我都能看到人孔，通风井进入管道，我可以摇动的排水管，打开的窗户（我可以爬过去）。我一直在做笔记、拍照，并记录 GPS 点，以便在午夜时分返回。

——布拉德利·加勒特

U ——

---

1. 钻探机通常以女性的名字命名。1999 年的银禧线扩建是由莎朗和特蕾西创造的，她们是电视剧《飞鸟如鸿毛》（*Birds of a Feather*）中的主角。横贯城铁的八台钻探机分别为 Ada（Lovelace），Phyllis（Pearsall），Elizabeth（the First），（Queen）Victoria，Mary（Brunel），Sophia（Brunel），Jessica（Ennis-Hill）和 Ellie（Simmonds）。
2. 受过武术训练的垃圾桶。
3. 威胁是真实存在的：在自动扶梯运行的第一个星期里，有九件衣服被撕破了。

脚下的伦敦城
洞穴

白垩矿场 I

崭露头角的穴居人应该乘坐从伦敦桥到奇斯勒赫斯特的火车，在古老的白垩矿里度过时光。奇思赫斯特洞穴（Chislehurst Caves）在 1903 年时声名狼藉，当时一位著名的考古学家声称它们是德鲁伊人（druids）挖掘的。这些洞穴度过了一个有趣的世纪：两次世界大战期间，它们是肯特蘑菇公司（Kent Mushroom Company）的驻地；在闪电战时为 15 000 名伦敦人提供了庇护；从 20 世纪 60 年代起，这里就成了一个地下音乐场[1]。现在你可以参加一个有灯光照明的旅行团，或者报名参加一个在黑暗中进行的角色扮演游戏。

凯德的洞穴 II

在布莱克希思你可以找找一个有角的神的雕像。如果你看到它，你可能就站在杰克·凯德（Jack Cade）洞穴的入口。这是一个起源不明的神秘洞穴系统。在 19 世纪，这个洞穴曾一度是一个危险的夜生活场所。2002 年，当它上面的一条路坍塌，在布莱克希思和梅登斯通山的交界处留下一个火山口形状的口子时，它再次受到广泛关注。原来的入口现在密封起来了，据说是在梅登斯通山 77 号的花园里。

梅林洞穴 III

彭顿土堆（Pen Ton Mound）中的洞穴里有一个德鲁伊教的母神纪念碑，可以通过隧道到达。这条隧道过去位于梅林广场 16 号梅林山洞酒馆的酒窖里，但在 20 世纪初被用砖堵住了。地下室现在就在梅林街查尔斯·罗文大楼（Charles Rowan House）下面的某个地方。

鼹鼠人的洞穴 IV

伦敦的地下已经布满了坑坑洼洼的隧道，在此地当一名鼹鼠可不是件容易的事。这并没有阻止哈克尼的鼹鼠人威廉·利特尔（William Lyttle），他在自己的房子[2]底下挖了 40 年洞，后来因为破坏了街道的结构完整性而被委员会驱逐。他被重新安置在一套公寓里，但不久就去世了。2012 年，这栋房子被拍卖，两名艺术家获得了重新开发该地块的规划许可，他们打算保护它，并向利特尔的作品致敬。现在在莫蒂默路 121 号的房子外面有一块非官方的蓝匾，上面写着"鼹鼠威廉·利特尔在这里生活和挖掘过"。

劳工

鼹鼠的集合名词——劳动者——反映了这些生物在隐藏生活中的不懈努力。在伦敦大学学院格兰特博物馆（UCL's Grant Museum）的 12 号陈列柜里，你可以看到保存在一个罐子里的 18 只鼹鼠。

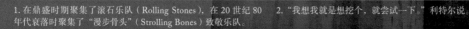

---

1. 在鼎盛时期聚集了滚石乐队（Rolling Stones），在 20 世纪 80 年代衰落时聚集了"漫步骨头"（Strolling Bones）致敬乐队。　2. "我想我就是想挖个，就尝试一下。"利特尔说。

隧道

人行隧道 V

位于泰晤士河下的布鲁内尔人行隧道是有史以来第一条水下隧道。这是一个痛苦的过程：当他们在挖掘隧道时，发生了几次严重的洪水，为了缓解公众焦虑，布鲁内尔家族举办了一场地下晚宴。当它在 1843 年开放时，它被许多人誉为世界第八大奇迹。在它开放的头四个月里，100 万游客花了一分钱体验水下行走的新奇感。今天想要享受同样的刺激，你可以去格林尼治，在它的步行隧道里自由漫步，然后穿过伍尔维奇[1] 的隧道向南走。你可以乘坐伦敦地铁穿过布鲁内尔家最初的隧道。或者，如果你想走一走，布鲁内尔博物馆（Brunel Museum）会在计划中的工程施工期间，带领游客沿着铁轨游览隧道。

路 VI

有抱负的滑板爱好者和街头艺术家应该去滑铁卢的利基街（Leake Street）看看。班克西于 2008 年在这条古老的公路隧道里举办了一个涂鸦节，从那以后，涂鸦就在这里获得了授权。[2] 如果你想安静地练习画画，那就在早上拿着你最喜欢的罐子和喷嘴来练习。当你遭遇到最糟糕的事，拿起你的滑板，去以前的老维克隧道，那里有一家美国鞋厂建立的一个免费的室内滑板公园。去那儿试试你的滑板动作 ollies、slides 和 grinds，然后升级去布满涂鸦的南岸中心地下社区，经过多年的抗议和请愿，南岸中心地下社区在 2014 年勉强躲过了重建。如果你的滑板断了，把它从亨格福德桥的南端扔到历史悠久的滑板墓地去。[3]

识图

《脚下的伦敦》（London Underfoot）描绘了城市的地下世界，剥去表面，展现了一个废弃的地下王国。

电车轨道 VII

1954 年，英国广播公司的傻瓜秀节目透露，一辆 33 号有轨电车在金斯威（Kingsway）有轨电车地铁网络退役后，有两年半的时间都停放在地铁轨道里。这位司机曾经下定决心，他的车将是伦敦最后一辆有轨电车，他拒绝离开工作岗位，直到在"最后一辆有轨电车仪式"上，他收到一个大理石石钟。当他最终被发现时，他唯一的乘客埃克尔斯正在耐心地等待电车到达金斯威的目的地。从滑铁卢乘 521 路公共汽车可以看看这个轨道，这路车会经过之前地铁的一部分，现在则是河岸街地下通道。

电缆 VIII

1980 年，记者邓肯·坎贝尔（Duncan Campbell）找到了一条通往该市地下电缆隧道的路，并找到了 Q-Whitehall: 特拉法加广场地下 100 米的政府通信设施。[4] 坎贝尔在为《新政治家》（New Statesman）杂志撰写的一篇曝光文章中，强调了该通信设施的脆弱性，他建议公众参观并沿着"伦敦市中心唯一一条无污染的跑道"慢跑。这条地下电缆通道已经被加固，但政府计划将废弃的地铁线路改造成自行车道，地下健身爱好者们可以聊以自慰。

地铁 IX

地铁画廊于 2006 年 6 月 6 日在埃奇威尔路下面的"地狱"区域（infernal regions）开放。这是一个建于 20 世纪 60 年代的小画廊，它位于玻璃钢亭子里，以艺术大亨查尔斯·萨奇（Charles Saatchi）真人大小的蜡像而闻名。该场馆还成功申请将其藏身之地改名为"Joe Strummer Subway"（乔·斯特拉默地铁站），并安装了标志来纪念曾在这里进行街头表演的冲突乐队（Clash）的主唱。[5]

---

1. 如果您喜欢在河床下的时光，您可能会希望加入 FOGWOFT（Friends of Greenwich and Woolwich Foot Tunnels，格林尼治和伍尔维奇的朋友隧道）。
2. 一些未经授权的班克西作品，见第 188 页和第 277 页。
3. 破碎的滑板的讣告会在网上发布。
4. 进入特拉法加广场的一个更简单的方法是参观田野圣马丁咖啡馆。早点去吃一顿丰盛的薯条，或者周三晚些时候去听爵士音乐（tomb-top jazz）。
5. 波多贝罗路上的一家珠宝店旁边有一幅斯特拉默的壁画。

酒窖&金库

酒窖 X

第二次世界大战后，英国国防部大楼建在白厅之上，亨利八世的酒窖不得不挖出来重新安置，以免在建设国防部大楼过程中遭到破坏。在这个重达 1000 吨的酒窖周围，建造了一个钢筋混凝土盒子，然后将其整体向西移动 9 英尺、向下移动 19 英尺。现在它被埋在国防部下面，只在相关部门的要求下才打开。在你的开启申请得到批复前，你可以去威利尔街（Villiers Street）高顿酒吧（Gordons Wine Bar）的烛光酒窖，点一瓶他们最好的夏布利（Chablis）。1698 年，一位酒商在圣詹姆斯街 3 号创立了贝瑞兄弟和陆克文（Berry Bros. Rudd）酒窖。在白厅的宫殿被烧毁的同一年，亨利八世的地窖也被洗劫一空。

书籍 XI

大英图书馆拥有伦敦最宽敞的地下室之一：它有五层楼深[1]，向南延伸至尤斯顿路，向北延伸直到与北巷街和维多利亚街交汇。你可以去大英图书馆订一本《英国和爱尔兰精选洞穴精选集》（*Selected Caves of Britain and Ireland*）。当你等着机械图书检索系统把你的大部头送上天空的时候，乘电梯到底层去，看看帕拉图克·帕特尼克·休斯（Patrick Hughes）画的反视觉画，主题是无垠的图书馆。

坚固的储藏室 XII

如果您正在寻找安全地方的储存文件，有什么地方比防空洞更好呢？古奇街收容站现在是一家位于切尼斯街的私有存储公司，因为其与怀特·D.（Dwight D.）将军在二战中的协作关系命名为"艾森豪威尔中心"。一旦你归档了你的机密文件，你可以去库茨银行（Coutts Bank）的前金库看看，位于老公园巷（Old Park Lane）150 号，现在是硬石咖啡馆（Hard Rock Cafe）的地下室。地下室中有珍贵的馆藏，包括一架披头士演奏过的大键琴，以及麦当娜的一件贴身衣物。

杜松子酒窖 XIII

杜松子酒都是在伦敦地下从巨大的铜制蒸馏器中提取的。你可以在新娘巷 22 号的伦敦城市酿酒厂（City of London Distillery）观看整个打造过程。通过地下室酒吧的玻璃墙，喝杜松子酒的人可以清楚地看到球状的蒸馏器。你品尝过他们用植物酿造的酒之后，可以去伯蒙德西街 214 号，这家杜松子酒酒窖里有詹森杜松子酒，在附近的一个铁路拱桥下装瓶，也生产它家自己的奎宁水。[2]

品达 XIV

公元前 335 年，亚历山大大帝摧毁底比斯城（the City of Thebes）时，他放过了希腊诗人品达（Pindar）的一所房子。1984 年，受这种坚韧形象的启发，英国政府将品达的名字命名为白厅地下的一个秘密掩体，它是一个危机管理中心，坚固到足以抵御任何形式的表面冲击，是伦敦最后的避难所，从未对外开放。[3] 当议员们提及品达时，他们本可以把目光投向离自己更近的地方，即 17 世纪的商人保罗·品达爵士（Sir Paul Pindar）。品达爵士住在主教门上的公馆中，公馆在大火中死里逃生，屹立在一片灰烬中。许多年后，当利物浦街车站被扩建，该地区被夷为平地时，这座脆弱的建筑第二次躲过了破坏。你可以去 V&A 的中世纪与文艺复兴时期艺术馆寻找品达爵士保存完好的房子的正面。

---

1. 到第 353 页查看它们保存的最古怪的书之一。
2. 在第 175 页找到更多的杜松子酒制造商。或者你可以在你的地下室安装一个蒸馏器、倍压器和口水盒，就可以自己装瓶了。

3. 摄影师大卫·摩尔（David Moore）在他的书《最后的东西》（*The Last Things*）中记录了其磨损的、简朴的内部。

地下掩体

防爆门 XV

梨树屋是位于英格普西山伦汉路的一栋市政公寓。这些公寓是冷战期间建造的，梨树屋的地下室有一个核燃料库，燃料库装有一扇钢制防爆门，燃料库共有 18 个房间。在 20 世纪 80 年代，朗伯斯宣布该行政区"无核化"，并使该设施退役。

鼠坑 XVI

詹姆斯·赫伯特（James Herbert）的小说《领域》（Domain）中描述了一场核爆炸摧毁伦敦的故事。该小说暗示伦敦城有大量老鼠，它们不断繁殖，体形和力量越来越强大，对人类尸体的味道挑三拣四。人类幸存者在赞善里下面的隧道网中与之搏斗。你可以看到这座"二战"期间军情六处（MI6）所在的建筑群，位于弗尼瓦尔街（Furnival Street）39 号，其入口隐蔽低调。后来这里是美国和苏联冷战热线所在地。一旦你用超声波干扰器找到并战胜任何突变的啮齿动物，就沿着格雷旅馆路走，到水鼠酒吧喝杯白兰地，放松一下神经。你可以放心，在伦敦的其他地方，老鼠的进化力量正被用来造福人类：玛丽皇后大学的研究人员正在绘制裸鼹鼠[1]的基因组图，为了进一步研究它们的寿命和对癌症的抵抗力。

防空避难所 XVII

在克拉彭路和南朗伯斯路的交汇处，可以看到一幅斯托克韦尔的"二战"深防空洞[2]的纪念壁画。这幅画的主题来自伯恩利路（Burnley Road）的居民维奥莱特·萨博（Violette Szabo）的故事，他曾接受过特种作战执行机构的培训，并在被捕和被害之前在法国执行过几次卧底任务。

被忽略的房间 XVIII

闪电战中有一个令人担忧的时刻。当时地下的作战指挥室都开始冒烟，好在他们并没有被击中；只是一个被堵住的烟囱，当时首相坐在上面取暖，他正在屋顶监视空袭。尽管这个地方现在是一个很受欢迎的旅游景点，但是其他的战地房间仍然鲜为人知，丘吉尔不喜欢尼斯登的代号为"围场"的备用地堡，而且只在那里举行了两次会议。后来在该地修建了市政公寓，作战指挥室被遗忘了。围场仍然在那里，完全没有遮蔽，也没有被烧毁。网络体育馆住房协会每年会向公众开放两天，你可以选择任何一天去参观这个防空所。

---

1. 根据一位研究科学家的说法，裸鼹鼠看起来就像"剑齿虎香肠"。　2. "这里的危险不是炸弹，甚至不是埋葬或伤寒，"G. W. 斯托尼尔（G. W. Stonier）在《穿越闪电战》（Shaving through The Blitz）一书中写道，"而是变成本地人，直到战争结束才重新出现，那时你将带着一个大家庭出现，说着另一种语言。"

地铁

亨利·詹姆斯笔下的《伦敦生活》（*A London Life*）的主角以"一种浪漫、不羁的方式冒险穿越这座城市……乘坐神秘的地铁"。如今，我们倾向于匆匆穿过，而不是浪漫地穿越这条管道。以下是您在地铁网穿梭时可以暂停的一些地方。

2014 年，地铁的最后一个木制自动扶梯从格林福德移走。如今，第二棒的是 In Cahoots 酒吧的楼梯，它外表看起来就像一个木制的自动扶梯。这家以地铁为主题的酒吧位于苏荷区，它的背景是一个虚构的车站——帝王苑（Kingly Court）。

看看悬挂巷走廊上的瓷砖，上面有老式伦敦交通局海报的复制品。

如果你听到地铁司机通过对讲机宣布"他人即地狱"，不要惊慌。皮卡迪利线的司机们都拿到了一本名言警句书，为他们的公告增添一些趣味。

在格洛斯特路的旧月台壁龛内，总会摆放一件艺术装置作品。

马克巷

在与游客分享伦敦地下奇观时，我最喜欢的技巧之一就是向他们展示一个废弃的地铁站。例如，如果你登上一列从塔山往西的环线或区间列车，把眼睛靠在玻璃上，这样当列车驶向纪念碑时，你就能看到隧道里的情况，你会看到马克巷，一个从 1884 年到 1967 年开放的车站。

——布拉德利·加勒特

谢默斯·希尼（Seamus Heaney）在他的诗《地下世界》（*The Underground*）中回忆了他和妻子玛丽（Marie）沿着南肯辛顿车站的人行隧道奔向舞会的情景。她跑步时，白色大衣上的扣子掉了。

2001 年，圣詹姆斯公园试用了带有怡人香味涂层地板，香味将随着乘客的脚步声释放出来。在乘客投诉之后，该气味并没有被应用到地铁网络中去。

在闪电战中，巴勒姆被用作防空洞。找到纪念 1940 年 10 月去世的人的灰色牌匾。当时，一枚 1400 公斤的穿甲炸弹在地下 32 米的地方爆炸。

带一条鲭鱼[3]去给阿诺斯格罗夫（Arnos Grove）车站的站猫斯普奇。优雅的圆柱形入口大厅的灵感来自斯德哥尔摩城市图书馆。

1906年，一台螺旋扶梯在霍洛威路试运行。它被认为是不安全的，已经退役。

在莱顿斯通，一架轻型飞机正在追击加里·格兰特（Cary Grant）。1899年，为了庆祝阿尔弗莱德·希区柯克（Alfred Hitchcock）[4]诞辰100周年，电视台委托制作了14幅描绘希区柯克电影场景的镶嵌图案。

在东汉姆西行站台的高墙上有一个古老的彩绘招牌，上面写着“每杯茶2角钱”。

在法灵顿的月台上寻找一个神秘的标志。上面写着：“司机们，别忘了放下受电弓！”

看看巴比肯的铜牌匾吧，这是为了纪念他们深爱的宠物猫佩柏丝，佩柏丝于1997年去世。

当你在阿尔德盖特的站台上等车的时候，你正站在一个瘟疫坑上，那里还埋葬有上千具尸体。[5]

奥德维奇站是最著名的“鬼站”，于1994年关闭。你仍然可以看到河岸街的入口，伦敦交通局偶尔会为游客打开。[2]

坦普尔站外的一块TfL布告牌警告游客，1932年展示的弯曲的地铁地图仅供参考。贝克的几何设计在第二年被采用。

玛丽·考德利于1924年出生于地下的大象堡。

布里克斯顿月台上的几何瓷砖是一种视觉双关语，展示了大量的砖块。

U

1. 这款香水的设计理念是“清新、湿润的玫瑰和茉莉花的花香，与柑橘类的顶级香气、水果和香草相结合，让位于木质的味道和淡淡的甜味”。
2. 或者你也可以装扮成持枪的考古学家劳拉·克罗夫特去探索一下。《古墓丽影3》电脑游戏的伦敦关卡2就设置在这个车站。探索过程中，一定要拿起乌兹和共济会的槌子。
3. 只有一个地铁站没有和“鲭鱼”（mackerel）相同的字母。这是在第297页提到的。
4. 在肖尔迪奇区的盖恩斯伯勒工作室的院子里，你可以看到一个噘着嘴的巨大希区柯克半身像。
5. 参见第42页。

朋克

粉色

伦敦最引人注目的朋克之一是牛津广场地铁站的一名伦敦交通局雇员。小心他那高高的莫希干发型，和地铁车门一样被染成红色和黑色。朋克风格于1974年诞生于马尔科姆·麦克拉伦（Malcolm McLaren）和薇薇恩·韦斯特伍德（Vivienne Westwood）位于国王大道[1]430号的商店"SEX"。在引人注目的外观背后，粉红色的泡沫标志，他们梦想着破旧的风格，将成为朋克的标志。麦克拉伦也开始组建乐队"性手枪"（Sex Pistol）[2]，把他的三名顾客和一名店员召集在了一起。1976年，SEX商店被重新命名为"煽动者"（Seditionaires），并开始销售带有朋克著名的裂口、皮带和拉链的衣服。到了1980年，韦斯特伍德的兴趣发生了变化，她把店铺重新命名为"世界尽头"（Worlds End），至今仍在营业。外面没有广告牌，而是一个大时钟，钟面上本该是12的位置写着数字13。

手枪乐队

在查令十字街路口福伊尔斯的书店里浏览约翰·利顿（John Lydon）的自传《朽烂》（Rotten）。1975年11月，"性手枪"乐队在圣马丁艺术学院的一栋老建筑里进行了他们的首场演出，约翰·罗德尔（Johnny Rotten）在一旁尖叫着。快乐小分队（Joy Division）的伯纳德·萨姆纳（Bernard Sumner）回忆起在他成为音乐家之前，他曾观看过性手枪乐队的现场表演："他们表现得很糟糕了。但我觉得他们很棒。我也想站起来，加入他们中去。"

波格舞

希德·维瑟斯（Sid Vicious）是性手枪乐队的第二任贝斯手，他声称自己在1976年发明了波格舞。跳这种简单的舞蹈时，身体须保持僵硬，像跳弹簧单高跷那样在原地上下弹跳。维瑟斯在100俱乐部的活动朋克单元期间发明了这个词，波格舞很快就流行起来。伦敦新

兴的朋克乐队都来参加这个为期两天的朋克音乐节，推动了朋克运动的发展。[3]音乐节的场地仍在牛津街的地下室；如果你感兴趣，可以去下一场朋克音乐会跳波格舞。

后朋克时期

马尔科姆·麦克拉伦说，"历史是让人生厌的。"尽管受到过轻视，历史对朋克还是很友好的，朋克已经成为伦敦文化遗产中珍贵的一部分。2012年奥运会开幕式上，穿着皮衣和红色格子呢衣服的朋克完美地演奏着性手枪乐队的Pretty Vacant。你可以在卡姆登市场的朋克服装店周围看到成群的年轻爱好者。卡姆登市场是朋克许多伟大表演的老舞台。当你浏览商店Punkyfish的货架时，想想你是否同意劳拉·奥德菲尔德·福特（Laura Oldfield Ford）的观点，"无政府朋克风已经完全没有了激进的批判"[4]。你可以穿上反独裁的服装，重新制作冲突乐队的第一张专辑的封面。就在卡姆登马厩主要商业街入口的左边，有一个狭窄的斜坡，原来的封面照片拍摄于这个狭窄的斜坡上，现在斜坡已经不在，取而代之的是一些石梯。

赛博朋克

在卡姆登马厩市场的拐角处寻找两个高大的机器人哨兵。他们守卫着"网络狗"地下巢穴的入口。即使你不喜欢穿荧光工装裤，不把自己定义成一个赛博朋克，你也应该去看看。经过网店内的舞者，你将进入一个永远沉浸在飘忽的音乐和昏暗灯光的领域。

朋克的忠实拥趸

一些朋克先驱仍然在伦敦舞台上熠熠生辉。看看Mekons乐队[5]吧，他们是为数不多的仍在一起演出的先驱组合之一。卡姆登摇滚节是一个捕捉老朋克的好地方。格伦·马特洛克（Glen Matlock）是性手枪的第一任贝斯手，他在2015年登上了头条，他因过于音乐化而被他的乐队除名。

---

1. 这家商店以"办公室橡胶服"为口号出售恋物癖装备。在第67页可以买到橡胶鞋。
2. 最初被称为Swankers。
3. 活动结束得非常糟糕，当希德为《苏茜和女妖》（Siouxsie and the Banshees）打鼓时，他把一个品脱杯摔碎了，弄瞎了一个女人的一只眼睛。
4. 如果你不同意，在黑皮发型屋买一个绿色的莫希干假发，然后去"冷钢"把安全别针插进耳朵里。
5. 他们经常演奏《布里克斯顿风车》。

GRIME 音乐

RINSE

DJ 约翰·皮尔（John Peel）在 2004 年说："当我在伦敦的时候，我会尽可能多地听海盗乐队的歌。""有一个我喜欢的电台叫'Rinse 调频'，可以通过收听 Kiss 调频和经典调频找到这个电台的节目。"2005 年，经过 20 年的非法夜间广播，Rinse 被 Ofcom 关闭，其主要人物之一 DJ Slimzee 收到了 ASBO 的禁令，禁止他在陶尔-哈姆莱茨的屋顶上安装发射器。Rinse 调频是 Grime 的第一个家，也被认为是 Grime 教父威利（Wiley）吸引观众的地方。今天 Rinse 有了许可证，你可以在调频 106.8 上收听。

RIDDIM

纽汉的 Grime 音乐 MC Ghettsa 说，"这是继朋克摇滚之后，英国创作的最真实的音乐。"和朋克一样，Grime 也是一个地下音乐，它是在成长过程中原创性地表达了市中心年轻人的沮丧情绪。Grime 始于伦敦东部的威利的 Roll Deep 乐队的专辑（E3，邮编）。紧随其后的是 the Newham Generals（E7），Boy Better Know（N17）和 N Double A Est（Sw9）。要了解 Grime 音乐在当地是如何根深蒂固，观看"南部全明星"视频里的"Southside Riddim"。这段视频在伦敦南部的广场、溜冰场和街头巷尾之间迅速切换，视频里当地的 MC 们告知观众他们的名字和邮编。

Rascal （淘气鬼）

听听《角落的男孩》（*Boy in da Corner*）。2003 年，18 岁的迪兹·拉斯卡（Dizee Rascal）发行了他的音乐专辑，当时他住在鲍区的十字路口。正如他对一名记者[1]所说，这张专辑充满了对东伦敦生活和人们鼻子底下发生的事情的讽刺，不管他们喜不喜欢。该专辑的背景音乐是由警笛、铃声、电脑游戏中的哔哔声和流氓般的欢笑组成的刺耳的节奏，包括的元素从爬虫、工具和散弹[2]，到忍者神龟、纯果乐果汁和他那条低矮的贫民窟裤子。当被问及专辑的名称时，他说："我曾经是教室角落里的那个孩子，住在街角的男孩。总的来说，我的背总是靠墙的。"

Raves （赞扬）

2012 年奥运会开幕式上[3]，迪兹·拉斯卡演唱了他的歌曲《疯狂》（*Bonkers*），地点离 Grime 开始的地方不远，从此很难说这仍然是一种地下音乐。尽管一些艺术家已经打入了主流音乐，但 Grime 仍然是半隐蔽的，很难在城市的俱乐部里听到。警方警告说可能会吸引暴力人群，[4]因此许多场所拒绝举办 Grime 之夜。如果你正在首都寻找 Grime，威利将在千年穹顶的 Indigo 举办爱斯基摩舞，佩卡姆宫（Peckham Palais）举办了一个名为 Boxed 的 Grime 之夜，"Love Music Hate Racism"（爱音乐，憎恨种族主义）也经常把 Grime 的 MC 列入他们表演的行列。托特纳姆的一位 MC Skepta 说："我很高兴 Grime 还在地下。很多人说它是一种被低估或被忽视的音乐类型，但对我来说这就是它的美妙之处。你听到了我们的声音，它记录了伦敦的心声和侵略性。"

---

1. "你可以试着忽略它，"他继续说，"但如果你忽视了眼皮底下的东西，迟早它会打你一拳。"
2. 训练师、刀具和毒贩。
3. 身穿红白相间的"E3"夹克，头戴印有 LDN 字样的红色帽子。
4. 毕兹尔（Bizzle）的"Pow"（前锋）在许多俱乐部被禁，尽管它在排行榜上排名第 11 位。2004 年的歌曲特点是一群 MC 制造暴力威胁，并获得了挑起战斗的名声。

地下暗河

寻找仍然在伦敦潺潺流淌的地下暗河。

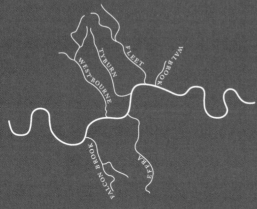

猎鹰溪

猎鹰溪（Falcon Brook）位于克拉彭路口（Clapham Junction）的猎鹰酒吧地下。这家酒吧曾经很受殡仪从业者的欢迎，尤其是在一个叫罗伯特·迪思（Robert Death）的房东租下这家酒馆之后。一幅标题为"殡仪从业者在死亡之门狂欢"的 1801 年的版画，展示了一次酒吧外的聚会场景。2007 年，地下暗河河水泛滥，地面上的猎鹰路（Falcon Road）再次被淹没，成为一条小溪。

西伯恩地下河

在 V&A 的 87 号展厅里，展出了康斯特布尔（Constable）画的西伯恩河的源头[1]。这条河蜿蜒流过海德公园，于 1730 年被筑坝筑成了蛇形[2]，在经过斯隆广场地铁站时，它又被一根巨大的铆接铁管运送到站台的头顶，在这里，你是站在一条地下悬空小溪的下面的。如果你站在泰晤士河畔的巴特西公园，你可以看到堤岸对面的西伯恩河的源头，正位于切尔西皇家医院下方。

泰伯恩河

位于泰伯恩河口沃克斯豪尔桥以西的河堤上，有一块牌匾详述了泰伯恩河的路线[3]。在位于戴维斯街的灰色古董店（Grays Antiques）的地下室，你可以参观泰伯恩河的一条裸露的支流，那里布满了渔网，金鱼在渔网跟前游动，之后你可以加入泰伯恩垂钓协会（Tyburn Angling Society），为了钓鲑鱼，他们正在为重新开

放整条泰伯恩河活动。

埃弗拉地下河

有一个都市神话说，一口棺材腐塌陷落到西诺伍德公墓下面的埃夫拉地下河里，一直漂到泰晤士河。军情六处大楼下面的一个风暴出口可以看到埃弗拉地下河的河口。

舰队河

1859 年 10 月 10 日，《每日电讯报》（*The Daily Telegraph*）披露，舰队河上游的汉普斯特德圈养有"一种巨大的黑色猪，它们在泥泞的粪便中繁衍生息"。[4] 在此之前，1844 年，史密斯菲尔德的一位屠夫在舰队河沟渠中丢了一头小野猪。当五个月后找到时，小野猪变胖了，"价格提高到了 2 基尼"。在河流的下游被淹没之前，它已经成了一条恶臭难闻的下水道。乔纳森·斯威夫特（Jonathan Swift）描述道，"从屠宰场清扫出来的粪便、内脏和血液、溺水的死狗、臭气熏天的小崽子，全部都浸在泥里。"在雷街（Ray Street）的马车与马酒吧（Coach and Horses pub）外，透过铁栅栏，你可以听到河流野性的呻吟，在那里，你仍然可以听到舰队河在汩汩流动；之后潜入汉普斯特德西斯河的支流的堤坝中。[5]

沃尔布鲁克河

沃尔布鲁克河因一段河道而得名，河道位于万圣教堂（All Hallows-on-the-Wall）以西的罗马城墙下。[6] 走到考辛巷尽头的泰晤士河滩，找到"道门"（Dowgate）——它现在是一条暴雨排水沟——沃尔布鲁克就在这里流入泰晤士河。1999 年 6 月 18 日，激进团体"收复街道"（Reclaim the Streets）[7] 在沃尔布鲁克的河道上沿河装上了给水栓，"释放河流"。

---

1. 汉普斯特德西斯，布兰奇山池塘（Branch Hill Pond）。如今，这个池塘已经消失了，但在汉普斯特德的白石池塘下面，人们仍然可以进入这个沼泽地带。
2. 在第 234 页的西伯恩河里游泳。
3. 泰伯恩的源头——汉普斯特德的菲茨约翰大道上的牧羊人井，被另一块牌匾标记着。

4. 在尼尔·盖曼的《乌有乡》中，伦敦的巨兽是一头在弗利特污水中变得肥胖的野猪，参见第 323 页。
5. 参见第 235 页。
6. 沿着第 15 页伦敦墙的线条画。
7. 参见第 83 页。

地上地下

为了适应海平面上的生活，这里有一些地下的常去之处，感觉就像在水面上一样。

壁画

英国泰特美术馆的地下室餐厅里，雷克斯·惠斯勒（Rex Whistler）的壁画郁郁葱葱、连绵起伏，把食客们带到了埃皮库拉尼亚公国（Duchy of Epicurania）。惠斯勒曾耗时数月在地下作画。《寻找稀有肉类的远征》（ *The Expedition in Pursuit of Rare Meats* ）[1] 讲述了七个旅行者的故事，他们从一片只有奶油饼干的土地出发，去寻找更鲜美的民族美食。当你参观泰特美术馆的时候，先吃一袋干的"巴斯橄榄"，然后一头扎进餐厅，美餐一顿。

窗户

圣餐会总是在周日上午举行。坎伯韦尔教堂街（Camberwell Church Street）的一家地下鸡尾酒吧，装修风格就像一座阳光明媚的小教堂。为自己点一杯"尸体复活器"（Corpse Reviver）[2]，然后沐浴在从背光彩色玻璃窗透进的天光之中。

镜子

从伦敦到巴黎最直接的路线隐藏在皮卡迪利广场的霓虹灯下。沿着舍伍德街（Sherwood Street）20号法国咖啡馆后面的楼梯走下去，你会发现泽德尔（Zédel），

这是一家巨大的啤酒馆，有着高高的天花板、镜面墙壁和大理石柱子。泽德尔的价格远低于它的外表所暗示的：在完美复刻的美好时代环境中享受牛肚香肠和裹着面包屑的青蛙腿。

玻璃天花板

在国家肖像画廊的27号展厅里，找到一幅首席隧道工程师伊桑巴德·金德姆·布鲁内尔（Isambard Kingdom Brunel）的肖像，然后通过肖像后面的通道前往地下的咖啡馆。玻璃天花板可以让你从上面俯瞰查令十字街，在雨中欣赏最佳。

在户外

穿过希腊街57号那扇没有标识的蓝门，你会发现新埃瓦里斯托俱乐部（the New Evaristo Club）。这是一家地下酒吧，大多数人都称它特丽莎（Trisha）——主人的名字。歹徒、拳击手和教皇在此对你咧嘴一笑，门口的"死墙"纪念着已逝的常客[3]。虽然酒吧本身是一个黑暗的烛光空间，但在狭窄的天空下，仍为吸烟者开辟了一个地下吸烟馆。

回到地表

在安吉尔（Angel）地铁站，你有足够的时间为地面生活做准备，那里有两排自动扶梯，其中第二排是地铁网络中最长的。汉普斯特德或威斯敏斯特是最深的地铁站，取决于你使用的测量方法。汉普斯特德位于街道下58米，是乘坐电梯到地面耗时最长的站。但是汉普斯特德坐落在一座山上，而威斯敏斯特在海平面以下32米，从技术上讲要更深一些。幸运的是，威斯敏斯特也是一个可以回到地面呼吸新鲜空气的绝佳地方。通过未来主义式的混凝土柱和纵横交错的自动扶梯到地表，然后从3号出口离开，你就站在大本钟的下面了。

---

1. 完成六周后，这幅壁画就完全被1928年的艾姆斯洪水淹没了。参见第340页。
2. 用苦艾酒洗的杯子盛装由杜松子酒、君度、利莱白和柠檬汁调

制面成的一种酒。
3. 小心吧台后面那些标签上印有希特勒和墨索里尼照片的神秘葡萄酒。

VANITAS劝世静物画

17 世纪中期对一个伦敦绘图师来说，是一个令人沮丧的时期。1660 年左右，温塞斯拉斯·霍拉尔绘制了一幅 3 米高的城市地图，以惊人的细节描绘了这座城市。1666 年，当他即将完工时，伦敦被烧毁，他的杰作变得无关紧要；一开始只是一张城市地图的东西现在变成了一种纪念物，记录失去的东西。当时大约 13200 座房屋和 80 多座教堂被毁。"我又去废墟走了一遭，"约翰·伊夫林（John Evelyn）写道，"因为那里不再是一座城市了。"霍拉尔爬上屋顶，开始重新描绘这座城市的疮痍全景，"它在经历了悲惨的灾难和火灾之后现在的样子"。

站在 17 世纪 70 年代建造的纪念碑上，你可以俯瞰这座重建的城市[1]。纪念碑的高度是它的底部和面包店之间的距离，据说大火就是在布丁巷的面包店发生的[2]。在这场大火的初期，几乎没有人足够重视和警觉。"滚蛋！女人用尿尿就能扑灭这场火！"市长大人发布了著名的声明。但是，火灾非但没有平息，反而持续了四天。在公鸡巷和吉尔茨布街（原名皮耶角，Pye corner）的拐角处有一个胖乎乎的小天使，它标志着火灾最终停止的地方。铭文上写道："这个男孩是为纪念伦敦大火而生，这是一个因贪食而犯下的罪过。"大火从布丁巷一直烧到皮耶角，似乎明确表明，这座城市正因其过分放纵的行为而受到惩罚。[3]

伦敦对灾难并不陌生。火灾、洪水、瘟疫和爆炸已经袭击了伦敦很多次，这座城市总是做最坏的打算[4]。灾难性事件将死亡从角落带到街道上，给人类造成巨大的集体创伤，同时灾难事件又显示出城市生活处于多么微妙的平衡中。但即使在灾难的灰烬中，也有人看到了希望和复兴的曙光。

大火发生后不久，这座被夷为平地的城市为伦敦雄心勃勃的建筑师们提供了一片新的天地。克里斯托弗·雷恩在圆形广场之间绘制了一幅宏伟的道路规划图，沿着舰队街下水道设计了迷人的长廊，而罗伯特·胡克设计了一个严格的网格系统。约翰·伊夫林抱怨说："每个人都有自己的计划。"两天后他提交了自己的计划。瓦伦丁·奈特上尉（Captain Valentine Knight）提议从舰队街到比林斯盖特开凿一条宽阔的运河，造就一个利润丰厚的码头，但很快他就因其机会主义的麻木不仁而被监禁。然而，最终当规划者们争论他们各种计划的优点时，伦敦却以其惯常的随意方式重新发展起来。

---

1. 纪念碑顶端的设计方案包括一个 15 英尺高的查理二世雕像、一个金凤凰和一个大球。最后，"火焰"被选上了：一个燃烧着的骨灰罐，正如狄更斯在《马丁·丘兹勒维特》（*Martin Chuzzlewit*）中所写的那样，"他那苍老的脑袋上的每根头发都竖起来了，就好像这座城市的所作所为吓坏了他。"

2. 法国钟表匠罗伯特·休伯特（Robert Hubert）承认纵火并被处死，尽管火灾发生时他甚至不在伦敦。

3. 在第 239 页玩"大火"棋盘游戏。

4. "伦敦复原力战略应急计划"可在网上查阅到。

死亡象征

　　大多数在霍斯费里路（Horseferry Road）大麦堆酒吧（Barley Mow）喝酒的人可能没有意识到对面那座漂亮的红砖建筑里有一个巨大的仓库，存放着最近去世的人。威斯敏斯特公共太平间（Westminster Public Mortuary）[1]位于伦敦市中心，存放着那些死于暴力或意外的人的尸体，它的外表是如此的美观和低调，以至于你每天走过它的时候都不会意识到它是什么。

　　在死亡直接影响到我们之前，我们在伦敦几乎没有受到它的影响。现代临终关怀运动的发起者、伦敦南部的西塞莉·桑德斯夫人（Dame Cicely Saunders）[2]认为这种态度不健康，她认为"如果我们用清晰的眼睛来看待生活，我们会做得最好"。劝世静物派画作和死亡象征曾被用于此目的，旨在帮助人们保持对死亡的健康意识。

思考人类的虚荣心

　　站在国家美术馆 22 号展厅特莱克的《虚空静物》（*Vanitas Still Life*）前，思考人类奋斗的虚荣心。虚空（劝世静物）派的画作描绘的对象暗示死亡和腐烂的必然性；在这种情况下，描绘的就是一个头骨、沙漏或者熄灭的灯管。

改变你的观点

　　走进 4 号展厅，你会发现霍尔拜因（Holbein）的《大使》（*The Ambassadors*），这显然是一幅更令人平静的画面，画面上有两名男子斜倚在餐具柜上。但如果你站在这幅画的右边，中间的灰色斑点就会变成一个巨大的斜眼骷髅。

承认生命的短暂

　　当你走近韦尔科姆收藏馆蜡像馆的左侧时，你会看到一个脸颊绯红、留着卷发的年轻人。你不会立即看到的是，他的脸的另一边已经被剥离到只剩头骨，一只昆虫从眼窝里爬了出来。在药师馆里还有其他几件关于死亡的纪念品，包括一个棺材形状的吊坠，上面有一个突出的银色骨架。

面对死亡

　　要在晚餐时瞻仰坟墓，可以租一间位于梅尔街的维克多·温德珍奇博物馆的狮子屋（Lion Room）。最多可以坐十个人在狮屋里的天鹅绒长椅上，在一个石棺上用餐，石棺里是一具 19 世纪的人体骨架，它周围环绕着色情作品，它上面则是一具被关在笼子里的狮子骨架。

接受你终将死亡

　　参加伦敦的"死亡咖啡馆"小组，这是一个定期开会讨论死亡的讨论小组，"没有议程、目标或主题"。这家非营利性特许经营公司于 2011 年在哈克尼成立，并一直持续至今遍布整个城市。他们唯一的目标是"提高人们对死亡的意识，从而帮助人们充分利用他们（有限）的生命"。

---

1. 它还有一个最先进的法医太平间，在大规模死亡事故中可以容纳 102 具尸体。

2. 她在西德纳姆开办了世界上第一家临终关怀医院——圣克里斯托弗医院，并最终于 2005 年在那里去世。

纪念

尽管许多纪念碑都是正式的市政标志，但更多的是表达个人的喜爱和缅怀。

长椅

里士满公园彭布罗克山庄（Pembroke Lodge）附近有一张长椅，上面刻着"快乐的理由"。把你的耳机插在长椅其中一个扶手的插座上，听伊恩·杜里（Ian Dury）在他喜欢的地方给你唱歌。这张太阳能音乐凳是他的家人放在那里的，上面刻着一首他最受欢迎的歌曲的歌词[1]。

胸针

在韦尔科姆收藏馆找一枚哀悼胸针，这枚胸针呈现的是垂柳下的坟墓。这个小饰品上的图像是用它所纪念的亲人的头发做成的。

棺材

穿上超大号的鞋子，去本顿维尔路（Pentonville Road）公园的墓地，去寻找传奇小丑约瑟夫·格里马尔迪的坟墓。然后用嵌在附近地板上的音乐棺材敲出一首曲子。2010年，《请在约瑟夫·格里马尔迪的坟墓上跳舞》（*An Invitation to Dance on the Grave of Joseph Grimaldi*）被设置为音乐棺材的曲子，表达人们对这位不羁艺人的深切怀念[2]。

牌匾

菲茨罗伊路（Fitzroy Road）23号外有一块蓝色的牌匾，上面写着：这里曾是叶芝（W.B. Yeats）的家。但牌匾上没有任何信息告诉路人，西尔维娅·普拉斯（Sylvia Plath）后来在这里生活和死亡。事实上，当普拉斯1962年搬进这套公寓时，叶芝的牌匾就已经存在了，她对搬进这位伟大诗人的故居充满了热情。然而，一年后，在严重的抑郁症折磨下，她为年幼的孩子们准备了牛奶，然后走进厨房自杀了。在切尔科特广场（Chalcot Square）3号拐角处，你可以看到西尔维娅·普拉斯的牌匾，上面写着这是她和特德·休斯（Ted Hughes）一起住过的小公寓。他们的女儿弗里达

（Frieda）揭开了这座豪宅的面纱，解释说之所以选择这栋住宅而不是菲茨罗伊路，是因为她的"母亲死在那里……但她曾住在这里"。

啤酒

位于布里克斯顿山的风车酒吧（Windmill pub）在吧台出售印有"我相信有屋顶狗"（I Believe in Roof-dog）字样的T恤，以此向屋顶上的黑色大猎犬致敬。相信的人现在肯定有更强烈的信念了：南伦敦最受喜爱的狗狗在2015年去世了[3]。在酒吧里它的画像旁边，喝一瓶"屋顶狗啤酒"，然后在斯皮塔菲尔德的金心酒吧外寻找另一只酒吧狗的牌匾，牌匾上写着"有且仅有的小发明：当地人的个性和西施犬"。

相信

屋顶狗是我最敬佩的伦敦人，因为它是一只住在布里克斯顿屋顶上的狗，它从来没有声称自己是其他任何东西。赞美狗，因为它仁慈善良。

——布雷特·斯科特

---

1. 杜里列举的理由还有胡萝卜汁、马克思兄弟和天花疫苗（见第43页）。在他死前，杜里要求用送送过亨利·克罗夫特的灵车来运送他的棺材，亨利·克罗夫特是第一位"珍珠之王"。见第241页。

2. 青铜键盘调过了，您可以演奏《热情的柯德林斯》——他的招牌曲。

3. 布里克斯顿的爱狗人士仍然可以拜访冷港巷一家破旧而又存货丰富的二手书店"书商"（Bookmongers）的主人罗莎。

创伤和悲剧

很难让一代人的悲剧影响到下一代。即使我们竖起牌匾和纪念碑，它们也很快融入历史，随着时间的推移，事件开始让人觉得像是历史上的奇闻轶事，而不是绝望的悲剧。许多灾难根本没有任何标记，只存在于档案和家庭故事中。这里有一些伦敦创伤的痕迹；可以在这些地方停留，追溯伦敦的创伤。

事故

下次你在托特纳姆宫路的多米尼加剧院（Dominion Theatre）看一场欢快的音乐剧时，想想这曾经是马蹄酿酒厂（HorseShoe Brewery）所在地。1814 年 10 月 17 日，它巨大的屋顶大桶爆裂，在街道上涌出致命的水浪。这股 1500 万升的黑潮摧毁了周围的贫民窟，造成至少 8 人死亡。西西里岛大道上的霍尔本惠比特（Holborn Whippet）每年在事故周年纪念日，都酿一种名叫"纪念搬运工"的酒来纪念这场事故。

车祸

"当心！"哈罗的格罗夫山（Grove Hill）上的一块牌匾警告说。它标志着发生于 1899 年的一场车祸，这是第一场驾驶员死亡的车祸。当今与之类似的情形则是伦敦的幽灵自行车（Ghost Bikes），它们被喷成白色，就拴在之前骑车人死亡的地方。它们起着纪念、警告和抗议的作用，在途中遇到它们总是让人不寒而栗。留心路德盖特山（Ludgate Hill）上纪念詹妮娜·格劳（Janina Gehlau）死亡的幽灵自行车，以及德普福德教堂街上纪念奥拉图吉·阿德延朱（Olatunji Adeyanju）的幽灵自行车。

洪水

格林尼治三一医院（Trinity Hospital）外的河墙上的线条显示，泰晤士河在不同的洪水中达到的高度[1]。右边的标记记录的是 1928 年的那场毁灭性的洪水，洪水造成了 14 人死亡，4000 人无家可归。当时堤坝坍塌，伦敦塔的护城河被填满，水涌进泰特英国美术馆的下层。约翰·马丁（John Martin）关于毁灭的史诗画作《庞培和赫库兰尼姆的毁灭》（*Pompei and Herculaneum*）——本身就遭到了破坏。人们认为这幅画无法修复，直到 2011 年，美术馆煞费苦心地修复了它。这一次，美术馆不再冒险：这幅画目前没有展出。

轰炸

坐在被炸毁的灰衣修士基督教堂（Christchurch-Greyfriars）的废墟里[2]。教堂的尖塔仍然矗立着，但是教堂的内部现在变成了一个花园，它的圆柱成了树篱，长椅成了玫瑰花坛。1944 年，《纽约时报》的一篇社论描述了将教堂保存在废墟状态的价值。"总有一天，在重建后的伦敦的街道上，空气中再也看不到死亡留下的任何痕迹。"文章还说，到那时，闪电战的故事可能不仅对游客来说不真实，对新一代伦敦人来说也是如此。你可以在圣塞普克-无-纽盖特教堂（St Sepulchre-with-out-Newgate）看到基督教堂精致的木制字体封面，它是被一个路过的邮递员从火焰中拖出来的。

---

1. 洪水的风险正在上升。在 20 世纪 80 年代，泰晤士河水门只升了四次。2010 年至 2014 年间，却升起了 65 次。

2. 它于 1940 年 12 月 29 日被轰炸。当晚，其他 7 座雷恩爵士设计的教堂也遭到了袭击。

碰撞

没有人确切地知道，当火车驶进沼泽门 9 号站台的死胡同时，司机为什么不减速。1975 年事故发生后，伦敦交通局实施了一系列被称为保护沼泽门的措施，以防止此类似事件再次发生。现在车站外有一块牌匾，芬斯伯里广场的纪念碑上列出了 43 名遇难者的名字。

纵火

警方调查了 1980 年 8 月发生在丹麦广场 18 号的那场大火，最初警方怀疑这是否是竞争激烈的快餐商贩之间的纠纷引起的，因为他们发现了烧焦的热狗摊。但他们后来发现，大火是由一个愤怒的赌徒引起的，他被逐出赌场，之后回来的时候带着一罐汽油，他把汽油倒进信箱，往里面扔了一根火柴。37 人死亡，但没有任何纪念活动，这场大火也相对鲜为人知，尽管它是伦敦有史以来导致死亡人数最多的事件之一。

恐怖事件

2005 年 7 月 7 日，四个装满自制炸弹的背包在伦敦被引爆，造成 52 人死亡。为此所立的海德公园的纪念碑由 52 根普通钢柱组成，这些组合在一起的钢柱显示了四次爆炸的死亡人数。在塔维斯托克广场、国王十字车站、埃奇韦尔路和阿尔德盖特东站的爆炸现场，遇难者的名字也被刻在了牌匾上。[1] 伦敦市长肯·利文斯通说："即使在你的懦弱袭击之后，你也会看到英国其他地方的人、世界各地的人来到伦敦，成为伦敦人，在这里实现他们的梦想。"

暗杀

"7·7"爆炸案发生两周后，一名代号为弗兰克（Frank）的监视官员正在塔尔斯山（Tulse Hill）监控一所房子，等待一名恐怖分子嫌疑人的出现[2]。如果这名监视员没有放下相机上厕所，警方可能会意识到那个离开大楼的人不是他们要等的人。从那一刻起，一连串致命的灾难和错误接踵而至，导致无辜的巴西电工让·查尔斯·德·梅内塞斯（Jean Charles de Menezes）在斯托克韦尔地铁站被枪杀。现在在入口处有一个镶嵌图案，来纪念这次暗杀事件。

绝望

自 1996 年以来，至少有 12 人在试图通过隐藏在飞机起落架上进入伦敦时死亡[3]。有的冻僵了，有的从天上掉了下来。2012 年 9 月一个宁静的周日上午，来自莫桑比克的年轻人何塞·马塔达（Jose Matada）摔死在莫特莱克住宅区波特曼大道的人行道上。他被埋在特威克纳姆一个没有标记的坟墓里，三个月后尸体的身份才得以确认。2014 年，他被送回家。

v

---

1. 你可以在一本纪念他们的书中找到更多关于那天死去的人的信息。它在伦敦博物馆展出。

2. 2005 年 7 月 21 日恐怖袭击失败的凶手之一。

3. 记录在案的尝试中只有三次成功了。

不可抗力

伦敦的每一个宏伟计划背后都有几十个计划停留在画板上。这张地图是对未实现的计划的纪念，这些计划本可以改变首都的面貌，但它们没能实施。

一场徒劳 ①

1561 年，当老圣保罗教堂的尖顶被闪电击中后，测量员约翰·雷维尔（JohnRevel）受命对其进行整修[1]。他的计划止步于 1562 年元旦献给伊丽莎白一世的一个杏仁糖模型。一百年后，也就是大火爆发的六天前，克里斯托弗·雷恩向皇家委员们提出了一项新设计，他为教堂顶部设计了一个巨大的菠萝形状圆顶。设计没能得到批准；在 1675 年 6 月开始施工之前，雷恩改了四次设计。去找那些金色的菠萝吧，他确实设法"走私"到了西塔。

矫直 ②

1796 年，建筑师威利·雷维利（Willey Reveley）提出了一个简单但激进的解决方案，以满足日益增长的码头需求：从沃平到伍尔维奇，穿过狗岛在泰晤士河上开凿一条笔直的河道。这不仅会创造出三个巨大的 U 形码头和三个新岛屿（拉特克利夫、格林尼治和布莱克沃尔，还会消除格林尼治以北不方便的环路，大大缩短逆流而上的航行时间。这一"新颖、宏伟、迷人"的计划遭到了反对，从那以后，伦敦就一直被独具特色的泰晤士河的蜿蜒曲折所困扰[2]。

不够文雅的计划 ③

1799 年，艺术家们受邀提交在伦敦建造"海军支柱或纪念碑"（naval pillar or monument）的计划。约翰·弗莱克斯曼（John Flaxman）建议建造一座高达 230 英尺的不列颠尼亚雕塑（Sculpture of Britannia）。她会站在格林尼治山的山顶上，一只英国狮子在她的腿边窥视，小游客们对她的底座肃然起敬。他有一幅由他的朋友威廉·布莱克所作的版画，你可以在大英博物馆的版画和绘图室（1894,0612.35.1）找到。尽管得到了皇室的支持，该计划还是有争议的；考文特花园还上演了一部名为《海军支柱，或不列颠胜利》（*The Naval Pillar, or Britannia Triumphant*）的音乐讽刺作品。这个计划最终被放弃了，今天在不列颠尼亚的位置上矗立着相对较小的沃尔夫将军（General Wolfe）的雕像。在约翰·索恩爵士家的地下室里，你可以看到一个五英尺高的弗莱克斯曼的《不列颠尼亚》模型。

不朽的计划 ④

樱草山曾有许多计划。多年来，人们提议在峰顶建一座宝塔、一座赌场、一座植物温室和一座奥林匹亚式的莎士比亚雕像。最引人注目的建议是 1829 年托马斯·威尔逊（Thomas Willson）提出的：在迷人的山丘上建造一座巨大的死亡金字塔。这座 94 层的陵墓比圣保罗大教堂还要高，占地 15 英亩，可以容纳 5167104 名伦敦死者。螺旋状的坡道将沿着中央通道盘旋而上，允许搬运工进入 215296 个地下墓穴，每个墓穴都有 24 个棺材位。当每一个墓穴被填满时，墓穴将永远被封闭，直到整个花岗岩面多面体被完全填满。威尔逊希望他宏伟的陵墓能"给每一位观者留下庄严肃穆的敬畏之情"。1829 年 5 月，他向议会提出申请，但计划没能通过，取而代之的是宏伟的肯萨尔公园墓地[3]。

---

1. 参见第 98 页。
2. 不幸的雷维利在 18 世纪 90 年代的另一个项目是设计杰里

米·边沁的环形监狱，这个监狱也从未建成。参见第 273 页。
3. 在第 60 页参观所有宏伟的七座墓地。

未经改革的计划 ⑤

19世纪30年代初，随着改革法案的声势越来越大，理查德·特莱维希克（Richard Trevithick）梦想建造一座合适的纪念碑，象征英国新宪法的"美丽、力量和不加修饰的宏伟"。他计划建造一座1000英尺高的塔，塔上覆盖着黄金，并配有蒸汽动力的空运装置，以推动游客登上塔顶[1]。1832年6月改革法案通过后，特莱维希克把他的计划提交给威廉四世，但两个月后他去世了，把改革专栏的计划带进了达特福德（Dartford）他那无名的贫民坟墓。在科学博物馆的能源大厅，你可以参观特莱维希克蒸汽机，人们以此来纪念他。

无家可归的提案 ⑥

位于圣马丁街的威斯敏斯特参考图书馆（Westminster Reference Library）是艾萨克·牛顿爵士的住所所在地。从1710年直到1727年去世，他一直住在那里。1834年，托马斯·斯蒂尔（Thomas Steele）委托绘制了一座阶梯式金字塔，金字塔顶部有一个巨大的石球，将这位伟大的科学家的住所包裹起来并加以保护。这个计划从未实现过。1849年，牛顿的房子被粉刷了灰泥，后来方形的瞭望塔被拆除，1913年大楼被拆除。

被阉割的计划 ⑦

1837年，特拉法加广场的"纳尔逊纪念堂"（Nelson Testimonial）项目，收到了120个不同的设计方案，其中任何一个都曾有可能取代威廉·雷顿（William Railton）设计的纳尔逊纪念柱（Nelson's Column）。这些设计包括：地球仪上的纳尔逊、圆顶上的纳尔逊、锚上的纳尔逊，甚至懒洋洋地靠在柱子上的纳尔逊。有些设计完全不考虑纳尔逊，比如80英尺长的三叉戟计划——"只不过是一个大烤叉"，艺术联盟说。

识图

《未实现的城市》（Unrealised City）地图规划了从未建成的建设项目。

初试身手 ⑧

1863年，在第一条地下铁路开通十年前，铁路工程师詹姆斯·塞缪尔（James Samuel）和约翰·赫佩尔（John Heppel）联手修建了"泰晤士高架铁路"，这条高架铁路将从伦敦桥延伸至威斯敏斯特，沿途每座桥都设有车站。通过这条高架铁路，特快列车只需5分钟。今天，泰晤士联线火车停在黑衣修士桥上，在那里你可以感受到高架桥的感觉。

不考虑地理因素的设计 ⑨

1862年，爱尔兰演员兼经理迪翁·布西柯特（Dion Boucicault）接手了位于朗伯斯的阿斯特利圆形剧场的租约。他把它重新命名为"威斯敏斯特皇家新剧院"（New Theatre Royal, Westminster），按照他的计划，要拆除8栋相邻的房子，将剧场扩建为一个规模宏大的休闲中心，屋顶上有一个仿阿尔卑斯村庄，里面有瀑布、松树和雪山。令布西柯特沮丧的是，该项目与他和一名年轻的美国女演员的丑闻诉讼同时发生，导致他的支持者退出，他的债权人对他提起诉讼。那年夏天，他被宣布破产。

挑战困难 ⑩

对于提交塔桥设计方案的规划者来说，最大的困难是如何保持高船的通行。最奇怪的建议来自1872年的寺登汉姆·杜尔（Sidengham Duer）。他提议建造一个高出河80英尺的铁跳板，用液压平台将马匹、手推车和徒步乘客送到跳板上。他估计这座桥每小时能容纳500辆车。走上维多利亚皇家码头的人行天桥，你可以领略到杜尔的梦想[2]。

v ——

---

1. 欣赏了这一景色后，寻求刺激的人会通过释放空气阀门下降，然后带着"同样的冲击……从9英寸高的门阶上跳下来"。　　2. 参见第182页。

未完工的歌剧院 ⑪

维多利亚河堤上曾经有一座壮观的歌剧院，就在今天诺曼·肖大楼的所在地。歌剧院经理 J.H. 梅普森上校筹集了资金，并于 1875 年开挖歌剧院的地基[1]。这座奢华的场馆将拥有自己的地铁站、一条通往议会大厦的私人隧道、供艺术家使用的台球桌、两个土耳其浴室和一个内部诊所。随着地基反复被淹没，成本开始螺旋式上升，但尽管如此，墙还是被砌起来了，前后花费了 10.3 万英镑，梅普森花光了他所有的钱。再有 1 万英镑就可以为这座建筑盖上屋顶，但他却无法筹到足够的钱。他抱怨道："如果是建个马场，或建一个新的体育俱乐部或音乐厅，这些钱可以在几个小时内就筹到。"但最后，他不得不拆除所有的东西，又花了 3000 英镑。

埃菲尔铁塔，尽管它高出埃菲尔铁塔关键性的 165 英尺，高达 1150 英尺。1891 年伦敦铁塔在温布利公园奠基，到 1894 年，它已经达到 155 英尺，但再也没有升高。钱已经花光了，剩下的金属残骸生锈了，"股东的失望""沃特金的愚蠢"和"伦敦残桩"这样的字眼蜂拥而来。沃特金于 1901 年去世，6 年后，这座塔的塔基被炸药炸毁。约翰·贝特曼在他的纪录片《地铁乐园》[3]中讲述了这个故事，其中有一个令人难忘的镜头，他站在伦敦塔的原址上，而现在这里是温布利体育馆的足球场。[4]

没有实现的目标 ⑫

1889 年，古斯塔夫·埃菲尔（Gustave Eiffel）建造了当时世界上最高的人工建筑，英国的爱国议员爱德华·沃特金爵士（Sir Edward Watkin）接过了挑战。"巴黎能做的任何事，伦敦都能做得更好！"他说。沃特金是大都会铁路公司的董事长，他曾梦想建造一座比埃菲尔铁塔还要高的伦敦塔，伦敦塔将拥有一个专门的大都会线火车站。埃菲尔谢绝了建造新塔的邀请，因此沃特金在广告中宣布将为设计颁发 500 基尼的奖金[2]。获胜的伦敦塔的设计入口很吸引人，看起来很像

未深思熟虑的设计 ⑬

1909 年，戈登·塞尔弗里奇（Gordon Selfridge）在牛津街开了一家引人注目的百货商店，并开始考虑如何扩张。1918 年，他找到建筑师菲利普·蒂尔登（Philip Tilden），委托他为自己的店铺上方的塔楼绘制图纸。这座塔楼的高度足以盖过古代世界第五大奇迹摩索洛斯王陵墓。蒂尔登设想了一个巨大的古典建筑，由石狮守卫，顶部是科林斯柱式的神庙。这个不切实际的计划耗资巨大，而且它的重量会压垮整个商店。塞尔弗里奇在大萧条时期失去了他大部分的财富。1941 年，这家商店被买走。他 1947 年去世时已是身无分文。

---

1. 他们的施工被一桩骇人听闻的罪行打断了。参见第 283 页。
2. 提交的作品包括世纪塔；时间就是金钱塔；爪哇的优巴斯树塔；沿圆周、径向和对角线结合的塔；维多利亚女王统治时期象征英国历史的象形文字塔；还有由伦敦素食协会会长提交的健康素食塔，它是为了容纳空中素食者而设计的。
3. 参见第 406 和第 407 页。
4. 关于温布利的更多信息，参见第 223 页和第 351 页。

未公布的设计 ⑭

1920 年，伦敦首个商业机场在克罗伊登被启用，但很快这座城市就需要更多的飞机跑道来满足人们的需要。1931 年，查尔斯·格洛弗（Charles Glover）提议在国王十字车站上方建造一座巧妙的高架机场。国王十字车站的高架机场将是一个巨大的混凝土摩天轮状，有 8 条半英里长的辐条跑道。精心布置的建筑物将会支撑这个圆环机场，使用升降梯将飞机和乘客抬到停机坪上。格洛弗计算出，飞机本身只需要进行一些小的修改，比如可伸缩的机翼和改进的刹车。

未实施的叠加计划 ⑮

查尔斯·布雷西爵士（Sir Charles Bressey）的《高速公路发展调查》（*Highway Development Survey*, 1937）概述了在特拉法加广场修建一座三层停车场的计划，该停车场将利用纳尔逊纪念柱与国家美术馆之间的空间。把车停在英国文化委员会大楼下面的 Q 公园里，漫步出去你可以想象布雷西爵士的愿景。

针对未涉及玻璃使用的建筑重构 ⑯

20 世纪 30 年代，皮尔金顿玻璃制造商厚颜无耻地成立了玻璃时代发展委员会（Glass Age Development Committee），以刺激涉及玻璃的新建筑项目。1954 年的一项计划设想苏荷区被拆除并重建为一个巨大的玻璃中庭，从天花板仰望，抬头可见赫然矗立着六个三角形的住宅区。一旦室内街道被洪水淹没，人们可以用高科技运河船摆渡。

悬空设计构想 ⑰

1968 年，作为对整个区域进行大几何重新思考的一部分，人们构想了一个三层皮卡迪利广场，中间层供小汽车和公共汽车使用，上层离地面 93 英尺，供行人使用。一年前，大伦敦议会对摄政街上空悬挂单轨铁路进行了可行性研究。

犯忌的设计 ⑱

1990 年，未来系统（Future Systems）公司提议为巴特西建造 83 层的"绿鸟"摩天大楼。尽管它的空气动力学设计令人印象深刻，它与性玩具惊人的相似之处限制了它的吸引力。这栋"绿鸟"建筑的高度是巴特西发电厂的四倍。

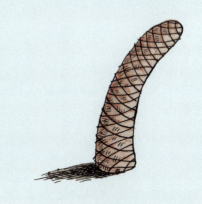

无人居住的建筑 ⑲

2008 年，建筑公司 Teatum + Teatum 和 Popularchitecture 提出在圣保罗大教堂旁边建造一座一英里高的生态塔，比伦敦碎片大厦高五倍。作为伦敦住房需求的根本解决方案，这座 500 层高的垂直城市将可容纳 10 万人，包括住宅、学校、医院、商店、酒吧、溜冰场、游泳池、公园、农场和村庄。高速电梯可以把你从 429 层的塔内大学快速送到 348 层的塔内网球馆，然后再回到 457 层的阿尔卑斯花园。

禁止游泳的河流 ⑳

Y/N 工作室在 2012 年提出在小威尼斯和莱姆豪斯湾之间建造一条"利多线"：摄政运河中修一条干净通道，有三层膜过滤运河水——游泳专用。在冬天，河道将被冻结，形成一个高速滑冰通道。

遗骸

一旦生命被终结，肉体腐烂，生命形式只剩下骨头。伦敦是一个骨库，里面堆满了前居民的身体部位，到处都是动物残骸，当然还有珍贵的作为科学标本的骨架。

人类

在韦尔科姆收藏馆中寻找橙色和黑色的尼泊尔头饰。它由珊瑚珠子和布料制成，头饰顶部有一个人类头骨做成的圆顶 [1]。

美国开国元勋本杰明·富兰克林，有一个位于查令十字街的家，屋中发现了一千多块人骨碎片。它们被切得很干净，被认为是现场一所解剖学校的遗骸。富兰克林的房子现在是一个博物馆，你可以在研讨室里看到一些精选的骨骼标本。

时髦的塞巴斯蒂安·霍斯利在他位于米尔德街的公寓 [2] 里有一堵人头骨墙。他一楼的房间已经易手，但头骨仍在原地。如果百叶窗是开着的，你可以从街上看到它们。

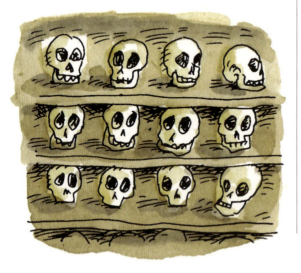

鲸鱼

面对气候对人类的威胁，自然历史博物馆认为，用一种灭绝的食草动物来迎接游客，是在传递错误的信息。2017 年，主厅里的梁龙"迪皮"（Dippy）将被蓝鲸骨架取代，以提醒游客"我们对地球的责任有多么重大"。

另一头蓝鲸的一部分在巴尼特的伍德街展出。这头鲸有 90 英尺长，今天你可以穿过它的下颚，这是通往北极探险家约翰·富兰克林曾经的家的通道。

在大英博物馆里找到法兰克斯首饰盒（Franks Casket）。这个盎格鲁-撒克逊的盒子上刻着的古北欧谜语，意思是："鱼在山崖上拍打着大海；恐怖之王在小木瓦上游泳时变得悲伤。"谜语答案和盒子的制作材料都是"鲸鱼的骨头"。

稀有骨骼标本

直到 20 世纪 70 年代，格兰特博物馆一直相信它有两具斑马骨骼。经过仔细的调查，一具是驴，另一具被鉴定为斑驴——世界上最稀有的骨骼类型。[3] 斑驴是一种斑马，只有身体的前半部分有条纹。去参观格兰特博物馆的斑驴，你可以把它和普通的驴作对比。

目前还没有完整的渡渡鸟骨骼。在自然历史博物馆的卡多根画廊（Cadogan Gallery）里，你可以看到的这个生物标本是由许多不同鸟类的骨头拼凑而成的。我们永远无法确切知道渡渡鸟是什么样子，但科学家相信它们是从几百万年前的鸽子的祖先进化而来的。我们只能在博物馆外看看能不能研究一些渡渡鸟的当代近亲。

---

1. 在附近的今日医学画廊里（Medicine Now gallery），一具塑料骨架的头骨和骨盆被调换了。它的头现在倒挂在胯部。
2. 参见第 69 页。

3. 世界上另外只能找到 6 具斑驴的骨骼，比其他可采集到骨骼的动物都要少。

可食用的骨头

在史密斯菲尔德的圣约翰餐厅，在不断变化的菜单上，唯一不变的菜是烤骨髓。厨师费格斯·亨德森（Fergus Henderson）解释说："我想我已经和这道菜结婚了。""在我和骨头之间，从来没有一分钟是无聊的。"

彼得街（Peter Street）的骨董老爹（Bone Daddies）专营骨汤拉面。他们的小吃菜单上也有猪骨头 [1]。

如果你有一只饥饿的非纯种狗，向当地的屠夫要一些骨头。如果这不起作用，就将卡农贝利兽医诊所出售的冷冻生骨头给狗狗。

各种各样的骨头

收集骨头最好的地方是泰晤士河滩。在光滑的旧砖和破碎的泥管之间，你可以找到河流打磨过的各种各样的骨头标本，其中许多是几个世纪前伦敦人吃的残羹剩饭。收集一份放到壁炉架上，或者用它们来给肉汤调味。

保存自我

除了埃及君主，很少有人像杰里米·边沁那样认真对待遗体保存。在他的遗嘱中，他要求他的身体"以这样一种方式组合在一起：整个身体坐在我常坐的椅子上，以我思考的时候的坐姿摆放"。他的"自我肖像"被恰当地组装好了，但按照毛利人的干燥方法保存他的头部时却出了严重的问题，不得不制作一个蜡像替代品。这个真正的干瘪的头颅现在在加州大学洛杉矶分校的考古学研究所（UCL's Institute of Archaeology）里。你可以在大学主楼南回廊的尽头拜访功利主义之父（他的"包厢"一般从早上 8 点开到下午 6 点）。边沁通过创作 6 万份手稿进一步巩固了他的记忆。你可以在网上自愿帮助转录；当边沁的作品集最终出版时，你的工作将会得到认可。

v

---

1. 加上甜辣椒、酱油和芝麻。

坟墓&电话

走到约翰·索恩爵士家的地下室，经过石棺，便进入一个僧侣的客厅。索恩为一个叫作神父乔凡尼（Padre Giovanni）的修士创造了这个空间。

向窗外望去，是神父乔凡尼的坟墓。令人困惑的是，上面刻着"唉——可怜的范妮"。

范妮是索恩妻子伊丽莎的狗的名字，就埋在石头下面，代替了想象中的隐士。

伊丽莎·索恩去世后，约翰爵士在圣潘克拉斯的老教堂墓地为她设立了纪念碑。她的坟墓激发了贾尔斯·吉尔伯特·斯科特爵士设计电话亭的灵感。

在伦敦和更远的地方都安装了红色模拟坟墓，把她的记忆传递得比约翰爵士想象的还要远。

在 20 世纪 60 年代末，电话亭的鼎盛时期，约有 7 万个不同的场地在纪念伊丽莎。现在只有大约 11 000 个传统的电话亭还在使用。

索恩在多维茨画廊（Dulwich Picture Gallery）的陵墓屋顶采用了类似的设计。在英国最古老的公共艺术画廊里，穿过满是老艺术家的房间，探索下地面。店外有一个红色电话亭，从陵墓就可以看到，你可以把电话亭和陵墓的设计进行对比。

看看皇家艺术学院外面的独特的木制 K2 模型。

建筑的第二生命

伦敦的建筑来来去去，但有些却享受着意想不到的来世。
这里有一些值得注意的遗迹和轮回。

废墟

银行危机

1830 年，约翰·索恩爵士设计了英格兰银行的新建筑后，他的制图员约瑟夫·甘迪（Joseph Gandy）绘制了一幅它矗立在废墟中的照片，仿佛这是一个失落文明的遗迹。不幸的是，对索恩来说，他的杰作没有机会变成一个辉煌的废墟。它于 1920 年被拆毁，为一幢新大楼[1]让路，现在只剩下外墙了。沿着银行的四周走一走，然后去索恩博物馆欣赏甘迪的画。

倒下的拱门

在维多利亚线的尤斯顿站下车，你会看到尤斯顿站台上的瓷砖上描绘了曾经矗立在车站前面的维多利亚大拱门。20 世纪 60 年代，拱门在一片争议声中被拆除。20 世纪 90 年代，拱门的一些碎块被从利河中当初被倾倒的地方挖了出来，现在人们发起一场声势浩大的运动要在原地重建它，恢复其原貌。

循环使用

房子变身

在空袭的废墟中，鞋匠乔·布兰迪斯（Joe Brandis）在一所被夷为平地的房子的原址上开辟了一个花园。他用瓦砾、河岸上的泥土和他在沃尔瑟姆斯托家中的泥土建造了如今的克利里花园（Cleary Gardens）。克利里花园分为三层：最底下是罗马澡堂的遗址，中间层是中世纪建筑，在最上层你可以看到一些牌子标示曾经矗立在那里的被闪电击中的房子。

埋葬

去探索传说中北亚拉菲尔茨（Northala Fields）公园的四座神秘的小山，它们紧挨着起伏的 A40。事实上，这些山丘是人工制造的，行制规矩，但看起来像古代的坟堆，充满了另一个时代的碎片。它们是用 2003 年被拆除的老温布利体育场的残骸建造而成的：足球巨星[2]踩过的有共鸣的瓦砾，浸透着在那里演奏的音乐家们的声音[3]。

搬迁

花园装饰品

当你把几枚铜板扔进贝尔塞兹公园的安特里姆花园（Antrim Gardens）的井里时，停下来仔细看看。井口是一块雕刻的石头，是从在第二次世界大战中被炸毁的下议院搬来的。附近废弃的日晷是老滑铁卢大桥的柱子做成的。

障碍赛

在西德纳姆的圆山（Round Hill）附近的一个住宅开发项目里，由克里斯托弗·雷恩爵士在伦敦建造的圣安托林教堂（St Antholin's Church）优雅的尖顶，如今正伸出人行道。

重塑

提高标准

在梅达谷历史悠久的卡尔顿酒店（Carlton Tavern）的复制品前驻足，看看这座新建的酒店。2015 年，为了给新公寓让路，开发商非法拆除了这栋大楼。当时，威斯敏斯特议会裁定，这栋大楼的重建里里外外都必须完全复原。

---

1. 推倒的过程被尼古拉斯·佩夫斯纳（Nikolaus Pevsner）描述为"20 世纪伦敦城最严重的建筑犯罪"。
2. "温布利是足球的大教堂。它是足球的首都，是足球的心脏。"

皮勒说道。
3. 迈克尔·杰克逊在温布利球场表演了 15 次。

WYRD

在大英图书馆的恒温地下室里，有一份有 1000 年历史的手稿，被称为"拉克农加"（Lacnunga），或"补救措施"。这是一本盎格鲁-撒克逊人的教科书，一本知识汇编，收集了大量的医学和魔法符咒。例如，如果你的伤口感染了，它会让你唱三次《九味草药符咒》，同时准备一种艾蒿、鸡冠草、羊肉水芹、车前草、五月草、荨麻、野苹果、百里香和茴香的混合物。使用这种药膏，同时向沃登神祈祷，你很快就会好起来。

布莱恩·贝茨教授（Professor Brian Bates）是苏塞克斯大学（University of Sussex）巫医研究项目（Shaman Research Project）的前任主任，是世界上盎格鲁-撒克逊魔法方面的权威。[1] 在贝茨看来，"Wyrd"的概念是古代英国魔法的起源，它大致相当于"fate"（命运）或"destiny"（天命），字面意思是"已经转变的东西"或"已经成为的东西"，意味着一个人的命运总是在变化。[2]

伦敦的书架上放着许多魔法书籍，静静地等待着人们去发现它们的秘密：韦尔科姆收藏馆有一本 15 世纪晚期的魔法法典；伦敦大学学院拥有"哈利·普赖斯魔法文学图书馆"；沃尔堡学院（Warburg Institute）有一本《巫妖王》（Picatrix），这是所有魔法书中最大、最全面的一本，里面收集了 11 世纪阿拉伯巫师的秘密；大英图书馆拥有大量的斯隆爵士的藏品，其中包括伦敦伟大魔术师的魔法著作，以及伊丽莎白时代著名的占星家约翰·迪伊博士的作品。

这是神秘文学不寻常的集中，但伦敦是一个奇怪的城市。查尔斯·戴维斯（Charles Davies）在《神秘伦敦》（Mystic London，1875 年）一书中写道："在它的中间有一种神秘的元素，这种神秘的元素是现实中的人们做梦也想不到的。"今天仍然是这样。在伦敦，你可以加入一个女巫团体，与德鲁伊教徒一起崇拜，占卜未来，施展魔法并引导地球的奥秘。

普及了"反常现象"（anomalous phenomena）的美国作家查尔斯·福特（Charles Fort）在大英图书馆做研究时，曾在马奇蒙特街居住了七年。福特的著作激发了世界各地的"福特人"社团，如今，伦敦福特人社团在主教门的 Dirty Dicks 酒吧的地下室里举办了一系列活动，讲座涉及木乃伊、UFO 和僵尸。伦敦东南部民俗协会（The South East London Folklore Society）也定期举办活动。两个社团都打开了通往伦敦神秘一面的大门；这一章邀请你跨过那扇大门，拥抱命运之路。

---

1. 贝茨花了数年时间研究拉克农加，并于 1983 年以小说的形式出版了自己的魔法教科书，书名为《命运之路》。

2. 贝茨给人们的启示是要去理解"命运之网"，即所有事物都是相互联系的，并处于不断变化的状态。

年轮

非主流宗教教众每年庆祝八个节日。在伦敦，大多数神秘活动集中在夏至、冬至、春分、秋分和季节交替的日子。

夏末节
万圣节

收割季节以后，女神会下降到阴间。在这最后的时刻，鬼魂在野外游荡。穿着戏服的艺人走街串巷，吟诵诗句来换取食物，并用萝卜灯笼照亮他们的道路，灯笼上雕刻着奇形怪状的面孔。把你的漂亮南瓜带到威尔斯登的黑圣母神殿（Black Madonna），[1] 把它作为礼物留给橡树黑夫人吧（the dark Lady of the Oak）。

玛布节（古秋分）
丰收节

当太阳的力量减弱时，国王被献祭，并降临人间。大地的果实是受到庇佑的，人们在丰收的节日里共享大地的福祉。秋分时分，你可以跨过栏杆进入议会山上布迪卡山丘（Boudicca's Mound）的围墙。秉持女领袖——勇士女王伊帕特里克斯（the Warrior Queen Initiatrix）——的精神，离开的时候留下一个神秘的松果排列图形。

秋收
收获节

当土地最肥沃的时候，大地母亲喜获丰收。人们吃越桔，爬山，举行体育比赛。这是斋戒的吉祥季节。
人形面包是用第一批收获的玉米烤的。你可以自己烤姜饼，带着它去海格特附近的皇后森林参加一年一度的"潘神的野餐"，这一下午，戴上面具去打鼓、做梦、享受美食和嬉闹。野餐在被称为"女巫集会"的由13棵橡树围成的圆圈内举行。

仲夏节（古夏至）
仲夏

在仲夏，太阳成为太阳之王，在他的力量的顶点。用骨头点燃的篝火和用木头点燃的篝火可以抵御恶灵。车轮转动。步行到老比林斯盖特市场看日落，召唤德鲁伊国王贝林努斯（Belinus），他在这里被火化并保存在一个金色的瓮中。

圣诞

圣诞节

太阳，太阳之子，从仲冬的黑暗中出现。在这个季节，伟大的大角神带领着野生动物穿越冬季的天空，并交换礼物。冬至时，在汉普斯特德的冬青树酒吧（Holly Bush pub）里喝热葡萄酒，向冬青树国王致敬。然后，在特雷德韦尔（Treadwell）的圣诞派对上，唱颂歌，用占卜和其他活动来庆祝这个节日，喧闹的狂欢活动可以防止仲冬时节的阴郁情绪。

英勃克节

春天

当春天来临时，少女从黑暗的冬日大地上苏醒过来。这是灶台和家庭的季节，是春季大扫除、新羊羔和新生命开始的时候。人们祭拜圣井，祈祷泉涌绵延恒久；人们在圣新娘教堂地下室的罗马祭坛周围撒一些半脱脂的奶油。[2]

奥斯塔拉

复活节

太阳变得越来越强大。人们用彩绘的鸡蛋来纪念丰饶的少女 —— 青春的苹果的守护神，三月兔活泼的嬉戏也是神圣的。在春分日，加入伦敦非主流宗教协会，参加在维多利亚堤的克利奥帕特拉之针举办的一场名为伊希斯的埃及仪式会。

五朔节

五月一日

到了这一天，少女成长为花新娘。人们用黄色五月花的花环装饰门廊、窗户和牛群，为了纪念原始的世界树，人们还竖立了柱子。在黎明的烈酒中沐浴你的脸，以确保美丽和青春，然后在恩菲尔德的特伦特公园度过一个下午，在那里你将为你的爱人戴上用鲜花制成的王冠，围着五月柱跳舞，然后跳过一个燃烧的大锅。晚上，非主流宗教伦敦联合会在康威大厅举行充满催情食物的开放仪式；仪式禁止摄影。

W ——

---

1. 从 10 世纪起，威尔斯登就有了圣玛丽的黑人肖像。有人说，黑圣母是印度女神卡利（Kali）的后裔，她戴着一条头骨项链，在丈夫的尸体上跳舞。

2. 祭坛建在一口圣井旁边，这个古老的遗址对布里吉德（Brighde）来说是神圣的，布里吉德是德鲁伊教诗歌和春天的女神。参见第 396 页。

神秘商店

特雷德韦尔商店
商店街 33 号

如果你在找一根魔杖，你会在特雷德韦尔找到一根。也许这根魔杖是从英国林地中精心挑选出来的，并经过修剪、抛光后准备献祭的，或者是一段用缎子包起来的有条纹的橡木。这里是你购买所有魔法用品的精品店：仪式匕首、坩埚、木制五角星和天鹅绒女巫高定时装。一楼从地板到天花板排列着关于唯灵论和超自然现象的绝版书籍；地下室举办各种活动和研讨会，包括熏香艺术、塔罗牌阅读和海地伏都教的入门仪式。

亚特兰蒂斯
博物馆街 49a 号

亚特兰蒂斯书店成立于 1922 年。书店里面有一个烧得正旺的火炉，还有一把舒适的扶手椅。坐在温暖的扶手椅上阅读最新一期的《异教黎明》（*Pagan Dawn*）杂志，唤起阿莱斯特·克劳利、迪翁·福琼（Dion Fortune）和叶芝的精神，他们都曾是这里的顾客。正是在亚特兰蒂斯的地下室，杰拉尔德·加德纳（Gerald Gardner）在 20 世纪 50 年代开始了现代巫术的复兴，在这里，他遇见了吟游诗人和德鲁伊团体（OBOD）[1]的创始人罗斯·尼克尔斯（Ross Nichols）。亚特兰蒂斯定期举办活动，包括每月的灵媒咖啡馆。

巫术是英国给予世界的唯一宗教，亚特兰蒂斯书店是现代复兴的发源地。我们是全世界人民，包括王子和流行歌星在内的必不可少的试金石。我们的奥秘是西方风情，适合神奇的阿尔比恩之地。

——杰拉尔丁·贝斯金

奥秘
蒙茅斯街 9-11 号

一家新时代的商店，陈列着令人羡慕的水晶、涂抹棒、捕梦网和耳烛。走进来看看当天的通灵读物。你可以浏览他们的网站，看看谁会在那天占卜。

沃特金斯
塞西尔巷 19-21 号

沃特金斯书店是世界上最古老的神秘供应商之一。它成立于 1893 年，货架上堆满了关于神秘主义和玄学的大部头书，以及塔罗牌、杂志和关于神秘学的视频。尽管最近出现了财务问题，不得不暂时关闭，但沃特金斯会再次兴旺起来。查阅他们的地理灵学地图，以了解伦敦最近发生的神秘事件的概要。

丹利店
布里奇斯街 24 号

爱德华·鲍尔-莱顿（Edward Bulwer-Lytton）1842 年的神秘小说《扎诺尼》（*Zanoni*），开篇描述了"一家旧书店，自几年前就存在于考文特花园附近"，其中包括"有史以来最著名的收藏，是一位狂热者收集的关于炼金术士、阴谋家和占星家的作品"。小说中描写的商店是根据古怪的古董商约翰·丹利（John Denley）经营的一家货真价实的商店设计的。遗憾的是，现在它似乎已经消失了，至少对外行人来说是这样，但当你挤进伦敦最窄的小巷——布里奇斯街时，你仍然有机会像《扎诺尼》中的叙述者一样，从一位年长的陌生人那里收到一份神秘的加密手稿。

TREADWELL'S

ATLANTIS

MYSTERIES

WATKINS'

DENLEY'S

W

女巫

在伦敦，大多数女巫的集会都是私人的，没有公开。如果你被现代巫术所吸引，开始参加公开的非主流宗教活动，到时候你可能会被邀请参加一个女巫集会。

新月

The Nova Stellar Wicca Meeting Group 在每个月的第二个星期二下午 6 点半在法灵顿的城堡酒吧聚会。这是一个安全的环境，新加入的人可以在这里见到来自考文垂的发起者，他们穿越整个伦敦城来到这里。在开始走上月亮女神之路之前，你可以问一些关于巫术实践的问题。[1] 为了获得更正式的介绍，艾莉森·斯皮里韦弗（Alison Spiritweaver）在克罗伊登的新艾丁顿（New Addington）定期举办介绍性课程，在此期间，你将体验法术和仪式魔法，包括与大角神在户外逗留。

蛾眉月 🌒

你可以坐自己家里，在"第二人生"（Second Life）网站建立一个人生模拟器（一种网络游戏）的账户，来探索巫术崇拜的世界。去女巫岛吧，这是一个神圣的岛屿，那里有立着的石头、露天的庙宇和一个五朔节花柱。女巫岛由英国巫术组织"阿耳特弥斯之子"（Children of Artemis）建造和管理。你的网络化身可以参加岛上的课程和仪式，甚至在阿耳特弥斯酒馆的迪斯科舞厅随着流行音乐跳舞。如果你想要一个更真实的体验，女巫客栈（Witches Inn Moot）[2] 会在每个月的第一个周三在莫瑟姆的羽毛（The Feathers）酒吧聚会。这个由传统女巫丽贝卡·伯德（Rebecca Bird）主持的友好公开聚会，是结交新朋友的好去处。

第一季 🌓

一旦你成为女巫，你就会想要举行仪式，但对你来说，独自举办可能很难。对于孤独的非主流宗教教徒，特雷德韦尔书店每月的第一个星期一会举办集体"开放的圈子"，有讨论、诵经和仪式活动。或者，你也可以参加来自朗福德（Romford）的女巫 Rain 组织的活动。去看看她的铺子 Cobwebs and Cauldrons（蜘蛛网和坩埚）。这里常常举办关于占卜、命理学和手相学的研讨会。[3]

盈凸月

要想全面进入伦敦巫术崇拜者的行列，必须购买在克罗伊登的费尔菲尔德大厅（Fairfield Halls）举行的国际巫术节（Witchfest International）的门票。这是世界上最大的巫术节，这里举办魔杖制作和移动魔法的研讨会，关于萨满教和心理自卫的讲座，以及来自 Rumpledrumskin 和 Spriggan Mist 等人的音乐。开场祝福会安排有很多活动：你可能会发现自己在背诵咒语；观看"月之猎人"的莫里斯舞；或者手拉手，跳着仪式螺旋舞，一直到深夜。

满月 ⬤

巫术崇拜者用"Esbat"来庆祝月相，与太阳的"Sabbat"仪式相反。满月时，Esbat 仪式在伦敦各地举行。在英国东北部，"全球巫术崇拜者地球治疗圣殿"组织（the Global Wicca Earth Healing Temple）在沃尔瑟姆斯托的一个"私人场所"举行满月仪式。[4] 或者，在伦敦西南部，威肯的大祭司马尼·纳瓦索西（Mani Navasothy）在温布尔登公园组织一场满月女巫会，参加者有伦敦森林女巫、巫术崇拜者、生态魔术师和户外异教徒。纳瓦索西是一位斯里兰卡大祭司，有 20 年的巫术经验。他将"创造力、魔法、兼收并蓄的萨满教和巫术的原始一面"融入他的祭祀活动中。他还在里士满的露台花园主持夜间的烛光仪式。

---

1. 活动中偶尔会有嘉宾演讲，比如《神圣动物》（*Sacred Animals*）作者蟾蜍戈登（Gordon the Toad）。

2. 在第 370 页还列出了伦敦其他的每月举行一次的女巫集会。

3. Rain 还组织"到巫师市场"的一年一度的长途旅行。

4. 网上预订一个位置，在圣詹姆斯街站见面。

德鲁伊

公元前 50 年，尤里乌斯·凯撒将不列颠描述为德鲁伊教智慧的家园，这些智慧涉及 "星星和它们的运动、宇宙和地球的大小、自然界以及神灵的力量"。在伦敦德鲁伊教仍然有迹可循。

第一次接触 🌑

昆斯伯里广场精神研究学院除了开设动物交流、前世探索和寻找星体翅膀的课程外，还开设了关于德鲁伊神秘学的公共入门课程。阿瑟·柯南·道尔曾任精神研究学院（College of Psychic Studies）院长；他去世一周后，数千名仰慕者在皇家阿尔伯特音乐厅静默时召唤了他的灵魂。成为一名会员后，你可以访问他们的藏书室，藏书超过 6000 种，那里的藏书的书名很深奥。

日偏食 🌒

当你探索德鲁伊教时，你可以考虑参加一个由伦敦非主流宗教教徒圈（the London Pagan & Heathen Circle）组织的活动。这些活动包括在格林尼治的梅登斯通山（Maidenstone Hill）举行的聚会，通过讲故事、诗歌和音乐来庆祝吟游诗人的艺术，以及亚特兰蒂斯女祭司举行的长袍仪式中的娱乐活动。你也可以参加由伦敦的林地萨满教组织 "赫恩部落"（Hern's Tribe）组织的活动，该组织专门把童话故事改编成部落仪式剧：他们通常聚集在伦敦市区靠近克罗伊登的林地。

日全食 🌑

当你觉得时机成熟时，大胆地加入吟游诗人奥维特和德鲁伊的行列。会员资格的获取并不便宜，但你会得到一个自我指导的 "gwersi"（课程），逐步接受指导成为德鲁伊教徒。[1] 在课程之间，放松一下，收听两家主要的德鲁伊电台（目前都是基于互联网的）：非主流宗教电台和 wyldwood 电台，这两家电台都有音乐节目，音乐类型从中世纪的普通歌曲到非主流宗教重金属音乐。还有德鲁伊的播客，由诗人达姆主持。如果你需要在学习的间歇获得更长的休息时间，那就去 Caer Corhrain 吧，这是位于谢佩岛上的一个萨满教静修地，那里有一个石圈和一个神圣的蒸汗屋。

日冕 🌘

在樱草山，开放的德鲁伊仪式在离八个非主流宗教教徒节日最近的星期天举行。开放的德鲁伊仪式欢迎各界人士于下午十二时三十分在山顶附近的霍桑树林集合，然后于下午一时举行仪式。[2] 为了获得更多的沉浸式体验，请参加在埃平森林的德布登之家营地（Debden House campsite）举行的一年一度的非主流宗教教徒营地。这是个讲故事、音乐制作和魔术的节日，活动包括森林漫步、艺术和手工艺，以及星空下的公共仪式。

全体行动 ⚪

一旦你成为德鲁伊教教徒并开始实践德鲁伊教教义，有两个日子对伦敦人特别重要。第一个是非主流宗教联盟伦敦年会，6 月底在莱顿斯通（Leystonstone）举行。这一整天的活动包括讨论非主流宗教教徒的历史和圣地，关于占卜和再野生化的研讨会，开幕式、闭幕仪式和非主流宗教教徒市场，以及来自非主流宗教教徒摇滚乐队的现场表演，并有机会与全国其他德鲁伊教教徒联系。第二天，你就可以参加伦敦的非主流宗教教徒游行。带上你的扫帚、花冠和非主流宗教教徒之锤到罗素广场花园，与巨人、仙女、彩车和横幅一起在伦敦的街道上进行游行，申明你有信仰自由的权利，同时也庆祝非主流宗教的多样性。

---

1. 课程以神圣的圆圈、方向和元素开始。
2. 在樱草山山顶寻找纪念碑，它是为了纪念 1792 年仲夏之夜，威尔士石匠伊欧罗·摩根韦格（Iolo Morganwg）在这里组织的第一次圣德鲁伊集会。他用散落的鹅卵石把一小群人围成一个神圣的圆圈。

伦敦的塔罗牌

小说家兼神秘学家查尔斯·威廉姆斯（Charles Williams）写道："据说，洗牌就是大地，拍打牌就是雨，敲打牌就是风，指向牌是火。""但据说，更重要的是所有过程的意义和永恒跳动的尺度。"

塔罗牌有四种花色：剑、魔杖、硬币和杯子。每种花色都有编号为 A 到 10 的牌和 4 张花牌（人头牌），但也有一种 21 张牌塔罗牌，被称为"大阿卡那"，名字包括死亡、力量和被绞死的人。尽管有人声称塔罗牌起源于古埃及，但关于塔罗牌的最早记载是在 15 世纪的意大利。它很快成为一种流行的占卜工具：卡片揭示了当前的情况，并阐明了未来的后果。如果你想探索塔罗牌，可以提前在特雷德韦尔书店预订，这家书店每周 7 天都提供解读服务。或者，如果你想亲自试用这些卡片，那就买一套标志性的莱德韦特（Rider-Waite）塔罗牌。[1]

在这幅地图中，我们分析了伦敦的塔罗牌，发现了这座城市长期以来与神秘主义联系在一起的关键人物。

女巫①

巫术在伦敦有着悠久的历史。站在伦敦桥上，记住 963 年在这里被淹死的女巫，就因为她有一个钉满钉子的雕像；或者漫步在皮姆利科的田野，1371 年，女巫被砍下的头和她的魔法书被焚毁在此；或者站在埃奇韦尔路和贝斯沃特的交汇处，想象一下玛格丽特·哈克特（Margaret Hacket）的样子，她于 1585 年因使用巫术杀死一名年轻人而被绞死在泰伯恩。[2]

然而，伦敦最臭名昭著的中世纪女巫是格洛斯特公爵夫人（Duchess of Gloucester）埃莉诺·科布汉姆（Eleanor Cobham）。埃莉诺出生在格林尼治的普拉森舍宫[3]，并在那里长大。她嫁给了格洛斯特公爵——亨利六世的叔叔。亨利六世的叔叔在国王未成年时期是摄政王。在权力的诱惑下，她与一个女巫和一个巫师密谋用"魔法手段"谋杀了 20 岁的国王。当一位牧师为死者做弥撒时，她打算把亨利的蜡像融化在伦敦霍恩西主教狩猎的小屋里［现在是海格特高尔夫俱乐部（Highgate

THE WITCH.

Golf Club）的所在地］。1441 年，当这个叛国的阴谋被发现时，她被指控犯下了死灵术、巫术、异端和叛国罪。在被驱逐到马恩岛的皮尔城堡之前，她在伦敦的街道上进行了忏悔，在那里她建立了一个至今仍有聚会的马恩女巫团。

最近，退休公务员杰拉尔德·加德纳于 1954 年创立了巫术崇拜教（witchcraft religion of Wicca），目前在全球拥有 80 万信徒。他在伦敦西北部布里克特伍德（Bricket Wood）拥有一家五英亩乡村俱乐部（Five Acres Country Club），在俱乐部的一间伊丽莎白时代风格的小屋里定期举办集会，其中包括与平克·弗洛伊德乐队成员度过的一个狂欢之夜。加德纳的小屋仍然矗立在那里，地板上刻着仪式圆圈和五角星。五英亩曾经是并且仍然是一个裸体主义俱乐部，所以要看到这个小屋你需要脱光衣服。

---

1. 韦特塔罗牌诞生于伦敦：受神秘的 A.E. 韦特委托，艺术家帕梅拉·科尔曼·史密斯（Pamela Coleman Smith）设计，并于 1910 年由莱德公司出版。科尔曼·史密斯是神秘教团金色黎明的成员。她的作品都是由音乐引起的幻象表现。

2. 她"腐蚀了他的肚脐和脊骨"。

3. 后来成为了奥利弗·克伦威尔的饼干工厂，参见第 252 页。

魔法师②

在大英博物馆的启蒙运动画廊（Enlightenment Gallery）里，仔细看看约翰·迪伊博士的黑镜。[1] 迪伊博士是伊丽莎白一世的占星家和魔法事务顾问。例如，伊丽莎白听说林肯因河广场埋了一幅她自己被钉上钉子的肖像，她就去找迪伊，迪伊很快就找到了那件巫毒教的物品，并把它处理掉了。

他住在泰晤士河畔的莫特莱克，那里有一个天文台、一个实验室和一个藏有大量神秘书籍的图书馆。他的房子是欧洲各地的神秘学者的朝圣之地，就连伊丽莎白也亲自去拜访了他。你可以前往迪伊博士家的遗址，位于莫特莱克商业街北侧的圣玛丽圣母教堂对面。教堂西边的公寓是约翰·迪伊之家，坐落在曾经是迪伊果园的地方，你可以在教堂西区外找到迪伊博士房子的最后遗迹：一段嵌在墙上的老砖石。[2]

炼金术士③

伊莱亚斯·阿什莫尔是一位文艺复兴人：他多才多艺，是一名泥瓦匠、律师、占星家和炼金术士。他自称是"汞控圣公会教徒""英国爱水银的人"，他被各种边缘信仰所吸引。炼金术士关心的是物质和精神上的转变，他们的最终目标是从贱金属中创造纯金。1653 年，一位哲学家向阿什莫尔揭示了"本质论"（materia prima）的秘密，说这是制作魔法石（Philosopher's Stone）的必备材料。1679 年，阿什莫尔位于中殿的图书馆被大火烧毁，他精心收藏的炼金术、绝密术和占星术书籍全部被付之一炬。沿着利物浦街站东侧的 275 米长的人

地图阅读

《伦敦塔罗牌》（Tarot of London）的牌面是一个巫师的桌子，桌子上面散布着神秘的物品。一套新的塔罗牌背面是神秘伦敦的深色地图，这一灵感来自韦特塔罗牌，文本中的关键位置在地图上用星星标出。

行道散步，来唤起对它的记忆。在人行道的两端，屋顶梁都被漆成铅灰色，但是当你走过的时候，颜色会微妙地变化，就像一个精细分级的油漆图表，直到你到达中央的金色托梁。这是炼金术士在伦敦最不引人注目的公共艺术品之一。之后，去拜维斯马克（Bevis Marks）上面华丽的炼金术士餐厅看看。调酒师在本森燃烧器上摆弄烧瓶，他们一边摸索魔法石，一边调制黄金鸡尾酒。

如何制作一块魔法石

买一些香蜂叶（Melissa officinalis）和一些上好的白兰地。将香草磨成粉末，与白兰地混合；密封并在一个温暖的地方放上一天。然后过滤混合物，滤掉残渣并将白兰地液体密封起来。同时，用勺子把浸过的草药放在烤盘上，点燃草药，直到其中的酒精燃尽，然后将燃烧过后的草药放在一个非常热的烤箱里，直到草药变成白色的灰。灰烬冷却后磨成粉末，然后一滴一滴地加入酒精，充分混合，直到它变成灰色的蜡状物质：这是魔法石的植物形态。炼金术士认为，服用这种物质和少量的水，可以增强你的身体和精神力量。

---

1. 这张光滑的黑曜石镜面是由阿兹特克祭司制作的，目的是与巫师之神泰兹卡特利波卡（Tezcatlipoca）交流。

2. 迪伊现存的手稿被存放在大英图书馆，但内容很阴郁。参见第 34 页。

THE EMPRESS.

皇后④

"没有宗教比真理更崇高。"是神智学会（Theosophical Society）的座右铭。你可以参加在伦敦格洛斯特广场 50 号协会总部举行的公共活动，浏览他们图书馆里的神秘书籍，非会员可以在周日预约参观图书馆。"神智学"的意思是"众神的智慧"，它是永恒的智慧，是"透过宗教的彩灯照耀的光"。神学学会的成员包括奥斯卡·王尔德、W.B. 叶芝、乔治·萧伯纳、托马斯·爱迪生和安妮·贝桑特等。

神智学会由海伦娜·布拉瓦茨基夫人（Madame Helena Blavatsky）于 1857 年创建，她曾在开罗主持降神会，在西藏学习过神秘科学，后来在斯里兰卡成为一名佛教徒。海伦娜·布拉瓦茨基夫人于 1887 年 5 月到达伦敦。"叫我去伦敦有什么用？"她问道，"在你们永恒的迷雾和最高文明的光辉中，我该怎么办？我能做些什么？"她在自己位于兰斯顿路 17 号的家中创办了一本名为《路西法》（Lucifer）的杂志和一个私人沙龙"布拉瓦茨基小屋"。神智学会成为伦敦主要的神秘主义运动，自从布拉瓦茨基于 1891 年 5 月 8 日去世后，

世界各地的神学家将这一天定为"白莲节"。她的遗言是："保持这个社团的完整！""不要让我最后的化身成为一个失败者！"

魔鬼⑤

神智学社会的继承者是成立于 1888 年的金色黎明。成员包括作家亚瑟·麦肯（Arthur Machen）、E. 奈斯比特（E. Nesbit）和阿尔杰农·布莱克伍德（Algernon Blackwood），以及伦敦最臭名昭著的神秘主义者、"世界上最邪恶的人"阿莱斯特·克劳利。克劳利 1875 年出生于一个压抑而虔诚的宗教家庭。[1] 他的母亲很快开始怀疑他是反基督的，并把他称为"大野兽"。1898 年，他搬到伦敦，以弗拉基米尔·斯瓦雷夫伯爵（Count Vladimir Svareff）的名义，在赞善里 67 号租了几个房间。在那里，他建造了两座寺庙：白色的寺庙里有六面巨大的镜子，镜子里有神奇的力量；黑色的寺庙里有一座祭坛和一具人体骨架，他用血和死鸟来喂养祭坛。两座寺庙的地板上都画了魔法圈和五角形。[2] 在他的许多仪式中，他都使用了强力的药物和创造性的性活动。他从东方神殿教（Ordo Templi Orientis）学习他的技艺。克劳利后来创立了他自己的魔法教团，阿根廷星团（Argentinum Astrum，A.A.），它遵循着特莱玛（Thelema）的宗教教义，以拉伯雷（Rabelais）的加甘图亚修道院（Gargantua）和潘塔格鲁埃尔修道院（Pantagruel）命名，修道院的座右铭是"做你想做的"。

---

1. 1923 年，小报《约翰牛》（John Bull）这样描述克劳利，称他是"一个我们愿意绞死的人"。

2. 2006 年，当该遗址被重新修缮时，建筑商发现地下室里有一个人类头骨和一个用木棍做成的五角星。

女祭司⑥

1500 年前，如果你站在圣保罗大教堂和千禧桥之间的彼得山上，你所在的位置属于一座罗马神庙，那里供奉着埃及的自然女神伊希斯（Isis）[1]。20 世纪 30 年代，迪翁·福琼重新掀起了对伊希斯的狂热。作为一名神秘主义者兼作家和心理学家，福琼在西哈尔金街（West Halkin Street）的钟楼外经营一家工作坊，那里现在是一家私人餐饮俱乐部。[2] 这座建筑的主人文森特·亨利·佩纳尔弗·卡亚德爵士（Sir Vincent Henry Penalver Caillard）给它安装了电梯，以便在每次仪式的高潮时刻，装扮成埃及女神的福琼可以戏剧性地出现。

福琼建立了一个神秘的团体——内在之光兄弟会（the Fraternity of the Inner Light），至今仍以内在之光协会的形式存在。要成为会员，你必须以书面形式提出申请，并参加广泛的"监督学习课程"。

艺术家⑦

艺术家奥斯汀·奥斯曼·斯派尔（Austin Osman Spare）第一次在伦敦西区举办展览时，一位评论家写道："他的创造力惊人，令人毛骨悚然，充满了意想不到的恐怖。"小时候，斯派尔就和家人搬到了古老的肯宁顿公园附近的肯宁顿公园 15 号。据说，在这里，他被一个女巫引诱，并开始学习黑暗艺术。他曾短暂参与过克劳利的 A.A.，但很快发展出了一套个人神秘系统，写下了三部魔法书：《人间地狱》、《快乐之书》和《生命的焦点》（Earth Inferno, The Book of Pleasure and The Focus of Life）。

他尝试了神奇的绘画技巧，包括自动绘图和"sigilisation"（使用密封符号）。斯派尔的作品描绘了性感的裸体、有翅膀的头部、长刺的半人半羊森林之神、燃烧的手和山羊头骨，他的作品扭曲，充满超现实主义并彰显性元素。斯派尔声称希特勒曾要求他给他画肖像，但他拒绝了。他的作品很少在伦敦公开展出，不过你可以在帝国战争博物馆看到他的一些战时肖像画。乔治·萧伯纳评论说："斯派尔的药方对普罗大众来说，有些过量。"

德鲁伊⑧

1781年威廉·布莱克生日那天，亨利·赫尔（Henry Hurle）在波兰街 23 号的国王武器酒馆（Kings Arms Tavern）复兴了"古老的德鲁伊教团"（Ancient Order of Druids），这个地址离布莱克后来居住的地方只隔了五家人。古老的德鲁伊教团是一个慈善组织，到 1933 年已拥有 150 多万成员，其中包括温斯顿·丘吉尔爵士。1918 年，坚定的社会主义者和素食主义者乔治·沃森·麦格雷戈·里德（George Watson Macgregor Reid）在克拉彭创建了另一个"古德鲁伊教团"。这个教团仍然存在，他们秋分时在樱草山上，春分时在塔山上举行公共仪式。在公共仪式上，成员们穿上他们的白袍和披风，与普通人群区分开来。西伦敦一位名叫罗斯·尼克尔斯的校长于 1954 年加入了古德鲁伊教团，10 年后创立了 OBOD，现在是世界上最大的魔法团体之一。

THE DRUID.

W

---

1. 你可以在伦敦博物馆看到她祭坛的遗迹。　　2. 那个拱形的阁楼，现在叫"加勒德屋"。

伦敦莱伊线

　　1921 年 6 月 30 日，地脉线被揭示给了阿尔弗雷德·沃特金斯（Alfred Watkins）。这位 66 岁的摄影师突然灵光一闪，古老的圣地在英国的大地上以完美的直线排列，每一条直线都是"从一座山峰延伸到另一座山峰的仙链"。他把这些圣地链叫作"莱伊"（leys）线，这个词来源于撒克逊语，意思是一块干净的狭长土地。阿尔弗雷德·沃特金斯发现的第一条莱伊线是河岸街莱伊（The Strand Ley）。首先沿着蓓尔美尔街南边的人行道走，这条人行道正好是沿着地脉线的。

圣马丁-内-路德盖特

一个古老的教堂。1615 年，一具"内科医生学院的解剖课用骨骼"被埋葬在这里。没有人知道为什么。[6]

舰队街的圣新娘教堂

一个 13 世纪的希尔沃克教时的雕像。圣颜教堂的圣器室官员曾为了举办葬礼埋下了这里。身穿亮鲜灿白古老亚麻布的年轻女神。

圣殿教堂

"丁字"。一个 13 世纪的希尔沃克教时的雕像。

西圣邓斯坦

在西圣邓斯坦里面的外面，高格和马格形象的小人在祝时。

丹麦圣克莱蒙教堂

1189 年至 1222 年间。丹麦圣克莱蒙教堂受到圣殿骑士团的保护。虽然它建在河岸区的中间，但它和地脉有一定的角度。[5]

滨河圣母教堂

滨河圣母教堂建在道路中间，曾经是一个 134 英尺高的五月柱在河岸的所在地。最后一次树立是为了庆祝查理二世的复辟。

田野圣马丁教堂

在田野里圣马丁教堂下面挖出了一具人类尺高的人骨，地脉穿过建筑的西北角。[4]

威斯敏斯特大教堂

威斯敏斯特大教堂建在泰晤士河古老的圣索恩岛上，是英国君主加冕和举行葬礼的传统场所。[3]

加冕石，泰晤士河畔金斯敦

一块古老的撒克逊石。七位盎格鲁-撒克逊国王在此加冕。[2]

"山"，阿诺德广场

神秘的古里斯-斯特里特将"Mount"（山）描述
为"充满活力，充满活力"。9

THE STRAND LEY

THE CORONATION LINE¹

THE CITY LEY

圣保罗大教堂

另一条地脉直接穿过这座雷恩座堂教堂的北通道
通道曾经是一条叫作"北巷"的大道。这条

里日蕾德尔玛丽圣

据克里斯·斯特里特介绍，尽管雷恩教堂在
空袭中受损，仍然弥漫了紧张的气氛的浆在
是"气方"...8 但伦敦...的快喇常常在
'气的'快喇常常在

圣斯蒂芬，科尔曼街

这座教堂此前在空袭中被摧毁了。它是由当地
一位酿酒商的遗产资助的——"La Cokke on the
hoop"（敞园住的鸡）的老板。在贝辛霍尔斯大道
的教区标志上找那个敞园住的鸡图案。

圣劳伦斯犹太大教堂

圣劳伦斯犹太人在圣保罗大教堂的格栅形状的风向标里
劳伦斯的殉难，他在圣洛伦伫被烧死。

圣波道夫-无-主教门

就在主教的大门外，圣波道夫是旅行者的守
护神。

圣吠陀-阿利亚-福斯特

法语中的"圣吠陀"（St Vedast，英语称为 Foster）是
眼睛的守护神。7

W

1. 连接加冕地点的线路是克里斯·斯特里特发现的（见下一页的地球之星）。他注意到威斯敏斯特大教堂和圣保罗大教堂是沿着至日方位角排列的。换句话说，站在威斯敏斯特大教堂，仲夏的太阳似乎就在圣保罗大教堂的正后方升起；相反，站在圣保罗大教堂，仲冬的太阳似乎在教堂后面落下。

2. 参见第 402 页。

3. 参见第 134 页。

4. 到第 123 页找到另一个 8 英尺高的人像。

5.1729 年，詹姆斯·布拉姆斯顿（James Bramston）为它的消失
面哀悼："什么东西不会被时间的吞噬之手摧毁？"/特洛伊在哪里，河岸区的五月柱在哪里？"

6. 参见第 396 页。

7. 现在位于中世纪的雷恩-霍克斯莫尔教堂被认为拥有伦敦最好的钟声。

8. 它的残骸随后被拆除并运到密苏里州富尔顿的威斯敏斯特学院。

9. 参见第 268 页。

寻找莱伊线

沃特金斯为寻找新的莱伊线提供了指导。首先你需要弄到一张好地图：伦敦 A 到 Z 高级地图是较合适的。把它钉在一块木板上，尽可能多地圈出古老的石头、土丘、水井和教堂。

然后，"将一根大头针插入一个明晰的标记点（如土堆或常用的石头），将一条直尺靠在这条边上，移动以查看是否可以找到其他三个画圈的点（或两个点和一条现有的直路或轨道）。找到之后，用铅笔画出一条线（暂时）穿过这些点。你可以在这条线上找到古代道路和人行道的部分残骸，也有一些当代的道路也在这条线上。你在地图上找到一条莱伊线后，去实地看一看。如果你想找个伴，那就加入莱伊搜寻协会，这是老直道俱乐部（Old Straight Track Club）的前身，沃特金斯是其创始成员之一。该协会会每季度出版一份简讯，每年举办两次搜寻活动。

地球之星

神秘主义者克里斯·斯特里特是一位"不情愿的幻想家"，他把伦敦的莱伊线提升到了宇宙的高度。根据他的地星理论，伦敦的莱伊线并非孤立地排列：它们相互连接，"创造出一个巨大而美丽的设计，类似于覆盖整个大伦敦的巨大坛场"。

从卡姆雷特护城河（Camlet Moat）到诺伯里的波拉德山（Pollard's Hill in Norbury）的中心莱伊线开始，斯特里特外推了一系列越来越复杂的几何星形图案，形成了"一个巨大的景观寺庙"，这个巨大的景观寺庙展现了"城市的灵魂"。你可以在地球之星网站上了解更多信息。

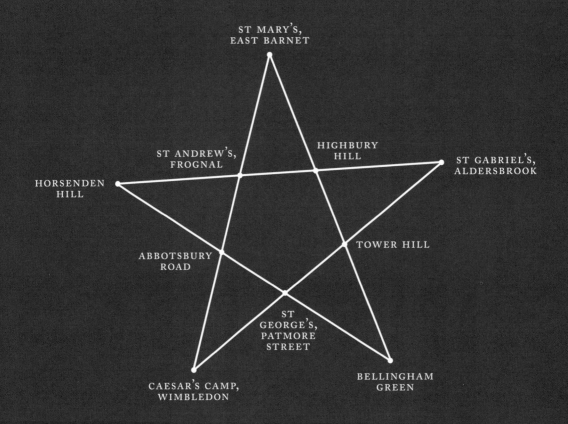

直尺与圆规

如果你下午晚些时候在考文垂花园的东边走一走，你可能会看到一小群穿着黑色西装的男人，每个人都提着一个公文包。这些人都是共济会会员，他们的箱子里都有一条小围裙、一双白手套和一根魔杖。位于大皇后街的英格兰大联合分会（The Grand United Lodge of England）成立于 1717 年，是世界上最古老的共济会大分会。[1]

如今共济会对外有意宣传其透明度，但大联合分会的座右铭仍然是 "Audi Vide Taci" —— "听、看、保持沉默"。要成为大联合分会的一名成员，需要填写一份在线表格。

然后你将被邀请参加面试，分会将对你的申请进行投票。欢迎所有品德良好的人来申请；女性应该向英国历史最悠久的女性共济会提出申请[2]。

一旦你被一个分会接纳，你就宣告你对一个至高存在的信仰，发誓保护你入会的秘密，并承诺在法律的范围内支持处于困境中的共济会成员。然后你将开始你的入行之旅，逐渐被引导，通过考查的会员将经历三个阶段：学徒、副手、大师。同时学习秘密的掌控技巧、符号以及密码。共济会的仪式是基于公元前 10 世纪所罗门神庙的首席石匠、建筑师希兰·阿比夫（Hiram Abiff）传授的神圣知识建立起来的。在朗艾克的共济会俱乐部喝一杯，或者在大皇后街的各种共济会商店里浏览这些徽章，并考虑一下该组织显赫的成员名单，其中包括乔治六世国王（King George Ⅵ）、威廉·霍加斯、约瑟芬·贝克（Josephine Baker）、拉迪亚德·吉卜林（Rudyard Kipling）和纳特·金·科尔（Nat King Cole）。

w

---

1. 这座不朽的神殿向公众开放，在工作日有几次免费参观，还可以免费进入共济会图书馆和博物馆。

2. 成立于 1908 年。它位于诺丁山彭布里奇花园 27 号后面的共济会神殿。

非主流宗教教徒聚会

"Moot"是非主流教徒的社交聚会的意思。在伦敦，每个月都会举行公开的 moot。

每月第一个星期一：
神圣的哈特
边缘酒吧，罗姆福德路，晚上 7 点
久负盛誉的公众争论点会安排嘉宾发言并提供商品。

每月的第一个星期二：
蜘蛛网和大锅
白马酒吧，查德韦尔希思路，晚上 7:30
友好的演讲活动，专门安排时间进行社交活动。

第一个星期六：
亨登·希森斯
灰狗酒吧，亨登路，下午 6 点
讨论过程中可以品尝啤酒和披萨，接着在杰米·道奇综艺俱乐部跳舞。

第二个星期一：
东莫里西
贝尔酒吧，莫里西路，晚上 8 点
所有教徒的聚会。

第二个星期三：
伊克·肯汉姆
马车和马酒吧，高路，晚上 7:30
在舒适的气氛中品尝正宗的麦芽酒。

第二个星期四：
恩菲尔德镇
皇冠和马蹄酒吧，马蹄巷，晚上 7 点
围绕大壁炉坐在沙发上的讨论会。

第三个星期四
克里顿的阿尔忒弥斯之子
马修斯院子 1 号，萨里街，下午 8 点
一个有交谈、讨论和欢愉的友好夜晚。阿尔忒弥斯之子的第一次聚会就在英国。

第三个星期日：
橡树的黎明
城堡，法灵顿，下午 3 点
一个轻松、安全的环境，教徒可以在此聚会，并提供啤酒。

每一个月的最后一个周二
彻特西村讨论会
金树林，鲁克斯伯里路，晚上 8 点
对所有教徒公开的讨论会和社交场所。

阿克斯布里奇讨论会
天鹅与瓶子酒店，牛津路，下午 8:30
气氛友好的非正式聚会。

最后的仪式

向黑色的太阳祈祷

参观位于莱斯特广场的法国圣母院的圣母教堂。这座教堂的壁画是由法国诗人、作家和神秘主义者让·科克托（Jean Cocteau）于 1959 年绘制的。看看"黑太阳"，一个与神秘的社会主义元素相关的神秘象征。

施放符文

自己制作一套符文，或者从符文制造者奥斯瓦尔德那儿购买一些。选一个安静的地方施放符文，或许是大英博物馆的一个角落，[1] 在那里，符文的金手指环激发了托尔金创作《指环王》的灵感。首先理清思绪，专注于一个简单的问题；旋转符文并选择其中一个。默想"Fehu"（奖励，财富，营养），而不是"Isa"（冰，停滞，缺乏情感）。

祭祀泰晤士河

塔米萨伦敦圈（The Tamesa London Circle）与泰晤士河有着神奇的精神联系，歌颂其守护神——塔米萨（Tamesa）。他们的月相仪式适合初学者；在月相周期的关键节点会在沿河岸的不同地点举行仪式。

参观木乃伊

在大英博物馆的古埃及展厅，展品 22542 号是"不幸的木乃伊"：公元前 950 年去世的无名女祭司的木质石棺。故事是这样的：最先得到这件艺术品的四位维多利亚时代的探险家神秘地死去了，把它送到博物馆的人在一周内也去世了。拍下这张照片的摄影师自杀了，据说泰坦尼克号沉没时这张照片就在船上。[2]

发现一个雪人

如果你正在寻找难以捉摸的雪人，在前往尼泊尔之前，不妨去林肯因河广场的亨特博物馆看看。博物馆的藏品中有一张纸做的雪人脚模型，还有灵长类动物学教授奥斯曼·希尔（Osman Hill）收集的雪人牙齿、毛发和粪便。[3]

星尘

如果事情变得有点忙乱，靠在一棵树上或阳光照射下的旧石墙上。呼吸、喝饮料、吃点心，或者看看这条河，你的精神就会得到放松。我们都是由泥土、空气、火、水和灵魂组成的，每个人体内都有一粒微小的星尘。

——杰拉尔丁·贝思金（Geraldine Beskin）

自传

我担心我的冒险使我失去了世界公民的身份。阿拉斯托（译注：希腊神话中的复仇精灵）是我的名字，我是孤独的灵魂，我是荒野中的流浪者。极乐世界才是我的家，我在家中和古时的勇士们谈话。我不喜欢伦敦，不是因为它热闹、嘈杂、肮脏、黑暗、污秽等，而是因为它太狭隘了。我生活在一个超越时空的城市；大大超越了嘀嘀嗒嗒流逝的几个世纪和伦敦那诱人的几英寸！

——阿莱斯特·克劳利

W

---

1. 大英博物馆也是 M.R. 詹姆斯（M.R.James）的《铸造如尼文》中的一个重要背景。

2. 1933 年关闭的大英博物馆地铁站据说被一个神秘埃及人的鬼魂缠住了。"她尖叫的声音太大了，你在皮卡迪利线的霍尔本站台上都能听到。"

3. 它们也有一根雪人的手指，但英国广播公司 2011 年的一项调查显示，它实际上是人类的。

XENOPHILIA崇洋迷外

太子街19号的移民和多样性博物馆，位于斯皮塔菲尔德的一处尚未修复的丝绸织布厂内。它是伦敦最令人难以忘怀的地方之一，外面没有任何标志，里面空荡荡的墙壁和地板给人一种荒凉的感觉。18世纪早期，为了躲避迫害，法国胡格诺派教徒第一次住在这里。当他们继续前行时，爱尔兰移民抢占了他们的地盘。在19世纪末，一群东欧犹太人租下了这处房产，并在后花园建造了一座德系犹太教堂。在20世纪70年代关闭后，当地孟加拉国妇女在老会客室上英语课。如今，这所房子是一座博物馆，但它需要精心保护，每年只向公众开放几天[1]。展览的核心是"手提箱和庇护所"，这是一个由当地学生举办的展览，讲述了斯皮塔菲尔德从胡格诺派移民到索马里人的故事。

太子街19号的分层历史让它成为一个令人向往的地方，让人们反思2000多年来移民浪潮如何塑造了伦敦。无论他们是来侵略、贸易、工作，还是寻求避难，人们都感受到了这座"伟大而著名的城市"的魅力。[2]自公元43年一群富有进取心的意大利人来到这里以来，移民一直是伦敦发展和特色的核心。或许正是由于不断有新来者涌入，伦敦从根本上来说是一个排外的地方。1908年，伦敦东部地区作家伊斯雷尔·赞格威尔（Israel Zangwill）创造了"大熔炉"这个词。今天，从乌尔都语、波斯语和波兰语，到普通话、提格里尼亚语和格鲁吉亚语，全市共有300种语言。

苏哈德夫·桑杜（Sukhdeu Sandhu）写道："伦敦的存在和繁荣，是通过不同群体的反复融合而实现的。"体验这座城市当前文化融合的最佳地点之一是雷德利路，这是达尔斯顿一个热闹的市场。你可以在短短几码内环游世界，与人们见面，并购买农产品，这些农产品来自印度、土耳其、加纳等地。在一堆标准的指甲油、1英镑的水果盘和打折马甲中，你会发现令人眼花缭乱的面料和稀有的肉类。当你在那里的时候，可以逛逛摊位，与商贩交谈，买一条脱水鲶鱼和一瓶正宗的尼日利亚吉尼斯黑啤酒。

---

1. 它的开放日总是吸引很多人排队。当你来访时，不要错过教堂阳台上用粉笔写的前教友的名字。参见第408页，讲述的是一位之前住在这里的居民。

2. 正如18世纪拦路强盗洛特·卡夫纳（Lot Cavenagh）在行刑前的一份声明中所说的那样。

礼物

伦敦经常收到礼物，礼物是作为它与其他国家友好关系的标志。

云杉

威斯敏斯特的市长每年都会去挪威看一棵云杉树被砍倒的过程。这棵树随后被运往伦敦，并被安放在特拉法加广场。自 1947 年以来，挪威每年都会送给伦敦一棵圣诞树，以感谢英国在"二战"中的支持。[1]

宇航员

有抱负的宇航员应该参观格林尼治的皇家天文台。在天文台的外面，在位于本初子午线上的地球仪顶端，是尤里·加加林（Yuri Gagarin）的锌铸雕像，他是第一个进入太空的人。这是加加林升空 50 年后，俄罗斯航天局（Roscosmos）送的礼物。

牡丹

在维多利亚女王大街的克利里花园里，你可以在迷人的八束牡丹下慵懒地躺着。它们是 2006 年由日本大根岛赠送给伦敦的。这个花园位于在闪电战中被炸毁的一所房子的旧址上。[2]

客人

各种各样受欢迎的客人游到泰晤士河上游去参观伦敦。这里有一些值得注意的地方。

鳗鱼

鳗鱼以幼体的身份从马尾藻海（Sargasso Sea）来到伦敦，在这座城市生活了 20 年，试图不被做成鳗鱼冻。[3] 然后它们游 4000 英里回家产卵。鳗鱼现在濒临灭绝，参与泰晤士河观察项目来监测它们的数量。[4]

海马

罕见的短吻海马喜欢泥泞的浅水，在泰晤士河上发现了它们的侨居地。你也可以在伦敦动物园看到它们，那里有一个海马繁殖项目。2010 年，动物园里的一只雄性海马产下了 918 个宝宝。

鲸鱼

2006 年，当一条宽吻鲸游上泰晤士河时，新闻媒体争相为它命名。这条鲸鱼被称为沃利、威利、惠利、比利、威尔玛、皮特、贡佐和鲸鱼公主。[5] 当你走在河岸上的时候，要留意海豹、海豚和鲸鱼。如果你发现了一只，请将你的发现添加到泰晤士海洋哺乳动物调查网站。

---

1. 云杉比挪威国王在 1252 年送给伦敦的北极熊更容易管理。
2. 克利里花园的故事，见第 351 页。
3. 要更多地了解鳗鱼冻，见第 181 页。
4. 你也可以参加他们一年一度的大计数活动，在这个活动中，有数百名志愿者在泰晤士河河滩收集和计数垃圾。
5. 她没能从这次经历中幸存下来，现在被自然历史博物馆收藏。

外来物种

偏见

只要你对"外来物种"没有偏见，伦敦可以为热爱自然的人提供很多东西。有一类特定的栖息地和生物反映了伦敦的人类节奏。

——理查德·梅比

贪婪的啮齿动物

1867 年，位于圣詹姆斯公园的养鸭人小屋成为英国驯化协会的总部。这个协会把外国动物引进英国，有时带来灾难性的后果。选择一种新动物的一个关键标准是它的可食性，他们举行聚餐来评估潜在的候选者。[1] 袋鼠被否决了，但灰松鼠通过了口味测试。然而，自从 19 世纪 70 年代灰松鼠来到英国，这些美味的小动物非但没有成为英国人的主食，反而破坏了当地红松鼠的数量。为了减少灰松鼠的数量，你可以引入一个战术烘焙计划：每次你去公园时都捉几只，或者当它们上市时，在法灵顿的圣约翰餐厅点一些[2]。

鹈鹕捕食

圣詹姆斯公园里最小的三只鹈鹕是东方白鹈鹕，布拉格动物园把它们送给了伦敦；最初的鹈鹕是俄罗斯大使送给国王查理二世的礼物。2006 年，公园里的一只鹈鹕被拍到吞下了当地的一只鸽子，这件事情引起了轰动。皇家公园的一位发言人评论道："大自然是残酷的。这些鸟会很自然地吃掉其他看起来像食物的东西，而这一次，是一只鸽子。"

有害的飞蛾

小心有毒的栎列队蛾（OPM）[3]，它在 2005 年通过欧洲大陆的橡树苗潜入伦敦。OPM 毛虫会脱落有毒的毛发，这可能会导致人类皮疹。西伦敦、布罗姆利和克罗伊登都受到了感染。现在，任何搬离这些地区的橡树都必须有一个特殊的"植物通行证"。信息素陷阱正被积极地用于捕获雄蛾。

X

---

1. 该协会的创始人之一是弗兰克·巴克兰（Frank Buckland），他的父亲威廉·巴克兰（William Buckland）试图在引进前吃掉整个动物。

2. 三到四月份。
3. 它们成群结队地行进。

世界城市

伦敦不断增加的外来人口为伦敦的特色和文化做出了巨大而可喜的贡献[1]。这是一幅伦敦新来者的地图，以及他们的社区如何塑造——并继续塑造伦敦。

这是一张国籍地图，不是种族地图，地图上的国旗代表了每个行政区中最大的非英籍群体，绘图根据2011年的人口普查数据制作。然而，地图所呈现的国籍是基于重要的人口和人口密度标示出来的：如果2011年的人口普查数据显示这个国籍的伦敦人口占有相当大的比例，地图上就会标示。每个段落标题后都有一个数字，这个数字指的是整个城市中出生在那个国家的伦敦人的数量。

印度（262 247）

早在 17 世纪，印度的"拉斯卡尔"（印度水手）就被征召到东印度公司的船只上，开始抵达伦敦。1810 年，东印度公司的一名船长萨克·迪安·穆罕默德（Sake Dean Mahomet）在乔治街开了伦敦第一家印度餐厅 Hindoostanee Coffee House，供应"比英国任何咖喱菜都好吃"的印度菜。[2] 今天，沿着绍索尔百老汇漫步，感受一下印度次大陆的风情："小印度"有旁遮普商店、餐厅、一个亚洲音乐站 [音乐站名叫"sunrise"（日出），963/972AM] 和伦敦最大的锡克教寺庙（Gurdwara Sri Guru Singh Sabha），这个寺庙是观看维萨奇丰收节游行（4 月 13 日）的完美地点。

波兰（158 300）

波兰语现在是英国的第二语言。自 1940 年波兰流亡政府在伦敦建立总部以来，越来越多的波兰人定居伦敦。想要了解旧世界的波兰传统和食物，参加在王子门 55 号的波兰大壁炉俱乐部（Ognisko Polskie）举办的一场公共活动。自 1939 年以来，这家俱乐部一直让其最初的炉火熊熊燃烧。当你在这个地区的时候，不要错

识图

《世界城市》（World City）看起来像一张世界地图。事实上，这是一张伦敦各行政区的地图，分散开来就像一张世界地图。各个市镇的形状没有改变。

过街角 22 号的西科尔斯基学院（Sikorski Institute），它的博物馆是为"二战"期间的波兰而建的。对于基洛夫斯基（Kieślowski）的粉丝来说，布维里街（Bouverie Street）上的波兰文化研究所有波兰电影、戏剧、音乐会和图书签售活动，这些项目将会让一天的行程安排显得很紧凑。

尼日利亚（114 718）

奥劳达·厄奎亚诺（Olaudah Equiano）曾是一名奴隶，出生于现在的尼日利亚。18世纪末，他曾居住在伦敦，并与非洲之子一起为废除奴隶制而奋斗[3]。今天，伦敦有一个欣欣向荣的尼日利亚社区佩卡姆，它有时被称为"约鲁巴敦"（Yorubatown）或"小拉各斯"（Little Lagos），因为这里有成排的尼日利亚商店和餐馆，出售莫伊莫伊、若尔洛夫大米（jollof rice）和"agbo jedi jedi"——一种对抗痢疾和阳痿的草药。你还可以在贝克顿路的 Starrz Unisex 沙龙从造型师那里得到尼日利亚式的编发，电气大道上的一个摊位自 1965 年以来一直在出售尼莱坞电影。

孟加拉国（109 948）

1997 年，陶尔-哈姆莱茨议会将布里克巷地区改名为"邦拉敦"（Banglatown），并开始将其推广为伦敦的咖喱之都。该地区是欧洲最大的孟加拉国社区的所在地，其中心是位于白教堂路的东伦敦清真寺（East London Mosque），这是欧洲第一座通过扬声器播放宣礼词的清真寺。到布里克巷的泰姬陵店逛逛吧。布里克巷始建于 1936 年，在那里你可以买到从孟加拉湾进口的新鲜杂货和鱼，这些鱼每天都从孟加拉国进口。五月的第二个周末，该地区将举行博沙基梅拉节（Boishakhi Mela），庆祝孟加拉新年。博沙基梅拉节是欧洲最大的露天亚洲节日。

---

1. 超过三分之一的伦敦人不是在英国出生的。在 2011 年的人口普查中，伦敦人被要求详细说明他们的出生国家。英国是每个行政区最常见的出生地，但比例各不相同。在哈弗林，英国出生的居民占 90%，而布伦特地区只有 45%。

2. 这家店现在关门了。穆罕默德还将洗发水介绍给了英国人。

3. 可以在骑马屋街 73 号外读读他的书《奥劳达·厄奎亚诺的生活有趣叙述》，或者非洲人古斯塔夫斯·瓦萨》（The Interesting Narrative of the Life of Olaudah Equiano: or, Gustavus Vassa, The African），厄奎亚诺就住在那里，并在那里出版了他这本叙述。

牙买加 （87 467）

20 世纪 40 年代末，大批牙买加人开始抵达伦敦，以解决战后劳动力短缺的问题。他们中的许多人在布里克斯顿定居，布里克斯顿很快成为伦敦最大、最活跃的西印度社区。2014 年 7 月，英国第一个黑人文化遗产中心——黑人文化档案馆在温德拉什广场开放。浏览一下讲述英国黑人故事的小册子、信件和照片，然后在布里克斯顿的集市上享用鱼片和炸鱼、鸡翅和其他东西 [1]。

法国 （6 654）

2012 年，伦敦被宣布为法国人居住的第六大城市，在此的法国人人口超过波尔多。法国人议会成立了一个新的选区，37 岁的阿克艾尔·勒梅尔（Axelle Lemaire）成为法国首位"伦敦议员"。传统上，南肯辛顿一直是伦敦的法国中心，法国科学院 [2] 在此提供文化活动项目。在其他地方，你可以在迪恩街的法国餐厅里喝半品脱啤酒（不允许喝满品脱），也不要错过伦敦最古老的糕点店贝尔托（Maison Bertaux）的杏仁牛角包。夏尔·戴高乐（Charles de Gaulle）就是在这里写了著名的演讲《法兰西的面包》（A tous les Francais）。

肯尼亚 （64 212）

1968 年肯尼亚独立后，政府驱逐了持有英国护照的南亚人，1972 年乌干达也是如此。1967 年，13000 名肯尼亚亚裔抵达伦敦，1971 年，10000 名乌干达亚裔紧随其后。旺兹沃思路 575 号展示了肯尼亚人对这座城市的杰出贡献。这座房子曾是肯尼亚出生的诗人、小说

家、英国公务员卡达姆比·阿萨拉奇（Khadambi Asa-lache）的家，现在整座房子都成了艺术品，每面墙和表面都覆盖着华丽的松木装饰物。阿萨拉奇开始了长达 20 年的倾注感情的劳动，以掩盖他餐厅里潮湿的污渍，但这变成了一种痴迷，他最终手工制作了每平方英寸的表面装饰物。他的房子现在由国家信托基金拥有和经营。

美国 （63 920）

"五月花"号于 1620 年 7 月离开罗瑟希德，前往普利茅斯接载清教徒神父 [3]。他们建立了弗吉尼亚殖民地，156 年后，美国宣布独立于英国。然而，在美国还没有完全统一之前，得克萨斯州在伦敦有自己的大使馆；你可以在圣詹姆斯街外的皮克林广场看到纪念牌匾。要想品尝今日的美国风味，你可以在三浮标码头的 Fatboy's Diner 点一份"原味胖男孩"（Original Fat Boy）加肉饼。这家创办于新泽西的餐厅建于 1941 年，后来搬到了伦敦。或者，在塔维斯托克广场附近的布卢姆斯伯里巷别上徽章，然后前往斯塔福德美国酒吧（Stafford American Bar）参加庆祝鸡尾酒会，酒吧内装饰着来自酒店客人的数百份礼物 [4]。

意大利 （62 050）

在 20 世纪 60 年代之前，克莱肯维尔一直被称为"小意大利"，是街头艺人、磨刀匠、冰淇淋小贩和音乐家活跃的聚集地。位于克莱肯维尔路的意大利圣彼得教堂仍然在每年 7 月的第三个星期天举行圣母玛利亚游行，这是自 1883 年以来的年度传统。芬斯伯里公园也有一个充满活力的意大利社区，以帕帕格尼披萨店（Pizzeria Pappagone）和意大利农民熟食店为中心。其他意大利热点还包括卡隆伯里广场的现代意大利艺术精品和巴特西的古怪的 Bunga Bunga 酒吧，那里有贡多利埃酒吧侍者、码长的披萨、贝卢斯科尼贝里尼鸡尾酒，后者的盛放容器是前总理贝卢斯科尼的头部的仿制品。

X ——

---

1. 在第 267 页看看市场发生了什么变化。
2. 在该研究院的电影院里看一部法国文艺片，浏览一下它的多媒体图书馆，那里有英国最大规模的法语书、电影和杂志收藏。
3. 位于罗瑟希德的五月花酒吧曾经是英国唯一获准销售美国邮票的地方。在第 137 页找到五月花号的模型。
4. 据推测，斯塔福德拥挤的收藏始于一位美国客人捐赠了一只木制的鹰来减轻墙壁的光秃秃的感觉。

中国（39 452）

莱姆豪斯是伦敦最早的唐人街，是一个没有返程票的广东水手的聚集地。陶尔－哈姆莱茨仍然是中国居民最多的伦敦行政区，在这里可以看到古老社区的瞬间——文华街上的龙雕塑，伯奇菲尔德街上的春叶社老年人服务中心。第二次世界大战后，唐人街迁往苏荷区，自 1986 年在杰拉德街竖起中国宝塔以来，一直受到威斯敏斯特议会的积极推广。每年春天，中国的新年庆祝活动都会走上街头。避开查令十字街威斯敏斯特中文图书馆的人群，去那里浏览精选的 5 万本中文书籍。

土耳其（59 596）

1627 年，伦敦只有 40 名土耳其穆斯林，但随着库尔德难民和土耳其塞浦路斯人的涌入，这个社区迅速壮大 [1]。该社区有几家土耳其语报纸和自己的电台。在达尔斯顿的哈曼土耳其澡堂洗澡时，你可以听听土耳其电台。然后，如果是 5 月，你可以在里约电影院观看土耳其最佳电影制作，这是一年一度的土耳其电影节的一部分，然后前往克里索德公园参加安纳托利亚文化节，在那里你将被皮影戏、奥斯曼行军乐队和土耳其国家石油摔跤队所吸引。

德国（55 476）

就在朗伯斯帝国战争博物馆的入口处，你可以触摸到柏林墙的一块，这是 1989 年从勃兰登堡门取来的，上面仍然闪耀着涂鸦艺术家英迪亚诺张大嘴巴的图像和"改变你的生活"的字样。在这段德国历史之后，周五晚上去萨瑟克街旧啤酒花交易所（Hop Exchange）地下室的卡岑詹默斯啤酒馆（Katzenjammers Bierkeller）买皮短裤、喝啤酒和观看现场的黄铜乐器表演。

日本（20 637）

第一批到达伦敦的日本人是克里斯托弗和科斯马斯，1588 年，他们在托马斯·卡文迪什爵士（Sir Thomas Cavendish）完成了环球西行的劫掠之后，与其回到了伦敦。今天，你可以在伦敦日本中心的沙夫茨伯里大街上找到"日出之地"（The Land of the Rising Sun）。"日出之地"从 1980 年的书店和武术店起家，现在是一个拥有日本超市、面包店、吉野熟食店柜台和家居用品部的大型商场。如果你需要一些和平和安静，试试荷兰公园的京都花园、佩卡姆－拉伊的日本花园，或 SOAS 的屋顶花园（可以通过索恩豪街上的文莱画廊进入）[2]。然后在自然历史博物馆的地震室，你可以站在一个逼真的模拟 1996 年阪神大地震的房间里。

葡萄牙（41 041）

沃克斯堡号称"小葡萄牙"，它是由一个个沿着南朗伯斯路排开的葡萄牙酒吧、咖啡馆和商店组成的热闹的街区。不容错过的是托尼熟食店的 Bacalhau 盐鳕鱼，以及艾伯特河堤上的 Casa MadelaA 商店推出的 Pastel de Nata 奶油蛋挞。如果想要邂逅葡萄牙人，试试 Madeira Só Peixe，这是一家鱼摊，拥有一个私密的烧烤咖啡吧。吃一小串牛肉后，就到埃斯特雷拉酒吧外看看，喝一杯红樱桃酒。

---

1. 参观位于国王街 W6 号的西部库尔德斯坦协会博物馆，了解库尔德人的传统，浏览他们收集的库尔德人尿布。　　2. 伦敦最值得道歉的建筑。参见第 29 页。

俄罗斯 (16 754)

自 12 世纪汉萨同盟开发了横跨波罗的海的贸易航线以来，伦敦就与俄罗斯建立了联系。早期的一位著名访客是沙皇彼得大帝，他于 1698 年在德普特福德租下了约翰·伊夫林的房子[1]。对于今天的俄罗斯文化，普希金之家在布卢姆斯伯里广场举办五光十色的活动，位于皮卡迪利大街水石广场顶部的俄罗斯书店陈列着 1200 平方英尺（约合 513 平方米）的俄罗斯文学作品。想要更刺激的体验，可以去米考伯街上的俄罗斯班雅（ban-ya）餐厅，在那里你可以汗蒸、跳水，还可以被干树叶拍打。如果想找点更隐蔽的地方，你可以悄悄溜到布朗普顿的演讲室去。入口里面是一个小祭坛：注意检查左边柱子后面的空间。早在 1985 年，克格勃（KGB）特工就曾利用这一隐蔽处作为死信投递点。

瑞典 (14 747)

第一批来到伦敦的瑞典人是维京人，他们中的一些人在格林尼治经历了一场可怕的遭遇战[2]。如今，伦敦的瑞典居民不那么嗜血了。去哈考特街的乌里卡埃利奥诺拉教堂买瑞典语报纸、咖啡和肉桂卷，在克劳福德街的"全瑞典"买鲱鱼和阿巴鱼丸，然后在伦敦的瑞典酒吧"哈考特的手臂"喝一品脱的科帕伯格啤酒，再来一盘瑞典肉丸。

黎巴嫩 (11 258)

埃奇韦尔路被一些人称为"小贝鲁特"。自 19 世纪末以来，中东人一直在这里定居，20 世纪 70 年代的黎巴嫩内战以后，人越来越多。从贝鲁特快车（Beirut Express）购买自助式 Tabbouleh、Shrinam 和 Jeliab，或参观附近的一家姊妹餐厅 Maroush、Ranoush 和 Maar-ouf。然后在 Al Dar 外面放松一下，尝试一下水烟，从巨大的水烟壶里喷出烟雾。水烟咖啡馆在 2007 年受到全英国禁烟令的严重打击。在一个温暖的晚上，你可以坐在水烟吧的外面，抽着薄荷味的烟斗，感觉自己就像沃特林街的酋长[3]。

泰国 (10 250)

在温布尔登住宅区的中心，离加隆路不远，有一个宁静的去处——泰国寺庙（Wat Buddhapadipa）；泰国寺庙始建于 1965 年，是欧洲第一个泰国佛教寺庙，自 1976 年以来一直位于现在的位置。明亮的白色寺庙的内墙描绘了佛陀生活的绚丽片段；观看时要留意藏在壁画中的伊丽莎白女王二世和查理·卓别林的画像。有一条小路蜿蜒穿过花园，每隔一段路就会有箴言出现，还能瞥见树林中的神殿。想要更生动地体验寺庙活动，可以参加 4 月 13 日的泰国泼水节——宋干节，届时你可以品尝泰国美食，看看泰国工艺品，观看传统舞蹈和沐浴佛像。

韩国 (8 850)

新马尔登（New Malden）是伦敦的"小首尔"，是韩国以外韩国人最密集的地方。自 20 世纪 70 年代以来，这个社区一直围绕着韩国大使在大法官大道（Lord Chancellor's Walk）的故居发展。在高街上的高档卡拉OK 厅，你还可以展示你对韩国流行音乐的了解。

白俄罗斯 (1707)

你对白俄罗斯文学的所有渴望，弗朗西斯·斯卡里纳的白俄罗斯图书馆都能满足你。它位于北芬奇利的霍顿路 37 号；这座不起眼的郊区住宅藏有 3 万多册白俄罗斯文书籍，以及白俄罗斯的文件、档案和地图。里面还有一个小型博物馆，陈列着白俄罗斯历史邮票和被称为 "slutskiia paiasy" 的黄金编织腰带。

---

1. 沙皇推着独轮车从伊夫林心爱的冬青树篱上碾过，把它给毁了。

2. 根据盎格鲁 - 撒克逊编年史，维京袭击者绑架了坎特伯雷大主教阿尔菲戈（Alphege），并用"骨头和牛头"将他砸死。尼古拉斯·霍克斯莫尔（Nicholas Hawksmoor）的圣阿法奇教堂（church of St Alphge）标志了地点。

3. 更多关于沃特林街的信息详见第 2 页。

尝遍环球八大餐厅

乘坐热气球从改革俱乐部出发，试着在一个周末内品尝所有这八家餐馆。

冷盘（Hideg Ízelítő）

在希腊大街上的 Gay Hussar 餐厅，订一盘冷盘[2]和一杯 Frittman Kunsagi Kekfrankos。这家有 60 年历史的匈牙利餐厅的木镶板墙上，挂着近几年在那里吃过饭的一些政治人物[3]的 60 幅漫画。漫画家马丁·罗森（Martin Rowson）与餐厅老板达成了一项协议，为他在餐厅吃的每顿饭支付餐费——为当天用餐的一位名人画一幅钢笔肖像画挂在餐厅。

肉汁奶酪薯条（Poutine）

一个星期天，在布里克巷市场的肉汁奶酪薯条店买一锅薯条。这道法裔加拿大特色菜由薯条和浓稠的咸奶酪凝乳浇上肉汁制成。它可不是清淡的零食，但在寒冷的日子里，或在熬夜之后，它是一种受欢迎的提神小吃。

炖牛肉（Ropa Viejia）

低洼沼泽地的古巴墙上挂满了革命照片和老式步枪。这是一个喝莫吉托鸡尾酒（mojito）、吃炖牛肉（ropa vieja）的好地方，[1]这家酒吧由前保守党政治家菲利普·奥本海姆（Phillip Oppenheim）于 1998 年创建，他直接从古巴生产商那里购买朗姆酒和糖。

棕榈仁汤

诺伍德有一家加纳美食酒吧黄金海岸（The Gold Coast）。周六晚上，当 DJ 播放西非舞曲时，你可以去用煎芭蕉块[4]和番薯球补充能量。然后在周日的午餐时间回来，这是一周中唯一一次供应他们特制的花生和棕榈仁汤的时间段。

手抓饭（Plov）

站在坎伯韦尔路的帕夏酒店外，你肯定不知道华丽的哈萨克吉尔吉斯餐厅就藏在里面。你穿过酒店大堂，走过毫无希望的走廊，穿过后门，走过鱼塘上的桥，坐在一个豆袋上。他们提供来自哈萨克斯坦和吉尔吉斯斯坦的菜肴，每周五还有肚皮舞。在那儿你可以订一份手抓饭[5]。

鹰嘴豆泥

叙利亚晚餐俱乐部由一群朋友运营，每个月都为叙利亚人道主义慈善基金会筹集资金。俱乐部里经常会有很多鹰嘴豆泥和其他叙利亚小吃，讨论会通常由一个刚从叙利亚回来的人主持。

科沙里（Koshari）

"科沙里街"是一家埃及街头食品餐厅，位于圣马丁巷的一家不起眼的狭窄商店里。它供应科沙里，这是一种由通心粉、米饭、扁豆、鹰嘴豆、西红柿和焦糖洋葱做成的丰盛的素食。

印度白扁豆

塔亚布（Tayyabs）于 1972 年由一个巴基斯坦家庭创立。今天，三兄弟经营着这家白教堂餐厅，制作出完美的旁遮普菜肴。前去就餐的人需要提前到达，因为经常要排很长的队伍。可以尝尝印度白扁豆[6]和沙米烤肉串[7]。

x

---

1. 字面意思是"旧衣服"，一道慢煮的古巴菜，里面有牛肉丝、黑豆和车前草。
2. 匈牙利开胃菜。
3. 据说 1983 年的时候，托尼·布莱尔在 10 号桌被人说服去竞选首相。
4. 熟车前草切丁，稍加香料，油炸后配烤花生食用。
5. 拌有羊肉、香料、洋葱和胡萝卜的米饭。
6. 用胡芦巴香料调味的白扁豆咖喱。
7. 这道特色菜只在星期三供应。

烟火

中国新年
1 月底 /2 月初

伦敦的中国新年庆祝活动是亚洲以外规模最大的，有花车游行、舞狮表演和壮观的烟花。烟花是中国人在 7 世纪发明的，在节日里用来驱赶邪灵。一千年后，这些烟花才抵达欧洲，它们在伦敦的开局并不顺利，直到一名瑞典烟火师被派往伦敦，改造这座城市平庸的烟花展：马丁·贝克曼（Martin Beckman）在查理二世和詹姆斯二世的加冕典礼上设计烟花表演，并于 1697 年被任命为"烟花总监"。

皇家烟火
9 月

在为期一个月的全泰晤士艺术节上，亨德尔的皇家烟火表演是核心，以及格鲁吉亚烟花表演。亨德尔在 1749 年写了这段音乐，以配合公众庆祝《艾克斯－拉－夏贝尔和平条约》。据霍勒斯·沃波尔（Horace Walpole）说，当时的观众很喜欢这段音乐，相反对水上燃放的烟花却不以为然。

排灯节
10 月底 /11 月初

每逢排灯节（Diwali）——印度教、锡克教和耆那教的灯节，伦敦的天空便闪烁着色彩。孩子们可以提前申请自愿在儿童们的游行队伍中跳舞。享受庆祝活动的最佳地点是尼斯登的 BAPS Shri Swaminarayan Mandir，这是印度以外最大的印度教寺庙，它被改造成一个充满音乐、食物和烟花的狂欢场所。

篝火之夜
11 月 5 日

1605 年盖伊·福克斯在议会大厦下面被捕的那天晚上，他试图点燃由"佩恩烟花公司"制成的火药。始建于 15 世纪的家族企业佩恩烟花公司位于伦敦东区，如今仍在蓬勃发展，见证了伦敦许多场盛大的烟花表演。近年来，这家企业协调了女王银禧庆典（1977 年）和伦敦奥运会（2012 年）的烟花表演，并在 2005 年策划了一场烟花表演，以纪念火药阴谋 400 周年。

新年除夕
12 月 31 日

每年，大本钟迎接新年的时候，伦敦市中心都会响起烟花炮声。在阿比路的焰火店（Firewolden）买一些烟花箱，箱子上面写着"太空探测器"、"疯狂雷鸣"（Crazy Thunder）和"核拆除"（Nuclear Distribution）等奇异的名字，然后你可以在你的后花园里复制伦敦市中心的烟花效果。

世界收容所

《泰晤士报》1858 年的一篇社论说"我们是一个难民国家",难民包括从受迫害的新教徒胡格诺派、受沙皇威胁的俄罗斯犹太人、逃离饥荒的爱尔兰家庭,到最近冲突中的伊朗、索马里和科索沃地区难民。伦敦以"世界的庇护,所有被迫害土地的避难所"而自豪,宪章派[1]改革者塞缪尔·斯迈尔斯(Samuel Smiles)在 1867 年如此写道。

难民

"Refugee"(难民)一词在 17 世纪末随胡格诺派来到英国。它源自法语的"nefugiés",专门用来描述伦敦第一次遭受迫害的移民浪潮。在诺德山公墓寻找胡格诺派纪念碑,这是一个狭小的三角形土地,卡在旺兹沃思两条繁忙的道路之间。"他们建立了重要的产业,"铭文写道,"并增加了收养他们的小镇的信誉和繁荣。"[2]

集体庇护

三个世纪后,在 20 世纪 80 年代,斯里兰卡内战的难民的到来被一些人称为英国进入了"大规模寻求庇护的时代"。从布里克斯顿路北端的"快乐购物者"那里拿一份报纸可以了解斯里兰卡难民的情况。这家商店是由一个泰米尔家族经营的,他们剪下与斯里兰卡有关的新闻片段,贴在商店的门窗上。

探索者

对于今天在伦敦寻求庇护的人来说,最好的情况是被相信,然后由社会服务网络(基本福利、住房、健康、法律代表)提供支持。最糟糕也是最常见的情况是不被信任,直接进入拘留中心。

——比迪沙(Bidisha)

登月

《伦敦呼叫》(London Calling)一书的作者苏克德夫·桑杜(Sukhdev Sandhu)说,伦敦是"UFO中心","外星人已入侵千年"。也许英国在克罗伊登的签证与移民管理局总部以一次太空之旅命名是合适的。1969 年人类第一次登月时,"月球之家"正在建造中,它的名字是为了庆祝那次著名的着陆。今天,庇护审查小组就设在那里。月球之家若隐若现地耸立在卫斯理路上,如果你从那里路过,一定会看到它。

参与

出去吃晚餐

查找 Mazi Mas(马兹·马斯)漫游餐厅并预订一张桌子。这家社会企业雇用来自移民和难民社区的失业妇女在一家临时餐馆里做饭。菜肴的变化取决于当晚谁在厨房。除了让他们的厨师把她们的烹饪才能发挥出来,马兹·马斯还教她们在食品行业找工作或创业的技能。

志愿者

给 CARAS(为难民和寻求庇护者采取的社区行动)一些时间。如果你觉得自己很合群,可以在课后俱乐部或早上喝咖啡的时候帮忙,或者如果你喜欢在小方格里打钩,可以注册成为一名工作人员,帮助人们填写文件,并指导庇护程序的管理。CARAS 与鹰嘴豆姐妹(Chickpea Sisters)在图廷拥有共同的基地。鹰嘴豆姐妹是一群移民和难民妇女,她们创办了自己的餐饮企业。你可以拿一本她们的食谱看看。

---

1. 在第 83 页可以找到更多的宪章派人士。　　　　　2. 一个精心重建的胡格诺派家庭,参见第 309 页。

窥探

社会学家齐格蒙特·鲍曼（Zygmunt Bauman）写道："这座城市促进了窥探欲望（mixophilia）的产生，就像它播种和滋养混合恐惧症（mixophobia）一样。"以下是一些展示和庆祝伦敦文化融合的地方。

伙伴

在伯吉斯公园的查姆利（Chumleigh）多元文化花园度过安静的一个小时。这座公园创建于 1995 年，象征着萨瑟克的多样性，伊斯兰式花坛、东方式花坛、地中海式花坛、非洲式花坛和英式花坛在此共存共生，争奇斗艳。在此看看基布·托马斯（Keib Thomas）的半身像吧。基布·托马斯是一名当地社区活动人士，一生大部分时间都在推动该地区的宗教间对话，于 2007 年去世。

跨文化先锋

布卢姆斯伯里的十月画廊展示了来自世界各地的当代艺术，目的是汇集和促进跨文化的前卫文化艺术的出现和发展。可以去看展览或参加他们的免费研讨会。

世界新闻

在尤斯顿站外的展台上，你可以看到一系列针对外语人士的免费报纸，包括《盎格利亚》（俄语）、《阿拉伯风情》（阿拉伯语）、《巴西新闻》（葡萄牙语）、《伊比利亚》（西班牙语）、《隆德拉塞拉》（意大利语）和《蒂萨》（立陶宛语）。

读书俱乐部

斯特劳德格林路（Stroud Green Road）上的新灯塔书店（New Beacon Books）是一家具有开创性的独立

十字路口

伦敦给作家们提供了无限的机会，因为这里有如此多不同的文化，如此多种族、阶级和信仰在此交汇。但我们并没有在小说中看到太多反映。我认为写"不属于你的"故事会有些紧张。好像故事"属于"每一个人！这使阅读枯燥无味。

——莫妮卡·阿里（Monica Ali）

书店。自特立尼达人约翰·拉·罗斯（John La Rose）1966 年创建书店以来，这家书店一直出版和销售非洲、加勒比、非洲裔美国人、英国黑人和亚洲文学作品。楼上的乔治·帕德莫尔（George Padmore）学院还举行演讲和其他活动。

打包大清真寺

如果你在布里克巷，停下来欣赏一下大清真寺（Jamme Masjid mosque），它是伦敦历史最悠久的建筑之一。它建于 1743 年，本来是一座胡格诺派教堂，50 年后变成了卫理公会教堂，1898 年变成了斯皮塔菲尔德大犹太教堂，1975 年被卖给了当地的穆斯林社区。

巴别塔

1962 年，人们在一幅巴别塔壁画的背面发现伦敦最早的印刷地图之一[1]。你可以在伦敦博物馆的一个双面盒子里看到它：一面是 16 世纪肖迪奇的详细蚀刻，另一面是一座巨大的半建成的通天塔，象征着人类语言的多样性。今天"巴别塔"也是克拉彭交汇站一家酒吧的名字。

---

1. 这张地图是 16 世纪中叶的铜版印刷版。当地图过期时，这些印刷版被卖给那些用未雕刻的一面画油画的艺术家。

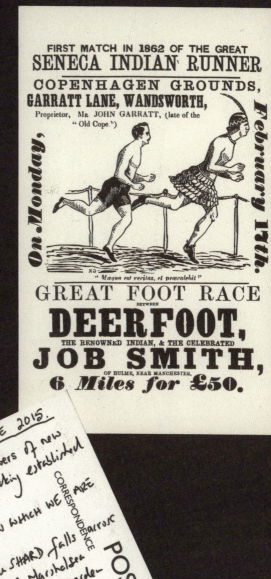
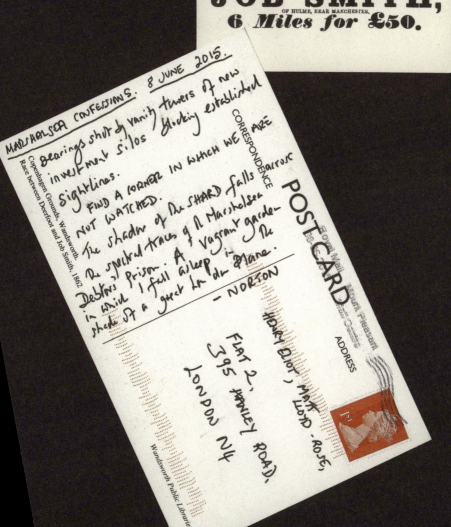

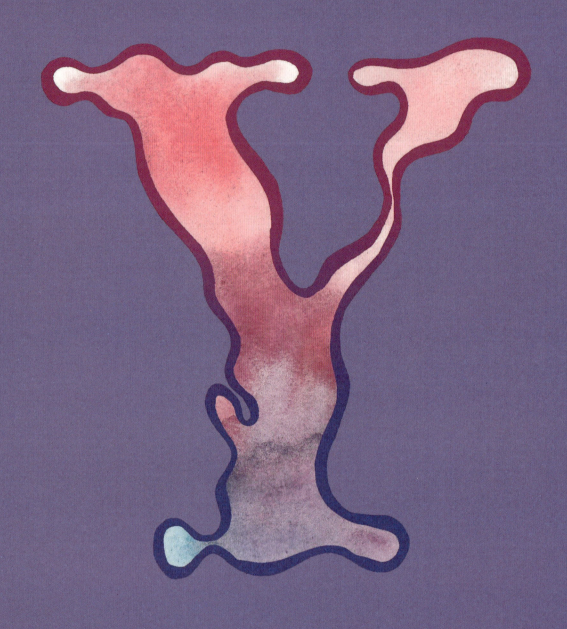

YLEM 伊伦

137.98 亿年前，宇宙开始形成于大爆炸时，只有一种原始物质存在，这种物质的名字叫 "ylem"（伊伦），所有现存的元素和原子都是从这种物质中衍生出来的 [1]。

我们现在所称的伦敦地区在 1.35 亿年前首次露出海面。在漫长的地质时期，陆地发生倾斜和隆起：英国低地沉入海底，堆积了泥沙和砂岩；之后它们又出现了，被浓密的沼泽地森林所覆盖；然后这一地区又一次被洪水淹没，腐烂后的树木被压成了煤。数十亿贝壳和海洋生物在英格兰南部被压成一层厚厚的白垩层，上面覆盖着黏土。人们在布伦特福德发现了鲨鱼，在霍洛威发现了鲭鱼。最终，在 100 万年前，同样的一场地球风暴使阿尔卑斯山升高，伦敦最后一次浮出水面。英国通过一座大陆桥与欧洲相连，一种名为海德堡人（Heidelberg man）[2] 的灭绝物种走进了泰晤士河谷。这些巨人祖先，超过七英尺高。

48 万年前，一个巨大的冰原从北极向南延伸，一直到芬奇利路。冰层使泰晤士河改道进入现在的山谷，泰晤士河开始注入在现在的北海地区形成一个巨大的冰堰湖，只不过这个湖的堤坝是厚厚的冰层。湖水最终冲破了堤坝，汇入大西洋。湖水的蚀刻促成了多佛海峡的形成，多佛海峡使英国孤悬海外，与欧洲大陆隔离开来。

此后的数千年里，伦敦一直是"地球上最黑暗的地方之一"，正如马洛在康拉德的《黑暗之心》中所描述的那样，泰晤士河蜿蜒曲折，雕刻着它流经的山谷。反复的冰河期和融化期在河流两侧留下了痕迹，河岸形成了梯田似的"阶地"，最后才沉入当前的河道 [3]。这片泰晤士河泛滥形成的平原提供了一块白板，使得城市的元素可以在上面聚集和生长。

> **伊伦**
>
> 1973 年 3 月 9 日，伊丽莎白女王大厅见证了德国作曲家卡尔海因茨·施托克豪森（Karlheinz Stockhausen）的实验性作品《伊伦》的首演。美国影评人大卫·拉威利（David Lavery）对该片的表演有一番发自内心的评论："音乐似乎几乎把我普通的分子结构瓦解了，取而代之的是它自己的偶然性形式。过了好一会儿，我才想迈开脚步，我仿佛感觉到我的身体有必要重组。"

1. Ylem 最初是一个中世纪单词，1948 年被大爆炸物理学家拉尔夫·阿尔弗（Ralph Alpher）和乔治·伽莫夫（George Gamow）重新使用，用来描述这种假设的原始物质。
2. 自然历史博物馆最近开放了人类进化单元，展示人类的史前历史。
3. 如果你站在诺森伯兰街的福尔摩斯酒吧外，你就站在这样一个阶地上。在你的头顶，街道的顶端，河岸街沿着一个更高的平台延伸。而泰晤士河现在的河道就在你脚下几码远的地方。

元素

古典的

土壤

不要用嘴尝试萨瑟克的国王阶梯花园的泥土：它的砷含量是伦敦最高的。英国地质调查局于 2010 年完成了对伦敦土壤为期四年的调查，这项调查被称为"伦敦土壤"调查。

水

在世界水日（3 月 22 日）去伦敦水和蒸汽博物馆，追溯罗马时代伦敦供水的历史。或者，从赫特福德郡到伊斯灵顿走 28 英里的"新河之路"，沿着新河的河道走一走，这是一条具有开拓性的詹姆斯一世时期的渡槽，仍然供应着伦敦 8% 的水。

空气

KCL 的环境研究小组在伦敦经营着 100 个空气监测站。你可以下载他们的免费应用程序：伦敦空气（London Air），并随时了解您所在地区的最新空气质量读数。[1]

火灾

参观沃特福德消防站：他们的博物馆每年开放六次，包括历史悠久的手动泵、逃生梯和其他消防设备。[2]

气象的

风

有记录以来，伦敦最严重的风暴发生在 1703 年 11 月 26 日。西风时速达到 80 英里，把威斯敏斯特大教堂的屋顶掀了下来，在圣詹姆斯公园连根拔起了 100 多棵榆树，摧毁了伦敦池中的 700 艘船。丹尼尔·笛福描述了风暴过后的情景："房屋看起来像骷髅，人们的脸上似乎笼罩着一种普遍的恐怖气氛。"

雨

尽管伦敦素有多雨的美誉，但它却是欧洲最干燥的首都之一[3]。但是，未雨绸缪总是好的。所以，选择一个下雨天到新牛津街的詹姆士 & 史密斯父子公司去看看吧。这个古老家族企业的地下室仍然在生产雨伞。他们的经典雨伞包括 slim city（修长的城市）和 whangee cane crook（黄竹杖）。

霜

在萨瑟克大桥南端下方的人行隧道里，有五幅描绘泰晤士河霜冻集市（Thames Frost Fairs）的巨幅石板。从 17 世纪到 19 世纪早期的"小冰河期"，伦敦经历了特别严酷的冬天，泰晤士河至少有 24 次完全结冰。伦敦人以"霜冻集市"来庆祝，在此期间，人们可以滑雪、滑冰、骑马比赛，还可以在冰上看木偶戏。[4] 在 1814 年 2 月的最后一次霜冻集市上，一头大象被牵着走过了黑衣修士桥下面的河面。由于伦敦桥和河堤的新设计，泰晤士河现在流速更快了，所以它再不结冰。

雪

我们梦想着白色的圣诞节是因为查尔斯·狄更斯关于圣诞节的书里写满了雪，比如《圣诞颂歌》和《壁炉上的蟋蟀》。圣诞节在 19 世纪 40 年代已经开始升温，但狄更斯在回忆童年的野蛮冬天。今天，你可以下个赌注看看这是否将是一个白色的圣诞节：在圣诞节的 24 小时内，是否会有一片雪花落在白金汉宫的一小块屋顶上，或克莱肯维尔路的英国气象局大楼上。[5]

化学的

H 1
氢

氢[6] 于 1766 年在苏荷区首次被发现。亨利·卡文迪什（Henry Cavendish）在他位于大马尔伯勒街的实验室里制造了"易燃气体"，并意识到它是水的基本成分。参观位于卡文迪什实验室遗址上的咖世家咖啡，品尝一杯自来水以纪念他。

Ar 18
氩

1894 年，威廉·拉姆齐（William Ramsay）在伦敦大学学院首次发现了氩；1895 年，他分离出氦；1898 年，他又发现了三种"惰性"气体：氖、氪和氙；1910 年，他又发现了最后一种惰性气体氡。今天，伦敦大学学院位于枫树街的宿舍楼被称为拉姆齐楼；拉姆齐楼的公共区域被霓虹灯照亮。

K 18
钾

1807 年，汉弗莱·戴维爵士（Sir Humphrey Davy）在阿尔伯马尔街（Albemarle Street）皇家学会的地下室里发现了几种新元素，首先是钾元素。他的助手回忆说："当他第一次看到微小的钾球冲破钾盐的外壳，进入大气层时就着火了，他无法抑制自己的喜悦之情——实际上，是欣喜若狂地在房间里跳舞。"第二年，戴维又发现了六种元素：钡、硼、钙、钠、锶和镁。他还在 1810 年和 1812 年发现了氯和碘。

Pd 46
钯

有四种需要标记的贵金属：金、银、铂和钯。1803 年，威廉·海德·沃拉斯顿（William Hyde Wollaston）在菲茨罗伊广场附近的家中发现了钯。沃拉斯顿在杰拉德街 26 号的一家珠宝店以"新银"的名义推销这种金属。杰拉德街 26 号现在是"伦敦唐人街餐厅"。吃完蟹肉点心后，你可以在伦敦最古老的珠宝商店杰拉德（Garrard's）买一对钯耳环，戴上它们去参加伦敦钯展。

1. 关于空气污染的更多信息，见第 58 页。
2. 伦敦消防博物馆（London Fire Brigade Museum）计划于 21 世纪头十年末末重新开放，地点是艾伯特河堤（Albert）上的前总部大楼。
3. 它的降雨量比巴黎、柏林和里斯本少，与一年中大部分时间下雨的布鲁塞尔相比，它是干旱的。
4. 选择一个周四，在每周一次的斯皮塔菲尔德古董市场，去安德鲁·科拉姆（Andrew Coram）的摊位，请他给你看一颗镶银的野猪牙，这颗牙来自 1715 年的霜冻集市。
5. 根据这个定义，大多数圣诞节是白色的，但在过去的 50 多年里，只有四个圣诞节期间到处都是雪。
6. 氢占宇宙质量的四分之三。

Y ——

史前文明

回顾过去的岁月，想象一下伦敦这些令人神往的地方的史前生活。

斯坦威尔·库罗斯（Stanwell Cursus）

如果你在希思罗机场 5 号候机厅候机，你所在的位置就在巨大的斯坦威尔·库罗斯的一端。这个史前的土石方工程由两条相距 20 米的沟渠组成，沟渠之间有一道土垒。库罗斯在冬至时与日落成一线，同时它还是史前宗教仪式上游行的通道。

阿姆伯里堤岸（Ambresbury Banks）

威廉·莫里斯喜欢去埃平森林的阿姆伯里堤岸。这个铁器时代的山丘堡垒现在只剩下一个在树林里微微起伏的土方圈，但这个山丘曾经有陡峭的斜坡和一条很深的防御沟渠。传说布迪卡女王曾在这里与罗马人决一死战。

沟渠

克罗伊登附近的里德尔斯顿（Riddlesdown）公园有一条被称为"新沟"（Newe Ditch）的史前小路，附近还发现了几把新石器时代的石斧[1]。

如今动物们仍然在这片共同的土地上吃草，当地居民协会每年都会举办一次娱乐日。

法辛丘

法辛丘是一片广阔的白垩低地，紧邻新石器时代的库尔斯顿的欢乐谷。在这片白垩低地还发现了新石器时代的陶器。今天，这里是一片未受破坏的草原，有许多古老的树林。这里是佛甲草的重要生长地。

活历史

树

伦敦现存最古老的生物是圣安德鲁教堂墓地中有 2000 年历史的托特里奇紫杉。它位于巴尼特的"托特山脊"（Tott Ridge）海角[2]。这棵树年轻的时候见证了公元 45 年罗马人在附近的布罗克利山建立他们的营地。爬进它中空的树干里是伦敦最接近真实的时间旅行的事。

葡萄树

伦敦最粗的葡萄藤是汉普顿宫的黑汉堡葡萄藤，已有 250 年的历史。这棵 118 英尺高的藤蔓植物于 1769 年种植，现在被安置在 1969 年专门为它打造的"藤屋"里。它每年仍然结 500 到 700 串的黑甜葡萄，你可以在九月从皇宫商店买到。

灌木丛

位于奇斯威克的福勒格里芬啤酒厂（Fuller's Griffin Brewery）[3]拥有 200 年历史的紫藤是英国最古老的紫藤。这棵紫花攀缘植物是 1816 年从中国引进的一株幼苗。它在邱园的孪生兄弟已经枯萎而死；你需要用富勒的"伦敦自豪感"（Fuller's London Pride）[4]浇灌你的紫藤，让它保持活力。

---

1. "Neolithic"即"新石器时代"，指石器时代的最后阶段，不列颠从公元前 4000 年到公元前 2500 年处于这一阶段。
2. "Tot"是指人工的凯尔特灯塔山，沿着裂缝线排列。伦敦最著名的"tot"在威斯敏斯特，并以它的名字为托希尔菲尔德和街道命名。
3. 更多信息，参见第 185 页。
4. "伦敦自豪感"得名于闪电战期间出现在轰炸现场的一种粉白色小花。这种花的名字还包括"不太漂亮""抬头吻我"和"圣帕特里克卷心菜"。

地基

当你在伦敦漫步时，想象一下你脚下的地质地层，然后看看你周围的地基。"伦敦周围的土壤，"克里斯托弗·雷恩写道，"……将产出和罗马砖一样好的砖。"甚至伦敦的石头也有原始的痕迹。"伦敦市长官邸和大英博物馆的石头的纹理中有古老的牡蛎壳，"彼得·阿克罗伊德（Peter Ackroyd）评论道。"在滑铁卢车站的灰色大理石上仍然可以看到海藻。"[1]

但是一个城市不仅仅是建立在物质基础之上。伦敦的身份也是通过故事来构建的，比如传说公元前 1 世纪凯撒大帝在圣潘克拉斯建立了一个营地，或者圣保罗曾访问伦敦并在议会山上布道。神话与考古故事相结合，形成了一个单一的罗夏墨迹图像（译注：以墨水点绘的图形判断人的性格），每个读者脑海里都形成其自己版本的伦敦遥远的过去。

神话

威尔士人（Krmry）

第一批不列颠人是亚美尼亚人。去格洛斯特路上的亚美尼亚 Jakob's（雅各布）咖啡馆，读一读 The British Kymry，牧师理查德·摩根（Richard Morgan）在书中描述了两位祖先如何乘坐一艘名为"Nevydd Nav Neivon"的船逃离了原始洪水，定居在"避暑地"亚美尼亚。

他们的后代称自己为"Kymry"，后来又回到了不列颠岛。[2]当他们享用雅各布奶油茶时，请记住"克里米亚"（Crimea）和威尔士语"赛姆鲁"（Cymru）之间的语言联系，康沃尔和亚美尼亚是世界上仅有的两个生产凝块奶油的地方。

布兰

参观伦敦塔，仔细观察乌鸦：脚踝有一圈灰色带子的乌鸦叫布兰（Bran）。在威尔士的传说中，乌鸦之神布兰被斩首，但他的头仍在说话，并被埋葬在布林格温（Bryn Gwyn）——伦敦塔的白山，以保护国家免受入侵的威胁。这个国家一直坚不可摧，直到亚瑟王（King Arthur）取下布兰的头颅，但塔上的乌鸦却保存着对神的记忆。据说它们一旦离开，王国就会灭亡。

历史

欧洲野牛

在伦敦博物馆，站在一个巨大的有角的欧洲野牛头骨前。50 万年前，我们的尼安德特人祖先在泰晤士河流域要面对一群凶猛的动物。在齐普赛，在切尔西，在伊斯灵顿，与狼的灵魂同行，与狮子同行，与鳄鱼同行。在国王十字车站发掘出猛犸象，哈克尼发掘出直齿象，普特尼发掘出野牛，伍尔维奇发掘出棕熊，特拉法加广场发掘出河马。小心河马泰晤士的再次出现，这是一头 21 米长的木制河马，它在 2014 年沿着河边嗅来嗅去。

Plowonida（译注：即伦敦，意为一条宽阔而强壮的河）

一万年前，一群智人在阿克斯布里奇，利用驯鹿每年迁徙的模式，建立了一个营地，他们还捕捉当地的海狸、天鹅和野猪。这个营地被称为三路码头，现在是牛津路环岛上的一个交通岛。

退潮时，在军情六处大楼前的泰晤士河前滩，可以看到有 6000 年历史的木桩。这些粗短的木棒是中石器时代早期伦敦人[3]在埃夫拉河和泰晤士河交汇处建造的建筑的遗址。

---

1. 在格林公园地铁站外，约翰·缅因（John Maine）用波特兰石创作了一幅艺术品，里面自然有丰富的螺旋形腹足类化石。在某些地方你可以看到这些 1.5 亿年前的海洋生物留下的尖锐的圆锥形缺口；在另一些地方，缅因切割了它们。
2. 当他们到达的时候，发现上面除了野牛、麋鹿、熊、海狸和水怪外，没有其他生物。
3. 在伦敦博物馆参观"伦敦之前的伦敦"画廊，观察《谢珀顿女人》（Shepperton Woman）中人物的眼睛，这是 5500 年前伦敦女性的面部复原像。

新特洛伊（Troia Nova）

神话人物

布鲁图斯（Brutus）⬦

每年 11 月的第二个星期六，在伦敦市长大游行上，都会有两个巨大的柳条人被推着穿过街道，这两个柳条人代表着巨人高格和马格。伦敦曾经住着许多巨人，其中最大、最凶猛的叫戈麦戈（Goemagot）。

据 9 世纪威尔士僧侣尼尼厄斯（Nennius）说，埃涅阿斯（Aeneas）[1] 的孙子布鲁图斯与一群流亡的特洛伊人合作，发现了不列颠，并以自己的名字命名。他屠杀了所有的土著巨人，只剩下戈麦戈。戈麦戈在悬崖边与布鲁图斯的将军科尼乌斯（Corineus）的一场戏剧性的摔跤比赛中丧生。

布鲁图斯随后在泰晤士河上建立了一座城市，并以他的家乡命名为"新特洛伊"。1913 年，在泰晤士河上发现了一个有 3000 年历史的小亚细亚双柄杯，它在伦敦的存在无法解释。

卡尔路德（Caer Lludd）

布鲁图斯的凯尔特后裔建立的是一个古怪的王朝。国王洛克林努斯（Locrinus）是布鲁图斯的儿子，他在新特洛伊城地下挖了一个地牢，把他的情妇锁了七年；国王布拉杜德（Bladud）是一个亡灵法师，他为自己造了翅膀，在城市上空飞来飞去。飞行很成功，直到他撞上阿波罗神庙，摔死了 ⋏。布拉杜德的儿子是国王李尔（Leir），一个臭名昭著的疯子和三个女孩的父亲。

然而，最重要的凯尔特君主是国王路德（Lludd），他的统治从公元前 72 年开始。他将这座城市重新命名为卡尔路德，并建造了一堵巨大的石灰岩墙 ✕。路德门是这座城市的西面大门，他就被埋在路德门之下。如果你今天站在路德门广场 12 号外面抬头看，你可以看到他的脸的雕塑高高悬在上方。

历史

青铜

史前的泰晤士河比今天的泰晤士河宽得多，也浅得多；它的两岸是泥滩，四周点缀着莎草和柳树。你可以沿泰晤士河逆流而上或顺流而下来了解史前的伦敦。去梅登黑德（Maidenhead）看一看现存的水路和沼泽岛屿；它们是相互连接的。肯特郡的沼泽则给人一种危险似流沙的感觉，这也曾是伦敦市中心的特色。

在青铜器时代，狩猎和放牧逐渐被农耕所取代，曾经被神圣的纪念碑所占据的土地被排干并划分为农田。穿过克鲁姆山门（Croom Hill Gate），走进格林尼治公园，你会发现自己置身于青铜时代的古墓之中。

卡尔兰登（Caer Llandain）

大英博物馆陈列有在滑铁卢的河里发现的这顶有角的头盔。这个头盔可能是在仪式上献给有角的凯尔特神塞努诺斯（Cernnunos）的。对大角神的信仰今天依然存在。你可以去海格特看看摔跤运动员，参加他们每年两次为初次饮酒的人举行的"号角宣誓"仪式。然后，站在滑铁卢桥上，把你的钱包和钥匙扔到河里，作为对神灵的祭品。

两个凯尔特部落曾经生活在伦敦地区：特林诺万特（Trinovantes）[2] 和卡图韦洛尼（Catuvellauni）。他们曾经向生育女神布里吉德祈祷。你可以去看看圣新娘教堂的地下室，就在路德门广场附近。这个地下室是一个古老的遗址，见证过许多教派。人们认为它最初是一座凯尔特人为布里吉德建造的神庙。

识图

这座城市的神话和历史在交融中形成了原生汤，《地基》（Foundations）是这原生汤中竖起的形象。每个图像旁边都有一个符文，它链接到描述图像的文本。

---

1. 维吉尔（Virgil）在《埃涅阿斯纪》（Aeneid）中讲述了埃涅阿斯的故事，并讲述了他的后代罗穆卢斯和雷穆斯（Romulus and Remus）是如何建立罗马的。

2. 一些词源学家把"Trinovantes"与"Troia Nova"联系起来。

奥古斯塔（Augusta）

康拉德的《黑暗之心》在泰晤士河口的一个巡航小帆船中展开。叙述者想象着一个罗马指挥官带领着第一支探险队沿着泰晤士河，到达"世界的尽头，一片铅色的海洋，一片烟色的天空……"沙洲、沼泽、森林、野人——文明人能吃的很少，除了泰晤士河的水，什么也吃不到。

凯撒（Julius Caesar）

找到凯撒井，凯撒井位于凯斯顿公园的树林里，是一个圆形的砖盆。传说它是由罗马军队跟随乌鸦发现的。[1] 公元前 55 年，尤里乌斯·凯撒率领罗马人首次入侵不列颠，你可以参观伦敦的两个"凯撒营地"：分别是位于凯斯顿的霍尔伍德宅第的（Holwood House in Keston）土方建筑和温布尔登公园南端的一座山堡。

布狄卡（Boudicca） 🎧

罗马人在公元 43 年建立了朗蒂尼亚姆，但 17 年后这座城市被彻底摧毁。在考古记录中，发现这里有一层火化黏土、木灰和氧化铁，以及一条标志着公元 60 年的粗红线。这场灾难是由强大的伊塞尼（Iceni）部落女王布狄卡造成的。起因是罗马人的虐待激怒了她，她向朗蒂尼亚姆进军。趁罗马军队正在与威尔士德鲁伊教教徒进行战斗，她将这座羽翼未丰的城市夷为平地。今天，她的雕像矗立在威斯敏斯特大桥的一辆战车上，传说她被埋葬的位置在今天国王十字车站的 9 号和 10 号站台之间。

朗蒂尼亚姆

尽管罗马人早期遭遇挫折，但不列颠仍沦为罗马的殖民地长达 350 年，朗蒂尼亚姆是殖民地时期的首都。你可以在伦敦塔旁的万圣教堂（All Hollows）的地下室里看到朗蒂尼亚姆的模型，以及原始罗马人行道的痕迹。罗马人在伦敦种植葡萄酿酒，这一做法被位于恩菲尔德的四十霍尔葡萄园[2]（Forty Hall Vineyard）重新引入，该葡萄园是自中世纪以来伦敦的第一个葡萄园。

密特拉神（Mithras）

萨瑟克大教堂曾经是罗马神庙，圣保罗大教堂可能是为女神戴安娜修建的神庙。1954 年，在沃尔布鲁克河边发现了一座密特拉神庙（Temple to Mithras）。神秘的密特拉教在罗马士兵中很受欢迎：他们在地下寺庙举办入会宴会和角色扮演仪式。作为沃尔布鲁克广场彭博大厦的一部分，伦敦的密特拉神圣所不久将对游客开放。

角斗士（Gladiatrix）

站在市政厅艺术画廊下面，你就站在一个罗马圆形剧场的中心，那里曾经是角斗士和野兽在沙滩上搏斗的地方。当罗马人不在血腥中狂欢时，他们就去游泳。1953 年，人们在皇后街的一口罗马井里发现了一条皮制比基尼裤；它现在陈列在伦敦博物馆。你可以预约一个星期三下午，去位于河岸街重建的罗马浴场，看看当年的地下场所。

小黄瓜

在小黄瓜的地下室有一具尸体。[3] 开始建这栋摩天大楼时，一个罗马女孩的遗骸被挖掘了出来。完工后，她被重新安葬在大楼外面一块刻有月桂花环的石板下。石板上，你可以找到一段拉丁文的铭文："敬死者的灵魂，来自罗马统治时期伦敦的无名少女长眠于此。"

奥古斯塔

这座罗马城市从公元 3 世纪开始衰落，后被勉强重新命名为"奥古斯塔"。随着公共服务的恶化，城里的建筑变得不安全，这座逐渐衰落的城市伴随着罗马人的生活方式在一代人的时间内就被遗弃。公元前 410 年，奥古斯塔变成了一座鬼城。

Y

---

1. 凯撒井是拉文斯伯恩河的源头。
2. 这家占地 10 英亩的社会企业将酿酒业与治疗当地身体羸弱的成年人结合在一起。

3. 如果是古罗马人，会称小黄瓜为：cucumis anguria。

伦登堡（Lundenburgh）

神话

亚瑟王

神秘主义者克里斯·斯特里特相信他已经找到了亚瑟王在考克福斯特斯（Cockfosters）的卡梅洛特（Camelot）城堡。你可以去特伦特国家公园，去找找一个被称为卡梅洛特护城河的古老的土方工程。那里有吊桥、厚墙和地牢的痕迹。如今一个圣女的幽灵飘荡在此处。[1] 在卡梅洛特，亚瑟王的私生子莫德雷德爵士（Sir Mordred）继承了王位，并坚持要娶他的继母格温尼维尔王后（Queen Guinevere）为妻。她说服他让她去伦敦市场买结婚所需的必需品。当她到达首都以后，她立即将自己关在了布林格温的塔里面。

蓝牙（Bluetooth）

根据漫威漫画版的北欧神话，格林尼治在第二次黑暗精灵冲突的最后一场战斗中被摧毁。[2] 想要了解你的北欧血统，去摄政公园的丹麦教堂，触摸一下现代版的耶灵石（Jelling Stone）。耶灵石色彩鲜艳，上面篆刻有符文并结合了一些宗教元素，基督钉在伊格德拉西尔（Yggdrasil）的十字架上的形象也被雕刻在石头上，伊格德拉西尔十字架即北欧世界之树。

耶灵石古老的原作是10世纪由哈拉德·蓝牙（Harald Bluetooth）在丹麦的耶灵镇建造的。他的孙子克努特国王（King Cnut），是英国第一个在托尼岛上（Thorney Island）[3] 建造宫殿的君主，传说他曾在泰晤士河岸边试图阻挡泰晤士河的潮汐。你可以尝试参加一个由伊格德拉西尔亲朋组织的讨论会及其他活动，这是一个复兴挪威传统的组织。每年6月，他们都会在巴尼特的护城河山露营地举行一年一度的活动。

历史

阿尔弗雷德（Alfred）

撒克逊人在伦登威克（Lundenwic）的定居地，发祥于现在的河岸街地区；"wic"的意思是集镇，伦登威克就是现在的奥德维奇，意为老的集镇。250年后，不列颠第一位也是最差的一位名厨阿尔弗雷德大帝（Alfred the Great），将撒克逊人的聚居地迁回了伦敦城墙内。在萨瑟克桥附近的河边人行道上有一块牌匾；这块牌匾是为纪念阿尔弗雷德大帝对罗马防御工事的修复。

把一块烧焦的维多利亚海绵带去萨瑟克的三一教堂广场，那里有首都最古老的露天雕像——阿尔弗雷德国王雕像。

福克比尔德（Forkbeard）

公元10世纪，维京人控制了整个英格兰。除了小镇伦登堡，那儿的撒克逊人顽强抵抗侵略者，维京人未能得逞。然而，994年，斯威因·福克比尔德（Swein Forkbeard）带着94艘船来到伦敦，并围困了这座城市20年。到1016年底，英格兰国王阿特雷德（Aethelred）去世，没有继承人，福克比尔德的儿子克努特成为英格兰的国王。

在伦敦博物馆的维京伦敦画廊（Viking London Gallery），你可以看到一块装饰用的石板，这块石板是在圣保罗教堂的院子里发现的，用来纪念克努特宫廷的一名成员。克努特于1018年继承丹麦王位并控制了挪威，此时伦敦成了强大的斯堪的纳维亚帝国的总部。

---

1. 参见第324页的梅林。

2. 详情参见《雷神2：黑暗世界》（2013）。

考古学

伦敦的考古工作由伦敦博物馆监管。如果你想亲自参与，可以考虑在 MOLA（伦敦考古博物馆）做志愿者：作为一名青蛙志愿者（FROG，Foreshore Recording and Observation Group，前滩记录观察组），你可以对考古发现进行筛选和分类，或者梳理泰晤士河前滩。

如果这并不吸引人，那就从《夺宝奇兵》中汲取灵感，参考一些考古冒险经验。

遗失方舟的囤积者

约柜（Ark of the Conuentant）位于大英博物馆地下的一个秘密墓穴中：它由 11 块用紫色天鹅绒包裹的木板制成。博物馆的保险库禁止工作人员进出。这些神圣的塔伯特（约柜的象征物）是 1868 年英国人从埃塞俄比亚掠夺来的，除了埃塞俄比亚教会的高级神职人员外，任何人看到这些塔伯特都是对神灵的亵渎。当你进入博物馆的地下室时，要小心陷阱和大石球。

丢失的尸体

在加利克山（Garlick Hill）的圣詹姆斯·加里希特（St James Garlickhythe）塔里有一具木乃伊。1855 年，一具经过防腐处理的 18 世纪的男尸在教堂的地下室被发现；他被称为"吉米·加利克"（Jimmy Garlick），并被陈列在一个玻璃柜里。今天，他在教堂的塔楼里遥不可及，但教堂执事可能会被说服让你看一眼。

> ### 末日神庙教堂 ❶
> 圣殿骑士团是欧洲最富有的国际组织之一。1185 年，他们在伦敦建造了一座圆形教堂，与耶路撒冷圣墓教堂（Holy Sepulchre）相呼应。去那儿看看神殿，看看躺在地上的骑士。试着解开达·芬奇密码中的谜题。[1] 准备好迎接一个嗜血、喜欢活人祭祀的邪教。

圣杯

找到圣杯并不像你想象的那么困难。沿着干草市场走，然后转到诺里斯街，从上面俯瞰这条通道，你会发现墙上的九个壁龛，其中包括 1989 年电影《夺宝奇兵 4》中的圣杯。这个朴素的木杯，无论谁用它喝了水，都能感受到永恒的生命。如果你去了好莱坞星球，可以尝试说服圣杯保管人用圣杯给你倒一杯可乐。

---

1. "在伦敦埋葬着一位教皇的骑士。
他的劳动成果招致了神灵的愤怒。
你应该在他坟墓上找得到那个圆球。
它代表玫瑰色的肌肤和受孕的子宫。"
线索：圣殿教堂里的骑士是雕像而不是坟墓；谜底就在威斯敏斯特教堂。

神秘的旅行

在《伦敦母亲》(*London Mother*)中，迈克尔·穆尔科克(Michael Moorcock)在亨格福德桥(Hungerford Bridge)旁的泥泞的巨大的蕨类植物旁看到了怪物。那是一头"巨龙，四十英尺左右长"，摇摇摆摆地爬上了荒凉山庄(Bleak House)[1]的霍尔本山。站在伦敦桥上，路易斯-费迪南德·塞利纳(Louis-Ferdinand Celine)把皮卡迪利广场的公共汽车描绘成"一群愤怒的乳齿象"。伦敦到处都是神话中的野兽。从威斯敏斯特地铁站出发，带上你的防火毯，因为这里有龙……

坦普尔龙

找到河岸街，然后往东一直走到坦普尔栅门。这座城市最大、最可怕的龙之一就坐落在一个雄伟的基座上，英国广播公司 2008 年来这里拍摄过[5]。

有翼的跳羚

跳羚以跳远而闻名，但它们通常不会飞。在广场的东侧，你可以看到南非航空公司以前的标志：从南非大使馆起飞的金色羚羊。

美人鱼喷泉

沿着白厅往回走，到特拉法加广场，美人鱼先生和美人鱼小姐在人鱼幻想曲中喷水。美人鱼们使美人计引诱人们，然后淹死他们。这些美人鱼样品是为了纪念约翰·杰利科(John Jellicoe)，他是第一次世界大战日德兰战役的海军上将。

西班牙龙

左转沿着皇家骑兵卫队大道走，穿过白厅进入皇家骑兵卫队阅兵场(Horseguards Parade)。那里有一条铸铁龙，铁龙支撑起一门有 200 年历史的法国大炮，这是西班牙送给英国的礼物，以感谢英国在 1812 年帮助解除对加的斯(Cardiz)的围困。

飞马

继续沿着河岸街走下去，你在右边的内殿入口处会经过飞马。帕伽索斯(Pegasus)是海神波塞冬(Poseidon)生下的神马，帕伽索斯带着珀尔修斯(Perseus)去拯救仙女。16 世纪以来，他一直是内殿的象征。

埃及艳后的狮身人面像

沿着维多利亚河堤向东走，直到到达克利奥帕特拉之针[3]。狮身人面像以位于金字塔侧翼和吃那些答错谜语的人而闻名。这儿的两座狮身人面像守护着一个 1878 年的时间胶囊，里面有一盒雪茄、一个奶瓶、一张卢比、当时最漂亮的英国女人的 12 张照片、一张伦敦地图和一幅维多利亚女王画像[4]。

鱼尾狮酒店

沿着诺森伯兰大道往前走，经过城堡酒店。这座建筑有鱼尾狮[2]装饰，这里曾经是英联邦皇家学会的总部。1965 年新加坡独立时，鱼尾狮被选为这个新国家的象征。

缅甸狮

沿着维多利亚河堤向东走，直到你遇见金迪特(Chindit)纪念碑。金迪特是一种缅甸兽狮，通常守卫佛教寺庙。这座纪念碑现在守卫着国防部，它象征二战期间在日本后方作战的英属印度"特种部队"，作战期间他们身患疟疾，仍带病作战。

出发

出发

1.《荒凉山庄》最后一部出版后的第二年，水晶宫巨龙揭开了神秘面纱；参见第 163 页。

2. 关于鱼尾松鼠，见第 162 页。

3. 当心长椅上有翅膀的狮身人面像，当心猎犬。

4. 关于时间胶囊的更多信息，参见第 420 页。

5. 在网上查找《英国广播公司 2 频道城市季》预告片，更多关于龙哨兵的信息，请参阅第 15 页。

肉龙

右转沿着切特豪斯街走到史密斯菲尔德市场。邪恶的银蓝龙在史密斯菲尔德市场盯着新发出的货品。

独角兽蜡像

沿着格雷沙姆街走。在钱德勒蜡像大厅的入口上方，坐着两只独角兽，它们代表圣母玛利亚。只有处女能抓住凶猛的独角兽，它们完全没了脾气，靠在她的膝上睡着了。

红鲱鱼

穿过齐普赛街，沿着格雷沙姆街走，在红鲱鱼酒吧停下来喝一杯。[1]

图书馆飞龙

沿着巴辛格尔街（Basinghall Street）转一圈，就能看到图书馆外的飞龙：它们是龙的近亲，骨瘦如柴，不过它们只有两条腿。

三菱奇美拉

去伦巴街第 24 号看看。奇美拉是一种肥胖的动物：通常是一头母狮，长着蛇头尾巴，背上长着山羊头。这里的奇美拉是狮身人面像，更母性化一些，她保护着三菱信托银行。

金龙

沿着齐普赛街往东走，直到到达银行枢纽站，通常情况下，龙待在有宝藏的地方，守护着它们。静悄悄地穿过银行地铁，你会经过附近守护国家黄金储备的巨龙。[2]

到达

利德贺市场的龙

在天恩寺街左转，进入利德贺市场。银龙掌管着奶酪、肉类和鲜花，像一群鸽子聚集在市场中心。

圣玛丽·勒弓龙

往南走到齐普赛，抬头看看圣玛丽·勒弓纤细的尖顶上的风向标。在它的尖顶上，一条金龙在随风舞动。

火龙

朝南走到纪念碑。你会看到纪念碑上的龙紧紧扣住底座，它们嘴里喷着火焰，支撑着纪念伦敦大火的柱子。[3]

守护高架桥的龙

一直走到路德门广场，然后往左边沿着法灵顿街走。从霍尔本高架桥底下走过，那里盘踞着凶猛的红金龙。

桥龙

去伦敦桥上看看。长着倒钩舌的银兽守护着伦敦桥的南端。

---

1. 红鲱鱼是一种味道特别大的腌鱼，可以迷惑猎犬。
2. 关于这一日益减少的资产的更多信息，参见第 197 页。

3. 参见第 337 页。

石头

英国南部的白垩质高地上散落着许多砂岩，它们被用来建造巨石阵。2012 年英国最受欢迎的石阵曾两次到达伦敦：杰里米·戴勒（Jeremy Deller）把巨石阵充气城堡带到了格林尼治公园，这样人们可以在巨石间弹跳，第二次是斯柯达公司委托用汽车复制了一个，放在波特的田野上。然而，伦敦到处屹立着自己的巨石阵。

伦敦石

从坎农街站对面 WHSmith 书店的墙上的格栅里，你可以看到一块旧石器时代的石灰石，被称为"伦敦石"[1]。有些人认为它是德鲁伊教的索引石，是人类祭祀的古遗址；也有人认为这是罗马的里程碑。有人说这是古代特洛伊人安装的布鲁特斯石（Brutus Stone）；也有人认为是路德国王将其置于此地的。第一任伦敦市长名叫亨利·埃茨-艾尔温·德·朗登斯通。1450 年，杰克·凯德发动叛乱时，朗登斯通用剑打了这块石头，以此表明自己是这座城市的主人。最终，约翰·斯托在 1598 年承认道，"关于这块石头被放置于此的原因、时间或其他记忆都不重要。"

命运之石

在威斯敏斯特大教堂，检查爱德华国王的宝座底部的空位。斯昆石（The Stone of Scone）是一种红色的长方形砂岩，是苏格兰的加冕石，但在 1296 年，它被英格兰的爱德华一世（Edward I of England）夺去，并被带到伦敦，在那里它被保留了 650 年之久。1950 年圣诞节，四个苏格兰学生盗走了这块石头，并把它归还给了苏格兰[2]；1996 年，它被正式移交给爱丁堡城堡（Edinburgh Castle），现在它坐落在苏格兰的王室珠宝之中，但它还需返回威斯敏斯特教堂参加加冕典礼。

加冕石

站在金斯敦市政厅（Guildhall）外的砂岩被称为"加冕石"。据传说，七个撒克逊国王曾在此加冕。

界碑

流经泰晤士河口的"扬特莱特线"，位于滨海绍森德（Southend-on-sea）的"克劳石"（Crow Stone）到扬特莱特（Yantlet Creek）河口的"伦敦石"间。自 1285 年起，它就被标记出来，标志着城市河流权的东部界线。在上游的泰晤士河边的斯泰恩斯（Staines-upon-Thames）[3]，一块伦敦石标志着最西端的界线。在 19 世纪，伦敦市长会乘船到斯泰恩斯（Staines），非常正式地以剑触石。

雷顿斯通

雷顿斯通（Leytonstone）位于通往斯特拉特福德的一条古道上。砂岩就位于霍利布什山（Hollybush Hill）和新旺斯特德（New Wanstead）的交界处，顶部是一座 18 世纪的方碑。

埃尔索恩石

在汉威尔（Hanwell）的埃尔索恩公园（Elthorne Park）里有一块砂岩，是 1899 年在一条古河床上发现的。它与形成巨石阵的砂岩具有相同的年代、起源和组成。

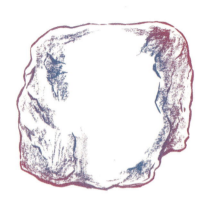

---

1. 走到书店里杂志摊的后面，你会看得更清楚。
2. 他们受到约翰·乔斯林（John Josslyn）的怂恿，他是爱德华一世的第 21 代后代。

3. 斯泰恩斯这个名字的意思是"石头"。

皮肤

当莎士比亚笔下的李尔王（King Lear）与不安的生活抗争时，他遇见了爱德加（Edgar），赤身裸体，沦落为"命运最沮丧之物"。李尔王惊叹于这个"赤裸的、虚伪的动物"，被剥夺了社会地位、理智和衣服，在其清晰的启示下，他撕扯下自己的衣服。你可以回归原始的人性，试着把自己的皮肤暴露在自然中。

日光浴

在汉普斯特德西斯，海格特男子泳池（Highgate Men's Pond）的更衣室有一块混凝土石板，专门用来进行裸体日光浴；女人们在女子泳池里袒胸日光浴。

出汗

Ironmonger Row Baths[1] 水疗馆周二只为男性服务，而周五只有女性可以进入。脱下衣服，在温水浴室或高温浴室中汗蒸。然后跳进冰水池。

条纹

为了给苏门答腊虎筹款，8月你可以在伦敦动物园（London Zoo）参加裸跑。大多数人把自己的身体涂成带有黑色条纹的橙色。

模特

学会跟着米尔曼街社区中心（Millman Street Community Centre）的灵体（Spirited Bodies）活动一起做人体模特。专业模特将帮助你摆出最佳姿势。一旦你感到自信，就报名参加 RAM（艺术家模特登记）。然后考虑下每月一次在梨树晚餐（Pear Tree）的快闪餐厅，它会在巴特西的薰衣草山（Lavender Hill）工作室把人体素描和三餐搭配在一起。

混合

如果你追求一些更公共的东西，那就等着艺术家斯宾塞·图尼克（Spencer Tunnick）回来，参与他的集体裸体照吧。在大学路（College Approach）哈迪上将酒吧（Admiral Hardy Pub）的墙上，你可以看到他在格林尼治拍的一张大照片。

姿态

报名参加伦敦南部为期四周的裸体瑜伽（Naked Yoga），发现各种裸体姿势。

爬行

从趴在玛雅之家（Maya House）正门的三个裸体布鲁斯音乐家处寻找灵感，他们的乐器悬挂在伯勒大街上。

阅读

每月两次，在肖尔迪奇的埃斯酒店（Ace Hotel），你可以参加裸体男孩阅读（Naked Boys Reading）活动。这项活动的受众是"有丰富知识的自然主义爱好者"。

放松

Elixir 是亚历山大宫的自然主义者按摩中心；在此预订一次深层组织按摩，你可以在北欧式桑拿、蒸汽室和热水浴缸中抛掉您的烦恼。

Y

---

1. 了解更多关于日光浴的信息，参见第 234 页。

ZONES 区域

　　站在这个城市的中心——查令十字车站外 [1]。成千上万的陌生人从你身边挤过，敞篷公交司机向你扔传单，一辆辆黑色出租车试图挤过单行道上。暴乱是残酷的，也是势不可挡的。但如果你厌倦了伦敦，并不一定意味着你厌倦了生活：也许你只是需要换个环境。传统的补救方法是离开 1 区（Zone 1），前往 5—9 区（Zone 5-9）——绿树成荫的郊区。在查令十字站登上地铁北线，旅行 10 英里后到达终点——梦幻般的埃奇韦尔边缘地带。

　　一份 20 世纪 20 年代的营销手册上写道："我们现代人比古人要求得更多才会满足，而埃奇韦尔的设计就是为了给我们更多。"这座城市的新郊区体现了"交通便捷的健康乡村生活"的可能性。随着地铁线开辟出新的领域，伦敦人被鼓励效仿，并在沿线涌现出大量的住房。1924 年的一幅醒目的海报描绘了由一只只相同的灰色盒子组成的荒凉城市景观，上面写着这样的话"离开这里，搬往埃奇韦尔"。

　　当你迈出埃奇韦尔的地铁，身边放着鱼竿和野餐篮时，你可能并不觉得自己完全逃离了大都市。田园诗般的田野和小路早已消失，车站现在坐落在一条繁忙的道路上，对面是南多斯（Nando's）餐厅和一排 Snappy Snaps 快照分店。H.G. 威尔士预测，"2000 年的伦敦市民可以选择诺丁汉以南、埃克塞特以东的几乎整个英格兰和威尔士作为郊区。"的确，在一段时间内，伦敦似乎会无休止地蔓延到英格兰南部。为了防止这种情况的发生，20 世纪 40 年代建立了"绿带"：这是一圈被保护的土地，不允许城市扩张进来。如今它仍然存在，但是伦敦正竭力反抗，向外、向上和向下扩张。这座城市目前正在以惊人的速度进行改造，尽管有很多愿景和预测，但人们对接下来会发生什么几乎没有共识。

　　据伊恩·辛克莱说，我们正处于城市之间的"中间地带"。这是"某种类型的伦敦的最后面貌，新的伦敦还没有出现，也没有明确的定义"。这一章超越了伦敦的外部界限而展开，从 1 区到 9 区，从中心到郊区，从室内到室外，从真实到想象，从事实到虚构，从现在到未来。

衰退国度

　　郊区受到很多诽谤。小说家贝丽尔·吉尔罗伊（Beryl Gilroy）[2] 把它们描述为"一种衰退的国度，在半梦半醒，沉默无声，没有活力"。对沃尔特·贝桑特（Walter Besant）来说，郊区的存在是"人类所能容忍的最乏味的生活"。卡里姆（Karim）在哈尼夫·库雷西（Hanif Kureishi）的《郊区佛陀》（*The Buddha of Suburbia*）中讽刺了郊区居民的小市民世界——"当他们溺水时，他们看到的不是他们的生命，而是他们面前的双层玻璃雨棚"。

z ——

---

1. 了解伦敦中心，参见第 200—201 页。　　　　　2. 吉尔罗伊是伦敦首位黑人教师。

走过

9 区

地铁线的最后一站是切舍姆，离伦敦市中心最远的地铁站。于 1889 年开通，现在还是老样子。欣赏它的水塔和漂亮的信号箱。

6 区

当你到达摩尔公园（Moor Park）时，你已经越过了大伦敦边界。下了地铁，从后面的出口离开，这样你就可以直接进入森林。在纪录片中，贝杰曼在附近的高尔夫球场上推杆。

5 区

当他经过平纳（Pinner）时，贝杰曼评论其为"地铁之地的老式集市"，你仍然可以参加自 1336 年来每年五月举行的平纳集市。

8 区

从查尔方特＆拉蒂默（Chalfont&Latimer）到切舍姆（Chesham）的旅程不到 4 英里，是地铁线上任何两个站点之间最长的旅程。为什么不出去走走呢？象棋谷（Chess Valley）步行路线连接了两个车站。

超越

乘坐你自己的蒸汽车继续去维尔内路口站（Verney Junction）。这个小村庄是伦敦的一部分。直到 1936 年，它一直是大都会线的终点，并准备成为另一个繁荣的郊区。事实上，这种联系被切断了，一个世纪以来几乎没有改变。贝杰曼在纪录片的最后说，"地铁之地的车厢从未经过维尔内路口站。小草获胜了，我必须说，我很高兴。"不要理会那些仍然警告行人火车即将进站的标志，从摇摇欲坠的站台边缘走下来，沿着杂草丛生的铁轨漫步。

4 区

贝杰曼将温布利描述为"多年来大都会线不停留的一个不重要的小村庄"。火车驶进温布利公园时，想象一下早已远去的"泥泞的田野和草地"。[1]

7 区

在 1961 年之前，乘客必须在瑞克曼斯沃斯（Rickmansworth）从电力机车换乘蒸汽火车。下一站是利伍德（Chorleywood），贝杰曼将其描述为"必不可少的地铁之地"。它似乎保留了田园诗般的风格。2004 年的一项研究称，这里是生活质量最高的英国社区。

---

1. 到第 346 页寻找在温布利的贝杰曼。

每当伦敦面临扩张并无法控制时，伦敦交通局都会增加一个收费区，让伦敦重回掌控。伦敦区的交通是一系列同心环，像宇宙膨胀时的能量波一样从中心向外扩散。在早期的 20 世纪 80 年代就出现了 1 到 5 区。1991 年 6 区紧随其后，然后是 7 区至 9 区，它们跨越了大伦敦的边界。2013 年涌现了更多的分区：神秘的和很少被提及的区域 B、C、G 和 W。

乘坐最古老的地铁线路——大都会地铁离开这个城市，这列地铁会从 1 区行至 9 区。这是约翰·贝杰曼的纪录片《地铁乐园》所描述的旅程，它探索了伦敦的边缘领土，以及它们所承诺的更平静、半乡村的生活。跟随贝杰曼的脚步，参观整个伦敦。

3 区

大都会线在 3 区不停，但它要经过尼斯登。贝杰曼[1]将尼斯登描述为"小矮人和普通公民的家"。

2 区

当在芬奇利路开挖隧道时，土壤分析显示，上个冰河时期曾覆盖过英国的巨大的冰川在此停留。[2]芬奇利路是 2 区唯一的城市线站。

1 区

乘扶梯上圣潘克拉斯车站的月台，你会看到天蓝色的铁制的巨大屋顶以及 18000 块自动清洁玻璃组成的窗格。离你不远的地方，同样令人眼花缭乱的是约翰·贝杰曼的雕像，[3]他扶着自己的呢帽，一边仰头欣赏他奋力拯救的建筑。行至地铁处，乘坐西行大都会线。

贝杰曼在车站上方贝克街的大奇尔顿法院餐厅（Chiltern Court Restaurant）开始了他的郊区之旅，现在是大都会酒吧在威瑟斯本（Wetherspoon）的分店。在 All Day Branch 餐厅里稍事停留，然后再回到地铁。

z

1. 此时的背景音乐是威利·拉什顿（Willic Rushton）的《尼斯登》。他唱道："尼斯登！你不会为自己的胜利而后悔的。"
2. 第 389 页跟随进度。
3. 他脚边的碑文写道："在无影无云的炫目光芒中，我们头顶的深蓝色渐渐变成了白色，在那里，一条朦胧的海岸线与空气冲刷交汇在一起。"这是他对科尼什海岸的描述，同样适用于车站里不同寻常的灯光。

离开

探索世界

在启程进行探索之旅之前，在考文特花园的埃利斯·布里格姆（Ellis Brigham）储备些步行袜和薄荷蛋糕。从英国皇家地理学会（Royal Geographical Society）[1]后面的"冷热角"（Hot and Cold Corner）出发，就在两位英国最著名探险家的雕像下面：一位是穿着轻型丛林装备的利文斯通博士（Dr Livingstone），另一边是全副武装的萨克里顿（Shackleton）。

朝圣

塔尔博特院子（Talbot Yard）是伦敦桥盖伊医院后面一条不起眼的小巷。但正是在这里的塔巴客栈（Tabard Inn），在乔叟的《坎特伯雷故事集》中，朝圣者在动身前往坎特伯雷之前聚集在一起。现在有一块蓝色的牌匾标记着这个地方。沿着他们的足迹再跋涉 65 英里，在相同的地点停下来讲述他们的故事。《骑士的故事》是第一站，就在古老的肯特路的圣托马斯河的圣泉边[2]。

赶火车

火车站周围弥漫着浪漫的气氛。E.M. 福斯特描述了它们唤起目的地的方式："在帕丁顿站，整个康沃尔都是隐蔽的，而且是在最遥远的西部；在利物浦街的斜坡的下方有无数的沼泽地带和没完没了的开阔地带；苏格兰穿过尤斯顿站的架线塔；威塞克斯在滑铁卢站混乱的背后。"位于国王十字车站的那间杂乱的旧包裹办公室是个旅行前逗留的好地方。当新的车站大厅建成时，它变成了一个出人意料的迷人的角落酒吧。

消失

大卫·罗丁斯基（David Rodinsky）在 20 世纪 60 年代结束时消失了，但直到 1980 年才有人打开他在小王子街 19 号阁楼上的房间[3]。当他们这样做的时候，他看上去就像刚刚跑出去，他的报纸和早餐还放在应该放的地方。东伦敦作家雷切尔·利希滕斯坦（Rachel Lichtenstein）在《罗丁斯基的房间》（Rodinsky's Room）一书中，揭开了罗丁斯基的生平和失踪之谜。她终于在沃尔瑟姆修道院公墓（Waltham Abbey Cemetery）找到了他。你可以在 WA25 区 T 排的 708 号向伦敦最神秘的人物之一致敬。

神游

在布里克斯顿的莫勒维勒路的一幅迷人的不连贯的壁画前，展开你想象的翅膀，扬帆远航。住户们可以选择什么内容能画在他们前窗的视线内，所以根据每个家庭的幻想，场景突然从木偶戏变成了森林再变为演奏台。炎热的白色海滩是一个加勒比人的选择，他想从他的客厅看到大海。

回到起点

在千禧穹顶附近的泰晤士小径上，有一个官方的路标，上面显示着"24,859"。沿着地图上显示的方向步行出发，经过 24859 英里令人振奋的环球航行后，你会发现自己又回到了起点。

---

1. 你可以在他们的定期访谈和展览中得到旅行的想法。
2. 现在乐购在这个地方开了一家分店。站在柜台前，用你最纯正的中世纪英语为顾客们带来欢乐。
3. 更多关于小王子街 19 号的信息，参见第 373 页。

神探夏洛克之家

有些虚构的东西会成为现实社会的实物。这些故事如此强大，以至于他们跃上了街头，不可逆转地改变着故事的发生点 [1]。没有哪个伦敦人物像夏洛克·福尔摩斯一样无处不在，自1887 年他首次亮相之后就在伦敦扎下了根。T.S. 艾略特写道："也许夏洛克·福尔摩斯最大的谜团是，当我们谈论他的时候，我们总是陷入他是真实存在的幻想中。"

当阿瑟·柯南·道尔写这部小说的时候，贝克街只停留在 85 号，但是在 20 世纪 30 年代，伦敦心甘情愿为小说改变；贝克街被扩建了，夏洛克终于可以回到 221b 了。不幸的是，艾比国民银行（Abbey National）在他来此之前就已入驻，但他们已经雇了一个全职秘书来处理他的信件。

当夏洛克决定建立一个博物馆时，艾比国民银行还在他的房间里交易，所以他不得不忍辱于难，搬到了贝克街 239 号。幸运的是，威斯敏斯特议会同意为他改变编号。1990年，夏洛克·福尔摩斯博物馆在没有挪动位置的情况下从 239 号变为 221b。注意这个古怪的编号，从237 号跳到 221 号再到 241 号。艾比国民银行对此并不以为然，直到 2005 年分行关闭，艾比国民银行还坚持继续处理神探夏洛克的粉丝来信。现在，所有寄给 221b 的信件都被送到了博物馆，而不是由银行来回复，原来的贝克街 221 号成为公寓大楼。在底楼寻找弗朗西斯卡的库奇纳家族的超级侦探的标志。

英国广播公司最近出版的电视系列剧在伦敦市中心为夏洛克公寓创造了另一个地址，将贝克街 221b 变为北高尔街 187 号。剧中出现的咖啡馆史皮迪斯（Speedy's）并不是虚构的。当你品尝夏洛克卷和华生卷的时候，欣赏墙上挂着的同人艺术品。

伦敦到处都有这样的牌匾，上面记录着夏洛克是一位真正的历史人物。皮卡迪利大街标准酒吧（Criterion Bar）的一块牌匾上写着："巴特的服装师斯坦福德遇见了约翰·H. 华生医生，使他获得不朽声名，以及结识夏洛克·福尔摩斯。"

关于福尔摩斯在伦敦诺桑伯兰大街的府邸还有第三种说法。去夏洛克·福尔摩斯酒吧，看看他们对他书房的完美再现。它是为 1951 年的英国艺术节制作的，在定居于此之前还进行了世界巡演。要避开酒吧里巴斯克维尔猎犬的毛绒头。[2]

在斯皮塔菲尔德城市农场里，你可以见到以福尔摩斯和华生命名的一对长着鬃毛的猪，并以此结束对夏洛克之家的探索。

在巴特医院找到牌匾，上面写着：1881 年福尔摩斯和华生在此首次相遇。在《神探夏洛克》第二季中的福尔摩斯跳楼自杀地旁边的电话亭里放上一个纪念品。

Z

1. 英国国王十字车站被迫将一辆推车的后半部粘在一堵砖墙上，以防止狂热的哈利·波特迷们冲到分割 9 站台与 10 站台的柱子上。

2. 世界的某些地方，如瑞士的梅林根（靠近莱辛巴赫瀑布）和明尼苏达大学，都有对 221b 房间内部的细致再现。

弗兰肯斯坦小说

在伦敦，虚构的人物几乎和现实中的一样多。当它们碰撞时会发生什么？我们选取了一些故事，它们有相同的背景，并相互重叠，拼接在一起，每本书都有半行弗兰肯斯坦式的引文。

三尖树夫人的一天

"达洛维夫人决定买一些三尖树，
然后去拉塞尔广场的花园。"

在逃离这座充斥着三尖树的城市前，伦敦最后一批有视力的幸存者聚集在伦敦大学学院参议院的大门后。如果你胆子够大，在塔维斯托克广场附近的植物中寻找弗吉尼亚·伍尔夫的半身像。

《达洛维夫人》，弗吉尼亚·伍尔夫（1925）
《三尖树时代》，约翰·温德姆（1951）

锅匠，裁缝，麻瓜，间谍

"斯迈利合上护照，并检查他前额上的那条细长的伤疤，
像一道闪电。"

查令十字街充满了秘密。如果你是间谍，请到军情六局的乔治·斯迈利（George Smiley）那里看看，现在位于剑桥的汇丰银行。然后，如果你不是麻瓜，就可以从破釜酒吧（Leaky Cauldron）溜到对角巷（Diagon Alley），这是魔法世界的牛津街。如果你找不到，那就走到商店街，在特雷德韦尔店里拿根魔杖。[1]

《锅匠，裁缝，士兵，间谍》，
约翰·勒·卡雷（1974）
《哈利波特与魔法石》，
J.K. 罗琳（1997）

吉夫斯和道林

"他们发现挂在墙上的那幅画是主人的画像，
可以看出，如果不是真的不满，他根本不会嘀咕。"

伯蒂·伍斯特（Bertie Wooster）和道林·格雷（Dorian Gray）都是梅菲尔区的单身汉，他们想尽一切办法避免婚姻，但吉夫斯没能让道林守规矩。在多佛街画廊（Dover Street）欣赏画像之前，先在沃尔斯利吃一盘鸡蛋和饮料。

《道林·格雷的画像》，奥斯卡·王尔德（1890）
《伍斯特家族的密码》，P.G. 沃德豪斯（1938）

---

1. 参见第 356 页。

保持叶兰繁茂，帕丁顿

"我不是罪犯，"帕丁顿激动地说。

"我没有颜色，戴着眼镜，惹人讨厌。"

孤僻的反消费主义者戈登·康斯托克（Gordo Comstock）试图在埃奇韦尔路附近过没钱的生活。他会羡慕帕丁顿的节俭，但不会赞赏他对果酱的痴迷和对中产阶级生活的接受。买一株叶兰，资产阶级一致性的象征，把它放在帕丁顿车站的小熊底座上。

《一只叫帕丁顿的熊》，迈克尔·邦德（1958）

《保持叶兰繁茂》，乔治·奥威尔（1936）

舰队街的恶魔新闻

"然而，平时在一点钟吃午饭的库珀勋爵，
正等着把它们切碎，为洛维特太太做馅饼。"

在离《每日野兽》（*Daily Beast*）办公室不远的地方，恶魔理发师斯维尼·陶德（Sweeney Todd）用新鲜的人肉为洛维特夫人做点心。如果你侥幸逃脱了舰队街附近的费特理发店的热毛巾刮胡子，那就去贝尔场（Bell Yard）吧，贝尔场是洛维特夫人店铺的所在地，如今的旧英伦银行餐厅仍在那里专营美味的馅饼。

《独家新闻》，伊夫林·沃（1938）

《理发师陶德：舰队街恶魔理发师》，
克里斯多夫·邦德（1973）

莫莱先生和海德先生

"想想看，我，艾德里安·莫莱，
独自一人站在人类的行列中，纯粹是邪恶的。"

现年30岁的艾德里安（Adrian）在苏荷区一家高档餐厅里烹饪内脏，而爱德华·海德（Edward Hyde）则在周围的街道上犯下可怕的罪行。在大教堂街的明星咖啡馆写日记，这家店白天是经济小吃店，晚上则是综合杜松子酒酒馆。

《艾德里安·莫莱：卡布奇诺时代》，苏汤森（1999）

《化身博士》，罗伯特·路易斯·史蒂文森（1886）

101 火星人

"让迪尔丽一家吃惊的是彭戈和太太暂停的方式，
他们特别想听听火星人是否将怪手伸向洞口。"

樱草山是暮色狗吠（Twilight Bark）[1] 的所在地，也是最后一批入侵火星的人被狗撕裂的地方。如果风向对的话，你可以在伦敦动物园听到野狗的叫声。

《101 斑点狗》，多迪·史密斯（1956）

《世界大战》，H.G. 威尔斯（1897）

Z ——

1. 注意第 204 页狗吠声。

反乌托邦伦敦

也许并不会有什么大灾难。1828 年，威廉·希思描绘了一幅未来伦敦振奋人心的景象，在那里菠萝很容易买到，机械马"不会在路上留下任何障碍"，一只飞猪将罪犯押送到新南威尔士，大型真空地铁将游客从格林尼治山直接送往孟加拉。最近，艺术家尼尔斯·诺曼（Nils Norman）在皮卡迪利地铁线的海报《地表》（Above Ground）中预测，到 2050 年，伦敦会是一片繁荣之景，梅菲尔将建设用于居住的藻类工厂、白金汉宫将变成探险游乐场，还有城市生物住宿设施，以及哈默史密斯的神奇蘑菇设施，都将是一片欣欣向荣的景象。

然而期望不要太高。与此相比，末日更有可能到来。2010 年，伦敦收到了许多来自未来的明信片：这些令人不安的图片展示了被浮冰包围的伦敦塔桥、议会广场上的稻田、驶向禁卫骑兵沙漠绿洲的骆驼商队，以及伦敦航拍照显示的被海水吞噬的泰晤士防洪闸。

从 H.G. 威尔斯的《时间机器》中我们知道，公元 802701 年的里士满将成为热带废墟，居住着两种截然不同的人类：爱好和平、冷漠的爱洛伊人和食人穴居的莫洛克人。而在 3000 万年后，它将成为油性海洋的海岸，表面覆盖着有毒的青苔，白色的巨蝶和巨蟹寄居于此。

这张地图是未来的应急手册，旨在为您提供有用的帮助。

当你遇到以下的情形，你该如何做……

……被冷冻

如果你决定把自己低温冷冻起来等革命结束，一定要注销你的银行账户。否则，公元 2100 年你醒来时，你会发现在长眠中你的财富积累，并建立起全球性的钱权秩序 [1]。在这种情况下，若是你不想在一系列政变中成为一枚棋子，你可以逃跑，并与克罗伊登叛乱分子一起成为敢死队飞行员。

……被烧焦

如果你发现自己走在废弃的舰队街上，看到一片病态的橘色光芒，那可能是凶残的核试验改变了地球的常规运行轨道，缩短了我们与太阳的距离 [2]。你需要在西伯利亚释放核弹头来修正轨道。要拉响警报，就去帝国战争博物馆要求启动战争空袭警报。

……被摧残

如果你工作不顺，如果新闻总是关于战争，如果你发现自己在"老大哥"的另一版本前吃合成餐，你可能会受到思想警察的监视 [3]。不要与你在参议院（也就是真理部）的同事们为敌，要远离英国广播公司的 101 会议室 [4]，包括"世界上最糟糕之事"的刑讯室。

后伦敦

伦敦结束后的第一个春天，到处都是绿色。

——理查德·杰弗里斯

……被清除

全球信息基础设施可能在一夜之间被一场巨大的磁暴摧毁。在这种情况下，崇尚自然的教派精英可能会掌权。和叛徒"记忆者"一起转入地下，帮助重建"互联网"的神话 [5]。

---

1. 这就是 H.G. 威尔斯的《当睡者醒来时》（*The Sleeper Awakes*, 1910）中格雷厄姆的遭遇。
2. 这将是一个观看教学视频《地球失火之日》（*The Day the Earth Caught Fire*, 1961）的好时机。
3. 正如温斯顿·史密斯（Winston Smith）在乔治·奥威尔的《1984》（1949）中那样。

4. 这间奥威尔经常出席沉闷会议的房间，在 2003 年被拆除了，但是在艺术家瑞秋·怀特瑞德（Rachel Whiteread）做了室内石膏模型之后，《无题（101 号房间）》在 V & A 展出了一年，现在位于巴黎蓬皮杜中心。
5. 这是哈里·昆兹鲁（Hari Kunzru）的小说《记忆宫殿》（*Memory Palace*）的故事情节，2013 年在 V & A 举办的实验性"走进式图书"展览。

……被洗脑

如果你饮用了过量的摩洛克鸡尾酒，并且表现出极端暴力后被捕获，你可能会被卢多维科厌恶疗法（Ludovico aversion therapy）洗脑。你可以住在伯翰姆伍德（Borehamwood）坎特伯雷大厦顶层公寓里[1]，现如今这里已被纪念马赛克标记。不要冒险沿着布莱克伍德的学院路走：你可能会遇到之前的流氓警察，向你介绍牛槽时他们会咯咯笑。

……被困住

当2145年冰盖融化时，海平面将上升，气温会升高，伦敦将成为泛滥成灾的热带潟湖。置身于丽兹酒店的顶层公寓[2]，鬣蜥、巨大的蚊子和尖叫的蝙蝠环绕在你身边。你很快就会爱上这些三叠纪的城市景观。在洪水来临之前，在丽兹酒店的伯克利套房预订房间，让自己舒舒服服的。

……被变为鹦鹉

如果核辐射后的事情变得离奇，一定要紧密跟踪，你可能会因为缺乏竞争而成为英国女王[3]。否则你变成鹦鹉后可能会被吃掉。

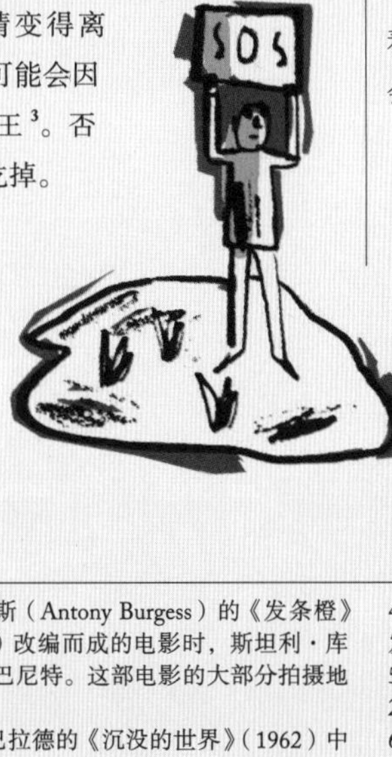

识图

《反乌托邦的伦敦》（*Dystopian London*）是一座被洪灾淹没、灾难频发的城市，各种关于伦敦的小说中的灾难性场景同时上演。它引用了J.G.巴拉德的《被淹没的世界》（1962）和沃尔特·内斯勒（Walter Nessler）的画作《预感》（1937）的企鹅版封面，这是在闪电战之前被闪电击中的伦敦形象，你可以在亨登的皇家空军博物馆（RAF Museum）观赏到。

……被核击

在经历一场持续了60分钟的核战争后，伦敦被重建为蒸汽朋克的“牵引城市”[4]，逃到“外来国家”去寻找一些其他视角。这座移动的机械城市，就像一个婚礼蛋糕，圣保罗大教堂在其顶端，它将在这个衰败的国家里漫游，包括一些较小的城镇。你需要潜入进去，打倒凶险的当局。

……被感染

如果你在圣托马斯医院从昏迷中醒来并无意中发现了废弃的威斯敏斯特大桥，你可能正处于全国瘟疫之中。过去的28天见证了一种“狂怒”病毒蔓延开来，这种病毒已经把受感染的人们变成了残暴的杀手[5]。当心位于商业路的圣安妮教堂的疯狂牧师。相反，试着和幸存者一起聚集在普卢姆斯特德的河滨高地的塔楼中。

……被刺痛

如果猖獗的可移动食肉植物令人生厌[6]，那就避免看任何可能损害你视力的耀眼流星雨。否则，三脚妖会趁你看不到而吃掉你。

……得到福音

当伦敦在戴夫523年被淹没时，寻找一位黑人出租车司机愤怒的咆哮之语，并用此建立新宗教。和“汉姆斯特人”们住在一起[7]，享受可食用小麦和海鸥蛋。社区必须遵守出租车司机戴夫·鲁德曼（Dave Rudman）传下来的法规。

1.1971年执导由安东尼·伯吉斯（Antony Burgess）的《发条橙》（*A Clockwork Orange*）（1962年）改编而成的电影时，斯坦利·库布里克（Stanley Kubrick）住在巴尼特。这部电影的大部分拍摄地都在伦敦北部附近。
2. 正如罗伯特·克兰斯在J.G.巴拉德的《沉没的世界》（1962）中所做的那样。
3. 这就是在理查德·莱斯特（Richard Lester）的电影《坐卧两用室》（*The Bed Sitting Room*, 1969）中发生在埃塞尔·施罗克（Ethel Shroake）女士身上的事情，地点为莱顿斯通，高街393a号。
4. 这是菲利普·里夫（Philip Reeve）的《致命引擎》（2001）中所发生的事情。
5. 丹尼·鲍尔（Danny Boyle）在《惊变28天》（*28 Days Later*, 2002）中探讨了这些后果。
6. 正如约翰·温德姆（John Wyndham）的《三尖树时代》（*The Day of The Triffids*, 1951）。
7. 在威尔·赛尔夫的《戴夫之书》（*The Book of Dave*, 2006）中，“汉姆斯特人”是汉普斯特德西斯顶部形成的一个孤岛上的居民。

……得以增强

如果你是伦敦交通局的一名工程师，正在把地铁系统延伸到霍布斯街（Hobbs End），一定要小心古代人类遗骸和神秘金属物品。如果你发现了什么，那很可能是一艘火星飞船：证明火星人在 500 万年前曾到达地球，并且人为地增强了我们的物种的智能 [1]。

……官僚

当生活变得官僚主义，可以随机任命和善的管理者时，你要做好准备迎接一位爱搞恶作剧的国王，他只是为了好玩而颠覆社会规则 [2]。他可能会将伦敦市变成独立的国家，结果却发现诺丁山的爱国者将他的指令敬谨如命，他们摧毁尖刺栏杆，保卫自己的领土，直到鲜血如"红色的长蛇"沿着诺丁山大道流淌。

……被入侵

如果戴立克人（Daleks）占领了伦敦，它们会把幸存者驱逐到地下监狱。按照博士的建议 [3]，利用磁极把机器人拖入竖井，然后将它们扔向地心。

……被吸干

太空吸血鬼到来时，他们会吸干我们的"生命力"，然后逐个歼灭。给土著民族尼奥斯-科尔盖人发送紧急信件，他们是最有希望打败这些邪恶能量的生物 [4]。

……经历

如果你在大灾难中幸存下来，事情可能仍然很糟糕。你可能会卷入敌对暴君之间的领土争端中 [5]。划船穿过有毒的沼泽，这片沼泽覆盖着"被遗弃的、完全灭绝的伦敦城"。

黑暗幻想

在伦敦南部的墙上寻找"冷战"焦虑的残余。在布里克斯顿的冷港巷 1981 年的壁画《核子黎明》（*Nuclear Dawn*）中，一具瘦长的骷髅斜视着被氢弹摧毁的城市；政客和王室成员躲在地下燃料库中。同样乐观的还有《末日骑士》（*Riders of the Apocalypse*），这是 1983 年上映的一部以新十字路桑福德步道（Sanford Walk）为背景的爵士电影。横跨巡航导弹的全球领袖与一只鸽子、一道彩虹和一个核裁军（CND）标志对决。

……进入天堂

然而，我们希望你发现自己进入了新黄金时代 [6]。到哈默史密斯的泰晤士河游泳，当你浮出水面换气时，肥皂厂和铅厂的"浓烟滚滚的烟囱"将会消失，哈默史密斯大桥将会被"奇迹之桥"替换，这里有优雅的拱门、电话亭、购物商店、彩绘的叶片和镀金的尖顶。你们会进入"末世之后"，社会主义与农业乌托邦，共同的财产所有权，没有法院，没有监狱，也没有阶级制度。沿着泰晤士河向上游走，加入牛津郡的乡村社区，在田地里快乐地劳作。

1. 这是电影《火星人地球大袭击》（1967）中提出的理论：火星人无法在地球的气候中生存，因此他们给我们人类灌输了沉睡的火星记忆。
2. 在 G.K. 切斯特顿（G.K. Chesterton）的《诺丁山的拿破仑》（*The Napoleon of Notting Hill*，1904）中，奥伯隆·奎因（Auberon Quin）是被偶然选中的，但是后果却不堪设想。
3. 在《戴立克入侵地球：公元 2150》（*Daleks—Invasion Earth: 2150 AD.*，1966）中。
4. 这些是科林·威尔逊在他的小说《太空吸血鬼》（*The Space Vampires*，1976）中提出的指导方针。
5. 就像理查德·杰弗里斯的《后伦敦谈》（*After London*）。
6. 威廉·莫里斯在阅读杰弗里斯的《后伦敦谈》一书时，描述了"荒谬的希望如何缠绕（他的）内心"。五年后，他出版了《乌有乡消息》（1890）。

朦胧地带

幻想和虚幻会通过缝隙渗透进城市。这些都是伦敦的朦胧地带：现实扭曲和科学法则不再适用的中间地带。

幻灯

狄更斯把伦敦称为"幻灯"，因此提到伦敦之时我经常想起这句话。投影在屏幕后面的是什么？想象和现实是如何融合的？

——莫妮卡·阿里（Monica Ali）

假想的朋友

1862 年，狄更斯和陀思妥耶夫斯基在伦敦进行过一次虚构出来的会面。作家 A.D. 哈维（A.D.Harvey）以假名在一系列学术期刊上发表了他们会面的故事。他的捏造在学术界被当作事实长达十年之久，直到 2013 年才被曝光。

倾斜

切尔西位于泰晤士河以北，那么其中的一大部分是如何在布里克斯顿地铁站对面的呢？位于美体小铺上方的南切尔西学院（South Chelsea College），其名称要么是在误导公众，要么就是地理上的不规则性，可以进行适宜的调查。

扭曲的时间

莱姆街上的劳埃德大厦有时间偏差。登上这座超现代外露结构的摩天大厦 11 层[1]，进入 18 世纪的餐厅，其间装有大理石壁炉、窗扇、镶板墙壁和壮观的枝形吊灯。这些威尔特公馆的遗迹与公司相得益彰，每当公司更换总部时，都会精心改建。

穿过入口

就在离老肯特路不远的曼德拉大道上有块灌木空地，停放着一辆生锈的苏联 T-34 坦克，它像是从 1968 年的"布拉格之春"中直接驶到此地的。这辆坦克旁并无注解：只是停在那里，被人遗忘，杂草丛生[2]。穿过杂草，直到你找到通往 20 世纪 60 年代捷克斯洛伐克的入口。

解救鱿鱼

预约参观自然历史博物馆的精神收藏厅（Spirit Collection）。2200 万个展品中有一例巨型鱿鱼阿尔奇（Archie），在 2004 年被捕捞、冷冻并运往伦敦。因其脆弱性及易腐烂的特质，[3]巨型乌贼标本极其罕见。阿尔奇被解冻的过程异常艰难，如今被置于 9 米的容器内。但它不仅引起了科学界的兴趣，柴纳·米耶维在其 2010 年出版的《海怪》（Kraken）一书中阐述，阿尔奇是一位具有终结世界力量的小神。加入地下乌贼崇拜团体——全能海怪教会（Church of Kraken Almighty），他们试图通过瞬间移动解救其领袖。

Z

---

1. 如果你并无神力或在保险业工作，你可以在周末去参加参观开放日。参见第 29 页。
2. 它曾是 1995 年电影《理查德三世》（Richard III）的道具，后来被当地一位居民买下并安装在此。
3. 有关海洋无脊椎动物腐烂的解决办法，参见第 163 页。

419

时间胶囊

时间胶囊是给你身后的人留下信息的最有效方式。

要么在伦敦现存的宝藏中找到一个，要么埋葬你自己的。

在托特纳姆宫路地铁站的售票大厅里寻找旧的信号灯。它于 2013 年被封存，并将于 2063 年伦敦地铁两百周年时解封。除此之外，它里面还有一张特别版牡蛎卡和一个"车上有婴儿"徽章。

1998 年，"蓝彼得"在千年穹顶下埋了一个太空舱。它将被 2050 年的未来的青年人打开。

当议会大楼于 1933 年建成时，一个时间胶囊被埋在它的地基里。它只有在大楼拆除时才能取出来。

英国皇家植物园的时间胶囊比大多数时间胶囊都有用。1985 年埋藏的植物方舟里有一系列基本作物和濒危植物的种子，以防它们全部灭绝。[1]

去未来

搭上博士的便车

搭大家最喜欢的、经常时光旅行的博士的便车。神秘博士目前停在伯爵宫地铁站外。在蓝色警亭旁边等着，等他回来，或者试着用非音速螺丝刀打开他的时空穿梭机。[2]

通过虫洞消失

在《莫比乌斯地铁》(*A Subway Named Moebius*)[3]中，波士顿地铁系统的执着改进使它变得无限复杂。[4]这撕裂了时空连续体，导致 3 月出发的 86 号列车消失到 5 月。踏上你自己的旅程，乘坐莫比乌斯环在伦敦地铁上无限循环。从尤斯顿乘维多利亚线往北到国王十字车站。在国王十字车站，沿着北线向北到达尤斯顿。沿着维多利亚线继续往北走，从尤斯顿到国王十字车站。然后沿着北线从国王十字车站向北走到尤斯顿。利用地铁网络中的这个意外故障直到你被传送到一个临时虫洞。

征用一台时间机器

在布朗普顿公墓[5]找一个埃及风格的陵墓，里面有三个神秘的老处女。陵墓没有钥匙，也找不到建筑平面图。它被认为是一个时间机器，由声名狼藉、特立独行的发明家塞缪尔·华纳(Samuel Warner)创造，他就葬在附近。阅读网上的阴谋论，然后打开门，步入未来。

建造你自己的时间机器

金色广场 23 号的一块蓝圖上写着："雅各布·冯·霍格弗鲁姆(Jacob von Hogflume)，1864—1909 年，时空旅行的发明者，2189 年曾住在这里。"这块牌匾后来就幻影移形了，就像它的前任一样。[6]冯·霍格弗鲁姆对伦敦的过去和未来进行了反复的考察，在他的访问中，匾额来来去去。在苏荷区问问他，看他是否会教你如何建造自己的时间机器。在纪念未来自己的牌匾上写上你自己的名字。

---

1. 到第 400 页寻找另一个时间胶囊。
2. 真正的加里弗雷扬音速螺丝刀正在巴金路的"神秘博士"商店和博物馆出售。该网站警告说："这不是玩具。"
3. A. J. 多伊奇 1950 年的小说。莫比乌斯环是一种扭曲的单面表面，通常表示无限的图像。
4. 每个车站都直接与其他车站相连。
5. 探索公墓，详见第 60 页。
6. 之前的牌匾记录了冯·霍格弗鲁姆 2063 年在广场居住。两者的照片都存在于网上。

Clapham Junction   2 July 2015

Finally, after all these months, I had it.
London as a system of caves, one leading
into the next, beneath an elevated
railway, the colour of an old Penguin
book by Graham Greene or Aldous
Huxley.

THE ONLY WAY OUT IS ROUND.
Every day I walked I met the same
mop-headed Madman. He was always
pursued by minders, who filmed his
every move. Today, his fat
gloves pointed out the answer to
my quest. Keep circling it's
endless. Time becomes space. No past,
no future. Railway is warped spine.
        — NORTON

后记

斯特芬尼格林 G 先生的咖啡馆 Mr G's Cafe 的墙上挂着的一篇泛黄的文章告诉读者，他的餐厅曾在《每日镜报》举办的全国油炸食品大赛（National Fry Up Competition）中获得亚军。G 先生的早餐屡获殊荣，包括"完美的鸡蛋""几片粉色培根"和"成堆的薯片，一种软而脆的美味混合"，所有这些都在"欢迎豆的海洋"中浮动。这幅作品继续说道，整体效果是"一场视觉盛宴，同时也非常美味"。

伦敦有很多优质的油锅，提供比赛级的油炸食品。其中最壮观的也许要数皮姆利科的装饰艺术风格的 Regency Cafe 了，它威严的黑色瓷砖外墙被红色和白色格子布窗帘软化了。不那么令人难忘的是布里克斯顿的凤凰咖啡馆，它有简朴的内部装饰和爱社交的员工；以及玛丽咖啡馆，一个舒适的庇护所，白天是小餐馆，晚上是泰国餐馆。那些寻求热闹的人应该去 Bar Bruno，在那里你可以从一个绿色的皮革摊位上看到苏荷区醒来；或者去吉诺（Gino）对面的马里波恩火车站，那里为急着赶火车去奇尔特恩斯（Chilterns）的乘客提供鸡蛋和早餐。如果你刚从汉普斯特德池塘的冬季游泳中游完，那就去皇家咖啡馆吧。舰队街的菜单很丰富，一再列出了能想到的所有油炸食品的成分；素食早餐 #3 是一个特别的亮点。所有这些地方的价格都很低，有的在山区。

早餐快乐，请记住塞缪尔·约翰逊的哲学："我非常认真、非常仔细地关注我的肚子；因为我认为，一个不在乎自己肚子的人，也不会在乎其他任何事情。"

时间轴

人物

部分组织

地标

餐饮

PUBS & BARS

PUBS WITH CHARACTER & FINE ALE

Albert Tavern, Westminster, 77
French House, Soho, 226, 276, **377**
George Inn, Borough, 2, **184**
Gun, Canary Wharf, 302
Holly Bush, Hampstead, 58, 355
John Snow, Soho, 54, **75**
Mayflower, Rotherhithe, 377
Morpeth Arms, Millbank, 281
Prince of Wales, Kennington, 232
Princess Louise, Holborn, 82, 260
Prospect of Whitby, Wapping 95
Rake, Borough, 250
Red Lion, Mayfair, **25**
Seven Stars, Holborn, **280**
Viaduct Tavern, Newgate, **285**
Ye Olde Cheshire Cheese, City, 184, 219
Ye Olde Mitre, Farringdon, 283

For London beer and breweries see p.185

THEMED BARS WITH A MEMORABLE AMBIENCE

Bar Kick (table football), 225
Bounce (table tennis), 224
Bunga Bunga (Silvio Berlusconi), 377
Cubana (revolutionary Cuba), **382**
Drink, Shop & Do (handicrafts), 144
Katzenjammers Bierkeller (German oompah), 380
Kingly Court (London transport), 330
Maggie's Club (Margaret Thatcher), 51
Reserve Stock Exchange Bar (high finance), 192
Sherlock Holmes (pipe-smoking detectives), 389, **410**
Stafford American Bar (gifts from guests), 377

BARS IN UNEXPECTED PLACES

CellarDoor (former public toilet), 51, **67**
Frank's (multi-storey car park), 64
Madeira Só Peixe (fishmongers), 380
Courthouse Hotel Bar (former magistrates' court), 280
Tamesis Dock (1930s Dutch barge), **49**, 134

GLOOMY BASEMENTS, GOOD FOR CONVERSATION

Gordon's Wine Bar, 328
New Evaristo Club, **335**
Phoenix Artist Club, **90**
The Star at Night, 413

WATERING HOLES FOR MUSIC LOVERS

Ain't Nothin' But (blues), 212
Hootananny (roots, reggae, world), 213
Big Red (heavy rock, metal), 276
Ronnie Scott's (jazz), 212
Royal Vauxhall Tavern (cabaret), **75**
Windmill (indie, punk, alternative), 213, 332, **339**

For folk clubs see p.82

CAFES & RESTAURANTS

CAFES IN UNEXPECTED PLACES

Brunswick House (architectural salvage company), 255
Ernst & Young foyer (professional services firm), 197
Host (church of St Mary Aldermary), 20
Jamyang (Buddhist centre), **128**
Lido Cafe (outdoor swimming pool), 234
Look Mum No Hands! (bike shop), **96**
RIBA cafe (industry association), **18**
Rolling Scones (industrial estate), 244
Waterside Cafe (narrow boat), **137**
V&A Museum (tiled hall), 247

CAFES WITH A SOCIAL PURPOSE

Black Sheep Coffee, 216
Cafe of Good Hope, 151
Hackney Pirates' Ship of Adventures Cafe, 144
inSpiral Lounge, **35**
Old Spike Roastery, 216
People's Kitchen, 245

OLD HAUNTS

Bar Italia, **181**, 212
E. Pellicci's, **181**
Maison Bertaux, 377
M. Manze, **5**
Syd's Coffee Stall, **242**

For London's oldest eateries see p.184
For new chain cafes and restaurants see p.245

SOPHISTICATED DINING OPTIONS

Andrew Edmunds, 64
Bibendum, **21**
Bob Bob Ricard, 64
Mildred's, 44
Quo Vadis, x, 7
Rex Whistler Restaurant, **335**
Roast, 38
Simpson's-in-the-Strand, 58, 297
St John, 273, 349, 375
Wolseley, **5**, 412

RESTAURANTS WITH DISTINCTIVE STAFFING ARRANGEMENTS

Bonnington Cafe (community run, rotating chefs), 13, **136**
Clink Restaurant (prisoners from HMP Brixton), 280
Dans Le Noir (blind and visually impaired waiting staff), 64
Mazi Mas (women from refugee and migrant communities), **385**
Pale Blue Door (transvestite front of house staff), 77
Sarastro (operatic waiting staff), 90

SUPERLATIVE INTERNATIONAL CUISINE

Balthazar, 120
Bar Estrela, 380
Beirut Express, 381
Brasserie Zédel, **335**
Dumpling's Legend, 212
Fatboy's Diner 301, 377
Fish, Wings and Tings, 377
Franco Manca, 38, **267**
Indian YMCA, 10
Kennington Tandoori, 80
Pizzeria Pappagone, 377

For more international options see pp.382–3

博物馆

美术馆

庄园大宅

For palaces see p.260

日历

*更多的月度活动见第 370 页。

周度

周一

Alligator's Mouth storytime (also Tuesdays), p.143
Lucha Wrestling beginner classes, p.228
St Martin-in-the-Fields lunchtime
    concert (also Tuesdays and Fridays), p.5
Wigmore Hall lunchtime concert, p.128

周二

Broadgate Ice Rink tournaments (in winter), p.229
Cinema Club, Rotherhithe Picture
    Research Library, p.169
City of London Bowls Club matches, p.229
City of London Police Museum opens
    (also Wednesdays), p.283
Hampstead Lawn Billiard and Skittle
    Club games, p.227

周三

London Pétanque Club matches (in summer), p.232
Prime Minister's Questions, p.80
Roman Baths, Strand Lane, visitable
    by appointment, p.397
Shami Kebabs served at Tayyabs, p.383
St Martin-in-the-Fields jazz in the crypt, p.325

周四

Grow Heathrow community workday, p.136
Kick Babyfoot Association tournaments, p.225
Somerset House free tour, p.19
Trad Academy Sea Shanty Choir rehearsals, p.138
UCL politics lectures (during term time), p.80

周五

Belly Dancing, Pasha, p.383
Friday Night Skate, Wellington Arch, p.228
Hampstead Observatory opens
    (September to April, also Saturdays), p.208
National Portrait Gallery drawing classes, p.204
Old Bond Street 23-bell carillon
    (also Saturdays), p.314
Old Police Station Art Centre cell parties, p.283
Oompah Brass, Katzenjammers Bierkeller, p.380
Open Skate sessions, Bermondsey, p.233
Terry and Julie cross over the river, p.302
Up the Creek after-party (also Saturday), p.213

周六

Burlesque Cream Tea, Volupté, p.67
Charing Cross Collectors' Fair, p.190
Chessboxing, Islington Boxing Club, p.228
Maltby Street Market, p.243
Somerset House free tour, p.19
Speed Surgery, Old Operating Theatre, p.43
Tin Tabernacle opens, Kilburn, p.137
Ultimate Frisbee, Clapham Common, p.232

周日

Barbican Conservatory opens, p.24
Battersea Car Boot Sale, p.134
Brick Lane Market, p.382
Carrom, Brick Lane, p.225
Chatsworth Road Market, p.173
Columbia Road Market, p.243
Garrick's Temple to Shakespeare opens
    (in summer), p.120
Hackney Marshes football, p.224
London Camanachd matches,
    Wandsworth Common, p.232
National Gallery magic carpet storytime, p.143
Marylebone Farmers' Market, p.107
Naturist London Swim, p.229
Peanut and palm nut soup served
    at Gold Coast, p.382
Petticoat Lane Market, p.243
Roller Stroll, Serpentine Road, p.228
Swedenborgian Service, West Wickham, p.113
Theosophical Society library visitable
    by appointment, p.364

每天

5.30	Buses disperse from Stockwell Bus Garage, p.221
Dawn	Peace Pagoda prayers, Battersea Park, p.221
7.30	Morning Prayer, Westminster Abbey, p.221
11.30	Changing of the Guard, Buckingham Palace, p.5
1pm	Time Ball drops, Royal Observatory, p.305
2.30pm	Pelican feeding, St James's Park, p.145
3.30pm	Tyburn Tree pilgrimage (also at 10.30 and 5.30pm), p.110
6pm	'Oranges and Lemons', St Clement's (also at 9am and 3pm), p.314
Dusk	Lamp lighting, Pall Mall, p.204
9.53pm	Ceremony of the Keys, Tower of London, p.204
11.50pm	Caledonian Sleeper leaves Euston, p.206

展开阅读

The following inspired or informed *Curiocity*.

LONDON HISTORIES & GUIDES

London Labour & the London Poor
by Henry Mayhew (1851)

Nairn's London by Ian Nairn (1966)

London As it Might Have Been by Felix
Barker & Ralph Hyde (1982)

London: A Social History by Roy Porter (1994)

London: The Biography by Peter Ackroyd (2000)

A Dictionary of London Place Names
by A. D. Mills (2001)

London in the Twentieth Century
by Jerry White (2001)

*London Calling: How Black and Asian Writers
Imagined a City* by Sukhdev Sandhu (2003)

London: From Punk to Blair edited by Joe Kerr
& Andrew Gibson (2003)

The London Compendium by Ed Glinert (2003)

Medical London by Richard Barnett
and Mike Jay (2008)

London Lore by Steve Roud (2008)

London: The Illustrated History by Cathy Ross
& John Clark (2008)

Secret London: An Unusual Guide by Rachel Howard
and Bill Nash (2009)

City of Sin: London and its Vices by Catharine
Arnold (2010)

Discovering London's Docklands by Chris Fautley
(2011)

London's Lost Rivers by Tom Bolton (2011)

London: A History in Maps by Peter Barber (2012)

Spitalfields Life by The Gentle Author (2012)

London: The Information Capital by James Cheshire
& Oliver Uberti (2014)

The Temples of London by Roger Williams (2014)

LONDON TRAVELS

The Uncommercial Traveller by Charles Dickens (1875)

The Nights of London by H. V. Morton (1926)

Down and Out in Paris and London by George
Orwell (1933)

The Unofficial Countryside by Richard Mabey (1973)

Lights Out for the Territory by Iain Sinclair (1997)

Rodinsky's Room by Rachel Lichtenstein
and Iain Sinclair (1999)

London Orbital by Iain Sinclair (2002)

Night Haunts by Sukhdev Sandhu (2010)

Savage Messiah by Laura Oldfield Ford (2011)

Walk the Lines by Mark Mason (2011)

Londoners by Craig Taylor (2011)

Scarp by Nick Papadimitriou (2012)

This Other London by John Rogers (2013)

FICTION

A Journal of the Plague Year by Daniel Defoe (1722)

Bleak House by Charles Dickens (1853)

The Complete Sherlock Holmes by Arthur Conan Doyle
(1887–1927)

Mrs Dalloway by Virginia Woolf (1925)

Mary Poppins by P. L. Travers (1934)

The Lonely Londoners by Sam Selvon (1956)

The Dwarfs by Harold Pinter (1965)

Concrete Island by J. G. Ballard (1974)

The Borribles by Michael de Larrabeiti (1976)

Mother London by Michael Moorcock (1988)

The Buddha of Suburbia by Hanif Kureishi (1990)

White Teeth by Zadie Smith (2000)

Brick Lane by Monica Ali (2003)

Pattern Recognition by William Gibson (2003)

POETRY

Songs of Experience by William Blake (1794)
Selected Poems by T. S. Eliot (1954)
Wordsounds and Sightlines by Michael Horovitz (1994)
Selected Poems by Linton Kwesi Johnson (2006)

DIARIES

The Diary of Samuel Pepys (1660–69)
The Diary of Virginia Woolf (1918–41)
The Journal of a Disappointed Man
    by W. N. P. Barbellion (1919)
Adrian Mole: The Cappuccino Years
    by Sue Townsend (1999)

BOOKS ON CITIES

The City in History by Lewis Mumford (1961)
The Death and Life of Great American Cities
    by Jane Jacobs (1961)
Invisible Cities by Italo Calvino (1972)
Soft City by Jonathan Raban (1974)
Non-Places by Marc Augé (1995)
The City and the City by China Miéville (2009)
Infinite City: A San Francisco Atlas by Rebecca Solnit
    (2010)
Explore Everything by Bradley Garrett (2013)

BOOKS ON MAPS

Maps of the Imagination by Peter Turchi (2004)
You Are Here by Katherine Harman (2004)
Atlas of Remote Islands by Judith Schalansky (2010)
Cartographies of Time by Daniel Rosenberg
    & Anthony Grafton (2010)
Great Maps by Jerry Brotton (2014)

MISCELLANEOUS

A Dictionary of the English Language
    by Samuel Johnson (1755)
The Old Straight Track by Alfred Watkins (1974)
Waterlog by Roger Deakin (1999)
Lipstick Traces by Greil Marcus (1989)
The Book of English Magic by Philip Carr-Gomm
    & Richard Heygate (2009)

FILMS

The Heart of the Angel by Molly Dineen (1989)
London by Patrick Keiller (1994)
Lift; All White in Barking; and Men of the City
    by Marc Isaacs (2001–09)
The London Perambulator by John Rogers (2009)
London – the Modern Babylon by Julien Temple (2012)
1000 Londoners by Chocolate Films (ongoing)

插画师

TAKAYO AKIYAMA

Congestion & Xenophilia

Takayo Akiyama 是一位居住在伦敦哈克尼的日本插画家和漫画家。她复杂叙事的作品曾在伦敦、东京和法国的个展上展出。Takayo 喜欢探索不同的技术，比如动画、纺织品设计、版画和陶器。她是《林戈在哪里？》的插图画家。找到她地图上的披头士乐队。

STEVEN APPLEBY

Eros & Vanitas

Steven Appleby 创作了荒诞的连环漫画、广播、戏剧和电视动画系列《星际船长》。他出版了超过 25 本书，他的绘画和素描在无数的画廊展览。他在伦敦南部居住、工作和做白日梦。

DANIEL DUNCAN

Hagiolatry & Strand

Daniel 是一位自由插画家，他的大部分作品都是在伦敦郊外的一个旧马厩里创作的。他喜欢阐述故事，创造充满活力的人物和情境。他于 2013 年毕业于米德尔塞克斯大学，并在 2014 年获得插画协会奖的儿童书籍类新人奖。

ISABEL GREENBERG

Atlas & Zones

Isabel Greenberg 是一位伦敦的漫画艺术家和插画家。她的第一部漫画小说《早期地球百科全书》于 2013 年出版，并已被翻译成多种语

言。她目前正在写第二本书，还有一系列儿童历史书籍，将于 2016 年出版。

MIKE HALL

Nocturne

Mike 是一名来自伦敦的插画家，专门从事装饰插图地图和建筑图纸的绘制，灵感来自古董版画。他为许多出版物创作过作品，包括《奇物之城》C 和 E 的地图。他现在生活和工作在西班牙的巴伦西亚。

NICK HAYES

Knowledge & Pearls

Nick Hayes 是一位居住在伦敦的插图画家和图画小说家。他写过两本图形小说——《现代水手之歌》和《伍迪·格思里和沙尘暴之歌》，都关注人类与环境的关系。他的下一本书是根据诗人亚瑟·兰波的人生故事改编的。

NICOLE MOLLETT

Isle & Rules

Nicole Mollett 的绘画作品专注于被遗忘的奇迹和人类存在的弱点。最近的项目包括创建一个肯特的艺术地图，驾驶一个移动艺术空间到不知名的地方进行魔术灯笼表演。她住在伦敦南部，但经常逃到谢佩岛躲避雾霾。她为《奇物之城》的 D 部分画了一幅伦敦的解剖图。

FAYE MOORHOUSE

Mint

Faye Moorhouse 是一名来自布莱顿的自由插画师。她的作品灵感来自奇怪的故事，她喜欢自己出版书籍和杂志。2014年和2015年，她入围了插画家协会和伦敦交通博物馆插图奖。

ALIC E PATTULLO

Livery & Olympia

Alice Pattullo 是伦敦东部的一位插画家。研究是她个人实践的核心，她的很多工作都集中在英国传统、迷信和民间传说上。她主要采用丝网印刷她的插图，制作限量版在英国各地销售和展览。

LEVI PINFOLD

Folkmoot & Underground

Levi Pinfold 在他作为一名插画师的 9 年的大部分时间里，都很享受工作，并创作了包括《黑狗》和《格林林》在内的儿童书籍。不画画的时候，他喜欢阅读、绘画和探险。他目前居住在澳大利亚新南威尔士州。

CHRIS RIDDELL

Juvenalia & Quarters

Chris Riddell 是 2015—2017 年度英国儿童图书奖得主，也是《观察家报》的政治漫画家。他为儿童创作并绘制了大量的书籍，包括《Ottoline》和《哥特女孩》系列。《哥特女孩与鼠鬼》获得2013 年科斯塔儿童图书奖。他和他的家人住在布莱顿。

JOHN RIORDAN

Blocks & Ylem

John 是一位住在伦敦的插画家和漫画家。他的"首都"项目获得了插画家协会奖。他参与创作了迷幻音乐漫画《Hitsville UK》，并为 *Time Out* 杂志创作并绘制了《出租车司机威廉·布莱克》。

STEPH VON REISWITZ

Dust & Wyrd

Steph 是一位艺术家和插画家，喜欢神秘的、黑色幽默的主题。她的作品包括大型绘画、平面故事、壁画和装置。她是伦敦艺术团体 LE GUN 的核心成员，曾在欧洲各国、美国、日本和中国展出。她在伦敦生活和工作。

EDWARD WARD

Grid & Times

Edward 2012 年获得坎伯韦尔艺术学院插画硕士学位。 他痴迷于机械世界，尤其是航空领域，并擅长绘制想象中的机器和交通工具的精细切割图。他和妻子、女儿住在东苏塞克斯。

其他参编者

Monica Ali 是 Brick Lane, Alentejo Blue, In the Kitchen 和 Untold Story 章节的作者。

Catharine Arnold 写了四本关于伦敦的书籍：Necropolis, Bedlam, City of Sin 和 Globe。

Peter Barber 曾是大英图书馆地图收藏部门的负责人。

Geraldine Beskin 是神秘学图书的书商。她经营的 Atlantis 书店位于博物馆街。

Bidisha 是一名作家、广播员。她的第五本书 Asylum and Exile: Hidden Voices of London 是源于她在伦敦为寻求庇护者和难民的工作。

Shami Chakrabarti 是一名人权活动家，也是全国公民自由委员会（National Council for Civil Liberties）的前主任。她是《论自由》的作者。

Irving Finkel 博士是大英博物馆楔形文字藏品的馆长，他也是"伟大日记"项目的创始人。

Mick Floyd 是伦敦警察厅的前志愿警察。

Bradley Garrett 博士是一位社会地理学家，著有《探索一切》（Explore Everything）、《伦敦地下》（Subterranean London）和《伦敦崛起》（London Rising）。

匿名的 Gentle Author（温柔的作家）自 2009 年以来，每天都在写关于伦敦东区的文化和人物。

作家艾伦·金斯伯格（Allen Ginsberg）将诗人 Michael Horovitz 描述为"流行的、经验丰富的、实验性的、新耶路撒冷的、爵士一代的、敏感的吟行诗人"。

Richard Mabey 著有《非正式的乡村》、《杂草的故事》（Weeds: The Story of Outlaw Plants）和《自然疗法》（Nature Cure）。

Robert Macfarlane 是《旧方式》（The Old Ways）与《地标》（Landmarks）一书的作者。

Michael Moorcock 是《伦敦母亲》（Mother London）的作者。他出生在第二次世界大战初期的伦敦。

Nick Papadimitriou 是一位深度地形学家，也是《斯卡普》（Scarp）一书的作者。

Philip Pullman 是《黑暗物质》（Dark Materials）三部曲的作者，也是布莱克协会的主席。

Martin Rees 爵士是皇家天文学家。2005 年至 2010 年，他担任英国皇家学会主席。

Sukhdev Sandhu 是纽约大学"不受欢迎文化研讨会"（Colloquium for Unpopular Culture）的主任，也是《伦敦呼唤》（London Calling）和《夜游》（Night Haunts）的作者。

Brett Scott 是一位经济人类学家，在撰写《全球金融异端指南》（The Heretic's Guide to Global Finance）之前，他曾在伦敦梅菲尔区担任衍生品经纪人。

Kelly Smith 住在伊斯灵顿，为阿森纳女子足球俱乐部效力。

Marina Warner 出生于伦敦，自 1969 年以来一直在那里工作。她最近的一本书是《从前：童话简史》（Once Upon a Time: A Short History of the Fairy Tale）。

Dame Fiona Woolf 是一名能源律师。她在 2013 年至 2014 年担任伦敦市长。

感谢

我们已尽一切努力联系版权所有者。作者和出版商很乐意在以后的版本中修正他们注意到的任何错误或遗漏。感谢下列人士允许复制受版权保护的资料：

第 6 页，基奇纳勋爵奥尔德温·罗伯茨（Aldwyn Roberts Lord Kitchener）的 "London is the place for me" 歌词，由 Kernal Roberts 提供。

第 72 页，摘自菲利普·拉金的《神奇的年代》，Faber & Faber 出版社提供。

第 75 页，歌词取自考沃德的《为男孩疯狂》，由 Alan Brodie Representation 提供。

第 151 页和第 284 页，摘自林顿·克耶斯·约翰逊的《诗选》，由企鹅图书提供。

第 259 页，菲利普·拉金的《圣灵降临节的婚礼》(The Whitsun Weddings) 中的台词，由 Faber & Faber 提供。

感谢 Faber & Faber 对受 T.S. 艾略特《荒原》300—301 页启发的素材的祝福。

We are very grateful for all the Twitter contributions we have received.

@AbneyParkN16
@ActionAidUK
@activeNewham
@Alex_Jerman
@amanda_autopsy
@andrewpclark
@artistsmakers
@BadBoysBakery
@barnthespoon
@BartleyS
@BartsPathology
@_BCT_
@BeaBTCharles
@BiblioDeviant
@Bit_Burgers
@BlairCowl
@BluePlaquesGuy
@BoardGameHour
@brixtonwindmill
@cabbiescapital
@caitlinuk
@calverts
@ChickAndTheDead
@cityandlivery

@DanielleWaller_
@dave_skin
@davidpiran
@doctorbarnett
@elmabrenner
@EssexAtheist
@ForageLondon
@ForteanLondon
@FourRedShoes
@GardenMuseumLDN
@Geograph_Bob
@GrantMuseum
@GreatOrmondSt
@GreenManPutney
@Grzeg
@HandelHouse
@Harrods
@HeritageASK
@holbornwhippet
@holland_barrett
@IFB_uk
@ImogenStaveley
@IslingtonMuseum
@I_W_M
@jemchallender
@jwoodx
@jykang
@KingstonMuseum

@LDNchessboxing
@LNWH_NHS
@londiner
@londonquakers
@mafunyane
@malcolmeggs
@MarysiaT
@metoffice
@MrTimDunn
@7iggerbird
@MuseumChildhood
@MuseumofBritish
@MuseumofLondon
@Nickuae
@NovAutomation
@OccultLondon
@ParasolUnit_
@Pastpreservers
@peter_watts
@Psythor
@Quirkative
@RaeGoddard281
@sciencemuseum
@ShanesTravels
@simon3862
@suitpossum
@teabolton
@TheDanishChurch

@TheFanMuseum
@theoldnunshead
@tootingfolk
@ToynbeeHall
@treadwells
@typecooke
@ukpubbitch
@urban75
@vertchill
@visitparliament
@WeAreSpacelab
@WelhamSteve
@WellcomeLibrary
@wellcometrust
@whatcanchoose
@Whatfroth
@WildLondon
@willagebbie
@WindmillBrixton
@wllmkstr
@wordonthewater
@writtleboy190
@YasminSelena
@zsllondonzoo
@7iggerbird

致谢

我们首先衷心感谢三位伟大的朋友和合作者，Tom Kingsley、Andy Wimbush 和 Ed Posnett。

Tom 帮助设计了《奇物之城》杂志的原始折叠格式，设计了所有六期印刷版，并在本书的整个创作过程中鼓励我们。他一直是创造性决策的试金石，并提供了宝贵的反馈。最重要的是，他是我们俩的好朋友，我们非常感谢他无限的精力和幽默感。

Andy 也从一开始就参与了《奇物之城》。他帮助我们粘上第一个封面，为杂志写文章，画插图，创建我们的第二张地图，设计和维护我们的网站，并在我们写作的时候就章节提供反馈。他是一个非常有见地且支持我们的朋友。

在我们获得写这本书的协议的前一周，我们在 Ed 的婚礼上一起发表了伴郎演讲。Ed 是我们最亲密的朋友之一，当我们撰写《奇物之城》的时候，他一直是一个很好的伙伴，在许多午餐或漫步时讨论内容并查看草稿。

其他一些人在支持和塑造《奇物之城》中发挥了重要作用，特别是 Sonya Barber、Ed Blain、Matt Brown、Jen Feroze、Jess Heal、Bill Higgins、Mark Mason、Julia Minnear、Huw Moore、Luke Roberts、Belinda Sherlock 和 Brett Scott。衷心感谢他们所有人。

如果没有 Patrick Kingsley 的鼓励，我们不会想到制作《奇物之城》，如果没有我们非凡的经纪人 Patrick Walsh 的建议、敏锐的眼睛和热情，我们也不知道从哪里开始。还要感谢 Carrie Plitt 和 Conville & Walsh 团队的其他成员。我们也非常感谢 Louis Mikolay 的超凡直觉，他设计了我们的样章。

很高兴与企鹅这样一个创意团队合作。特别感谢 Cecilia Stein，她一直是一位完美的编辑，并且始终给予大力支持，还要感谢 Emma Bal、Alice Burkle、Helen Conford、Emma Horton、Rebecca Lee、Ingrid Matts 和 Jim Stoddart。还要感谢 Here Design 的 Caz Hildebrand、Tom Key、Josh Shires 和 Venetia Thorneycroft。Venetia 设计了这本书，我们非常感谢她出色的想象力和对这个项目的不懈承诺。

能与这么多才华横溢的艺术家合作是一种荣幸。非常感谢 Takayo Akiyama、Steven Appleby、Daniel Duncan、Isabel Greenberg、Mike Hall、Nick Hayes、Nicole Mollett、Faye Moorhouse、Alice Pattullo、Levi Pinfold、Chris Riddell、John Riordan、Steph von Reiswitz 和 Edward Ward，所有这些人设法将我们有时古怪的对话转化为壮观的地图和插图。还要感谢

Stanley Donwood 创造了如此奇怪、令人惊叹的衬页、Paul Bommer 设计了谜语图块，以及 Iain Sinclair，他每个月都寄给我们一张明信片，描绘了他在首都周围的探索。

我们非常感谢 Monica Ali、Catharine Arnold、Peter Barber、Geraldine Beskin、Bidisha、Shami Chakrabarti、Irving Finkel 博士、Mick Floyd、Bradley Garrett 博士、The Gentle Author、Michael Horovitz、Richard Mabey、Robert Macfarlane、Michael Moorcock、Nick Papadimitriou、Philip Pullman、Martin Rees 勋爵、Sukhdev Sandhu、Kelly Smith、Marina Warner 和 Dame Fiona Woolf。还要感谢 Monica Parle、Emily Webb 和 *First Story* 的年轻人。

我们收到了来自 Ned Beauman、Imogen Corke、Matt Evans、Christina Hardyment、Molly Hawn、Luke Ingram、Fiona Maddocks、Rebecca Nicolson、Justine Raja、Xa Shaw Stewart 和 Tom Williams 的宝贵建议和反馈。我们的朋友 Helen Babbs、Mark Boldin、Imogen Eyre-Maunsell、Sammy Jay、Richard Loncraine、Ralegh Long、Maz Kemple、Chris Kennedy、Tess Riley 和 Edward Stanner 向我们发送了有用的建议；我们还从 Helen Anderson City of London Open Spaces、Jack Ashby Grant 博物馆、Nick Bodger City of London Corporation、Joanna Bolitho、V&A 儿童博物馆、Anjali Christopher Museum of London、西蒙克拉克泰晤士探索者信托基金、Joe Coggins Canal 获得了有用的建议，还有 River Trust、Bryony Davies Freud 博物馆、Adam Dennett 高级空间分析中心、Scott Edwards 皇家地理学会、Colin Gale 和 Heather Reed 心灵博物馆、Phil Harper 英国遗产、Stephanie Hay Horniman 博物馆、Evie Jeffreys 大英图书馆、Frankie Kubicki 济慈故居、默里·麦凯自然历史博物馆、露西·马修斯皇家歌剧院、艾莉森·麦克拉里古建筑保护协会、露辛达·莫里森国家剧院、乔西·默多克伦敦交通博物馆、鲁伯特·尼科尔·加里克的莎士比亚神庙、埃丝特·桑德斯-德意志国家美术馆、Nicola Stacey Heritage of London Trust，Catherine Starling London Wetlands Trust，Stephani e Taylor Florence Nightingale 博物馆、Alec Ward 医学博物馆、Tim Webb RSPB 和 Emma Weeks Down House 的支持。

《奇物之城》始于 2009 年，当时我们开始制作具有该标题的折叠地图杂志。我们手工制作了两期，并印刷了六期——从字母 A 到 F。我们感谢所有做出贡

献 的 人：Chiara Allsup、Georgia Ashworth、Richard Barnett、Bermondsey 的 Nigel、Pete Berthoud、Tom Bolton、Tom Chivers、Lucie Conoley、Merlin Coverley、Alice Ford-Smith、Matt Gilbert、Philip Ginsberg、Alex Holmes、Chris Kennedy、Kathryn Mason、Rose McLaren、Alex Morris、Fiona Roberts、John Rogers、Oli Rose、Moya Sarner、Kelley Swain 和 Peter Watts；Annie Gould 提出了最初的标语 "展开伦敦"（London Unfolded）。

我们非常感谢帮助其制作和发行的每一个人：印刷商 Arthur Stitt 和 Cherry Haynes，以及 Calverts 的整个团队；Busy Fingers 的手部修整器；Central Books 发行部的 Bill Norris、Mark Chilver 和 Mike Drabble；以及我们所有的伦敦销售商，Marion Akehurst Blackwells、Wellcome Collection、Jason Burley Camden Lock Books、Gideon Cleary East London Design Store、Joana Espirito Santo、Gavin Read 和 Heather Baker Foyles、Inma Ferrer、Andrew Bright 和 ICA 的 Giedrius Jastremskis、大英图书馆的 Georgina Gutcher、John Harrington ICA、Malcolm Hopkins Housmans、David Mantero Stanfords、Josh Palmano Gosh Comics、Laura Soar London Review Bookshop、Sarah Tilley Blackwells、Brett Wolstoncroft Daunt Books 和 Marc Smith Rough Trade East。

我们还要感谢 Boris Allen, Claire Armitstead, Mark Banting, Laura Bates, Nicola Beauman, Bali Beskin, Bethan Bide, Miriam Cantwell, Jay Carver, James Cheshire, Isabel Choat, Ivo Dawnay, Constanza Dessain, Margaret Dickinson, Danny Dorling, Rachel Douglas, Geoff Dyer, Seb Emina, Gabriella Ferrari, Richard Fortey, Alasno Goosequill, Katy Guest, Alice Hamlett, Tim Heath, Marc Hutchinson, Marc Isaacs, Catrin Jones, Tom Jones, Patrick Keiller, Stephen Lawlor, Jenny Lord, Brooke Magnanti, Henry Marsh, Paul Maskell, Spud Nut, Ollie O'Brien, Fran O'Hanlon, Brother Philip Thomas, Victoria Pinnington, Eric Reynolds, Alex Sheppard, David Shrigley, Stephen Walter, Rachel Woolley and N. Quentin Woolf.

来自亨利：我特别期待将这本书展示给两个没能亲眼看到它完成的人：Simon Whitworth，他安静的智慧和慷慨的机智使他成为鼓舞人心的教父，以及 Adam Crick，诗人、朝圣者和朋友，他有很有爆发力的笑声，是步行和游泳的最佳伴侣。我非常感谢他们，也非常想念他们。

我感谢所有让我对伦敦的怪癖感兴趣的人，尤其是 Sue Cloke 和 Cheese 的团队，Cardboard Citizens 的每个人，Stephen Coates、Suzette Field、Daniella Huszár、David Rorke、Shikha Sharma 和 Joe Watson。非常感谢我的父母 Olivia 和 Simon，他们首先将我介绍到伦敦，还有我的好姐姐 Georgina。我家人的爱和支持是永恒的基石——他们是我如何以正直、幽默和好奇生活的基准。最后，感谢 Georgie，感谢您分享高潮和低谷，在必要时给予鼓励和观点，并与我一起探索这座非凡的城市；没有你我做不到。

来自马特：某些人支持和鼓励我的时间超过了我的记忆。首先要感谢我了不起的父母 Julie 和 Stephen，以及我为我感到无比自豪的妹妹 Jennifer。还要感谢 Sheila Lloyd、Pauline 和 Tony Roberts、Bryan 和 Ann Whittaker、Barbara 和 Alan Trevitt、Helen Gayton、Brenda 和 Kevin Williams、以及 Sarah 和 Wilf Pomarin。我还要感谢 Simon Barker 和 Lindsey Boucaud，这两位老师的影响是形成性的。回想最近几年，我衷心感谢 Hugo Azérad，他是我遇到的最鼓舞人心的人之一；感谢 Reggie 和 Peeb，他们是我完全信任的伟大的人。

我在 2015 年 1 月搬到布宜诺斯艾利斯后立即开始写这本书，用酷热和蚊子换取冬天的深度。虽然在 7000 英里之外写下伦敦是一件超现实的事，但也是一段非常愉快和充满活力的时光，这在很大程度上归功于新朋友，包括 Manu 和 Anita、Pablo 和 Cande、以及 Filipe 和 MariCris。特别感谢 Denise Neuman，他教会了我西班牙语并在此过程中成为了我的好朋友。

不过，最重要的是，我要感谢我的妻子莉迪亚：我最亲密的朋友，也是我认识的最好的人。我没法不表达我对她的爱和感激之情。去年，一起住在布宜诺斯艾利斯动物园上方，是我最快乐的一年。是她想出了这个名字——奇物之城。

关于本书字体

英文版的标题和封面上的字体都是约翰斯顿字体。约翰斯顿字体是 1916 年专门为伦敦公共交通当局设计的，从那时起就一直在使用。设计师爱德华·约翰斯顿（Edward Johnston）的目标是创造一种字体，"在最好的时代，具有真实字母的大胆简洁"。他从 15 世纪意大利手写字体中汲取灵感，在学生埃里克·吉尔（Eric Gill）的帮助下发明了这种字体。约翰逊的蓝色牌匾在哈默史密斯露台 3 号，是伦敦仅有的四个使用约翰斯顿字体的蓝色牌匾之一。

英文版正文的字体是 1776 年印刷《美国独立宣言》的卡斯龙。它是 18 世纪 20 年代在伦敦由威廉·卡斯龙发明的，他是一名军械工人和字体设计师。你可以在第 159 页找到他的铸字工厂，你可以在圣新娘印刷和图像艺术图书馆（第 168 页）看到他的许多原始压印器和字体模型。威廉死后，生意仍由卡斯龙家族经营。参观他们位于圣卢克老街的墓地。

优雅的威尼斯风格的鸽子字体（Venetian-style Doves Type）是由托马斯·科布登-桑德森（Thomas Cobden-Sanderson）在 1899 年设计的，他的商业伙伴埃米·沃克（Emery Walker）提供了意见。他们在哈默史密斯露台 1 号建立了鸽子出版社，使用了这种字体。科布登-桑德森和沃克发生了灾难性的争吵，科布登-桑德森开始破坏字体的模型，他偷偷地把它们藏在口袋里，在黑暗的掩护下扔进泰晤士河。他花了五个月的时间秘密进行此事，把 2600 磅的字库模型全部扔掉，并确保沃克永远无法对它们主张所有权。这种字体被认为永远消失了，但在 2015 年 1 月，设计师罗伯特·格林（Robert Green）组织了一次潜水，伦敦港口管理局的潜水蛙人在哈默史密斯桥找到了一桶一桶的原始模型。格林现在已经重新创建整个字体，我们只在本段中使用它。

谜题

我们在伦敦周围不寻常的地方贴了六块瓷砖。

这些瓷砖的图片隐藏在整本书中，显示了它们在城市中的位置。

要解开谜题，您需要访问这些瓷砖中的每一个。您可能需要四处寻找它们，但它们都很容易找到，您无须移动任何东西即可看到它们。

当你找到每块瓷砖时，记下角落里的字母和数字。

找到所有六个后，组合字母和数字以显示第七个也是最后一个位置，以及一个代码。

去那个位置说出密码，将您的名字添加到成功破解好奇号谜语者的荣誉榜上。

我们将在未来的《奇物之城》重印中列出所有解开谜语的人的名字。

这些瓷砖是由艺术家 Paul Bommer 设计和烧制的，他还在伦敦第一个胡格诺派教堂所在地汉伯里街制作了胡格诺派牌匾。

程闻闻，湖北襄阳谷城人，英语教育硕士研究生毕业。2011 年开始文学小说翻译，译有《克苏鲁神话》《蛮王柯南》《鹰溪桥上》《黑狱谜局》等。

图书在版编目（CIP）数据

奇物之城：追寻伦敦 / (英) 亨利·艾略特
(Henry Eliot) , (英) 马特·劳埃德-罗斯
(Matt Lloyd-Rose) 著；程闰闰译. —— 重庆：重庆大
学出版社, 2024.3
书名原文: Curiocity: In Pursuit of London

ISBN 978-7-5689-4222-5

Ⅰ.①奇… Ⅱ.①亨… ②马… ③程… Ⅲ.①城市文
化 – 伦敦 Ⅳ.①G156.1

中国国家版本馆CIP数据核字(2023)第230775号

奇物之城： 追寻伦敦
QIWU ZHICHENG: ZUIXUN LUNDUN

[英]亨利·艾略特　　[英]马特·劳埃德-罗斯　　著
程闰闰　译

责任编辑　李佳熙
责任校对　刘志刚
责任印制　张　策
内文制作　常　亭

重庆大学出版社出版发行
出版人：陈晓阳
社　　址：（401331）重庆市沙坪坝区大学城西路 21 号
网　　址：http://www.cqup.com.cn
印　　刷：天津图文方嘉印刷有限公司

开本：787mm×1092mm　1/16　印张：29　字数：902 千
2024 年 3 月第 1 版　　2024 年 3 月第 1 次印刷
ISBN 978-7-5689-4222-5　定价：198.00 元

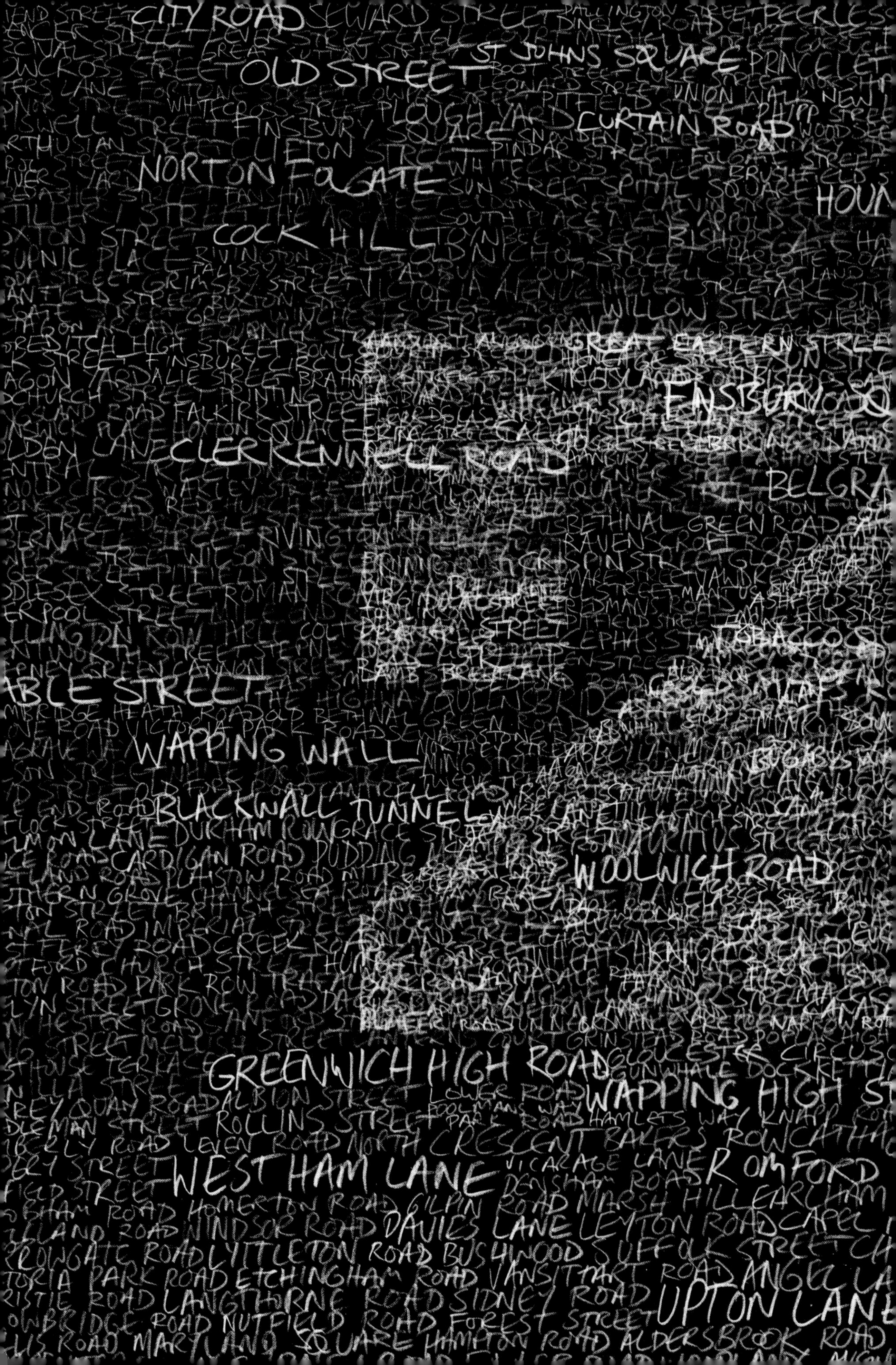

CITY ROAD
OLD STREET ST JOHNS SQUARE
CURTAIN ROAD
NORTON FOLGATE
HOUN
COCK HILL
GREAT EASTERN STREET
FINSBURY
CLERKENWELL ROAD
BELGRA
ABLE STREET
TOBACCO
WAPPING WALL
BLACKWALL TUNNEL
WOOLWICH ROAD
GREENWICH HIGH ROAD
WAPPING HIGH ST
WEST HAM LANE
ROMFORD
UPTON LANE

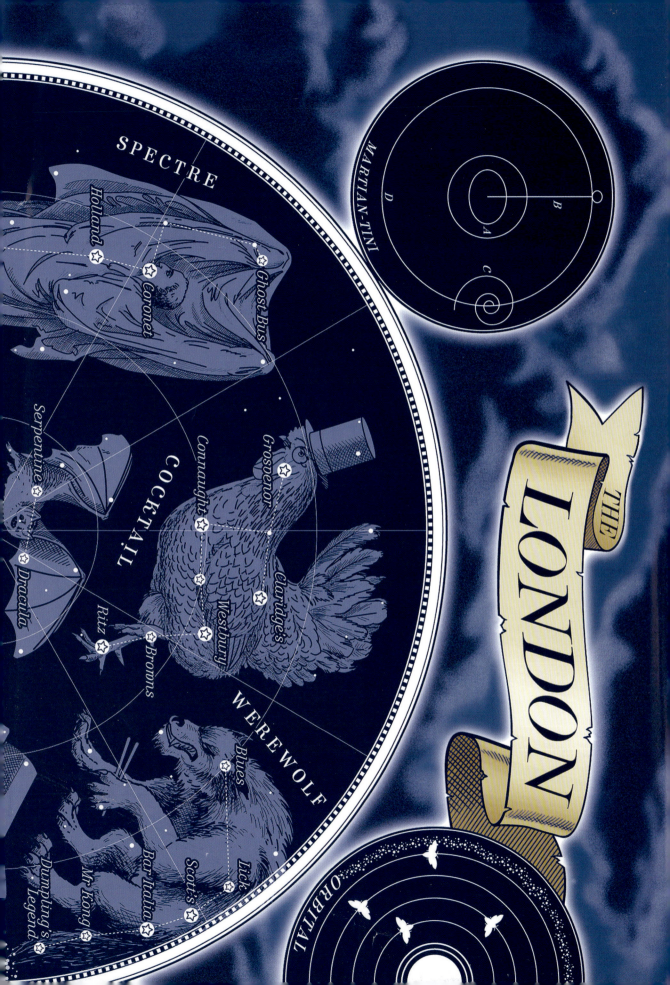

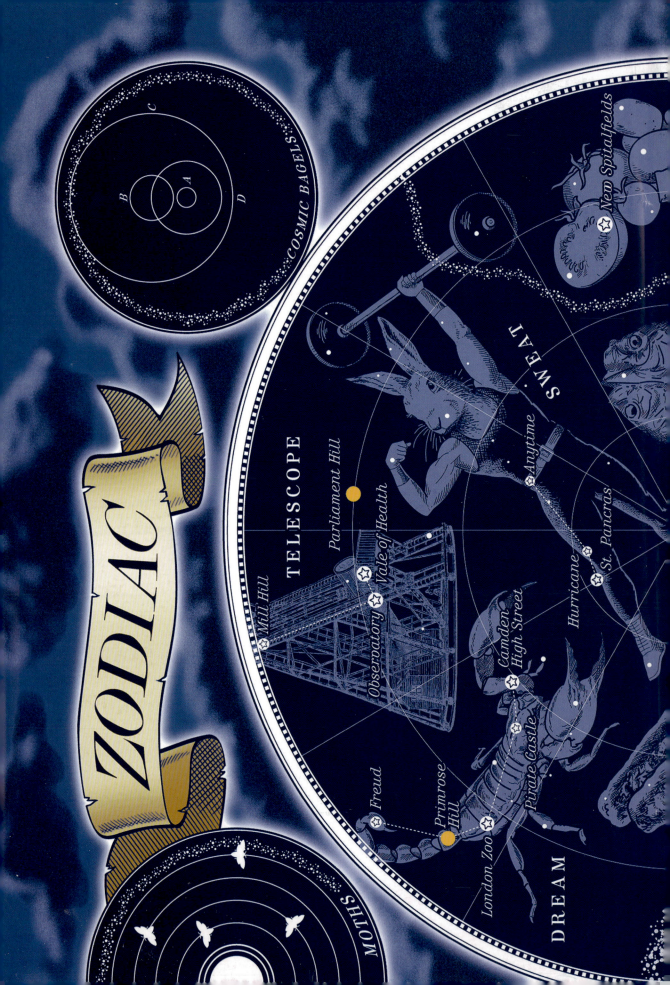